AF748231

BÉNIN
LES INSTITUTIONS DÉMOCRATIQUES

Analyse comparée avec des évolutions en France et aux États-Unis

Charles Christian Kotomè CAKPO

BÉNIN
LES INSTITUTIONS DÉMOCRATIQUES

Analyse comparée avec des évolutions en France et aux États-Unis

Préface d'Arnaud Coutant

L'Harmattan

© L'HARMATTAN, 2020
5-7, rue de l'École-Polytechnique – 75005 Paris

www.editions-harmattan.fr

ISBN : 978-2-343-19512-4
EAN : 9782343195124

Dédicace

Au peuple, l'unique souverain, détenteur du pouvoir constituant.

Préface

Le présent ouvrage est le résultat de plusieurs années de recherche. J'ai eu le plaisir de diriger les travaux du père Charles Cakpo et ainsi de pouvoir le suivre dans ses questionnements initiaux, ses recherches et ses découvertes successives. La thématique de cette thèse s'intègre dans une préoccupation qui m'est chère, la comparaison systématique entre systèmes juridiques.

La réflexion de l'auteur devait tenir compte d'au moins trois écueils.

Tout d'abord, il était nécessaire de mener des travaux de droit étranger, puisque, à côté du Bénin, patrie d'origine du père Cakpo, les dispositifs français et États-Uniens devaient être étudiés, mis en perspective et questionnés.

Ensuite, le choix de la thématique de recherche, les institutions démocratiques, induisait une clarification du mot démocratie, un approfondissement en fonction de l'État concerné, afin de pouvoir mener, au cours d'une dernière étape, un travail de comparaison fructueux.

Enfin, la comparaison ne devait pas conduire à une simple juxtaposition des systèmes. Il était indispensable d'aller plus loin pour intégrer un questionnement sur les adaptations dues à l'histoire et à l'évolution de chaque pays, une prise de recul pour en tirer des conséquences pertinentes et des conclusions quant à certains concepts et à leur transformation au contact de systèmes politiques et juridiques différents.

À la lecture du travail final, le but est atteint. L'équilibre général de la thèse a été travaillé pour permettre une mise en perspective de thématiques successives, toutes étant en lien avec la démocratie et ses conséquences institutionnelles. Les États-Unis et la France fournissent certes des exemples majeurs en la matière. Une étude plus précise portant sur les schémas constitutionnels traditionnels (séparation des pouvoirs entre autres), les travaux constituants et les pouvoirs constitués a permis de construire une grille d'analyse qui, tout en fixant un certain nombre de principes, laisse ouverte une originalité liée à chaque État. À partir des deux exemples, l'auteur est parvenu à mettre en exergue l'originalité du système béninois et, dans le même temps, son intégration dans les régimes modernes démocratiques, par l'intermédiaire des principaux piliers juridiques et politiques.

Un travail de droit comparé ne consiste pas à appliquer mécaniquement une étude thématique sur plusieurs pays. Il est indispensable de comprendre ce que cachent certaines dispositions, car les textes sont aussi le résultat de compromis, le reflet d'une époque ou d'une volonté. Avec le Bénin, l'auteur devait aussi aborder la question du mimétisme et s'interroger sur la pertinence des concepts traditionnels en droit constitutionnel pour mieux en souligner les particularismes dans un État africain aussi spécifique que l'ancien Dahomey.

À la lecture, on ne peut que se féliciter du parti pris de l'auteur qui a choisi de compléter une comparaison entre la France et le Bénin avec des exemples tirés des États-Unis. De fait, bien qu'au premier regard l'utilisation d'un schéma fédéral pourrait soulever des questions, il suffit de revenir sur quelques exemples de la thèse pour comprendre tout l'intérêt d'un tel raisonnement. Évidemment central, le concept de peuple peut ici servir de clé pour entrer dans le raisonnement de cet ouvrage. Au premier abord, le peuple béninois semble uni, ce qui renvoie à un État unitaire comme la France, avec un grand nombre de conséquences et de perspectives. Néanmoins, l'approfondissement mené par l'auteur fait apparaître ce qu'il dénomme une société plurale, le conduisant à revenir sur le concept de peuple pour mieux en redéfinir les conséquences et les fondements.

Dans la logique d'une étude constitutionnelle, ce travail est aussi l'occasion d'une meilleure compréhension de certains mécanismes, en particulier la représentation et ses conséquences. C'est sans doute sur cet aspect que la thèse se révèle la plus originale puisqu'il s'agit de faire apparaître un concept spécifique pour une société béninoise en construction, celui de fils du terroir. Après analyse, on ne peut qu'être interloqué par l'inversion que ce concept produit dans l'approche générale d'une démocratie représentative. Loin d'une représentation nationale, la représentation politique béninoise prend en compte la société locale, les questions culturelles qui la caractérisent et la méfiance potentielle vis-à-vis d'une majorité qui ne prendrait pas en compte les spécificités de chaque structure locale. Il ne s'agit que d'un exemple qui permet de comprendre l'intérêt d'une étude comparée et les conséquences d'une telle étude pour le lecteur juriste.

La seconde partie de la thèse nous offre l'occasion de regarder les trois systèmes politiques et juridiques en fonctionnement pour mieux comprendre les équilibres qui sont le résultat d'une pratique. L'actualité récente du Bénin a montré l'importance des questionnements partisans et des débats portant sur le rôle des différents organes. Le présent ouvrage fait apparaître une interrogation

pertinente sur les partis politiques et leur rôle dans une démocratie, sur leur nombre également et sur les modalités juridiques et administratives de leur encadrement.
Les élections sont considérées comme primordiales dans un système démocratique. Mais peut-on se résoudre à accepter cette simple pétition de principe ? De fait, qui dit élections dit système électoral, prise en compte de la majorité et de la minorité, choix d'un mode de scrutin, organisation partisane, etc. L'ouvrage nous invite à nous interroger de manière beaucoup plus générale sur les réponses apportées aux États-Unis, en France et au Bénin à ces différentes questions. La prise en compte de l'actualité dans ces trois pays est aussi centrale car elle conduit à insister sur les dangers éventuels des certitudes en la matière. Un système démocratique n'est pas éternel en soi. Il est au contraire d'une très grande fragilité. L'existence d'institutions, de dispositions constitutionnelles, d'un certain nombre de garde-fous ne peut garantir sur le moyen ou sur le long terme contre des crises qui vont toucher la représentation nationale, ou encore le rapport entre le peuple en tant que corps électoral et cette même représentation. C'est dans la capacité d'un système constitutionnel à répondre à ce type de crise que se trouve son intérêt. Lorsque la crise électorale survient – cette crise étant évidemment inévitable dans un système démocratique puisque s'inscrivant naturellement dans son fonctionnement – c'est l'ensemble des dispositions juridiques qui s'active pour encadrer la période de transition, intégrer les priorités et permettre au nouveau pouvoir d'obtenir la légitimité nécessaire pour agir. En étudiant les trois pays, Charles Cakpo nous donne un éclairage sur les dangers de ce type de crise et sur l'enseignement qu'il faut en tirer au regard du fonctionnement et surtout des dysfonctionnements constatés.
À l'issue de ce travail, on constate que la recherche a en réalité conduit à trois voyages distincts.
Le premier voyage est évidemment géographique. La découverte d'un pays est ici le complément logique de son étude juridique et politique. Ce livre nous fait donc voyager dans trois États différents, la France, les États-Unis et le Bénin, pour comprendre au-delà de la géographie de chacun les particularismes culturels, les éléments institutionnalisés puisqu'il s'agit aussi d'organiser un territoire par l'intermédiaire de mécanismes juridiques et plus généralement les contraintes qui peuvent naître pour une approche juridique en fonction de la localisation de la taille du pays concerné.

Le deuxième voyage est historique. À chaque fois, pour les États-Unis, la France est le Bénin, l'auteur a eu le souci d'intégrer des perspectives historiques qui permet de mieux comprendre pourquoi et comment des institutions voient le jour. Comprendre le droit c'est aussi allé en rechercher les sources, les logiques initiales, et bien évidemment les auteurs.
Le troisième voyage juridique. Il s'agit de partir de grands concepts théoriques pour les mettre en situation, s'efforcer d'en comprendre les évolutions et les transformations au contact d'un pays, d'un peuple, d'une histoire. C'est à ce stade qu'intervient nécessairement le raisonnement, la mise en œuvre, la compréhension générale.
Un travail de recherche est toujours un voyage. Celui-ci nous conduit à la rencontre de plusieurs nations, pour mieux en comprendre l'évolution et surtout les choix juridiques et politiques. C'est le principal apport du présent ouvrage.

Arnaud Coutant

Professeur de droit public à l'Université de Reims

Remerciements

Nos remerciements vont en tout premier lieu au Maître de la vie qui m'a redonné la vie afin que je puisse poursuivre cette thèse jusqu'à son achèvement.

L'expression de notre profonde reconnaissance va ensuite à notre Directeur de thèse, le Professeur Arnaud COUTANT, qui a accepté de diriger mes recherches, avec méthode et compétence de l'art.

Nous tenons à vous remercier, vous, éminents membres du jury, qui avez généreusement accepté d'examiner ce travail et, principalement vous M. le Président pour votre grande sollicitude.

Nous voudrions aussi traduire notre sincère gratitude à l'Université de Reims Champagne - Ardenne, aux autorités et au corps professoral, en particulier, au Doyen de la Faculté de Droit, au Directeur de notre Centre de Recherche Droit et Territoire (CRDT), au Directeur de l'École doctorale, au Président de l'Université et à tous leurs collaborateurs.

Nous voudrions également remercier nos autorités ecclésiastiques de l'Archidiocèse de Reims en l'occurrence Mgr Thierry JORDAN, Archevêque émérite, Mgr Éric de MOULINS-BEAUFORT, Archevêque de Reims et Mgr Bruno FEILLET, Evêque auxiliaire de Reims, qui m'ont accueilli et donné les moyens pour préparer cette thèse.

Nous traduisons aussi nos marques de reconnaissances filiales aux Evêques du Bénin, notamment à Mgr Eugène Cyrille HOUNDEKON, Evêque d'Abomey, à Mgr Aristide GONSALLO, Evêque de Porto-Novo, et au P. Jean-Benoît GNAMBODE, alors administrateur diocésain de Porto-Novo, qui ont cru en ma personne et m'ont envoyé en mission pastorale et en mission d'études à Reims en France.

Nous remercions de tout cœur nos amis, qui ont contribué de près ou de loin, par leurs prières ou leurs soutiens de tous ordres à mes côtés, à la réalisation de ce travail.

Nous voudrions enfin remercier les membres de notre famille de sang, notamment mes frères et sœurs et mes très chers feux parents, qui m'ont toujours accompagné dans ce travail de recherches par leurs prières et encouragements constants, sans oublier bien sûr nos relecteurs pour le temps qu'ils ont consacré et qui a contribué à l'accomplissement de ce travail.

Table des abréviations

AOF	Afrique Occidentale Française
BPA	Bloc Populaire Africain
CFVN	Conférence des Forces Vives de la Nation
CENA	Commission Electorale Nationale Autonome
ENS	Ecole Normale Supérieure
FCBE	Forces Cauris pour un Bénin Emergent
FLN	Front de Libération Nationale
JORF	Journal Officiel de la République Française
J.O.R.B	J*o*urnal Officiel de la République du Bénin
LGDJ	Librairie Générale de Droit et de Jurisprudence
MoDem	Mouvement Démocratique
MRP	Mouvement Républicain Populaire
ONEPI	Office National D'imprimerie et de Presse
PRD	Parti du Renouveau Démocratique
PRPB	Parti de la Révolution Populaire du Bénin
PA	Politique Africaine,
PUAM	Presse Universitaires d'Aix-Marseille
PUF	Presse Universitaire de France
PUG	Presse Universitaire de Grenoble
PUM	Presse Universitaire de Montréal
PUQ	Presse Universitaire de Québec
PUR	Presse Universitaire de Rennes

RPF	Rassemblement du Peuple Français
RPR	Rassemblement pour la République
RB	Renaissance du Bénin
SFIO	Section Française de l'Internationale Ouvrière
UPD	Union Progressiste Dahoméenne
UMP	Union pour un Mouvement Populaire
UDF	Union pour la Démocratie Française

Sommaire

INTRODUCTION GENERALE 19

PREMIERE PARTIE : LE PEUPLE ET LA CONSTRUCTION DES INSTITUTIONS, LA CONSTITUTION BENINOISE ET SES CONTRADICTIONS 41

TITRE 1 : LE PEUPLE ET LE FONDEMENT DU REGIME, LES SINGULARITES BENINOISES **45**

Chapitre 1 : La composition du peuple **47**
Chapitre 2 : L'unité du peuple.. **103**

TITRE 2 : LE PEUPLE ET LA FONDATION DU REGIME, LA FONCTION CONSTITUANTE ORIGINAIRE ET DERIVEE...... **141**

Chapitre 1 : Le constituant originaire et le peuple, la rédaction de la norme fondamentale au Bénin.. **143**
Chapitre 2 : Le constituant dérivé et le régime, une protection béninoise accrue **187**

SECONDE PARTIE : LE PEUPLE ET LE FONCTIONNEMENT DU REGIME 233

TITRE 1 : LA SEPARATION DES POUVOIRS ET L'ORIGINALITE BENINOISE.. **237**

Chapitre 1 : Le Bénin a l'épreuve de la classification des régimes.. **239**
Chapitre 2 : Les conflits entre les pouvoirs, une séparation à l'épreuve **281**

TITRE 2 : L'INTERVENTION DU PEUPLE.................................. **323**

Chapitre 1 : La pratique du suffrage universel.................................. **325**
Chapitre 2 : Le recours aux partis politiques..................................... **375**

CONCLUSION GENERALE 431

INTRODUCTION GENERALE

« *Le gouvernement du peuple, par le peuple et pour le peuple* »[1].

C'est par ces mots que le Président américain Abraham Lincoln définit la démocratie dans son célèbre discours de Gettysburg, en 1863. Alors que la jeune fédération américaine se trouve à cette époque profondément divisée par une guerre civile, le Président fédéral en appelle au peuple, en insistant sur l'unité de la nation et sur la nécessité de sauvegarder, d'approfondir, de protéger le système politique pour l'avenir.

La formule est devenue familière pour désigner la démocratie dans un sens moderne. Elle a d'ailleurs été reprise par les constituants français, en 1946 et en 1958 (dans une forme un peu modifiée pour le premier exemple)[2].

Évoquer le régime démocratique comme l'un des acquis de la modernité semble relativement fréquent. Pourtant, le terme de démocratie lui-même n'est pas sans soulever un certain nombre de questions au niveau juridique comme dans une perspective plus politique[3]. Comment ne pas s'interroger sur cette forme de régime au

---

[1] A. Lincoln, Président des Etats-Unis, *Le discours de Gettysburg*, le 19 novembre 1863, cité par A. Coutant, *L'Amérique des Etats. Les contradictions d'une Démocratie fédérale*, Paris, Mare &Martin, 2011, p. 16.

[2] Constitution française de 1946 :
Article 2.
- L'emblème national est le drapeau tricolore, bleu, blanc, rouge à trois bandes verticales d'égales dimensions.
L'hymne national est la Marseillaise.
La devise de la République est : " Liberté, Egalité, Fraternité. "
Son principe est : gouvernement du peuple, pour le peuple et par le peuple.
Constitution française de 1958 :
Article 2.
La langue de la République est le français.
L'emblème national est le drapeau tricolore, bleu, blanc, rouge.
L'hymne national est « La Marseillaise ».
La devise de la République est « Liberté, Égalité, Fraternité ».
Son principe est : gouvernement du peuple, par le peuple et pour le peuple.

[3] Une analyse générale serait assurément beaucoup trop longue. Nous évoquons ici quelques exemples de bibliographie : A. Baudart, *Qu'est-ce que la démocratie ?*

regard des exemples américains actuels – la contestation face au Président en place et la remise en cause de certaines de ses actions – et français – avec des critiques portant sur les institutions et des interrogations parfois inattendues en matière juridique ?

Le modèle démocratique n'en est pas moins considéré comme un but à atteindre, dans de nombreux pays, à l'heure actuelle. Par vagues successives, l'idée de donner le pouvoir d'intervention au peuple, c'est-à-dire à l'ensemble des citoyens, par un droit de vote étendu, a gagné les différents continents, avec plus ou moins de succès.

L'Afrique Noire a également connu une vague de démocratisation, au début des années 1990[4]. Un pays a été mis en avant à cette époque

---

Paris, Librairie Philosophique J. Vrin, 2005, 133 p. ; C. Colliot-Thelene, *La démocratie sans « Demos »*, Paris, PUF, 2015, 216 p. ; A. Goujon, *Les démocraties. Institutions, fonctionnement et défis*, Paris, Armand Colin, 2015,192 p. ; S. Goyard-Fabre, *Qu'est-ce que la démocratie ? La généalogie philosophique d'une grande aventure humaine*, Paris, Armand Colin, 2014, 240 p. ; N. Lenoir, *La démocratie et son histoire*, Paris, PUF, 2e édition, 2007, 248 p. ; P. Manent, *Tocqueville et la nature de la démocratie*, Collection Tl (n° 341), Paris, Gallimard, 2006, 341 p. ; J.-C. Martin, *Démocratie, le nom volé d'une idée violée*, Paris, A Contre-Pied, 2007, 419 p. ; E. Dockes, *Valeurs de la démocratie. Huit notions fondamentales : Liberté-Egalité-Pouvoir-Droit-Contrat-Propriété-Intérêt-Représentation*, Paris, Dalloz, 2005, 188 p. ; A. Ogien, S. Laugier, *Le principe démocratique. Enquête sur les nouvelles formes du politique*, Paris, La Découverte, 2014, 288 p. ; B. Acherman, *Au nom du peuple. Les fondements de la démocratie américaine*, Calmann-Lévy, Harvard University Press, 1991, 436 p. ; K. Popper, « La leçon de ce siècle », 10/18, 1993, p. 95-146 ; sur le concept américain : B. A. Ackerman, *We the people*, HUP, vol. 1 *Foundations,* vol. 2 *Transformations*, 2000, 538 p. et vol. 3 The Civil Rights revolution ; R. A. Dahl, *A preface to democratic theory*, UCP, 2006, 176 p. et *On democracy*, YUP, 2000, 217 p. ; G. Dietze, *American democracy: aspects of practical liberalism*, JHU Press, 1993, 290 p ; C. G. Fritz, *American Sovereigns : the People and America's Constitutional Tradition, before the Civil War,* CUP, 2008, 427 p. ; B. Laniel, *le Mot Democracy aux États-Unis, de 1780 à 1856,* Publications de l'Université de Saint-Etienne, 1995, 375 p. ; H. J. Laski, *The American Democracy: a commentary and an interpretation*, A. M. Kelly, 1977, 785 p. ; Th. E. Patterson, *The American Democracy*, McGraw-Hill Higher Education, 2008, 624 p. ; S. Wilentz, *The Rise of American Democracy: Jefferson to Lincoln*, W.W. Norton & Co., 2008, 496 p. ; G. Fritz, *L'idée de peuple en France du XVIIe au XIXe siècle*, Presses Universitaires de Strasbourg, 1988, 226 p. ; P. Weil, *Qu'est-ce qu'un Français ? Histoire de la nationalité française depuis la Révolution*, Folio, Paris, Gallimard, 2005, 651 p.

[4] M. Banoc, *Le processus de démocratisation en Afrique*, Paris, L'Harmattan, 1993, 252 p. ; R. Buijtenhuijs, C. Thiriot, *Démocratisation en Afrique au sud du Sahara : 1992-1995, un bilan de la littérature*, Feni XX, 217 p. ; M. Gazibo, *Les paradoxes*

pour le caractère relativement remarquable de sa phase de démocratisation et pour la mise en place d'institutions apparemment durables. Le Bénin, ancien Dahomey, est ainsi devenu une sorte de modèle[5], non seulement en ce qui concerne la transition démocratique, mais aussi et surtout au regard des différentes élections qui sont intervenues et qui ont permis une alternance au pouvoir[6].

Est-ce à dire que le système dans son ensemble est stabilisé ? Chaque nouvelle élection conduit à s'interroger sur le bon fonctionnement institutionnel et politique. Les derniers événements survenus

---

de la démocratisation en Afrique: analyse institutionnelle et stratégique, PUM, 2005, 291 p. ; les thèses sont nombreuses ; quelques exemples : sur l'Afrique, *Constitution de l'État de droit et développement : essai sur le fondement de la justice constitutionnelle dans les pays en voie de développement d'Afrique noire francophone*, par J. W. Misona sous la direction de Patrick Gaïa - Aix-Marseille 3, Droit public Soutenue en 2005 ; sur un pays précis, *Contribution à l'étude des crises constitutionnelles en Afrique noire francophone. L'exemple congolais* par A. Evoundou sous la direction de Claude Leclercq - Paris 12 Droit public Soutenue en 1987 ; *Essai sur l'évolution du Présidentialisme en Afrique noire francophone : L'exemple togolais* par M'B. K. Tchodie sous la direction de Daniel-Charles Badache - Caen Droit public Soutenue en 1993 ; *État de droit et démocratisation : contribution à l'étude de l'évolution politique et constitutionnelle au Cameroun* par M. N. Abada sous la direction de Jean Gicquel - Paris 1, Droit public,1995 ; *Processus de Conférences nationales et mutations politiques en Afrique : cas du Togo*, par M. S. A. Salami sous la direction de Jean Jacques Lavenue - Lille 2 Droit public Soutenue en 2000 ; *Le déficit des systèmes démocratiques africains : le cas du Mal*i par D. Kamara sous la direction de François-Paul Blanc - Perpignan Droit public Soutenue en 2004.

[5] P. V. Topanou, « les ressorts de l'exception démocratique béninoise », in *Jeune Afrique*, 2019 (Mis à jour le 02 février 2018 à 16h13, https://www.jeuneafrique.com/mag/519348/politique/grand-format-benin-les-ressorts-de-lexception-democratique-beninoise/ consulté le 29-12-2018.

[6] De nombreuses thèses également ; entre autres : *Le constitutionnalisme marxiste en Afrique noire : l'exemple du Bénin* par R. Dossa sous la direction de Henry Roussillon - Toulouse 1 Droit public Soutenue en 1988, *La problématique de la démocratie en Afrique : le cas du Bénin de 1988 à 1993* par Ph. Noudjenoumè sous la direction de Gérard Conac - Paris 1 Droit public Soutenue en 1996 *; Le nouveau régime constitutionnel du Bénin : essai sur la construction d'une démocratie africaine par la construction* par S. Bolle sous la direction de Dominique Rousseau - Montpellier 1 Droit public Soutenue en 1997 ; *L'Incidence d'une conception de l'ethnie sur la construction de l'Etat au Bénin* par A. K. Chidjou sous la direction de Robert Ponceyri - Clermont 1 Droit public Soutenue en 2003 ; *Le contrôle juridictionnel du processus électoral en Afrique noire francophone : les exemples du Sénégal et du Bénin* par Y. Niang sous la direction de Alioune Badara Fall et de Babaly Sall. - Bordeaux Droit public Soutenue en 2018.

concernant en particulier l'intervention de la Cour constitutionnelle indiquent que la situation reste tendue, avec parfois des perspectives nouvelles.

Ces dernières années et même ces derniers mois, de nombreuses réformes sont intervenues, en l'occurrence, concernant le système partisan, le code électoral, l'accès à la citoyenneté.

À chaque fois, une question semble revenir : comment modifier le système institutionnel pour permettre une meilleure action du peuple, une meilleure reconnaissance des souhaits du peuple dans la structure politique ?

Notre propos dans la présente thèse vise à étudier le système béninois pour en comprendre le fonctionnement, les fondements, mais également la capacité d'adaptation, au regard d'un certain nombre d'événements survenus depuis la mise en place de la Constitution de 1990. L'idée de faire de ce système un modèle démocratique ne peut que conduire à s'interroger sur la démocratie elle-même, ses modalités, peut-être spécifiques dans ce pays, et son évolution à moyens et longs termes.

I/ Le peuple comme concept juridique

C'est la première notion à définir[7]. Nous avons évoqué la formule de Lincoln, le gouvernement du peuple par le peuple et pour le peuple, afin de mettre en exergue le caractère symbolique de cette référence. Cependant, si on s'intéresse aux aspects juridiques, un

[7] C. Cuvelier, *Le pluralisme démotique : contribution au concept juridique de Peuple*, Lille, Centre d'études et de recherches administratives politiques et sociales, 2014, 686 p. ; J.-M. Paul, *Le peuple, mythe et réalité*, Rennes, Presses universitaires de Rennes, 2016, 170 p. ; P. Rosanvallon, *Le Peuple introuvable, Histoire de la représentation démocratique en France*, Paris, Gallimard, Bibliothèque des histoires, 1998, 384p. ; P. Rosanvallon, *La Démocratie inachevée. Histoire de la souveraineté du peuple en France*, Paris, Gallimard, Bibliothèque des histoires, 2000, 456 p. ; P. Rosanvallon, *Pour une histoire conceptuelle du politique*, Paris, Le Seuil, 2003, 64 p. ; Pour un exemple d'article, S. Pierré-Caps, « Le peuple à l'interface du droit constitutionnel et du droit international », in *Civitas Europa*, 2014/1, n°32, p. 5 - 20 ; pour une thèse, *Le peuple dans les théoriesc constitutionnelles, des révolutions atlantiques à l'Entre-deux-guerres : 1776-1939, France, Allemagne, Etats-Unis* par E. Gonnet sous la direction de Denis Baranger - Orléans Droit public Soutenue en 2006, 384 p.

approfondissement est nécessaire pour parvenir à une perspective plus judicieuse.

A/ Retour sur la citation

Le premier constat porte sur l'analyse de cette citation elle-même.

Étymologiquement, le mot démocratie est évidemment grec. Il renvoie à un régime où le peuple intervient : La démocratie (du grec *tatατία / dēmokratía,* « souveraineté du peuple », de δῆμος / *dêmo*s, « peuple » et *κράτος / krátos*, « pouvoir », « souveraineté » ou encore *kratein,* " commander ")[8] est le régime politique dans lequel le peuple est souverain (le peuple renvoyant cependant à la notion plus restrictive de citoyens, la citoyenneté n'étant pas forcément donnée à toute la population).

Il est évident que, dans la perspective moderne, seule la dimension de l'intervention du plus grand nombre est mise en avant.

Lorsque Lincoln fait référence à la démocratie comme étant le gouvernement du peuple, par le peuple pour le peuple, il prononce des mots essentiels pour les États-Unis de la guerre civile[9]. Néanmoins, on peut immédiatement leur reprocher leur imprécision. En droit, un mot doit renvoyer à une définition précise et unique. Or, dans la formule de Lincoln, le mot peuple ne dispose pas d'une seule définition. Lorsqu'il évoque le gouvernement du peuple, il vise l'ensemble des personnes habitant sur le territoire des États-Unis à cette époque. Lorsqu'il ajoute « par le peuple », il vise cette fois le corps électoral, et ses représentants. Il s'agit d'encadrer beaucoup plus précisément la définition pour indiquer que le gouvernement par le peuple se fait par l'intermédiaire de représentants élus, ce qui sous-entend de s'interroger sur les modalités de l'élection et sur l'encadrement de la citoyenneté. Quand, enfin, il ajoute « pour le peuple », il vise de nouveau l'ensemble des habitants, sans nécessairement faire référence au seul corps électoral. Comme on le voit, cette première formule

---

[8] B. Hemmerdinger, M. Finley, « Démocratie antique et démocratie moderne, tr. Monique Alexandre. Précédé de Tradition de la démocratie grecque par Pierre Vidal-Naquet », in *Revue des Études Grecques*, 1977, tome 90, fascicule 430-431, p. 491-492.

[9] Cf. A. Lincoln, Président des Etats-Unis, *Le discours de Gettysburg, le 19 novembre 1963*, cité par A. Coutant, *L'Amérique des Etats. Les contradictions d'une Démocratie fédérale*, Paris, Mare &Martin, 2011, p. 16.

soulève déjà une série de questions.[10] La véritable définition juridique apparaît avec la deuxième utilisation du mot peuple. C'est, en effet, avec le corps électoral que nous trouvons une définition non seulement utilisable, mais aussi et surtout précise.

Dans cette mesure, on peut utiliser une double formule pour définir la démocratie. D'un côté, la démocratie se caractérise par la désignation des gouvernants par les gouvernés, avec l'utilisation d'un suffrage universel. C'est par conséquent un aspect formel, qui domine ici, afin de conduire à l'action encadrée du peuple. Mais, cette première dimension est-elle suffisante ? Assurément non. Ainsi, un régime qui se caractériserait uniquement par la désignation de ses gouvernants par les gouvernés ne saurait être qualifié de démocratique. De l'autre côté, une démocratie doit nécessairement comporter des aspects matériels, un contenu, en l'occurrence la protection des droits fondamentaux. Ceci sous-entend la mise en place d'un texte qui les consacre, l'existence d'une juridiction qui les protège.

La démocratie dispose donc de deux faces, tout à la fois complémentaires et indissociables, une face formelle, qui renvoie à l'existence d'un système institutionnel permettant l'expression libre et précise du peuple, et une face matérielle, qui implique la protection des droits fondamentaux et leur garantie, de manière stable.

B/ La généralisation d'un concept ?

Le deuxième constat ne peut là aussi que tirer des conséquences immédiates d'un contexte. Le discours de Gettysburg est, d'abord et avant tout, un discours américain, pour des Américains, prononcé par un américain.

Comment généraliser cette approche ? Au-delà du symbole, la question est bien de savoir à qui doit appartenir le pouvoir, le gouvernement, dans un régime moderne. Autrement dit, si on cherche à présent à ouvrir de manière beaucoup plus importante la définition, on constate immédiatement qu'il faut franchir une barrière, celle de la langue. Dans notre approche, nous avons choisi d'utiliser une traduction de la citation de Lincoln. De fait à l'origine la citation est la suivante: « *the Government of the people, by the people, for the*

---

[10] A. Coutant, *L'Amérique des Etats. Les contradictions d'une Démocratie fédérale,…*, op. cit., p. 16.

people ». Or, en anglais, le terme *« people »* est un pluriel, ce qui renvoie à l'ensemble des habitants, des individus, des Américains. Dans le contexte américain de la guerre de sécession, cette expression prend un sens particulier : la question est de réunir l'ensemble des peuples des États au sein d'un peuple américain qui serait formé à l'issue de la guerre. Le but est de mettre fin à la guerre civile en faisant naître un nouveau peuple, réunissant l'ensemble des peuples des États. Le rapport entre peuple américain et peuple des États américains est au cœur des questionnements depuis les Articles de la Confédération, c'est-à-dire depuis le premier texte apparu après la déclaration d'indépendance. De ce fait, le rapport au mot peuple pose de nombreuses questions dans le contexte américain. Durant tout le dix-neuvième siècle, l'affrontement principal en matière politique interviendra entre le gouvernement fédéral censé incarner un peuple américain et les gouvernements des États fédérés qui revendiquent les droits des États, *The States Rights*[11], c'est-à-dire une supériorité donnée au niveau étatique sur le niveau fédéral, dans l'interprétation du texte constitutionnel, comme dans la mise en œuvre d'un certain nombre de dispositions. L'une des principales querelles de cette époque porte ainsi sur les pouvoirs fiscaux du niveau fédéral, il s'agit de la querelle dite de l'annulation (nullification en américain) qui déchire le régime entre 1828 et 1833[12].

Le mot « gouvernement » soulève une autre question. Dans la logique de Lincoln, il s'agit bien de donner une approche symbolique du pouvoir politique, pour le confier à l'ensemble des citoyens, ensemble entendu le plus largement possible. Rappelons que la citoyenneté n'est accordée à l'ensemble des hommes américains qu'à l'issue de la guerre civile, par l'intermédiaire du quinzième amendement, en 1870. Au passage, on peut d'ailleurs préciser que, en pratique, l'exercice de cette citoyenneté par le droit de vote ne sera réellement garanti qu'après les textes sur les droits civiques des années 1960.

---

[11] L. Nelson, *States' Rights and American Federalism: A Documentary History*, Greenwood Publishing Group, 1999, 232 p. ; M. A. Lusted, *States' Rights and the Role of the Federal Government*, Greenhaven Publishing LLC, 2018, 200 p. ; R. E. Ellis, *The Union at Risk: Jacksonian Democracy, States' Rights, and the Nullification Crisis*, Oxford University Press, 1989, 267 p.

[12] J.-Ph. Feldman, *La bataille américaine du fédéralisme : John C. Calhoun et l'annulation (1828-1833*), Paris, Presses Universitaires de France, 2004, 294 p.

De plus, en considérant la formule de Lincoln, d'un point de vue plus général, le mot « gouvernement » est donc directement lié à la gestion politique. Il doit aussi renvoyer à la question de l'intervention du peuple dans un régime.

Nous avons aussi évoqué l'utilisation de cette même expression dans les Constitutions françaises de 1946 et de 1958. Cette fois, c'est bien un sens français, une perspective d'un peuple français, qui est mise en avant. Il y a donc ici un aspect national qui doit être pris en compte.

C/ La nationalisation du concept de démocratie

Troisième constat, évoquer le gouvernement par le peuple renvoie nécessairement, comme nous l'avons vu, à définir le peuple comme étant le corps électoral. Mais ceci ne résout absolument pas la question.

De fait, il faut aussi définir à présent les conditions d'intégration dans le corps électoral. On constate qu'il faut de nouveau s'interroger, cette fois par pays, sur les critères qui permettent d'intervenir au sein du corps électoral, autrement dit les critères d'accès à la citoyenneté. Notre propos visera nécessairement un ensemble de règles, intégré dans des codes ou dans des législations particulières, concernant la population. Dans cette dimension, on trouve aussi l'histoire de la mise en place du suffrage universel[13], son contexte général parfois spécifique en fonction des États, des problématiques qui sont communes (droit de vote des femmes[14]) ou particulières (l'évolution d'un système après l'abolition des esclavages pour prendre l'exemple américain).

---

[13] P. Bastid, *L'avènement du suffrage universel*, Paris, Presses Universitaires de France, 1948, 76 p ; R. Huard, *L'élection du Président au suffrage universel dans le monde*, Paris, La Dispute, 2003, 157 p. ; R. Huard, *Le Suffrage universel en France : 1848-1946,* Paris, Aubier, 1991, 493 p.

[14] B. Bijon, *Suffragistes et suffragettes : la conquête du droit de vote des femmes au Royaume-Uni et aux Etats-Unis,* Ecole Normale Supérieure, 2017, 378 p. ; P. Latour, M. Houssin, M. Tovar, *Femmes et citoyennes : Du droit de vote à l'exercice du pouvoir*, l'Atelier/ouvrière, 1995, 127 p. ; C. Fillard, E. C. Stanton. *Naissance du féminisme américain à Seneca Falls*, ENS, 2016, 224 p.

Au-delà de la question de la citoyenneté (qui en elle-même conduit déjà à une série d'interrogations[15]), il faut aussi évoquer l'inscription sur les listes électorales, les conditions d'accès à la citoyenneté, les législations qui encadrent les modalités électorales, les spécificités nationales. Tout ceci donne lieu à de multiples réglementations, à de nombreux textes, au niveau constitutionnel (le texte constitutionnel initial, ses révisions successives), au niveau législatif (les adaptations successives du droit électoral, les modifications liées aux élections, les modes de scrutin).

Chaque État est souverain de manière interne, en ce qui concerne son organisation politique. À ce titre, on doit parler d'études nationales, pays par pays, pour mieux comprendre les choix démocratiques en matière d'élection, de modalités en la matière (mode de scrutin, type de suffrage) ou encore de découpages électoraux.

On voit que, en évoquant des questions beaucoup plus pratiques, l'approche démocratique trouve des résonances nationales, États par États.

D/ Une question institutionnelle

Quatrième constat, le gouvernement par le peuple a aussi un autre sens. Le fait de désigner des représentants est insuffisant. Il faut aussi poser d'autres questions : l'action des partis politiques, la séparation des pouvoirs, les relations entre les pouvoirs, le fonctionnement global du système juridique et politique.

En effet, traditionnellement, depuis le dix-huitième siècle, la science juridique identifie trois grands pouvoirs, trois grands organes, trois grandes fonctions, qui interviennent dans les différents régimes. Il s'agit évidemment du pouvoir exécutif, du pouvoir législatif et du pouvoir judiciaire. Évoquer la démocratie comme étant le gouvernement par le peuple ne peut en aucun cas conduire à écarter ce rapport au pouvoir. Bien au contraire, il faut poser une véritable question institutionnelle, qui intègre nécessairement d'autres subdivisions, portant sur le type de pouvoir, les modalités de

---

[15] F. Constant, *La citoyenneté*, Paris, Montchrestien, 2000, 160 p. ; P. Magnette, *La citoyenneté : une histoire de l'idée de participation civique*, Paris, Bruylant, 2001, 283 p. ; M. Spensky, *Citoyenneté(s) : perspectives internationales,* Clermont-Ferrand, Presses Univ. Blaise Pascal, 2003, 207 p.

désignation et de contrôle, les relations entre gouvernants et gouvernés.

Dans cette logique, le gouvernement par le peuple ne peut être étudié qu'en posant au minimum trois questions fondamentales : la séparation des pouvoirs, la désignation des pouvoirs, le rôle des partis politiques.

Cette étude institutionnelle passe donc par l'analyse des équilibres voulus par les constituants, des modalités électorales de manière générale, et de la transformation et de l'évolution partisane, qui caractérise les systèmes occidentaux depuis le début du vingtième siècle.

Il est évident qu'une telle analyse doit nécessairement prendre en compte les facteurs qui ont pu conduire à l'adoption de tel ou tel système dans un pays, les évolutions liées au contexte historique ou aux circonstances, et l'action de certains individus. Pour ne prendre qu'un seul exemple, il est impossible de comprendre l'évolution du système américain et l'utilisation actuelle de l'expression régime présidentiel sans passer par le gouvernement des juges, le régime congressionnel et les multiples exemples historiques qui ont contribué à renforcer mais aussi parfois à questionner les transformations voulues par les Américains.

C'est donc dans ce cadre très général que nous souhaitons aborder le Bénin et son histoire. Pour faciliter la compréhension des institutions actuelles, de leur évolution et peut-être aussi des souhaits des constituants, il sera essentiel de revenir de manière fréquente à des critères, à des concepts, fixés dans d'autres pays, qui ont pu évoluer de manière significative.

II/ L'histoire du Bénin

Il paraît difficile de résumer en quelques lignes l'histoire d'un pays. En ce qui concerne le Bénin, il est indispensable de relever trois périodes majeures qui vont décider de l'avenir du pays en raison de leurs conséquences politiques.

A/ La première période : instabilité et suffrage universel

La première période commence avec la fin de la colonisation.

Un premier rappel est important. Le Dahomey est dans un premier temps une colonie française, depuis 1894. La colonie devient autonome à cette date, en se détachant de l'ancienne colonie dite du Sénégal. Ce premier épisode est déjà essentiel en lui-même pour la zone géographique concernée. De fait, le Dahomey est créé en réaction à l'annexion des territoires du royaume du Bénin, au sud-ouest de l'actuel Nigéria. Par la suite, la colonie dite du Dahomey disparaît pour intégrer l'Afrique occidentale française. Le retour au nom de République du Dahomey, en 1960 est par conséquent très symbolique. Il y a ici une volonté de revenir à une indépendance et à une existence, sur le territoire africain.

Alors que le Dahomey voit le jour sur le territoire d'une ancienne colonie française, la situation juridique et politique est loin d'être stabilisée[16]. L'indépendance du Dahomey date du 1er août 1960. Le pays était un État associé de la France depuis 1958. Mais dès le lendemain de la Seconde Guerre mondiale une vie politique active avait pris naissance, avec de nombreux partis politiques, en particulier.

Entre 1960 et 1972, le pays connaît une douzaine de coups d'État, onze présidents dont six militaires, change cinq fois de Constitution avant de se retrouver, à l'issue d'un ultime coup d'État, gouverné par un militaire[17]ouvertement rallié au marxisme-léninisme.

Cette première période est importante car, malgré la présence d'un suffrage universel apparemment consacré, elle se caractérise par une instabilité systématique, une méfiance vis-à-vis du pouvoir politique et ce qui est essentiel à nos yeux une absence d'action du peuple, de manière durable et stable.

La démission d'Hubert Maga, en décembre 1963, est le premier événement qui lance une période d'instabilité qui va durer près de dix ans. Les ambitions personnelles, les interventions militaires, les

---

[16] R. Cornevin, *Le Dahomey*, Paris, Berger-Levrault, 1962, 568 p. ; M. C. Houngnikpo, S. Decalo, *Historical Dictionary of Benin*, Rowman & Littlefield, 2013, 452 p.

[17] Cf. J. Yahouédéhou, *Les vraies couleurs du Caméléon. Le droit de savoir*, Tome 1, Cotonou, Planète Communications, 2002, p. 57.

difficultés de gestion, au niveau économique comme au niveau social, rendent les différents scrutins totalement inutiles. Pour prendre un exemple, les élections de 1968 ont, d'abord et avant tout, une caractéristique : une abstention qui s'élève à 74 %[18].

C'est un élément utile au niveau historique et juridique : de fait, à cette date, un régime électoral de type démocratique semble impossible, au regard des difficultés de mise en œuvre. Le mimétisme que l'on a souvent évoqué entre les anciennes puissances coloniales et les nouveaux pays indépendants est ici très dangereux en termes de conséquences. Incapable de s'adapter réellement au fonctionnement de l'État, le système est tout simplement en défaut.

B/ La deuxième période : la dictature et la stabilité

La deuxième période est évidemment paradoxale. Elle se caractérise tout à la fois par une stabilisation du régime et par une disparition de son aspect démocratique. La mise en place d'un régime d'inspiration militaire[19], fondée d'ailleurs sur le marxisme-léninisme, avec le général Kérékou, est synonyme certes de sécurisation juridique et politique.

En 1975, le Dahomey est officiellement renommé République populaire du Bénin[20].

---

[18] Ph. Décraene, « L'impasse est totale au Dahomey après les élections présidentielles », in *Le Monde diplomatique*, 1968, p. 8. Dans cet article, L'auteur met en exergue comment le peuple dahoméen, invité à se prononcer le 31 mars 1968 sur une nouvelle Constitution, adoptée par 846 521 voix contre 71 695, s'est rendu aux urnes le 5 mai pour élire un Président de la République. Cependant, 74 % des inscrits s'étant abstenus et le Dr Adjou, arrivé en tête des cinq candidats à la présidence, n'ayant obtenu que 241 273 voix, les dirigeants dahoméens ont décidé d'annuler l'élection. Depuis lors, la situation qui règne sur l'ensemble du territoire dahoméen permet d'affirmer que huit années après son accession à l'indépendance, ce petit territoire du golfe du Bénin se trouve dans une impasse politique totale (https://www.monde-diplomatique.fr/1968/06/DECRAENE/28435), consulté, le 29-03-0219, à 23h 40.

[19] Cf. T. Holo, *L'étude d'un régime militaire. Le cas du Dahomey (Bénin), 1972-1977*, Thèse de droit public, Paris I Panthéon-Sorbonne, Paris, 1979 ; Th. Vittin, « Bénin, du " système Kérékou''au renouveau démocratique », in, J.-F Medard (Sous la direction de), *Etats d'Afrique noire, Formation, mécanismes et crises*, Paris, Karthala, 1991, p.93-115.

[20] Cf. F. J. Aïvo, *Le juge constitutionnel et l'État de droit en Afrique. L'exemple du modèle béninois*, Paris, L'Harmattan, 2006, p. 30 et suiv.

Néanmoins, elle conduit aussi à la disparition de l'action réelle du peuple, au sens de corps électoral. Jusqu'en 1990, c'est un régime militaire dictatorial qui s'instaure et perdure. Doté d'un conseil national de la révolution, d'institution d'origine marxiste, le régime est évidemment directement lié à l'Union soviétique. Un parti principal existe, le parti de la révolution populaire du Bénin. Le système politique se caractérise par un blocage complet de l'opposition, de vastes programmes de développement économique, sans véritable résultat, une corruption endémique, de plus en plus dangereuse. Les années 1980 sont synonymes de crise économique, à tous les niveaux du système béninois.

C/ La troisième période : l'avènement du suffrage universel

La troisième période commence avec l'adoption d'une nouvelle Constitution, en 1990[21].

Nous entrons cette fois dans le domaine de la démocratie. Il faut relever non seulement le contexte initial – l'existence d'une Conférence des forces vives convoquées par le général à la tête du pays, qui va conduire à une profonde transformation politique – les évolutions immédiates – des élections qui voient la victoire d'opposants au régime en place – et l'idée d'un maintien beaucoup plus durable du système démocratique avec l'organisation d'élections fréquentes dans les décennies qui suivent jusqu'à aujourd'hui.

Deux constats sont importants pour cette troisième période.

D'une part, il y a une transition démocratique au Bénin, qui va servir de modèle dans de nombreux pays, en raison de son caractère pacifique et de son résultat visiblement ouvert et positif. Cette transition qui concerne tout à la fois l'ancien régime avec le maintien, partiel, de Mathieu Kérékou et le nouveau système avec la reconnaissance d'un grand nombre d'intervenants politiques potentiels est même devenue un marqueur africain pour faciliter la transition dans de nombreux pays.

---

[21] F. K. Adenauer, *Commentaire de la Constitution béninoise du 11 décembre 1990 : Esprit, lettre, interprétation et pratique de la Constitution par le Bénin et ses institutions*, Cotonou, 2009, 320 p.

D'autre part, cette transition s'accompagne d'instruments démocratiques essentiels comme le multipartisme, l'organisation et l'encadrement de scrutins pour désigner les pouvoirs, et le départ du dictateur militaire. Ce départ se fait à l'occasion d'une élection, ce qui est un symbole supplémentaire. Loin de renverser le pouvoir militaire par la force, les Béninois ont choisi l'élection pour changer de perspective politique, et modifier de manière diamétralement la gestion du pays.

Une étude du Bénin durant ces dernières décennies ne peut donc être menée qu'à partir des résultats des élections, des différentes campagnes électorales qui se sont succédé, en bref du fonctionnement politique et électoral du pays.

Deux éléments nous intéressent directement. D'une part, la croissance de l'idée démocratique et son installation, à partir de 1990, dans un régime qui se stabilise. D'autre part, le rapport à un pouvoir relativement fort, qui apparaît avec la dictature en 1972, et qui semble se maintenir avec l'idée d'un régime présidentiel aujourd'hui.

III/ La recherche conceptuelle : la question des modèles et l'exemple du régime présidentiel

Nous venons d'employer une expression « régime présidentiel » qui interroge nécessairement. En effet, au-delà des querelles portant sur la signification de cette expression, on constate qu'il y a, dans sa mise en place et dans ses conséquences, une contradiction centrale.

A/Le régime américain

On a l'habitude d'évoquer le régime américain[22] comme ayant contribué à la naissance du concept de régime présidentiel. Mais cette

---

[22] La bibliographie est immense… quelques exemples d'ouvrages en langue française : Th. Chopin, *La République une et divisible*, Plon, 2002, 320 p. ; B. Cottret, *La Révolution américaine,* Perrin, 2003, 520 p. ; les ouvrages d'A. Coutant, *L'Amérique des État. Les contradictions d'une démocratie fédérale*, Paris, Mare et Martin, 2011, 760 p. ; *Histoire constitutionnelle des États-Unis, tome 1, 1776-1860, une fédération non démocratique*, Paris, Mare et Martin, 2012, 880 p. ; *Histoire constitutionnelle des États-Unis, tome 2, 1860-1937, Fédération ou démocratie, Paris,* Mare et Martin, 2013, 780 p. ; *Les Visages de l'Amérique, les constructeurs d'une Démocratie fédérale,* Paris, Mare et Martin, 2014, 790 p. ; *Histoire constitutionnelle des États-Unis, tome 3, 1937-1980, une démocratie fédérale*, Paris,

seule évocation ne doit pas cacher une réalité assez inattendue : loin de centrer le régime sur un Président fort, disposant de pouvoirs importants, le régime présidentiel défendu par les Américains dont la mise en place, au lendemain de la Première Guerre mondiale en particulier, fait toujours apparaître d'autres pouvoirs majeurs, le Congrès et la Cour suprême. Ces deux institutions restreignent considérablement les pouvoirs de ce fameux Président. Les débats sont nombreux, montrant que, dans l'histoire américaine[23], le Président ne dispose pas de tels pouvoirs. La situation actuelle qui montre que le Président Trump est obligé de composer avec un Congrès, en est évidemment un témoignage suffisant. Le récent *shutdown*[24]a amplement illustré l'impuissance du Président à imposer ses vues, face à un Congrès qui lui était en partie hostile.

Mare et Martin, juin 2016, 680 p. ; *Abraham Lincoln contre Stephen Douglas, la démocratie américaine en question,* Paris, Mare et Martin, mars 2018, 712 p. ; ceux de S. Ricard, *Les États-Unis, démocratie impérialiste: Essai sur un dessein manifeste*, Paris, L'Harmattan, 2016, 190 p. ; *Etats-Unis d'hier, Etats-Unis d'aujourd'hui: mélanges en l'honneur de Jean-Pierre Martin,* Paris, L'Harmattan, 1999, 398 p. ; P. Mélandri, S. Ricard, *Les Etats-Unis face aux révolutions, de la Révolution Française à la victoire de Mao en Chine*, Paris, L'Harmattan, 2006, 226 p. ; les travaux d'E. Zoller, *Histoire du gouvernement présidentiel aux Etats-Unis*, Paris, Dalloz, 2011, 342 p.

[23] Nous utiliserons de nombreux ouvrages; parmi les grands travaux historiques, *American Passages: A History of the United States,* E. L. Ayers, L. L. Gould, D. M. Oshinsky, J. R. Soderlund, CL, 2008, 976 p.; *The Enduring Vision: A History of the American People*, P. S. Boyer, C. Clark, J. F. Kett, al., Cengage Learning (CL), 2011, 990 p. et juridiques A. H. Putney, *United States Constitutional History and Law*, William. S. Hein Publishing, 1985, 599 p ; J. P. Reid, *Constitutional History of the American Revolution: The Authority of Law*, Volume 4 de *Constitutional History of the American Revolution*, University of Wisconsin Press (UWP), 2003, 288 p.

[24] M. Tellier, « Le "*shutdown*" aux États-Unis : tout comprendre sur l'arrêt partiel historique du gouvernement », in *France Culture*, du 12 janvier 2019. Dans cet article, l'auteur met en relief le durcissement de la position du Président américain, Donald Trump. Ce dernier « se dit prêt à continuer le *shutdown* fédéral pendant *"des mois, voire des années"* pour obtenir le financement du mur qu'il a promis de construire entre les Etats-Unis et le Mexique. Mais face à lui, la nouvelle majorité démocrate à la Chambre des représentants lui oppose un refus tout aussi catégorique : pas question de voter les fonds pour la construction du mur dans le prochain budget. La situation est un cas d'école des *shutdowns* qui rythment la vie politique américaine depuis la fin des années 70 : auparavant, républicains et démocrates avaient toujours réussi à s'entendre pour éviter cette extrémité. Depuis ce samedi, les Etats-Unis vivent une situation historique : plus de 21 jours de cette paralysie partielle de l'administration, avec quelque 800.000 employés fédéraux en

C'est beaucoup plus dans le cadre de la balance des pouvoirs que le régime américain doit être étudié, pour comprendre que l'idée même de régime présidentiel n'en est qu'une interprétation, limitée dans le temps, limité parfois en raison des circonstances, et aussi très restreint par l'intermédiaire des choix électoraux des Présidents.

B/ Le régime béninois

Or, la même dénomination est utilisée au Bénin. La Constitution prévoit même qu'il s'agit d'un régime présidentiel. Dans ce cadre précis, c'est justement sur la force du Président, sur son impact sur les institutions et sur la vie politique que se concentre l'attention.

L'élection présidentielle est un événement central au Bénin. Si on s'en tient d'ailleurs à la Constitution, le régime lui-même se définit comme étant un régime présidentiel. À ce titre, il souhaite mettre en avant la place du Président. De fait, lorsqu'on examine le fonctionnement depuis 1990 on constate l'importance des Présidents successifs, le rapport de la population à ce Président, sans aucun lien avec les autres organes, en tant que structure d'équilibre. Il y a donc ici un autre concept en matière de régime présidentiel.

On ne peut que constater l'écart entre les deux approches. Ce simple exemple ouvre déjà de multiples perspectives. Notre but est de comprendre le système institutionnel béninois. Pour cela, il nous faut recourir à un certain nombre de concepts, séparation des pouvoirs, type de régime, démocratie partisane, fonctionnement financier, etc. Mais comment les comprendre ? Quels fondements utilisés pour définir le système béninois ? Y a-t-il un droit constitutionnel qui serait spécifique, y compris en matière de concept ? Quel concept dans ce cadre serait efficient ?

IV/ La perspective comparatiste

Tous ces éléments nous ont conduits à adopter une perspective primordiale pour cette étude. Se contenter d'utiliser le système béninois et d'essayer de lui accoler des étiquettes plus ou moins

---

congés sans solde ou qui travaillent sans être payés » (https://www.franceculture.fr/politique/le-shutdown-un-arret-des-services-gouvernementaux-specifique-aux-etats-unis), consulté, le 29-03-2019, à 22h39.

pertinentes nous a paru d'autant plus critiquable qu'une telle démarche ne permettait pas de mesurer l'originalité ou au contraire la dépendance des dispositions béninoises vis-à-vis des modèles existants au niveau constitutionnel. Le simple rapport au régime présidentiel démontre déjà le caractère spécifique d'une étude constitutionnelle.

Deux hypothèses étaient possibles : utiliser le régime américain que l'on identifie justement à la logique présidentielle ou revenir au régime français qui a pu influencer plus ou moins le système béninois. Ceci aurait eu pour conséquence de limiter le prisme d'études en faisant d'un exemple constitutionnel un véritable modèle, sans comprendre nécessairement tous les aspects du système béninois dans cette étude.

Nous avons donc choisi de nous intéresser aux différents concepts tels qu'ils sont décrits à partir des expériences américaines et françaises, pour pouvoir en montrer l'implantation au Bénin, les adaptations potentielles, les copies et les conséquences. Cette perspective est essentielle car elle conduit à s'intéresser à deux autres exemples constitutionnels.

V/ Deux exemples constitutionnels

Les États-Unis et la France fournissent des éclairages essentiels en droit constitutionnel en ce qui concerne les concepts et leur utilisation. Il s'agit assurément d'intégrer dans cette étude les logiques textuelles, les évolutions pratiques, les mises en perspective historique, pour comprendre la naissance d'un régime, la mise en place d'un concept, son caractère effectif et, potentiellement, ses relations avec la pratique, les événements, les circonstances.

A/ Le régime constitutionnel des États-Unis d'Amérique

L'histoire américaine est relativement bien connue. Le modèle en question est doublement intéressant.

D'une part, le système constitutionnel américain dispose d'une assise écrite centrale, qui date du 17 septembre 1787. Cette assise qui a donné lieu à un certain nombre d'évolutions et de transformations n'en est pas moins vieille de deux siècles, ce qui a conduit à des pratiques parfois très variables. Les évolutions circonstancielles ont ainsi pu mettre en jeu de véritables débats concernant les concepts et leur transformation, mais aussi et surtout leur caractère pratique ou non, en fonction des situations. La Constitution américaine, qui date de 1787, a connu vingt-sept amendements, c'est-à-dire vingt-sept révisions. À chaque fois, des modifications essentielles sont intervenues, pour tenir compte de modifications de la société, d'événements historiques ou de conséquences.

D'autre part, une telle richesse historique a eu des conséquences en matière de concept, concernant l'évolution du peuple et son intervention. De fait, le corps électoral lui-même a évolué durant toute cette période, pour intégrer peu à peu l'ensemble des hommes blancs, l'ensemble des hommes quelle que soit leur couleur de peau, puis l'ensemble des individus, hommes ou femmes. De multiples stades ont été nécessaires pour cette transformation ultime, ce qui juridiquement et constitutionnellement nous semble très intéressant au regard des conséquences sur le pays et des concepts et de leur évolution.

Dans notre propos, nous serons nécessairement amenés à travailler sur les circonstances qui ont conduit à des modifications, les individus qui les ont portées, les grands discours et les transformations liées au fonctionnement des institutions.

Parce qu'il s'agit aussi d'un système qui a évolué pendant plus de deux siècles, la mise en perspective historique et essentielle. Elle permet de nourrir le débat juridique, de comprendre les orientations choisies après des crises politiques majeures (1787, 1820, 1828, 1850, 1860 – 1865, 1877). Les États-Unis reposent sur un système fédéral, qui a pendant longtemps été la principale source de conflit en interne. L'esclavage est venu évidemment aggraver les tensions en posant des questions sur les compétences des États, les possibilités d'action du niveau fédéral, et les conséquences générales sur le peuple américain et sur ses institutions.

Les transformations en la matière ont été particulièrement longues. Après la période de l'esclavage qui s'achève avec l'adoption du treizième amendement[25] en 1865 apparaît une autre période tout aussi

---

[25] Cf. A. Coutant, *Histoire constitutionnelle des États-Unis, tome 2, 1860-1937, Fédération ou démocratie*, Paris, Mare et Martin, 2013, p. 175 – 201.

sensible en termes juridiques, la ségrégation raciale, qui a des conséquences politiques et sociales majeures. Il faut attendre les années 1960 pour que la législation fédérale soit changée après une intervention de la Cour suprême.

Nous reviendrons sur de nombreux événements de cette période. Nous nous intéresserons aussi à de multiples circonstances, en ce sens qu'elles ont contribué à transformer le système politique et à poser la question des équilibres institutionnels. Dans quelle mesure un tel système peut conduire à des concepts fiables, c'est l'une des questions qu'il faut poser. Dans quelle mesure ce système a pu aussi contribuer à nourrir la pensée constitutionnelle d'autres constituants, dans d'autres pays, c'est évidemment une autre question, tout aussi indispensable, pour comprendre l'édification de multiples démocraties, y compris en Afrique, notamment celle du Bénin.

B/ Le régime constitutionnel français

L'histoire française peut sembler beaucoup plus récente. Le texte majeur du système français actuel, la Constitution du 4 octobre 1958, vient de fêter ses soixante ans.

À ce titre, la question principale réside évidemment dans le fonctionnement initial du régime, les équilibres qui étaient souhaités, les grands concepts tels qu'ils étaient définis. Mais la pratique a aussi joué un rôle essentiel dans la mise en place du dispositif constitutionnel et de ses conséquences. Dans cette dynamique, notre étude prendra en compte l'histoire française, les logiques constituantes initiales, les grands concepts et leur évolution dans le temps, les transformations dues aux personnes et les souhaits liés directement à la mise en pratique.

L'intérêt réside ici dans l'analyse des différents concepts et dans les conséquences de ces concepts. De nouveau, il nous faut prendre en compte l'histoire, les textes initiaux, leur interprétation. Ce n'est que dans ce cadre qu'une étude comparative est possible, en respectant l'histoire initiale et le contexte expliquant chaque concept.

Avec le régime français, deux dimensions supplémentaires sont indispensables ici. D'une part, bien qu'il s'agisse, dans les faits, d'un régime parlementaire, la Ve République a donné une place essentielle au Président, ce qui n'a pas manqué de soulever des questions conceptuelles, y compris en termes de définition du régime lui-même. D'autre part, le régime est aussi celui de l'ancienne puissance coloniale du Bénin, ce qui pose là aussi une autre question concernant un potentiel mimétisme. Il suffit de regarder le texte constitutionnel béninois pour comprendre que certains aspects ont été directement repris du modèle français, en posant aussi la question évidemment de son utilisation et de ses conséquences. Dans cette mesure, le recours au système français est aussi intéressant car il permet, d'abord, de fournir un autre modèle de répartition des pouvoirs et d'équilibre au sein des structures institutionnelles, ensuite, de comprendre l'adaptation de ce système par d'autres régimes, parfois en tenant compte de circonstances singulières ou même tout simplement de pratiques spécifiques.

VI/ La question générale

Au tout début de cette introduction, nous avons évoqué l'exemple américain et plus précisément la citation de Lincoln à *Gettysburg.*

La démocratie ne peut être comprise dans un cadre international. Comment appliquer des concepts identiques à des régimes différents ? Un tel débat sous-entend nécessairement de prendre en compte des spécificités qui conduiraient à réécrire, repenser, relire, et donc réinterpréter les concepts centraux d'un régime politique.

Dans cette mesure, comment comprendre concrètement le concept de démocratie ? Quelles sont les conséquences de son adaptation nationale ? Notre dessein est d'appréhender les institutions béninoises dans leur fonctionnement de manière générale, à partir du concept de démocratie, c'est-à-dire dans leur rapport au peuple.

Quels éléments ont conduit à choisir une interprétation de tel ou tel concept, plutôt qu'une autre, dans le contexte béninois ? Quelles perspectives béninoises, donc spécifiques, ont amené la relecture d'un concept, sa réinterprétation, pour mieux l'utiliser ? Dans quelle mesure la démocratie béninoise s'inscrit-elle dans la logique démocratique générale tout en étant évidemment singulière car adaptée aux spécificités du régime ?

VII/ La réponse en deux parties

La démocratie institutionnelle béninoise est-elle une réponse spécifique, fondée sur le peuple, à une situation spécifique, qui a entraîné une adaptation constitutionnelle et juridique du concept initial ?

Pour répondre, nous nous intéresserons aux deux interventions essentielles du peuple dans un régime : d'une part, l'action du peuple au moment de sa construction, d'autre part, sa participation lors du fonctionnement des institutions.

La réponse à cette interrogation nous amène à adopter un plan bipartite. La première partie est intitulée : le peuple et la construction des institutions ; et la deuxième : le peuple et le fonctionnement du régime. Dans un premier temps, nous partirons de la définition du peuple pour voir comment il participe à la formation des institutions démocratiques béninoises et à la consécration ou à la légitimité voire à la légalité de ces institutions, dans leurs rapports avec le peuple, mise en parallèle chaque fois, avec les États-Unis et la France. Dans un second temps, nous étudierons l'organisation des pouvoirs constitués dans la démocratie béninoise dans leurs rapports avec le peuple, mise toujours en perspective avec les États-Unis et la France.

Autrement dit, partant des définitions formelle et matérielle de la Constitution, nous étudierons d'une part, les mécanismes et les organes intervenants dans l'établissement de la Constitution ainsi que sa révision dans leurs rapports avec le peuple dans le régime politique béninois, mis en parallèle avec les États-Unis et la France (Ière Partie), et d'autre part, l'organisation du pouvoir de l'État : la division horizontale du pouvoir au Bénin dans son rapport avec le peuple, mise en parallèle avec les États-Unis et la France tout en faisant ressortir l'originalité béninoise (IIème Partie).

PREMIERE PARTIE

LE PEUPLE ET LA CONSTRUCTION DES INSTITUTIONS, LA CONSTITUTION BENINOISE ET SES CONTRADICTIONS

Aux origines d'une démocratie se trouve un souverain : le peuple. Cette affirmation soulève la question des modalités d'intervention de ce souverain et de leur effectivité.
En premier lieu, ceci conduit à poser la question de l'identité de ce souverain. Qui est exactement ce peuple qui sert de facteur légitimant, de raison d'être dans un régime démocratique ? Cette identification est centrale car le souverain, le peuple, est aussi, en théorie, l'acteur majeur du moment constituant. Il s'agit donc de s'interroger sur la place du peuple dans la procédure constituante au moment de la rédaction et de la ratification de la Constitution.
En second lieu, dans notre problématique, l'étude de cette affirmation doit passer par une analyse des modèles américains et français, d'une part, et une mise en perspective avec le modèle béninois, d'autre part. À chaque fois, notre préoccupation sera de faire apparaître les choix effectués aux États-Unis et en France pour mieux comprendre les dispositions béninoises et leur spécificité.
Cette méthodologie, au fond et dans la forme, doit nous guider dans cette première partie pour poser la question de l'intervention du peuple dans la construction des institutions au Bénin. S'agit-il d'un intervenant principal ou nous trouvons-nous face à une fiction juridique, le souverain, le peuple, étant convoqué pour légitimer une action, quitte à confier la mise en œuvre à d'autres organes, parfois indépendants ? Cette question est essentielle dans la logique béninoise.
En effet, par l'intermédiaire de cette étude, nous allons mettre en lumière le rapport du peuple à la construction de ses institutions. Pour ce faire, nous étudierons tout d'abord ce peuple qui sert de fondement général, de facteur légitimant. Comment le définir au regard de ses particularismes, d'autant plus avérés lorsqu'on emprunte la voie comparative (titre 1). Ensuite nous nous intéresserons à la fonction constituante et à la place du peuple dans cette procédure si essentielle dans le cadre d'une Constitution, lors de sa conception comme au moment de sa mise en pratique (titre 2).

TITRE 1

LE PEUPLE ET LE FONDEMENT DU REGIME, LES SINGULARITES BENINOISES

Par nature, par définition, par logique même, le régime démocratique a pour principal fondement le peuple.[26] Cette simple affirmation conduit nécessairement à s'interroger sur ce nouveau terme, en utilisant la perspective comparatiste que nous avons choisie pour la présente réflexion.

Dans cette mesure, il y aurait une définition générique, juridique et générale, du mot peuple, qui ferait coïncider ce concept avec celui de corps électoral, dans une perspective pratique de mise en œuvre. Mais cette idée générale repose aussi sur d'autres éléments de définition interne. Qui dit corps électoral dit ensemble des citoyens, ce qui implique de s'interroger sur la citoyenneté, l'égalité entre les citoyens – qui doit être au cœur du système démocratique – les moyens d'expression des citoyens par l'intermédiaire de l'élection.

De ce fait, évoquer un peuple comme étant le fondement d'un régime démocratique nécessite d'étudier plus précisément ce qui constitue ce peuple et le rapport général de chaque nation à l'unité de ce peuple. Ces deux aspects sont essentiels. Avec le premier on pose la question de la composition du peuple, du corps électoral donc, et de l'éventuelle évolution de cette composition dans le temps pour conduire à la situation actuelle (chapitre 1er). Avec le second, c'est beaucoup plus la logique interne du concept qui est questionné pour conduire à une interrogation plus vaste sur les citoyens, leur égalité, leur place au sein d'une communauté politique et juridique (chapitre 2).

---

[26] Cf. A. Baudart, *Qu'est-ce que la démocratie ?* Paris, Librairie Philosophique J. Vrin, 2005, p. 8-9.

CHAPITRE 1

LA COMPOSITION DU PEUPLE

L'avènement d'un régime démocratique est rarement immédiat. Il est le résultat de nombreuses décennies d'évolutions, de transformations, de législations successives, lorsqu'il ne s'agit pas de modifications constitutionnelles.

De ce fait, la question de la composition du peuple induit une double interrogation : tout d'abord étudier de manière générale les différentes étapes qui ont conduit un peuple à accéder au suffrage universel (section 1ère), ensuite s'attarder sur certaines spécificités de cette évolution qui montrent les difficultés qui Président à la consécration du suffrage universel et qui surtout permettent de mettre en lumière des particularismes parfois étatiques (section 2).

Section 1- Vers le suffrage universel, une évolution comparable entre les trois pays

La définition moderne du peuple qui renvoie à un corps électoral le plus étendu possible pose la question du suffrage universel et de sa généralisation. Pour mettre en perspective la situation béninoise (§2), qui est le résultat d'une évolution en lien avec l'histoire du pays, le recours aux exemples américains et français est pertinent. De fait, il permet de comprendre les logiques à l'œuvre dans l'histoire de ces deux pays (§1) pour conduire finalement à la généralisation du droit de vote, en tenant compte des particularismes étatiques.

§ 1- Les évolutions aux États-Unis et en France

Lorsqu'on examine la mise en place du suffrage universel, en France (A) et aux États-Unis (B), on constate que derrière des traits relativement communs apparaissent aussi des particularismes, en relation avec l'origine de la société et le fonctionnement initial du droit.

A/ Les transformations françaises successives

Parce qu'elle est marquée par de multiples Constitutions, résultats de révolutions, de coups d'État ou de défaite militaire, l'histoire constitutionnelle française offre une succession de régimes qui se caractérisent par un rapport souvent spécifique au droit de vote. Dans cette logique, on relève l'importance des transformations françaises. La première mutation majeure concerne le concept même de peuple et son rapport à la citoyenneté (1). La seconde s'inscrit dans une autre dimension, la prise en compte du sexe, et les conséquences générales sur l'accession au droit de vote (2).

1/Peuple, nation et citoyenneté

À l'origine, c'est-à-dire au lendemain de la Révolution Française, la question électorale est posée dans un contexte particulier qui éclaire le statut même de citoyens. De fait, dans un premier temps, pour des raisons de contexte, mais aussi dans une perspective politique précise, on oppose les concepts de peuple et de nation (a). Cette première opposition permet par la suite de donner un sens restreint au vote, en en faisant plutôt une fonction qu'un droit (b).

a/ Le peuple contre la nation

Au moment de la révolution, en 1789, le mouvement politique cède très rapidement la place à une réflexion plus générale sur le fonctionnement des institutions et sur la place des individus. C'est dans cette logique qu'une redéfinition de la citoyenneté est opérée pour conduire à écarter certains individus, au nom d'une approche plus globale du suffrage.

Le débat initial est bien connu. Il a une figure centrale, un abbé, membre du tiers État, Emmanuel Sieyès. L'intérêt du personnage réside dans le rapprochement de ses prises de position, à quelques mois d'intervalle. En janvier 1789, dans un pamphlet qu'il rédige au moment de la consultation de la population française, Sieyès insiste sur la place que doit occuper le tiers État. Dans la France de l'ancien régime, le découpage en trois ordres implique une égalité de voix entre la noblesse, le clergé et le tiers État. Dans « *Qu'est-ce que le tiers État ?* »[27], Sieyès dénonce cette égalité fictive. Le tiers État compose en réalité 80 % de la population. La représentation telle qu'elle est prévue dans les États généraux conduit naturellement à faire disparaître cette majorité, au profit d'une autre majorité

[27] E. J. Sieyès, *Qu'est-ce que le tiers-état?*, Paris, Troisième édition, 1789, 180 p. ; voir aussi P. Pasquino, *Sieyès et l'invention de la Constitution en France*, Paris, Odile Jacob, 1998, 262 p. ; L. Scuccimarra, « Généalogie de la nation. Sieyès comme fondateur de la communauté politique », in *Revue Française d'Histoire des Idées Politiques*, 2011/1, n° 33, p. 1.

totalement fictive celle-là, la noblesse et le clergé pouvant imposer leur voix au tiers État. À cette date, Sieyès réclame donc une égalité au niveau des voix à l'intérieur même des représentants. Il s'agit de donner un poids réel au tiers État, c'est-à-dire à 80 % de la population. Cette vision ne résiste pas au contexte. Une fois la révolution accomplie, Sieyès a pleinement conscience des dangers représentés par la majorité de la population française à cette époque. Composé d'individus en grande partie illettrés, cette population n'est pas en mesure d'intervenir dans le cadre d'un corps électoral. Au moment de la discussion de la Constitution de 1791, Sieyès oppose donc deux concepts, d'un côté, le peuple qui représente l'ensemble des individus, de l'autre côté la nation, un être fictif, au nom duquel l'État doit être géré[28]. Il pose la question de la pertinence d'une généralisation du vote pour l'ensemble des habitants, en tenant compte de leur incapacité à agir en la matière.

C'est dans cette logique qu'apparaît la distinction au sein de la Constitution de 1791 entre deux citoyennetés[29]. Les citoyens passifs ne sont pas capables d'exercer le droit de vote. Pour le bien de la nation, il est nécessaire de confier ce vote aux seuls individus capables, les citoyens actifs, que l'on va définir par des critères liés à la richesse[30]. De la sorte, c'est parce qu'ils sont suffisamment aisés

---

[28] Cf. L. Catherine, « La nation chez Sieyès », in B. Bourgeois, J. d' Hondt, *La philosophie et la Révolution Française: actes du Colloque de la Société française de philosophie, 31 mai, 1er et 2 juin 1989*, Bibliothèque d'histoire de la philosophie, Vrin, 1993, 313 p.; p. 143 et suiv. ; A. Laquièze, « La réception de Sieyès par la doctrine publiciste française », in P.-Y. Quiviger *Figures de Sieyès: actes du colloque des 5 et 6 mars 2004,* organisé à la Sorbonne par le Centre d'histoire des systèmes de pensée moderne et l'Institut d'histoire de la Révolution Française, Université, Paris I, Publications de la Sorbonne, 2008, 263 p.; p. 83-124.

[29] Constitution française de 1791, Titre III, chapitre premier, Section II
Article 2. - Pour être citoyen actif, il faut :
- Être né ou devenu Français ;
- Être âgé de vingt-cinq ans accomplis ;
- Être domicilié dans la ville ou dans le canton depuis le temps déterminé par la loi ;
- Payer, dans un lieu quelconque du Royaume, une contribution directe au moins égale à la valeur de trois journées de travail, et en représenter la quittance ;
- N'être pas dans un État de domesticité, c'est-à-dire de serviteur à gages ;
- Être inscrit dans la municipalité de son domicile au rôle des gardes nationales ;
- Avoir prêté le serment civique.

[30] Cf. F. Furet, R. Halevy, *Le monarchie républicaine, la Constitution de 1791*, Paris, Fayard, 1996, p. 190 et suiv.

que ces citoyens actifs disposent du temps et des connaissances nécessaires pour pouvoir agir politiquement.

b/ Le droit et la fonction de voter

C'est l'origine de la distinction entre droit et fonction en ce qui concerne le vote[31]. Cette distinction, révolutionnaire dans son origine, persiste à la fois durant la révolution et par la suite. Elle correspond d'ailleurs à une véritable logique sociale.

Dans un premier temps, alors que la révolution se poursuit, le statut de citoyen lui-même est modifié. Il ne s'agit plus de faire la distinction entre deux catégories de citoyens. Il faut faire apparaître d'un côté des individus qui peuvent être citoyens, qui disposent donc de la fonction de voter, et de l'autre, des individus qui disposent simplement d'un certain nombre de droits, sans pouvoir agir au niveau politique. Cette distinction qui apparaît avec la Constitution de 1795 justifie pleinement la mise en place d'un suffrage dit censitaire[32]. Autrement dit, le droit de vote est tout simplement concentré entre les mains de quelques-uns, ceux qui ont la capacité d'agir, c'est-à-dire ceux qui sont définis par le paiement d'un impôt. Cette logique se retrouve durant les chartes, au lendemain du premier empire. Les deux régimes, la restauration et la monarchie de juillet, obéissent à cette logique générale, en instaurant un suffrage censitaire[33]. Le fondement, le paiement d'un impôt, sert tout à la fois pour définir les électeurs et les élus potentiels. Il s'agit d'encadrer strictement l'accession à la fonction politique, qu'il s'agisse de la possibilité de s'exprimer politiquement, définie par un premier niveau de sens, ou de la possibilité d'agir politiquement, définis par un niveau supérieur d'impôt.

Dans cette logique, une évolution est-elle envisagée ? Pour de nombreux acteurs de cette époque, en particulier François Guizot,

---

[31] Sur l'opposition entre vote-droit et vote-fonction, Mounier et Barnave, « Terminer la Révolution », in F. Furet, M. Ozouf, *La Révolution Française*, Grenoble, Presses Universitaires de Grenoble, 1990, 181 p.; p. 19.

[32] Cf. R. Dupuy, 1795, pour une République sans Révolution, Rennes, Presses Universitaires de Rennes, 2015, 304 p.

[33] Cf. P. Rosanvallon, *La monarchie impossible: les Chartes de 1814 et de 1830*, Paris, Fayard, 1994, 376 p.

l'évolution en question ne peut intervenir[34]. Il faut limiter strictement l'action en la matière car le suffrage censitaire permet de garantir l'intervention de ceux qui possèdent dans le système politique. À ce titre, la logique générale conduit à un blocage potentiel de cette évolution, au nom d'ailleurs d'une concentration du pouvoir politique entre les mains d'une petite catégorie de la population.

Les opposants sont nombreux. Il comporte deux catégories distinctes : d'un côté, les partisans d'un abaissement progressif du cens, pour élargir peu à peu le corps électoral, la réalisation ultime – le suffrage universel – étant particulièrement lointaine ; de l'autre, les partisans d'un suffrage universel rapidement adopté, qui sont considérés comme des radicaux.

2/ Le suffrage universel

La suite de l'évolution voit justement l'adoption de ce suffrage universel. Pourtant, de nouveau, on constate l'existence de deux phases distinctes. Dans un premier temps c'est d'abord un suffrage universel masculin qui est mis en place (a). Ce n'est que dans un second temps que la question d'une extension aux femmes est posée (b).

a/ Le suffrage universel masculin et ses doutes

Peut-on parler d'une véritable réussite en ce qui concerne le suffrage universel masculin en France ? Le doute est permis, au regard des conséquences immédiates et un peu plus lointaines de la consécration de ce mode de suffrage.

De fait, la première consécration, à la fois théorique et pratique, intervient en 1848. Elle pose une véritable question en ce qui concerne l'intérêt de ce suffrage et même sa pertinence. Consacré dès le départ, le suffrage universel conduit à la désignation d'un Président de la République bonapartiste, le neveu du premier empereur, Louis Napoléon Bonaparte, et à l'élection d'une chambre composée en grande majorité de monarchistes, en mai 1849. Ces deux éléments posent la question de la pertinence du suffrage et surtout de la

---

[34] Cf. L. Jaume, *L'Individu effacé : Ou le paradoxe du libéralisme français*, Fayard, 2014, 592 p. ; p. 119 et suiv.

manipulation potentielle des électeurs[35]. Par la suite, la IIe République est le théâtre d'un affrontement entre les deux pouvoirs, le Président et l'Assemblée, et se termine par un coup d'État.

C'est à cet instant que surgit l'autre question concernant le suffrage universel. Pour s'assurer d'une forme de légitimité, le Président de la République, qui a commis le coup d'État, utilise un appel au peuple c'est-à-dire qu'il consulte la population. Il s'efforce d'insister justement sur ce suffrage universel masculin qu'il utilise[36]. Durant le Second Empire, il aura fréquemment recours à cette technique, là aussi pour mettre en place une justification par l'intermédiaire du peuple. Toute la question réside dans la légitimité d'un tel régime. Mais une autre interrogation est possible : le peuple, c'est-à-dire le corps électoral masculin ici, n'a-t-il pas soutenu l'empire et le régime autoritaire ? Au regard des résultats, on peut penser qu'il s'agit d'abord et avant tout d'une manipulation de l'électorat. Pourtant la question va se poursuivre par la suite.

De fait, au début de la IIIe République, juste après la chute de l'empire, un débat intervient pour savoir s'il faut ou non rétablir le suffrage universel au niveau de la République. Ce débat est important puisque certaines propositions souhaiteraient justement écarter le suffrage, au nom de son soutien potentiel au second empire[37]. Rappelons que, à cette époque, l'Assemblée constituante en charge de ces questions est composée en majorité de monarchistes. Les débats sont nombreux entre 1871 et 1875, date de l'adoption de la loi électorale[38]. La commune a fait basculer certains vers le

[35] Voir A. Coutant, *1848, quand la République combattait la démocratie*, Paris, Mare et Martin, 2009, 558 p.

[36] "*Mon devoir est (...) de maintenir la République et de sauver le pays en invoquant le jugement solennel du seul souverain que je reconnaisse en France : le Peuple. Je fais donc appel loyal à la nation tout entière*" ; Proclamation du Président de la République au peuple, « Appel au peuple », en date du 2 décembre 1851, P. E. Cadet, *Dictionnaire de législation usuelle comprenant les éléments du droit civil, commercial, industriel, maritime, criminel, administratif*, Paris, E. Belin, 1869, p. 170-171.

[37] Cf. Sur l'ensemble de cette question, R. Huard, *Le suffrage universel en France 1848-1946*, Paris, Aubier, 1991, p. 106 et suiv.

[38] Cf. G. Ferrière, « La loi électorale du 30 novembre 1875. La difficile confirmation du suffrage universel », in M. Ganzin, *Le concept de représentation dans la pensée politique*, Aix-en-Provence, Presses universitaires d'Aix-Marseille, 2003, p. 421-447.

conservatisme le plus explicite, tels Flaubert ou Renan[39]. Les républicains semblent, eux aussi, très dubitatifs quant à l'avenir du suffrage universel. En mars 1874, le rapport Batbie résume les deux grandes questions : réduire le nombre d'électeurs (par l'âge, la durée de résidence ou le rétablissement d'un cens), d'un côté, limiter les effets du suffrage (vote à deux degrés, vote familial)[40]. Finalement, c'est bien un suffrage universel masculin qui sera consacré, avec toutefois des précautions supplémentaires. Le régime prévoit de surcroît l'élection du Président de la République au suffrage universel indirect pour éviter le lien direct avec la population. Le régime prévoit aussi la mise en place d'une seconde chambre au suffrage universel indirect, mais aussi composée de sénateurs inamovibles, pour restreindre les effets du suffrage et de l'action directe du peuple, ici masculin.

b/ L'extension aux femmes, le suffrage universel réel

Depuis la Révolution Française, la question d'un suffrage universel réel, c'est-à-dire sans considération sexuelle, est posée. Il faut pourtant attendre 1944 pour que cette extension soit mise en place, en théorie, puis en pratique, dès l'année suivante. Cent cinquante ans (150 ans) s'écoulent donc entre l'idée initiale et sa réalisation. Pour le comprendre, il faut revenir sur un certain nombre de débats, y compris au lendemain de la seconde guerre mondiale.

Deux exemples permettent de mettre en lumière les résistances évidentes en ce qui concerne une extension aux femmes du droit de suffrage, en France. Le premier exemple concerne une figure du féminisme sous la Révolution Française, Olympe de Gouges[41]. Cette

---

[39] Cf. E. Renan, *La réforme intellectuelle* et *morale de la France*, Paris, Hachette, 1871, 616 p.

[40] Le texte du rapport de Batbie et le projet de loi électorale de la commission ont été publiés au Journal officiel du 1er avril 1874, ainsi qu'aux Annales de l'Assemblée Nationale, t. 34, annexe n° 2320 à la séance du 21 mars 1874. Pour un commentaire général, Georges Ferrière, « La loi électorale du 30 novembre 1875. La difficile confirmation du suffrage universel », in M. Ganzin, *Le concept* de *représentation dans la pensée politique* : *actes du colloque d'Aix-en-Provence, 2-3 mai 2002,…*, op. cit..

[41] S. Mousset, *Olympe de Gouges et les droits de la femme*, Félin, 2003, 133 p. ; P.-M. Duhet, *Les Femmes et la Révolution:1789-1794*, Paris, Gallimard, 1973, 240 p. Ces deux auteurs décrivent un peu le personnage *d'Olympe de Gouges.* D'abord écrivaine, elle fréquente assidûment les salons littéraires ; c'est à l'âge de quarante

personnalité, révolutionnaire, engagée, insiste sur la nécessité de reconnaître les mêmes droits aux femmes et aux hommes. Elle rédige même une déclaration des droits de la femme et de la citoyenne, qu'elle veut identique dans ses logiques et dans ses conséquences à la Déclaration des droits de l'homme et du citoyen. Elle ne verra pas aboutir ses revendications, étant guillotinée. Le second exemple est donné par une autre figure, George Sand, qui intervient en 1848. À cette date, le suffrage universel masculin est consacré. George Sand est une figure du féminisme mais refuse l'approche politique. C'est sa contemporaine, Flora Tristan qui porte cette revendication durant la monarchie de juillet[42]. Une demande à ce que ce suffrage soit étendu sera pourtant examinée par l'Assemblée constituante élue à cette époque. Cette Assemblée qui comporte 900 membres examine la requête en question. Seuls quarante-neuf d'entre eux se prononcent en faveur d'une extension pour les femmes.

Il faut attendre 1944 et la fin de la seconde guerre mondiale pour voir le gouvernement provisoire de la République française donner le droit de vote aux femmes. Cette consécration théorique intervient dans un texte pris par le gouvernement de Charles de Gaulle et connaît une réalisation pratique avec les élections de l'automne 1945, au niveau municipal et national.

Pour résumer l'évolution française, il faut donc insister sur deux perspectives distinctes : d'une part, la mise en place progressive d'un suffrage universel masculin, d'autre part, l'extension de ce suffrage aux femmes.

---

ans qu'elle se tourne vers la politique. Très impliquée, elle refuse que la révolution se fasse sans les femmes, pour lesquelles elle réclame l'égalité des droits. Ainsi, elle écrira en 1791, sa célèbre *Déclaration des droits de la femme et de la citoyenne.* Mais ses engagements vont encore plus loin. Elle s'insurge contre l'esclavage, s'oppose à la peine de mort, prône la non-violence, défend les orphelins et les droits des mères célibataires. Elle est l'une des premières à faire des propositions concrètes en faveur de la démocratie. Rejetée des sphères intellectuelles et du milieu politique, elle est portée à l'échafaud pendant les sombres heures de la Terreur. Ses derniers mots seront : Enfants de la patrie, vous vengerez ma mort ! Très Courageuse, Olympe de Gouges (1748-1793) sera guillotinée le 3 novembre 1793. Son crime : avoir des convictions humanistes et féministes, et oser les revendiquer.

[42] Cf. R. Joyal, *George Sand toujours présente*, PUQ, 172 p.; M. Agulhon, F. Tristan, G. Sand, P. Roland: *Les femmes et l'invention d'une nouvelle morale, 1830-1848*, Paris, Creaphis, 1994, 108 p.

B/ Le parallèle américain

Peut-on parler de parallèle en ce qui concerne les États-Unis ? Au regard de l'évolution générale, on constate la présence de problématiques comparables (1). Il y a toutefois une différence majeure, directement liée à l'histoire américaine, qui concerne la place de la population noire (2)

1/ Les problématiques comparables

Dans un premier temps, on constate la présence de questionnements relativement similaires, entre le système américain et le système français. Il s'agit d'abord de poser la question du suffrage restreint et de son évolution potentielle vers un suffrage universel masculin (a). Il s'agit ensuite de s'interroger sur la place des femmes et sur un éventuel droit de vote (b).

a/ Le suffrage restreint et son évolution

L'évolution américaine est conditionnée par la structure même de la fédération. Il faut se tourner vers les États pour voir les transformations politiques concernant l'accès au suffrage.

La Constitution fédérale ne garantit en aucune manière un droit de vote. À l'origine, elle prévoit même deux niveaux, un niveau de définition en ce qui concerne le niveau fédéral, et un autre niveau, au niveau fédéré. Ainsi, chaque État se trouvait, à l'origine, avoir la compétence de fixer les critères en matière de vote et de citoyenneté. La plupart des États, dans les premières années de la fédération, ont ainsi choisi de limiter le droit de vote aux seuls hommes propriétaires. Par exception, des esclaves affranchis et des femmes pouvaient parfois avoir ce droit dans quelques rares États.

La première évolution intervient entre 1800 et 1830. On évoque souvent, à cet égard, le rôle décisif de la présidence de Jackson (à partir de 1828) et la volonté d'inscrire la Démocratie, au sens de la participation de tous les hommes blancs en matière politique[43], au cœur de la structure américaine. Il s'agit d'étendre peu à peu les conditions pour acquérir le droit de voter. Les premiers États américains adoptent, au fur et à mesure, des législations qui

[43] Cf. B. Laniel, *Le mot « democracy » aux Etats-Unis de 1780 à 1856*, Saint-Étienne, Publications de l'Université de Saint-Etienne, 1995, 375 p.

suppriment les critères de propriété pour l'accès au vote. Les nouveaux États inscrivent directement dans leur Constitution un suffrage universel qui n'intègre plus la propriété comme critère nécessaire d'accès au vote.

En 1830, on constate une grande diversité sur ce point entre les États. Dix (10) États ont mis en place un suffrage masculin universel, réservé aux Blancs ; il s'agit du Maryland, du New Hampshire, de New-York, du Vermont, du Kentucky, de l'Indiana, de l'Illinois, de l'Alabama, du Maine et du Missouri. Neuf (9) restreignent le vote en tenant compte de conditions fiscales, le Delaware, la Pennsylvanie, la Georgie, le Massachusetts, la Caroline du Nord, Rhode Island, l'Ohio, la Louisiane et le Mississippi. Quatre (4) continuent d'utiliser la propriété comme critère, le New Jersey, le Connecticut, la Caroline du Sud, le Tennessee. Un seul mélange critère fiscal et lien à la propriété, la Virginie[44].

En 1856, la Caroline du Nord est le dernier État à supprimer le lien entre droit de vote et propriété. Pour autant, il ne s'agit pas encore d'un suffrage universel, masculin et blanc. En 1860, cinq (5) États fondent le droit de vote sur l'impôt (le Massachusetts, Rhode Island, la Pennsylvanie, la Caroline du Nord et le Delaware).

Il faut toutefois préciser que, sur ce cas également, la spécificité américaine apparaît puisque les transformations se font État par État et que, fréquemment, les critères liés au statut de propriétaires sont remplacés par des critères liés au paiement de l'impôt. Il faut attendre 1840 pour que les taxes disparaissent en tant que fondement du droit politique. Précisons aussi que des conditions étaient parfois ajoutées pour pouvoir accéder au droit de vote, le fait de savoir lire, ou, de manière beaucoup plus symbolique, un test en matière religieuse dans certains États.

---

[44] A. Testi, « The construction and deconstruction of the U.S. electorate in the age of manhood suffrage, 1830's-1920's », in Raffaele Romanelli, *How Did They Become Voters?: The History of Franchise in Modern European Representation*, Kluwer Law International B.V., 1998, p. 387; A. Keyssar, *The Right to Vote: The Contested History of Democracy in the United States*, Basic Books, 2009, 496 p.

Le suffrage universel masculin est consacré par le quinzième amendement, après la guerre civile[45]. Nous sommes en 1870 lorsque cette révision de la Constitution est adoptée au niveau fédéral. Elle s'applique de manière générale dans les différents États.

b/ La problématique du suffrage féminin

En ce qui concerne l'extension du droit de suffrage aux femmes, on peut aussi parler d'une évolution à moyen terme.

Dans un premier temps, les revendications en la matière apparaissent au milieu du dix-neuvième siècle[46]. En 1848, une convention militant pour le suffrage féminin se réunit à Seneca Falls. Une déclaration est adoptée pour mettre en avant la nécessité d'intégrer les femmes dans la société, y compris au niveau politique[47]. Le combat doit, aux yeux des femmes, trouver son issue logique au lendemain de la guerre civile, avec l'adoption du quinzième amendement, qui prévoit un droit de suffrage égal. Pourtant, à ce moment, les hommes rejettent cette extension[48].

Le mouvement féministe se tourne donc vers la logique associative. De multiples développements conduisent à des interventions au niveau des États, puis au niveau fédéral. Il faut attendre la fin de la première guerre mondiale, qui coïncide avec un mouvement de pression de la part des féministes, pour voir une consécration en la matière. Après un mouvement de protestation devant la Maison-Blanche, entre le 10 janvier 1917 et le 25 juin 1919, les femmes obtiennent enfin une reconnaissance des institutions fédérales. Cette reconnaissance prend la forme d'un amendement, le dix-neuvième, qui est voté par les deux chambres du Congrès les 21 mai et 4 juin 1919. La ratification par le

---

[45] Section 1. The right of citizens of the United States to vote shall not be denied or abridged by the United States or by any State on account of race, color, or previous condition of servitude.
Section 2. The Congress shall have power to enforce this article by appropriate legislation

[46]Cf. A. Coutant, *L'Amérique des Etats. Les contradictions d'une démocratie fédérale*, Paris, Mare et martin, 2011, p. 583 et suiv.

[47] Cf. D. M. Rife, *Seneca Falls Declaration of Sentiments and Resolutions*, Lorenz Educational Press, 2002, 48 p. ; C. Fillard, E. C. Stanton, *Naissance du féminisme américain à Seneca Falls,* ENS, 2016, 224 p.

[48] E. C. DuBois, *Woman suffrage et women's rights*, New York university Press, 1998, p. 123-124.

trente-sixième État nécessaire (il s'agit du Tennessee) intervient le 18 août 1920. Le suffrage universel est donc réel aux États-Unis à partir de cette date[49].

2/ La différence majeure : la population noire

En raison d'une réalité propre aux États-Unis, un autre questionnement concerne l'accession au suffrage : il s'agit de la place de la population noire. De fait, il faut tenir compte d'une part d'une transformation majeure de la société américaine, avec l'abandon de l'esclavage et ses conséquences (a), et, d'autre part, d'une extension réelle du suffrage, par l'intermédiaire d'un certain nombre de textes (b).

a/ L'esclavage et le suffrage universel

Il y a assurément une spécificité américaine initiale. La présence de l'esclavage au sein de la jeune fédération américaine pose la question plus générale de la place des noirs dans la société américaine, à cette époque, puis, par la suite.

Dans un premier temps, on peut parler d'un principe et d'éléments exceptionnels. Le principe concerne l'exclusion systématique de la population noire. Ceci apparaît comme une conséquence du fonctionnement de la société américaine dans les États esclavagistes. Dans les premiers temps de débats, au sein de la Convention de Philadelphie et dans les États, la question de l'esclavage renvoie automatiquement les victimes de cette pratique en dehors du corps électoral. Les éléments exceptionnels concernent donc la présence de noirs affranchis au sein de certains États. Là aussi, il est rare que les noirs en question obtiennent le droit de vote.

La transformation vers un suffrage universel masculin est donc d'abord et avant tout marquée par la couleur de peau. De la sorte, c'est bien l'homme blanc qui obtient le suffrage universel, au fur et à mesure, dans les différents États au cours de la première moitié du dix-neuvième siècle. Pour autant, la question du statut des Noirs se pose de manière significative. Des mouvements en faveur du droit des Noirs, anciens esclaves affranchis, ou descendant d'esclaves

---

[49] Cf. A. Coutant, *Le droit constitutionnel en tableaux*, Paris, marketing, 2019, p. 170.

affranchis, citoyens libres de certains États, apparaissent dans plusieurs États américains. La question de l'évolution générale est ici posée. Il faut attendre la guerre civile et son issue pour qu'une transformation réelle et significative se produise.

b/ L'extension du suffrage

Il faut malheureusement parler d'une théorie et d'une pratique. En raison des transformations de la société américaine, au lendemain de la guerre civile, le suffrage universel masculin, sans aucun lien avec la couleur de peau, est théoriquement proclamé. Mais, à cette même époque, la mise en pratique de cette égalité politique est remise en cause. Les décennies suivantes ne faisant que confirmer cette difficulté, avant la nouvelle évolution, au milieu du vingtième siècle.

Dans un premier temps, la théorie, tirée du quinzième amendement, conduit à proclamer un suffrage universel masculin. De fait, en application des amendements de reconstruction, la population noire affranchie est donc intégrée automatiquement dans la société américaine. Les hommes noirs doivent donc être traités de la même manière que les hommes blancs au regard du droit de vote. La quinzième révision de la Constitution américaine qui intervient en 1870 doit donc leur être appliquée.

Ceci, malheureusement, est d'abord et avant tout une approche théorique. De fait dans un second temps, il faut bien constater que la pratique est très loin de se généraliser dans les décennies suivantes. Après la remise en cause, partielle, des effets de la guerre civile au regard de la population et de sa transformation, les années 1880 voient le développement de la pratique de la ségrégation raciale dans de nombreux États[50]. Cette pratique a un volet politique évident : la population noire – les hommes – est exclue du corps électoral, par un certain nombre de mécanismes. Il s'agit en particulier de ne pas inscrire sur les registres les Noirs pour éviter ainsi leur participation aux élections. Il faut attendre les années 1960 pour qu'un mouvement général de remise en cause de la ségrégation raciale, appelé mouvement des droits civiques, revient sur cette exclusion des Noirs du corps électoral. Le texte majeur en la matière, le *Voting Rights Act* de 1965 garantit le vote pour les Noirs, qu'il s'agisse des hommes ou

---

[50] Cf. A. Coutant, *Histoire constitutionnelle des États-Unis, tome 2, 1860-1937, Fédération ou démocratie*, Paris, Mare et Martin, 2013, p. 437 et suiv.

des femmes. En effet, entre-temps, les femmes ont obtenu le droit de vote, en 1920[51].

§ 2 - Le suffrage universel au Bénin

Bien que l'on considère que la démocratie béninoise date de la Constitution de 1990, l'instauration du suffrage universel dans le pays est plus ancienne. Il faut remonter dans les années 1950 pour comprendre la mise en œuvre initiale et son contexte, qui explique en grande partie son échec (A). La consécration réelle et définitive n'intervient qu'avec le texte de 1990 et ses conséquences (B).

A/ L'histoire initiale

L'histoire de la mise en place du suffrage universel au Bénin épouse en partie celle de la décolonisation et de son contexte. De fait, l'accession à l'indépendance permet à la jeune République de mettre en place un droit de vote apparemment généralisé (1). Pourtant, les difficultés rencontrées avec la mise en œuvre pratique du système démocratique formel conduisent à une dictature qui revendique toujours le soutien populaire (2).

1/ De la période coloniale à l'indépendance

Avec la fin de la seconde guerre mondiale, les anciennes puissances colonisatrices se retrouvent confrontées aux mêmes difficultés, à savoir une volonté d'indépendance de la part de leurs anciens fiefs, particulièrement en Afrique. La région qu'occupe l'actuel Bénin n'échappe pas à ces querelles (a). La réalisation politique et juridique qui intervient à ce moment – la mise en place de la République du Dahomey, structure indépendante – repose bien sur un suffrage universel mais souffre d'une instabilité chronique et d'une impossibilité à agir dans la durée (b).

a/ Les lendemains de la seconde guerre mondiale

Si on s'intéresse à l'histoire coloniale, on peut commencer par préciser que le Dahomey[52], ancienne colonie française, a été rattaché, en 1904, à l'Afrique Occidentale Française (AOF). Il est devenu un territoire français d'outre-mer comme d'autres territoires de l'Afrique

---

[51] Cf. A. Coutant, *Le droit constitutionnel en tableaux*, …, op. cit., p. 170.
[52] Cf. R. Cornevin, *Histoire du Dahomey*, Berger-Levrault, 1962, 568 p.

Noire Française. Tous ces territoires sont régis par l'administration coloniale française jusqu'à la fin de la deuxième guerre mondiale. Au lendemain de cette guerre, la défaite de la France et, en parallèle, la participation de certains peuples coloniaux au conflit contribuent à soulever des interrogations sur le maintien à moyen terme de l'organisation : concrètement, ces territoires d'outre-mer n'hésitent pas à revendiquer leur autonomie politique et institutionnelle.

Avant même la fin du conflit, une opposition se dessine lors de la Conférence de Brazzaville, entre le 30 janvier et le 8 février 1944.[53] A cette occasion, le gouvernement provisoire du général de Gaulle fait part de son intention de rétablir son autorité dans les colonies françaises d'Afrique. Le chef de la France Libre prononce un discours où il énonce sa vision de la vocation coloniale de la France et écarte toute idée d'indépendance pour les colonies : « *En Afrique française comme dans tous les autres territoires où des hommes vivent sous notre drapeau, il n'y aurait aucun progrès qui soit un progrès, si les hommes, sur leur terre natale, n'en profitaient pas moralement et matériellement, s'ils ne pouvaient s'élever peu à peu jusqu'au niveau où ils seront capables de participer chez eux à la gestion de leurs propres affaires. C'est le devoir de la France de faire en sorte qu'il en soit ainsi* ».[54] Le propos insiste évidemment sur l'absence d'indépendance mais sous-entend aussi une volonté d'évolution, pour atteindre, finalement, la gestion des affaires par les habitants eux-mêmes.

Avec la mise en place du nouveau régime en France, en 1946, la question coloniale semble prise en compte à travers la création de l'union française. De fait, dès la procédure constituante, le fait colonial avait été pris en compte, de manière limitée certes, mais aussi symbolique. Des représentants des territoires coloniaux étaient en effet membres de l'Assemblée constituante. C'est dans ce cadre que Sourou Migan Apithy[55], un représentant béninois, est élu, en 1945, à l'Assemblée constituante française.

---

[53] Cf. R.-M. Lemesle, *La Conférence de Brazzaville de 1944, contexte et repères : cinquantenaire des prémices de la décolonisation*, CHEAM, 132 p.

[54] Ph. Oulmont, M. Vaïsse, *De Gaulle et la décolonisation de l'Afrique subsaharienne,* Paris, Karthala, 2014, p. 197.

[55] Cf. C. Roche, *50 ans d'indépendance dans les anciennes possessions françaises d'Afrique Noire*, Paris, L'Harmattan, 2011, p. 30.

Après un an de débats, la Constitution est enfin ratifiée par le peuple. La question coloniale est évidemment présente puisque le texte constitutionnel en fixe le cadre. Le préambule précise que : « *La France forme avec les peuples d'outre-mer une Union fondée sur l'égalité des droits et des devoirs, sans distinction de race ni de religion* »[56] et que « *L'Union française est composée de nations et de peuples qui mettent en commun ou coordonnent leurs ressources et leurs efforts pour développer leurs civilisations respectives, accroître leur bien-être et assurer leur sécurité. Fidèle à sa mission traditionnelle, la France entend conduire les peuples dont elle a pris la charge à la liberté de s'administrer eux-mêmes et de gérer démocratiquement leurs propres affaires ; écartant tout système de colonisation fondé sur l'arbitraire, elle garantit à tous l'égal accès aux fonctions publiques et l'exercice individuel ou collectif des droits et libertés proclamés* ».[57] L'article soixante ajoute « *L'Union française est formée, d'une part, de la République française qui comprend la France métropolitaine, les départements et territoires d'outre-mer, d'autre part, des territoires et États associés* ».

C'est un premier pas par rapport à la colonisation elle-même. Il faut en effet poser la question de la participation de représentants des colonies au sein de la structure métropolitaine. Dans la logique de la Constitution, les territoires se voient offrir une forme de représentation par l'intermédiaire d'un conseil spécifique. Celui du Dahomey apparaît le 15 novembre 1946. On assiste d'ailleurs à une logique régionale puisque les représentants du Dahomey intègrent aussi un Conseil de la République qui siège au Grand conseil de l'Afrique Occidentale Française (AOF) et à l'Assemblée de l'Union française. Très logiquement, le lien entre la population du Dahomey et la représentation, par l'élection, conduit à poser la question du vecteur nécessaire en la matière, le parti politique. On comprend la création du premier grand parti dahoméen : l'Union progressiste dahoméenne, UPD, à la tête de laquelle on retrouve Sourou Migan Apithy. De manière aussi très attendue, une alternance apparaît également, avec le

[56] Préambule de la Constitution française de 1946.
[57] *Ibid.*

Bloc populaire africain (BPA) d'Emile Poisson et de Justin Tométin Ahomadégbé, en décembre 1946.[58]

Nous sommes évidemment très loin d'une utilisation apaisée. Les débats internes commencent, en utilisant justement la désignation de représentants au sein des nouvelles structures de l'union pour animer un début de jeu démocratique. Les tensions sont nombreuses à cette époque.

b/ Le Dahomey indépendant et le suffrage

On a tendance à insister sur l'année 1960 qui marque une profonde transformation de l'ancienne Afrique coloniale. Dans le cadre de la Constitution de 1958, la France a, en effet, choisi d'offrir un nouveau cadre à ses colonies, une communauté qui est réglementée par la Constitution, mais aussi une option, celle de devenir totalement indépendantes. Avant cette date, pourtant, une première évolution majeure est intervenue, en 1956.

En décembre 1956, le ministre du gouvernement Guy Mollet en charge de la France d'outre-mer, Gaston Defferre, présente une loi cadre[59] qui doit réglementer la question de l'autonomie de l'ensemble des territoires français d'outre-mer. Ceux-ci comprennent évidemment l'AOF dont fait partie le Dahomey. Tout en restant prudent, puisqu'il organise « une décentralisation des pouvoirs de la métropole vers les territoires, ainsi que des mesures de déconcentration administrative accompagnant l'extension des compétences des assemblées territoriales ». Ce texte consacre toutefois « *un suffrage désormais véritablement universel ainsi que des conseils de gouvernement composés de ministres désignés par les assemblées territoriales et présidés par un représentant de la République française, accompagné*

---

[58] Cf. M. Israël, *Isidore de Souza. Figure fondatrice d'une démocratie en Afrique*, Paris, Karthala, 2011, p. 20.

[59] A. Dore-Audibert, *Une décolonisation pacifique : chroniques pour l'histoire,* Paris, Karthala, 1999, p. 265. ; G. Migani, *La France et l'Afrique sub-saharienne, 1957-1963: histoire d'une décolonisation entre idéaux eurafricains et politique de puissance*, Peter Lang, 2008, p. 45 et suiv.; N. Din Dibobe, *La loi-cadre Defferre vue à travers la presse: 1956-1958*, Université Panthéon-Sorbonne, mémoire, Maîtrise en histoire, 1994, 320 p. Interview du 04 décembre 1956 accordée à M. Gaston Defferre sur, *La Loi cadre Defferre de 1956*, in *Magazine* ORTF (Collection: Connaissance de l'Union française).

d'un vice-Président africain ».[60] On comprend que l'évolution soit essentielle. Est-elle pour autant décisive ?

Entre 1956 et 1958, les débats sont nombreux, dans le territoire du Dahomey sur la question de l'évolution et les transformations potentielles. Les Courants historiques sont toujours présents puisque Sourou Migan Apithy[61] est élu vice-Président du conseil de gouvernement du Dahomey, en mai 1957.

La transformation principale intervient en 1958. En premier lieu, on peut signaler que le Dahomey ratifie le référendum instituant la Ve République. Apithy devient d'ailleurs le Président du conseil de gouvernement. Une Constitution est adoptée, le 28 février 1959[62]. Dès le mois d'avril suivant, une première Assemblée nationale dahoméenne est élue, l'utilisation du suffrage universel étant évidemment centrale, mais conduisant à une structure sans majorité politique. Après de nouvelles querelles entre les différents partis politiques qui sont apparus, c'est Hubert Maga[63] qui est élu Président et qui proclame l'indépendance du pays le 1er août 1960.

Le suffrage universel est donc utilisé pour la désignation des responsables politiques à partir de cette date. Malheureusement, ce moyen ne permet pas de stabiliser la jeune République. Les années qui suivent sont marquées par une succession de Constitutions et de coups d'État militaires. Une deuxième Constitution a vu le jour, le 26 novembre 1960[64], lorsque le Dahomey accède à la souveraineté internationale. Elle fonctionne jusqu'au 28 octobre 1963, date d'un premier coup d'État, mené par le colonel Christophe Soglo. La

[60] Interview du 04 décembre 1956 accordée à M. Gaston Defferre sur, *La Loi cadre Defferre de 1956*, in *Magazine ORTF* (Collection : Connaissance de l'Union française).

[61] M. C. Houngnikpo, S. Decalo, *Historical Dictionary of Benin,* Rowman & Littlefield, 2013, p. 53.

[62]Assemblée Nationale, Service de la Documentation et des Archives de l'Assemblée Nationale, (https://assembleenationale.bj/index.php/presentation/histoire_patrimoine/histoire_patrimoine/), consulté, le 18-02-2019 à 12h48.

[63] M. C. Houngnikpo, S. Decalo, *Historical Dictionary of Benin…,* op. cit., p. 37.

[64] Constitution de la République du Dahomey, 26 novembre, 1960 (Loi no.60-36, Porto-Novo, Impr. Nationale, 1960, 18 p. 25).
Imprint, Porto-Novo, Impr. Nationale, 1960, 18 p (https://searchworks.stanford.edu/view/8923168), consulté le 18-02-2019, à 13h59.

période autoritaire est de courte durée puisqu'une nouvelle Constitution est adoptée le 11 janvier 1964 et permet de nouveau un fonctionnement par l'élection jusqu'en novembre 1965. À cette date, en raison de nouveaux troubles, Soglo, devenu général, reprend le pouvoir. Les années suivantes sont très instables jusqu'en mai 1970, avec la mise en place d'un Conseil présidentiel, autour de trois personnalités, Hubert Maga, Justin Ahomadégbé et Sourou Migan Apithy. Une présidence tournante était prévue pour fonctionner tous les deux ans. Le coup d'État de 1972 met fin à cette tentative.

2/ La dictature de Kérékou

Le vingt-six octobre 1972, un coup d'État[65] porte le général Matthieu Kérékou à la tête du pays. La question du suffrage universel se pose directement. Le nouveau régime revendique clairement son attachement à la doctrine marxiste-léniniste, ce qui invite à s'interroger sur les modalités politiques pratiques. De fait, on constate que dans les textes, le suffrage semble maintenu. Dans la pratique évidemment il en est tout autrement.

a/ Le maintien du suffrage dans les textes

Il faut attendre plusieurs années pour qu'une nouvelle Constitution soit adoptée, le 26 août 1977. Elle ne fait que confirmer la logique du coup d'État puisque son article quatre précise : « *en République populaire du Bénin, la voie de développement est le socialisme. Son fondement philosophique est le marxisme-léninisme qui doit être appliqué de manière vivante et créative aux réalités béninoises. Toutes les activités de la vie sociale nationale en République populaire du Bénin s'organisent dans cette voie sous la direction du Parti de la révolution populaire du Bénin, détachement d'avant-garde des masses exploitées et opprimées, noyau dirigeant du peuple béninois tout entier et de sa révolution* »[66].

---

[65] Le 26 octobre 1972 au Bénin, Mathieu Kérékou prenait le pouvoir par coup d'Etat, https://lanouvelletribune.info/2017/10/coup-detat-26-octobre-1972-voici-feu-mathieu-kerekou-a-pris, pouvoir/consulté le 22-05-2018 à 12h10.

[66] E. H. O. Diop, *Partis politiques et processus de transition démocratique en Afrique noire : recherches sur les enjeux juridiques et sociologiques du multipartisme dans quelques pays de l'espace francophone,* Paris, Publibook, 2006, p. 33.

Des élections sont pourtant prévues pour désigner apparemment les principaux tenants du pouvoir. Il s'agit d'une approche très théorique. De fait, le régime ne prévoit qu'un seul parti politique, ce qui va avoir des conséquences attendues dans les faits et dans la pratique.

b/ La disparition pratique

On signale évidemment deux évidences : les conséquences du monopartisme sur le régime, d'une part, et l'encadrement strict des élections par le pouvoir politique, d'autre part.

Le régime a créé, dès 1975, un parti unique, dénommé le Parti de la Révolution Populaire du Bénin (PRPB). Ce parti regroupe toutes les sensibilités politiques sous une seule et unique idéologique politique : le marxisme léninisme. Par conséquent, le pluripartisme disparait au profit du monopartisme. Ainsi, le parti unique devient le seul parti du pays qui dirige l'État. Dans ce cas, le jeu politique de désignation des représentants du peuple n'est plus nécessaire voire indispensable. De la sorte, il est parfaitement logique que le parti unique investisse simplement ses représentants qui emportent l'adhésion du corps électoral. Comme le fait remarquer Kakai : « *l'élection étant désormais sans choix, le résultat étant aussi connu à l'avance, le vote n'était plus qu'une formalité, un rituel de légitimation et de ratification des choix opérés par le parti unique* »[67].

L'organisation des élections démontre d'ailleurs la volonté affirmée par le pouvoir d'en éviter toutes les conséquences réelles. Les opposants sont arrêtés, internés ou exécutés. Les candidatures sont nécessairement officielles, ce qui évite toute contestation et toute possibilité d'expression. On retrouve dans cette forme de suffrage universel le prétexte utilisé par certains régimes autoritaires pour légitimer leur action, en faisant référence à une approche démocratique.

Cette histoire, relativement brève, mais pourtant déjà mouvementée, du suffrage universel béninois a conduit, pour le moment, à un dispositif sans véritable conséquence, une coquille vide, qui ne permet pas vraiment de parler d'approche démocratique. Il faut attendre le

---

[67] S. H. F. Kakai, *Le vote ethnique au Benin. Contribution a une étude sociopolitique de l'élection*, thèse, Université d'Abomey-Calavi, Chaire UNESCO des Droits de la Personne et de la Démocratie, 2011, p. 287.

nouveau régime, à partir de 1990, pour que le suffrage trouve une véritable réalité politique.

B/ Le fondement du régime actuel

Le principe du suffrage universel est évidemment au cœur de la Constitution de 1990. Il est repris et confirmé par les lois électorales successives.

1/ La Constitution de 1990

Il suffit d'examiner les articles qui consacrent le suffrage universel et de compléter cet examen par l'analyse des modalités de désignation des pouvoirs politiques, prévue par la Constitution, pour confirmer la présence centrale du premier critère de la démocratie formelle dans la Constitution béninoise actuelle.

a/ Les articles consacrant le suffrage universel

Plusieurs articles permettent de dresser un tableau complet de la perspective démocratique dans la Constitution béninoise, en date de 1990.

Son article 3 dispose ainsi que : « *La souveraineté nationale appartient au peuple.* (…) ». Le peuple s'entend ici comme l'ensemble de tous les citoyens jouissant de leurs droits civiques et politiques. Mais le peuple, tel que défini, ne peut pas lui-même gouverner. C'est pourquoi l'article 4 de la même Constitution ajoute que : « *Le peuple exerce sa souveraineté par ses représentants élus et par voie de référendum* (…) ».

L'article 6 du titre premier : *De l'État de la souveraineté*, de cet ordre constitutionnel, dispose que : « *Le suffrage est universel, égal et secret. Sont électeurs, dans les conditions déterminées par la loi, tous les nationaux béninois des deux sexes, âgés de dix-huit ans révolus, et jouissant de leurs droits civils et politiques* ». Cette disposition établit le suffrage universel au Bénin. Cette universalité signifie d'office que « *les citoyens béninois en âge de voter concourent à l'expression du suffrage sans aucune discrimination. Il suffit de remplir les conditions d'âge, de moralité et de capacité et d'accomplir les formalités requises par la loi* »[68]. Le constat est sans doute étonnant. En effet, le contenu de cette disposition constitutionnelle est resté le même depuis les Indépendances jusqu'à nos jours, nonobstant les multiples changements d'ordre juridique qui sont intervenus dans l'histoire constitutionnelle de la République du Bénin. Cependant, il faut attendre 1990 pour voir une réalisation pratique effective et durable de ce suffrage.

b/ La logique institutionnelle

Elle est parfaitement normale au regard du contenu du texte. Nous retrouvons ici une utilisation du suffrage universel pour désigner les principaux pouvoirs politiques.

Ainsi, dans le titre III, consacré au pouvoir exécutif, l'article quarante-deux est explicite : « *le Président de la République est élu au suffrage universel direct pour un mandat de cinq ans, renouvelable une seule fois* ».

De même, en ce qui concerne l'organe législatif, le lien avec le suffrage est tout aussi précis et apparaît au niveau constitutionnel. Cette fois nous somme dans le titre IV, du pouvoir législatif. L'article soixante-dix-neuf précise que « *le Parlement est constitué par une Assemblée unique dite Assemblée nationale dont les membres portent le titre de député* ». L'article quatre-vingts complète les dispositions précédentes en ajoutant que « *les députés sont élus au suffrage universel direct, la durée du mandat est de quatre ans* ».

2/ Les lois électorales

Dans la pratique, la Constitution a été précisée par les différentes lois électorales. Pour le comprendre, il suffit de reprendre les principes initiaux (a). Pour autant, il faut également insister sur un aspect un peu plus particulier, les modalités de mise en œuvre, qui au Bénin conduisent à s'interroger sur les listes électorales et leur fonctionnement (b).

---

[68] F. K. Adenauer, *Commentaire de la Constitution béninoise du 11 Décembre 1990 : Esprit, lettre, interprétation et pratique de la Constitution par le Bénin et ses institutions*, Cotonou, 2009, p. 24-25.

a/ Le rappel des principes

Les principes qui gouvernent le suffrage universel sont prévus dans des lois électorales successives.

La Loi N° 2000 – 018[69] portant règles générales pour les élections en République du Bénin, a été délibérée et adoptée définitivement le 18 décembre 2000 par l'Assemblée nationale et puis, promulguée le 03 janvier 2001 par le Président de la République. Elle comporte des articles 2 et 3 qui prévoient que : « L'élection est le choix libre par le peuple (…) », et puis, « Le suffrage est universel, direct, égal et secret. (…) ». Ces deux dispositions confirment l'intervention du peuple souverain par le suffrage universel. Le peuple renvoie, dans ce contexte, à l'ensemble de la population vivant sur l'ensemble du territoire national et en dehors de celui-ci.

De plus, la Loi N° 2000 – 019[70] définissant les règles particulières sur l'élection du Président de la République, délibérée, adoptée et promulguée dans les mêmes conditions, réaffirme dans son article premier, en ce qui concerne l'élection du Président de la République que : « *Le Président de la République est élu au suffrage universel direct* (…) ». L'article 4 de la même Loi N° 2000 – 019 en son titre premier (*Des conditions requises pour être électeur*) ajoute que : « *Sont électeurs dans les conditions déterminées par la présente loi, les Béninois et Béninoises âgés de dix-huit (18) ans révolus au jour du scrutin et jouissant de leurs droits civils et politiques* ».

Un dernier texte, plus récent, a repris la même logique. Il s'agit de la Loi n° 2018-31 portant code électoral en République du Bénin. Cette loi a été délibérée et adoptée par l'Assemblée nationale, le 03

[69] Loi N° 2000 – 018 portant règles générales pour les élections en République du Bénin. L'Assemblée Nationale a délibéré et adopté en sa séance du 31 octobre 2000 puis en seconde lecture le 17 novembre 2000, des articles 5, 11, 14, 15, 25, 40, 41, 43, 44, 46, 47, 48, 49, 55, 60, 62, 65, 76, 78, 80, 123 et 124, et en sa séance du 18 décembre 2000 suite à la décision DCC n°00-078 des 06 et 07 décembre 2000 de la Cour constitutionnelle pour mise en conformité avec la Constitution.

[70] Loi N° 2000 –019 définissant les règles particulières sur l'élection du Président de la République. L'Assemblée Nationale a délibéré et adopté : en sa séance du 31 octobre 2000 puis en seconde lecture le 17 novembre 2000, des articles 8, 11 et 15 (alinéas 1, 3 et 4) et en sa séance du 18 décembre 2000 suite à la décision DCC n° 00-078 des 06 et 07 décembre 2000 de la Cour constitutionnelle pour mise en conformité avec la Constitution.

septembre 2018. L'article 4, du livre premier : *Des règles communes à toutes les élections en République du Benin*, du titre préliminaire : *Des généralités*) dispose que : « *Le suffrage est universel, direct, égal et secret. Les partis politiques concourent à l'expression du suffrage* ». Dans le même ordre d'idée, l'article 10 du titre II : *Des conditions requises pour être électeur*, du livre premier dispose que : « *Sont électeurs dans les conditions déterminées par la présente loi, les Béninois et les Béninoises, âgés de dix-huit (18) ans révolus au jour du scrutin et jouissant de leurs droits civils et politiques* ».

b/ L'importance des modalités

Les dispositions en question peuvent sembler plus étonnantes par l'importance qu'on leur donne. De fait, les listes électorales constituent un véritable enjeu dans un pays qui, pendant longtemps, a vu un encadrement autoritaire du suffrage universel. Le but est de pouvoir garantir réellement la participation de chacun au niveau politique. Le premier critère de cette participation est évidemment la possibilité de s'inscrire sur une liste électorale. On peut noter qu'il s'agit d'ailleurs d'une obligation.

Les textes reprennent donc cette obligation de manière systématique. Dans cette logique se faire inscrire sur une liste électorale appropriée est une obligation selon l'article 9 du titre II : *Des listes électorales,* de la Loi N° 2000 – 018 qui dispose que : « *L'inscription sur les listes électorales est un devoir pour tout citoyen béninois remplissant les conditions requises par la loi* ». L'article 80 de titre VII de la même loi ajoute que : « *Tout électeur dont le nom figure sur la liste électorale d'un centre de vote, a l'obligation de prendre part au vote dans le poste auquel il a été rattaché.* (al.1) ». Cet article insiste sur l'obligation qui est faite à tout électeur inscrit de voter en son lieu d'inscription.

Des précisions peuvent être nécessaires. La liste électorale est permanente et elle est révisée chaque année. Cette révision est opérée par une commission administrative comprenant le maire, un délégué du Président du Tribunal de grande instance et un délégué du préfet. Ainsi, les lois[71] du 1er août 2016 rénovent les modalités d'inscription

---

[71] La loi ordinaire et les deux lois organiques ont été promulguées le 1er août 2016. Elles ont été publiées au Journal officiel du 2 août 2016. Les trois textes visent à moderniser les règles d'établissement des listes électorales en assouplissant le

sur les listes électorales. Toutefois, elles n'entreront en vigueur qu'en décembre 2019. Les raisons de ce report sont clairement énumérées. D'abord pour favoriser l'inscription de tout électeur jusqu'à 30 jours avant l'élection. Ensuite certaines réformes doivent apparaître telles que : la suppression de la révision annuelle des listes électorales, l'instauration d'un répertoire électoral unique, tenu par l'Institut national de la statistique et des études économiques. En conséquence, les listes électorales par commune seront désormais extraites de ce répertoire. En outre, les critères liés à la commune d'inscription sont assouplis alors que la procédure d'inscription est étendue aux jeunes qui atteignent l'âge de 18 ans entre les deux tours d'une élection et aux personnes qui obtiennent la naturalisation.

Tous ces éléments permettent de comprendre l'importance de l'évolution de suffrage et surtout ses conditions au Bénin. Le passé colonial a évidemment eu des conséquences. C'est d'ailleurs dans ce cadre que se place la première intervention du suffrage universel par l'intermédiaire de la désignation de représentants puis d'acteurs au niveau du territoire, avant de poser la question de la dépendance elle-même. Mais l'instrument démocratique lui-même a aussi posé une véritable question en raison de son maintien durant la période dictatoriale. Son détournement a-t-il eu des conséquences sur l'image de ses modalités d'action ? On peut se le demander. De fait, un encadrement spécifique a été ajouté, pour s'assurer du bon fonctionnement du suffrage universel.

Section 2 - Les spécificités

Un examen plus approfondi de la situation béninoise conduit à revenir sur deux thématiques, le droit de vote des femmes (§1) et l'esclavage (§2), pour mettre en lumière des parallèles complémentaires et soulever un certain nombre de questions.

§ 1- Retour sur le droit de vote des femmes

Pour comprendre et éclairer la situation béninoise, il est nécessaire de compléter l'analyse précédente concernant la place des femmes. Pour

---

calendrier d'inscription et en améliorant la procédure d'examen et de contrôle des mouvements opérés sur ces listes. Vu l'étendue de la réforme, un report de leur entrée en vigueur est fixé au plus tard le 31 décembre 2019.

quelle raison les femmes ont-elles été exclues des systèmes américains et français (A) ? Quelles méthodes ont été utilisées pour réintégrer la population féminine ? Ces deux questions sont importantes car elles ont au Bénin une résonance particulière (B).

A/ Deux logique électorales différentes : États-Unis contre France

On peut faire une distinction entre les États-Unis (1) et la France (2) au regard d'une véritable différence de traitement de la question du vote féminin. Il apparaît même en la matière qu'il existe de véritable logique spécifique aux États-Unis et des blocages tout aussi spécifiques au système français.

1/ Les logiques américaines

Le mouvement féministe américain prend naissance en 1848[72]. Pourtant, il faut attendre 1920 pour que sa consécration intervienne par l'intermédiaire d'un nouvel amendement constitutionnel. Près de quatre-vingts ans se sont écoulés entre ces deux dates. Il s'agit d'une évolution assez longue qui comprend ici des traits caractéristiques, en lien avec la forme même du système juridique des États-Unis.

a/ Les niveaux de la fédération

De manière assez logique, la forme fédérale du système américain joue un rôle majeur dans l'évolution vers un suffrage universel réel, c'est-à-dire vers l'intégration des femmes au sein du corps électoral.

Nous avons évoqué le début du mouvement, avec la mise en place des associations en faveur des droits des femmes, en 1848[73]. On constate que ce mouvement a d'abord un but : faire reconnaître l'intégration des femmes au sein de la société politique au niveau fédéral. C'est

---

[72] Pour une approche générale, K. Marsico, *Women's Right to Vote: America's Suffrage Movement*, Marshall Cavendish, 2010, 112 p.; A. F. Scott, A. M. Scott, *One half the people: the fight for woman suffrage*, UIP, 1982, 174 p.

[73] Sur le début du mouvement, E. C. DuBois, *Feminism and suffrage: the emergence of an independent women's movement in America, 1848-1869*, Cornell University Press, 1999, 220 p.; B. Miller, *Returning to Seneca Falls: The First Woman's Rights Convention & Its Meaning for Men & Women Today*, Steiner Books, 1995, 198 p.; J. Wellman, *The Road to Seneca Falls: Elizabeth Cady Stanton and the First Woman's Rights Convention*, UIP, 2004, 297 p.

donc à ce niveau que le combat est d'abord mené[74]. En 1870, avec l'adoption du quinzième amendement, le constat est évident : il s'agit d'un échec.

En retour, les femmes choisissent le niveau étatique, fédéré, pour poursuivre le combat[75]. Le but est double. D'une part, elles essaient de créer des associations locales et étatiques[76], pour remporter des élections, et peu à peu s'emparer des différentes majorités des États.[77] D'autre part, les victoires remportées au sein des États doivent avoir une résonance fédérale avec un retour potentiel au niveau cette fois-ci de la Constitution fédérale, une fois un nombre d'État suffisant atteint. Les mouvements étatiques féminins multiplient ainsi les référendums locaux puis régionaux, et même étatiques, espérant ainsi pouvoir remporter des succès suffisants pour intervenir au niveau fédéral.[78] C'est de nouveau un échec, en raison de la résistance réelle de certains États et à cause des difficultés de réalisation dans le temps de ce projet. En examinant les différents États, on constate que nombre d'entre eux ont bien choisi d'élargir le droit de vote, mais sans pour autant constituer une majorité décisive. Ainsi, seuls quinze États reconnaissent un véritable suffrage universel avant l'adoption de l'amendement fédéral. Il s'agit du Wyoming, du Colorado, de l'Utah, de l'Idaho, de l'État de Washington, de la Californie, de l'Arizona, du Kansas, de l'Oregon, du Nevada, du Montana, de l'État de New York, du Dakota du Sud, du Michigan et de l'Oklahoma. Dans les autres États, à côté de l'interdiction traditionnelle, on trouve des autorisations plus spécifiques, qui vont concerner des élections locales, ou des élections scolaires[79]. La très grande diversité qui caractérise le droit de vote féminin aux États-Unis, au début du

---

[74] E. C. DuBois, « Outgrowing the Compact of the Fathers: Equal Rights, Woman Suffrage and the United States Constitution », *Journal of American History*, vol. 74, 3, déc. 1987, p. 836-862.

[75] En cela elles suivent la logique de la Cour suprême qui a renvoyé à ce niveau la citoyenneté initiale, *Minor v. Happersett*, 88 U.S. 21 Wall. 162 162 (1874).

[76] Sur ces différentes associations voir A. Coutant, *Histoire constitutionnelle des Etats-Unis*, tome 2,..., op.cit. p. 561.

[77] R. Davidson, « The Split in the 19th Century Woman Suffrage Movement », *The Concord review*, 1988, 1-10.

[78] E. McDonagh, D. Price, « Woman Suffrage in the Progressive Era: Patterns of Opposition and Support in Referenda », *The American Political Science Review*, vol. 79, 2, juin 1985, 415-435.

[79] A. Coutant, *Histoire constitutionnelle des Etats-Unis*, tome 2,..., op.cit., p. 567-568.

vingtième siècle, soulève une véritable question en ce qui concerne une évolution uniforme en la matière.

Le troisième temps de cette évolution intervient donc de nouveau au niveau fédéral avec une pression sur la structure de Washington pour permettre une consécration de ce droit de vote.

b/ L'adoption finale

L'intérêt de cette adoption réside évidemment dans le mouvement utilisé et dans sa logique.

Le premier mouvement prend la forme d'une protestation de la part des suffragettes américaines au sein même du pouvoir fédéral. Entre le 10 janvier 1917 et le 25 juin 1919, des femmes se relaient devant la Maison-Blanche pour manifester et réclamer le droit de vote. Cette manifestation qui a été lancée à l'initiative de la principale association américaine en la matière est le résultat d'un long combat de la part de l'une de ses responsables, Alice Paul[80]. Il s'agit de faire pression sur le Président Wilson qui a été élu en 1912 et réélu en 1916. La réaction du pouvoir a des conséquences sur l'opinion publique. De fait, en raison du contexte de guerre, des propos hostiles sont tenus à l'encontre des femmes. Pourtant, lorsque la police arrête certaines d'entre elles et les emprisonne, l'opinion publique se retourne.

Le second mouvement est beaucoup plus institutionnel. D'une part, le Président Wilson a visiblement changé de perspective. D'abord réticent, il constate avec l'année 1918 que la place des femmes dans la société américaine a considérablement évolué. Il faut sans doute en tenir compte. Il faut surtout en tirer toutes les conséquences sur le modèle démocratique. À ce titre, Wilson devient partisan de l'extension du droit des femmes en matière politique au Cours de l'année 1918[81]. D'autre part, l'autre acteur institutionnel majeur, le Congrès, est directement soumis à une nouvelle forme de pression, qui est le résultat de l'action dans les États. Avec les élections de mi-mandat, à la fin de l'année 1918, les suffragettes ont enfin un résultat

---

[80] Cf. I. H. Gillmore, *The Story of Alice Paul and the National Woman's Party*, Denlinger's Publishers, Limited, 1977, 501 p.; K. H. Adams, M. L. Keene, *Alice Paul and the American suffrage campaign*, UIP, 2008, p. 159 et suiv.

[81] Cf. C. Lunardini, Th. J. Knock, « Woodrow Wilson and Woman Suffrage: a New Look », PSQ, vol. 95, n°4, 1980-1981, p. 655-671.

concret au regard de leur implication locale.[82] Elles peuvent se mobiliser pour faire battre au niveau des États les représentants et les sénateurs qui leur sont hostiles.

La stratégie est un véritable succès permettant aux représentants et aux sénateurs favorables à l'amendement de constituer trois quarts du Congrès en 1919[83]. La ratification est obtenue dans les différents États en un temps relativement bref[84] puisque le premier État à s'exprimer est le Wisconsin, le 10 juin 1919. Le trente-troisième État, nécessaire pour la ratification, le Tennessee, se prononce le 18 août 1920. Un peu plus d'un an a donc suffi pour faire adopter cette réforme majeure, qui rend réel le suffrage universel aux États-Unis, du moins dans les textes.

c/ Une évolution potentielle ?

Cette transformation est-elle suffisante ? Pour certains, il suffit de combiner les différentes dispositions de la Constitution américaine pour parvenir à une égalité théorique et pratique. Pour d'autres en revanche, la question reste posée. Elle a d'ailleurs donné lieu à une tentative toujours non résolue aujourd'hui.

Le premier raisonnement concerne une interprétation globale de la Constitution américaine. Puisque le vingtième amendement ouvre la voie à un véritable suffrage universel, en consacrant le droit de vote des femmes, il suffit de combiner cet amendement avec le quatorzième – l'égalité entre les citoyens américains – pour parvenir à une situation globale d'égalité au niveau social et politique, dans toute la société américaine. La transformation des années trente qui a permis l'incorporation du *bill of Rights* par l'intermédiaire de l'interprétation du quatorzième amendement ouvre la voie à une interprétation également plus générale qui concerne cette fois le vingtième amendement et ses conséquences. Mais est-ce suffisant ?

Dès l'origine, le vingtième amendement est apparu pour certains de ses défenseurs comme encore insuffisant dans la perspective d'une

[82] *Ibid.*, p. 669.
[83] Cf. E. McDonagh, « Issues and Constituencies in the Progressive Era: House Roll Call Voting on the Nineteenth Amendment, 1913-1919 », JP, vol. 51, n°1, 1989, p. 119-136.
[84] Cf. Brady, *The Constitution of the United States of America as Amended: Unratified Amendments, Analytical Index*, Government Printing Office, 2007, p. 20.

consécration générale de l'égalité. Alice Paul, l'une des principales figures du mouvement américain, a ainsi écrit l'amendement sur les droits égaux (*The Equal Rights Amendment*)[85]qui avait pour but de garantir une véritable égalité entre les hommes et les femmes, dans tous les domaines, divorce, propriété, emploi, etc. L'amendement a été déposé au Congrès en 1921. Il ne sera pourtant réintroduit qu'en 1971, par une représentante du Michigan, démocrate, Martha Griffiths. Approuvé le 12 octobre de cette même année par la chambre des représentants, il est transmis au Sénat qui en accepte les termes le 22 mars 1972. Il y a donc ici une véritable procédure de révision, lancé avec ouverture de ratification. Une date limite avait été initialement posée, le 22 mars 1979. En 1977, l'amendement avait obtenu trente-cinq ratifications sur les trente-huit nécessaires. Mais un mouvement contraire conduit à un retrait des ratifications dans plusieurs États. En 1978, le Congrès passe une résolution conjointe pour étendre la date de ratification au 30 juin 1982. Cette extension signée par le Président Carter pouvait faire naître des doutes juridiques. L'absence de ratification de toute façon jusqu'à cette date en a limité l'intérêt. Le 22 mars 2017, le Congrès du Nevada a choisi de ratifier l'amendement, alors que la période de ratification et clause. Le Congrès de l'Illinois a fait la même chose, le 30 mai 2018. Nous avons affaire ici à une tentative pour généraliser l'égalité, tentative qui a échoué… seule la première interprétation, qui combine les différents amendements de la Constitution, ouvre la porte à un certain nombre de droits, sans consécration beaucoup plus générale au niveau constitutionnel américain.

2/ Les blocages français

Il faut ici commencer par un paradoxe : bien que le droit français soit en avance – il reconnaît le suffrage universel masculin en 1848 – par rapport au droit britannique (le régime attend 1918 pour le faire) ou américain (ce suffrage est consacré par le quinzième amendement, en 1870), l'étape suivante – l'extension du suffrage en ne tenant plus compte du sexe – est beaucoup plus complexe. On constate même un véritable blocage sous la IIIe République (a). Il faut attendre le

---

[85] G. Steiner, *Constitutional Inequality: The Political Fortunes of the Equal Rights Amendment*, Brookings Institution Press, 2011, 120 p.; S. D. Becker, *The Origins of the Equal Rights Amendment: American Feminism Between the Wars,* Greenwood Press, 1981, 300 p. ; S. Whitney, *The Equal Rights Amendment: The History and the Movement,* F. Watts, 1984, 102 p.

lendemain de la seconde guerre mondiale pour qu'une consécration soit effectuée, au niveau juridique (b).

a/ La IIIe République

Le début de la IIIe République avait déjà été marqué par certains doutes concernant le suffrage universel masculin. Malgré un activisme féministe de plus en plus important et un soutien réel de plusieurs penseurs et acteurs politiques, le droit de vote n'est pas accordé aux femmes durant ce régime, en dépit de plusieurs tentatives.

Il existe bel et bien un mouvement en faveur de l'extension du suffrage aux femmes. On peut tout d'abord citer des exemples d'actrices, féministes, dans ce combat. C'est le cas d'Hubertine Auclert, qui utilise de multiples moyens pour se faire entendre[86]. Refusant de payer ses impôts, elle poursuit la procédure jusqu'au conseil d'État. Créatrice d'un journal, la citoyenne, elle y prône le droit de vote des femmes comme condition essentielle à toute évolution les concernant. Mais il ne s'agit absolument pas de comportement isolé. En 1888, un conseil international de la femme a été fondé. En réponse, en 1901, les féministes créent le conseil national des femmes françaises[87]. En 1907, Madeleine Pelletier crée l'union française pour le suffrage des femmes[88]. En 1914, un référendum « sauvage » est même organisé à l'instigation du quotidien *Le Journal*. Plus de 500 000 femmes y participent. En 1929, les États généraux du féminisme se tiennent à Paris.[89] Les années trente verront une association, *La Femme Nouvelle*, invoquer l'égalité des droits civiques, quel que soit le sexe[90].

---

[86] Cf. S. C. Hause, H. Auclert, *Pionnière du féminisme : textes choisis,* Saint-Pourçain-sur-Sioule, Bleu autour, 2007, 233 p.
[87] Cf. S. Chaperon, C. Bard, *Dictionnaire des féministes. France - XVIIIe-XXIe siècle*, Presses Universitaires de France, 2017, 1 700 p.
[88] Cf. A.-S. Bougle-Moalic, *Le Vote des Françaises, cent ans de débat, 1848-1944*, Rennes, Presses Universitaires de Rennes, 2012, 362 p. ; C. Bard, *Les femmes dans la société française au XXe siècle*, Paris, Armand Colin, coll. U, 2001, 285 p. ; .https://www.histoire-image.org/fr/etudes/vote-femmes-france-referendum-26-avril-1914.
[89] Cf. Conseil national des femmes françaises, *Etats généraux* du *féminisme*, *14-15-16 février 1929*, Paris, CNFF, *1929*, 272 p.
[90] Cf. C. Bard, « La crise du féminisme en France dans les années trente *», Les cahiers du CEDREF*, 4-5 | 1995, 13-27.

Des voix se font entendre pour légitimer ce combat. Universitaire et député, Joseph-Barthélémy rédige *le vote des femmes*, un ouvrage démontrant la nécessité de cette évolution, en 1920[91]. André Tardieu, en 1931, ne dit pas autre chose dans *la réforme de l'État*[92]. Les responsables politiques sont aussi présents. Raymond Poincaré, dans un discours du 3 décembre 1921, évoque le suffrage des femmes. Immédiatement, il faut nuancer cette dernière déclaration. Le responsable politique qui est à cette époque ancien Président de la République se contente d'évoquer l'accès aux seuls conseils municipaux[93].

De fait, le principal problème réside pourtant dans la reconnaissance politique.

Il suffit d'évoquer une des grandes propositions en la matière – et surtout son avenir – pour comprendre qu'un véritable blocage subsiste. En 1906, un député, Paul Dussaussoy[94], propose une loi accordant le droit de vote aux femmes au niveau local. Il s'agit de concentrer ce droit de vote dans les conseils municipaux, les conseils d'arrondissement et les conseils généraux. Le rapporteur de la commission du suffrage universel, Ferdinand Buisson, le 16 juillet 1909, invite à suivre cette proposition, tout en insistant sur la nécessité de la cantonner au niveau local… Après la mort de son initiateur, cette proposition réapparaît en 1919. Le droit de vote est toujours limité au niveau local. Une condition est même ajoutée : les femmes doivent

---

[91] Cf. J. Barthélemy, *Le vote des femmes : Cours professé à l'École des hautes études sociales pendant l'année 1917-1918,* Librairie Félix Alcan, 1920, 618 p.

[92] Cf. A. Tardieu, *La réforme de l'Etat*, Paris, Flammarion, 1934, 142 p.

[93] Cf. R.-N.-L. Poincaré, *Pour le suffrage des femmes : discours prononcé au Palais du Trocadéro le 3 décembre 1921,* Ligue française pour le droit des femmes, 1921,7 p.

[94] Voir l'article de la voix du nord à l'occasion des 70 ans du droit de vote des femmes :
La une de La Voix du Nord du 30 avril 1945 laisse un (tout) petit peu de place au premier vote des femmes. Crédit : Mairie de Lille / Archives de la bibliothèque municipale ; « Le journal *La Croix du Nord* du 24 mars 1945 le rappelle : "*Si Monsieur a reconquis le droit de vote, Madame a également obtenu le sien, et ainsi donc chacun et chacune vont au Cours de la journée mettre bien sagement leur bulletin dans l'urne*". Le ton est donné : les hommes se sont battus pour ce droit pendant que les femmes l'ont obtenu ! » (http://www.lavoixdunord.fr/archive/recup%3A%252Fregion%252Fboulogne-paul-dussaussoy-depute-boulonnais-precurseur-ia31b49062n2115976, consulté le 18-02-2019).

avoir plus de trente ans… La proposition de loi est votée par 329 voix contre 95. Le Sénat qui n'examine le texte qu'en 1922[95] rejette tout

[95] L'égalité totale en matière électorale entre les hommes et les femmes a été difficilement acquise en France. Ce droit de vote a fait l'objet de plusieurs débats parlementaires dans l'histoire constitutionnelle française. La proposition Dussaussoy, exemple d'un échec. En effet, en 1906, Paul Dussaussoy, député appartenant au groupe de l'action libérale dépose une proposition de loi "tendant à accorder aux femmes le droit de vote dans les élections aux conseils municipaux, aux conseils d'arrondissement et aux conseils généraux". Il conçoit la limitation aux élections locales du droit de vote des femmes comme la possibilité d'acquérir « l'expérience civique nécessaire à tous les membres d'une démocratie ». Ferdinand Buisson, au nom de la commission du suffrage universel dépose le 16 juillet 1909 un rapport favorable, qui présente un historique du suffrage féminin en France et à l'étranger et reconnaît le principe du droit de vote des femmes tout en préconisant une solution progressive séparant le vote municipal du vote politique et proposant l'électorat et l'éligibilité des femmes aux conseils municipal, d'arrondissement et général ainsi que la possibilité d'être déléguées sénatoriales. Paul Dussaussoy décède en 1909, l'examen du texte est reporté *sine die*. Redéposée à chaque législature, la proposition est enfin examinée par la séance publique en mai 1919. En ouvrant la session de 1918, Jules Siegfried, doyen d'âge de la Chambre, déclara que la nation devrait accorder le droit de vote aux femmes en reconnaissance de leur « admirable conduite pendant la guerre ». Le débat s'ouvre au Palais Bourbon le 8 mai 1919, sur le rapport favorable de Pierre-Étienne Flandin. Il propose que le droit de vote soit accordé aux femmes, mais, seulement dans les élections aux conseils municipaux, aux conseils d'arrondissement et aux conseils généraux, et à condition qu'elles aient atteint trente ans. Soutenu par le socialiste Bracke, qui demande que le droit de vote fût accordé aux femmes pour toutes les élections, le rapport Flandin est combattu, sur le terrain de l'opportunité, par Victor Augagneur, socialiste indépendant. Le 20 mai, après une intervention d'Aristide Briand (« Je vote pour l'égalité des droits des hommes et des femmes »), la proposition de loi est votée par 329 voix contre 95. Au Sénat, le texte n'est examiné qu'en 1922 -et sur un rapport défavorable d'Alexandre Bérard. Les sénateurs refusent de passer à la discussion des articles par 156 voix contre 134 mettant un coup d'arrêt au processus de reconnaissance de l'égalité politique entre les hommes et les femmes. Suivent quinze ans d'un « jeu de cache-cache ». Les députés, à chaque législature, adoptent des propositions instituant le suffrage féminin, selon des modalités divers (âge des électrices, type d'élections...), parfois compliquées par l'introduction du vote familial. La Chambre vote des résolutions invitant le gouvernement à « user de son influence » pour faire inscrire ces textes à l'ordre du jour du Sénat. Les sénateurs n'en ont cure et enlisent ou repoussent les propositions des députés. La dernière, et toujours vaine, étape a lieu en 1936. La Chambre du Front populaire adopte le 30 juillet la proposition de loi de Louis Marin donnant aux femmes électorat et éligibilité à toutes les élections. Ce texte est adopté à l'unanimité des 495 votants. La seconde guerre mondiale surviendra avant que le Sénat se soit saisi de ce texte. (http://www2.assemblee-nationale.fr/decouvrir-l-assemblee/histoire/le-suffrage-universel/la-conquete-de-la-

simplement la discussion par 156 voix contre 134. Au fur et à mesure des années, les propositions votées par l'assemblée sont de plus en plus générales. En 1936, la chambre des députés adopte même la proposition de Louis Marin[96] qui donne un suffrage universel réel aux femmes pour toutes les élections. Les 495 membres de la chambre valident ce texte[97]. Le Sénat ne l'examinera jamais.

Les blocages semblent avoir eu une raison majeure, aussi étonnante qu'elle puisse paraître, résumé par Georges Clémenceau : selon lui, les femmes ne sont pas suffisamment éduquées pour pouvoir voter et surtout sont trop facilement manipulées par L'église… c'est cet argument qui domine dans les raisonnements tenus par les responsables politiques à cette époque, pour écarter les femmes.

b/ De la IV à la Ve République

On pourrait penser qu'il s'agit d'une évolution majeure. De fait, le pas est franchi avec la reconnaissance du suffrage universel, par l'ordonnance d'Alger, le 21 avril 1944. Pourtant, un certain nombre de questions sont toujours pendantes.

Le premier élément est important : l'ordonnance d'Alger établit à la fois le droit de vote et le droit d'être élu pour les femmes. En pratique, ce texte permet à la fois la participation au niveau local et au niveau national. Les femmes vont donc pouvoir voter pour la nouvelle Assemblée constituante, qui se réunit à l'automne 1945. À la fin du processus, le préambule de la Constitution consacre l'égalité des droits entre les hommes et les femmes, dans tous les domaines. C'est une première avancée majeure en termes de principe. Il faut poser la question de l'effectivité pour bien comprendre les conséquences de cette transformation.

En 1958, le principe est tout simplement repris. La Constitution précise que le suffrage est universel. Pourtant, deux dimensions

---

citoyennete-politique-des-femmes/la-troisieme-republique-et-le-suffrage-des-femmes-l-inefficacite-du-legislateur, consulté le 19-02-2018 à 00h35).

[96] Cf. L. Weiss, *Combats pour les femmes, 1934-1939*, Paris, Albin Michel, 2013, p. 139.

[97]Voir : « Les femmes sénateurs depuis 1946 » (https://www.senat.fr/evenement/archives/D25/jeu1.html , consulté le 19-02-2019 à 00h13).

doivent encore connaître des évolutions majeures. La première a été en grande partie écartée, dans l'espoir que l'extension du suffrage permet une véritable égalité. Il faut attendre 1959 pour que la mixité se mette en place progressivement dans l'enseignement secondaire, 1966 pour qu'une femme puisse travailler sans y être autorisée par son mari ou pouvoir interdire le licenciement d'une femme enceinte. En 1970, l'autorité parentale remplace l'autorité paternelle et, deux ans plus tard, en théorie, l'égalité de rémunération entre hommes et femmes pour les emplois de même niveau est posée comme principe. Les réformes sociales se succèdent. Mais qu'en est-il du niveau politique ? La question peut sembler étrange. Après tout, depuis 1971 et l'intégration du préambule de 1946 dans le bloc de constitutionnalité, l'égalité entre les femmes et les hommes a un fondement constitutionnel. Néanmoins, les années 1990 voient apparaître un autre questionnement sur la parité[98]. L'existence d'une égalité politique sous-entend aussi la possibilité d'intégrer le monde politique, un niveau égal. Il faut attendre le 6 juin 2000 pour qu'une loi prévoie l'égal accès des femmes et des hommes aux mandats électoraux et aux fonctions électives. C'est d'ailleurs le résultat direct d'une révision constitutionnelle : le 8 juillet 1999, l'article 3 de la Constitution de 1958 a été révisé pour intégrer la formule suivante : "*La loi favorise l'égal accès des femmes et des hommes aux mandats électoraux et aux fonctions électives*" ; les partis doivent "*contribuer à la mise en œuvre*" de ce principe (art. 4).

En France, la question du suffrage féminin a donc bien été résolue au lendemain de la seconde guerre mondiale. Cependant, en pratique, une autre réforme a été nécessaire pour assurer une égalité politique réelle.

B/ Le droit de vote des femmes au Bénin

En examinant les dispositions concernant l'expression politique des femmes[99], au Bénin, on constate que le principal problème ne réside

---

[98] Cf. E. Guigou « Égalité - Parité : Une nouvelle approche de la démocratie ?, Actes de colloques de l'IFR », in X. Bioy, M.-L. Fages, *Au nom de la démocratie. La parité de la représentation et la représentation de la parité,* Toulouse, Presses de l'Université Toulouse 1 Capitole, 2018, p. 21-28.

[99] Sur ce sujet, on peut consulter divers documents, des mémoires de recherche (C. Lagacé, *Femmes et politique au Bénin: un défi à relever*, mémoire présenté comme exigence partielle de la maîtrise en science politique, octobre 2007, Université du Québec à Montréal, 148 p. ; P. A. Zantou, *Les femmes dans la vie politique au Bénin (1960-1990)*, Mémoire de maîtrise présenté à l'Université nationale du Bénin,

pas dans l'évolution théorique. De fait, il ne s'agit pas de s'interroger sur l'accession des femmes au suffrage puisque, en théorie, l'égalité politique entre hommes et femmes a été proclamée avec la Constitution de 1990[100]. En revanche, une question domine : l'écart entre théorie et pratique. L'évolution semble possible mais de nombreux blocages subsistent. L'analyse du rapport entre théorie et pratique permet de mettre en lumière ces blocages (1). Les raisons sont à rechercher dans plusieurs facteurs béninois (2).

1/ Un écart entre théorie et pratique

Il suffit d'examiner les chiffres de la participation politique des femmes au pouvoir pour comprendre que la pratique (b) est bien éloignée de la consécration textuelle théorique (a).

a/ La théorie : une égalité politique affirmée

Au niveau textuel, le doute semble difficile. De fait, le Bénin a choisi de consacrer l'égalité entre hommes et femmes à la fois en adhérant aux conventions internationales en la matière et en en tirant des conséquences concrètes dans ses textes constitutionnels les plus récents.

Cotonou, 2001, 122 p.), des rapports officiels (A. Djossou-Segla, *Promotion de la femme au Bénin*, Cotonou, La Fondation Friedrich Ebert, 1997, Livre Blanc, 211 p. ; M.-O. Attanasso, *Femmes et pouvoir politique au bénin des origines dahoméennes à nos jours,* République du Bénin, Assemblée nationale, cellule d'analyse des politiques de développement de l'assemblée nationale, Friedrich Ebert Stiftung, décembre 2012, 221 p.), des ouvrages (J. Claessen, L. V. Wesemael-Smit, *Lire le mot et le monde: l'alphabétisation et l'éducation du point de vue de la différence entre les sexes*, Oegstgeest, Pays-Bas, Vrouwenberaad Ontwikkenlingssamenwerking (Réseau de femmes des agences néerlandaises d'aide au développement), juin 1992, 95 p.) ou encore des articles (R. Banégas, «Marchandisation du vote, citoyenneté et consolidation démocratique au Bénin », *Politique Africaine*, mars 1998, p.75-87 ; M.-M. Gayet, « Le Bénin au féminin à travers le siècle: trois noms à retenir », *Les Échos du jour*, N°849, Cotonou, 1999 ; B. Magnusson, « Testing Democracy in Benin: Experiments in Institutional Reform », dans *State. Conflict, and Democracy in Africa*, dirigé par Richard Joseph, London, Édition Lynne Rienner, 1999, p. 217-237.; R. M. Tossou, « Femme et politique au Bénin de 1990 à 2011 », in *Cames*, Vol. 1, n° 3 (2014), *Nouvelle Série, Sciences Humaines*, N° 003– 2ème Semestre 2014, p. 83-97.

[100] Cf. O-M Attanasso « Femmes et pouvoir politique au Dahomey Bénin de 1960 à nos jours », in Communication présentée le 21 mai 2011 à Cotonou lors des conférences départementales dans le cadre des 50 ans d'indépendance du Bénin, 51 p.

Le premier constat est directement tiré d'une étude sur les textes internationaux ratifiés par la République béninoise. À côté de textes généraux comme la charte des Nations Unies qui évoquaient une égalité politique entre les hommes et les femmes, le Bénin a ratifié des textes beaucoup plus précis au niveau international ou régional. C'est ainsi le cas de *La Charte africaine des droits de l'homme et des peuples*, adoptée en 1981 par l'union africaine[101], et ratifiée le 20 janvier 1986 par le Bénin[102] ou encore de la Convention sur l'élimination de toutes les formes de discrimination à l'égard des femmes, datée de décembre 1979, ratifiée en mars 1992[103]. On peut y ajouter le protocole additionnel à la charte africaine des droits de l'homme et des peuples, relatif aux droits des femmes, que la République béninoise a validé en 2005[104].

En ce qui concerne les textes internes, on peut signaler que les deux Constitutions les plus récentes, c'est-à-dire la loi fondamentale de 1977[105] et la Constitution de 1990[106], comportent des dispositions spécifiques en matière d'égalité. L'article 124 de la première proclame cette égalité de manière explicite, tandis que l'article vingt-six de la seconde précise que cette égalité concerne les sphères politiques, économiques et sociales[107]. On peut d'ailleurs ajouter que le Bénin a aussi intégré des dispositions sur l'égalité familiale et sociale dans sa

---

[101] http://www.achpr.org/fr/instruments/achpr/, consulté le 02-04-2019 à 22h21.

[102] http://www.achpr.org/fr/instruments/achpr/ratification/ consulté le 02-04-2019 à 22h23.

[103]https://treaties.un.org/Pages/ViewDetails.aspx?src=TREATY&mtdsg_no=IV-8&chapter=4&clang=_fr consulté le 02-04-2019 à 22h26.

[104] http://www.achpr.org/fr/instruments/women-protocol/ratification/ consulté le 02-04-2019 à 22h29. ; R. M. Tossou, « Femme et politique au Bénin de 1990 à 2011 »,…, op. cit., p. 85.

[105] Cf. Loi fondamentale de la République populaire du Bénin: adoptée à la session extraordinaire du Conseil National de la Révolution le 26 août 1977, promulguée par l'ordonnance n° 77-32 du 9 septembre 1977, Office national d'édition, de presse, et d'imprimerie, 1977, 62 p.

[106] R. M. Tossou, « Femme et politique au Bénin de 1990 à 2011 »,…, op. cit., p. 86.

[107] Cf. Loi fondamentale de la République populaire du Bénin, Art. 26 : « L'Etat assure à tous l'égalité devant la loi sans distinction d'origine, de race, de sexe, de religion, d'opinion politique ou de position sociale. L'homme et la femme sont égaux en droit. L'Etat protège la famille et particulièrement la mère et l'enfant. Il veille sur les handicapés et les personnes âgées ».

législation, comme en témoigne par exemple la loi n° 2000 – 07 du 24 août 2004 portant code des personnes et de la famille[108].

b/ Une pratique très différente

Il suffit de reprendre quelques chiffres pour comprendre que la réalité est très éloignée des principes initiaux.

Le premier symbole est directement lié à la naissance du Bénin démocratique moderne : il s'agit de la Conférence nationale des forces vives. À cette époque, trois commissions sont créées. Une seule femme est présente à cette occasion, dans la seule commission des affaires culturelles et éducatives. De surcroît, on ne compte que cinq femmes sur 210 participants, chiffres qu'il faut d'ailleurs nuancer puisque quatre ont été invitées à titre individuel, une seule représentante une sensibilité politique[109].

Cette logique a été maintenue au regard de la présence des femmes au sein du pouvoir législatif. Entre 1991 et 2011, par exemple, on constate que le pourcentage de femmes varie entre 4 et 12% au sein de l'Assemblée nationale[110].

La situation est-elle différente au niveau de l'exécutif ? Si l'on s'intéresse à l'élection présidentielle, la réponse semble négative. Entre 1960 et 2000, aucune femme ne s'était présentée à l'élection présidentielle. Une première candidature intervient en mars 2001, Marie-Elise Gbèdo[111]. Onzième sur dix-sept, elle réunit 0,36 % des votants… cinq ans plus tard, elle est rejointe par une autre candidate, Célestine Zanou. En 2011, de nouveau présente à l'élection, elle est

---

[108] http://www.inpf.bj/IMG/pdf/code_des_personnes_et_de_la_famille.pdf, consulté le 02-04-2019 à 22h35.

[109] Cf. R. M. Tossou, « Femme et politique au Bénin de 1990 à 2011 »,…, op. cit., p. 84.

[110] Cf. Eric Komlavi Hahonou, "Pourquoi pas nous ? Statut social et « adultéité politique » des femmes gando au Bénin", Autrepart 2012/2 (N° 61), p. 166 ; Lagacé, *Femmes et politique au bénin,…,* op. cit., p. 41 ; R. M. Tossou, « Femme et politique au Bénin de 1990 à 2011 »,…, op. cit., p. 87.

[111] Cf. M.-M. Gayet, « Le Bénin au féminin à travers le siècle : trois noms à retenir », in *Les Échos du jour*, n°849, Cotonou, 1999.

nommée ministre après le scrutin par le nouveau Président, Boni Yayi[112].

Ceci nous conduit à l'autre aspect de l'organe exécutif, la participation au gouvernement. La perspective est différente puisqu'il ne s'agit pas d'une élection mais d'une nomination. Le résultat est-il différent ? À peine. Entre 1990 et 2011, 14 gouvernements se sont succédés, totalisant 313 membres et quarante-six femmes, soit 14,69 %.

On relève cette même logique dans les structures locales puisqu'il suffit de comparer les scrutins de 2002 et de 2008 pour en tirer un enseignement révélateur : 3,75 % de femmes en 2002, 4,18 % en 2008, parmi les élus locaux[113].

Le résultat général est donc significatif. Bien qu'elles participent au scrutin, en principe à égalité, les femmes béninoises ne sont pas élues, ni au niveau national dans l'organe législatif ou l'organe exécutif, ni au niveau local.

2/ Des raisons multiples

Lorsqu'on s'efforce de comprendre les raisons de ce phénomène, on constate la présence de deux catégories très différentes de justification. D'un côté, se trouvent des explications institutionnelles. De l'autre, on peut parler de raison sociale.

a/ Les raisons institutionnelles.

Deux raisons principales expliquent les difficultés rencontrées par les femmes pour accéder au pouvoir, par le biais des élections. La première concerne les modalités qui encadrent les scrutins. La seconde renvoie à une différenciation très particulière, liée au sexe.

Pour comprendre la première raison institutionnelle, il suffit d'étudier le mode d'élection des députés. La Constitution de 1990 a prévu une représentation proportionnelle, sur la base d'un scrutin de liste. Or, le

---

[112] Cf. C. Lagacé, *Femmes et politique au Bénin : un défi à relever*, mémoire de Maîtrise en science politique, Université du Québec à Montréal, 2007, p. 46 ; R. M. Tossou, « Femme et politique au Bénin de 1990 à 2011 »,…, op. cit., p. 92-93.

[113] Cf. G. Boko Nadjo, *Rapport alternatif: Le Bénin et la Convention des Nations Unies de novembre 1979 sur l'élimination de toutes les formes de discrimination à l'égard des femmes*, Cotonou, WILDAF-BÉNIN, mai 2005, p. 14. ; R. M. Tossou, « Femme et politique au Bénin de 1990 à 2011 »,…, op. cit., p. 89.

principal problème réside dans la création de ces listes. Elles peuvent être assimilées à des « clubs électoraux »[114] réservés aux hommes... de fait, ce sont les hommes qui constituent les listes en question, ce qui conduit à placer les femmes en position non éligible[115]... un autre phénomène, sur lequel nous reviendrons, tend à privilégier les hommes, dans la société béninoise. La pratique dit du fils du terroir amène à favoriser le choix d'un acteur local, un homme, pour représenter une communauté. C'est donc bien un critère sexuel qui s'applique ici.

Ce n'est d'ailleurs pas la seule dimension qui implique la prise en compte du sexe. De fait, pour pouvoir se présenter et l'emporter, il est aussi nécessaire de récolter des fonds, de financer une campagne.[116] C'est un autre inconvénient majeur pour les femmes qui, dans la société béninoise, ne peuvent pas prétendre à avoir suffisamment d'argent pour financer seule une carrière politique.

b/ Des raisons sociales

Elles constituent l'autre versant, plus personnel, sans doute, mais tout aussi déterminant. Le problème cette fois vient des femmes elles-mêmes qui, dans la société béninoise, ne peuvent concilier leur statut privé avec une vie politique, quand elles ne se considèrent pas elles-mêmes comme incapables d'agir politiquement.

Le premier aspect est déjà significatif en lui-même. À côté d'une vie politique, une femme doit pouvoir concilier son mariage, sa famille et même potentiellement son travail. Autrement dit, il reste très peu de temps pour l'action politique[117]. On pourrait déjà parler d'une

[114] M.-O. Attanasso, « Femmes et pouvoir politique au Dahomey Bénin de 1960 à nos jours », in *Communication présentée le 21 mai 2011 à Cotonou lors des conférences départementales dans le cadre des 50 ans d'indépendance du Bénin,* 2012, p. 163.

[115] Cf. C. Lagacé, *Femmes et politique au Bénin : un défi à relever*,..., op. cit., p. 46 ; R. M. Tossou, « Femme et politique au Bénin de 1990 à 2011 »,..., op. cit., p. 92-93.

[116] Cf. M.-O. Attanasso, « Femmes et pouvoir politique au Dahomey Bénin de 1960 à nos jours »,...,op. cit., p. 93 ; *Ibid.*, p. 169.

[117] Cf. N. Kabeer, « Nécessaire, suffisant ou insignifiant? Femmes, salariat et rapports de pouvoir au sein du ménage », in C. Verschuur, F. Reysoo, *Genre, mondialisation et pauvreté*, Paris, L'Harmattan, Cahiers genre et développement, no 3, 2002, p. 107-112 ; M.-O. Attanasso, « Femmes et pouvoir politique au Dahomey Bénin de 1960 à nos jours »,..., op. cit., p. 160-161.

limitation sociale, en lien d'ailleurs avec une ascendance masculine au niveau des familles. De la sorte, il est fréquent d'évoquer l'existence d'un vote familial, avec la prédominance du choix politique de l'époux.

Avec le second aspect, on comprend qu'il y a aussi une approche psychologique et un poids de la tradition. Ce que certains analystes dénomment une socialisation sexuée[118] a clairement des conséquences : les femmes s'estiment moins compétentes que les hommes pour agir. On peut peut-être ajouter un autre aspect, tout aussi important, le niveau d'analphabétisme qui touche 75 % des femmes[119].

Tous ces critères peuvent-ils conduire à une modification de comportement ? Un exemple permet déjà de comprendre la difficulté d'une réforme (en insistant d'ailleurs au passage sur un parallèle avec la France). Pour favoriser la participation des femmes, une loi du 30 décembre 2010 prévoyait un quota de 20 % de femmes sur les listes électorales. Cette loi a été violemment contestée, y compris par des femmes, car elle remettait en cause le principe d'égalité entre les hommes et femmes. C'est le même reproche qui avait été adressé à la loi française fondée sur le même principe[120]. La question réside donc beaucoup plus dans un changement de comportement, avec une mise en perspective politique potentielle (on peut imaginer une parité

---

[118] Cf. M.-O. Attanasso, « Femmes et pouvoir politique au Dahomey Bénin de 1960 à nos jours »,..., op. cit., p. 161.

[119] *Ibid.*, p. 85. ; S. Bessis, « La féminisation de la pauvreté », in Jeanne Bisilliat, *Femmes du Sud, chefs de famille,* Paris, Karthal, 1996, p. 49.

[120] Cf. Le Conseil constitutionnel avait censuré cette disposition au nom de l'égalité :
Décision n° 82-146 DC du 18 novembre 1982. Loi modifiant le code électoral et le code des communes et relative à l'élection des conseillers municipaux et aux conditions d'inscription des Français établis hors de France sur les listes électorales. En ce qui concerne les dispositions de l'article L. 260 bis du code électoral, tel qu'il résulte de l'article 4 de la loi : Considérant qu'en vertu de l'article 4 de la loi soumise à l'examen du Conseil, les conseillers municipaux des villes de 3500 habitants et plus sont élus au scrutin de liste ; que les électeurs ne peuvent modifier ni le contenu ni l'ordre de présentation des listes et qu'en vertu de l'article L. 260 bis : Les listes de candidats ne peuvent comporter plus de 75 p. 100 de personnes du même sexe ; (…). Sont électeurs, dans les conditions déterminées par la loi, tous les nationaux français majeurs des deux sexes, jouissant de leurs droits civils et politiques ».

comme en droit français, un système d'alternance homme femme sur les listes).

§ 2 - Les conséquences de l'esclavage, États-Unis/Bénin

Le titre peut sembler très provocateur. Il faut préciser que dans les deux pays, aux États-Unis (A) et au Bénin (B), la question esclavagiste a eu une résonance ultérieure importante. C'est ce que nous allons voir, pour mieux comprendre des difficultés persistantes concernant le suffrage universel et sa mise en pratique.

A/ Retour sur l'exemple américain

L'esclavage fait partie de l'histoire constitutionnelle américaine. Il a évidemment une origine juridique au moment constituant (1). Il a aussi et surtout des conséquences ultérieures, alors même que les responsables américains ont choisi de l'abandonner (2).

1/ L'origine constitutionnelle

C'est une évidence lorsqu'on examine le débat constituant et ses conséquences textuelles (a). L'esclavage a non seulement été pris en compte, mais aussi institué, consacré, protégé, même si le contexte explique une certaine confusion initiale (b).

a/ Le débat constituant

Il suffit d'examiner les débats au sein de la Convention de Philadelphie et les différents compromis qui ont conduit à la construction constitutionnelle pour comprendre l'importance de l'esclavage.

Le premier élément est évidemment essentiel, il s'agit de respecter un équilibre entre les États libres et les États esclavagistes, au sein de la Constitution américaine. On en trouve une preuve avec la composition de la chambre des représentants et le rapport à l'électorat[121]. De fait, pour fixer le nombre de représentants par État, les constituants choisissent de tenir compte de la population dans son ensemble, y compris les esclaves, en intégrant la clause des trois cinquièmes, le 12

[121] Cf. D. J. Bodenhamer, *The Revolutionary Constitution*, Oxford University Press, 2012, p. 48.

juillet 1787[122]. Un esclave ne vaut pas un homme libre, mais il faut intégrer dans les États trois cinquièmes de la population servile à l'ensemble de la population sur laquelle on calcule le nombre de représentants au sein de la chambre fédérale. C'est un avantage évident donné aux États esclavagistes. En retour, en contrepartie, le Congrès continental adopte l'ordonnance du Nord-Ouest qui, interdit l'esclavage et sa pratique dans les nouveaux territoires situés au nord-ouest des États-Unis, et est destinée à créer de futurs États[123].

Un autre volet concerne le commerce des esclaves. Les États libres obtiennent une libre navigation entre les différents membres de la fédération contre le report de l'interdiction du commerce des esclaves jusqu'en 1808. Tous ces éléments sont votés les vingt-deux et vingt-trois août 1787[124].

b/ Le texte et ses questions immédiates et à moyen terme

Le texte fait apparaître ici un compromis, mais surtout repose sur un contexte.

Rappelons que, à l'époque de la rédaction de la Constitution, l'esclavage n'est plus considéré comme rentable économiquement parlant. La machine à égrainer le coton n'a pas encore été inventée.[125] Dans la logique des constituants, la gestion de l'esclavage renvoie beaucoup plus à la préparation de sa disparition programmée qu'à son encadrement. Ceci explique l'importance des compromis et surtout leur finalité : les constituants américains souhaitaient voir disparaître cette pratique. Ils ne voulaient pas pourtant détruire l'économie des États esclavagistes. Le délai pour l'application de certaines mesures avait pour but de voir s'éteindre de manière progressive la pratique, sans conséquence majeure.

La généralisation de l'esclavage dans plusieurs États, grâce à la culture du coton, après le milieu des années 1790, change totalement

---

[122] Cf. H. A. Ohline, « Republicanism and slavery : origins of the Three-fifths Clause in the United States Constitution », in *William and Mary Quarterly*, Third Series, vol. 28, n°4, 1971, p. 563-584.

[123] Cf. C. Collier, J. L. Collier, *Decision in Philadelphia, Ballantine,* 2007, p. *217-220.*

[124] *Ibid.*, p. 198-199 et 237.

[125] Cf. A. Lakwete, « *Inventing the Cotton Gin: Machine and Myth* », *in Antebellum America*, JHU Press, 2005, 248 p.

la logique. L'esclavage devient une pratique installée dans plusieurs États américains. En 1820 un compromis permet même un équilibre au sein de la fédération entre les États esclavagistes et les États libres. Il s'agit d'intégrer de manière générale la logique esclavagiste dans la structure politique de la fédération[126].

La conséquence est importante. Tandis que, dans plusieurs États, les hommes blancs obtiennent une extension du droit de vote, la pratique de l'esclavage et sa consécration constitutionnelle par l'intermédiaire de la clause des trois cinquièmes, en particulier, démontre l'existence de deux systèmes distincts au niveau américain. Il y a bien un peuple américain, mais lorsqu'on commence à évoquer sa composition précise on constate une véritable question au niveau de ses membres et de son évolution. Les principes varient en fonction des États. La Constitution fédérale soulève une interrogation au regard de cette clause des trois cinquièmes et de sa signification en matière d'égalité politique entre les hommes.

2/ L'esclavage et ses conséquences

Assurément, la guerre civile consacre la fin de l'esclavage. Elle n'entérine pas pour autant la fin de ses conséquences… au contraire, alors qu'en théorie l'esclavage disparaît et ne doit plus avoir de conséquences dans le système américain, en pratique il faut attendre le milieu des années 1960 pour obtenir une véritable mise en œuvre de ce texte, avec d'ailleurs un questionnement toujours présent sur certains aspects.

a/ Les amendements de la reconstruction, la théorie

La victoire du gouvernement fédéral sur les États sudistes sécessionnistes en 1865 a pour conséquence l'adoption de trois amendements qui doivent, en théorie, permettre une reconstruction juridique et politique de la fédération américaine.

Les treizième, quatorzième et quinzième amendements[127] constituent ici les fondements d'une nouvelle société américaine, voulue par

---

[126] Sur ce compromis, voir A. Coutant, *Histoire constitutionnelle des États-Unis, tome 1, 1776-1860, une fédération non démocratique*, Paris, Mare et Martin, 2012, p. 371 et suiv.

[127] Cf. J. R. Conway, *A Look at the Thirteenth and Fourteenth Amendments: Slavery Abolished, Equal Protection Established*, Enslow Publishers, Inc., 2008, 128 p. ; W.

Lincoln et défendue par les républicains les plus radicaux. En théorie, les textes permettent une abolition de l'esclavage, une égalité entre tous les Américains (les hommes), et la mise en place d'un suffrage universel, là aussi masculin. Par des pressions sur les États du Sud, le Congrès républicain radical parvient à faire adopter les trois amendements. Nous sommes entre 1865 et 1870. Le contexte est primordial. Durant toute cette période le parti républicain est parvenu à s'emparer des principaux instruments juridiques et politiques au niveau fédéral. Il impose, par l'intermédiaire du Congrès, les amendements et leur contenu. Il parvient même à obliger les États sudistes à ratifier ses amendements, en modifiant le système électoral[128]. La mise sous tutelle militaire, l'exclusion d'une partie de l'électorat (les individus qui avaient participé à la guerre civile du côté du Sud), et l'extension du suffrage au noir permet de faciliter l'adoption d'un certain nombre de textes, en facilitant aussi au passage la ratification des amendements.

En théorie donc l'esclavage ayant disparu, ses conséquences doivent aussi s'effacer, par l'intermédiaire de trois révisions constitutionnelles qui garantissent l'égalité sociale et politique entre tous les hommes américains.

b/ La pratique difficile, la loi sur les droits civiques de 1965

En pratique la réalité est très différente. Après 1870, de nouvelles tensions apparaissent. Au sein des États, les partisans d'une inégalité reprennent le pouvoir. La ségrégation remplace l'esclavage, mettant fin en pratique à l'idée même d'égalité politique ou sociale. Il faut attendre le milieu des années 1960 pour un retour en arrière. Des évolutions plus récentes ont conduit à s'interroger sur la situation actuelle et sur ses conséquences.

M. Carter, « Race Rights And The Thirteenth Amendment: Defining The Badges And Incidents Of Slavery », in *UC Davis Law Review*, vol. 40, 2007, p. 1311-1379 ; J. E. Bond, *No Easy Walk to Freedom: Reconstruction and the Ratification of the Fourteenth Amendment*, GPG, 1997, 295 p. ; S. Banfield, *The Fifteenth Amendment: African-American Men's Right to Vote*, Enslow Pub Incorporated, 1998, 128 p. ; D. L. Dickerson, *The Reconstruction Era: Primary Documents on Events from 1865 to 1877*, Greenwood Publishing Group, 2003, 432 p.

[128] Cf. A. Coutant, « Les transitions constitutionnelles après la guerre de sécession, les reconstructions de l'Union (1865-1877) », in *Revue de la Recherche Juridique*, droit prospectif, 2012/2, p. 939-965.

Il ne s'agit pas ici d'évoquer l'ensemble de la ségrégation raciale mais bien plutôt ces fondements juridiques. Il faut commencer par insister sur une date clé : 1877. À ce moment, un débat politique intervient alors qu'une élection présidentielle indécise complique les relations entre les deux principaux partis politiques américains. À l'automne 1876, un conflit intervient au moment de l'élection présidentielle[129]. Il faut un compromis entre les deux partis politiques pour conduire à la désignation, finalement, du candidat minoritaire Rutherford Hayes le républicain[130]. Cette désignation se fait sous condition : il faut mettre fin à la reconstruction, c'est-à-dire au statut militaire du Sud et aux conséquences pratiques sur les responsables politiques sudistes et sur le fonctionnement des anciens États sécessionnistes. C'est un instant décisif car à partir de cette date les États sudistes vont retrouver une autonomie politique et juridique. Très rapidement, ils choisissent de réintégrer des dispositions inégalitaires dans leur Constitution, dans leur législation. La naissance de la ségrégation raciale et le résultat direct de cette volonté de ne pas appliquer, en pratique, l'égalité politique et sociale issue de la guerre civile. Le niveau fédéral ne va pas tarder à réagir pour empêcher cette évolution. Au contraire, la Cour suprême choisit de la valider, en interprétant la Constitution dans l'arrêt *Plessy v. Ferguson*[131]. À partir d'un principe « *séparés mais*

---

[129] Cf. P. L. Haworth, *The Hayes-Tilden disputed presidential election of 1876*, Burrows Brothers Company, 1906, 365 p.; M. F. Holt, *By One Vote: The Disputed Presidential Election of 1876*, UPKa, 2011, 300 p.; R. Jr.. Morris, *Fraud of the Century: Rutherford B. Hayes, Samuel Tilden, and the Stolen Election of 1876*, Simon and Schuster, 2007, 320 p.

[130]Cf. C. V. Woodward, *Reunion and reaction: the compromise of 1877 and the end of reconstruction*, OUP, 1991, 263 p.

[131] Plessy v. Ferguson, 163 U.S. 537 (1896): Plessy contre Ferguson, est un arrêt de la Cour suprême des États-Unis, (arrêt N° *163 U.S. 537*) rendu le 18 mai 1896. Il autorise les États qui le souhaitent à imposer par la loi des mesures de ségrégation raciale, pourvu que les conditions offertes aux divers groupes « raciaux » par cette ségrégation soient égales. La doctrine qui découle de l'arrêt est appelée « *separate but equal* » (séparés mais égaux). Elle impose pour longtemps (jusqu'aux années 1950 et 1960) une interprétation très restrictive du XIVe amendement à la Constitution, censé garantir à chacun l'égale protection de la loi. Pendant cette période, l'égalité imposée par l'amendement et par Plessy v. Ferguson restera très théorique.

égaux », la Cour fédérale valide la constitutionnalité de la ségrégation raciale[132]. Dans la pratique, cette égalité n'existe pas.

Il faut attendre le milieu du vingtième siècle pour qu'une transformation majeure intervienne ici. Cette transformation est la conséquence directe d'une modification jurisprudentielle. En 1954, la Cour suprême dans l'arrêt *Brown v Board of Education of Topeka* opère un revirement en précisant que, dans sa pratique, la ségrégation raciale est nécessairement contraire à la Constitution américaine puisqu'elle établit une inégalité de fait entre les citoyens américains[133]. Il faut encore plusieurs années pour que le Congrès se saisisse de ce sujet et vote une série de textes sur les droits civiques. Le texte adopté en 1965, *The Voting Rights Act*[134] consacre tout à la

---

[132] Cf. W. Anderson, *Plessy V. Ferguson: Legalizing Segregation*, New. York, The Rosen Publishing Group, 2003, 64 p.; J. Axelrod-Contrada, *Plessy V. Ferguson: Separate and Unequal*, Marshall Cavendish Corporation, 2008, 143 p.; H. Fireside, M. H. Morial, *Separate And Unequal: Homer Plessy And The Supreme Court Decision that Legalized Racism*, New York, Carroll & Graf, 2005, 396 p.

[133] Cf. R. Kluger, *Simple Justice : The History of Brown v. Board of Education and Black America's Struggle for Equality*, New York, Knopf Doubleday Publishing Group, 2011, 880 p. Cet ouvrage, « publié pour la première fois en 1975, examine la décision de la Cour suprême d'interdire la ségrégation scolaire et d'aboutir au Cours d'une lutte sociale et juridique de plus d'un siècle visant à établir l'égalité des noirs aux États-Unis. Simple Justice est l'histoire définitive de l'affaire Brown v. Board of Education et de la lutte épique pour l'égalité raciale dans ce pays. En combinant des recherches intensives avec des entretiens originaux avec des participants survivants, Richard Kluger fournit une vision la plus complète possible du drame humain et juridique des années antérieures à 1954, des assauts cumulatifs contre la structure de pouvoir blanc qui défendait la ségrégation et de la mise en place progressive une équipe d'avocats noirs inspirés qui pourraient contester avec succès la loi. À l'occasion du cinquantième anniversaire de l'unanimité de la décision de la Cour suprême qui a mis fin à la ségrégation juridique, Kluger a mis à jour son travail avec un nouveau chapitre final couvrant les événements et questions survenus depuis la première publication de cet ouvrage, notamment l'évolution des droits civils et des affaires récentes » (https://www.ebay.com/p/Simple-Justice-The-History-of-Brown-V-Board-of-Education-and-Black-Americas-Struggle-for-Equality-by/5959190).

[134] R. M. Valelly, *The Voting Rights Act: Securing the Ballot*, Washington, CQ Press, 2006, 370 p. Pour apprehender le contenu de cet ouvrage, il convient de rappeler que le Président Lyndon B. Johnson avait promulgué la loi sur les droits de vote le 6 août 1965 aux Etats-Unis. Il a qualifié cette loi de «plus grand accomplissement en tant que Président» lors de sa dernière Conférence de presse, en la comparant à la proclamation d'émancipation de Lincoln. L'objectif initial de la loi était de fournir un mécanisme d'application du 15e amendement en garantissant aux Afro-Américains les droits les plus fondamentaux - le droit de vote. Le 15e amendement, ratifié en 1870, interdisait à tout État de refuser le droit de vote sur la

fois le droit de vote pour l'ensemble des Américains (entre-temps, les femmes ont aussi obtenu leur intégration dans le corps électoral), et une surveillance des États du Sud au regard de leurs registres électoraux. Une modification de ces registres qui tendraient à de nouveau intégrer des éléments ségrégationnistes est rendu impossible par cette disposition.

S'agit-il de la fin de l'histoire en la matière ? En 2012, la Cour suprême dans l'arrêt *National Federation of Independent Business v. Sebelius*[135] décide que la tutelle juridique créée par le texte de 1965 n'est plus constitutionnelle, en raison du changement de contexte. En 1965, on pouvait admettre une entorse à la liberté des États et une

---

base de la race. Il s'agissait de la première fois que la Constitution des États-Unis conférait le droit de vote à tout groupe démographique. Dans *la loi sur les droits de vote: sécuriser le bulletin*, Valelly aborde ce projet de loi historique sous un certain nombre de points de vue critiques, notamment les origines du mouvement du suffrage afro-américain, le rôle de la Cour suprême, la formulation de la loi elle-même et l'effet transformateur de la loi sur la vie politique américaine (http://www.lawCourts.org/LPBR/reviews/valelly0706.htm) ; M. Darling, *Enforcing and Challenging the Voting Rights Act: Race, Voting, and Redistricting*, New York, Routledge, 2014, 514 p. Dans cet ouvrage intitulé : *Application et contestation de la loi sur le droit de vote : Race, vote et redécoupage*, l'auteur, montre dans un premier temps comment la loi sur le droit de vote est appliquée par la législation fédérale américaine, puis dans un second temps, il expose les Amendements portés à la loi sur le droit de vote ; G. P. Laney, *The Voting Rights Act of 1965: Historical Background and Current Issues*, Nova Publishers, 2003, 80 p. Dans cet ouvrage intitulé : *La loi sur les droits de vote de 1965: contexte historique et questions d'actualité*, Laney montre que le Congrès américain, en adoptant la loi de 1965 sur les droits de vote, conteste les preuves largement répandues de la suppression du droit de vote des citoyens noirs dans certains États du sud. Cette loi protège le droit de vote des citoyens en interdisant aux États couverts d'utiliser des tests permettant de déterminer leur éligibilité, en leur demandant d'obtenir l'approbation fédérale avant de promulguer des lois électorales et en chargeant des fonctionnaires fédéraux de surveiller le processus d'enregistrement dans certaines localités. En 1970, le Congrès a prolongé de cinq ans la loi sur les droits de vote et son application à d'autres juridictions lorsque des éléments de preuve présentés lors des audiences ont révélé la persistance d'une discrimination raciale dans les votes. Au Cours des trois décennies suivantes, d'autres lois ont été ajoutées à la loi afin de protéger davantage le citoyen de ce pays. Cet auteur, dans sa réflexion, plonge ses racines dans l'histoire de la loi sur les droits de vote, ainsi que sur les défis et les problèmes auxquels le Congrès est confronté aux États-Unis (https://books.google.com/books/about/The_Voting_Rights_Act_of_1965.html?id=0PC44uVDsGUC).

[135] National Federation of Independent Business v. Sebelius, 567 U.S. 519 (2012).

surveillance de la part du gouvernement fédéral, en raison des difficultés pratiques et du maintien de la ségrégation en tant que politique étatique. En 2012, ce contexte n'est plus présent, ce qui rend inconstitutionnelle une disposition qui, en raison d'un contexte, l'était... au-delà de la première impression, qui sous-entend qu'une interprétation constitutionnelle et surtout une validation constitutionnelle dépend en grande partie du contexte, la question est aujourd'hui posée d'un retour potentiel de certaines pratiques au niveau des États. Lors de la dernière élection présidentielle, des élections du Congrès, en 2016 et lors des élections de mi-mandat en 2018, des voix se sont élevées pour s'inquiéter des difficultés d'inscription sur certains registres étatiques. On soulève même l'hypothèse de rendre automatique cette inscription, pour éviter toute dérive dans les États.

B / L'exemple béninois, l'esclavage et ses suites politiques

Dans quelle mesure la question esclavagiste trouve-t-elle une résonance au Bénin ? Pour le comprendre, il faut s'intéresser à une région située au nord du pays, et à son évolution dans les dernières décennies. Deux communautés, deux ethnies, se côtoient : les Peul[136] et les *Gando*[137]. L'histoire les a placés dans une position singulière

---

[136] Cf. C. Pierre, « Identités peules en mosaïque agropastorale au Bénin. Dynamique des rapports de pouvoir, mobilité et territoire », in *Anthropologie & développement*, 2015, n°42-43, p. 133-159.

[137] Cf. E. K. Hahonou, « Propriété, citoyennetés et héritage de l'esclavage au Nord Bénin », in *Politique africaine,* 2013, vol.4, n° 132, p.73-93. Dans cet article qui met en exergue la relation entre citoyenneté et propriété de soi dans une société ouest africaine dite post-esclavagiste, l'auteur examine les récentes dynamiques citoyennes et émancipatoires d'un groupe de descendants d'esclaves stigmatisé et longtemps marginalisé. À la faveur de la mise en œuvre de la décentralisation au Bénin depuis décembre 2002, les *Gando* ont conquis les institutions communales dans le Nord du pays, bouleversant les structures du pouvoir local, ainsi que les conceptions et pratiques de la citoyenneté. Il souligne le rôle moteur des élites intellectuelles urbaines Gando dans ces dynamiques de contestation et de changement social et leur rôle dans les transferts sociaux entre ville et campagne. Enfin, il montre que l'ethnicisation du groupe a été le mode privilégié d'affirmation du droit de gouverner les municipalités et que malgré le succès politique des *Gando,* les conceptions et les pratiques de la citoyenneté stratifiée n'ont pas totalement disparu (Cf. la p. 93 de la revue) ; Th. Bierschenk, « Rituels politiques et construction de l'identité ethnique des peuls au Bénin », in C. Fay, *Identités et appartenances dans les sociétés sahéliennes*, Cahiers des Sciences Humaines, 1995, vol. 31, n°2, p. 457-484; M. Guichard, « L"ethnicisation" de la société peule du Borgou (Bénin) », *Cahiers*

puisque les premiers sont les descendants des maîtres tandis que les seconds tirent leurs origines des esclaves. La relation remonte à plus d'un siècle puisque l'esclavage a été aboli au début du vingtième siècle. Pour autant, cette pratique a encore eu des conséquences jusqu'au début du vingt et unième siècle. Il a fallu attendre cette période pour qu'une véritable évolution (2) se mette en place et tourne la page d'une inégalité jusque-là maintenue malgré des transformations (1).

1/ La remise en cause partielle d'une inégalité

Immédiatement, il convient de faire un constat : la relation entre les deux communautés a connu une première transformation majeure, avec la fin de l'esclavage, même si cette transformation n'a pas totalement effacé les conséquences de celui-ci.

a/ Les rapports initiaux.

Avec l'abolition de l'esclavage, les rapports se sont transformés pour basculer d'une relation maître/esclave à une relation aristocrate/non aristocrate.

Avant la colonisation par la France, la région du Borgou était occupée par trois groupes ethniques, les *Fulbe (*Peul), les Baatombu (Bariba) et les Boko (Boo). Ces groupes avaient une caractéristique, ils possédaient des esclaves dont le nom générique était *Gando*. La relation de propriété[138] était fondée sur l'achat d'enfants abandonnés, à l'origine, en raison de malformations ou de particularismes. La communauté *Gando* était soumise à des droits spécifiques, ses membres ne pouvaient pas être propriétaires, voyaient leur capacité de mariage limitée, ne pouvaient en aucun cas occuper de fonction religieuse ou politique[139]. L'abolition de l'esclavage, en 1905 dans les

---

d'études africaines, 1990, vol. 30, n° 117, p. 17-44 ; C. Hardung, « Ni vraiment Peul, ni vraiment Baatombu. Le conflit identitaire des *Gando* », in Th. Bierschenk et P.-Y. Le Meur (dir.), *Trajectoires peules au Bénin. Six études anthropologiques*, Paris, Karthala, 1997, p. 109-138 ; E. K. Hahonou, « Pourquoi pas nous? Statut social et 'adultéité politique' des femmes Gando au Bénin », in *Autrepart. 61, **2012,*** p. 157-173.

[138] Cf. F. Burgat, « Esclavage et propriété », in *L'Homme*, vol. 38, n° 145, 1998, p. 11-30; N.-P. Lagerlöf, « Slavery and other property rights », in *Review of economic studies*, n° 76, 2009, p. 319-342.

[139] Cf. Th. Bierschenk, « The Ethnicisation of Fulani Society in the Borgou Province of Benin », in *Cahiers d'Études Africaines,* 1992, n°32, p. 509-520.

colonies françaises[140] et en 1936 dans les colonies britanniques, a mis fin à cette situation mais sans modifier réellement les rapports de force.

De fait, la gestion des affaires politiques est restée entre les mains de la classe aristocratique, les anciens maîtres[141]. Les deux populations restaient strictement séparées, les *Gandos* étant devenus une classe à part, dans la société du Nord du pays. Classe consacrée au travail, elle s'oppose à une aristocratie constituée des descendants des anciens maîtres[142].

b/ Une transformation inachevée

Avec le milieu du vingtième siècle, la situation évolue de manière importante mais en conservant toutefois des aspects singuliers.

Un symbole permet déjà de montrer l'importance de l'évolution : en 1960, le premier Président du Dahomey, Hubert Maga, est un *Gando*. Une telle évolution été possible en raison de l'exode d'une partie de cette population vers les villes. C'est là que les *Gandos* ont été scolarisés et ont pu ainsi acquérir les connaissances nécessaires pour intégrer la société urbaine. Au niveau rural, la situation reste pourtant inchangée. Les *Gandos* qui sont restés dans le nord du pays sont toujours considérés comme des citoyens de seconde zone.

Avec la mise en place de la dictature et du régime militaire, au milieu des années 1970, le discours semble différent. De fait, le pouvoir militaire avec à sa tête Kérékou insiste sur la disparition des chefferies

---

[140] Cf. Th. Bierschenk, « Peuls et Etat colonial dans le Borgou français/Nord-Dahomey (1895 - 1940) », in *Nomadic Peoples*, 1996, n°38, p. 99-124; M. A. Klein, *Slavery and Colonial Rule in French West Africa,* Cambridge, Cambridge University Press, 1998, p. 21 ; P. Lovejoy, *Transformations in slavery. A history of slavery in Africa*, Cambridge, Cambridge University Press, 1983, p. 16.

[141] Cf. J. Lombard, *Structures de type « féodal » en Afrique noire. Études des dynamiques internes et des relations sociales chez les Bariba du Dahomey*, Paris, Mouton, 1965. Une telle transformation existe dans d'autres zones géographiques, M. A. Klein, « Slave Descent and Social Status in Sahara and Sudan », in B. Rossi (dir.), *Reconfiguring Slavery : West African Trajectories*, Liverpool, Liverpool University Press, 2009, p. 28-30.

[142] Cf. C. Hardung, « Le pilon et la voix. Travail des anciens esclaves dans un contexte rituel fulbé », in H. d'Almeida-Topor, M. Lakroum et G. Spitler (dir.), L*e travail en Afrique noire. Représentations et pratiques à l'époque contemporaine*, Paris, Karthala, 2003, p. 93-106.

locales qui doivent être remplacées par des délégués élus. Or, pour maintenir des relations étroites avec les responsables locaux, le pouvoir accepte de voir désigner les anciens aristocrates.

La situation semble donc paradoxale puisque, d'un côté, les *Gandos* sont parvenus à évoluer socialement au niveau urbain, tandis que, de l'autre, il demeure des citoyens de seconde zone. On évoque même à leur encontre un concept, la citoyenneté stratifiée[143] qu'il faut opposer à une citoyenneté nationale. Il y aurait donc deux catégories de citoyens et deux manières d'aborder la citoyenneté (on pense à Dred Scott)[144], une citoyenneté nationale égale pour tous et une citoyenneté locale différenciée, faisant apparaître des castes supérieures et inférieures.

2/ Une évolution décisive

L'évolution se fait en deux temps. Tout d'abord, il faut résoudre une première difficulté, créer un mouvement spécifiquement *Gando*. Ensuite, c'est le système institutionnel lui-même qui va fournir les armes aux *Gandos* pour transformer eux-mêmes la situation.

---

[143] Cf. E. K. Hahonou, « Propriété, citoyennetés et héritage de l'esclavage au Nord Bénin »,…, op. cit., p. 75.

[144] Dred Scott est un esclave afro-américain né en 1799 en Virginie et mort le 17 septembre 1858. C'est une figure de l'anti-esclavagisme. Dred Scott est né en esclavage, il connait plusieurs propriétaires au cours de sa jeunesse dont un médecin de l'armée, Dr. John Emerson. Celui-ci achète une autre esclave nommée Harriet que Dred Scott épouse avec l'accord d'Emerson.À la mort d'Emerson, le couple devient la propriété de la veuve d'Emerson qui leur refuse la liberté malgré l'interdiction de l'esclavage dans l'Illinois où ils habitent à cette époque. Dred Scott intente une action en justice contre leur maîtresse. Le jugement dure onze ans. En 1857, après plusieurs rebondissements, la Cour suprême des États-Unis refuse leur liberté à Dred et Harriet Scott malgré le soutien de nombreuses personnalités des États du nord. Le juge Taney, qui a repris l'affaire, crée alors l'arrêt Scott, dans lequel il valide la non-citoyenneté des Noirs, se contredisant ainsi, vu que ces derniers peuvent être jugés à la Cour Suprême. Finalement, Scott et sa femme furent rendus à leur premier propriétaire qui leur accorda leur liberté peu de temps avant la mort de Dred. Cette saga judiciaire constitua une victoire sudiste dans leur lutte pour le maintien de l'esclavage. Sans le savoir, Scott contribua grandement à diviser le pays, et fut ainsi un facteur important des causes de la guerre de Sécession. Voir aussi A. Coutant, « Dred Scott v. Sandford, quand la Cour suprême consacrait l'esclavage », in *Revue française de droit constitutionnel,* 2015/1 (n° 101), pages 27 à 52.

a/ Les changements successifs

Il faut bien comprendre la situation et le contexte. La première question concerne la possibilité d'une action qui serait spécifique pour les *Gandos*. Au départ, cette solution est écartée pour une approche plus générale. La mise en œuvre de cette solution fait rapidement apparaître son principal défaut, ne pas tenir compte justement de la singularité de la situation.

En 1987, est créé un mouvement *Fulbe* qui intègre les *Gandos*. La logique générale veut que ce mouvement puisse défendre l'ensemble de ses membres, sans nécessairement insister sur l'origine que l'on peut qualifier d'ethnique ici. Le mouvement intitulé *Laawol Fulfulde* se fédère autour de l'usage d'une langue commune[145]. Autour de cette langue se trouve donc réunis les *fulbes* c'est-à-dire en réalité les Peuls et les *Gandos*[146]. C'est un échec. Dans la décennie qui suit, les *Gandos* constatent que leur place n'évolue pas, leurs principales questions ne sont pas résolues en raison justement de l'absence d'adaptation de ce mouvement. Ce constat est toute logique. Au cœur d'un mouvement linguistique, les deux communautés retrouvent leur position initiale, les Peuls conservant les postes de décision au sein de la structure.

En 2000, ce sont donc des mouvements spécifiquement Gandos qui voient le jour[147]. On parle d'ailleurs de mouvements sociaux et culturels. Tout commence avec une crise interne de *Laawol Fulfulde*. Comprenant qui n'ont pas leur place dans le mouvement, les *Gandos* commence par créer des séminaires spécifiques comme Idi Waadi (ce qu'on veut a eu lieu), Djanati (la paix enfin venue) ou encore Semmee Allah (la force de Dieu). Cette émergence nouvelle, à la fois culturelle, ethnique et linguistique à l'origine, intervient un moment décisif : celui de l'adoption d'une réforme de décentralisation au Bénin.

---

145 Cf. Th. Bierschenk, P.-Y. Le Meur (dir.), *Trajectoires peules au Bénin. Six études anthropologiques…* op. cit., p. 171.

146 Cf. D. Hamilton, K. Hodgson, J. Quirk, *Slavery, Memory and Identity: National Representations and Global Legacies*, Routledge, 2015, p. 100.

147 Cf. E. K. Hahonou, « Propriété, citoyennetés et héritage de l'esclavage au Nord Bénin », in *Politique africaine*, 2013, vol.4, n° 132, p. 89.

b/ Les élections locales et la transformation du mouvement

La Constitution de 1990 prévoyait une décentralisation qui devient effective au début des années 2000. Les élections locales doivent intervenir dans les différentes régions du Bénin pour permettre la désignation d'autorités communales, entre autres.

C'est à cette occasion que le mouvement *Gando* trouve une forme de réalisation. Plusieurs candidats issus de cette ethnie remportent des élections locales[148]. Les campagnes électorales mettent clairement en avant l'identité ethnique pour conduire à une victoire des *Gandos*. C'est le cas à Kalalé, en 2003, avec l'élection d'Orou Sè Guéné[149]. Ce n'est d'ailleurs qu'un début car celui qui devient maire à cette date entrera à l'Assemblée nationale en 2007[150]. Le deuxième maire de Kalalé est lui aussi un *Gando*, Soumanou Guinnin.

Durant les premiers mois, quelques hésitations persistent, en raison des différences politiques entre les candidats issus de la même ethnie. Cependant, rapidement, c'est bien l'intérêt du groupe qui l'emporte et qui conduit à un choix spécifique, en faveur justement de cette transformation majeure. Que nous apprend cet exemple au regard de la perspective américaine ?

Nous retrouvons tout d'abord la question de la citoyenneté et de son éclatement potentiel, en raison de l'esclavage. Nous reviendrons sur cette perspective en étudiant le peuple et son unité.

Ensuite, on constate l'évolution intervenue et la forme prise. Il s'agit d'abord de créer une structure associative, puis de reconnaître une spécificité culturelle et linguistique, avant d'intégrer la structure politique.

---

[148] Cf. T. Bierschenk, J.-P. Olivier de Sardan, « Powers in the Village : Rural Benin between Democratisation and Decentralisation », in *Africa*, vol. 73, n° 2, 2003, p. 145-173 ; G. Blundo, « Décentralisation et pouvoirs locaux. Registres traditionnels du pouvoir et nouvelles formes locales de légitimité (Atelier : II) », in *Bulletin de l'APAD*, 1998, n°16, p. 1-5 ; P.-Y. Le Meur, « Décentralisation par le bas et participation clientéliste au Bénin », *Bulletin de l'APAD*, 1998, n°15, p. 49-64.

[149] Cf. E. K. Hahonou, « Propriété, citoyennetés et héritage de l'esclavage au Nord Bénin »,…, op. cit., p. 84.

[150] Cf. E. Alber, « Le pouvoir local face aux mutations au niveau de l'État », in *Cahiers d'études africaines*, vol. 37, n° 145, 1997, p. 137-156.

Enfin, et l'élément est important, c'est au niveau local que la question ethnique réapparaît le plus fortement, en facilitant l'arrivée au pouvoir des *Gandos* et une relative égalisation des conditions, avec toutes les conséquences en la matière.

Conclusion du chapitre 1

Pour conclure ce premier chapitre sur la question de la composition du peuple, trois constats semblent nécessaires.

D'une part, le Bénin se distingue par sa relation au suffrage universel, en raison de la nécessaire appropriation de l'instrument. Hériter apparemment des règles coloniales, ce suffrage va devenir pourtant un élément majeur de la démocratie béninoise, après une réadaptation et une remise en main de manière spécifique.

La question principale concerne, d'autre part, le rapport au suffrage et surtout le rapport à l'idée même de peuple. De fait, le peuple béninois ne peut être compris qu'en examinant l'intégration dans ce peuple des femmes, dans un premier temps, et de certaines minorités, exclues pour des raisons diverses, comme la question esclavagiste, dans un second temps.

Enfin, et ce troisième constat est essentiel, le peuple béninois est toujours fortement marqué par une composante ethnique. La question de l'évolution des femmes, de la place des femmes, et de l'évolution d'une partie de la population est évidemment centrale pour comprendre cette transformation de l'idée même de peuple dans la République béninoise.

CHAPITRE 2

L'UNITE DU PEUPLE

Le fait qu'une démocratie soit définie comme étant le gouvernement du peuple par le peuple et pour le peuple renvoie nécessairement à l'idée même de peuple et à sa signification. Nous venons d'évoquer la composition d'un peuple, en prenant les exemples américains, français et béninois. Il faut aussi s'interroger sur le concept de « peuple » lui-même, au regard de son unité.

En quoi un peuple constitue-t-il une unité juridique ? Cette unité, qui semble centrale dans une démocratie, est-elle respectée au Bénin ?

Pour en comprendre toutes les dimensions (section 2), une étude des exemples américains et français offre plusieurs éléments pertinents au regard justement de la question de l'unité et de ses conséquences (section 1).

Section 1 - Le peuple uni aux États-Unis et en France

Parler de peuple uni semble sous-entendre automatiquement un peuple unique. À ce titre, il est inévitable de revenir sur l'exemple américain qui nous fournit, en approfondissant certains aspects, des arguments inattendus au regard du peuple et de la signification de ce concept (§1). L'étude de l'exemple français semble au contraire faire apparaître un principe beaucoup plus clair, bien que des exceptions soient possibles (§2).

§ 1- Le(s) peuple(s) américain(s)

Le titre de ce développement a été choisi à dessein. Le terme de peuple pose plusieurs questions, dès l'origine, dans le système américain (A). De fait, il faut une véritable transformation, historique, politique et juridique, pour conduire à une unité du peuple américain, si tant est qu'elle soit complète aujourd'hui (B).

A/Aux origines

Une première précision est indispensable : le changement de régime au moment de la rédaction de la Constitution fédérale a aussi directement une influence sur le concept lui-même (1). On peut même d'ailleurs se poser des questions sur la signification des termes employés, au regard des conséquences ultérieures (2).

1/ Des Articles à la Constitution fédérale

Comment comprendre le terme de peuple qui est utilisé au début de la Constitution des États-Unis ? Il faut immédiatement préciser que ce terme est en langue américaine. Or, people est un pluriel... ce détail est important car le peuple en tant qu'entité est au cœur des débats au moment de la discussion sur la confédération et sur son avenir.

a/ La Confédération et sa signification

Pour bien comprendre la question du peuple et de sa signification au moment de la guerre d'indépendance, il faut revenir au contexte.

En 1776, lorsque les États-Unis déclarent leur indépendance, l'entité juridique fédérale n'existe pas. En réalité, la personnalité juridique qui apparaît la première, en Amérique du Nord, est étatique : plusieurs États dont la Virginie sont créés avec des Constitutions propres au printemps 1776[151]. Ceci donne un tout autre sens à l'union d'États qui apparaît avec les Articles de la Confédération[152], en 1781. La guerre

---

[151] Cf. Les États adoptent de nouvelles lois fondamentales en suivant ce calendrier : en 1776, le New Hampshire (le 5 janvier), la Caroline du Sud (26 mars), la Virginie (29 juin), le New Jersey (3 juillet), le Delaware (21 septembre), la Pennsylvanie (28 septembre), le Maryland (11 novembre), la Caroline du Nord (18 décembre), et en 1777 la Géorgie (5 février) et New York (20 avril) (Bernard Cottret, *la révolution américaine*, Perrin, 2003, p. 189).

[152] Cf. K. P. Callahan, *The Articles of Confederation: a primary source investigation into the document that preceded the U.S. Constitution*, The Rosen Publishing Group, 2003, 128 p.; B. S. Feinberg, *The Articles of Confederation: the first Constitution of the United States*, Twenty-First Century Books, 2002, 110 p. ; Cf. J.-R. Garcia, D. Rolland, P. Vermeren, *Les Amériques, des Constitutions aux démocraties. Philosophie du droit des Amériques*, Paris, Maison des sciences de l'homme, 2015, p. 52. ; Cf. J. Boudon, *Manuel de droit constitutionnel. Tome I. Théorie générale - Histoire – Régimes étrangers,* Paris, PUF, 2015, p. 233 : Les Articles de la Confédération (Articles of Confédération) constituent un accord adopté à l'unanimité par les Treize Colonies britanniques d'Amérique du Nord, lequel établissait un gouvernement central permanent, le Congrès, pour les États-Unis. Ces colonies sont alors en guerre depuis deux ans contre la Grande-Bretagne pour leur indépendance. Le document, composé d'un préambule et de treize articles, tous rédigés en anglais, constitua la charpente juridique du pays depuis son adoption, le 1er mars 1781 jusqu'en 1789, date à laquelle il fut remplacé par la Constitution des États-Unis.

qui est menée par les États d'Amérique du Nord contre l'Angleterre est d'abord et avant tout une guerre des différents États contre un ennemi commun. Le Congrès continental, qui a pour charge la rédaction des Articles de la Confédération, est le représentant des peuples des différents États. À ce titre, il est composé de représentants des différents États. Les difficultés rencontrées pour faire adopter ce texte – les Articles de la Confédération – illustrent parfaitement la singularité juridique du document[153]. Il faut l'unanimité des États pour que le texte entre en application. C'est donc bien le niveau étatique qui est privilégié.

Très logiquement, dans le texte final, celui de 1781, le mot peuple est en grande partie écartée. Lorsqu'il est utilisé, il ne désigne que le peuple de chaque État. Dans la logique générale, c'est beaucoup plus une vision confédérale qui est avancée, c'est-à-dire un travail en commun des différents représentants des États, pour un intérêt commun. En aucun cas, il ne s'agit de créer un peuple unique.

b/ The people

Dans cette mesure, le début de la Constitution américaine de 1787 est peut-être plus confus qu'il n'y paraît. L'expression « *we the people* » doit-elle être comprise au singulier ou au pluriel ? Autrement dit, les constituants ont-ils voulu désigner un peuple américain ou les peuples des différents États américains ?

L'ambiguïté en elle-même apparaît au moment des débats de ratification. De fait, il y a bien une opposition entre deux visions, l'une favorable au niveau étatique, l'autre favorable au niveau fédéral. L'adoption du texte par les différents États (on constate d'ailleurs qu'ici il s'agit d'une majorité qualifiée et non plus d'une unanimité) donne lieu à des concessions de la part du gouvernement fédéral. Certains États veulent des garanties supplémentaires dans le texte (c'est bien sûr la naissance du *Bill of Rights*[154]), garanties d'autant plus nécessaires que l'une d'entre elles, le dixième amendement, comporte une réserve de compétence pour les États.

---

[153] Cf. H. Sherman, *The governmental history of the United States of America: from the earliest settlement to the adoption of the present federal Constitution*, Case, Lockwood and Co., 1860, p. 683.

[154] B. Bailyn, *The Debate on the Constitution,* Hardcover, 1993, vol. 2, p. 155 et suiv., puis p. 158-159.

Faut-il y voir ici un double niveau ? À l'évidence, il y a bien une organisation à deux niveaux, la fédération. Toute la question réside dans le degré de compétence et l'importance de chaque niveau. À ce titre, le niveau fédéral est-il plus important que le niveau étatique ou le contraire ?

2/ La réalisation des doutes, des compromis à l'arrêt Dred Scott

Lorsqu'on examine l'histoire américaine de la première moitié du dix-neuvième siècle, on ne peut s'empêcher de constater la présence explicite de deux approches du peuple. Il s'agit ici de faire référence au peuple en tant qu'ensemble des citoyens. À ce titre, sont membres du peuple, les citoyens. Ceci sous-entend une définition du concept même de citoyenneté. Or, durant la première moitié du dix-neuvième siècle, le concept de citoyenneté fait l'objet d'un débat juridique majeur avec un certain nombre de conséquences, en lien direct avec l'esclavage.

a/ Les deux citoyennetés et l'esclavage

Pourquoi parler de deux citoyennetés ? Sans doute parce que le système américain, dans son ensemble, est traversé par une profonde fracture, depuis la mise en place de la Constitution fédérale. Cette fracture apparaît distinctement en 1820. Elle amène à souligner l'existence de deux Amériques, divisées géographiquement parlant.

Parler de fracture est essentielle. En 1820, une crise intervient entre les différents États américains. Le gouvernement fédéral devient le théâtre d'une opposition entre des États, esclavagistes d'un côté, libres de l'autre[155]. On constate ici que c'est bien le niveau étatique qui domine. C'est parce qu'il faut pouvoir avancer au niveau étatique que la question se pose au niveau fédéral. De la sorte, lorsque le Missouri demande à entrer dans l'union, il pose directement la question des équilibres internes de la fédération. À cette époque, une telle entrée signifierait un basculement de la fédération dans le camp esclavagiste en matière de majorité. La crise qui s'ensuit amène un compromis, en 1820 – 1821, pour sortir de cette situation. Or ce compromis a pour principal fondement les États. C'est bien parce qu'il faut tenir compte des différences entre les États, c'est-à-dire entre les peuples des États,

---

[155] Cf. E. R. Varon, *Disunion!: the coming of the American Civil War, 1789-1859*, UNC Press Books, 2008, 455 p.

qu'un compromis est trouvé. La fracture est purement et simplement géographique. Une ligne est mise en place[156]. Au nord de cette ligne, les États créés devront être libres. Au sud, ils devront au contraire être esclavagistes. Dans cette logique, on ajoute une entrée par paire pour éviter un déséquilibre au niveau fédéral. On constate que c'est bien de nouveau le niveau étatique qui domine, puisque c'est ce niveau qui est pris en compte au niveau fédéral, y compris dans le fonctionnement général des institutions.

Conséquence logique, puisqu'il y a des États différents et des peuples différents, on peut supposer qu'il existe deux types de citoyenneté. Il y aurait donc une citoyenneté fédérale qui permettrait d'intégrer de manière générale les individus au sein de la structure fédérale. Mais il y aurait aussi et de manière significative une citoyenneté étatique, fédérée, qui serait principale. Dans cette logique, on retrouve la perspective habituelle du système américain, depuis 1787, et même plus précisément depuis l'adoption du dixième amendement qui réserve les droits des États. Le contexte esclavagiste est évidemment essentiel et explique cette double citoyenneté. De fait, il paraît difficile de faire correspondre les citoyennetés des différents États au regard de l'existence, dans certains États, de la pratique esclavagiste, tandis que dans d'autres les mêmes personnes, de couleur noire, sont considérées comme des citoyens. Dans une troisième catégorie les noirs affranchis sont exclus du droit de vote… On constate qu'il y a bien ici une distinction majeure entre différentes formes de citoyenneté au sein des États.

b/ Les deux citoyennetés et les peuples ?

Les conséquences sont juridiques. À la veille de la guerre civile, la question esclavagiste réapparaît. Le parti démocrate a réussi à s'emparer du Congrès et de l'organe exécutif. Il est aussi dominant au sein de la Cour suprême. La perte de vitesse de son adversaire principal, le parti whig, est plus une source d'inquiétude qu'un élément positif. De fait, à côté de ce parti, acceptable, et avec lequel les démocrates avaient toujours travaillé, y compris concernant

---

[156] Cf. F. J. Turner, *The significance of the section in American history*, Bobbs-Merrill, 1925, 280 p ; P. Finkelman, D. R. Kennon, *Congress and the emergence of sectionalism: from the Missouri Compromise to the age of Jackson*, Ohio University Press, 2008, 293 p. ; C. S. Sydnor, *The development of Southern sectionalism, 1819-1848*, LSU Press, 1948, 400 p.

l'esclavage, des petites factions, abolitionnistes pour certaines, égalitaires pour d'autres, commencent à apparaître. En retour, le parti démocrate s'efforce de consolider ses positions, au niveau politique et surtout au niveau juridique. C'est dans cette dimension que nous retrouvons un questionnement sur la citoyenneté et sur le peuple.

En 1850, un nouveau compromis est censé consolider définitivement la fédération[157]. Il s'agit de tenir compte, de nouveau, de la question esclavagiste, cette fois pour évoquer l'évolution des territoires issus du Texas, en grande partie. Le problème principal est toujours le même : maintenir l'équilibre entre esclavagiste et libre, au sein de la fédération. Les démocrates veulent pousser leur avantage et faciliter une intégration beaucoup plus générale des États esclavagistes, au nom de la souveraineté du peuple. C'est sur ce point précis que nous retrouvons un argument. En 1850, puis en 1854, dans la loi sur le Kansas et le Nebraska[158], les démocrates parviennent à faire adopter un principe selon lequel les peuples des territoires ont le droit de choisir entre esclavage et liberté. Il s'agit de mettre en avant le peuple au niveau étatique, fédéré, et même encore avant en insistant sur le peuple du territoire[159]. En droit américain, le territoire constitue l'entité pré étatique qui permet de construire peu à peu une structure juridique avant l'intégration dans la fédération en tant qu'État. À ce titre, il s'agit bien ici d'une consécration du peuple du futur État, en lui donnant le choix majeur à cette époque entre esclavage et liberté[160].

En 1857, le parti démocrate obtient la consécration constitutionnelle qu'il cherchait avec une jurisprudence de la Cour suprême. Dans l'arrêt *Dred Scott*, la Cour fédérale consacre l'évolution lancée jusque-

---

[157] Cf. *The Compromise Of 1850*, Department Of American Studies, Wildside Press LLC, 2009, 116 p. ; H. Hamilton, *Prologue to conflict : the crisis and compromise of 1850*, University Press of Kentucky, 2005, 256 p. ; J. C. Waugh, *On the brink of Civil War : the Compromise of 1850 and how it changed the Course of American history*, Rowman and Littlefield, 2003, 217 p.
[158] Cf. A. Coutant, *Histoire constitutionnelle des États-Unis, tome 1, 1776-1860, une fédération non démocratique,…*, op. cit., p. 647.
[159] Cf. J. L. Huston, *Stephen A. Douglas and the dilemmas of democratic equality*, Rowman and Littlefield, 2007, p. 102.
[160] Cf. F. H. Hodder, « The Railroad Background of the Kansas-Nebraska Act », in *Mississippi Valley Historical Review*, 1925, vol. 12, n°1, p. 3-22.

là en insistant sur l'existence de deux citoyennetés distinctes[161]. Il existe bien une citoyenneté fédérale qui est prévue par les textes depuis 1787. Néanmoins, il faut aussi et surtout tenir compte de la citoyenneté étatique, qui a ses critères, ses conséquences et son niveau de protection. À ce titre, un esclave reste esclave, même s'il voyage dans un État libre. Au-delà du caractère très critiquable de l'arrêt qui a été rendu au niveau juridique, il s'agit ici d'une consécration de cette double citoyenneté et donc, par un effet corollaire, d'une consécration de la diversité des peuples américains, avec toutes les conséquences que cela signifie.

La fédération devient ici non plus une structure avec un seul peuple au niveau démocratique mais bien une structure réunissant plusieurs peuples, qui ne peuvent pas être unis entre eux. C'est cette structure qu'il va falloir faire évoluer dans les années suivantes.

B/ La transformation

La mutation que connaît la démocratie américaine concerne le concept même de peuple. Il faut pour cela deux étapes distinctes. D'abord, avec la guerre civile et son issue, un peuple uni semble en passe de naître. Il a d'ailleurs une consécration constitutionnelle (1). Ensuite, avec la question ségrégationniste, les divisions réapparaissent et nécessitent une nouvelle transformation (2).

1/ Un peuple après la guerre civile

L'expression américaine pour désigner le conflit qui oppose les États sudistes et le gouvernement fédéral, la guerre civile, implique un conflit interne dans un État, au sein d'un peuple unique. Or, pour les États sudistes, la sécession signifie le fait de quitter la fédération pour constituer une nouvelle entité juridique. Le peuple américain réapparaît à l'issue de la guerre civile. C'est le résultat direct de l'interprétation de Lincoln, avec le discours de Gettysburg. C'est la conséquence de deux des trois révisions de reconstruction, les quatorzièmes et quinzièmes amendements.

---

[161] Cf. D. E. Fehrenbacher, *The Dred Scott Case: its significance in American law and politics*, Oxford University Press, 2001, 741 p; E. Greenberg, *Dred Scott and the dangers of a political Court*, Rowman and Littlefield, 2009, 328 p.; A. Coutant, « Dred Scott v. Sandford, quand la Cour suprême consacrait l'esclavage», in *Revue française de droit constitutionnel* 2015, vol.1, n° 101, p. 27-52.

a/ Un peuple redéfini : le discours de Gettysburg

Le lieu est mythique. L'une des expressions employées par Lincoln va également le devenir. Nous sommes au milieu de la guerre de sécession, en 1863. Entre le 1er et le 4 juillet, un affrontement entre l'armée du Potomac et un contingent de l'armée sudiste se produit à Gettysburg, en Pennsylvanie. C'est une victoire pour l'armée fédérale et un tournant dans le conflit. Un responsable politique local, David Wills, souhaite créer un cimetière militaire national. À l'automne, il prépare une inauguration officielle. Il invite Lincoln à y prendre part.

En prononçant ce discours[162], Lincoln ne souhaite pas mettre en avant la victoire du Nord. Il insiste sur la nécessaire renaissance de la fédération américaine, sur de nouvelles bases, la démocratie, c'est-à-dire le gouvernement du peuple, par le peuple et pour le peuple. Selon lui, il faut mettre en perspective l'histoire américaine depuis la déclaration d'indépendance pour célébrer tous les morts de cette journée et poser la question de l'avenir de la nation. Il termine son discours en insistant sur une nouvelle naissance de la liberté au sein d'un peuple uni.

Il y a ici une intention politique majeure. Le Président des États-Unis refuse la querelle entre le nord et le sud, l'affrontement entre le gouvernement fédéral et les États sécessionnistes. Il ne doit y avoir qu'une seule nation américaine et c'est cette nation qui doit apparaître au sein de la fédération. À ce titre, il en appelle à l'unité du peuple, ce qui, dans ces circonstances, transcende les différents peuples des États. On peut déjà trouver dans cette logique le cœur même de la politique de Lincoln au regard de l'évolution de la fédération.

---

[162] Le discours de Gettysburg est un discours du Président américain Abraham Lincoln . Il a été prononcé dans l'après-midi du jeudi 19 novembre 1863. Ce discours a été prononcé pendant la guerre de Sécession, à l' inauguration du cimetière national des soldats à Gettysburg, en Pennsylvanie. C'était quatre mois et demi après la victoire de l' armée de l' Union contre l' armée des États confédérés à la bataille de Gettysburg. Voir ce discours in A. Coutant, *Histoire constitutionnelle des États-Unis, tome 2, 1860-1937, Fédération ou démocratie*, Paris, Mare et Martin, 2013, p. 203. ; et pour des commentaries, W. E. Barton, *Lincoln at Gettysburg: what he intended to say; what he said; what he was reported to have said; what he wished he had said*, P. Smith, 1950, 263 p. ; B. Philip, Jr. Kunhardt, *A New Birth of Freedom: Lincoln at Gettysburg*, Book Sales, 1983, 263 p. ; G. Lafantasie, « Lincoln and the Gettysburg Awakening », in *Journal of the Abraham Lincoln Association*, 1995, vol.16, n°1, p.73–89.

b/ Les quatorzièmes et quinzièmes amendements

Il s'agit de la double réalisation juridique issue du discours de Lincoln. Dans la logique du Président, l'unité du peuple devait être restaurée. Pour cela, le Congrès républicain radical répond par de révision.

La première, « le quatorzième amendement »[163], insiste sur l'égalité de droit qui existe entre les citoyens américains. Il ne s'agit pas simplement du prolongement de l'abolition de l'esclavage qui était consacré par le treizième amendement. Les citoyens sont égaux, ils appartiennent à un seul peuple, le peuple américain. Ce peuple a des droits, ce qui était précisé dans la fameuse déclaration du discours de *Gettysburg*. La démocratie est un gouvernement pour le peuple.

La seconde révision, le quinzième amendement[164], met au contraire en avant l'égalité politique. Il faut que les Américains disposent d'un droit de vote, que le peuple, en tant que corps électoral, prennent forme. C'est la réalisation de l'autre partie de la citation : le gouvernement par le peuple. C'est ce peuple uni, unique, que Lincoln voulait et que les deux amendements semblent vouloir réaliser.

2/ Peuple et ségrégation

Pourtant, Il faut attendre encore un (1) siècle pour obtenir réellement la mise en œuvre de ces différents éléments. De fait, dans un premier temps, suite à la mise en place de la ségrégation raciale, une nouvelle division va apparaître. Ce peuple uni que Lincoln voulait créer entre le nord et le sud est bel et bien apparu au lendemain de la guerre civile. Cependant, dans chaque État, des divisions nouvelles ont été consacrées, faisant réapparaître deux catégories de citoyens, un peuple divisé.

a/ Séparés mais égaux au niveau politique

Le niveau est important puisqu'il s'agit de l'État fédéré. La Cour suprême va d'ailleurs garantir cette approche en permettant aux États fédérés de faire une distinction à l'intérieur même de leur peuple, concernant leur corps électoral. La question n'est plus théorique. En

---

163 A. Coutant, *Histoire constitutionnelle des États-Unis, tome 2, 1860-1937, Fédération ou démocratie,…*, op. cit., p. 203.
164 *Ibid.*, p. 263.

théorie, le peuple américain est uni, le corps électoral est le plus étendu possible. La réalité est très différente.

De la sorte, le peuple est bien une entité unique mais dans chaque État des règles différentes s'appliquent pour constituer le corps électoral, ce qui soulève la question de la mise en œuvre concrète de ce peuple politique voulu par le quinzième amendement.

b/ Brown et le mouvement des droits civiques

L'arrêt *Brown* ne signifie pas uniquement la fin de la ségrégation raciale[165]. Il change surtout le niveau d'intervention pour conduire à la fois formellement et matériellement à un peuple unique.

Au niveau formel, tout d'abord, nous assistons à la naissance d'un peuple unique puisqu'une seule loi, la loi fédérale, est applicable dans tous les États. Il s'agit ici de montrer une unité juridique, au niveau fédéral, avec ses conséquences. Les différentes lois sur les droits civiques obéissent à cette logique. La loi sur le droit de vote, en 1965, s'intègre parfaitement à cette approche puisque, toujours au niveau formel, elle prévoit un contrôle du niveau fédéral sur le niveau étatique.

Au niveau matériel ensuite, nous avons aussi une définition des critères en ce qui concerne le corps électoral. La loi fédérale empêche l'existence de critères distinctifs au niveau des États. Cela signifie, concrètement, que pour appartenir au corps électoral il faut remplir les critères de la structure nationale, donc appartenir au corps électoral fédéral. Il y a bien ici un peuple unique, consacré par la jurisprudence de la Cour et par les lois fédérales.

---

[165] Cf. P. F. Lau, *From the Grassroots to the Supreme Court : Brown V. Board of Education and American Democracy*, Duke University Press, 2004, 406 p.; J. Conaway, *Brown V. Board of Education: The Case for Integration*, Capstone, 2007, 96 p. Dans ce dernier ouvrage, intitule: *Brown V. Board of Education: les arguments en faveur de l'intégration,* l'auteur présent le cas d'un certain Oliver Brown qui a emmené sa fille s'inscrire à une école locale. Mais, son admission a été refusée, car elle était afro-américaine. Brown était l'un des parents qui ont contesté le conseil scolaire local dans l'affaire Brown v. Board of Education de Topeka, Kansas. Cette affaire, parmi les plus célèbres de l'histoire américaine, a finalement été portée devant la Cour suprême et en est venue à représenter toutes les affaires d'intégration des écoles à travers les États-Unis d'Amérique.

§ 2 - Le peuple français

On pourrait penser que la situation est beaucoup plus simple. La République française est unitaire. Il n'est pas question ici de fédéralisme. Nous avons donc un principe : le peuple est unique (A). Néanmoins, il est nécessaire de se poser des questions sur une exception relativement récente et sur ses conséquences, la Nouvelle-Calédonie (B).

A/ Principe et application

Le principe est rappelé par la Constitution, la République française est une et indivisible, le peuple français est évidemment unique. Ce principe conduit à revenir sur l'identité peuple et nation, depuis 1958 (1), et sur les conséquences de cette identité au regard d'un exemple plus précis, le peuple corse (2).

1/ Peuple et nation en 1958

« *La souveraineté nationale appartient au peuple qui l'exerce par ses représentants et par la voie du référendum* »[166]. Cette simple citation de la Constitution de 1958 invite à revenir sur la logique textuelle qu'elle présuppose et permet de mieux comprendre ce qu'on entend par peuple unique.

a/ La logique textuelle

Nation et peuple. Les deux termes deviennent synonymes en 1946 lorsque les constituants utilisent une expression presque identique, la souveraineté nationale appartient au peuple français, pour présenter le fondement du régime. De fait, l'abandon de la distinction n'est pas du tout indifférent. Il sous-entend ici une unité supplémentaire.

En abandonnant l'opposition entre nation et peuple, les constituants de 1946 (et ceux de 1958 qui en ont repris la logique)[167] ont choisi de dépasser une querelle qui concernait la signification même du mot nation, depuis la Révolution Française. L'un des auteurs de cette distinction initiale, Emmanuel Sieyès, avait trouvé dans le concept de nation le moyen de contourner ce qui, selon lui, était un danger : l'intervention du peuple c'est-à-dire du plus grand nombre d'habitants

---

[166] Article 3 de la Constitution française de 1958.

[167] Cf. J.-J. Wunenburger, *L'Idée de nation : actes du colloque organisé à Dijon, les 13 et 14 novembre 1986*, Dijon, Éditions universitaires de Dijon, 1986, p. 147-151.

possibles, dotés du droit de vote. Parce que cette intervention pouvait être dangereuse, à cette époque, et parce que Sieyès souhaitait limiter la compétence en matière de vote à ceux qui payaient l'impôt, il avait conçu le concept de nation comme un être extérieur, différent du peuple, qui avait ses intérêts propres. Les intérêts de la nation pouvaient conduire à ne donner le droit de vote qu'à certains individus, les mieux à même de gérer pour le bien commun. En abandonnant cette distinction, les deux Constitutions de 1946 et de 1958 mettent fin à un cycle historique en revenant sur la question de la souveraineté et de son titulaire.

De fait, le peuple, en tant que corps électoral, le plus étendu possible, devient nécessairement le premier acteur de la nation. Il s'identifie à elle. À ce titre, l'intérêt de la nation est donc lié à celui du peuple en tant que personne constituée par le corps électoral.

b/ Le peuple unique

Le peuple est donc unique. Au niveau français, ceci conduit à deux effets distincts, d'une part, un encadrement de la représentation, d'autre part, la possibilité d'une action territoriale sous la forme de la décentralisation.

La première logique est évidente. Le grand nombre sous-entend le basculement nécessaire par un système représentatif. Le peuple est donc, d'abord et avant tout, un corps électoral, doté du droit de vote, c'est-à-dire du droit de désigner des représentants qui vont agir en son nom. Le système prévoit une double intervention possible : soit directement, par le référendum par exemple, soit indirectement, par l'intermédiaire d'élections de représentants qui ensuite votent la loi ou agissent.

La seconde logique a un effet immédiat : il ne peut pas y avoir en France de division totale. La décentralisation n'est pas un démembrement de l'État. Elle n'est qu'une autre manière d'agir par des entités publiques locales. En aucun cas, l'État ne se sépare de ses compétences. C'est lui qui les délègue aux autorités décentralisées. Là aussi l'élément est important car cela signifie qu'il n'y a pas de niveau de décision, comme dans un système fédéral. Il n'y a qu'un seul niveau principal, l'État, qui dispose de la compétence de déléguer certaines de ses responsabilités au niveau décentralisé sous la forme de structures plus autonomes. L'égalité est maintenue entre tous les citoyens. Le peuple est toujours unique et il ne peut en aucun cas avoir un peuple à l'intérieur de cette structure républicaine.

2/ L'application

Il y a eu par le passé des exemples précis concernant justement la mise en œuvre pratique de cette unité du peuple français. Dans la logique de la décentralisation, certains gouvernements ont parfois voulu reconnaître des spécificités locales en insistant sur des critères plus généraux. L'exemple le plus significatif concerne la Corse qui a ainsi fait l'objet de plusieurs législations. L'une d'entre elles faisait référence à un peuple corse, mention qui a été rejetée par le Conseil constitutionnel.

a/ Le refus du peuple corse

En 1991, le gouvernement français avait lancé une vaste réforme concernant la Corse et son fonctionnement[168]. Il avait souhaité faire adopter une loi pour fixer un statut de la collectivité territoriale de Corse en tirant un certain nombre de conséquences des spécificités de l'île et en ouvrant des portes particulières en matière juridique pour les habitants. Le texte en question, la loi[169] portant statut de la collectivité territoriale de Corse, mentionnait l'existence d'un peuple corse.

Le législateur précisait même dans l'article premier du texte tel qu'adopté par le parlement le 4 avril 1991 que : « *La République française garantit à la communauté historique et culturelle vivante que constitue le peuple corse, composante du peuple français, les droits à la préservation de son identité culturelle et à la défense de ses intérêts économiques et sociaux spécifiques Ces droits liés à l'insularité s'exercent dans le respect de l'unité nationale, dans le cadre de la Constitution, des lois de la République et du présent statut* »[170]. Il s'agissait donc bien de reconnaître une entité spécifique, dénommée peuple, à l'intérieur du peuple français. Le législateur était

---

[168] Cf. A. Roux, « Les implications du principe d'indivisibilité de la République dans la jurisprudence du Conseil constitutionnel », in B. Mathieu, M. Verpeau, *La République en droit français : actes du colloque de Dijon, 10 et 11 décembre 1992*, Économica, 1996, p. 95 ; J.-L. Lajoie, *Droit de la République*, Saint-Denis, Publibook, 2016, p. 34.
[169] Cf. Loi n° 91-428 du 13 mai 1991 portant statut de la collectivité territoriale de Corse.
[170] F. Rigaux, *La Loi des juges*, Odile Jacob, 1997, p. 241.

même allé jusqu'à évoquer une communauté historique et culturelle vivante… dans quelle mesure s'agissait-il d'une entorse à la logique républicaine et à l'unité du peuple ?

b/ Les critères du Conseil constitutionnel

Le Conseil constitutionnel a répondu en reprenant un certain nombre de références liées au bloc de constitutionnalité[171].

La première, et tout simplement le premier alinéa du préambule de la Constitution de 1958 qui évoque le peuple français et les principes de la souveraineté nationale. La deuxième est la déclaration des droits de l'homme et du citoyen qui fait référence aux représentants du peuple français. La troisième est tirée du préambule de la Constitution de 1946 qui précise que « *le peuple français proclame à nouveau que tout être humain, sans distinction de race, de religion ni de croyance, possède des droits inaliénables et sacrés* ». Enfin, le conseil rappelle que la Constitution de 1958 fait une distinction entre le peuple français et les peuples d'outre-mer qui se voient reconnaître un droit à la libre détermination. Le concept de peuple français a donc valeur constitutionnelle.

Au nom de l'égalité devant la loi, au nom de l'absence de discrimination, prévue par l'article deux de la Constitution de 1958 (en 1991 puisque nous étions avant la révision de 1995), une distinction à l'intérieur du peuple en créant une autre entité dénommée peuple ferait apparaître des différences entre les citoyens français, ce qui n'est pas possible. Le raisonnement est intéressant à un double titre. D'une part, il identifie bien peuple et corps électoral, peuple et citoyen. D'autre part, il en tire la conséquence : un seul peuple, composé des citoyens, ne peut en aucun cas être subdivisé en groupes différents.

B/ L'exception, la Nouvelle-Calédonie

Un exemple récent nous conduit nécessairement à nous interroger cette fois sur le concept et sur ses répercussions. Il s'agit naturellement de la Nouvelle-Calédonie et de son évolution, en application des textes de 1988 et de 1998.

---

[171] Cf. Décision n° 91-290 DC du 9 mai 1991 sur le statut de la collectivité territoriale de Corse.

1/ Une question de concepts

Il suffit d'examiner les textes votés en 1998[172] et 1999[173] pour comprendre que la situation est totalement différente au regard des développements précédents[174]. La loi organique relative à la Nouvelle-Calédonie, qui a aussi fait l'objet d'un contrôle par le Conseil constitutionnel, en mars 1999[175] cette fois, instaure plusieurs catégories de citoyenneté et met en avant la question de la nation.

a/ Citoyennetés et nation

En examinant les statuts tirés de cette loi organique, on constate que le texte prévoit une citoyenneté calédonienne pour permettre un fonctionnement interne de la structure, tout en ouvrant une porte assez inattendue en termes de conséquences. D'abord, la citoyenneté calédonienne est censée être liée au droit de vote. Or, l'accord de Nouméa[176] prévoit deux corps électoraux différents, l'un dans l'article 218, l'autre dans l'article 188. Seul le corps électoral des élections provinciales, c'est-à-dire de l'article 188, conduit à un ensemble de citoyens, c'est-à-dire du point de vue juridique à un peuple.

En allant un peu plus loin, la question de la citoyenneté renvoie à celle de l'identité kanak et à l'émergence potentielle d'une nation[177].

---

[172] Cf. Accord sur la Nouvelle-Calédonie signé à Nouméa le 5 mai 1998, JORF, n°121 du 27 mai 1998, p. 8039.

[173] Cf. Loi organique n° 99-209 du 19 mars 1999 relative à la Nouvelle-Calédonie, JORF n°0068 du 21 mars 1999, p. 4197.

[174] Cf. R. Bertram, *Gouverner la Nouvelle-Calédonie : l'accord de Nouméa à l'épreuve de son premier gouvernement : Jean Lèques : 1999-2001*, Paris, L'Harmattan, 2009, 292 p. ; F. Garde, *Les Institutions de la Nouvelle-Caledonie*, Paris, L'Harmattan, 2001, 354 p.; F. Angleviel, *Comprendre les référendums de 2018-2022 en Nouvelle-Calédonie : La France ou l'indépendance Décryptages historiques, socio-économiques et communautaristes*, Paris, Edilivre, 2018, 462 p.

[175] Cf. Décision n° 99-410 DC du 15 mars 1999 ; N. Clinchamps, « Le Conseil constitutionnel face à l'autonomie de la Nouvelle-Calédonie », *in Les Nouveaux Cahiers du Conseil constitutionnel,* 2012, vol.2, n° 35, p. 61-72.

[176] Cf. J.-Y. Faberon, « La Nouvelle-Calédonie : vivre l'accord de Nouméa », in *Revue française d'administration publique,* 2002, vol. 1, n°101, p. 39-57.

[177] Cf. J. Y Faberon, G. Agniel, *La souveraineté partagée en Nouvelle-Calédonie et en droit comparé,* Paris, La documentation française, 2000, n°5113, Partie 14, col. Les études de la Documentation française: Institutions, 463 p. ; M. Chauchat, La citoyenneté calédonienne, in *Cahiers du Conseil constitutionnel,* 2008, n° 23 (https://www.conseil-Constitutionnel.fr/nouveaux-cahiers-du-conseil-Constitutionnel/la-citoyennete-caledonienne consuté le 20-02-2019 à 19h53) ;

L'accord de Nouméa a pour but de fonder une nation calédonienne. Il s'agit de concevoir une communauté nouvelle, qui, à l'issue de l'évolution, d'une transition de vingt années, pourra conduire à la naissance d'une nation et d'un nouvel État. Car tel est aussi la véritable question.

b/ Un peuple au pluriel

Dans ce cas, que faut-il faire du mot peuple ? Le terme en lui-même n'est pas utilisé en tant que tel dans l'accord au sens de corps électoral.

En revanche, on trouve la mention de peuple kanak, dans le cadre de l'accord. Il y aurait une identité kanake avec un peuple kanak, ce qui poserait la question de la naissance de droits spécifiques liés à une citoyenneté.

Dans ce cas la distinction entre d'un côté un citoyen calédonien et de l'autre côté un résident français prendrait tout son sens[178]. Il y aurait bien un corps électoral en devenir, le futur peuple, qui s'identifierait à la nation calédonienne, en cours de création. Il y aurait aussi à côté, d'autres éléments potentiels, les résidents français, qui ne seraient pas citoyens calédoniens puisqu'ils ne répondraient pas aux critères prévus. Ceci fait naître un peuple calédonien, un ensemble de citoyens, à l'intérieur du peuple français, par l'intermédiaire des accords de Nouméa de 1999.

2/ Les limites

Mais peut-on s'arrêter là ? Les éléments que nous sommes en train d'évoquer constituent-ils une exception au principe précédent ? En réalité pas du tout. Il ne s'agit pas d'une exception au sens où cette situation est transitoire. Elle est le résultat d'une modification constitutionnelle, certes, mais qui n'a pas, en théorie, d'avenir définitif.

Rapport d'information du sénat, n° *593* (2010-2011 http://www.senat.fr/rap/r10-593/r10-5937.html, consulté le 20-02-2019 à 20h01 ; Un autre rapport du 8 juin 2011, n° 586 (2010-2011), http://www.senat.fr/rap/l10-586/l10-586.htm, consulté le 20-02-2019 à 20h02.

[178] Cf. C. Fiévet, *Invention et réinvention de la citoyenneté : actes du colloque international de Pau, Université de Pau et des pays de l'Adour, 9-11 décembre 1998*, Aubertin, J. Sampy, 2000, p. 282.

a/ Le statut constitutionnel

Le premier aspect important. De fait, il s'agit bien d'un statut constitutionnel. Les accords de Nouméa interviennent à un moment précis, au printemps 1999, pour organiser le fonctionnement de la Nouvelle-Calédonie pendant vingt ans[179] et conduire finalement à une transformation potentielle.

Un tel statut conduit nécessairement à poser la question d'un peuple calédonien, qui serait créé à l'intérieur du peuple français, par le statut en question. Il y aurait ici coexistence entre deux peuples, c'est-à-dire exactement ce qui était reproché dans la loi sur le statut de la Corse. La différence est évidemment majeure puisque cette fois nous sommes au niveau constitutionnel, ce qui signifie la création d'une autre entité populaire à côté et à l'intérieur du peuple français.

Un tel statut fait apparaître une catégorie particulière au sein du bloc de constitutionnalité. Cette dimension est aussi importante. Le peuple français est unique. Cette unité a une conséquence juridique : la loi est la même pour tous. En créant un peuple calédonien, la loi organique de 1999 prévoit aussi des lois du pays[180], c'est-à-dire l'existence d'une compétence législative pour les représentants du peuple calédonien. Il y a bien ici une entorse à l'unité, entorse totalement couverte par la révision constitutionnelle. Car il faut évidemment le préciser, tout ceci n'est rendu possible que par une loi constitutionnelle adoptée le 20 juillet 1998 concernant la Nouvelle-Calédonie. De la sorte, il y a bien une intervention au cœur même du système français, à l'intérieur du concept de peuple pour créer un nouveau concept, restreint à la seule Nouvelle-Calédonie.

b/ Une transition

Cette dernière, suivie de remarques, est évidemment fondamentale. Tout ce qui précède constitue une entorse, une exception, au principe de peuple unique français. Il a fallu pour cela une modification constitutionnelle. Mais celle-ci n'a été réellement possible,

---

[179] Cf. J.-M Regnault, V. Fayaud, *La Nouvelle-Calédonie : vingt années de concorde, 1988-2008*, Paris, Publications de la Société française d'histoire d'outre-Mer, 2008, 212 p.

[180] Cf. L. Bausinger-Garnier, *La loi du pays en Nouvelle-Calédonie : véritable norme législative à caractère régional*, Paris, Harmattan, 2001, 192 p.

politiquement parlant, qu'en raison du caractère totalement transitoire du processus. En effet, la situation peut se résoudre de deux manières.

Dans une première hypothèse, la Nouvelle-Calédonie peut choisir de devenir indépendante. Dans ce cas, il y aura une séparation territoriale avec la France. Il y aura bien matériellement un peuple calédonien mais qui ne sera plus membre du peuple français.

Dans une seconde hypothèse, si la Nouvelle-Calédonie reste française, la question se posera du maintien ou non du statut tel qu'il était prévu en 1998. Des différences pourront peut-être encore subsister mais en aucun cas le système exceptionnel ne pourra être maintenu.

La récente consultation a apparemment tranché pour la seconde hypothèse[181], le référendum ayant été gagné par les partisans d'un maintien de la Nouvelle-Calédonie dans la République. Lorsque la question sera définitivement tranchée et que les différents débats auront été clos, il faudra nécessairement revenir sur le concept de peuple pour réinstaurer le peuple français dans son ensemble, quitte à prévoir des dispositions spécifiques pour la gestion de la Nouvelle-Calédonie, sans pour autant porter atteinte à la logique du peuple unique.

Section 2- Le peuple béninois

L'idée démocratique renvoie à la gestion du régime par le peuple (directement ou par ses représentants). Cependant, la question principale concerne les critères d'identification de ce peuple. Nous avons vu que les exemples américains et français ouvraient des pistes particulières. Le premier évoquait une pluralité de peuples au sein d'une structure unique, avec une évolution vers un peuple unique, en raison de l'histoire. Le second partait d'un peuple unique comme principe et posait une exception avec un nouveau peuple, dans une phase de transition. L'étude de l'exemple béninois[182] nous conduit

---

[181] Cf. Référendum en Nouvelle-Calédonie : revivez la journée de vote et l'annonce des résultats. La participation - plus de 80 % - a été massive, avec le non à l'indépendance (56,4 %) l'emportant sur le oui (43,6 %) (https://www.lemonde.fr/politique/live/2018/11/04/referendum-en-nouvelle-caledonie-retrouvez-notre-live_5378625_823448.html), consulté le 04-04-2019 à 14hh26.

[182] Cf. Ph. Noudjénoumè, *La démocratie au Bénin-bilan et perspectives*, Paris, L'Harmattan, 1999, 395 p.

tout d'abord à relever l'existence d'un peuple uni, du moins en apparence (§1). De fait, derrière certains principes d'unité, se dessine une réalité plus étonnante qui conduit à une pluralité à l'intérieur du peuple, avec tout ce que cela peut supposer de contradiction (§2).

§ 1 - Un peuple béninois uni

On pourrait penser qu'il s'agit du principe intangible. Le recours à la Constitution béninoise en apporte une preuve avec un parallèle français presque évident. Dans la réalité béninoise, ceci a une conséquence centrale, le rejet de l'hypothèse ethnique (A), mais sans empêcher l'apparition d'une division au premier abord anodine, au niveau régional (B).

A/ Le rejet de l'hypothèse ethnique nationale

Au regard d'autres exemples africains, l'hypothèse en question est plus que sérieuse. Elle invite même à interroger l'idée de peuples afin de comprendre l'interdiction béninoise (1) et sa réalisation pratique (2).

1/Le principe béninois : l'interdiction de l'ethnie

Il s'agit d'un principe central : refuser au niveau national la prise en compte d'un facteur ethnique dans le cadre politique. Le principe en question n'est pas si évident si on s'intéresse aux autres exemples africains (a). On peut même voir dans le refus béninois une exception instructive (b).

a/ Une théorie générale africaine ?

C'est presqu'une hypothèse d'école. La multiplication des exemples de pays africains dans lesquels la question ethnique est demeurée cruciale au niveau national transforme cette problématique en interrogation théorique[183]. De fait, dans plusieurs pays d'Afrique, on

---

183 Cf. G. Rossatanga-Rignault, « Identités et démocratie en Afrique. Entre hypocrisie et faits têtus », *in Afrique contemporaine*, 2012, vol. 2, n°242, p. 59-71 ; J.L. Amselle, E. M'Bokolo, *Au cœur de l'ethnie, tribalisme et État*, Paris, La découverte, 2e édition, 1999, 225 p. ; B. R. Goudjo, (dir.), *Identités ethniques et Intégration Nationale. Jalons pour une éthique de l'intégration*, Collection Xwefa, Les éditions du Flamboyant, 1997, 154 p. ; S. Mappa, *Pouvoirs traditionnels et pouvoir d'État en Afrique, L'illusion universaliste*, Paris, Karthala, 1998, 204 p. ; M. Tshiyembe, *État multinational et démocratie africaine, sociologie de la renaissance*

constate l'apparition d'une double identité, avec toutes ses conséquences.

En suivant certains auteurs, il y a ici une spécificité africaine, avec le refus d'une démocratie universelle, qui impliquerait en théorie un homme, une voix. Les caractéristiques des régimes africains reposeraient sur une division étatique inévitable, fondée sur des questions ethniques, régionales, religieuses et non idéologiques[184]. L'ethnie dans ce contexte remplacerait principalement l'idéologie politique et le combat habituel au niveau démocratique perdrait son sens pour renvoyer à une querelle d'intérêts entre groupes ethniques rivaux, sans prise en compte des questions économiques, sociales ou politiques générales[185]. Les pays africains se verraient ainsi dotés d'une double identité, nationale d'une part, au niveau de l'État, ethnique d'autre part, également au niveau étatique, mais en opérant une subdivision à l'intérieur du peuple.

Les exemples ne manquent pas. Le Nigéria est divisé géographiquement et religieusement, le nord est musulman et s'oppose au sud chrétien. La division de la Côte d'Ivoire repose sur une rupture entre deux camps, chacun identifié par trois caractères. D'un côté, les Dioula (ethnie) sont musulmans et habitent au nord ; de l'autre les Akan Bete sont chrétiens et habitent au sud[186]. Les effets sont dévastateurs sur les promesses politiques, puisque les élections, en dehors des seuls critiques politiques, peuvent aussi être remises en cause par une ethnie contre une autre. Ceci peut d'ailleurs conduire à une explosion catastrophique dans un conflit civil, l'exemple le plus évident étend donné par le Congo Brazzaville, dans les années 1990 (entre le Nord et le Sud…)[187]. Les effets politiques sont importants car ils peuvent conduire à une différenciation constitutionnelle, pour faire succéder des chefs pour établir un équilibre national sur la base d'une alliance et d'un compromis ethnique.

---

politique, Paris, L'Harmattan, 2001, 269 p. ; J.-P. Chretien, G. Prunier, (dir.), *Les ethnies ont une histoire*, Paris, Karthala, 1989, 435 p.

[184] Cf. René Otayek, *Afrique : les identités contre la démocratie ?* Saint-Étienne, L'aubebondy, 1999, 197 p. ; R. Otayek, *Identités et démocratie dans un monde global*, Paris, Presses de sciences Po, 2000, 228 p.

[185] Cf. G. Rossatanga-Rignault, « Identités et démocratie en Afrique. Entre hypocrisie et faits têtus »,…, op. cit., p. 59.

[186] *Ibid.*, p. 61.

[187] *Ibid.*, p. 63-64.

Dans de telles circonstances, le Bénin apparaît comme étrangement décalé.

b/ Le refus béninois

Il est clairement consacré par la Constitution. Mais comment pourrait-il en être autrement au regard de la multiplicité des ethnies sur le territoire ?

La Constitution béninoise évoque le suffrage universel. Le vote ethnique est interdit. Faut-il y voir une relation de cause à effet ?

La multiplicité des groupes ethniques au Bénin peut conduire, par la domination de l'un d'entre eux, au niveau national, à une émergence plus spécifique. De nombreuses études ont déjà été menées sur cette question. Pour citer l'une d'entre elles, qui résume relativement bien les particularismes des origines ethniques au Bénin : « *Une lecture du peuplement à travers l'œuvre de Robert Cornevin, montre également que la plupart des peuplades qui occupent l'actuel Bénin à l'ouest, à l'est et au nord, sont issues des pays voisins, à savoir l'actuel Togo, le Burkina Faso, le Niger et le Nigéria. Par exemple, les populations actuellement dans l'Atakora (Somba, Natimba) et établies dans le nord-ouest viendraient du nord Togo et du Burkina Faso. Elles auraient fourni le peuplement de langue et d'origine mossi (Woaba, Pila-Pila, Taneka) qu'on retrouve à Djougou. Les populations de l'est ont pour origine principale des éléments partis de l'actuel Nigéria pour former les groupements Bariba de Nikki et de Kandi et ceux des Yorouba (de Sakété, Banigbé, Ifanhim, de Kétou, de Dassa). Les groupements Dendi, Djerma et Peuls seraient issus de l'actuel Niger* »[188]. Ce n'est d'ailleurs que le reflet de la pratique politique.

2/ L'absence de l'ethnie en pratique, au niveau national

Il convient de préciser que les ethnies sont bien présentes. Cependant, elles ne sont pas déterminantes. Les grandes questions semblent se résoudre sans elle (a), même si dans la coulisse des logiques particulières sont toujours en place (b).

---

[188] B. D. Lawson, *Les identités partagées comme facteur de paix et de stabilité : le cas du Bénin*, Thèse, Bordeaux IV, Sciences politiques et sociales, 2013, p. 175.

a/ Les deux grands partis de 1995

Il suffit d'étudier l'élection présidentielle de 1995 pour comprendre que la question ethnique est volontairement écartée[189].

L'opposition principale intervient entre les candidats de deux partis, la renaissance du Bénin et le parti du renouveau démocratique. Le premier correspond aux Fons, tandis que le second renvoie au Gouns. Or, les deux groupes sont originaires de la même région et même, initialement, de la même ethnie[190].

Les autres scrutins font aussi apparaître des questions de personnes avant tout, et pas nécessairement des débats ethniques.

b/ L'approche interne, une question

Est-ce pour autant une disparition totale ? Cela semble difficile au regard de l'identification des ethnies sur le territoire béninois. Les différences réapparaissent au second plan, ce qui conduit à une conclusion mais aussi à une hypothèse.

Les ethnies sont bien présentes. Il suffit de regarder la composition des partis pour comprendre que des jeux d'alliance tiennent visiblement compte de ce facteur : « *ainsi, le Président du PRD est un goun comme il se doit ; mais le vice-Président est un yorouba de Porto-Novo. Le PSD a pour leader un adja de Djakotomey, certes ; mais le second personnage du parti est un hwla de Grand-Popo. L'ethnicité, comme on le voit, intervient d'abord comme facteur de revendication au sein des grands partis régionaux* »[191]. Ceci conduit à une conclusion et une hypothèse. La présence de facteurs ethniques dans les partis politiques n'est pas dominante. En revanche elle résulte peut-être de stratégie d'alliance. Le niveau régional répond-il à cette stratégie ? Ceci expliquerait la réapparition des ethnies, sans en faire un facteur déterminant au niveau national.

---

[189] Cf. M. Dissou, *Le Bénin et l'épreuve démocratique : Leçons des élections de 1991 à 2001*, Paris, L'Harmattan, 2002, 163 p.

[190] Cf. D. Amoussou-Yeye, « La dimension ethnique dans la dynamique socio-politique du Bénin du renouveau démocratique », *in Revue Africaine de Science Politique*, 1999, vol. 4, n° 1, p. 130 ; S. H. F. Kakai, *Le vote ethnique au Benin. Contribution a une étude sociopolitique de l'élection,…*, op. cit., P. 57-65.

[191] *Ibid.*, p. 133.

B/ Le poids des régions

La division du Bénin serait géographique et non ethnique à titre principal. Pour le prouver il faut revenir aux origines du pays et sa construction (1). Ensuite, une projection partisane confirmera cette tendance particulière (2).

1/ Aux origines de la division régionale.

La question d'une division régionale est réellement assumée. Elle tire ses origines des premières répartitions et même d'une illustration politique (a). Actuellement, la logique est toujours présente (b).

a/ L'histoire et les régions

Du point de vue du peuplement, la division région est reconnue. Elle a même eu des effets politiques dans les années 1960[192].

« *Il est certain que dans le cadre actuel de l'État moderne, les centres urbains et la plupart des régions du Bénin sont multi-ethniques, mais avant la modernisation, on y retrouvait entre autres, s'agissant des segments sociaux les plus importants, les groupes ethniques ci-dessous énumérés :*

-au Nord, on distinguait des présumés autochtones parmi lesquels sont rangés les Paragourma regroupant les Gourmantchés et plusieurs groupements de l'Atacora (Gangamba, Niendé, Berba, Somba, Natimba, Souraba,..) dont les plus caractéristiques restent les Betammaribe. Les éléments d'origine Mossi dont les Boulba, Woaba, Tankamba, Yowa ou PilaPila et Tanéka et les Gourounsi du Nord-Est comprenant sur la frontière togolaise les Temba encore appelés Cotokoli et les Logba ou Dompago.

-au Sud, on retrouvait les éléments Adja-Fon qui se seraient formés localement après l'impact culturel et politique d'éléments Yoruba venus de l'actuel Nigeria. Il est affilié à ce groupe Adja-Fon, les Holli et les Mahi. Le groupe Yoruba-Nago et autres ethnies apparentées forment un segment à part entière dans le Sud. Les Peuls sont en

---

[192] Cf. R. Cornevin, *Le Dahomey*, Paris, Presses universitaires de France, 1970, p.13-15. ; R. Cornevin, *La République populaire du Bénin. Des origines dahoméennes à nos jours,* Paris, G.P. Maisonneuve et Larose, 1981, 584 p. ; M. H. Glèlè, *Naissance d'un État Noir- L'évolution politique et institutionnelle du Dahomey de la colonisation à nos jours*, Paris, LGDJ, 1969, 537 p.

général des peuples nomades qui vivent en marge des collectivités noires.

Il faut ajouter à ces segments ethniques les créoles brésiliens : descendants d'anciens esclaves et mulâtres repartis au Bénin comme intermédiaires des négriers occidentaux, puis trafiquants d'huile de palme et qui ont constitué à Porto-Novo, à Ouidah et à Agoué les grandes familles dahoméennes conservant des noms patronymiques tels : D'Almeida, Da Costa, De Souza, De Medeiros, D'Oliviera, De Campos, Sastre, Sacrament.

Sur des considérations socio-linguistiques et culturelles, les premiers, «les nordistes» s'identifient plus aux Burkinabé ou aux Nigériens et les seconds, «les sudistes» se sentent plus proches de leurs voisins du Nigéria ou du Togo avec lesquels ils partagent effectivement des affinités linguistiques, culturelles et traditionnelles identiques »[193].

Dans les années 1960, c'est bien autour du régionalisme que les principaux conflits sont nés. Le tripartisme régional est une réalité entre 1960 et 1972[194]. Dès le lendemain de la seconde guerre mondiale, un premier parti politique, l'union progressiste dahoméenne avait vu le jour. Ce parti s'était divisé par la suite pour donner naissance à l'union démocratique dahoméenne, en 1955, liée au centre et au sud du pays, le nord et l'est constituant deux autres régions. Les luttes entre rivaux entre 1960 et 1968 caractérisent la période. La situation est très bien résumée par un journaliste de Jeune Afrique, en 2010 : « *L'homme politique dahoméen, puis béninois, se conçoit d'abord par rapport à son terroir. C'est dans son fief ethnique ou régional qu'il recueille le plus de voix. Conséquence : en cas de succès, il a tendance à penser d'abord aux "siens". Ces clivages apparaissent dès les premières années de l'indépendance. Ils conditionnent la démarche politique des principaux leaders : Hubert Maga, l'"homme du Nord", Sourou Migan Apithy, l'"homme du*

[193] C. Somé, *Pluralisme socio-ethnique et démocratie : cas du Bénin,* mémoire de Maîtrise en science politique, Université du Québec à Montréal, 2009, p. 10-11.

[194] Cf. L. G. Hazoumé, *Idéologies tribalistes et Nations en Afrique : le cas dahoméen*, Paris, Présence Africaine, 1972, 230 p. ; J. Le Cornee, *La Calebasse Dahoméenne ou Les Errances du Bénin. Du Dahomey au Bénin,* Tome Il, Paris, L'Hannattan, 2000, 592 p ; N. Bako-Arifari, « Démocratie et logiques du terroir au Bénin », in *Politique africaine*, 1995, n°59, p. 8.

Sud", Justin Ahomadegbé, l'"homme du Centre-Sud" »[195]. Les élections présidentielles de 1968 semblent conduire à l'exclusion des trois factions rivales. Le coup d'État militaire qui intervient l'année suivante est une confirmation ? En réalité à l'intérieur du directoire militaire d'officiers, on retrouve les représentants des trois grandes régions traditionnelles, le Nord, le Centre et le Sud. L'idée surgit même de faire se succéder au pouvoir les leaders politiques des trois régions à travers un système de conseil présidentiel[196].

La révolution de 1972[197] renvoie à une unification territoriale voulue qui doit stopper les divisions politiques en supprimant les divisions territoriales. Avec Kérékou, c'est un nouveau régime, une provincialisation, autour de six grandes entités reconnues, qui se met en place. Les représentants des six grandes structures en question sont répartis également dans les instances du pouvoir. Toute la question réside évidemment dans le maintien d'une relation régionale par l'intermédiaire de ses structures territoriales.

b/ Les entités actuelles

Pour avoir survécu à la période dictatoriale, on comprend que les entités actuelles donnent tout leur poids à la logique régionale. De fait, les partis politiques béninois conservent un véritable ancrage régional. Symbole évident, la Conférence des forces vives s'ouvre sur la question de l'unité. Le discours du Président dictateur, Kérékou, en est l'illustration parfaite : « *C'est pourquoi les conclusions des travaux de la Conférence nationale doivent épargner au peuple béninois toute situation susceptible de provoquer des désordres, des violences et des affrontements inutiles. Nous sommes tous pleinement conscients des distorsions multiples et multiformes qui existent entre nos circonscriptions administratives, mais les problèmes et les frustrations qui en résultent ne pourront trouver leurs justes solutions que dans le cadre d'une politique nationale cohérente de développement économique, social et culturel, qui tient grand compte de l'équilibre*

---

195 L. M. K. Tshitenge, « Bénin : ébullition dans le laboratoire de la démocratie », in *Jeuneafrique,* du 25 mars 2010(https://www.jeuneafrique.com/197804/politique/b-nin-bullition-dans-le-laboratoire-de-la-d-mocratie), consulté le 21-0-2019 à 1h29.

196 Cf. N. Bako-Arifari, « Démocratie et logiques du terroir au Bénin »,…, op. cit., p. 9.

197 Cf. F. Godin, *Bénin 1972-1982 : La logique de l'État africain*, Paris, L'Harmattan, 1986, 325 p.

inter-régional. La diversité de nos cultures, loin de constituer une source de tension ou de division, doit au contraire être considérée comme un facteur d'enrichissement mutuel, pouvant concourir au rapprochement et l'intégration des membres de la communauté nationale, de manière que chaque béninoise et chaque béninois se sente partout chez lui, sur toute l'étendue du territoire national, du Nord au Sud, et de l'Est à l'Ouest »[198].

Les élections législatives de 1995[199] montrent bien que les grandes régions continuent de jouer un rôle majeur.

« *Les deux grands partis vainqueurs des dernières élections législatives, celles de mars 1995, à savoir la Renaissance du Benin et le Parti du Renouveau Démocratique sont apparemment domines d'un côté par les fons et de l'autre par les gouns. Or, il est à noter que ces deux groupes socio-culturels constituent en réalité une seule et même ethnie si on se réfère à l'histoire de leur Constitution anthropologique, à la langue, à la culture religieuse traditionnelle, aux valeurs dominantes concernant le culte des ancêtres, le mariage, la vie sociale, etc. S'ils ont été obligés de se distinguer l'un de l'autre, ce n'est pas pour une raison de dissemblance identitaire, ethnique en l'occurrence, mais pour d'autres raisons déterminantes, dont surtout l'appartenance à un autre espace de communauté de destins historiques qui n'est plus seulement l'identité ethnique à proprement parler (...). La région de 1'Atlantique et du Zou qui épouse plus ou moins les contours de L'ancien royaume du Danhomey, est aujourd'hui sous la coupe politique de la Renaissance du Benin, le parti du Président de la République Nicephore SOGLO, un fon d'Abomey. La région actuelle de l'Ouémé qui épouse les contours territoriaux de l'ancien royaume de Porto-Novo est sous l'hégémonie politique du Parti du Renouveau Démocratique de Maitre Adrien HOUNGBEDJI tandis que sa grande rivale, l'autre parti dominant du Sud-Benin, la Renaissance du Benin est normalement dominante dans*

[198] Cf. Discours du Président Mathieu Kérékou à l'ouverture de la Conférence des Forces Vives de la Nation in *ONEPI*, Conférence nationale des Forces Vives de la Nation, 19-28 février 1990, Documents fondamentaux, Cotonou, Presses de l'ONEPI, SD, 56 p. , cité par *Ibid.*, p. 303.

[199] Cf. M. R. Tossou, « Ethnicité et élections dans le Bénin du renouveau démocratique : le scrutin législatif du 28 mars 1995 », septembre 2008, 22 p ; R. Gbégnonvi, « Les législatives de 1995 », in *Politique africaine*, 1995, n° 59, p. 59-69.

la région Atlantique-Zou, le territoire ou la zone d'influence de l'ex-royaume du Dahomey. Le Mono est sous le contrôle hégémonique du Parti Social-Démocrate de Bruno AMOUSSOU et le Fard-Alafia est solidement implanté dans le Borgou. Comme par hasard, ce sont les quatre grands partis du Bénin actuel, les quatre grands vainqueurs des dernières élections législatives »[200].

Le constat est évident. Les régions jouent un rôle déterminant dans le fonctionnement politique actuel du Bénin. Dans quelle mesure s'agit-il d'une division du peuple ?

2/ Les conséquences politiques

Une telle implantation régionale a-t-elle des conséquences sur la relation entre les candidats et le peuple ? La principale élection concernée est celle qui permet de désigner le Président. En examinant les scrutins successifs, on constate une forte implantation régionale (a) et, par voie de conséquence, un questionnement sur l'unité du peuple béninois (b).

a/ Présidentielles et régions

Il suffit de prendre un exemple symbolique pour comprendre la force de l'implantation régionale pour un candidat.

En 1991, l'étude des scores de cinq des candidats du premier tour est très significative, au regard de leurs résultats régionaux[201]. Kérékou totalise ainsi 84,5 % dans l'Atacora et 86,6 % dans le Borgou. Deux candidats, Tevoedjre et Hovingbedji se partagent la région Ouémé avec respectivement cinquante-trois et 20 % des voix. Bruno Amoussou domine la région de Mono avec 70 % des voix tandis que Soglo arrive largement en tête dans le Zou avec 68 %.

L'implantation est évidente. Elle conduit au second tour à poser la question de l'alliance de candidats issus de certaines régions, au détriment potentiel d'autres.

---

[200] Cf. D. Amoussou-Yeye, « La dimension ethnique dans la dynamique socio-politique du Bénin du renouveau démocratique », in *Revue Africaine de Science Politique,* 1999, vol. 4, n° 1, p. 131-132.

[201] Cf. M. Gazibo, *Les paradoxes de la démocratisation en Afrique : analyse institutionnelle et stratégique*, Montréal, PUM, 2005, p. 117.

Faut-il voir une constante ?

b/ La division du pays

Du point de vue politique, géographique et même économique, certaines études insistent sur la division du Bénin en deux voire quatre entités.

La première division est la plus argumentée, elle conduit à évoquer le nord et le sud. La thèse nous permet de mieux comprendre cette première opposition entre Nord et Sud : « *La formation de ce qui est appelé aujourd'hui le Nord et le Sud a une réalité historique, géographique, sociale, linguistique. Il existe donc au Bénin, un Nord et un Sud qui n'ont pas probablement fini d'écrire l'histoire de leurs réalités (...). Les deux grands groupes ethnolinguistiques majoritaires sont localisés dans le nord et le sud. Ce dernier regroupe 60 % de la population totale, les 40 % restant se répartissant entre le centre et le nord1174 en tenant compte du recensement général de la population et de l'habitat de 2002 (...). Il serait difficile de ne pas conclure à l'existence d'un Nord et d'un Sud. La différence qui permet de les saisir en tant que catégories tangibles donne à l'observateur une identification empirique. Elle consiste à dire sans se tromper que telle région représente le Nord ou le Sud ou tel individu est membre d'un groupe socioculturel présent dans une partie précise du Bénin (...) La problématique d'un Nord et d'un Sud se pose au regard de la réalité même de ces deux régions. Elle devient source de tensions voire de conflits, davantage dans le processus de définition de la région Nord ou de la région Sud comme territoire cognitif. Celui-ci est assimilable au lieu d'appartenance inclusive ou exclusive d'une certaine catégorie de Béninois* »[202]. Lawson Boevi poursuit son argumentation en démontrant les conséquences dans les relations de cette opposition entre un Nord et un Sud ayant des caractéristiques très distinctes. L'auteur insiste sur les différences majeures entre les deux régions, et sur le mépris des sudistes pour les nordistes, avec en retour des réactions potentiellement violentes. Mais cette division n'est pas la seule.

[202] B. D. Lawson, Les *identités partagées comme facteur de paix et de stabilité : le cas du Bénin*, Thèse, Bordeaux IV, Sciences politiques et sociales, 2013, p. 348-349.

Une autre division, peut-être moins présente dans certains cas, est pourtant beaucoup plus instructive. Elle fait apparaître le Nord, le Sud, mais aussi le Centre l'Est. On trouve d'ailleurs des variantes avec une division possible du Nord. Tous ces éléments se retrouvent dans les élections avec un certain nombre de conséquences.

Toutes ces questions font resurgir l'hypothèse d'une multiplication des divisions internes. Avons-nous écarté un peu vite le critère ethnique ?

§ 2- Le peuple et la société plurale[203]

En raison de l'absence d'arguments convaincants au niveau national, nous avons écarté le critère ethnique, en le plaçant au second plan. Pourtant, en reprenant l'étude de certains comportements politiques béninois, on constate qu'il est très présent, au niveau local[204]. Ce constat est essentiel. C'est bien à ce niveau que l'on retrouve la question ethnique, sous une forme nouvelle. Derrière le concept de « fils du terroir » (A), se cache un des principes de fonctionnement du système politique qui est un facteur nouveau pour réunifier le peuple, en tant qu'entité (B).

A/ Le fils du terroir

Y a-t-il un critère supplémentaire qui, se superposant à la citoyenneté, fait apparaître une relation nouvelle, avec des conséquences sur le vote, le fonctionnement des démocraties et le concept de peuple ? Le « fils du terroir » semble répondre à cette question. Malgré les apparences, il s'insère dans le droit politique et son histoire au Bénin (1). Il apparaît même comme une clé de compréhension pour analyser et expliquer certains comportements électoraux (2).

1/La reconnaissance juridique indirecte

Il n'y a pas de reconnaissance textuelle proprement dite du concept en question. Néanmoins, il est le résultat d'une appropriation du mode de

---

203 A. Ondoua, « La population en droit constitutionnel », in *Afrique contemporaine*, 2012, n°2, p. 88 ; R. Otayek, « Démocratie, culture politique, sociétés plurales. Une approche comparative à partir de situations africaines », in *Revue française de science politique*, 1997, vol.47, n°6, p. 798-822.

204 Cf. C. Somé, *Pluralisme socio-ethnique et démocratie : cas du bénin*, Mémoire de maîtrise, Science politique, Université du Québec à Montréal, 2009, 152 p.

scrutin législatif (a), tirant ses origines d'un instrument plus ancien, en lien avec le fondement politique de la jeune démocratie béninoise (b).

a/ Entre apparence et réalité, la signification locale du mode de scrutin législatif

Au premier abord, en examinant le mode de scrutin choisi en 1995 pour les élections législatives, on pourrait penser qu'il s'agit d'un rejet de toute reconnaissance du terroir. Cependant, une analyse plus précise vient plus que nuancer cette apparence.

Lorsque le Président Soglo propose l'adoption d'un scrutin majoritaire avec la création de circonscription locale, en 1995, il se heurte à un refus motivé apparemment par la crainte d'une influence locale excessive. L'Assemblée va pourtant réformer les modalités électorales, en conservant un scrutin de liste comme base, mais en en changeant le fondement initial. Dans cette mesure, la représentation proportionnelle avec scrutin de liste semble avoir pour but (et pour effet attendu…) d'éloigner les élus des querelles locales en créant des listes partisanes, loin des « terroirs »[205].

Pourtant, dans son application, ce scrutin fait apparaître un tout autre tableau. De fait, afin de constituer les listes, les responsables des partis se tournent vers les localités et, après discussion, choisissent de faire porter leurs couleurs par des enfants du village, des « fils du terroir »[206]. Il s'agit d'identifier l'élu électeur par l'origine. Cette ethnicisation du vote est local dans sa forme et dans sa logique. Elle s'intègre pleinement dans la multiplicité des divisions du Bénin, en répondant à des logiques locales particulières.

b/ L'instrument initial, les associations de développements

Il faut remonter aux origines de la jeune démocratie béninoise pour trouver l'instrument qui se localise, l'association de développements.

Alors que la Conférence nationale se prépare au début de l'année 1990, des structures locales, les associations de développement, voient le jour. Elles s'organisent et donnent naissance à des mouvances

[205] D. Amoussou-Yeye, « La dimension ethnique dans la dynamique socio-politique du Bénin du renouveau démocratique »,…, op. cit., p. 129.
[206] *Ibid.*, p. 135.

politiques[207]. À cette date, la Constitution permet la création de multiples partis politiques. L'association de développements devient l'instrument local de création partisane pour porter la logique du terroir dans la Conférence par l'intermédiaire des représentants.

Les conséquences sont d'abord dangereuses puisque l'éclatement du paysage partisan menace le système politique. Cependant, très vite, l'association de développements symbolise le lien nécessaire entre structures locales et politiques nationales.

2/ La politique de clocher ?

La question est clairement posée : quelle place doit-on donner au niveau local dans une telle organisation ? Pour le comprendre, il est utile de prendre un exemple local, rural, Ouessé (a). Il nous fournit les principales clés pour appréhender le phénomène dans son ensemble (b).

a/ Un exemple rural, Ouessé

Il suffit d'examiner les faits qui ont marqué l'évolution de cette commune, chef-lieu de la sous-préfecture de Ouessé, pour comprendre la logique en jeu[208].

Les premiers résultats sont déjà essentiels. Lors des élections législatives de 1991, la sous-préfecture vote majoritairement pour un « fils du terroir », Irénée Akpo Honavi. Cependant, c'est un échec au niveau national, puisqu'il n'est pas élu en raison d'une mauvaise place sur les listes politiques.

En 1995, dans le cadre de la nouvelle élection législative, la commune décide de changer de tactique. Les cadres natifs de Ouessé, l'organisation initiale, laisse la place à l'union pour le développement économique, social et culturel de Ouessé, qui réunit les acteurs locaux, les membres des différents partis, les militants, les notables et les paysans. Plusieurs buts doivent être poursuivis : – se concentrer pour

---

[207] Cf. A. Adamon, *Le renouveau démocratique au Bénin : la Conférence nationale des forces vives et la période de transition*, Paris, L'Harmattan, 1995, 223 p.; A. Adamon, *Le renouveau démocratique au Bénin. Les élections de la période de transition.* Cotonou, J.O.R.B, 1995, 181 p ; N. Bako-Arifari, « Démocratie et logiques du terroir au Bénin »,… op. cit., p. 13.

[208] Cf. V. Gbessèmèhlan, E. Rijnierse, « Les élections en milieu rural: le cas de Ouessè », in *Politique africaine*, 1995, n°59, p.70-81.

soutenir une personne, – intégrer cette personne dans le parti le plus fort et un poste suffisamment élevé, – prévoir que cette personne atteigne un niveau suffisant sur la liste pour être élue. Deux candidats apparaissent, le choix du parti demeurant incertain. Adrien Delidjii, neveu du roi de Ouessé et coordinateur départemental du parti UDS et Irénée Akpo qui entre-temps a adhéré au parti RB. Le comité local attend la Constitution des listes, Delidjii étant premier sur la liste UDS, Akpo deuxième sur la liste RB. Le choix finalement a été fait, non pas sur un programme ou sur une personne, mais sur les chances du parti en question d'arriver au pouvoir, et donc de servir les localités, par l'intermédiaire du fils du terroir, ce qui a conduit à soutenir Akpo.

Les éléments sont significatifs. D'une part, la question principale concerne la vie locale et le soutien séduit. D'autre part, les instruments juridiques peuvent servir dans cette finalité. Enfin, la question partisane passe au second plan en termes de programmes.

b/ Une généralisation ?

L'étude d'un cas aussi précis soulève des questions plus générales. On a constaté la multiplication de ces phénomènes un peu partout à partir des années 1990.

Plus globalement, on voit ici l'apparition d'une nouvelle forme de vote. Il ne s'agit plus d'exprimer un choix politique mais bien plutôt de faire un « *acte de solidarité* »[209]. On ne choisit plus en fonction d'un programme national mais bien au regard d'intérêts locaux qu'il faut à tout prix défendre. Le danger est évidemment une tentative démagogique de la part de certains partis qui voudraient utiliser les demandes locales en ce sens.

La réponse institutionnelle et politique est donc logique. Utiliser le « fils du terroir » sert de garantie pour le village[210]. Mais cela soulève des questions nombreuses quant au bon fonctionnement des partis politiques et au rapport à la politique en général au regard du système lui-même.

---

[209] N. Bako-Arifari, « Démocratie et logiques du terroir au Bénin »,…, op. cit., p. 18.

[210] Cf. V. Gbessèmèhlan, E. Rijnierse, « Les élections en milieu rural : le cas de Ouessè », …, op. cit., p. 79-80.

B/ Identité nationale et pluralisme culturel

Un peuple uni devrait se retrouver autour d'un intérêt général, de vision globale, de débats politiques nationaux pour faire des choix précis. La structure béninoise semble au contraire choisir une action du bas vers le haut, du local vers le national, au prix d'un éclatement du pays, au niveau des élections législatives principalement. La logique de ce système montre que si peuple il y a il est nécessairement multiethnique. Cette multiplicité n'apparaît pas dans les partis ou dans les structures nationales. Elle est au fondement de la représentation. Identité nationale à une résonance locale divisée (1). C'est sans doute l'explication du refus du principe majoritaire (2).

1/ La résonance nationale et locale

Contrairement aux démocraties unitaires comme la France, les démocraties à deux niveaux comme les États-Unis se fondent sur des structures populaires distinctes. Le système américain a fortement évolué pour permettre un peuple, sur un certain nombre de critères communs. Au contraire, dans la logique béninoise, deux niveaux de peuple semblent subsister, sans créer de conflit national, en raison des éclatements locaux. Au peuple béninois qui, agit par ses institutions et, doit appliquer des décisions au niveau local (a), répondent les terroirs locaux qui s'efforcent d'influer sur la politique nationale à leur avantage (b). C'est ce double niveau populaire qui explique les singularités béninoises.

a/ Du national au local, une volonté affirmée

Il y a bien dans les programmes comme dans les perspectives politiques, au niveau national, une prise en compte du local.

Les partis comme les candidats qu'ils choisissent s'efforcent de proposer des solutions pour les questions de politiques nationales. Néanmoins, ils prennent en compte aussi des questions locales, avec plus ou moins d'ailleurs de cohérence.

C'est aussi l'une des questions. De fait, le débat principal pourrait sembler très gênant : certains partis n'hésitent pas à voir dans l'action locale un moyen purement démagogique pour remporter des élections. Il s'agira de convaincre le niveau local de voter pour un parti, en avançant évidemment des arguments en faveur de ce niveau, avant de s'en désintéresser, une fois l'élection faite. C'est ce qui explique une méfiance et le retour d'une tout autre forme d'action.

b/ Du local au national, un choix assumé

Le « fils du terroir » a un vrai rôle politique. Il s'agit évidemment de s'inscrire dans le mouvement national. Le niveau local choisi celui qui va intégrer la structure nationale, par l'intermédiaire du parti, par les alliances, par le vote. Mais l'envoyé n'est pas un élu du peuple. Il est un élu du terroir, ce qui pose évidemment la question du sens de la politique menée.

Il y a un vrai changement de logique politique. La prise en compte du terroir s'inscrit ici dans la défense du village, le fait de porter ses intérêts, ses buts, ses problèmes, au niveau national, ce qui ne peut que relativiser l'unité populaire[211]. Ceci donne un tout autre sens à la décentralisation et à ses conséquences générales[212]. L'action locale trouve ici une nouvelle signification, principale dans le régime politique.

2/ Le refus du principe majoritaire

Est-ce ainsi qu'il faut expliquer le refus du principe majoritaire ? La première explication réside dans un refus de l'autoritarisme, tel qu'il a pu être pratiqué auparavant (a). Mais il y a bien aussi une volonté de peser sur les décisions. Or dans le cadre d'une approche unie, les terroirs étant plus importants que le peuple.

a/ Le principe majoritaire, la supériorité, le danger autoritaire

Les racines de ce rejet sont sans doute à rechercher dans l'histoire du pays. Pourtant, il y avait aussi une résonance avec la structure même dupe.

L'histoire a été marquée par la nomination d'un homme, Kérékou, et d'un parti. En retour, la population a logiquement rejeté l'idée d'une concentration du pouvoir, une supériorité d'un groupe ou d'une majorité sur les autres.

---

211 Cf. N. Bako-Arifari, « Démocratie et logiques du terroir au Bénin »,… op. cit., p. 22. ; D. Amoussou-Yeye, « La dimension ethnique dans la dynamique socio-politique du Bénin du renouveau démocratique »,…, op. cit., p. 142.

212 Cf. O. M. L. Oladé, *La décentralisation et le développement des territoires au Bénin*, Paris, L'Harmattan, 2003, 327 p.

Mais la composition même du peuple explique aussi cette tendance. Les Béninois ne refusent pas seulement la supériorité d'une majorité nationale. Il s'inquiète de la supériorité possible d'une région ou d'une ethnie. Le principe majoritaire qui sous-tend une forme d'effectivité de l'action au niveau national est donc ici rejeté au profit d'une prise en compte des intérêts locaux et des terroirs. L'action de tous, passe par l'action en faveur du local, ce qui inverse évidemment la logique[213]. Il y a ici des peuples (au niveau local) qui interviennent dans le peuple (au niveau national)[214].

b/ La multiplicité et l'accord de tous

Le portrait du peuple béninois est donc très différent de celui imaginé initialement. Nous ne sommes ni face à un peuple uni, comme la France, ni face à un peuple réuni, comme les États-Unis. C'est un peuple/société comme le soulignent certains auteurs[215]. Ce qui pose la question d'une autre forme de droit constitutionnel.

Peuple société contre peuple uni, l'opposition peut sembler étrange. Elle reflète pourtant assez bien la réalité béninoise, à ceci près que la société plutôt une multitude de terroirs/ethnies (cultures ?[216]), qu'il faut concilier et faire agir ensemble. La question n'est pas de différencier des citoyens ou des citoyennetés, mais de montrer que la citoyenneté béninoise doit tenir compte de l'origine du terroir. Par l'action politique, les citoyens se différencient, d'abord par le niveau local, hors des logiques politiques, national pour la plupart, attendu.

Que dire dans ce cas de l'intervention politique ? Peut-être faut-il sortir du schéma peuple/nation/État pour aller vers une autre approche du droit constitutionnel[217]. Qualifié de démotique, ce droit constitutionnel prendra en compte la compréhension humaine de la

---

213 Cf. J.-F. Bayart, A. Mbembé, T. COMI, *Le politique par le bas en Afrique-Noire*, Paris, Karthala, 1992, 268 p.

214 Cf. A.M. G. Agboton, *Culture des peuples du Bénin,* Paris, Présence Africaine, 1997, 192 p.

215 Cf. A. Akoun, « Le peuple des philosophes », in *Hermès*, La Revue 2005/2 (n° 42), p. 25 à 31 ; G. Boëtsch, « Le peuple, hier et aujourd'hui », in *Hermès, La Revue*, 2005/2 (n° 42), p. 86 à 91.

216 Cf. G. Gosselin, H. Ossebi, (dir.), *Les sociétés pluriculturelles*, Paris, L'Harmattan, 1994, 143 p.

217 Cf. A. Ondoua, « La population en droit constitutionnel »,…, op. cit., p. 92.

société étatique pour insister sur les « terroirs » qui la composent[218]. Il y aurait une réelle tension entre des « *identités particularistes et une allégeance citoyenne* »[219]. C'est cette tension qu'il faut comprendre pour analyser le peuple béninois et ses contradictions.

Au Bénin, le peuple est à la fois aux origines du régime et au cœur de son fonctionnement. Pourtant derrière cette affirmation, se cache une réalité beaucoup plus complexe. Il y a bien une réunion initiale, une construction constituante, autour d'une entité dénommée peuple. Mais cette entité beaucoup plus divisée qu'il n'y paraît, soulevant la question de son maintien à travers les institutions et les conséquences pratiques de son intervention par le suffrage.

Conclusion du chapitre 2

S'interroger sur la présence d'un peuple uni au Bénin soulève nécessairement la question d'une redéfinition de ce peuple en termes de composante du régime, mais aussi et surtout en lien avec l'individu et sa place.

Dans ce chapitre, nous avons déjà examiné l'évolution vers un peuple uni, aux États-Unis et en France, en mettant en exergue les compromis et parfois les conflits qui ont permis de clarifier ce concept. Les États-Unis comme la France ont traversé des crises sur la définition même du peuple, avec des réponses parfois très différentes. L'unité est parfois étrangement remise en cause, dans le cadre de la fédération, tandis que les rares exceptions à cette même unité, en France, sont très encadrées.

Dans un second temps, nous avons pu essayer d'appliquer ces différents critères au peuple béninois. Nous avons constaté que, dans le cadre de ce pays, le rapport au peuple passait aussi et surtout par un rapport à l'idée ethnique. Cependant, il fallait être particulièrement précis en la matière. Loin d'une approche ethnique traditionnelle, au niveau national, c'est une approche locale qui a été mise en place.

---

[218] Cf. S. Pierré-Caps, « La Constitution démotique ou les mutations de la Constitution au seuil du XXIe siècle », in *Mélanges en l'honneur de François Borella, Etat, Société, et pouvoir à l'aube du XXIe siècle,* Nancy, Presses Universitaires de Nancy, 1999, p. 403-422.

[219] A. Ondoua, « La population en droit constitutionnel »,…, op. cit., p. 93.

Avec le concept de fils du terroir, nous nous trouvons face à une spécificité béninoise pour définir le peuple et ses composantes.

Cette spécificité est essentielle car elle conduit un rapport transformé entre le niveau local et le niveau national, tout en posant la question de la majorité de ses conséquences.

Conclusion du titre 1

La relecture du concept de peuple, en utilisant pour cela les prismes américains et français, permet d'éclairer très différemment l'évolution béninoise.

D'une part, le peuple béninois est une réalité, qui est le résultat d'une évolution, relativement rapide, au regard de la mise en place du régime, depuis 1990. Ce peuple apparaît comme construit sur une appropriation béninoise du modèle colonial, avec une perspective singulière, au regard de ses conséquences.

D'autre part, ce peuple béninois est aussi une singularité. Le rapport à l'individu est en partie transformé, en raison de la prise en compte du niveau local et d'un certain nombre de décisions et de pouvoir à ce niveau. Le concept même de fils du terroir est ici essentiel pour comprendre le fonctionnement constitutionnel. Loin d'un vote ethnique, qui serait, au niveau national, une simple copie de nombreuses pratiques africaines, le rapport à l'élection qui s'apparente au contraire à une relation entre le local et le national est spécifique au Bénin, et peut permettre un mode de fonctionnement particulier.

Mais avons-nous résolu toutes les questions concernant le peuple ? L'identification du peuple, ici béninois, permet à présent de s'intéresser à l'intervention de ce même peuple dans la naissance du régime. Nous avons affaire à une démocratie. Ce régime sous-entend en principe la participation du peuple dans le fonctionnement. Mais qu'en est-il dans la fondation et dans la mise en place initiale ?

TITRE 2

LE PEUPLE ET LA FONDATION DU REGIME, LA FONCTION CONSTITUANTE ORIGINAIRE ET DERIVEE

Le moment constituant est toujours singulier en droit. Il pose la question de sa signification, de sa légitimité, des procédures suivies et même de sa finalité, pour ne pas dire de son achèvement.

Dans une logique démocratique, on pourrait chercher un idéal : l'intervention du peuple en tant que corps électoral pour la désignation d'un organe constituant chargé de rédiger le texte, qui sera soumis en retour au peuple pour la ratification. Nous sommes ici dans le cadre de la fonction constituante originaire.

En ce qui concerne la fonction constituante dérivée, on pourrait imaginer le même mécanisme, un peuple en tant que corps électoral qui serait à l'origine de la modification voulue, qui interviendrait pour désigner un organe constituant spécifique, et pour ratifier la modification finale.

Dans les deux cas, nous sommes beaucoup plus dans une approche fictionnelle que dans la réalité.

Le moment constituant originaire est fréquemment liée à une révolution ou à une période d'instabilité institutionnelle. Le moment constituant dérivé fait faire intervenir le peuple, mais non au moment de l'initiative, beaucoup plus dans le cadre de la ratification, ce qui n'est pas d'ailleurs systématique.

L'utilisation d'un double prisme, les États-Unis et la France, permet de poser un ensemble d'hypothèses concernant ces deux procédures particulières, à partir des éléments textuels et pratiques rencontrés par ces deux pays.

Ceci posé, la situation béninoise doit être examinée pour comprendre comment le peuple a été intégré dans la procédure constituante originaire, en tant que facteur légitimant (chapitre 1). Dans cette même logique, il nous faut nous intéresser à la fonction constituante dérivée pour examiner la place du peuple, et comprendre pourquoi certaines limites ont visiblement été posées (chapitre 2).

CHAPITRE 1

LE CONSTITUANT ORIGINAIRE ET LE PEUPLE, LA REDACTION DE LA NORME FONDAMENTALE AU BENIN

En théorie, un régime démocratique est fondé sur le peuple. Ce point de départ a une conséquence juridique initiale, du moins en apparence : l'intervention du peuple dans la mise en place du texte fondamental, la Constitution.

Nous sommes ici face au premier des textes, en termes d'importance, au regard de la hiérarchie des normes telle qu'elle peut être interprétée dans la perspective de Kelsen. La rédaction d'une Constitution est primordiale pour la construction de cette pyramide tout en posant un certain nombre de questions au regard de ses fondements. On connaît la logique traditionnelle : chaque norme est validée par sa conformité à la norme supérieure. Et ce jusqu'à la Constitution. Or, ce raisonnement se heurte nécessairement à un obstacle : l'absence de validation de la Constitution par ce même mécanisme puisqu'il s'agit de la norme supérieure. C'est à ce stade qu'intervient le souverain, le peuple, ce qui constitue la définition initiale de la démocratie au niveau politique.

En pratique, l'analyse de l'histoire démontre le caractère relativement fictionnel de ce raisonnement. D'abord, parce qu'il faut poser la question de la définition du mot peuple, et donc, au regard même de cette définition, de la préexistence d'un texte qui, juridiquement, encadrerait ce terme. Ensuite, parce que les circonstances amènent rarement une intervention réelle et totale du peuple. Au mieux, le texte est rédigé par des représentants élus. Au pire, il est rédigé par une instance extérieure, seule sa ratification dépendant du peuple, ce qui n'est d'ailleurs pas forcément toujours le cas.

En 1990, le Bénin se dote d'une Constitution qualifiée de démocratique. Notre propos dans ce premier chapitre est justement de nous intéresser à la procédure initiale qui a permis l'adoption de ce texte, après sa rédaction. Les circonstances sont essentielles au Bénin : un régime autoritaire est remplacé par une République démocratique, après une procédure qui comporte des débats, des discussions, une rédaction et une ratification. Dans quelle mesure le droit intervient-t-il dans ce type de processus ? La question a déjà été posée avec des réponses multiples. Notre propos est d'ajouter un élément : quelle place le peuple a-t-il réellement dans la transition juridique et politique qui conduit à l'édification d'un État de droit par l'intermédiaire d'une Constitution ?

Afin d'appréhender la place du peuple, au regard de la fonction constituante originaire, il paraît pertinent, dans un premier temps, de s'interroger sur les raisons qui ont conduit à la mise en place d'une Constitution, avec évidemment un certain nombre de facteurs extérieurs (section 1). Dans un second temps, l'étude des modalités de mise en place de ce texte nous permettra de comprendre de manière beaucoup plus précise le rôle du peuple, en matière institutionnelle (section 2).

Section 1- Les raisons d'une procédure : crises et perspectives juridiques

La naissance d'une Constitution est-elle nécessairement liée à une révolution ? Nous serions tentés de faire ici une distinction au regard de la définition même de ce dernier terme. D'un côté, on trouve une révolution mythifiée, qui comporte le renversement d'un régime, des événements violents, une instabilité croissante, et une transformation juridique qui permet une stabilisation. De l'autre, le terme de révolution peut être ramené, d'abord et avant tout, au seul changement de régime, ce qui sous-entend des catégories, certaines impliquant la violence, d'autres une simple procédure d'évolution ou de transformation[220]. L'examen du Bénin[221] au regard des exemples américains et français s'inscrit exactement dans cette distinction. Les transitions américaines en 1787 et françaises en 1958 ne comportent pas d'événements violents. La consécration du régime constitutionnel béninois, en 1990, se place dans un autre contexte, une crise qui comporte un volet dramatique, en raison de fortes tensions. C'est ce contexte de crise qui va tout d'abord nous intéresser (§1). De fait, il est le prélude inévitable à l'acte décisif qui va faire naître le pouvoir constituant (§2).

---

[220] Cf. Ph. Ardant, B. Mathieu, *Institutions politiques et droit constitutionnel,...*, op. cit., p. 71. ; J. Gicquel, J.-E. Gicquel J, *Droit constitutionnel et institutions politiques,...*, op.cit., p. 196. ; B. Chantebout, *Droit constitutionnel*, Paris, Dalloz, 30è édition, 2013 p. 29.

[221] Cf. Ph. Noudjènoumè, *La démocratie au Bénin. 1988-1993 Bilan et perspectives*, Paris, L'Harmattan, 1999, Collection Sociétés & Diaspora Africaines, 396 p.

§ 1- Un contexte de crise, l'opposition entre les crises américaines et françaises et la rupture béninoise

Le recours à un modèle extérieur oblige à regarder différemment une situation. En ce qui concerne la crise traversée par le Bénin en 1990, l'utilisation des modèles américains et français (dans une approche moderne) conduit à noter une différence évidente. D'un côté, aux États-Unis comme en France, la transformation est le résultat d'une crise politique importante mais non d'une opposition violente à un régime autoritaire (A). En revanche, de l'autre, au Bénin, la crise qui conduit à la procédure constituante concerne la disparition d'un pouvoir autoritaire et un contexte économique, social et politique (B).

A/ Les crises institutionnelles, aux origines des Constitutions françaises et américaines

Il y a un parallèle possible entre les deux modèles que nous utilisons, les États-Unis et la France, sur ce point précis : de fait, en 1787 comme en 1958 il ne s'agit pas de mettre fin à un régime illégitime, fondé sur la force qui opprime la population. Dans les deux cas, le régime précédent est valide, légitime, ce qui pose la question de la transformation de ce régime. Aux États-Unis, les événements qui surviennent sont, pour de nombreux Américains, le résultat d'un échec institutionnel (1). En France, le même constat est fait en raison d'une situation qui concerne une colonie, l'Algérie (2).

1/ Le dysfonctionnement américain

La convention de Philadelphie[222] n'est pas le résultat d'un coup d'État ou d'une violence populaire. Elle est la consécration d'une volonté de transformation qui trouve ses principales raisons dans une crise institutionnelle. Des événements relativement violents et des menaces réelles (a) amènent à s'interroger sur le fonctionnement du régime en place et, plus particulièrement, du texte constitutionnel adopté quelques années plus tôt (b).

a/ Un contexte intérieur et extérieur

En 1783, les traités de Paris et de Versailles mettent fin à la guerre d'indépendance en permettant, en apparence, la mise en place d'une

---

[222] Cf. F. V. de Chantal, « La Convention de Philadelphie : les fondements du modèle américain », in *Critique internationale*, 2003/4 (n° 21), p. 122.

véritable structure politique et juridique, à la place des anciennes colonies britanniques d'Amérique du Nord : la confédération des États américains. Cette structure, qui existe juridiquement depuis 1781, sort victorieuse d'un conflit commencé sept ans plus tôt. Pourtant, derrière ce constat, se cache une situation beaucoup plus complexe. Des événements interviennent entre 1783 et 1787, au niveau intérieur comme au niveau extérieur, événements qui démontrent la fragilité du dispositif institutionnel en place.

Au niveau extérieur[223], tout d'abord, les États américains sortent-ils grandis de leur victoire ? Rien n'est moins sûr. En premier lieu, les traités de 1783 ont fait naître de nouvelles questions avec les autres pays. Quelles relations doivent désormais exister entre les États-Unis et les autres États qui disposent de territoires en Amérique du Nord ? Les traités de Versailles, en 1783, sont censés évoquer cette question. Mais ni la Grande-Bretagne, ni l'Espagne ne les respectent finalement. L'Espagne ferme le port de la Nouvelle-Orléans en 1784, ce qui déclenche un vaste débat. Son résultat, le traité Jay-Gardoqui[224], devrait résoudre la situation : mais il ne permet pas la réouverture du port de la Nouvelle-Orléans ; il facilite simplement l'accès de la confédération américaine au port espagnol en Europe et dans les Antilles. Le traité est d'ailleurs rejeté par le Congrès confédéral[225]. En second lieu, ces mêmes traités en consacrant l'indépendance ont changé la position des États-Unis au niveau international. Dorénavant, la flotte américaine n'est plus protégée par le pouvoir anglais. Le résultat est presque immédiat. Il concerne les trajets commerciaux des

---

[223] Cf. N. A. Graebner, R. D. Burns, J. M. Siracusa, *Foreign Affairs and the Founding Fathers: From Confederation to Constitution, 1776–1787*, Californie, ABC-CLIO, 2011, 199 p.

[224] Cf. K. H. Williamson, *The Jay-Gardoqui Treaty: A Study of Early American Sectionalism,* Florida State University, 1951, 204 p.

[225] Cf. P. S Boyer, *The Enduring Vision: A History of the American People,* Wisconsin, Cengage learning, Volume II: Since 1865 / Edition 8, 2013, p. 177 ; E. L. Ayers, L. L. Gould, D. M. Oshinsky, *American Passages: A History of the American People With Infotrac and American Journey Online*, Wadsworth Publishing Co Inc, 2002, p. 179 ; pour une vision française, E.-R. Lefebvre de Laboulaye, *Histoire des États-Unis: depuis les premiers essais de colonisation jusqu'à l'adoption de la Constitution fédérale : 1620-1789*, vol. 3, Charpentier, 1866, p. 170 et suiv.

Américains sur les côtes africaines[226]. En 1784, un navire américain est ainsi arraisonné par un corsaire barbaresque, dont les marins viennent du Maroc. Dans les semaines qui suivent la situation s'aggrave et conduit finalement à une négociation entre des représentants américains, Adams et Jefferson, et les États barbaresques (le Maroc et l'Algérie). Pour sortir du conflit, deux solutions existent : une intervention militaire ou le paiement d'un tribut. Le Congrès confédéral refuse la première dépense (il n'en a pas les moyens[227]) et opte pour le second.

Malgré cela la situation intérieure n'est pas plus stable. Deux événements illustrent parfaitement les tensions qui existent au sein même de la confédération. Le premier événement intervient alors que les traités de 1783 sont en cours de discussion ; il s'agit de la conspiration de Newburgh[228]. Au printemps 1783, face à l'incapacité du Congrès continental à régler la solde des militaires, Hamilton et Gouverneur Morris veulent utiliser l'armée continentale pour faire pression sur le Congrès. Ils essaient de convaincre Washington à cet effet. Devant son refus, l'affaire s'arrête là[229]. Le second événement a les mêmes fondements : la solde des soldats de l'armée continentale. Daniel Shays[230] quitte l'armée américaine en 1781. Sans avoir obtenu

---

[226] Cf. A. B. C. Whipple, *To the shores of Tripoli: the birth of the U.S. Navy and Marines*, Naval Institute Press, 2001, p. 23. ; B. January, *The Aftermath of the Wars Against the Barbary Pirates*, Twenty-First Century Books, 2009, p. 11-12.

[227] Cf. B. Mayo, *Jefferson Himself: The Personal Narrative of a Many-Sided American*, UVP, 1998, p. 111.

[228] Cf. B. Cottret, *La Révolution américaine,* Paris, Perrin, 2003, p. 259-261. ; R. H. Kohn, *Eagle and sword: the Federalists and the creation of the military establishment in America, 1783-1802*, Free Press, 1975, p. 17 et suiv.; C. Rappleye, *Robert Morris: Financier of the American Revolution*, Simon and Schuster, 2010, p. 340 et suiv.; R. H. Kohn, « The Inside History of the Newburgh Conspiracy: America and the Coup d'Etat », *WMQ*, Third Series, 1970, vol. 27, n° 2, p.188-220. ; C. E. Skeen, R.H. Kohn, « The Newburgh Conspiracy Reconsidered », *WMQ*, Third Series, 1974, vol. 31, n° 2, p. 273-298.

[229] Cf. F. E. Grizzard, *George Washington: a biographical companion*, ABC-CLIO, 2002, p. 236-237; P. N. Herbert, *God Knows All Your Names: Stories in American History*, Author House, 2009, p. 17-20; J. H. Morrison, *The political philosophy of George Washington*, JHU Press, 2009, p. 42.

[230] Cf. Sous la direction de Robert A. Gross, *In debt to Shays: the bicentennial of an agrarian rebellion*, UVP, 1993, 418 p.; L. L. Richards, *Shays's Rebellion: the American Revolution's final battle*, University of Pennsylvania Press, 2002, 204 p.; D. P. Szatmary, *Shay's Rebellion: The Making of an Agrarian Insurrection*, Amherst, University of Massachusetts Press, 1980, 184 p.; B. Cottret, *La Révolution*

d'argent pour sa participation à la guerre, il revient au Massachusetts où il s'installe comme paysan. En 1786, une modification du système fiscal le rend insolvable, de même que de nombreux cultivateurs autour de lui. Il va prendre la tête des insurgés[231] et mener un certain nombre de raids entre 1786 et 1787. Ce mouvement échoue face à la milice de plusieurs États de Nouvelle-Angleterre.

En quoi ces différents éléments nous semblent-ils significatifs ? Ils ont tous la même cause : la faiblesse de la structure confédérale. Il peut s'agir d'une faiblesse politique (vis-à-vis de l'Espagne en particulier lorsqu'il s'agit de négocier la question des frontières) et surtout financière (dans tous les autres cas).

b/ L'échec de la Confédération

Les Articles de la Confédération qui sont adoptés le 1er mars 1781 montrent leur faiblesse dans la mise en pratique du texte, dans les années suivantes. Quels sont les défauts, au regard des Américains ?

On peut commencer par un symbole : le texte proposé par le Congrès le 15 novembre 1777 n'entre en vigueur après ratification que le 1er mars 1781. Ce délai s'explique aisément : il faut l'accord de tous les États pour la mise en place des Articles de la Confédération[232]. Ce premier aspect n'est pas anodin. Il caractérise même le fonctionnement des articles. Dans cette confédération le niveau principal est étatique. C'est ce niveau qui est mis en avant, qui agit, qui décide. L'unanimité qui est prévue dans le texte reconnaît évidemment l'importance de chaque État mais surtout conduit chaque

---

américaine,..., op. cit., p. 282. ; E. Marienstras, N. Wulf, *Révoltes et révolutions en Amérique*, Atlante, 2005, p. 107.

[231] Cf. L'insurrection de Shays constitue aux yeux des nationalistes/fédéralistes une preuve supplémentaire de la faiblesse et de l'inadaptation du Congrès et sonne l'urgence qu'il y a à réviser les Articles ; Cf. A. Coutant, *Les visages de l'Amérique. Les constructeurs d'une démocratie fédérale,* Paris, Mare &Martin, 2014, p. 118-119.

[232] Cf. F. B. Hough, *American Constitutions : comprising the Constitution of each state in the Union, and of the United States : with the Declaration of Independence and Articles of Confederation*, Albany, [New York, Weed, Parsons, 1872, vol 1, p. 10.; sur cette longueur de la ratification, A. Coutant, *Histoire constitutionnelle des États-Unis, tome 1, 1776-1860, une fédération non démocratique,…*, op. cit., p. 106.

État à pouvoir bloquer l'ensemble des débats. C'est le premier caractère de ce texte confédéral : la priorité étatique[233].

Le second caractère majeur renvoie cette fois aux compétences du niveau confédéral. Ce n'est d'ailleurs qu'une suite logique. La force étatique implique la faiblesse confédérale. Dans cette mesure, au moment de la rédaction du texte, en 1777, les jeunes États américains ne souhaitaient pas créer au-dessus d'une nouvelle structure de décision qui pourrait prendre le pas... Dans cette logique, les membres du Congrès continental ont choisi de restreindre le plus possible les marges de manœuvre du niveau confédéral. Le principal problème est financier. Pour pouvoir fonctionner, le niveau confédéral dépend de la bonne volonté des États et du paiement de sommes d'argent, liée là aussi à la seule volonté des États. À l'issue de la guerre d'indépendance, le budget confédéral se traduit par une dette immense, d'autant plus dangereuse qu'aucun pouvoir fiscal n'existe sur les États. C'est ces circonstances qui conduisent au blocage du paiement des soldes des soldats (avec les conséquences que l'on sait). De surcroît, l'importance de l'unanimité au sein même du Congrès des États-Unis à l'époque transparaît avec les blocages internationaux. La structure confédérale ne paraît pas suffisamment forte pour pouvoir s'imposer dans le cadre de traités, au sein de négociation, au niveau international. On peut parler d'un échec des Articles de la Confédération à ce titre. Ni au niveau intérieur, ni au niveau extérieur, le texte mis en place en 1781 ne parvient à réguler la structure politique et surtout à asseoir une légitimité durable.

2/ Le dysfonctionnement français

Il est fréquent de retenir la date du 13 mai 1958 comme moment de basculement entre la quatrième et la Ve République. Toutefois, pour bien comprendre la situation française en matière constitutionnelle et institutionnelle, il est nécessaire de revenir sur la question algérienne et sur ses conséquences (a), au regard du dysfonctionnement de la Constitution de 1946 (b).

---

[233] Sur cette place historique des États, E. Marienstras, *Les Mythes fondateurs de la nation américaine* : *Essai sur le discours idéologique aux États-Unis à l'époque de l'indépendance, 1763-1800,* Complexes, 1992, p. 125-126 ; Th. Williamson, *Readings in American democracy*, Heath, 1922, p. 34 et suiv. ; E. Marienstras, *Nous le peuple, les origines du nationalisme américain ,Paris,* Gallimard, NRF, 1998, p. 303 et suiv.

a/ La question algérienne

Ce qu'on a appelé les événements d'Algérie commence au lendemain de la seconde guerre mondiale. Il s'agit d'abord d'un certain nombre de manifestations et de révoltes pour obtenir un statut identique pour les Algériens. Il s'agit ensuite d'actions militaires, menées par le Front de libération nationale (FLN), qui conduisent en retour à une réaction policière et militaire de la France dans les départements d'Algérie. Mais l'année 1958 fait apparaître des tensions supplémentaires et conduites à un basculement.

Le 8 février, l'armée est intervenue en Tunisie pour mettre fin à un soutien systématique du FLN à partir de ce pays étranger[234]. La réaction politique est plus que mesurée puisque le gouvernement de Félix Gaillard choisit d'accepter une mission anglo-américaine censée régler les différends. Désavoué par l'assemblée, il est contraint à la démission, sans être remplacé immédiatement. La situation de crise s'installe jusqu'au mois de mai.

À cette date, une manifestation a lieu à Alger[235]. Elle est suivie d'une prise de contrôle du siège du gouvernement général, avec le soutien de l'armée : dans les heures qui suivent, un comité de salut public est créé sous l'autorité du général Salan, commandant en chef de l'Algérie. La situation est relativement complexe puisque Salan est reconnu par les principaux activistes, dont le général Massu, et est chargé par le gouvernement français de rétablir l'ordre le 15 mai. Il réclame le retour au pouvoir du général De Gaulle, qui répond immédiatement par voie de presse et qui confirme son accord le 19. Il faut attendre le 29 mai pour que le Président de la République, René Coty, annonce qu'il fait appel « *au plus illustre des Français* » pour sortir de la crise[236].

---

234 Cf. G. Pervillé, *La guerre d'Algérie*, Paris, Presses Universitaires de France, 2015, « Que sais-je ? », n° 3765, 128 p.

235 Cf. M. Winock, *L'agonie de la IVe République, le 13 mai 1958,* Paris, Gallimard, 2013, 512 p. ; Cf. O. Duhamel., G. Tusseau, *Droit constitutionnel et institutions politiques*, Paris, du Seuil, 2013, p. 414. ; C. Cerda-Guzman , *Cours de droit constitutionnel et institutions de la Ve République*, Paris, Lextenso, 1e édition, 2015-2016, p. 289.

236 Cf. J.-J. Becker, *Histoire politique de la France depuis 1945*, Paris, Armand Colin, 2011, 280 p ; voir le chapitre 3.

Cette fois nous sommes face à une situation insurrectionnelle, au cœur de plusieurs départements français qui constituent l'Algérie. Il y a évidemment une tension majeure née des affrontements et des violences qui surviennent au cours de cette guerre. Il y a aussi des questions de gouvernement comme en témoigne aisément la position quelque peu paradoxale du général Salan. Comment cette situation est-elle possible ?

b/ Les déséquilibres et défauts de la Constitution de 1946

Pour arriver à la situation du 13 mai 1958, il a fallu un certain nombre de crises et surtout de renoncements. Le problème principal réside dans le caractère fragile des institutions adoptées en France au lendemain de la seconde guerre mondiale. La crise algérienne montre une difficulté principale : l'absence de cohérence au niveau de l'action politique en ce qui concerne l'Algérie. Pour le comprendre, il suffit de revenir sur le système institutionnel et surtout sur ses conséquences pratiques au niveau partisan.

Institutionnellement, la IVe République est un régime parlementaire, avec une représentation proportionnelle pour désigner les députés de la principale chambre, l'Assemblée nationale. Un gouvernement est responsable devant celle-ci. Il existe un droit de dissolution qui intervient lorsque deux crises ministérielles ont été déclenchées, soit par le vote d'une motion de censure à la majorité absolue par l'assemblée, soit par le rejet d'une question de confiance également à la majorité absolue[237]. Ces mécanismes qui définissent un régime

[237] Cf. Article 49. - La question de confiance ne peut être posée qu'après délibération du Conseil des ministres ; elle ne peut l'être que par le Président du Conseil.
Le vote sur la question de confiance ne peut intervenir qu'un jour franc après qu'elle a été posée devant l'Assemblée. Il a lieu au scrutin public.
La confiance ne peut être refusée au Cabinet qu'à la majorité absolue des députés à l'Assemblée.
Ce refus entraîne la démission collective du Cabinet.
Article 50. - Le vote par l'Assemblée nationale d'une motion de censure entraîne la démission collective du Cabinet.
Ce vote ne peut intervenir qu'un jour franc après le dépôt de la motion. Il a lieu au scrutin public.
La motion de censure ne peut être adoptée qu'à la majorité absolue des députés à l'Assemblée.
Article 51. - Si, au Cours d'une même période de dix-huit mois, deux crises ministérielles surviennent dans les conditions prévues aux articles 49 et 50, la dissolution de l'Assemblée nationale pourra être décidée en Conseil des ministres,

parlementaire rationalisé avaient pour but de lutter contre l'instabilité gouvernementale qui avait caractérisé le régime républicain précédent, la IIIe République. Or, assez facilement, les députés ont détourné ces mécanismes. Il suffit, en effet, de ne pas atteindre la majorité absolue mais de constituer une majorité relative au sein de l'assemblée pour faire démissionner un gouvernement sans que ceci constitue une crise ministérielle. En douze ans, la IVe République a connu vingt et un gouvernements, ce qui est un modèle pour une République qui devait, dans ses fondements, permettre de mettre fin à l'instabilité gouvernementale…

Mais l'aspect le plus dérangeant en ce qui concerne l'Algérie se trouve dans le fonctionnement partisan. En adoptant la représentation proportionnelle, les constituants de 1946 ont voulu permettre une expression large de la population et une représentation de l'ensemble des courants au sein de la nouvelle assemblée. Mais dès le départ cette situation a été faussée. De fait, la représentation proportionnelle fait apparaître quatre grands partis politiques. Or sur ces quatre grands partis, deux annoncent très rapidement qu'ils sont opposés à la Constitution et au régime et qui ne participeront pas à son fonctionnement. Dès 1946, le parti gaulliste, le Rassemblement du peuple français (RPF), prend cette position[238]. En 1947, en réaction à une décision internationale (il s'agit naturellement de la déclaration Jdanov qui appelle les partis communistes des différents pays à ne pas participer politiquement à la gestion), le Parti communiste français opte pour le même comportement[239]. Les conséquences sont immédiates : pour pouvoir constituer une majorité au sein de l'Assemblée il faut parvenir à une alliance entre les deux grands

---

après avis du Président de l'Assemblée. La dissolution sera prononcée, conformément à cette décision, par décret du Président de la République.

[238] Cf. S. Berstein, « Les gaullistes, de la Libération à la création du RPF » in *Dossiers thématiques,* Texte de la Conférence prononcée par Serge Berstein, professeur d'histoire à l'université de Paris X Nanterre, le 15 janvier 1986, à la bibliothèque de l'Institut Charles de Gaulle, dans le cadre du cycle de formation « Les gaullistes et de Gaulle ».

[239] Cf. A. Grosser, *Affaires extérieures : la politique de la France, 1944-1989*, Paris, Flammarion, 1989, p. 57. ; Léon Blum, *L'œuvre de Léon Blum : la Fin des Alliances - la Troisième Force - politique européenne - pour la Justice -1947-1950*, Paris, Albin Michel, 1963. p. 81.

partis[240] restant, d'un côté, la SFIO, de l'autre, le MRP, c'est-à-dire le centre-gauche et le centre-droit… ceci a deux effets : d'une part, aucune alternance n'est possible puisque les différents gouvernements seront fondés sur ces deux structures ; d'autre part, les choix politiques sont très restreints en raison des différences entre les deux partis. L'Algérie est au cœur de ce paradoxe. De fait, la SFIO est plutôt favorable à l'indépendance (avec de nombreuses nuances et débats…) tandis que le MRP souhaite conserver l'Algérie française, avec de multiples réformes[241]. Concrètement, ceci conduit à une paralysie des décisions en ce qui concerne l'Algérie et à l'instabilité croissante si des décisions plus importantes étaient prises. On peut donc, dans le cas français également, relier la crise institutionnelle et les événements qui précipitent la transformation du régime.

Dans les deux cas, aux États-Unis comme en France, il s'agit donc de poser la question d'une révision possible de la Constitution et même de son remplacement potentiel, en raison de dysfonctionnements constatés.

B/ Le Bénin, une révolution

La situation béninoise ne semble guère comparable. Si crise il y a, elle ne concerne pas un régime légitime qui aurait été adopté précédemment et qui aurait montré un certain nombre de dysfonctionnements. Au Bénin, il s'agit de sortir d'une situation autoritaire (1) pour construire une nouvelle Constitution, un régime démocratique. Pour autant, la crise est évidente. Il y a bien des tensions majeures, un ensemble de questions qui se posent, en raison de la survenue de plusieurs événements. L'année 1990 marque un tournant, parce qu'elle tire toutes les conséquences de la situation de l'année précédente (2).

---

[240] Le Parti socialiste - Section française de l'Internationale ouvrière (SFIO) est un parti politique socialiste français, qui a existé sous ce nom de 1905 à 1969. En 1969, elle devient le Parti socialiste, lors du congrès d'Issy-les-Moulineaux où elle s'associe avec l'Union des clubs pour le renouveau de la gauche ; La création du Mouvement républicain populaire (MRP) par les démocrates-chrétiens, constitue cependant une expérience originale de renouveau.

[241] Cf. P. Letamendia, *Le mouvement républicain populaire : le MRP, histoire d'un grand parti français*, Paris, Beauchesne, 1995, p. 355.

1/ Le Dahomey-Bénin, un régime autoritaire

Pour bien comprendre les événements qui interviennent entre 1989 et 1990, il est nécessaire de revenir sur l'organisation préexistante (b) mise en place après un coup d'État, en 1972 (a).

a/ La naissance d'un régime : 1972 – 1975

À cette date, arrive au pouvoir le Président Mathieu Kérékou[242]. Il a un but annoncé : mettre fin à l'instabilité du pays. Il a un moyen : un régime autoritaire.

Jusqu'en 1960 le Dahomey est un État de l'union française[243]. La République a été proclamée le 4 décembre 1958 et le pays est indépendant depuis le 1er août 1960 ; il obtient d'ailleurs la même année son siège à l'Organisation des Nations Unies. Une instabilité politique apparaît rapidement après la démission du premier Président Hubert Maga le 3 décembre 1963 et son placement en résidence surveillée. Les années suivantes connaissent de nombreuses tensions entre les partisans de l'ancien Président et du nouveau pouvoir. En 1965 un coup d'État intervient, ce n'est d'ailleurs que le premier, avant celui de décembre 1967, puis janvier 1968. Les élections en soixante-huit sont marquées par un fort taux d'abstention et en décembre 1969 un nouveau putsch intervient. En mai 1970 une tentative constitutionnelle se produit avec la mise en place d'un pouvoir exécutif tournant, le Président de la République étant nommé pour deux ans au sein d'un conseil présidentiel.

C'est dans ce cadre qu'intervient la prise du pouvoir de Mathieu Kérékou, à cette époque commandant dans l'armée du pays[244]. Le 26

---

[242] Cf. J. Yahouédéhou, *Les vraies couleurs du Caméléon. Le droit de savoir*, Tome 1, Cotonou, Planète Communications, 2002, p. 57. ; F. J. Aïvo, *Le juge constitutionnel et l'*État *de droit en Afrique. L'exemple du modèle béninois*, Paris, L'Harmattan, 2006, p. 27 ; J.-J. Chevallier., G. Carcassonne , O. Duhamel, J. Benetti, *Histoire de la Ve République 1958-2015*, Paris, Dalloz, 15e édition, 2015, p. 20.

[243] Cf. M. C. Houngnikpo, S. Decalo, *Historical Dictionary of Benin*, Rowman & Littlefield, 2013, 452 p.

[244] Cf. J. Yahouédéhou, *Les vraies couleurs du Caméléon. Le droit de savoir*, Tome 1, Cotonou, Planète Communications, 2002, p. 57. ; Cf. L'équipe de Perspective monde, « Renversement du conseil Présidentiel au Dahomey », in *Perspective monde*, 26 octobre 1972. Dans cet article, le collectif expose l'accession au pouvoir de Kérékou et les motifs de son coup d'État' : « Le chef d'état-major adjoint de

octobre 1972 ce coup d'État[245] se traduit par le renversement du Président en place, la dissolution du conseil présidentiel et de l'assemblée. En novembre, le nouveau chef de l'État publie un discours sur la politique nouvelle d'indépendance nationale, institue un conseil national de la révolution et insiste sur la formation idéologique et patriotique. Deux ans plus tard, Kérékou adhère officiellement au marxisme-léninisme avec la création d'un parti de la révolution populaire du Bénin[246]. Un an plus tard, le Dahomey change officiellement de nom pour devenir la République Populaire du Bénin.

b/ Des institutions

Le pouvoir du nouveau chef de l'État comporte trois piliers distincts[247].

D'une part, il parvient à se stabiliser jusqu'en 1989 grâce à une conjoncture économique favorable, des revenus issus de l'exportation de matières premières, des aides venues des pays de l'Est, de l'Ouest et une économie fondée sur des droits de douane. Le but est de faire naître un trésor étatique important. Commercialement, une organisation de trafic est mise en place avec le Nigéria pour faciliter le financement de l'ensemble du système. Tous les éléments économiques sont concentrés entre les mains de l'État[248]. C'est le résultat direct du Discours-programme du 30 novembre 1972 qui prescrivait : « *la prise en charge progressive par l'État des secteurs vitaux de l'économie qui conditionnent le développement et*

---

l'armée du Dahomey, le commandant Mathieu Kérékou, est à la tête d'un coup d'État qui se déroule sans effusion de sang. Le conseil présidentiel, qui dirige le pays depuis 1970, est aboli et remplacé par un gouvernement militaire révolutionnaire » (http://perspective.usherbrooke.ca/bilan/servlet/BMEve?codeEve=1274), consulté le 05-04-2019 à 17h31.

245 Cf. T. Holo, *L'étude d'un régime militaire. Le cas du Dahomey (Bénin), 1972-1977*, Thèse de droit public, Paris I Panthéon-Sorbonne, Paris, 1979 ; Th. Vittin, « Bénin, du ''système Kérékou ''au renouveau démocratique », in, J.-F Medard, *Etats d'Afrique noire, Formation, mécanismes et crises*, Paris, Karthala, 1991, p.93-115.

246 Cf. F. J. Aïvo, *Le juge constitutionnel et l'État de droit en Afrique. L'exemple du modèle béninois*, Paris, L'Harmattan, 2006, p. 30.

247 Cf. R. Banegas, « Action collective et transition politique en Afrique. La Conférence nationale du Bénin », in *Cultures & Conflits*, 1995, n° 17, p.137-175.

248 Cf. Ph. Noudjenoume, *La démocratie au Bénin. Bilan et perspectives*, Paris, L'Harmattan, 1999, p. 39-40.

l'indépendance du pays et la mise en valeur rapide de ses ressources »[249].

D'autre part, cette manne financière sert surtout à stabiliser le régime au niveau politique en permettant l'intégration d'une partie de la population dans une fonction publique rétribuée directement par le pouvoir et donc aux ordres. Entre 1972 et 1985 le nombre de fonctionnaires passe ainsi de 12 000 à 49 000. L'intégration dans la fonction publique des jeunes diplômés de l'université permet de lutter contre toute opposition potentielle[250]. La dépendance organisée des principaux responsables de la fonction publique évite là aussi toute difficulté.

Enfin, une véritable organisation s'installe avec plusieurs branches. Kérékou prévoit ainsi la mise en place d'une organisation révolutionnaire des jeunes du Bénin, d'une organisation révolutionnaire des femmes du Bénin, mais aussi de comités de défense de la révolution et de comités révolutionnaires locaux qui s'installent dans les entreprises et dans les différents territoires[251]. S'y ajoute une mainmise sur les médias et l'omniprésence de l'armée.

2/ Les circonstances de la crise

On retient l'année 1990 en raison de la rédaction de la Constitution à cette époque. Mais le moment décisif survient en 1989 (b). Il est le résultat de plusieurs circonstances économiques et politiques qui remettent en cause la logique du régime autoritaire (a).

a/ La remise en cause du régime autoritaire

Deux grandes raisons expliquent la fragilisation du régime installé en 1972 : d'une part, un contexte économique international transformé, d'autre part, une crise du système lui-même au regard de ses conséquences sur la population.

---

[249] F. J. Aïvo, *La Constitution béninoise du 11 décembre 1990 : un modèle pour l'Afrique ?*, in *Mélanges en l'honneur de Maurice Ahanhanzo Glele*, Paris, L'Harmattan, 2014, p. 77.

[250] Cf. R. Banegas, « Action collective et transition politique en Afrique. La Conférence nationale du Bénin »,…, op. cit., p. 139.

[251] *Ibid.*

Dès 1983, la situation financière du pays se transforme. Face à des rentrées d'argent limitées, le pouvoir doit maintenir un certain nombre de dépenses, ce qui conduit à une explosion des dettes intérieures et extérieures. La situation est telle qu'en 1988 les trois principales banques du pays ne peuvent plus faire face, la banque commerciale du Bénin ayant par exemple perdu quarante-trois fois son capital[252]. La faillite des banques d'État est rendue publique en septembre 1988 et est d'autant plus grave pour le régime qu'elle conduit à une intervention potentielle de bailleurs de fonds étrangers, alors que l'indépendance financière et politique était au cœur du discours autoritaire. Le Président est même contraint de recourir à la banque mondiale pour obtenir un programme d'ajustement structurel[253]. C'est un renoncement à la souveraineté du pays dans la logique des institutions financières de Bretton-Woods. C'est surtout un message très fort envoyé à ceux qui critiquent le régime puisqu'il s'agit de se soumettre à la domination étrangère, au niveau financier.

L'autre aspect tout aussi important : le trésor public n'est plus en mesure de payer. Cela signifie un blocage du principal moyen de gestion jusque-là utilisée, l'argent. Les conséquences sont immédiates : l'État n'est plus capable de maintenir le système clientéliste puisqu'il n'y a plus d'argent à redistribuer. De manière corollaire, la situation touche aussi la fonction publique puisque ses membres ne sont plus payés.

b/ 1989, une crise sociopolitique et militaire

Kérékou se trouve face à de multiples oppositions au niveau interne et au niveau extérieur.

Au niveau interne, tout d'abord, au sein du gouvernement et de ses habituels alliés, on constate la présence de trois factions opposées à Kérékou[254]. La première vient de ses anciens alliés, l'extrême gauche de son parti. Parce qu'il n'y a pas suffisamment d'argent pour faire taire les modérés, le chef de l'État veut rallier ces derniers à sa cause et se détourne des anciens communistes. Ceci déclenche en retour une

---

[252] *Ibid.*, p. 4.

[253] Cf. M. Chabi, *Il était une fois un caméléon nommé Kérékou*, Paris, L'Harmattan, 2013, p. 9.

[254] Cf. R. Banegas, « Action collective et transition politique en Afrique. La Conférence nationale du Bénin »,…, op. cit., p. 5.

hostilité et un conflit. La deuxième opposition vient de l'armée. En son sein, on trouve deux camps : d'un côté, les gradés qui sont toujours payés par le pouvoir qui lui sont fidèles, de l'autre, une grande partie des militaires qui ne se reconnaissent plus dans le système en place. Quant à la troisième opposition, elle est évidemment liée aux modérés, qui veulent réformer le régime pour tirer les conséquences de la situation économique. Appelant à des réformes, ils sont les principaux artisans de la déstabilisation du régime en raison du discours tenu. L'un des symboles est ainsi le ministre de la culture, de la jeunesse et des sports, Ali Houdou, qui en mars 1989, rend responsable de la faillite le système politique, appelle à des réformes, en critiquant le singe au pouvoir « qui ne veut rien dire, rien à voir et rien entendre ». D'autres réformistes, comme Robert Dossou ou René Ahouanssou ont réussi à faire leur entrée au sein du gouvernement d'ouverture, en août 1989, pour lancer une véritable réforme du régime.

Au niveau extérieur, c'est-à-dire dans la population, on assiste à une véritable mobilisation qui concerne de multiples secteurs de l'économie et de la société[255]. La première intervient avec la grève des enseignants des lycées et des collèges de Cotonou et de Porto-Novo, à partir du 9 janvier 1989, en réponse aux annonces de limitation financière concernant la fonction publique. Le mouvement gagne l'université[256]. La situation pourrait sembler limitée jusqu'au soutien de l'église catholique qui appelle à un changement et à une transformation. La reprise du travail est éphémère puisqu'une nouvelle grève éclate à partir du mois d'avril et ce malgré des tentatives de dialogue de la part du pouvoir comme le règlement des arriérés de salaire ou encore un certain nombre de promesses en matière de droits de l'homme. Les grèves dans l'enseignement se répandent dans d'autres régions du pays et surtout dans d'autres secteurs sociaux. Les étudiants, enseignants et responsables religieux sont rejoints par le personnel hospitalier, l'industrie sucrière, les avocats, les taxis. Des opposants universitaires réformistes sont même élus aux élections de l'Assemblée nationale révolutionnaire, pourtant parti boycotté par la population. Dossou et Ahouassano se font ainsi les porte-parole du mouvement en appelant à la fin du monopole de la

---

[255] *Ibid.*, p. 6.

[256] Cf. R. Banegas, « Mobilisations sociales et oppositions sous Kerekou », in *Politique Africaine*, 1995, no 59, p. 25-44.

vie politique et au multipartisme. Les grèves continuent de s'étendre, aux postes et télécommunications au mois de septembre... en décembre, la mobilisation s'accroît encore[257], ce qui oblige le chef de l'État à annoncer l'abandon du parti unique, du marxisme-léninisme et l'organisation, au début de l'année 1990, d'une Conférence nationale des forces vives de la nation pour définir les fondements d'un ordre nouveau.

La situation béninoise est par conséquent très différente. Il ne s'agit pas de réagir à un dysfonctionnement institutionnel. Il s'agit de renverser un pouvoir autoritaire. Les formes prises seront, de ce point de vue, très intéressantes car elles conduisent à s'interroger aussi sur les mécanismes de transition, entre deux régimes démocratiques ou vers un régime démocratique nouveau.

§ 2 - L'acte décisif, la naissance d'un pouvoir constituant

Quelle forme doit prendre la transformation qui conduit à une nouvelle Constitution en matière juridique ? Pour le savoir, il faut se tourner vers l'acte qui accompagne la naissance de l'organe constituant (A). Mais l'étude de cet acte est en partie insuffisant au regard de sa logique juridique et de ce qu'il implique (B).

A/ Un acte ?

À quel moment peut-on parler du premier acte constituant ? La question est importante car il s'agit de faire naître ici un nouveau modèle constitutionnel en passant par la rédaction et la mise en place globale d'un texte. Or, le basculement entre ancien régime et nouveau régime implique une transformation juridique et un questionnement sur cette transformation. L'étude des modèles américains et français (1) permet de revenir vers l'exemple béninois pour en tirer un premier constat (2).

1/ L'acte décisif aux États-Unis et en France

Nous nous plaçons toujours dans le cadre des procédures constituantes qui ont donné naissance aux Constitutions actuelles, c'est-à-dire celle de 1787 aux États-Unis et celle de 1958 en France. Dans les deux cas, un acte a une conséquence sur la nature du processus engagé. Aux

---

[257] Cf. R. Banegas, « Action collective et transition politique en Afrique. La Conférence nationale du Bénin »,..., op. cit., p. 7.

États-Unis, il s'agit de la réunion de la Convention d'Annapolis, en France de la loi du 3 juin 1958.

a/ La convention d'Annapolis

Il y a dans cette réunion qui intervient en 1786 un étrange paradoxe. De fait, il ne s'agit, du moins en apparence, absolument pas de poser la question de la pérennité des Articles de la Confédération. Pour le comprendre, il est nécessaire de revenir sur le contexte initial.

On pourrait presque parler d'anecdotes. Tout commence avec un conflit entre la Virginie et le Maryland sur une question concernant la navigation sur le Potomac. L'impuissance du Congrès de la confédération à régler ce type de débat conduit un certain James Madison a proposé la rencontre des représentants des deux États au domicile de George Washington, à Mont Vernon. Une simple discussion permet de résoudre le conflit le 25 mars 1785. Mais cette discussion fait aussi apparaître une autre question : comment régler les débats et les différends entre les États pour l'avenir ? James Madison se tourne vers l'Assemblée de Virginie et obtient de celle-ci une résolution appelant à la réunion d'une convention à Annapolis pour discuter des questions interétatiques et de leurs résolutions pour l'avenir.

Entre le 11 et le 14 septembre 1786, se réunissent à Annapolis les délégués de cinq États[258], le New Jersey, la Pennsylvanie, le Delaware, la Virginie et New York. Dénommé *Rencontre de commissaires pour remédier aux défauts du gouvernement fédéral* (*Meeting of Commissioners to Remedy Defects of the Federal Government* en anglais), cette réunion pose immédiatement un problème puisqu'elle ne concerne que cinq États. Les délégués de quatre autres (le New Hampshire, le Massachusetts, Rhode Island et la Caroline du Nord) n'ont pas pu arriver à temps pour participer tandis que le Connecticut, le Maryland, la Caroline-du-Sud et la Géorgie n'ont même pas choisi d'envoyer des délégués. Le rapport de la convention est donc envoyé au Congrès de la confédération et aux États, à titre indicatif : il demande la réunion d'une véritable

---

[258] Cf. J.-P. Martin, D. Royot, *Histoire et civilisation des États-Unis : Textes et documents commentés du XVIIe siècle à nos jours*, Paris, Armand Colin, 2005, p. 27 ; O. C. McSwite, *Legitimacy in Public Administration: A Discourse Analysis*, London, SAGE, 1997, p. 69.

convention à Philadelphie dans l'espoir de mobiliser plus d'États et surtout pour s'intéresser à des questions plus larges que les seuls débats commerciaux.

C'est donc à ce moment qu'intervient l'acte important : la convocation par le Congrès confédéral d'une convention à Philadelphie qui doit se tenir à partir du 21 février 1787. On notera que, dans le texte de la convocation figure l'ordre du jour de cette convention : réviser[259] les Articles de la Confédération. Le texte est très précis : « *It be recommended to the States composing the Union that a convention of representatives from the said States respectively be held at on for the purpose of revising the Articles of Confederation and perpetual Union between the United States of America and reporting to the United States in Congress assembled and to the States respectively such alterations and amendments of the said Articles of Confederation as the representatives met in such convention shall judge proper and necessary to render them adequate to the preservation and support of the Union* »[260]. Nous reviendrons bien sûr sur cette profonde transformation qui fera d'un organe constituant dérivé un organe constituant originaire.

b/ La loi du 3 juin 1958

Il s'agit d'un texte décisif car, en votant cette loi, l'Assemblée nationale de la IVe République confie la fonction constituante à un gouvernement, celui du général de Gaulle. Le texte est d'autant plus intéressant qu'il est lié au discours d'investiture prononcée par le chef du gouvernement, deux jours plus tôt.

Le 1er juin 1958, demandant l'investiture pour son gouvernement, Charles de Gaulle insiste sur les deux missions qui lui sont confiées par sa nomination[261]. D'une part, il lui faut rétablir l'ordre en mettant

---

[259] Cf. M. Farrand, *The Framing of the Constitution of the United States*, New Haven, Yale University Press, 1913, p. 70, cité par F. V. de Chantal, « La Convention de Philadelphie : les fondements du modèle américain »,…, op. cit., p. 123-124.

[260] Report Of Proceedings In Congress,(1), Wednesday February 21, 1787, http://avalon.law.yale.edu/18th_century/const04.asp

[261] Cf. R Rémond, *1958, le retour de De Gaulle,* Bruxelles, Complexe, 1998, p. 165. Nous empruntons à l'auteur une partie du discours de De Gaulle : « *Le gouvernement, si vous voulez l'investir, vous proposera de les lui attribuer aussitôt. Il vous demandera les pleins pouvoirs afin d'être en mesure d'agir dans les*

fin à la situation chaotique algérienne, au risque apparu en Corse et à la stabilité liée au comportement militaire. Pour tout cela, il se donne six mois. Le but est de revenir au cours normal des pouvoirs publics. D'autre part, et ceci est beaucoup plus inattendue dans un discours d'investiture, le Président du conseil annonce le dépôt d'un projet de réforme qui concerne l'article 90 de la Constitution. Or, cet article encadre la révision du texte constitutionnel de 1946. La révision demandée par le gouvernement a pour dessein de confier à ce même gouvernement un mandat pour élaborer et proposer aux pays les changements constitutionnels indispensables. Le discours du 1er juin est sans équivoque : le chef du gouvernement annonce qu'il faut reconstruire le régime républicain en lui donnant des bases déjà connues, le suffrage universel, la séparation des pouvoirs, la responsabilité du gouvernement devant le Parlement. Mais il s'agit

---

conditions d'efficacité, de rapidité, de responsabilité que les circonstances exigent. Il vous les demandera pour une durée de six mois, espérant qu'au terme de celte période l'ordre rétabli dans l'État, l'espoir retrouvé en Algérie, l'union refaite dans la nation, permettront aux pouvoirs publics de reprendre le Cours normal de leur fonctionnement.

Mais ce ne serait rien que de remédier provisoirement, tant bien que mal, à un état de choses désastreux si nous ne nous décidions pas à en finir avec la cause profonde de nos épreuves.

Cette cause - l'Assemblée le sait et la nation en est convaincue - c'est la confusion et, par là même, l'impuissance des pouvoirs. Le gouvernement que je vais former moyennant votre confiance vous saisira sans délai d'un projet de réforme de l'article 90 de la Constitution, de telle sorte que l'Assemblée nationale donne mandat au gouvernement d'élaborer, puis de proposer au pays par la voie du référendum, les changements indispensables. Aux termes de l'exposé des motifs qui vous sera soumis en même temps que le texte, le gouvernement précisera les trois principes qui doivent être en France la base du régime républicain et auxquels il prend l'engagement de conformer son projet. Le suffrage universel est la source de tout pouvoir. Le pouvoir exécutif et le pouvoir législatif doivent être effectivement séparés de façon que le gouvernement et le Parlement assument, chacun pour sa part et sous sa responsabilité, la plénitude de ses attributions. Le gouvernement doit être responsable vis-à-vis du Parlement.

L'occasion solennelle d'organiser les rapports de la République française avec les peuples qui lui sont associés sera offerte au pays par la même réforme constitutionnelle. Cette organisation nouvelle, le gouvernement prendra l'engagement de la promouvoir dans le projet qu'il proposera aux suffrages des Françaises et des Français.

À partir de ce double mandat, à lui conféré par l'Assemblée nationale, le gouvernement pourra entreprendre la tâche immense qui lui sera ainsi fixée. » ; le texte complet est reproduit dans R Rémond, *1958, le retour de de Gaulle,* Bruxelles, Complexe, 1998, p. 165.

bien d'une organisation nouvelle, c'est-à-dire d'une nouvelle Constitution.

Le texte adopté le 3 juin 1958 est donc singulier. C'est une loi constitutionnelle qui est prise en application de la procédure de révision de la Constitution, prévue par l'article 90, pour modifier ce même article 90[262]. Le texte est adopté par l'Assemblée nationale le 2 juin, par le conseil de la République le 3 juin. A chaque fois la majorité des trois cinquièmes est obtenue, 350 voix contre 161 pour la chambre basse, 256 voix contre 30 pour la chambre haute.

On notera évidemment le paradoxe. Le but de l'article 90 est d'encadrer la révision de la Constitution de 1946. Le recours à l'article 90 pour réviser l'article 90 et modifier les modalités de révision est déjà en lui-même inattendu. Il s'agit purement et simplement de donner au gouvernement la possibilité de présenter lui-même une révision, et de la faire acter par le peuple par référendum. De surcroît, la proposition annonce déjà la réalité : il ne s'agit plus d'un pouvoir constituant dérivé, mais bien d'un pouvoir constituant originaire. La loi du 3 juin est, à ce titre, l'acte de naissance d'un organe constituant originaire, ce qui est juridiquement décalé puisqu'il s'agit de se fonder sur une Constitution existante.

---

[262] En voici le texte :
« Article 90. - La révision a lieu dans les formes suivantes.
La révision doit être décidée par une résolution adoptée à la majorité absolue des membres composant l'Assemblée nationale.
La résolution précise l'objet de la révision.
Elle est soumise, dans le délai minimum de trois mois, à une deuxième lecture, à laquelle il doit être procédé dans les mêmes conditions qu'à la première, à moins que le Conseil de la République, saisi par l'Assemblée nationale, n'ait adopté à la majorité absolue la même résolution.
Après cette seconde lecture, l'Assemblée nationale élabore un projet de loi portant révision de la Constitution. Ce projet est soumis au Parlement et voté à la majorité et dans les mêmes formes prévues pour la loi ordinaire.
Il est soumis au référendum, sauf s'il a été adopté en seconde lecture par l'Assemblée nationale à la majorité des deux tiers ou s'il a été voté à la majorité des trois cinquièmes par chacune des deux assemblées.
Le projet est promulgué comme loi constitutionnelle par le Président de la République dans les huit jours de son adoption.
Aucune révision constitutionnelle relative à l'existence du Conseil de la République ne pourra être réalisée sans l'accord de ce Conseil ou le recours à la procédure de référendum »

2/ La Conférence des forces vives

Le 7 décembre 1989, un communiqué final de toutes les structures du parti au pouvoir annonce la convocation d'une Conférence des forces vives[263] pour le premier trimestre de l'année 1990. C'est un acte décisif car c'est cette Conférence qui, durant sa réunion, décide de se transformer en pouvoir constituant potentiel. L'acte nous intéresse à la fois en raison des circonstances (a) mais surtout à cause d'un parallèle que l'on peut établir avec la France, au regard non pas de sa Constitution actuelle mais de son histoire (b).

a/ La convocation de la Conférence des forces vives

Il suffit de reprendre la chronologie des différentes décisions pour comprendre le mouvement dans lequel cette convocation prend place.

Alors que le pays connaît de multiples tensions et une situation de crise depuis plus d'un an, le Président Kérékou souhaite organiser une consultation pour prendre des mesures adaptées. L'idée d'une Conférence nationale est ainsi avancée. Elle est validée d'abord par le bureau politique le 5 décembre, puis par le comité central le lendemain. Le 7 décembre ce sont donc toutes les structures du parti, le bureau politique, le comité permanent de l'Assemblée nationale révolutionnaire et le comité exécutif national qui se réunissent et publient le communiqué final. Au passage on y trouve les lignes

---

[263] Cf. A. Adamon, *Le Renouveau démocratique au Bénin – La Conférence Nationale des Forces Vives et la période de transition*, Paris, L'Harmattan, 1995, 223 p. ; A. Adamon, *Le renouveau démocratique au Bénin. Les élections de la période de transition,* Cotonou, J.O.R.B, 1995, 181 p. ; F. Eboussi - Boulaga, *Les Conférences nationales en Afrique noire – Une affaire à suivre*, Paris, Karthala, 1993, 240 p. ; J. L. Koko, *National Conference as a Strategy for Conflict Transformation and Peacemaking*, Adonis & Abbey Publishers Ltd, 2008, 219 p. ; F. Akindes, « Rapport introductif n°3 : Les transitions démocratiques à l'épreuve des faits » in *Bilan des Conférences nationales et autres processus de transition démocratique en Afrique*, OIF, Cotonou, 19-23 février 2000, p. 611. ; M. Kamto, « Les Conférences nationales africaines ou la création révolutionnaire des Constitutions », in D. Darbon et J. du Bois De Gaudusson (Dir. *La création du droit en Afrique*,), Paris, Karthala, Collection Hommes et Sociétés, 1997. ; P. Massina, « De la souveraineté des Conférences nationales africaines », in *Revue de la recherche juridique-Droit prospectif*, Presses universitaires d'Aix-Marseille, 1994, n°3, p. 993-1015. ; J.-J. Raynal, « Les Conférences nationales en Afrique : au-delà du mythe, la Démocratie ? », in *Revue du droit des pays d'Afrique*, L'inconnu, octobre 1994, n°826. Pour les documents, Fondation Friedrich Naumann, *Les actes de la Conférence nationale*, Cotonou, Editions ONEPI, 1994.

suivantes : « *le marxisme-léninisme n'est plus l'idéologie officielle de l'État. Le chef de l'État se chargera de convoquer au Cours du premier trimestre de l'année 1990 une Conférence nationale regroupant tous les représentants authentiques de toutes les forces vives de la nation, quelle que soit leur sensibilité, afin qu'ils apportent leur contribution à l'avènement du renouveau démocratique et au développement d'une saine ambiance politique dans notre pays* ». « *Les résultats de cette Conférence nationale seront exploités pour l'élaboration d'une nouvelle Constitution* »[264]. Le 18 décembre, le décret instituant un comité national préparatoire pour cette Conférence est signé par Mathieu Kérékou. Cette organisation implique plusieurs remarques. D'une part, il y a une transformation majeure du régime en termes de fondement avec l'abandon du marxisme-léninisme. D'autre part, on assiste à une action de la part du pouvoir en place, les principales instances des institutions du régime autoritaire étant concernées. Enfin, le chef de l'État est en charge de la convocation. Il s'agit donc bien d'une action du pouvoir et non pas d'une action révolutionnaire. Le décret du 18 décembre installe d'ailleurs cette logique avec la création d'un comité national préparatoire pour la Conférence[265].

L'étude du comité est aussi intéressante[266]. Il est composé de membres du gouvernement, huit au total : Me Robert Dossou, Pancrace Brathier, Saliou Abdou, Salifou Alidou, Ousmane Batoko, Irénée Zinsou, Germain Kadja et Amos Elègbè. Le décret fixe d'ailleurs ses attributions : « *définir les modalités pratiques de l'organisation de la Conférence, d'en arrêter le programme et d'élaborer les documents de base* ».

Quant à la composition de cette future Conférence, elle soulève là aussi un certain nombre de questions. Connu sous le nom de « *guerre*

---

264 Texte du document in, Ph. Noudjenoumè, *La démocratie au Bénin, Bilan et perspectives*, Paris, L'Harmattan, 1999, Annexe 2, p.375 ou, Fondation Friedrich Naumann, *Les actes de la Conférence nationale,* Cotonou, Editions ONEPI, 1994, p.112–116.

265 Cf. S. Adjovi, *De la dictature à la démocratie sans les armes*, Édition C.P, 1999, 352 p.

266 Cf. S. Baldé, *La convergence des modèles constitutionnels : études de cas en Afrique subsaharienne,* EPU, Paris, Publibook université : Droit & sciences politiques, 2011, p. 111.

des quotas »[267], l'affrontement a concerné les modalités de désignation des membres de cette Conférence. L'objectif était « *d'amener toutes les structures sociales à s'impliquer librement dans le nouveau projet de société* ». Dans cette logique, le comité avait défini une quinzaine de catégories faisant référence ainsi aux syndicats, aux sensibilités politiques, aux Béninois de l'extérieur, aux opérateurs économiques, aux associations professionnelles, aux O.N.G., aux cultes, aux provinces, etc. Toute la question était de savoir s'il fallait ou non pondérer ces catégories, c'est-à-dire donner plus de poids à certaines par rapport à d'autres. En janvier 1990, les premiers quotas sont rendus publics et montre qu'une très large place a été donnée au gouvernement, à l'Assemblée, aux militaires et au parti unique au sein de la future Conférence.[268] Finalement, alors que le pouvoir pense avoir gagné en conservant la majorité au sein de la Conférence, les partisans de l'opposition rencontrent le plus possible de futurs représentants pour finalement faire apparaître de nouvelles alliances au sein de la Conférence.

C'est donc une organisation représentant différents secteurs de la société qui se réunit entre le dix-neuf et le 28 février 1990.

b/ Un autre parallèle avec l'histoire française ?

La présence de représentants de la société au sein d'un organisme qui semble d'abord et avant tout consultatif, la convocation de cet organisme par le chef du régime autoritaire en place et le but, faire des propositions, et non rédiger une Constitution, tout cela semble familier au regard de l'histoire française. De fait, ceci n'est pas sans rappeler les États généraux de 1789, convoqués par un roi qui souhaitait prendre conseil pour des réformes, avec le résultat que l'on sait.

L'acte décisif est-il la convocation de ce type de structure ?

En France, le fait pour un régime absolutiste de consulter la population a eu pour conséquence une profonde transformation des

---

[267] Cf. M. Gazibo, *Les paradoxes de la démocratisation en Afrique : analyse institutionnelle et stratégique*, PUM, 2005, p. 86. ; M. Alliot, C. Kuyu, L*a démocratie à pas de caméléon - Transition et imaginaires politiques au Bénin*, Paris, Karthala, 2003, p. 143. ; R. Banegas, « Action collective et transition politique en Afrique. La Conférence nationale du Bénin »,…, op. cit, p. 15.

[268] Cf. R. Banegas, « Action collective et transition politique en Afrique. La Conférence nationale du Bénin »,…, op. cit., p. 15.

équilibres politiques. L'absence totale de représentativité du pouvoir précédent à donner encore plus de force à une structure qui, sans être représentative en tant que telle, l'était en tout cas beaucoup plus que la précédente.

Au Bénin, la convocation de cette Conférence est un signe majeur après plus d'un an d'affrontement. Il y a bien une volonté d'écrire une Constitution (le décret de convocation le précise). Il y a bien la recherche d'une forme de légitimité par l'intermédiaire d'une consultation plus large. L'orateur qui clôt la réunion de la Conférence des forces vives ne s'y trompe pas « *nous avons décidé de nous transformer en États généraux de la Nation, de proclamer sans ambiguïté la souveraineté de notre rassemblement et la force exécutoire de nos décisions* »[269].

Toute la question réside désormais dans les conséquences constituantes qui vont en être tirées.

B/ Ecrire une Constitution, un acte juridique ?

À quel moment peut-on faire commencer l'histoire juridique d'un régime ? La réponse semble simple : au moment de la mise en œuvre de sa Constitution. Mais dans ce cas, qu'en est-il de la procédure constituante ? Quels sont les principaux événements qui marquent la transformation du pays ? Si la Constitution est l'acte juridique fondamental, le fait de la créer serait un acte non juridique ? Pour répondre à ces questions, il est nécessaire de revenir sur le fonctionnement des procédures constituantes et sur leurs circonstances (1) pour se poser finalement la question de l'acte créateur de droit qui conduit à la Constitution et, ce qui nous intéresse de manière beaucoup plus précise, celle de la place du peuple dans cet acte (2).

1/ La transition constituante et ses contradictions

Nous avons volontairement choisi d'utiliser le terme transition et non pas procédure. De fait, évoquer une procédure constituante conduit à se placer uniquement dans la logique de l'avenir, c'est-à-dire à prendre en compte de manière spécifique la réalisation juridique future pour pouvoir valider la procédure. Or, la rédaction de la

[269] Cf. A. Tévoédjrè, *Nous avons vaincu la fatalité : rapport général de synthèse de la Conférence des forces vives de la nation*, Forum du Renouveau, 1990, 24 p.

Constitution obéit certes à une procédure, mais intervient aussi dans certaines circonstances. Lorsque ces circonstances sont accompagnées par une organisation juridique autre, quelle conclusion doit-on en tirer ? Pour répondre nous examinerons tout d'abord les exemples américains et français (a) avant de nous tourner vers le Bénin (b).

a/ Les États-Unis et la France en transition

Pour passer d'une Constitution à une autre, il est nécessaire de faire cohabiter deux catégories distinctes d'institutions : celles du passé et celles du futur, celles qui correspondent à l'ancien régime et qui s'inscrivent dans une autre réalité juridique et celles qui sont déjà dans une logique nouvelle et qui posent la question d'une transformation juridique.

Le premier exemple, les États-Unis, est déjà instructif dans son fonctionnement. De fait, pendant que la convention de Philadelphie prépare la future Constitution, le Congrès continental continue de fonctionner. Ceci pourrait sembler anecdotique et renvoyer à une sorte de poursuite des affaires courantes si certaines décisions du Congrès continental n'avaient eu un impact sur l'histoire juridique américaine, dans les décennies suivantes. De fait, la convention de Philadelphie est secouée par de multiples débats, qui se terminent par des compromis[270]. L'un des plus célèbres concerne l'esclavage. Or, pour aboutir, les constituants proposent des compromis qui impliquent aussi le Congrès continental. Ainsi, le maintien de l'esclavage, pour un temps donné, n'est validé par les opposants à cette institution que grâce au vote du Congrès continental pour l'ordonnance du Nord-Ouest qui interdit à l'avenir l'introduction de l'esclavage dans l'ensemble des territoires concernés par ce texte[271]. Ce premier aspect est inattendu. On pourrait penser que les institutions de l'ancienne organisation juridique – dans cet exemple les institutions issues de l'application des Articles de la Confédération – n'auraient logiquement aucun rôle dans les débats. Or, par le vote de l'ordonnance du Nord-Ouest, le Congrès continental intervient directement dans les compromis liés au pouvoir constituant.

[270]Cf. A. Coutant, *Histoire constitutionnelle des États-Unis, tome 1, 1776-1860, une fédération non démocratique,…*, op. cit., p. 156.
[271] Cf. C. Collier, *Decision in Philadelphia: The Constitutional Convention of 1787*, Paperback, 2007, p. 217-220.

Qu'en est-il du système français ? L'approche est quelque peu différente car il s'agit cette fois de tenir compte des anciennes institutions dans le cadre de la procédure elle-même. La loi du 3 juin 1958 fait référence à deux catégories d'acteurs : d'un côté, un gouvernement, qui est chargé de la rédaction de la Constitution, de l'autre, un comité consultatif constitutionnel[272]. Ce dernier, créé par cette loi, est composé d'un tiers de députés, d'un tiers de sénateurs et d'un tiers de personnalités nommées par le gouvernement. Il doit donner un avis sur la rédaction. Autrement dit, le pouvoir de rédiger la Constitution est confié au gouvernement. Mais, dans la procédure, des membres issus des autres pouvoirs traditionnels du régime précédent, des députés et des sénateurs, doivent intervenir à titre consultatif. Il y a ici non pas cohabitation entre les deux régimes mais bien participation des anciennes institutions à la préparation des nouvelles. Dans les faits, le comité consultatif sera en grande partie écarté au profit d'une rédaction dominée par certains membres du gouvernement.

On constate donc que dans les deux cas la Constitution ne naît pas ex nihilo, en matière d'acteurs institutionnels. On retrouve des intervenants du régime précédent dans ce qui est pourtant un pouvoir constituant originaire.

b/ La transition béninoise

On pourrait y voir la première conséquence de la particularité béninoise : mettre fin à un régime autoritaire sous-entend de couper tous les liens qui relient le pouvoir constituant et le régime en question. De fait, il serait assez logique de voir disparaître l'ensemble des anciennes institutions. En examinant les événements qui ont conduit à la rédaction de la Constitution béninoise, on constate que la réalité est beaucoup plus singulière. Dans cette mesure, il y a bien une rupture avec le passé, tout en conservant pour une logique de gestion courante des institutions initiales.

---

[272] Cf. B. François, *Naissance d'une Constitution, la cinquième République*, Presses de Sciences Po, 1996, p. 69. ; Comité consultatif constitutionnel, *Travaux préparatoires de la Constitution du 4 octobre 1958 : avis et débats du comité consultatif constitutionnel,* in *La documentation française*, Paris, 1960, 225 p. ; D. Maus, O. Passelecq, *Témoignages sur l'écriture de la Constitution de 1958 autour de Raymond Janot, in La Documentation Française*, Paris, vol. 1, 1997, 118 p.

Si nous reprenons la logique historique, nous constatons que le Président Kérékou, fragilisé par les multiples mouvements de contestation qui touchent le Bénin depuis plus d'un an, s'est résolu à la fin de l'année 1989 à réunir une Conférence, un organe consultatif, pour faire des propositions dans le but de préparer une nouvelle Constitution. Dans cette logique, le pouvoir autoritaire aurait donc choisi de consulter cette Conférence avant de rédiger lui-même une Constitution. Le pouvoir constituant originaire serait resté entre les mains du Président.

Or, au moment de la réunion de la Conférence nationale, les premières décisions démontrent une tout autre volonté. Les délégués se mettent en effet d'accord pour suspendre la Constitution de 1977 et confier à des juristes le soin de rédiger une nouvelle Constitution qui sera soumise à référendum. Cet acte de rupture avec le régime précédent s'accompagne d'une réorganisation institutionnelle qui comprend la mise en place de structures de transition. Le Président de la République, Kérékou, est maintenu en place, mais avec des fonctions amoindries. La Conférence prévoit la création d'un premier ministre, d'un organe législatif – le Haut conseil de la République composé des treize membres du présidium de la Conférence, des anciens Présidents de la République, des trois Présidents des commissions, de six délégués des provinces et de vingt-cinq membres élus – cette organisation devant fonctionner jusqu'à la mise en place de la nouvelle Constitution[273]. Le pouvoir constituant est donc entre les mains d'une Conférence qui choisit de réorganiser les institutions pour accompagner la transition. Les anciennes institutions demeurent présentes, mais de manière plus limitée…

Il y a donc une vraie différence au Bénin au regard de l'action de l'organe constituant, la Conférence, qui prévoit la création d'une structure provisoire. Aux États-Unis, le Congrès continental avait continué de fonctionner. En France, le gouvernement avait deux fonctions distinctes, d'un côté gérer les affaires courantes, de l'autre préparer la nouvelle Constitution. Au Bénin en revanche il y a bien une rupture, qui peut s'expliquer par la volonté de changer de régime pour sortir de l'autoritarisme politique.

---

[273] Cf. R. Banegas, « Action collective et transition politique en Afrique. La Conférence nationale du Bénin »,…, op. cit., p. 14-15.

Il y a toutefois un grand absent dans les paragraphes qui précèdent : que devient le peuple ?

2/ La fonction constituante, l'organe constituant et le peuple

Nous avons commencé ce développement en évoquant l'importance de la Constitution en tant que norme fondamentale et la nécessaire action du souverain pour établir cette Constitution. Or, jusqu'à présent, nous avons surtout rencontré des circonstances qui ont conduit à la réunion d'un certain nombre de commissions, Conférences, conventions, sans référence à l'intervention du peuple. Un simple constat ressort de l'étude des trois régimes, États-Unis, France et Bénin : l'initiative du changement constitutionnel c'est-à-dire le premier pas vers la mise en place d'une nouvelle Constitution échappe au peuple. C'est ce que démontre un retour sur les événements américains et français (a) et sur les circonstances béninoises (b).

a/ Les États-Unis et la France

Nous pouvons reprendre les deux exemples.

Qui décide de réunir une convention à Philadelphie ? La proposition est faite à la convention d'Annapolis, dont nous avons vu les faiblesses au regard du petit nombre de participants envoyés par les États[274]. Cette proposition est renvoyée devant le Congrès continental par James Madison. Elle est votée par ce Congrès et adoptée[275]. Nous pourrions donc penser qu'il s'agit ici d'une validation, indirecte, puisque le Congrès continental est censé représenter le peuple américain. Au passage, là aussi, il s'agit d'une représentation indirecte. Les Articles prévoient que le Congrès continental est composé de représentants des États, désignés par les organes législatifs des États[276]. Donc, si nous examinons la situation du point

[274] Cf. O. C. McSwite, *Legitimacy in Public Administration : A Discourse Analysis, SAGE, 1997*, p. 69.

[275] Cf. Report Of Proceedings In Congress, (1), Wednesday February 21, 1787, in *Documents Illustrative of the Formation of the Union of the American States*. Government Printing Office, 1927. House Document No. 398. Selected, Arranged and Indexed by Charles C. Tansill (http://avalon.law.yale.edu/18th_century/const04.asp).

[276] Cf. Art. 5, des Articles de la Confédération :

de vue de l'action du peuple, la convention de Philadelphie a été convoquée par un Congrès composé de représentants des États, représentants choisis par les organes législatifs des États. Seuls les organes législatifs en question sont désignés par le peuple. En allant un peu plus loin, ces représentants de représentants avaient demandé la réunion d'une convention pour réviser les articles, ratifiés par la population quelques années plus tôt. La convention devait faire des « propositions » au Congrès en vue d'une révision, dans le respect du 13e article[277]. Or en choisissant de rédiger une nouvelle Constitution la convention de Philadelphie dépasse son mandat et n'obéit pas aux souhaits du peuple. Pour autant, le texte constitutionnel de 1787 commence par ces mots « *nous, le peuple* ».

Qui décide de rédiger une nouvelle Constitution en 1958 ? Aucune consultation populaire n'intervient. Le choix de nommer Charles de Gaulle comme Président du conseil revient au Président René Coty et au personnel politique de la quatrième République, qui se trouve face à une situation de crise. L'initiative c'est-à-dire le dépôt d'un texte permettant la mise en place d'une nouvelle Constitution est gouvernemental. Elle apparaît dans le discours d'investiture du 1er juin. Elle est validée par l'Assemblée nationale qui pour cela viole la Constitution de 1946, pourtant ratifiée par le peuple. Le texte de 1958

---

§ 1. For the most convenient management of the general interests of the United States, delegates shall be annually appointed in such manner as the legislatures of each State shall direct, to meet in Congress on the first Monday in November, in every year, with a power reserved to each State to recall its delegates, or any of them, at any time within the year, and to send others in their stead for the remainder of the year.
July 9, 1778.
§ 2. No State shall be represented in Congress by less than two, nor more than seven members; and no person shall be capable of being a delegate for more than three years in any term of six years; nor shall any person, being a delegate, be capable of holding any office under the United States, for which he, or another for his benefit, receives any salary, fees or emolument of any kind".

[277] "Art. 13. Every State shall abide by the determination of the United States in Congress assembled, on all questions which by this confederation are submitted to them. And the Articles of this Confederation shall be inviolably observed by every State, and the Union shall be perpetual; nor shall any alteration at any time hereafter be made in any of them; unless such alteration be agreed to in a Congress of the United States, and be afterwards confirmed by the legislatures of every State".

est, on ne peut plus clair, le peuple a accepté la Constitution mais ne l'a en aucun cas proposée[278].

b/ Le cas béninois

En est-il de même au Bénin ? C'est une évidence. La convocation de la Conférence des forces vives est faite par le Président Kérékou. Dès le 29 novembre 1989, il avait d'ailleurs annoncé son intention : « *Une ère de l'indispensable adéquation à établir entre nos nouvelles réalités nationales et nos institutions démocratiques actuelles au sein desquelles saura s'exprimer librement le pouvoir du peuple supérieur à travers toutes ses composantes authentiques quelles que soient leurs sensibilités politiques, pourvu qu'elles soient socialement représentatives* »[279]. Dans la suite de la procédure, la Conférence n'a pas été choisie par le peuple. Il ne s'agit pas d'un organe élu. Elle décide seul de transformer son mandat et de devenir un organe constituant.

Nous nous trouvons au début de l'histoire en quelque sorte, au moment où le droit constitutionnel apparaît dans un régime en étant tout à la fois le fondement du régime et son propre fondement. Il s'agit d'un paradoxe bien connu puisque ce moment constituant est d'abord et avant tout un moment pré-juridique pour ne pas dire anté-juridique. Il peut conserver certaines traces de la logique juridique en incluant des éléments, des institutions, des procédures issues du régime précédent. Mais sa signification propre – changer la Constitution c'est-à-dire remplacer le texte principal par un autre texte principal – est révolutionnaire par essence. L'absence de consultation du peuple au début de cette transformation est très significative. À ce titre, on peut dire que le caractère démocratique de l'initiative constituante est en grande partie fictionnel.

[278] Au début de la Constitution, on peut lire : « Le gouvernement de la République, conformément à la loi constitutionnelle du 3 juin 1958, a proposé, Le peuple français a adopté ».

[279] Cf. Edgard Couao-Zotti, « Il y a 28 ans, la Conférence nationale des Forces vives : Le grand arbre à palabre géniteur de la démocratie » (https://www.lanationbenin.info/index.php/actus/159-actualites/15089-il-y-a-28-ans-la-conference-nationale-des-forces-vives-le-grand-arbre-a-palabre-geniteur-de-la-democratie).

Section 2- Les modalités, une procédure populaire ?

Trouve-t-on la même fiction dans la procédure constituante elle-même, lorsqu'il s'agit de construire la Constitution, de la discuter, de la valider ? Il faut faire une distinction entre deux fonctions : l'écriture proprement dite qui s'accompagne des débats et la ratification. Dans le premier cas, la procédure de construction se passe volontiers de l'intervention populaire (§1) dans le second, en revanche, la ratification permet un retour du peuple, pour valider le texte fondamental qui va ensuite lui être appliqué (§2).

§ 1- La procédure de construction sans le peuple

La même logique se retrouve dans les trois exemples. Qu'il s'agisse des exemples américains et français (A) ou de l'organe choisi au Bénin (B), l'absence du peuple est patente.

A/ Les exemples américains et français

Sur ce point, les États-Unis se distinguent peut-être en conservant une forme de représentation, même si elle est très indirecte (a). L'organe français en revanche n'hésite pas à agir de son côté (b).

1/ L'organe constituant américain, la convention de Philadelphie et le peuple

Lorsque la convention se réunit en 1787, à Philadelphie, son but premier est en principe de réviser les Articles de la Confédération[280]. Pourtant, dès le départ, les cinquante-cinq membres choisissent de revenir sur leur mandat pour transformer en profondeur le rôle. Pourtant, rien ne les prédisposait à cela.

Dès les premiers jours de la réunion, une fois le nombre de délégués nécessaires atteints, la question principale est posée : faut-il conserver les Articles de la Confédération ? La réponse est majoritairement négative. Par ce simple acte, les membres de la convention transforment l'organe au regard de sa mission. Nous n'avons plus affaire à un organe constituant dérivé mais bien un organe constituant originaire. Il ne s'agit plus de faire évoluer une Constitution. Il s'agit d'en écrire une nouvelle. Ceci conduit à des débats sur la structure globale de la Constitution, sur la fédération et ses équilibres, sur le

---

280 Cf. F. V. de Chantal, « La Convention de Philadelphie : les fondements du modèle américain »,..., op. cit., p. 123-124.

contenu de manière générale. Il suffit de consulter les premiers débats, à partir du 29 mai, pour comprendre que les délégués sont arrivés avec une intention : construire une nouvelle Constitution pour sortir de la crise politique et institutionnelle traversée par la confédération américaine.

Or ont-ils été désignés pour cela ? Si nous nous en tenons à la logique d'Annapolis, ce ne peut pas être le cas. Les délégués ont été envoyés par les différents États membres de la confédération pour participer à un organe chargé de réviser les articles. Il s'agit de poser la question d'une meilleure collaboration entre les États en matière de commerce et d'aborder les débats les plus récents au regard des dysfonctionnements de la confédération. Les délégués ont été envoyés par les États, c'est-à-dire indirectement par les peuples des États.

La transformation en organe constituant originaire est donc totalement liée à la convention elle-même.

2/ L'exemple extrême, la France

L'organe constituant français est-il lié au peuple ?

La réponse est évidemment non. Il s'agit d'un gouvernement, désigné par le Président, sans avoir de majorité au sein de l'Assemblée nationale, en ce qui concerne les équilibres de partis. En pratique, il existe bien une majorité puisque l'investiture est votée le 1er juin pour proposer une nouvelle Constitution.

Nous savons que le texte a été rédigé en réalité par quatre personnes, Charles de Gaulle, Michel Debré, Guy Mollet et Pierre Pflimlin[281].

L'organe constituant n'est donc absolument pas démocratique au regard de son fondement. Les personnes n'ont pas été choisies pour rédiger une Constitution. Elles ont simplement eu l'aval de l'Assemblée nationale pour réviser la Constitution précédente et, dans le cadre de cette révision, créer une nouvelle Constitution. Contrairement aux États-Unis, l'organe constituant dérivé ne s'arroge pas la fonction constituant originaire. Elle lui est confiée… toute la question réside évidemment dans la conformité de cette délégation par

[281] Cf. F. Hamon, M. Troper, *Droit constitutionnel*, Paris, L.G.D.J., Lextenso, 34è éd., 2013, p. 374-375. ; L. Favoreu, P. Gaïa, R. Ghevontian, al., *Droit constitutionnel*, Paris, Dalloz, 17e édition, 2015, p. 583.

l'Assemblée nationale puisque, si celle-ci dispose bien du pouvoir constituant dérivé, par l'application de la Constitution de 1946, on voit mal comment elle pourrait déléguer un pouvoir constituant originaire qu'elle ne possède pas.

B/ L'organe constituant béninois

Il faut ici faire une distinction entre deux organes qui se succèdent tout en dépendant l'un de l'autre. Mais, de toute façon, ni l'un ni l'autre n'ont une origine populaire. Ces deux organes sont la Conférence des forces vives (1) et la commission constitutionnelle (2).

1/ La Conférence des forces vives et la souveraineté

Lorsqu'elle se réunit, le 19 février 1990, sous la direction de l'archevêque de Cotonou, Mgr de Souza, la Conférence est d'abord et avant tout un organe consultatif créé à la demande du Président Kérékou pour faire des propositions en vue d'une future réforme constitutionnelle. Or, cette situation ne survit pas au premier débat[282].

Dès le premier jour, le philosophe Paulin Hountondji évoque l'absence dans les documents préparatoires de la souveraineté de la Conférence. Ce premier propos déclenche dès le lendemain une discussion centrale. D'un côté, les partisans de Kérékou refusent la souveraineté en précisant qu'il ne s'agit en aucun cas de la mission et de la fonction de la Conférence : « *le Président de la République, en invitant les gens à la Conférence, ne les a pas appelés pour faire une Constitution mais pour trouver les voies et les moyens de sauver le pays de ses difficultés* ». Les débats sont très vifs et conduisent le 25 février 1990 à la proclamation par la Conférence nationale de sa souveraineté. Cette proclamation fait suite à une nuit d'extrême tension au cours de laquelle une intervention militaire avait même été envisagée pour mettre fin aux travaux de la convention. Le débat sur la souveraineté est évidemment essentiel. Juridiquement, le souverain c'est celui qui rédige la Constitution. Le peuple doit être souverain

---

282 Cf. R. Banegas, « Action collective et transition politique en Afrique. La Conférence nationale du Bénin »,…, op. cit., p. 18. ; M. Besse, « La Conférence nationale souveraine, un pouvoir constituant original », in *Amitié entre les peuples*, du 19 février 2017 (Cf. http://www.droitconstitutionnel.org/congresParis/comC3/BesseTXT.pdf (p. 4.) dans http://amitie-entre-les-peuples.org/La-Conference-nationale-souveraine-un-pouvoir-constituant-original-M-Besse).

dans une démocratie. La grande victoire de la Conférence des forces vives est d'avoir obtenu cette souveraineté pour elle-même et contre la volonté du Président Kérékou, chef de l'État autoritaire. Mais s'agit-il d'une souveraineté populaire ? Les membres de la Conférence n'ont pas été désignés pour rédiger une Constitution par le peuple. Ils n'ont même pas été désignés du tout par le peuple puisqu'il s'agit d'un organe choisi par l'intermédiaire de l'organe exécutif principalement.

La réalisation constituante est donc le fait d'un organe parlant au nom du peuple, mais sans avoir de lien avec lui.

2/ La commission de Constitution

Prévue par la Conférence nationale des forces vives, cette commission a pour but principal la rédaction d'une Constitution est officiellement mise en place par le décret 90-44 du 1er mars 1990. Cette Commission est composée de cinq personnes membres du bureau de la commission des affaires constitutionnelles de la Conférence nationale et dix autres personnalités désignées en raison de leurs compétences. Toutes ces personnalités sont béninoises : il s'agit de « *Maurice Glele-ahanhanzo, professeur de droit public à l'université de Paris I Panthéon –Sorbonne et conseiller juridique de l'UNESCO, Théodore Holo, agrégé de droit public, directeur de l'École nationale d'Administration du Bénin, Sikiratou Aguemon, professeur à la faculté de droit de l'Université d'Abomey-Calavi, Me Robert Dossou, Me Saïdou Agbantou, Me Florentin Feliho, Moucharafou Gbadamassi, Pascal N'dah sekou, Alexandre Paraiso, William Alyko, Ambroise Adanklounon, Cyrille Sagbon, André Lokossou, Pierre Metinhoue et Valentin Agbo* ». La Conférence avait souhaité guider les travaux de cette commission par l'intermédiaire de l'un de ses organes internes puisque « *La Commission des lois et des affaires constitutionnelles de la Conférence nationale avait élaboré un rapport dans lequel on pouvait lire les grandes lignes que la nouvelle Constitution devrait respecter. Le régime politique à choisir doit être un régime présidentiel dans lequel le chef de l'État est en même temps chef du gouvernement* »[283].

---

[283] Cf. G. BADET, *La Constitution béninoise a 19 ans* : la longue histoire d'amour entre le peuple beninois et sa « loi fondamentale » (http://bj.jolome.com/news/article/la-Constitution-beninoise-a-19-ans-la-longue-

La commission a été amenée à rédiger un avant-projet qui a été soumis au Parlement de la période transitoire, le Haut Conseil de la République. Cette instance a ensuite adopté l'avant-projet, en séances spéciales, les 17 et 18 avril 1990.

Cette seconde instance se caractérise donc par ses compétences juridiques et le choix des personnalités en fonction de leur expérience en matière juridique, mais en aucun cas par un lien avec le peuple.

§ 2- Le retour du peuple, la ratification ?

La validation du texte constitutionnel par le peuple introduit ici un élément démocratique dans la procédure constituante. De fait, c'est bien le peuple dans son ensemble qui est appelé à se prononcer sur la Constitution. Sans en être à l'origine, du moins réellement, sans avoir participé aux débats qui ont concerné son contenu, le peuple est amené à intervenir pour en valider les principales dispositions. Cet aspect fait bien de la Constitution un texte démocratique au regard de la validation par le peuple. L'exemple béninois (B) examiné à partir des deux modèles américains et français (A) nous offre toutefois quelques singularités au regard de l'action du peuple et de ses conséquences.

A/ La ratification aux États-Unis et en France, une question de degrés

Peut-on comparer les deux mécanismes qui fonctionnent, l'un entre 1787 et 1788, aux États-Unis (1), et l'autre à l'automne 1958, en France (2) ? Dans les deux cas, il s'agit de présenter au peuple un texte pour ratification. Dans les deux cas, le peuple en question va accepter la Constitution. Pourtant, des différences notables apparaissent au regard des modalités de ratification, différence qui peuvent nous intéresser dans la perspective béninoise.

1/ La ratification américaine et le débat populaire

Parce que nous avons affaire à un système fédéral, la ratification de la Constitution de 1787 fait intervenir le peuple d'une manière particulière. En effet, les États doivent valider la Constitution pour son entrée en vigueur. Or, dans ce but, la convention de Philadelphie a renvoyé le texte à des conventions étatiques spécialement désignées pour discuter de son contenu (a). Les délégués sont donc

histoire-d-amour-entre-le-peuple-beninois-et-sa-loi-fon), consulté le 24-02-2019 à 22h55.

explicitement désignés par la population pour échanger sur les dispositions constitutionnelles et pour donner leur avis. Ces débats de ratification vont avoir de conséquences : d'une part, la validation du texte constitutionnel et son entrée en vigueur, d'autre part, l'apparition d'un autre débat qui aura des conséquences dans les premiers mois de fonctionnement de la Constitution (b).

a/ Le débat populaire autour de la Constitution

Il ne s'agit pas simplement de renvoyer le texte au peuple des États pour ratification. La procédure choisie conduit dans chaque État à la désignation d'une convention spécifique par les citoyens[284]. Cette convention a pour mission de discuter et de valider ou non le texte constitutionnel. L'intérêt réside donc dans les échanges qui vont intervenir dans les différents États et dans les prises de position des uns et des autres.

Entre le 7 décembre 1787 et le 21 juin 1788, le nombre d'États nécessaires à l'entrée en vigueur est atteint. Chronologiquement, les ratifications interviennent le 7 décembre 1787 pour le Delaware, le 11 pour la Pennsylvanie, le dix-huit pour le New Jersey, le 2 janvier 1788 pour la Georgie, le 9 pour le Connecticut, le 6 février pour le Massachusetts, le 26 avril pour le Maryland, le 23 mai pour la Caroline-du-Sud et le 21 juin pour le New Hampshire. Par la suite, le texte sera ratifié par les autres États, la Virginie le 25 juin 1188, New York le 26 juillet, la Caroline du Nord le 21 novembre 1789 et Rhode Island le 29 mai 1790. En lisant ces différentes dates, on constate que la ratification n'a pas été une procédure automatique. Dans quelques États, le texte est adopté à l'unanimité. Dans la plupart, ce n'est qu'une majorité, parfois relativement limitée, qui choisit de valider la Constitution des États-Unis. Les échanges sont intéressants car ils concernent en grande partie la logique même du texte. Il s'agit de s'interroger par exemple sur la place des États, sur les compétences du gouvernement fédéral. Nous trouvons ici des questionnements normaux au regard de la modification des Articles de la Confédération qu'implique cette nouvelle Constitution. Il s'agit aussi de se poser des

[284] Les débats de ratification dans les États sont reproduits dans Jonathan Elliot, *The Debates in the Several State Conventions of the Adoption of the Federal Constitution,* vols. 1-5, Washington, 1784-1846. De nombreux documents sont également présents dans B. Bailyn, *The Debate on the Constitution*, 2 vol., Penguin, library of America, 1993, p. 1174.

questions sur les nouvelles institutions, en particulier le Président, au regard de leurs compétences et de leurs potentialités en termes d'action.

Ce débat populaire ne se contente donc par de poser la question de l'adhésion à la Constitution de manière générale. Il permet l'expression de partisans et adversaires[285], sur de multiples sujets, en ouvrant surtout la possibilité d'échanger et de faire des propositions. C'est ce dernier élément qui nous intéresse beaucoup plus.

Dans plusieurs États, les membres de la convention étatique s'inquiètent de l'absence de *Bill of Rights*, c'est-à-dire de déclaration des droits. Autrement dit, les débats de ratification ne se contentent pas de répondre positivement ou négativement à la proposition de la convention de Philadelphie. Ils conduisent aussi à des propositions de modifications et d'évolution du texte.

b/ L'intervention populaire pour compléter la Constitution

Les citoyens des différents États ont désigné des conventions étatiques pour discuter du contenu du texte. Or, plusieurs d'entre elles choisissent d'évoquer leur accord pour ce texte en mettant en perspective la nécessaire modification de la Constitution pour y intégrer une disposition en ce qui concerne la protection des droits fondamentaux.

L'élément est important car il sous-entend que la ratification ne fait pas simplement intervenir le peuple pour une approche de pure conformité. Il s'agit aussi d'une occasion donnée aux représentants du peuple dans les États pour compléter le texte et faire des propositions. A ce titre les membres des conventions s'opposent aux choix des constituants de Philadelphie. Deux d'entre eux, James Madison et Alexander Hamilton, avaient expressément rejeté l'idée d'un *Bill of Rights*. Le premier avait eu un débat de fond avec Jefferson sur ce sujet, dans un échange de lettres[286]. Le second avait défendu l'absence de *Bill of Rights* dans le Fédéraliste[287].

---

[285] Cf. S. Cornell, *The Others Founders, Anti-Federalism and the Dissenting Tradition in America, 1788-1828*, UNC Press, 1999, 330 p.; D. J. Siemers, *The Antifederalists: men of great faith and forbearance*, RL, 2003, 285 p.

[286] Cf. Lettre à Jefferson du 17 octobre 1788, in J. Madison, *Selected writings of James Madison*, New York, Hackett, 2006, 2006, p. 159; pour un commentaire, R.

Le sujet est essentiel puisqu'il s'agit du *Bill of Rights*[288]. Dès le mois de décembre 1787, le sujet avait été abordé dans la convention de Pennsylvanie. Des délégués avaient même proposé une liste d'amendements pour pouvoir intégrer des droits fondamentaux dans la Constitution. Mais il faut attendre le 6 février 1788 et la ratification de la Constitution par la convention du Massachusetts[289] pour trouver une formalisation de cette demande : les membres de cette convention décident d'ajouter à leur validation une demande circonstanciée pour l'intégration d'un *Bill of Rights* dans la Constitution. La Caroline du Nord attendra même la formalisation du *Bill of Rights* pour ratifier le texte constitutionnel afin de s'assurer de la présence dans la loi fondamentale d'une telle protection.

2/ La ratification française : une approbation populaire affirmée

La situation est très différente en France. Le texte a été rédigé par quelques personnes, en grande partie l'entourage du général De Gaulle. Il est finalement adopté en conseil des ministres est présenté au référendum. Il ne comporte pas d'alternative. La population peut l'accepter ou le refuser.

La consultation a lieu le 28 septembre 1958, après une campagne politique. Elle conduit au résultat suivant : 82,60 % de suffrages exprimés pour le oui et 17,40 % pour le non.

L'action populaire se limite à cela. Cela ne signifie en aucun cas qu'elle est accessoire. En 1946, le premier projet de Constitution a été rejeté par référendum. Néanmoins, l'intervention du peuple reste très

---

A. Goldwin, *From parchment to power: how James Madison used the Bill of Rights to save the Constitution*, American Enterprise Institute, 1997, 213 p.; Stuart Leibiger, « James Madison and Amendments to the Constitution, 1787-1789: "Parchment Barriers" », in *JSH*, 1993, vol. 59, n°3, p. 441-468.

[287] Cf. Letter LXXXIV, dnas A. Hamilton, J. Madison, J. Jay, *The Federalist Papers*, OUP Oxford, Col. Oxford World's Classics, 2008, p. 513.

[288] Cf. E. W. Hickok, *The Bill of Rights: original meaning and current understanding*, Center for Judicial Studies (U.S.), UVP, 1991, 487 p.; R. A. Rutland, *The birth of the Bill of Rights, 1776-1791*, Northeastern University Press, 1991, 258 p; S. L. Schechter, R. B. Bernstein, *Contexts of the Bill of Rights,* New York, State Commission on the Bicentennial of the United States Constitution, 1990, 157 p.

[289] B. Bailyn *The Debate on the Constitution,* Hardcover, Library of America, vol.1, 1993, p. 921 et suiv.

limitée puisqu'il ne s'agit en aucun cas de modifier le texte ou de poser la question de son évolution.

B/ La validation béninoise et son originalité

Le projet constitutionnel est renvoyé pour validation par référendum au peuple du Bénin, le référendum devant se tenir au début du mois de décembre 1990. En apparence, on serait tenté d'y voir un mécanisme comparable à celui utilisé en 1958 en France. Néanmoins, deux éléments nous semblent révéler une toute autre logique en matière d'intervention populaire : la phase de débat (1) et le contenu même du référendum (2).

1/ La phase de débat

On peut parler d'une véritable volonté d'information et de discussion. La discussion prend la forme d'une phase dite de popularisation (a). La volonté d'information se retrouve avec la multiplication des débats au sein même de la société (b).

a/ La phase de popularisation

La décision n° 90-003/HCR/PT/SG/CC/SA, prévue par le Haut Conseil de la République, l'organe législatif transitoire, a pour but d'organiser une période de présentation de la Constitution à la population. Cette période dite de popularisation[290], qui se déroule entre le 21 et le 30 juin 1990, doit se caractériser par une information du peuple béninois concernant la nouvelle Constitution, les institutions et le rapport à la population. Le texte doit être affiché dans les lieux publics avant cette période, pour permettre un véritable débat. Le ministre de l'intérieur de la période transitoire préside un comité national de popularisation qui envoie dans chaque département des agents pour organiser des séances publiques sur le contenu du texte, donner la parole aux populations pour des éventuelles critiques et recommandations. Il s'agit donc d'organiser directement un nouveau débat, populaire cette fois, concernant le texte. Les critiques, les propositions qui peuvent être faites au cours de ces échanges doivent être remontées au Haut Conseil de la République.

---

[290] Cf. G. Badet, Bénin, *Démocratie et participation à la vie politique : Une évaluation de 20 ans de « Renouveau démocratique », Une étude d'AfriMAP et de l'Open Society Initiative for West Africa*, Une Publication Du Réseau Open Society Institute, 2010, p. 24.

On en retient deux logiques distinctes : d'une part, présenter le texte pour préparer le futur référendum ; d'autre part accepter les échanges en ce qui concerne le contenu du texte et, potentiellement, faire remonter un certain nombre de demandes de modification.

b/ La phase de débat

Le fait de mettre sur la place publique le texte constitutionnel plus de six mois avant le référendum a pour but de déclencher une véritable discussion dans la société en facilitant la prise de conscience des Béninois et le fait de s'emparer du débat politique. Ceci fonctionne à plein durant plusieurs mois, même si des critiques sont toujours possibles.

De multiples supports permettent les débats, les journaux, la radio, la télévision. On assiste aussi à des prises de position de la part de plusieurs acteurs de la société, les partis politiques en premier lieu, ce qui est parfaitement logique, des associations, des universitaires et un certain nombre de personnalités.

Cette fois le débat est beaucoup plus informel. Il n'a pas pour but de faire remonter des propositions. Il s'agit de préparer la future consultation référendaire.

2/ Le référendum

On pourrait penser qu'il s'agit d'une simple consultation au regard du résultat : oui ou non. Pourtant, le pouvoir constituant béninois a fait un autre choix au regard d'un débat non tranché. De fait, au cours des discussions concernant la Constitution, une question était restée en suspens : celle d'une limitation d'âge pour être candidat à l'élection présidentielle. Dans ces conditions, le référendum prend une allure assez particulière. Il ne comporte pas deux réponses mais trois[291].

La population peut répondre oui, ce qui permet de valider la Constitution et la clause de limitation d'âge pour une candidature à la présidentielle, non, ce qui évidemment constitue un rejet du texte et oui mais, ce qui conduit à valider le texte sans la clause de limitation d'âge.

---

[291] Cf. G. Badet, Bénin, *Démocratie et participation à la vie politique : Une évaluation de 20 ans de « Renouveau démocratique », Une étude d'AfriMAP et de l'Open Society Initiative for West Africa* ,…, op. cit., p. 26.

Nous avons affaire à une véritable intervention du peuple dans la rédaction constitutionnelle. Il ne s'agit pas simplement de proposer un texte constitutionnel à la validation. Il s'agit – certes pour un point très précis – de faire intervenir le peuple pour choisir une option spécifique à l'intérieur même de la Constitution.

Le résultat est sans appel :

Le « Oui » l'emporte avec 73% des voix.

Le « Oui, mais » est placé en deuxième position avec 19,9 %.

Le « Non » obtient 6,8%.

Au total, les « OUI » totalisent 96, 9%. La Constitution ainsi adoptée est promulguée le 11 décembre 1990.

Dans cette perspective, le peuple est donc réintroduit dans la procédure constituante au moment de la ratification pour donner son aval au texte mais aussi, ce qui est plus inattendu, pour trancher une question laissée en suspens par l'organe constituant lui-même.

Conclusion du chapitre 1

À l'issue de ce premier chapitre, nous avons pu établir une première série de constats.

D'une part, la construction d'une Constitution dépend d'un certain nombre de circonstances. Le cas béninois se distingue des exemples américains de 1787 et français de 1958 puisqu'il s'agit d'une transformation révolutionnaire pour mettre fin à un régime autoritaire et parvenir à un système démocratique. On pourrait penser que, dans ce cas, le peuple occupe une place majeure.

D'autre part, et ceci complète le premier constat, loin d'occuper cette place centrale, le peuple est d'abord vu comme un facteur légitimant au sein de la structure constituant initiale. Il n'est pas en charge de la désignation de l'organe constituant originaire. Celui-ci choisit d'ailleurs seul de se donner cette fonction, assurant ici la représentation du souverain, en affirmant sa propre souveraineté et sa propre compétence pour rédiger une Constitution.

Enfin, dans la phase finale de la procédure, le peuple retrouve une place qui, au Bénin, est singulière. Il est en charge de la ratification par l'intermédiaire d'un référendum, ce qui n'est pas sans rappeler les exemples américains et français. Mais il comporte un élément singulier : il choisit la forme définitive du texte puisqu'une option lui est donnée au moment décisif.

CHAPITRE 2

LE CONSTITUANT DERIVE ET LE REGIME, UNE PROTECTION BENINOISE ACCRUE

L'année 2017 a été marquée, au Bénin, par le rejet d'un projet de révision, porté par le Président élu en 2016, Patrice Talon. En un peu moins de trente ans d'existence, ce pays a connu plusieurs tentatives de révision, avec un seul et unique résultat : un refus. Les raisons sont différentes – abandon en cours de procédure, blocage au moment d'une des étapes, intervention de la Cour suprême – une telle constance invite à s'interroger sur le pouvoir de révision au Bénin et sur le rapport entre le constituant dérivé[292], censé pouvoir intervenir à l'intérieur de la Constitution, en en respectant les règles, pour la modifier, et le régime et ses principales caractéristiques.

---

[292] Cf. F. Moderne, *Réviser la Constitution : analyse comparative d'un concept indéterminé,* Paris, Dalloz, 2006, 106 p. Dans cet ouvrage, l'auteur résume les modalités de révision d'une Constitution en ces termes : « La place de la révision constitutionnelle est tributaire de la conception même de Constitution dans l'histoire du constitutionnalisme contemporain - et plus précisément européen ou nord-américain. L'article 16 de la Déclaration des droits de l'homme et du citoyen dispose : "Toute société dans laquelle la garantie des droits n'est pas assurée ni la séparation des pouvoirs déterminée n'a point de Constitution"). Pour répondre à de tels objectifs, la Constitution se présente comme un texte juridique fondamental, une norme juridique supérieure qui doit échapper en conséquence aux décisions du législateur ordinaire. Mais les constituantes étaient aussi des législatives : aucune protection concrète contre le législateur ne figure dans les premières grandes Constitutions (celle des Etats-Unis : 1787 ou de France : 1791-1793). Ce n'est qu' XXe siècle, et assez lentement, que l'idée que la Constitution était une norme juridique supérieure se forgea : l'histoire constitutionnelle des Etats-Unis et de l'Europe en porte témoignage. La Constitution étant un texte écrit réformable, la procédure de révision est considérée comme un instrument d'adaptation raisonnable. Certes, aujourd'hui, l'interprétation s'est substituée en grande partie à la révision et il y a d'autres alternatives pour obtenir une adaptation correcte des textes constitutionnels. Mais la question reste posée : comment expliquer qu'une Constitution prescrive les modalités de sa propre révision ? - et éventuellement prohibe toute révision sur un point déterminé ? La distinction entre pouvoir constituant et pouvoir constitué a été souvent mise en avant pour y répondre : le pouvoir constituant est un pouvoir politique souverain, le pouvoir constitué agit dans un cadre préétabli, soumis au droit constitutionnel. À partir de là, des procédures spéciales de révision, voire des interdictions de réviser certains principes jugés intangibles, ont pu être prévues et sanctionnées » (https://www.amazon.fr/R%C3%A9viser-Constitution-Analyse-comparative-ind%C3%A9termin%C3%A9/dp/2247065309).

De fait, la situation béninoise nous conduit à faire une distinction entre deux formes de révision. D'un côté, on révise une Constitution pour corriger un défaut, apparu au cours de la mise en œuvre (section 1). De l'autre, on utilise la fonction constituante dérivée pour modifier en profondeur le régime dans certains de ses équilibres (section 2). C'est en abordant ces deux thématiques que nous proposons de revenir sur la situation béninoise pour en tirer les principaux enseignements.

Section 1- La révision constitutionnelle : corriger le régime

L'évolution constitutionnelle dans plusieurs pays – l'exemple français étant presque symptomatique – a conduit à approfondir les mécanismes textuels permettant une adaptation du régime en fonction des circonstances et des événements. On en a parfois conclu qu'une Constitution ne disposant pas de mécanismes internes de révision se terminait, presque logiquement, par une révolution si la population souhaitait la changer. L'exemple traditionnel français est la charte de 1814. Dans les deux pays que nous étudions pour en tirer des modèles d'analyse, les États-Unis et la France, la révision de la Constitution a été prévue dans le texte lui-même, avec une procédure particulière, ce qui conduit à évoquer un système rigide. De la sorte, les différents constituants ont conçu des dispositions ad hoc, dans l'approche théorique, dispositions qui ont eu tendance à évoluer, au moment de leur mise en pratique (§1). Les principaux résultats de cette étude comparée vont nous permettre d'analyser les choix béninois en la matière (§2).

§ 1- Les modalités américaines et françaises en matière de révision, de la théorie à la pratique

Bien que les différences entre les États-Unis (A) et la France (B) soient notables, lorsqu'on étudie les modalités de la révision prévue par leur Constitution respective, on constate un caractère commun : une distorsion majeure entre la théorie et la pratique, même si cette distorsion ne porte pas sur les mêmes aspects du dispositif.

A/ Les États-Unis et la révision constitutionnelle, une pratique en décalage

« *La Constitution des États-Unis ne s'entend pas (...) seulement du texte originaire rédigé et adopté en 1787-1788 : celui-ci a été enrichi depuis lors de vingt-sept amendements qui ont pleine valeur constitutionnelle et qui peuvent faire l'objet de modifications subséquentes* »[293]. Le but du présent propos n'est pas de reprendre de manière exhaustive toutes les révisions constitutionnelles américaines[294] et leurs conséquences. Nous souhaitons comprendre les modalités qui ont été choisies en insistant sur un décalage visible entre l'intention théorique et la réalité pratique. À travers deux thématiques, l'initiative et la discussion, d'un côté (1), et la ratification et ses conditions, de l'autre (2), le texte est clairement adapté pour insister sur certaines spécificités ou sur certaines procédures.

1/ L'initiative et la discussion

Nous nous plaçons, pour le moment, dans la première phase de la procédure de révision, qui comporte le dépôt du projet et la discussion. Dans la Constitution américaine, une disposition précise existe pour encadrer tout projet de révision (a). Néanmoins, la confrontation avec la pratique qui en a été faite amène immédiatement à insister sur les choix effectués en fonction des circonstances (b).

a/ Une théorie détaillée aux multiples aspects

Le texte apparaît dans l'article cinq de la Constitution qui commence par ces mots : « *The Congress, whenever two thirds of both Houses shall deem it necessary, shall propose Amendments to this Constitution, or, on the Application of the Legislatures of two thirds of the several States, shall call a Convention for proposing Amendments...*».

Pour le moment, nous nous intéressons à l'initiative et à la discussion de la révision.

Selon ce texte, l'initiative appartient de manière concurrente aux deux chambres du Congrès et aux organes législatifs des États. Pour qu'une révision soit proposée, il faut soit le vote du texte par deux tiers des membres des deux chambres fédérales, la chambre des représentants et le Sénat, soit le vote du texte par les organes législatifs de deux tiers des États de la fédération.

---

293 J. Boudon, *Le frein et la balance. Etudes de droit Constitutionnel américain,* Paris, Mare &Martin, 2010, p. 209.

294 I. Laborde, *La révision constitutionnelle aux Etats-Unis. Contribution à l'étude des procédures mises en œuvre,* Thèse, Droit public, Université Paris II, 2001, 625 p.

Première remarque, cette première étape conduit à insister sur la nature fédérale du système américain. De fait, force est de constater que la révision de la Constitution qui doit permettre de corriger des dysfonctionnements peut être lancée soit par le Congrès fédéral lui-même, soit par les Congrès des États. Il y a ici une stricte égalité, au moment de l'initiative, entre les deux niveaux de la fédération[295].

Seconde remarque, une majorité simple ne suffit pas, ni au niveau du Congrès, ni au niveau des États. Dans les deux cas, il est nécessaire de réunir une majorité qualifiée, deux tiers des membres de chaque chambre fédérale ou deux tiers des organes législatifs des États.

Cette première étape étant franchie, selon le texte, l'organe constituant dérivé est le Congrès fédéral lui-même dans la première hypothèse (initiative par les deux chambres du Congrès), et une convention constitutionnelle convoquée par le Congrès dans la seconde hypothèse (initiative par les Congrès étatiques)[296]. Les deux structures doivent examiner et discuter les propositions d'amendement. La discussion intervient donc au sein de ce Congrès, dans le cadre des deux chambres.

b/ Une pratique beaucoup plus restreinte

Il faut mener une analyse en deux temps. D'une part, on constate l'utilisation systématique d'une seule des deux formes d'initiative. D'autre part, on peut s'interroger toutefois sur la toute première révision de la Constitution américaine.

La Constitution des États-Unis a donné lieu à vingt-sept amendements, ce qui signifie en principe vingt-sept procédures de révision. Dans les faits, les dix premiers amendements ont été réunis au sein d'une seule et même procédure, juste après l'adoption de la Constitution des États-Unis. Reprenant les principaux droits individuels, ils ont été surnommés le *Bill of Rights*. En examinant les dix-sept autres amendements, on constate que, de manière systématique, ils ont été proposés par deux tiers des membres de chaque chambre du Congrès. L'autre modalité, le recours aux organes

---

[295] Cf. Ph. B. Kurland, *The Founders' Constitution*, Chicago, t. 4, …, op. cit., p. 577-578 : Convention de Philadelphie, séances des 10 et 15 septembre 1787, cité par J. Boudon, *Le frein et la balance, ...*, op. cit., p. 229.
[296] Voir les débats de la convention, p. 648-649.

législatifs des États, n'a jamais conduit à une révision. Certaines querelles ont bien donné lieu à des débats au niveau des États et même à des tentatives de résolution pour conduire à un mouvement plus général en faveur d'une modification du texte. C'est le cas par exemple en 1798 – 1799, lors des résolutions du Kentucky et de la Virginie, ou encore au moment de la querelle dite de l'annulation, entre 1828 et 1833[297]. Le premier épisode conduit à la formation d'un véritable parti d'opposition, face au parti fédéraliste, en ce qui concerne la politique interne et la politique étrangère des États-Unis. Le second épisode a pour principal acteur la Caroline-du-Sud qui s'oppose à la politique tarifaire du système fédéral et pose la question d'une réunion des États pour réagir. Dans les deux cas, la situation n'a pas conduit à une convention des États ou à une volonté de saisir le Congrès d'une proposition de révision.

Qu'en est-il pour le *Bill of Rights* lui-même ? Du point de vue de la procédure, on pourrait penser qu'il s'agit des mêmes modalités. Un texte comportant douze amendements est déposé par James Madison à la chambre des représentants. Dix d'entre eux seront adoptés à la majorité qualifiée des deux tiers avant d'être validés de la même manière par le Sénat[298]. Mais l'initiative est-elle intégralement liée à Madison ? Le contexte explique que la situation soit beaucoup plus complexe. La révision a pour origine de nombreux débats, au sein des États, au moment de la ratification de la Constitution. Dans la plupart des États, les conventions de ratification du texte constitutionnel s'interrogent sur l'absence de protection des droits fondamentaux face au gouvernement fédéral[299]. Ces interrogations conduisent même certains États à conditionner leur accord concernant la Constitution à la mise en place d'amendement garantissant les droits en question. C'est le cas de la Caroline du Nord.[300] Autrement dit, juridiquement, nous avons bien affaire à une procédure comme les autres, puisque les deux chambres du Congrès sont à l'initiative, en ce qui concerne cette révision. Néanmoins, politiquement, le mouvement lui-même est initié

---

[297] Cf. A. Coutant, *Histoire constitutionnelle des États-Unis, tome 1, 1776-1860, une fédération non démocratique*,..., op. cit., p. 219 et suiv. et p. 227 et suiv.
[298] *Ibid.*, p. 171 et suiv.
[299] Cf. E. W. Hickok, *The Bill of Rights: original meaning and current understanding*, Center for Judicial Studies (U.S.), UVP, 1991, 487 p.
[300] Cf. L. I. Trenholme, *The ratification of the federal Constitution in North Carolina*, Columbia University Press, 1932, 282 p.

dans les États et par les États, pour modifier la Constitution qui leur semble insuffisamment protectrice pour les citoyens américains.

La conclusion est toutefois univoque : un seul des deux mécanismes a été utilisé du point de vue pratique. Il y a bien ici une première évolution en ce qui concerne la structure elle-même puisque les modifications de la Constitution viennent du niveau fédéral et non pas du niveau Étatique.

2/ La ratification et ses instruments

Il nous faut citer, cette fois, l'article cinq dans son ensemble : « *The Congress, whenever two thirds of both houses shall deem it necessary, shall propose amendments to this Constitution, or, on the application of the legislatures of two thirds of the several states, shall call a convention for proposing amendments, which, in either case, shall be valid to all intents and purposes, as part of this Constitution, when ratified by the legislatures of three fourths of the several states, or by conventions in three fourths thereof, as the one or the other mode of ratification may be proposed by the Congress; provided that no amendment which may be made prior to the year one thousand eight hundred and eight shall in any manner affect the first and fourth clauses in the ninth section of the first article; and that no state, without its consent, shall be deprived of its equal suffrage in the Senate* ». La partie qui nous intéresse est soulignée par nous.

Le texte prévoit donc deux modalités distinctes de ratification des amendements (a). Dans la pratique, toutes deux sont utilisées, mais avec un évident déséquilibre (b).

a/ Les deux modalités de ratification

En lisant le texte, on constate la présence de deux dispositions différentes, et surtout l'existence d'un acteur chargé de choisir entre les deux.

Lorsque l'amendement est proposé à la ratification, il peut conduire à deux procédures différentes. Première possibilité, le texte de la révision peut être renvoyé aux organes législatifs des États. Dans cette hypothèse, il est nécessaire que trois quarts des États se prononcent en faveur de la révision par l'intermédiaire de leur Congrès. Seconde possibilité, l'amendement peut conduire à la réunion de conventions spécifiquement désignées pour la ratification, dans chaque État. La règle finale est la même : le texte doit être ratifié par trois quarts des États par l'intermédiaire de ces conventions spécifiques.

Qui choisit ? Le texte est explicite : il s'agit du Congrès. Ce choix implique d'ailleurs un respect strict de la part des États. En aucun cas un État ne peut modifier la procédure de ratification en demandant par exemple l'organisation d'un référendum pour s'assurer du soutien de sa population à l'amendement[301].

b/ Une utilisation disproportionnée

Sur les vingt-sept amendements, un seul a fait l'objet d'une ratification par des conventions spécifiques choisies dans les États. Cette exception invite à aller un peu plus loin pour en comprendre la logique.

La révision renvoyée à des conventions étatiques conduit à la ratification du vingt et unième amendement qui concerne la fin de la prohibition fédérale. Nous sommes en 1933. Les États-Unis viennent de connaître plus de dix ans de prohibition intégrale, au niveau fédéral et au niveau étatique, après l'adoption du dix-huitième amendement. L'échec patent de cette politique, le contexte de crise économique et le besoin de nouveaux financements, et la popularité de la mesure au regard de son inefficacité de ses conséquences conduisent à vouloir modifier le texte constitutionnel pour faire cesser cette politique publique.

On peut s'étonner du choix du Congrès fédéral. Pour quelle raison a-t-il préféré des conventions étatiques à un simple renvoi pour ratification devant les organes législatifs des États ? La raison est relativement cynique[302]. L'argent généré par le trafic d'alcool permet d'acheter des policiers, des juges mais aussi des responsables politiques. Les premiers opposants à la fin de la prohibition sont, de

---

[301] La question s'est posée au moment de l'adoption du dix-huitième amendement. L'Ohio avait en effet complété la procédure de ratification en souhaitant l'organisation d'un référendum pour prendre l'avis de sa population ; G. J. Schaefer, « Amendments to Constitution : Ratification by State Convention », in St. John's, *Law Review,* 1933, Volume 7, n°2, p. 375-378.

[302] Cf. A. Coutant, « Les XVIIIe et XXIe amendements, la dimension constitutionnelle de la prohibition aux Etats-Unis », in *Revue de la recherche juridique*, 2014, vol.1, n° 39 - 151, p. 455-482.

manière assez naturelle, les trafiquants eux-mêmes. Le Congrès fédéral craint à juste titre un rejet de la révision si la ratification doit dépendre d'organes législatifs étatiques, dont les membres peuvent être corrompus par l'argent de l'alcool.

Au-delà de l'écart entre théorie et pratique, ces différents développements concernant les États-Unis font apparaître un élément central : la révision dans son initiative dans sa discussion comme dans sa ratification dépend des organes législatifs.

B/ La France et la révision constitutionnelle, une double procédure

Contrairement à l'exemple précédent, l'écart entre théorie et pratique en ce qui concerne la France prend une tout autre dimension. Il ne s'agit pas simplement d'examiner le texte tel qu'il est prévu et ses conséquences pratiques. Il faut faire la distinction entre une procédure « normale » qui est intégrée à un article spécifique du texte, l'article quatre-vingt-neuf (1) et une procédure « extraordinaire », utilisé dans un contexte très singulier (2).

1/ La procédure « normale », l'article 89

Dans une logique comparable à celle poursuivie dans le développement précédent, nous examinerons tout d'abord la théorie (a), avant d'évoquer la pratique (b).

a/ La théorie

Il s'agit évidemment de l'article 89[303] lui-même.

« Article 89.

L'initiative de la révision de la Constitution appartient concurremment au Président de la République sur proposition du Premier Ministre et aux membres du Parlement.

---

303 D. Gaxie, « Article 89 », in François Luchaire et Gérard Conac (sous la direction de*), La Constitution de la République française*, Paris, Economica, 2e édition, 1987 ; J. Portemer, « De la révision », in *Documents pour servir à l'histoire de l'élaboration de la Constitution du 4 octobre 1958*, Volume IV, Paris, *La documentation française,* 2001 ; E .Bédarrides, *Réviser la Constitution. Une histoire constitutionnelle française*, Thèse, Université de Bourgogne Discipline : Droit Public, le 5 décembre 2014 ; *Document d'études* n° 1.20 "Les révisions de la Constitution de 1958" (La Documentation française, 2007).

Le projet ou la proposition de révision doit être voté par les deux assemblées en termes identiques. La révision est définitive après avoir été approuvée par référendum.

Toutefois, le projet de révision n'est pas présenté au référendum lorsque le Président de la République décide de le soumettre au Parlement convoqué en Congrès ; dans ce cas, le projet de révision n'est approuvé que s'il réunit la majorité des trois cinquièmes des suffrages exprimés. Le bureau du Congrès est celui de l'Assemblée Nationale.

Aucune procédure de révision ne peut être engagée ou poursuivie lorsqu'il est porté atteinte à l'intégrité du territoire.

La forme républicaine du gouvernement ne peut faire l'objet d'une révision ».

La procédure fait apparaître trois étapes.

Première étape, l'initiative. La révision peut être demandée par le Président de la République sur proposition du premier ministre et par les membres du Parlement. Il y a ici une initiative partagée entre l'organe exécutif et l'organe législatif[304].

Deuxième étape, l'examen et le vote. Le texte doit être soumis aux deux chambres, l'Assemblée nationale et le Sénat. Il doit être adopté par les deux chambres en termes identiques.

Troisième étape, la ratification. Elle apparaît sous deux formes : soit par le Congrès, c'est-à-dire la réunion de l'ensemble des membres du Parlement, qui doit se prononcer en faveur du texte à la majorité des trois cinquièmes, soit par référendum. Le choix est effectué par le Président de la République.

Au regard du modèle précédent, les différences sont notables. On constate une intervention majeure du Président de la République, qui peut être à l'initiative du texte sur proposition du premier ministre, et qui peut choisir le mode de ratification.

---

[304] Cf. D. G. Lavroff, *Le droit constitutionnel de la Ve République*, Paris, Dalloz, 1995, p.103. ; B. Branchet, *La révision de la Constitution sous la Ve République*, Paris, L.G.D.J., 1994, 177 p.

En revanche, nous retrouvons la logique de la majorité qualifiée lorsqu'il s'agit de faire adopter le texte par l'ensemble des membres du Parlement. Il s'agit d'une procédure rigide qui échappe aux règles de la loi ordinaire.

b/ La pratique

Elle conduit à relever un double déséquilibre, d'une part, entre les projets et les propositions de révision, d'autre part, entre les révisions adoptées par le Congrès et celles adoptées par référendum.

En examinant les différentes révisions qui sont intervenues depuis 1958, les projets de loi constitutionnelle dominent de manière évidente. Même lorsque l'initiative apparaît dans un premier temps au sein du Parlement – l'exemple concerne le quinquennat qui fait l'objet d'une proposition de loi constitutionnelle par Valéry Giscard d'Estaing alors député –, elle est de toute façon récupérée par le gouvernement, transformée en projet pour être ensuite soumise aux deux chambres. On relève même parfois l'intervention d'un autre acteur, le Conseil constitutionnel suggérant des révisions, en en laissant évidemment l'initiative à l'organe exécutif…

Une disproportion quasiment identique est visible concernant les modalités de ratification. En application de l'article 89, une seule révision constitutionnelle est soumise à référendum, celle de 2000 concernant le quinquennat. Toutes les autres font l'objet d'un examen par le Congrès, les deux chambres réunies à Versailles.

Du point de vue des conclusions, ce double constat est significatif : dans l'esprit des responsables politiques français, la révision de la Constitution est d'abord et avant tout une initiative de l'exécutif (ceci est logique au regard du type de régime, nous y reviendrons), d'une part, et n'est pas automatiquement renvoyé au référendum, le Congrès étant l'instrument privilégié.

2/ La procédure « extraordinaire », l'article 11

Le caractère extraordinaire n'est pas simplement lié à la relative rareté de l'utilisation de cet article. Si on évoque les révisions qui ont abouti, une seule a été fondée sur cet article. Si on s'intéresse à l'ensemble des révisions, il faut évidemment citer celle de 1969… pour comprendre l'utilisation de l'article onze et sa place dans nos développements, il faut inverser le raisonnement précédent. Ainsi, il est nécessaire de partir de la pratique (a) pour ensuite opérer une théorisation, avec un élément d'information complémentaire (b).

a/ La pratique

Par le Décret n° 62-1127 du 2 octobre 1962, le Président de la République Charles de Gaulle convoqua un référendum pour faire approuver un projet de loi constitutionnelle révisant la Constitution et en particulier introduisant le suffrage universel direct pour l'élection du chef de l'État. Ce décret qui symbolise juridiquement un affrontement avec le Parlement dans son ensemble et avec l'Assemblée en particulier est aussi essentiel au regard de la logique de la révision sous la cinquième République.

En utilisant l'article onze de la Constitution, le Président peut renvoyer devant le peuple français un projet de révision qui, sans cela, n'aurait jamais été approuvé par les deux chambres, en application de l'article quatre-vingt-neuf. Il y a bien ici un contournement de la procédure normale pour saisir directement la population et faire valider une révision constitutionnelle.

Le décret et le référendum cristallisent un ensemble de tensions juridiques et politiques durant cet automne 1962. Pendant quatre ans, le Président de la République a dû composer avec une Assemblée nationale qui n'était pas dominée par des gaullistes, pour des raisons circonstancielles au moment de l'élection. La fin de la guerre d'Algérie en avril 1962 est l'occasion d'un véritable changement de politique et d'une reprise en main de la part de l'exécutif. Une semaine après la signature des accords d'Évian, le Président de la République remplace Michel Debré, conciliant avec l'Assemblée, par Georges Pompidou, un membre extérieur, sans aucun relais politique, comme chef de gouvernement. Ce premier acte est suivi par l'annonce de la révision, avec l'adoption du suffrage universel pour désigner le Président de la République. C'est une épreuve de force. L'Assemblée nationale renverse le gouvernement pour montrer son opposition. Le Président profite pour dissoudre la chambre basse. La fin de l'année soixante-deux voit donc à la fois un référendum sur le suffrage universel pour l'élection présidentielle et la désignation d'une nouvelle Assemblée nationale, qui cette fois aura une majorité gaulliste.

Il s'agit ici d'une succession d'événements. Que faut-il en tirer en matière de théorie constitutionnelle ?

b/ La théorisation

Deux thèses s'affrontent même si la position du Conseil d'État semble apporter une réponse a posteriori. Les deux thèses correspondent aux deux camps politiques[305].

D'un côté nous trouvons les adversaires de la révision et de la position du Président. Ils considèrent que la révision de l'automne 1962 n'est pas conforme au texte constitutionnel. L'article 89 est la seule procédure de révision intégrée dans celui-ci. Preuve en est le fait que cet article constitue à lui seul un titre de la Constitution portant sur la révision… de surcroît, le fait d'utiliser l'article onze, qui figure dans une tout autre partie de la Constitution, a simplement pour but d'écarter le Parlement de la procédure normale, ce qui est contraire à l'esprit du texte constitutionnel. De l'autre, nous trouvons les partisans de la révision de 1962. Ceux-ci utilisent une lecture combinée de la Constitution. Il faut tenir compte de l'article trois, de l'article 11 et de l'article 89. L'article 3 précise que « *La souveraineté nationale appartient au peuple qui l'exerce par ses représentants et par la voie du référendum* ». Ceci conduit donc à décliner les compétences du peuple dans deux perspectives distinctes. Le peuple peut exercer sa compétence législative et constituante dérivée soit par l'intermédiaire de ses représentants, soit par la voie du référendum. Dans ces conditions, il existe deux modalités de révision de la Constitution. La première modalité fait intervenir des représentants du peuple, c'est l'article 89. La seconde modalité repose au contraire sur une saisine directe du peuple, c'est l'article 11.

Dans l'arrêt *Sarran et Levacher* du 30 octobre 1998, le Conseil d'État précise : « *Considérant qu'il ressort de ces dispositions que seuls les référendums par lesquels le peuple français exerce sa souveraineté, soit en matière législative dans les cas prévus par l'article 11 de la Constitution, soit en matière constitutionnelle comme le prévoit l'article 89, sont soumis au contrôle du Conseil constitutionnel* ». Une interprétation purement littérale conduit à voir dans cette déclaration une lecture de la Constitution qui serait conforme à la première thèse.

[305] Les deux camps politiques : il s'agit d'une part des partis traditionnels et d'autre part le pouvoir gaulliste.

De fait, le peuple pourrait intervenir par la voie législative dans le cadre de l'article 11 et par la voie constituante dans le cadre de l'article 89. Rappelons qu'il s'agit ici de la juridiction administrative et non pas de la juridiction constitutionnelle.

Les deux exemples qui nous intéressent, les États-Unis et la France, permettent donc de mettre en avant des éléments singuliers : d'une part, la question du titulaire de l'initiative (organe législatif ou organe exécutif), d'autre part, les modalités de ratification (par les organes législatifs ou par référendum). Au regard de ces deux éléments singuliers la question se pose sur la particularité béninoise.

§ 2- Le Bénin et la révision constitutionnelle

Il nous faut maintenant revenir sur les modalités béninoises[306]. Grâce au développement précédent, nous disposons d'une grille d'analyse, à partir de deux thématiques distinctes, d'une part, l'initiative et la discussion (A), d'autre part, la ratification (B). L'application de ces deux éléments à la Constitution béninoise[307] nous permet de faire apparaître une réorientation du texte initial puisque la pratique conduit, de manière quasiment systématique, à une transformation de fait de la procédure constitutionnelle.

---

[306] Voir l'excellente étude en trois parties de Guy-Fabrice Holo :
G.-F. Holo, « La révision de la Constitution béninoise - Partie I. À propos de l'annonce et de la tentative de révision d'une Constitution non modifiée depuis son adoption en 1990. », in Blog de Droit constitutionnel de l'ISJPS, 6 mars 2017 [https://www.pantheonsorbonne.fr/unites-de-recherche/isjps/blog-de-lisjps/blog-de-droit-Constitutionnel/], consulté le 06-04-2019 à 21h00.
G.-F. Holo, « La révision de la Constitution béninoise. Partie II : La procédure de révision », in Blog de Droit constitutionnel de l'ISJPS, 22 mars 2017 [https://www.pantheonsorbonne.fr/unites-de-recherche/isjps/blog-de-lisjps/blog-de-droit-Constitutionnel/], consulté le 06-04-2019 à 21h02.
G.-F. Holo, « La révision de la Constitution béninoise - Partie III. La limitation du pouvoir de révision par la Cour constitutionnelle », in Blog de Droit constitutionnel de l'ISJPS, 24 mars 2017 [https://www.pantheonsorbonne.fr/unites-de-recherche/isjps/blog-de-lisjps/blog-de-droit-Constitutionnel/], consulté le 06-04-2019 à 21h05.

[307] F. k. Adenauer, *Commentaire de la Constitution béninoise du 11 décembre 1990 : Esprit, lettre, interprétation et pratique de la Constitution par le Bénin et ses institutions*, Cotonou, 2009 ; Centre Pour le gouvernement Démocratique Burkina Faso, *Constitutionnalisme et révisions constitutionnelles en Afrique de l'Ouest : Le cas du Benin, du Burkina Faso et du Sénégal, 2009*, p. 11

A/ L'initiative et la discussion

Dans les deux cas, on peut s'intéresser à la théorie (1) et à la pratique (2) en raison de véritables distorsions.

1/ La théorie et le texte

La Constitution béninoise comporte une disposition, en apparence précise, qui concerne l'initiative et la prise en considération d'une révision (a). Cependant, ce texte, après relecture, fait surgir un certain nombre de questions (b).

a/ La procédure de la révision : le contenu de l'article 154

« *Art. 154. - L'initiative de la révision de la Constitution appartient concurremment au Président de la République, après décision prise en Conseil des ministres, et aux membres de l'Assemblée nationale. Pour être pris en considération, le projet, ou la proposition de révision, doit être voté à la majorité des trois quarts des membres composant l'Assemblée nationale* ».

Il s'agit du premier article du titre XI de la Constitution béninoise. Ce titre est consacré à la révision et comporte au total trois articles distincts.

b/ L'analyse

À la lecture, on peut diviser la disposition en deux temps.

Premier temps : l'initiative.

Le texte prévoit deux autorités qui peuvent être à l'initiative d'une révision, l'organe exécutif, le Président de la République, l'organe législatif, l'Assemblée nationale. Dans le premier cas, le Président intervient après décision prise en conseil des ministres. On pourrait s'interroger sur cette dernière référence. Nous sommes dans un régime présidentiel, affirmé par la Constitution, ce qui implique une très forte limitation du rôle du conseil des ministres qui est d'abord et avant tout une réunion de conseillers. Autrement dit, la décision en conseil des ministres renvoie beaucoup plus à une procédure d'information des différents conseillers sur l'initiative de la révision voulue par le seul Président. Dans le second cas, l'initiative appartient à un ou plusieurs députés, ce qui sous-entend le dépôt d'une proposition. Notons également l'importance d'un mot : « *concurremment* ». Le pouvoir de présenter une révision appartient à égalité aux deux organes.

Second temps : la prise en considération.

Pour cela, le texte est très clair : il faut un vote à la majorité qualifiée (les trois quarts) de l'Assemblée nationale.

Une analyse purement littérale conduit à faire de la révision une procédure intégrant automatiquement les deux acteurs politiques du régime, le Président et l'Assemblée nationale, au moment de l'initiative de manière égale. Au moment de la prise en considération en revanche, l'Assemblée nationale intervient de manière exclusive.

Il y aurait donc une sorte de prédominance potentielle en ce qui concerne l'action de l'organe législatif.

2/ La pratique

En examinant les différentes tentatives de révision qui ont marqué le Bénin depuis 1990, on constate que l'initiative est d'abord et avant tout d'origine présidentielle (a). On peut d'ailleurs se poser des questions sur le rôle de l'assemblée au regard de l'exemple de 2006 (b).

a/ Le constat : une action présidentielle dominante

On peut évoquer la dernière tentative mais aussi des exemples précédents.

L'actuel Président, Patrice Talon, élu en 2016 avait dès sa candidature en septembre 2015 insister sur sa vision du chef de l'État et sur la nécessaire révision de la Constitution. Son programme politique, le nouveau départ, incluait une vaste réforme institutionnelle qui devait limiter les pouvoirs de l'exécutif par, entre autres, un mandat unique pour le Président. Le but affiché était de retirer au Président nouvellement élu toute raison d'utiliser son mandat pour préparer son éventuelle réélection… il n'est donc pas étonnant que l'initiative de la révision en 2017 vienne du Président. On peut même ajouter qu'il s'agit d'une volonté affirmée, envers et contre tout. Après avoir réuni une commission d'experts qui a rendu un avis mesuré sur cette proposition potentielle, le Président n'en maintient pas moins son projet.

Les révisions précédentes ont été marquées par une origine similaire. Le Président Yayi a ainsi réuni deux commissions successives pour discuter des éventuelles révisions de la Constitution, les commissions Ahanhanzo Glèlè, en 2008, et Gnonlonfoun en 2012.

L'exception majeure concerne la toute première tentative de révision, en 2006. La loi n°2006-13 portant révision de l'article quatre-vingts de la Constitution était d'origine législative[308]. Elle concernait la seule Assemblée nationale en modifiant la durée du mandat des députés. Initiée par les députés eux-mêmes, votée par eux avec soixante et onze voix sur quatre-vingt-trois, la proposition de loi constitutionnelle en question a été arrêtée par la Cour constitutionnelle pour des raisons sur lesquels nous reviendrons.

b/ La conclusion : le Président un acteur principal ?

Y aurait-il dans ses expériences une constante ?

De manière générale, l'intervention des différents Présidents se place dans le cadre d'une volonté marquée, au moment des élections et dans la perspective présidentielle. On constate qu'il peut s'agir de vastes révisions (c'était la logique de la tentative de 2017, même si on n'en a retenu que la disposition concernant le mandat unique du Président).

Il suffit de citer le discours du Président Yayi, en 2008, pour comprendre qu'une révision béninoise touche fréquemment de multiples aspects. Ce discours a été prononcé au moment de la mise en place de la commission Glélé. « *Mesdames et Messieurs les Présidents des Institutions de la République,*

Mesdames et Messieurs les Membres du gouvernement,

Mesdames et Messieurs les membres de la Commission constitutionnelle,

L'observation attentive de l'évolution politique de notre pays depuis 1990 m'a conduit à la conviction inébranlable selon laquelle la Constitution du 11 Décembre 1990 qui constitue le socle de notre Nation en devenir mérite que nous procédions à sa relecture.

---

308 Cf. F. J. Aivo, *La Constitution béninoise du 11 décembre 1990 : un modèle pour l'Afrique ? : Mélanges en l'honneur de Maurice Ahanhanzo-Glélé,* Paris, L'Harmattan, 2014, p. 41.

C'est ma conviction. Cette conviction est fondée sur la conception que j'ai de la Constitution qui est nécessairement historique et contextuelle.

En 1990, les Béninois avaient besoin de sortir d'un contexte historique marqué par le marxisme léninisme. Je vous laisse le soin d'apprécier ses effets sur le plan économique, social et culturel. C'est pourquoi l'esprit de notre Constitution semble avoir axé sur la primauté des droits fondamentaux et des libertés individuelles par-dessus tout et au détriment de tout.

Après plus de quinze ans de fonctionnement de cette Constitution, plusieurs dysfonctionnements sont apparus aussi bien sur des questions de forme que de fond.

Les balbutiements observés en 2006 sur la question de la révision ont entraîné une mobilisation sociale généralisée qui a conduit à une sacralisation de notre Constitution. « TOUCHE PAS A MA CONSTITUTION » est devenue la formule fétiche qui exprimait le mieux le refus devenu presque religieux et dogmatique de la Constitution.

Cette fétichisation a été le fait de la focalisation des débats sur les articles 42 relatif à la limitation des mandats, 44 relatifs à la limite d'âge et 80 relatif à la durée des mandats des députés sur fonds de couplage.

On peut relire la Constitution sans toucher à ces dispositions et c'est ce que je vous demande. En effet, dans la Constitution, il n'y a pas que des dispositions relatives aux personnes prises isolément. Il y a aussi et surtout toute la partie sur les rapports entre les différents pouvoirs. Je ne suis pas du tout convaincu que ces rapports soient actuellement équilibrés. Mieux, ils ne permettent pas aux institutions de la République de contribuer efficacement à la lutte contre la Corruption pourtant au cœur de l'idéal auquel le Peuple béninois a souscrit et ce bien sûr, dans le respect des droits fondamentaux et des libertés publiques.

C'est bien de cela que notre démocratie a besoin aujourd'hui : nourrir le Peuple, assurer à chacun, à chacune et à tous, l'accès à l'éducation, à l'eau, aux soins de santé, à un meilleur cadre de vie, au progrès social et garantir tous les droits fondamentaux. Une démocratie qui ne nourrit pas son peuple et qui au contraire l'affame est un leurre. C'est tout le sens que je donne à mon élection de mars 2006. Et c'est bien en ces termes que se pose le débat actuel.

C'est à cet effort que je vous invite et je sais pouvoir compter sur vos compétences individuelles et collectives.

Vous avez été choisi dans la perspective d'une Commission technique de haut niveau qui regroupe aussi bien des juristes que des historiens ainsi que des sociologues. On aurait toujours pu élargir le groupe à d'autres personnes mais j'ai préféré un groupe restreint, un groupe de techniciens afin de rendre le travail plus efficace et plus rapide.

Votre travail devra déboucher sur un document de propositions qui sera soumis à la critique des partis politiques et de toutes les composantes de notre société avant l'organisation d'un atelier national de validation. Pour cela vous disposerez de six mois pour présenter à la Nation vos réflexions.

Je ne trouverai aucun inconvénient à ce que une fois transformé en Projet de loi, le Peuple souverain se prononce à nouveau pour son adoption définitive.

Toute la Nation a désormais les yeux rivés sur vous et je sais que vous ne le décevrez pas.

Bonne Chance.

Vive la démocratie béninoise,

Vive la République, Vive le Bénin »[309].

À la lecture de ce discours, on relève deux axes distincts. D'un côté, le Président insiste sur les éléments qu'il souhaite écarter de la révision future. Il s'agit d'éléments précis concernant les personnes et en particulier les mandats. Deux ans plus tôt une révision touchant la durée de mandat des parlementaires a d'ailleurs échoué. De l'autre, le Président met en avant ce qui doit être modifié : rien de moins que l'équilibre entre les institutions. Il s'agit bien d'éléments majeurs qui

[309] Cf. http://www.la-Constitution-en-afrique.org/article-17248479.html, consulté le 07-04-2019 à 22h52.

doivent conduire à une réflexion d'ensemble. Rappelons que, finalement, cette révision a été abandonnée.

Quatre ans plus tard, une autre commission, présidée par Joseph Gnonlonfoun est à son tour installée. La lecture du rapport final est particulièrement inattendue au regard de l'ampleur de la révision proposée.

« DE LA MORALISATION DE LA VIE PUBLIQUE

1ère PROPOSITION : La prohibition de l'achat de conscience

2ème PROPOSITION : L'imprescriptibilité des crimes économiques

3ème PROPOSITION : La clarification du régime de responsabilité pénale du Président de la République, des Ministres et des Députés

DES DROITS NOUVEAUX POUR LES CITOYENS

1ère PROPOSITION : La garantie constitutionnelle de la parité homme/femme

2ème PROPOSITION : L'abolition de la peine de mort

3ème PROPOSITION : La conciliation du droit de grève avec la continuité du service public jugé essentiel pour les citoyens et l'État

DU RÉGIME DÉMOCRATIQUE ET PARTICIPATIF

1ère PROPOSITION : La dévolution démocratique du pouvoir

2ème PROPOSITION : Le renforcement de la démocratie participative

3ème PROPOSITION : La consolidation du système

DE LA RATIONNALISATION DE LA JUSTICE CONSTITUTIONNELLE

1ère PROPOSITION : La question préjudicielle de constitutionnalité

2ème PROPOSITION : Le différé du contrôle de constitutionnalité des décisions de justice

3ème PROPOSITION : L'encadrement du droit à réparation ouvert par le juge constitutionnel

4ème PROPOSITION : La limitation du procès des droits fondamentaux aux violations du fait de la puissance publique

DU RENFORCEMENT DES GARANTIES DE PÉRENNITE DÉMOCRATIQUE DU RÉGIME

1ère PROPOSITION : L'extension du domaine des normes intangibles

2ème PROPOSITION : Le contrôle de constitutionnalité des lois constitutionnelles

DU RENFORCEMENT DE LA STABILITÉ DU RÉGIME

1ère PROPOSITION : L'allongement de la durée du mandat des députés

2ème PROPOSITION : L'alignement des mandats parlementaire et présidentiel

DE LA CONSTITUTIONALISATION DE NOUVELLES INSTITUTIONS

1ère PROPOSITION : L'autonomisation de la juridiction des Comptes

2ème PROPOSITION : La constitutionnalisation de la CENA

2ème PROPOSITION : La constitutionnalisation du Médiateur de la République

DES AUTRES PROPOSITIONS

Plusieurs autres propositions sont faites dans le cadre de cette étude. Il s'agit notamment de :

L'organisation des élections sur la base de la Liste Electorale Permanente Informatisée (article 4 nouveau), telle que préconisée par l'Union africaine, la CEDEAO et l'Organisation internationale de la francophonie ;

L'affirmation de la place de l'opposition en tant que pilier essentiel de la démocratie (article 5 nouveau) avec pour conséquences le choix d'une représentation équitable de la majorité et de l'opposition dans le bureau de l'Assemblée Nationale (article 81 nouveau) et le renforcement du contrôle de l'action gouvernementale avec l'institution des questions aux gouvernements deux séances au moins par mois (article 113 nouveau) ;

La protection constitutionnelle des données personnelles (article 8 nouveau);

Le principe de la gratuité de l'enseignement dans les écoles publiques et l'extension progressive de cette gratuité dans les autres ordres d'enseignement (article 13 nouveau)

Le droit à un procès dans un délai raisonnable (article 17 nouveau);

Le droit pour un garde à vue de se faire examiner par le médecin de son choix et la limitation de la détention préventive aux fins de la manifestation de la vérité (article 18 nouveau);

Le parrainage des élus locaux et nationaux du candidat à la magistrature suprême ainsi que le paiement d'une caution raisonnable pour réaliser un équilibre entre la nécessité d'éviter les candidatures fantaisistes et celle de rendre accessible le poste aux personnes compétentes et appréciées par leurs compatriotes sans pour autant apparaître comme un gouffre financier ou une compétition réservée exclusivement aux plus riches (article 44 nouveau) ;

L'insertion du délai maximum de 15 jours entre la proclamation des résultats du premier tour des élections présidentielles et le déroulement du scrutin du deuxième tour ;

L'insertion du délai de forclusion pour éviter les désistements de dernière minute ; ainsi au-delà de 48 heures après la proclamation des résultats du premier tour des élections présidentielles, aucun désistement ne peut être admis (article 45 nouveau) ;

10. L'extension de la catégorie des auteurs de renversements de régimes constitutionnels aux civils et autres organisations qui se livreraient à des changements anticonstitutionnels de gouvernements (article 65 nouveau) ;

11. Le droit de message annuel du Président de la République est désormais circonscrit à la première quinzaine du mois de décembre (Article 72 nouveau) ;

12. La rationalisation de l'activité de l'Assemblée Nationale avec l'insertion constitutionnelle des dates d'ouverture des sessions et leur durée maximale (article 86 nouveau) ;

13. L'extension du domaine de la loi à d'autres matières (article 97 nouveau) ;

14. La prise en compte de l'équilibre budgétaire (article 98 nouveau) ;

15. L'encadrement des conditions et délais de ratification des accords de prêts et des dons de manière à lever les blocages dès lors que l'urgence est signalée par le gouvernement (article 107 nouveau) ;

16. Le contrôle de constitutionnalité de la loi est désormais clarifié. D'abord, une distinction est établie entre les cas dans lesquels la Cour constitutionnelle est obligatoirement saisie et ceux où sa saisine est facultative (article 117 nouveau). Ensuite, la Cour constitutionnelle est désormais compétente pour statuer sur la constitutionnalité des lois ou des textes réglementaires qui portent effectivement atteinte aux droits et libertés fondamentaux et elle statue dans un délai relativement court dès qu'il y a atteinte à ces droits et libertés (article 121 nouveau) ;

17. L'affirmation constitutionnelle de l'indépendance des juges dans la conduite de leurs dossiers et le prononcé de leurs décisions. Ce principe est prévu dans le Protocole A/SP1/12/01 sur la démocratie et la bonne gouvernance et dans la Charte africaine de la démocratie, la bonne gouvernance et les élections ;

18. Le contrôle de la conventionalité des lois, c'est-à-dire le contrôle de la conformité des lois aux traités internationaux dont est partie le Bénin, est expressément reconnu au juge ordinaire (article 157 nouveau) ;

Au total, avec l'ensemble des modifications suggérées la Commission propose la reformulation minime ou substantielle de soixante-

quatorze (74) articles de l'actuelle Constitution et l'insertion de 13 nouveaux articles »[310].

Il s'agit de nouveau d'une révision d'initiative présidentielle. Elle est abandonnée, certes, mais elle était de grande ampleur.

On retrouve les mêmes préoccupations – l'intervention du Président dans la logique d'une modernisation – en 2017, avec le discours de Patrice Talon :

« *Je me suis engagé à mettre en œuvre de manière consensuelle au cours de mon mandat, les grandes réformes politiques et institutionnelles qui donnent à notre pays d'être un État de droit moderne, respectueux des principes de la démocratie et dont les institutions ainsi que l'administration publique sont résolument au service du citoyen et de son bien-être* ». Il ajoute : « *Président de la République, j'ai pensé qu'il est de mon devoir d'associer à cette noble tâche toutes les personnalités dont les connaissances, l'expertise et l'expérience permettent d'aboutir assez rapidement à un projet qui synthétise les réponses les plus adéquates aux aspirations politiques actuelles et futures de notre peuple ». (...) C'est ce à quoi je voudrais vous convier en tant que membres de la Commission Technique chargée des réformes politiques et institutionnelles que j'entends soumettre à la représentation nationale et plus tard au peuple béninois par voie de référendum. (...) L'objectif, vous vous en doutez bien, est de parvenir au terme de vos travaux, dans un grand élan consensuel, à initier et engager la restauration de l'État de droit, le renforcement de la démocratie par un rééquilibrage des pouvoirs des institutions constitutionnelles, l'amélioration de la gouvernance politique, celle des affaires publiques, la consolidation de l'unité nationale et l'essor économique de notre pays* »[311].

Il y a ici une sorte de contradiction. De fait, d'un côté, le Président est l'acteur principal des révisions, formellement (il en a présenté le plus grand nombre) et matériellement (les révisions proposées sont

---

[310]Cf. http://bj.jolome.com/news/article/revision-de-la-Constitution-les-propositions-et-recommandations-de-la-commission-gnonlonfoun-598, consulté le 07-04-02019 à 23h01.

[311] Discours du 6 mai 2016, de Patrice Talon, Président de la République du Bénin : https://24haubenin.info/?Le-discours-du-Chef-de-l-Etat-a-l-installation-des-membres-de-la-commission-des.

singulièrement larges). En revanche, de l'autre, toutes ces révisions ont échoué, soit parce qu'elles ont été abandonnées rapidement, soit parce qu'elles n'ont pas franchi l'assemblée ou la barrière de la Cour constitutionnelle.

Ceci fait nécessairement réfléchir sur la capacité du système béninois à se réviser et sur la place des différentes institutions. Le même constat peut être tiré de l'évolution pratique de la ratification.

B/ La ratification

Il faut là aussi faire la distinction entre le texte initial qui posait de nombreuses questions (1) et la pratique (2).

1/ Le texte initial et ses questions

Avons-nous affaire à un texte clair ? La révision est prévue par un article précis :

« *Art. 155. - La révision n'est acquise qu'après avoir été approuvée par référendum, sauf si le projet ou la proposition en cause a été approuvé à la majorité des quatre cinquièmes des membres composant l'Assemblée nationale* ».

Une question surgit immédiatement : quelle est la procédure normale ? Trois réponses sont possibles.

Première réponse : le référendum est la procédure normale, l'exception serait située par l'adoption à la majorité des quatre cinquièmes des députés de la révision.

Deuxième réponse : à défaut d'une adoption par quatre cinquièmes des députés, un référendum peut être convoqué. Cela sous-entendrait une sorte de compétition entre deux organes constituants dérivés potentiels, l'Assemblée et le peuple lui-même. Si l'Assemblée ne parvient pas à un accord avec une majorité qualifiée un référendum peut compenser cet échec.

Troisième réponse : on peut choisir entre les deux. Question immédiate et logique : qui choisit ?

2/ La pratique et ses réponses

Parler de pratique peut être trompeur ici. De fait, aucun projet ou aucune proposition n'a jamais fait l'objet d'une procédure de ratification complète et valable. Autrement dit, la réponse pourrait sembler très compliquée à obtenir. Pourtant, deux éléments nous fournissent une réponse concrète : une décision de la Cour constitutionnelle et une loi organique votée en 2012.

a/ La décision de la Cour constitutionnelle de 2006

Nous serons amenés à revenir sur cette décision car la Cour, à cette occasion, a posé un certain nombre de principes totalement inattendus au regard de la relecture d'une Constitution. Dans le domaine qui nous concerne pour le moment, la Cour a été affirmative en interprétant le texte d'une certaine manière.

Ainsi, examinant une procédure de révision constitutionnelle, elle précise : « la révision n'est acquise qu'après avoir été approuvée par référendum à moins de l'avoir été à la majorité des quatre cinquièmes (4/5) des membres composant l'Assemblée nationale ». Ceci nous apporte une clé de compréhension puisque, selon la Cour constitutionnelle, il s'agit de la seconde réponse. L'Assemblée prend en considération à la majorité des trois quarts des membres composant l'Assemblée nationale[312]. La révision est possible si quatre cinquièmes des députés l'approuvent. Dans le cas contraire, un référendum peut approuver la révision. Il y a donc concurrence entre les deux, Assemblée nationale d'un côté, peuple de l'autre…

b/ La loi organique du 18 janvier 2012

Cette loi n° 2011-27 concerne le recours au référendum. Son article quatre précise : « le Président de la République, après consultation du Président de l'Assemblée nationale, du Président de la Cour constitutionnelle, peut prendre l'initiative du référendum sur toute question relative à (…) tout projet ou proposition de révision de la Constitution, votée à la majorité des trois quarts des membres de l'Assemblée nationale ».

Apparemment, l'échec de l'Assemblée à réunir une majorité des quatre cinquièmes n'est plus une condition. Le Président peut décider

[312] Cf. Art. 154 §2 de la Constitution béninoise du 11 décembre 1990.

de renvoyer au référendum un projet ou une proposition de révision à partir du moment où trois quarts des députés ont choisi de valider le texte. L'autre question pourrait évidemment apparaître : en cas d'échec du référendum, une majorité des quatre cinquièmes pourrait-elle remplacer le peuple ? Cela sous-entendrait cette fois une supériorité de l'avis de la représentation sur l'avis de la population, ce qui ne paraît pas possible.

Autrement dit, le dispositif de révision apparaît comme suit : l'initiative peut venir du Président ou de l'Assemblée nationale, la prise en considération doit être validée par deux tiers des membres de l'Assemblée à ce stade, le Président peut choisir de renvoyer la proposition ou le projet au référendum à défaut de référendum, l'Assemblée peut valider la révision à la majorité des quatre cinquièmes. Peut-on parler d'une réécriture de la Constitution ?

La loi organique sur le référendum, en 2012, a une conséquence sur la révision en modifiant, de fait, la logique de la procédure de référendum. La Cour constitutionnelle de son côté donne des clés d'interprétation qui peuvent conduire également à modifier la procédure en question.

Nous allons voir que les mêmes logiques se retrouvent lorsqu'il s'agit de poser la question d'un changement de régime et non plus de simples corrections, au regard des conséquences et des limitations potentielles.

Section 2 - La révision constitutionnelle : changer le régime ?

Une révision peut-elle conduire à un changement de régime ?

Nous répondons à l'affirmative, car nous avons déjà rencontré cette hypothèse. Il s'agit de la transition entre les Articles de la Confédération et la Constitution fédérale aux États-Unis et du même phénomène à l'issue de la IVe République avec la mise en place d'un nouveau pouvoir constituant originaire 1958, en France. Sans aller jusqu'à un changement total de régime, quel degré de transformation est possible pour que, tout en restant dans le cadre de la Constitution initiale, la modification s'avère majeure ? Ceci pose la question des dispositions qui caractérisent le régime et qui peuvent être considérées comme intangibles[313]. Dans la section précédente, nous avons surtout étudié les limitations formelles de la révision. Pour pouvoir parvenir à réviser un texte constitutionnel, il faut respecter une procédure particulière. Mais il existe aussi des limitations matérielles. Les Constitutions, dans cette hypothèse, comportent des dispositions particulières qui ne peuvent pas faire l'objet d'une révision[314]. L'étude de ces limitations textuelles permet de faire un parallèle entre les États-Unis et la France d'un côté et le Bénin de l'autre (§1). Pour autant, de tels blocages sont-ils suffisants (§2) ?

§ 1- Une limitation textuelle, un pouvoir constituant dérivé donc encadré

Parce qu'il est intégré dans la Constitution, le pouvoir constituant dérivé ne dispose pas de la même latitude d'action, puisqu'il respecte des règles fixées par l'organe constituant antérieur, originaire. Nous avons étudié les règles formelles. Nous pouvons étendre cette étude aux règles matérielles. De fait, les régimes américains, français (A) et béninois (B) ont prévu des limitations concernant les thématiques de la révision. L'étude de ces limitations permet de comprendre le caractère relativement singulier de certaines d'entre elles.

A/ Les limitations textuelles aux États-Unis et en France, une question de régime

En examinant les textes constitutionnels américains et français, on constate que lorsque le constituant originaire a choisi de limiter les possibilités d'action du constituant dérivé, il obéissait à une logique historique et institutionnelle majeure. Aux États-Unis, c'est la forme fédérale qui fait l'objet d'une protection particulière (1). En France, c'est la République (2).

1/ La limitation américaine : la forme fédérale du régime

Lorsqu'on examine le texte constitutionnel américain, on constate la présence d'un seul blocage matériel visible (a). Cette limitation est

---

[313] Cf. P. O'connell, « Les procédures de révision constitutionnelle » (Le rapport adopté par l'Association des Secrétaires généraux des Parlements), in *Informations constitutionnelles et parlementaires*, 1978, 3e série, n°114, p.41.

[314]Cf. A. Le Pillouer, « les contraintes d'un paradoxe : les lois constitutionnelles inconstitutionnelles, réflexions à partir du cas indien », in *Droits*, PUF, 2012, n°55, p. 113-128.

essentielle car elle touche au cœur même du système américain, tout en faisant référence à un contexte, celui de la construction constitutionnelle (b).

a/ Le blocage textuel

Cette limitation est évidemment présente dans l'article V de la Constitution des États-Unis. La section unique qui porte sur la révision precise : « *no Amendment which may be made prior to the Year One thousand eight hundred and eight shall in any Manner affect the first and fourth Clauses in the Ninth Section of the first Article; and that no State, without its Consent, shall be deprived of its equal Suffrage in the Senate* ».

Ce passage fait référence à deux blocages distincts : le premier concerne l'année 1808 et a donc une limite dans le temps, le second est beaucoup plus large.

b/ Forme du régime et contexte

Lorsque le texte est rédigé, en 1787, deux grands problèmes dominent la convention de Philadelphie : d'un côté, l'esclavage, de l'autre, la forme fédérale. Il n'est donc guère surprenant de retrouver les mêmes difficultés et les mêmes thématiques dans la question qui nous occupe.

Il faut évidemment préciser que le premier blocage concerne justement la question esclavagiste. Pour bien comprendre la limite posée par le texte, il faut citer les deux autres clauses auxquelles il fait référence, la première et la quatrième clause de la neuvième section du premier article. Première clause: « *The Migration or Importation of such Persons as any of the States now existing shall think proper to admit, shall not be prohibited by the Congress prior to the Year one thousand eight hundred and eight, but a Tax or duty may be imposed on such Importation, not exceeding ten dollars for each Person* ». Quatrième clause: « *No Capitation, or other direct, Tax shall be laid, unless in Proportion to the Census or enumeration herein before directed to be taken* ». La clause principale est évidemment la première puisqu'il s'agit de viser ici l'esclavage, une modification en cours. La convention de Philadelphie a en effet construit un compromis dans un contexte qui, en 1787, s'avère relativement logique. Les États américains pour certains d'entre eux sont esclavagistes. Or, la convention souhaite la disparition de l'esclavage, qui est envisagée de manière automatique car économiquement attendue dans les années suivantes. À cette époque, l'esclavage est principalement utilisé pour la production de tabac. Il n'est pas rentable pour le coton en raison de l'absence de traitement de la matière première par la suite. Même les États esclavagistes sont conscients de l'abandon apparemment inéluctable de cette pratique. Les membres de la convention ont donc évoqué la date de 1808 pour mettre fin à l'esclavage ou tout au moins au commerce d'esclaves. Il ne sera plus nécessaire de protéger ce commerce puisque l'esclavage ne sera plus utile. On sait que cette prise de position sera totalement remise en cause quelques années plus tard avec l'invention de la machine à égrener le coton[315], qui va relancer la culture du coton et à laquelle la société esclavagiste dans les États du Sud va s'habituer. Cette première limitation est donc très restreinte dans ses conséquences puisqu'elle est censée concerner une évolution en cours dans les vingt décennies suivantes.

La seconde limitation est beaucoup plus importante au regard du régime. De fait, il s'agit d'une protection visant les États pour qu'ils puissent toujours intervenir au sein du Sénat avec un suffrage égalitaire. On se souvient que l'un des grands compromis signés dans la convention de Philadelphie concernait justement les États et l'égalité entre les États au sein de la fédération[316]. La limitation de la révision ici doit garantir de manière définitive la forme fédérale avec toutes ses conséquences.

2/ Les limitations françaises

Elles apparaissent sous deux formes distinctes : d'un côté une limitation principale qui concerne la forme du régime, dans le cadre de l'article 89 (a), de l'autre une série de limites liées au contexte.

a/ La forme république du gouvernement

Cette limitation est présente à titre principal dans l'article quatre-vingt-neuf.

---

[315]Cf. A. Lakwete, *Inventing the Cotton Gin: Machine and Myth in Antebellum America*, JHU Press, 2005, 248 p.
[316] Cf. A. Hamilton, J. Jay, J. Madison, *Le Fédéralisme*, Paris, Garnier, 2012, p. 356. ; A. Coutant, *Histoire constitutionnelle des États-Unis, tome 1, 1776-1860, une fédération non démocratique,…*, op. cit., p. 157.

L'article 89 alinéa deux de la Constitution de 1958 dispose : « La *forme républicaine du gouvernement ne peut faire l'objet d'une révision* ».

Cette limite nous intéresse puisqu'il s'agit cette fois d'une limitation matérielle qui concerne la République. La seule lecture du texte renvoie à deux possibilités.

Premièrement, une référence à la forme républicaine en tant que telle. Il s'agirait dans ce cas d'une référence historique qui remonte à la IIIe République et qui interdit le rétablissement d'une monarchie ou d'un empire. Le contexte des lois constitutionnelles de 1875 explique la volonté ultérieure de la chambre des députés d'empêcher tout retour en arrière en ce qui concerne justement la forme du régime.

Deuxièmement, une telle référence peut avoir un autre sens : la République renvoie, en effet, à un certain nombre de valeurs qui sont spécifiées dans la Constitution, par exemple dans l'article premier. Dans ce cas, la référence serait beaucoup plus large puisqu'elle concernerait par exemple la laïcité[317]. Une simple lecture ne permet pas de répondre puisque nous ne faisons que souligner les possibilités de ce texte.

b/ Les autres limites de contexte

Mais le texte comporte aussi d'autres limites qui insistent sur le caractère nécessairement serein du contexte pour permettre une révision. Lorsqu'on lit l'article 89, on constate que la première limite n'est pas liée à la matière, au contenu de la révision, mais bien au contexte général : « *Aucune procédure de révision ne peut être engagée ou poursuivie lorsqu'il est porté atteinte à l'intégrité du territoire* ». Une situation de crise grave en matière politique et nationale n'est évidemment pas adaptée pour une révision constitutionnelle.

---

[317] Sur ces deux interprétations possibles, restrictives et extensives, voir C. Cerda-Guzman, *Cours de droit constitutionnel et institutions de la Ve Républiquep* Paris, Lextenso, 2013-2014, p. *107. ;* B. Branchet, *La révision de la Constitution sous la Ve République*, Paris, L.G.D.J., 1994, p. 64. ; J. Boudon, *Manuel de droit constitutionnel. Tome II. La Ve République,…*, op. cit., p. 262. ; D. Maus, « Sur la forme républicaine du gouvernement », Commentaire sous la décision n° 92--312 DC du 2 septembre 1992, in *Revue française de droit constitutionnel*, n°11, 1992, p. 412.

On retrouve dans le texte d'autres références à ce même contexte. La Constitution interdit par exemple l'usage de l'article 89 durant la vacance de la présidence de la République (article 7), pour éviter toute velléité d'un Président intérimaire.

B/ Un parallèle relatif avec le Bénin

En examinant les limitations textuelles que le constituant béninois a prévues pour encadrer la révision, on relève des traces évidentes de l'influence française, principalement en raison de la reprise mot pour mot de certaines dispositions (1). Néanmoins, un élément supplémentaire singularise l'exemple béninois, et incite à aller un peu plus loin dans l'analyse sur ce point précis (2).

1/ Le parallèle visible avec la France

L'inspiration française est très présente dans le texte constitutionnel de 1990. Les dispositions concernant la révision en sont une illustration supplémentaire. De fait, la Constitution béninoise comporte deux références à une limitation du pouvoir de révision qui sont visiblement identiques dans leur formulation à celles choisies par la France, en ce qui concerne, tout d'abord, la forme républicaine (a) et, ensuite, la vacance du pouvoir (b).

a/ La forme républicaine et le contexte

Sur deux éléments précis, les textes français et béninois peuvent être qualifiés d'identiques.

Reprenant la forme de l'article quatre-vingt-neuf français, l'article 156 béninois comporte les mêmes mots : « *Aucune procédure de révision ne peut être engagée ou poursuivie lorsqu'il est porté atteinte à l'intégrité du territoire* ». Ceci fait référence au refus de réviser la Constitution lors d'une occupation par des troupes étrangères ou pendant un conflit majeur qui met en danger le territoire lui-même.

L'alinéa suivant prévoit une limitation au pouvoir de révision en évoquant la forme républicaine du régime. C'est aussi la reprise de la logique française en ce qui concerne la République. Il s'agit naturellement d'une adaptation au contexte béninois. Colonie française depuis 1894, le Dahomey est devenu une République le 4 décembre 1958. Son indépendance en 1960 a conduit à l'adoption d'une première Constitution qui a reconnu la forme républicaine de l'État. Les évolutions successives ont maintenu cette forme républicaine jusqu'à sa consécration dans la Constitution du 11 décembre 1990.

b/ La vacance du pouvoir

Nous avons vu précédemment que dans cette hypothèse la Constitution française interdisait toute révision. Nouveau signe ici de mimétisme, la Constitution béninoise prévoit également une limitation.

Dans l'article 50 du texte de 1990, on peut lire : « *Les fonctions de Président de la République, à l'exception de celles mentionnées aux articles 54 alinéa 3, 58, 60, 101 et 154 sont provisoirement exercées par le Président de l'Assemblée nationale* ».

2/ La question de la laïcité

Toutefois, à la lecture du texte béninois, un élément soulève la question d'une forme de singularité, puisque le même article qui concerne la limitation du pouvoir de révision fait aussi référence à la laïcité.

a/ L'affirmation dans le texte

Dans le texte de ce même article 156, on trouve un parallèle entre la République et la laïcité : « *La forme républicaine et la laïcité de l'État ne peuvent faire l'objet d'une révision* ». Il s'agit cette fois d'une limitation matérielle très précise qui soulève automatiquement une autre question, celle de la définition de la laïcité puisque le texte qualifie cette dernière en évoquant l'État. Est-ce étonnant ?

D'autres articles de la Constitution béninoise font référence à la laïcité. L'article 2 précise : « *La République du Bénin est une et indivisible, laïque et démocratique* ». L'article 5 fait de la laïcité un principe que doivent respecter les partis politiques. L'article 14 comporte une référence aux écoles privées, laïques et confessionnelles.

Enfin, l'article 23 sur la liberté de conscience et de pensée de tout individu ajoute que « *l'exercice du culte et l'expression des croyances s'effectue dans le respect de la laïcité de l'État* ».

On pourrait penser qu'il s'agit ici d'une protection générale pour éviter un rapport aux religions. Pourtant, une disposition soulève une question.

b/ La contradiction

« *Art. 53. - Avant son entrée en fonction, le Président de la République prête le serment suivant : "Devant Dieu, les Mânes des Ancêtres, la Nation et devant le Peuple béninois, seul détenteur de la souveraineté ; Nous...... Président de la République, élu conformément aux lois de la République jurons solennellement: - de respecter et de défendre la Constitution que le Peuple béninois s'est librement donnée; - de remplir loyalement les hautes fonctions que la Nation nous a confiées; - de ne nous laisser guider que par l'intérêt général et le respect des droits de la personne humaine, de consacrer toutes nos forces à la recherche et à la promotion du bien commun, de la paix et de l'unité nationale; - de préserver l'intégrité du territoire national; - de nous conduire partout en fidèle et loyal serviteur du peuple. En cas de parjure, que nous subissions les rigueurs de la loi". Le serment est reçu par le Président de la Cour constitutionnelle devant l'Assemblée nationale et la Cour suprême* ».

Le serment prononcé par le Président au moment de son entrée en fonction fait référence à Dieu. Comme les commentateurs l'ont d'ailleurs souligné, il ne s'agit pas d'un Dieu identifié, c'est-à-dire qu'aucune religion est mise en avant. Néanmoins, il y a ici un refus catégorique d'une liberté de conscience qui permettrait l'absence de croyances.

Comment comprendre dans ce cas que la laïcité fasse l'objet d'un point spécifique dans la limitation du pouvoir de révision ? Sans doute parce que le terme de laïcité renvoie beaucoup plus à une tolérance générale contre toutes les religions. Il y a un refus de privilégier une seule d'entre elles, plutôt qu'à une vision non religieuse qui pourrait accepter et admettre l'athéisme.

Pour le comprendre, on peut citer une décision rendue par la Cour constitutionnelle, le 31 janvier 2017. L'affaire concernait les propos tenus par un pasteur évangéliste, John Migan, qui attaquait la fête religieuse du 10 janvier par ces mots : « *je voudrais conclure ce message que le Seigneur a mis sur mon cœur, en exhortant en général tous mes compatriotes à revenir à l'Eternel en abandonnant l'adoration des idoles et en particulier les leaders de cette Nation d'enlever de notre Constitution l'expression '' les mânes de nos ancêtres'' et de consacrer la date du 10 janvier à l'Eternel Dieu plutôt qu'aux idoles…* »[318]. La Cour saisie a décidé de revenir sur la laïcité et de la redéfinir. Pour cela, elle a évoqué le sens global de ce terme : « *Considérant qu' il résulte de ces différentes dispositions que le Bénin est un État laïc fondé sur, non seulement, la séparation de l'État et de la religion, mais surtout, le respect mutuel et la tolérance des différentes confessions religieuses tant dans leurs pratiques que dans leurs propos ; que les responsables des cultes, en leur qualité de leaders d'opinion, ont donc l'obligation de respecter l'ordre constitutionnel et légal établi au Bénin et d'enseigner les valeurs de tolérance et de respect mutuel qui constituent le socle de notre vouloir-vivre collectif* »[319].

§ 2- Un encadrement des changements, la valeur des limitations ?

Pour que la limitation ait un sens, il est nécessaire qu'un contrôle existe. Dans cette mesure, l'analyse du système béninois révèle une particularité (B) au regard des modèles américains et français (A).

A/ Un contrôle constitutionnel des révisions aux États-Unis et en France ?

On pourrait ici évoquer une opposition entre les deux systèmes. D'un côté, la Cour suprême des États-Unis a choisi de contrôler la régularité des amendements au regard des limitations formelles prévues dans la Constitution (1). De l'autre, le Conseil constitutionnel a fortement limité son contrôle en insistant sur le caractère souverain du pouvoir constituant (2).

1/ L'exemple américain, l'importance de la Cour suprême

Lorsque la Cour s'est prononcée sur des amendements pour en étudier la conformité[320], elle a voulu s'inscrire dans la logique du texte constitutionnel au niveau formel c'est-à-dire dans le strict respect de

---

[318] Cf. http://levenementprecis.com/2017/02/20/reCours-au-sujet-de-la-celebration-du-10-janvier-la-Cour-rejette-la-suppression-de-la-fete-du-vodoun-et-condamne-le-pasteur-john-migan/, consulté le 07-04-2019 à 23h22.
[319] Décision DCC 17-018 Du 31 Janvier 2017 de la Cour constitutionnelle du Bénin.
[320] Cf. K. Gözler, *Judicial Review of Constitutional Amendments: A Comparative Study*, Bursa, Ekin Press, *2008*, p. 11.

l'article cinq. On peut d'ailleurs relever un symbole (a) avant d'évoquer d'autres exemples (b).

a/ Le symbole : Hollingsworth v. Virginia

Pourquoi parler de symbole ? On retient habituellement l'arrêt *Marbury v. Madison* pour évoquer le contrôle de constitutionnalité effectuée par la Cour suprême aux États-Unis. Pourtant, cinq ans avant, la Cour suprême s'était déjà prononcée en se reconnaissant un pouvoir de contrôle de constitutionnalité sur un amendement constitutionnel.

Dans l'arrêt *Hollingsworth v. Virginia*, en 1798[321], la Cour examine le XIe amendement[322] au regard de la procédure prévue par l'article cinq de la Constitution des États-Unis. La onzième révision de la a été effectuée en réponse à une décision de la Cour suprême, *Chisholm v. Georgia*, qui considérait qu'un État fédéré américain pouvait être poursuivi en justice. Cette atteinte à l'idée même de souveraineté Étatique et à la protection qui va avec a conduit le Congrès américain à adopter une nouvelle révision pour protéger les États. La Cour suprême est saisie d'une affaire concernant justement cet amendement et plus précisément la procédure de mise en œuvre initiale. Elle valide cette procédure au regard de l'article cinq de la Constitution. La décision sous-entend évidemment en retour qu'elle aurait pu ne pas valider.

b/ D'autres exemples

À plusieurs reprises, la Cour suprême a été saisie pour examiner la validité formelle de la procédure de révision. À chaque fois, cette validation s'est appuyée sur l'interprétation de l'article cinq. La Cour

[321] Hollingsworth v. Virginia, 3 U.S. (3 Dall.) 378 (1798)
[322] Cf. M. Marcus, J. R. Perry, *The Documentary History of the Supreme Court of the United States, 1789-1800: Suits against states*, vol. 5, Columbia University Press, 1995, 686 p.; M. R. Durchslag, *State sovereign immunity: a reference guide to the United States Constitution*, GPG, 2002, 176 p.; C. E. Jacobs, *The Eleventh amendment and sovereign immunity*, Greenwood Press, 1972, 216 p.; J. V. Orth, *The judicial power of the United States: the eleventh amendment in American history*, OUP, 1987, 231 p.

n'a donc jamais choisi de contrôler au regard du contenu de la révision et d'une potentielle limitation constitutionnelle en la matière[323].

En 1920, dans National Prohibition Cases[324], la question portait sur la présence dans la proposition votée par le Congrès du caractère nécessaire de la révision… la Cour a, tout simplement, noté que le vote qualifié suffisait pour montrer le caractère essentiel de la procédure.

Dans *Dillon v. Gloss*[325], en 1921, la Cour a validé la possibilité pour le Congrès de fixer un délai de ratification.

Enfin, dix ans plus tard, dans l'arrêt *United States v. Sprague*[326], la Cour a été amenée à se prononcer sur les modalités de ratification – organes législatifs des États ou conventions étatiques spécifiques – questions qui l'ont conduite à renvoyer au pouvoir du Congrès en la matière, celui-ci ayant toute latitude pour choisir.

2/ Le refus français et le pouvoir d'interprétation du Conseil

Il faut faire ici une distinction entre deux comportements du Conseil constitutionnel français[327]. D'un côté, celui-ci a refusé de contrôler la constitutionnalité des lois constitutionnelles en invoquant l'intervention du souverain dans le cadre des procédures de révision (a). De l'autre, il a toutefois été amené à compléter la liste des limitations au pouvoir de révision, action d'autant plus inattendue que, en pratique, sa propre attitude rend cette liste quelque peu inefficace (b).

---

323 Sur ce débat et les deux conceptions (favorables à un contrôle étendu et défavorables, W. L. Marbury « The Limitations upon the Amending Power », in *Harvard Law Review*, vol.33, 1919-1920, p.223 235 et W. L. Frierson « Amending The Constitution of the United States : a Reply to Mr Marbury », in *Harvard Law Review*, vol.33, 1919-1920, p.659-666;
324 Cf. National Prohibition Cases, 253 U.S. 350 (1920).
325 Cf. Dillon v. Gloss, 256 U.S. 368 (1921).
326 Cf. United States v. Sprague, 282 U.S. 716 (1931).
327 Cf. Le contrôle de constitutionnalité des lois constitutionnelles - Avant-propos, A. Le Divellec, A. Levade, C. M. Pimentel - Cahiers du Conseil constitutionnel n° 27 (Dossier : Le contrôle de constitutionnalité des lois constitutionnelles)-janvier2010,http://www.conseil-Constitutionnel.fr/conseil-Constitutionnel/francais/nouveaux-cahiers-du-conseil/cahier-n-27/le-controle-de-Constitutionnalite-des-lois-Constitutionnelles-avant-propos.51381.html, consulté le 04-03-2019.

a/ Le rapport du conseil à la souveraineté populaire

La position semble relativement simple et le débat rapidement clos : à chaque fois que le Conseil constitutionnel a été saisi sur la question d'un contrôle éventuel de constitutionnalité concernant des lois constitutionnelles, il s'est déclaré incompétent, utilisant d'ailleurs des arguments relativement comparables.

Le premier exemple – peut-être le plus symbolique – concerne la loi sur l'élection du Président de la République au suffrage universel direct et le référendum du 28 octobre 1962. La contestation concernait à la fois le contenu et la procédure.

La réponse du Conseil constitutionnel est connue puisqu'il considéra qu'il n'avait pas « compétence pour se prononcer sur la demande susvisée du Président du Sénat ». L'explication, posée à cette époque, n'a pas beaucoup varié : « les lois adoptées par le peuple à la suite d'un référendum constituent l'expression directe de la souveraineté nationale ». Il est très fréquent de relever qu'il ne s'agissait pas proprement dit d'un refus concernant les lois constitutionnelles mais d'une décision concernant les référendums, ce qui a été confirmé par la suite en matière législative.

En 1992, saisi cette fois d'une question liée au traité de Maastricht et aux modifications constitutionnelles, le conseil a établi semble-t-il une règle claire : « sous réserve, d'une part, des limitations touchant aux périodes au cours desquelles une révision de la Constitution ne peut pas être engagée ou poursuivie, qui résultent des articles 7, 16 et 89, alinéa 4, du texte constitutionnel et, d'autre part, du respect des prescriptions du cinquième alinéa de l'article 89 en vertu desquelles “la forme républicaine du gouvernement ne peut faire l'objet d'une révision”, le pouvoir constituant est souverain ; qu'il lui est loisible d'abroger, de modifier ou de compléter des dispositions de valeur constitutionnelle dans la forme qu'il estime appropriée ; qu'ainsi rien ne s'oppose à ce qu'il introduise dans le texte de la Constitution des dispositions nouvelles qui, dans le cas qu'elles visent, dérogent à une règle ou à un principe de valeur constitutionnelle ; que cette dérogation peut être aussi bien expresse qu'implicite ».

La question pouvait sembler encore ouverte au regard de la forme républicaine.

En 2003, le conseil a été amené à statuer directement sur une loi de révision. Il s'agissait de contrôler la révision relative à l'organisation décentralisée de la République approuvée par le Congrès le 17 mars 2003. La réponse fut claire et nette : le conseil « ne tient ni de l'article 61, ni de l'article 89, ni d'aucune autre disposition de la Constitution le pouvoir de statuer sur une révision constitutionnelle ». L'incompétence était affirmée, soulevant d'ailleurs au passage une autre question, sur l'intérêt même de la référence à la forme républicaine dans l'article quatre-vingt-neuf. Il ne pouvait pas y avoir de confusion sur l'interprétation du mot République. La forme républicaine envoyée simplement au régime, une révision en la matière semblant très peu probable.

Comme il le rappelle en 1992, le conseil considère que la révision de la Constitution fait partie du pouvoir constituant et, à ce titre, ne peut pas être contrôlé par l'organe de contrôle de constitutionnalité : « au regard de l'équilibre des pouvoirs établi par la Constitution, les lois que celle-ci a entendu viser dans son article 61 sont uniquement les lois votées par le Parlement et non point celles qui, adoptées par le Peuple français à la suite d'un référendum contrôlé par le Conseil constitutionnel au titre de l'article 60, constituent l'expression directe de la souveraineté nationale ».

b/ Une compétence subsidiaire ?

En 1992, dans la décision précitée, le Conseil constitutionnel a toutefois ajouté un élément, qui semble assez étonnant car plutôt inutile. Commentant l'organisation générale de la révision et son encadrement potentiel par la Constitution, le Conseil a ajouté : « *sous réserve, d'une part, des limitations touchant aux périodes au cours desquelles une révision de la Constitution ne peut pas être engagée ou poursuivie, qui résultent des articles 7, 16 et 89, alinéa 4, du texte constitutionnel et, d'autre part, du respect des prescriptions du cinquième alinéa de l'article 89 en vertu desquelles "la forme républicaine du gouvernement ne peut faire l'objet d'une révision", le pouvoir constituant est souverain* ». Cette affirmation pour intéressante qu'elle soit, se heurte aux réalités pratiques.

L'affirmation est intéressante car le Conseil constitutionnel ajoute une référence à l'article seize, précisant que la révision de la Constitution doit aussi être limitée dans le cadre des pouvoirs exceptionnels. C'est un ajout par rapport au texte constitutionnel puisqu'il s'agit ici d'interpréter largement les pleins pouvoirs et l'organisation globale des pouvoirs à cette époque. Dans le même temps, cet ajout est de peu d'intérêt, en tant que tel, puisque le Conseil se reconnaît difficilement le pouvoir de contrôler les décisions constitutionnelles, au regard justement de la souveraineté du peuple. Dans ce cas que se passerait-il si une loi constitutionnelle lui était renvoyée et que cette loi comporte des éléments justement interdits par l'article quatre-vingt-neuf ? Si nous extrapolons, peut-on penser que cette décision ouvre une porte – sera-t-elle franchie ? – permettant à un futur Conseil constitutionnel d'interpréter beaucoup plus largement la forme républicaine pour y intégrer l'État de droit et poser la question de la conformité de certaine révision constitutionnelle à ce dernier ?

Par cette référence, nous venons d'ouvrir la porte du contrôle constitutionnel béninois.

B/ La Cour constitutionnelle béninoise et les limitations supplémentaires

Loin de se contenter de prévoir dans le texte constitutionnel des limitations au pouvoir de révision, la démocratie béninoise s'est aussi dotée d'une Cour constitutionnelle particulièrement active[328] puisqu'elle n'a pas hésité à mettre en œuvre le contrôle de constitutionnalité des lois de révision (1) et à créer de toutes pièces un ensemble de principes sur le fondement desquels elle se propose de contrôler les lois en question (2).

---

[328]Cf. F. J. Aïvo, « la Cour constitutionnelle du Bénin », in *RFDC*, 2014, vol.3, n° 99, p. 715-740 ; P. Massina, « le juge constitutionnel africain francophone : entre politique et droit », in *RFDC,* 2017, vol. 3, n°111, p. 641-670 ; S. A. Atsimou, « la participation des juridictions constitutionnelles au pouvoir constituant en Afrique », in *RFDC*, 2017, vol. 2, n°110, p. 279-316 ; M. M. Aïdara, « Le juge constitutionnel africain et le contrôle des lois portant révision de la Constitution : contribution à un débat », in *Enseignant Chercheur Université Gaston Berger de Saint-Louis*, http://afrilex.u-bordeaux4.fr/le-juge-Constitutionnel-africain.html ; G.-F. Holo, « La révision de la Constitution béninoise - Partie III. La limitation du pouvoir de révision par la Cour constitutionnelle », Blog de Droit constitutionnel de l'ISJPS, 24 mars 2017 [https://www.pantheonsorbonne.fr/unites-de-recherche/isjps/blog-de-lisjps/blog-de-droit-Constitutionnel/].

1/ L'affirmation d'une compétence : le contrôle des lois constitutionnelles

La première décision qui nous intéresse date de 2006. Elle concerne une révision constitutionnelle initiée par l'Assemblée nationale elle-même, votée par quatre cinquièmes de ses membres et concernant une modification de la durée du mandat des députés. La décision rendue par la Cour constitutionnelle le 8 juillet 2006[329] repose, pour partie sur un contrôle de la limitation formelle du pouvoir de révision. De fait, la révision renvoyée devant la Cour pouvait être annulée sur cette seule motivation (a). Néanmoins, la Cour ajoute un élément essentiel qui montre que son contrôle ne se contente pas d'une simple limitation formelle du pouvoir de révision, mais conduit aussi à envisager une limitation matérielle (b).

a/ La limitation formelle confirmée

En droit béninois, la révision constitutionnelle comporte trois étapes : l'initiative, la prise en considération, la ratification.

L'initiative est confiée au Président de la République et aux membres de l'Assemblée nationale.

La prise en considération doit être effectuée par un vote précis de l'Assemblée nationale, à la majorité qualifiée des deux tiers.

Quant à la ratification, elle met en jeu une nouvelle majorité qualifiée, de quatre cinquièmes des députés ou, à défaut, ou en cas de choix du Président, un référendum.

Ceci rappelé, l'examen de la procédure suivie en 2006 fait apparaître un vice évident. La proposition de révision a été faite par un député, ce qui répond au premier critère. La ratification a bien été effectuée par quatre cinquièmes des députés, ce qui répond au troisième critère. Mais la proposition n'a pas été prise en considération par un vote des deux tiers.

En s'en tenant à ce simple constat, purement formel, la Cour constitutionnelle pouvait donc annuler la révision en question. Pourtant, elle va aller beaucoup plus loin.

---

[329] Cf. M. Coulibaley, « La neutralisation du parlement constituant. A propos de la DCC n°06-074 du 8 juillet 2006 », in *RDP,* 2009, n°5.

b/ L'affirmation d'une limitation matérielle

À la fin de la décision, la Cour rédige un considérant majeur en raison de ses conséquences :

« *Considérant que ce mandat de quatre (4) ans, qui est une situation constitutionnellement établie, est le résultat du consensus national dégagé par la Conférence des Forces Vives de la Nation de février 1990 et consacré par la Constitution en son Préambule qui réaffirme l'opposition fondamentale du peuple béninois à la confiscation du pouvoir ; que même si la Constitution a prévu les modalités de sa propre révision, la détermination du peuple béninois à créer un État de droit et de démocratie pluraliste, la sauvegarde de la sécurité juridique et de la cohésion nationale commandent que toute révision tienne compte des idéaux qui ont présidé à l'adoption de la Constitution du 11 décembre 1990, notamment le consensus national, principe à valeur constitutionnelle ; qu'en conséquence, les articles 1 et 2 de la Loi constitutionnelle n° 2006-13 adoptée par l'Assemblée Nationale le 23 juin 2006, sans respecter le principe à valeur constitutionnelle ainsi rappelé, sont contraires à la Constitution ; et sans qu'il soit besoin de statuer sur les autres moyens* »[330] ;

La Cour ne se contente pas d'une approche formelle. Elle considère que dans le contenu de la révision une disposition était contraire à l'esprit même du texte constitutionnel, et plus précisément même à un principe à valeur constitutionnelle, le consensus national. C'est ce consensus qui a permis la création de la Constitution et de l'État de droit. À ce titre, il est indispensable de le respecter, y compris dans les révisions, car, sans cela, la Constitution elle-même serait menacée…

Une question immédiate apparaît : qui fixe ce qui est contenu dans le consensus ? La réponse a été donnée par cette décision : la Cour constitutionnelle.

2/ La construction d'un ensemble de principes, la limitation matérielle de la révision en application

Dans les années suivantes, la Cour va choisir d'étendre cette interprétation de l'article 156 en montrant que, à côté des limitations précises fixées par cet article (l'atteinte à l'intégrité du territoire, la

[330] Cf. Décision DCC 06-074, 8 juillet 2006.

forme républicaine et la laïcité de l'État), d'autres limitations doivent être identifiées.

a/ La décision du 20 octobre 2011

À cette date[331], la Cour constitutionnelle donne une liste des matières qui échappent automatiquement au référendum constituant dérivé. Il s'agit des options fondamentales de la Conférence nationale de février 1990. On les trouve tout d'abord dans les éléments de l'article 156 : la forme républicaine et la laïcité de l'État, la prise en compte de l'atteinte à l'intégrité du territoire national.

La Cour complète ces éléments en ajoutant le mandat présidentiel de cinq ans, renouvelable une seule fois, la limite d'âge de quarante ans au moins et de soixante-dix ans au plus pour tout candidat à l'élection présidentielle et le type présidentiel du régime politique du Bénin. Dans ces conditions, toute révision qui porterait atteinte à ces options fondamentales serait inconstitutionnelle.

b/ La décision du 20 novembre 2014

Cette fois[332] la Cour constitutionnelle se prononce sur une lettre ouverte appelant le chef de l'État à effectuer un troisième mandat. Son considérant final mérite d'être cité :

« *le titre XI de la Constitution organise et encadre la révision de la Constitution du 11 décembre 1990 ; une jurisprudence constante de la Cour précise les limites et modalités de cette révision, qu'elle soit opérée par voie parlementaire ou par référendum ; la révision opérée dans les formes prescrites, à l'exception des clauses expressément exclues de révision et qualifiées de clauses intangibles, garantit la stabilité de la Constitution en l'adaptant aux nouvelles aspirations légitimes du peuple souverain ; la révision de la Constitution résultant de la mise en œuvre du pouvoir constituant dérivé ne peut détruire l'ordre constitutionnel existant et lui substituer un nouvel ordre constitutionnel* ».

La Cour insiste donc ici sur l'existence de clauses intangibles dans la Constitution qui renvoie aux options fondamentales de la Conférence nationale de 1990. Autrement dit, la Conférence nationale a établi un

[331] Cf. Décision DCC 11-067 du 20 Octobre 2011.
[332] Cf. Décision DCC 14-199 du 20 novembre 2014

État de droit fondé sur des principes majeurs partagés par tous les Béninois. Les principes en question se retrouvent nécessairement dans la Constitution, par l'intermédiaire de l'analyse de la Cour constitutionnelle, sous la forme de clauses intangibles.

c/ Une théorisation juridictionnelle de l'État de droit ?

Au Bénin, la Cour constitutionnelle occupe donc une place centrale. Elle pose la question de la protection de l'État de droit, y compris contre l'organe constituant dérivé. Du point de vue théorique, en droit constitutionnel, cette prise de position soulève un certain nombre de débats[333].

Le premier concerne la différence entre pouvoir constituant originaire et pouvoir constituant dérivé. Ce dernier devrait, en principe, être soumis au texte prévu par le premier. Cette soumission, dans de nombreuses Constitutions, concerne uniquement la dimension formelle de la révision. Dans ces conditions, si un pouvoir constituant, en respectant les procédures prévues, modifie substantiellement la Constitution, il en a le droit. La question principale réside dans le niveau de transformation au-delà duquel on passe d'une révision à un changement de régime. Cet écart n'est pas clairement établi au regard de cette division entre les deux pouvoirs constituants. La réponse béninoise est relativement claire : le pouvoir constituant originaire a prévu une Constitution qui comporte à la fois des éléments formels et matériels. Le respect de l'ensemble s'impose au pouvoir constituant dérivé. En cas de non-respect, ce n'est plus une révision, c'est une révolution.

Le deuxième débat concerne l'identité de l'autorité en charge de ce constat. Confier au juge constitutionnel le pouvoir de contrôle des lois constitutionnelles a une conséquence : il se retrouve face au peuple, si celui-ci souhaite la révision demandée. Comment asseoir la légitimité de cette juridiction si elle s'oppose au souverain ?

Ceci conduit nécessairement au troisième débat : une opposition entre le juge constitutionnel et le peuple en tant qu'acteur du pouvoir constituant dérivé, qui « *est l'expression de la souveraineté dans toute*

[333] Pour un débat complet et une théorisation, voir O. Beaud, *La Puissance de l'Etat*, PUF, 1994, p. 313 et suiv.

sa plénitude »[334] conduit tout simplement à poser la question de la pérennité de la Constitution, la décision du peuple de modifier le texte de manière substantielle transformant celui-ci en organe constituant originaire.

Le danger réside dans la phase révolutionnaire qui peut apparaître à ce moment.

Conclusion du chapitre 2

En étudiant le pouvoir constituant dérivé, nous sommes parvenus à trois constats.

D'une part, les procédures utilisées aux États-Unis, en France et au Bénin placent le peuple dans une position relativement restreinte. Il ne peut être à l'initiative de la procédure, du moins directement. Il n'intervient pas non plus au moment de la discussion. Sa seule intervention peut apparaître au moment de la ratification, mais ceci n'est pas automatique, si on prend les exemples français et béninois. De fait, la ratification peut être confiée à une autre instance, un autre organe censé agir au nom du peuple.

D'autre part, la procédure constituante dérivée permet de mettre en avant l'importance d'un acteur au sein du régime. Aux États-Unis, cet acteur est l'organe législatif qui, en pratique, intervient de manière initiale pour lancer une révision. En France et au Bénin l'acteur en question est l'organe exécutif, à titre principal. On constate ici une distorsion importante entre la théorie et la pratique puisque nous passons d'une théorie qui comporte une intervention concurrente de deux organes, législatif et exécutif, à une pratique qui privilégie l'un d'entre eux, en l'occurrence le Président.

Enfin, et cet aspect est décisif, le système béninois dispose d'une véritable originalité en ce qui concerne son contrôle puisqu'il comporte un contrôle de constitutionnalité des lois de révision au niveau matériel. Cet élément est important car il conduit une Cour non élue à pouvoir empêcher une révision constitutionnelle qui serait voulue par les organes constitués, Président et Assemblée, et même peut-être par le peuple lui-même. Ceci soulève la question de la place

[334] G. Vedel cité par L. Favoreu, « *Souveraineté et supra constitutionnalité* », in *Pouvoirs,* 1993, n°67, p.75.

de la Cour constitutionnelle dans une organisation démocratique. Au Bénin, le choix a été fait de donner à cette Cour la possibilité d'empêcher un peuple devenu simplement un organe constituant dérivé, directement ou par l'intermédiaire de ses représentants, de trahir l'esprit initial du texte. Tout le paradoxe est dans ce constat.

Conclusion du titre 2

A l'issue de ce second titre, nous avons déjà pu relever une spécificité béninoise tout en insistant aussi sur un certain nombre de points communs.

Au titre des seconds, on peut facilement évoquer la mise en place des organes constituants et le contexte qui a conduit à la construction constitutionnelle initiale. On peut aussi citer les procédures suivies, les mécanismes mis en place et un certain nombre de dispositions similaires. La proximité avec le système français est patente, sur plusieurs points.

Au titre des premiers, la grande originalité concerne la place de la Cour constitutionnelle dans le cadre de la procédure constituante dérivée. Alors qu'il est assez classique de faire de la souveraineté populaire au moment constituant originaire une fiction (pour des raisons de contexte, révolutionnaire ou de déstabilisation institutionnelle), il est beaucoup plus habituel de retrouver le peuple en tant qu'acteur, pas nécessairement principal, mais disposant d'une relative latitude, lors de la ratification d'une révision constitutionnelle. Or, au Bénin, les interventions de la Cour constitutionnelle démontrent déjà une volonté d'encadrer le peuple et ses représentants y compris au regard de la position particulière de la Constitution et de sa force juridique.

Conclusion de la première partie

L'analyse de la construction de la Constitution, à la fois au moment constituant, originaire et dérivé, et dans le cadre de ses équilibres institutionnels permet de faire apparaître une spécificité en ce qui concerne la place du peuple au Bénin.

D'une part, nous avons évoqué les spécificités du peuple béninois et les questions particulières que pose ce concept.

D'autre part, nous retrouvons de manière assez traditionnelle la fiction juridique qui consiste à faire du peuple le souverain dont dépend l'ensemble des pouvoirs, au moment constituant, par l'intermédiaire d'organes autoproclamés, au moment dérivé, par l'intermédiaire d'organes choisis par la Constitution, et lors de la mise en pratique dans le cadre de la représentation politique classique. À ce titre, de nombreux points communs existent entre le Bénin et les modèles américains et français.

Enfin, nous avons été amenés à nous interroger sur la place réelle du peuple en tant qu'acteur au sein de la Constitution béninoise.

Cette interrogation a surgi principalement lors de l'étude de l'organe constituant dérivé. De fait, en application de sa Constitution, la structure béninoise devait faire intervenir le peuple de manière assez attendue dans le cadre de la ratification. Or, la Cour constitutionnelle en contrôlant les lois constitutionnelles et donc le pouvoir de révision a montré qu'elle pouvait empêcher le peuple de redevenir un constituant libre, à ce moment précis. Tout en étant très intéressant du point de vue juridique, ceci soulève nécessairement la question d'une contradiction potentielle entre la volonté du peuple et la volonté d'un organe non élu, la Cour.

La question qui surgit ici concerne évidemment la prise en compte du peuple dans le fonctionnement des institutions, acteur principal ou facteur légitimant qu'il faut encadrer ?

SECONDE PARTIE

LE PEUPLE ET LE FONCTIONNEMENT DU REGIME

Dans cette seconde partie, nous nous posons la question de la pratique démocratique, c'est-à-dire de l'intervention du peuple dans le régime, avec les conséquences qui peuvent en découler. À ce titre, la mise en place d'un régime politique sous-entend aussi, dans une démocratie, de prévoir des représentants du peuple, et, dans ce cadre, d'organiser leur relation. C'est évidemment le cœur de la question de la séparation des pouvoirs. À ce titre, notre raisonnement général a pour but de comprendre comment la prise en compte des spécificités d'un peuple peut conduire à une séparation des pouvoirs renouvelés (Titre 1er) qui permettrait d'évoquer une originalité béninoise. Cette même originalité se retrouve d'ailleurs dans l'intervention du peuple (Titre 2), au regard des conséquences.

TITRE 1

LA SEPARATION DES POUVOIRS ET L'ORIGINALITE BENINOISE

« *Pour qu'on ne puisse abuser du pouvoir, il faut que, par la disposition des choses, le pouvoir arrête le pouvoir* »[335]. Aux origines du constitutionnalisme moderne, on trouve la question des rapports entre les pouvoirs et de leur nécessaire équilibre. Présent dans la philosophie des Lumières, ce principe est au centre de la « *définition-classification des fonctions constitutionnelles* »[336] que l'on retrouve chez Montesquieu au début de son ouvrage *l'Esprit des lois*, en ces termes : « *Il y a, dans chaque État, trois sortes de pouvoirs : la puissance législative, la puissance exécutrice des choses qui dépendent du droit des gens et la puissance des choses qui dépendent du droit civil. Pour la première, le prince ou le magistrat fait des lois pour un temps ou pour toujours et corrige ou abroge celles qui sont faites. Par la seconde, il fait la paix ou la guerre, envoie ou reçoit des ambassades, établit la sûreté, prévient les invasions. Par la troisième, il punit les crimes, ou juge les différents des particuliers. On appellera cette dernière la puissance de juger et l'autre simplement la puissance la puissance exécutrice de l'État* »[337]. La question de la relation entre ces puissances est posée.

La séparation des pouvoirs en tant que concept juridique[338] se nourrit de ce point de départ. Mais le singulier est trompeur. De fait, le

---

[335] Cf. C. Montesquieu, *De l'esprit des lois*, Livre XI chapitre IV.

[336] Cf. M. Barberis, « Le futur passé de la séparation des pouvoirs », in *Pouvoirs : La séparation des pouvoirs,* 2012, *n*°143, p. 5-15.

[337] C. Montesquieu, *De l'esprit des lois,…*, op.cit.

[338] Le concept lui-même fait l'objet de multiples débats et réflexions ; voir entre autres Ch. Eisenmann, « L'esprit des Lois et la séparation des pouvoirs » in *Écrits de théorie du droit, de droit constitutionnel et d'idées politiques*, textes réunis par Charles Leben, Panthéon-Assas, Paris, 2002 ; M. Troper, *La Séparation des pouvoirs et l'histoire constitutionnelle française*, Bibliothèque constitutionnelle et de science politique, Paris, LGDJ, 1973, 251 p. ; S. Baume, B. Fontana, *Les Usages de la séparation des pouvoirs*, Paris, Michel Houdiard, 2007, 192p. ; A. Pariente, *La séparation des pouvoirs: théorie contestée et pratique renouvelée*, Paris, Dalloz, 2007, 160 p. ; W. B. Gwyn, *The meaning of the separation of powers: an analysis of the doctrine from its origin to the adoption of the United States Constitution*, vol. 9 à 10, Tulane University, 1965, 159 p.; M. J. C. Vile, *Constitutionalism and the separation of powers*, Liberty Fund, 1998, 455 p.; W. S.

concept renvoie à plusieurs modèles que l'on a choisi de classer sous des expressions diverses : régime parlementaire, régime présidentiel, régime semi-présidentiel, etc.

Parce qu'il peut être considéré comme une démocratie récente, le Bénin est aussi un héritier d'une longue tradition juridique concernant la séparation des pouvoirs et ses conséquences. Toutefois, un examen plus précis du modèle choisi soulève immédiatement une question en raison des distorsions constatées avec la classification traditionnelle. L'originalité béninoise apparaît ici sous deux angles différents : d'une part, au regard de la classification des régimes (chapitre 1), d'autre part, en raison des moyens choisis pour résoudre les conflits entre les institutions (chapitre 2).

Dans notre logique, le rapport au peuple apparaît singulier. En effet, le dispositif constitutionnel laisse la place à des interventions diverses, qu'il est nécessaire d'approfondir.

Carpenter, « the Separation of Powers in the Eighteenth Century », in *American Political Science Review*, 1928, vol. 22, n° 1, p. 32-44; J. A. Fairlie, « the Separation of Powers », in *Michigan Law Review*, 1923, vol. 21, n° 4, p. 393-436; M. P. Sharpe, « The Classical American Doctrine of Separation of powers », in *University of Chicago Law Review*, 1934-1935, n°2, p. 385-436; F. G. Wilson, « The Mixed Constitution and the Separation of Powers », in *Southwestern Social Science Quarterly*, 1934, n° 15, p. 14-28; B. F. Wright, « the origins of the separation of powers », in *Economica*, 1933, n° 40, p. 169-185.

CHAPITRE 1

LE BENIN A L'EPREUVE DE LA CLASSIFICATION DES REGIMES

À la lecture de la Constitution béninoise, on relève plusieurs éléments qui pourraient sembler déterminants.

D'une part, le texte fondamental fait mention d'un Président, qui est à la tête du gouvernement. On note l'absence d'un quelconque droit de dissolution ou d'une responsabilité politique des ministres. Ces premiers aspects inciteraient à voir dans ce régime une imitation du système américain.

Mais, d'autre part, on constate que le texte ne mentionne pas de droit de veto. Il précise, de surcroît, que le Président dispose d'un droit d'initiative, au même titre que les membres de l'assemblée. Ces deux éléments contredisent les références présidentielles.

Il nous faut revenir sur la question des modèles, français et américain (section 1), pour mieux comprendre le choix béninois (section 2).

Section 1- La question des modèles

Régime parlementaire contre régime présidentiel. Cette distinction, peu connue qu'elle soit, n'en a pas moins été très souvent discutée, pour ne pas dire critiquée, car elle soulève de multiples questions au regard des différences entre théorie et pratique. Un retour sur les deux exemples qui nous intéressent ici, les États-Unis, d'une part (§1), et la France, d'autre part (§2), éclaire d'une manière très différente la répartition des pouvoirs qui se trouvent derrière ces deux expressions.

§1- De la balance des pouvoirs au régime présidentiel, un modèle américain ?

Parce que la Constitution fédérale américaine a été rédigée en 1787, il est fréquent de commettre une erreur, croire que ce texte est resté le même, en insistant sur sa longévité et sa permanence. Un examen plus précis de son contenu, au regard en particulier de la séparation des pouvoirs, apporte un tout autre éclairage en démontrant que cette longévité s'explique par une adaptabilité, et peut-être aussi par une transformation, permanente. De la sorte, l'étiquette « régime présidentiel » (B) a été apposée au cours du XXe siècle sur un ensemble de relations politiques qui, initialement, se voulait au contraire équilibrer, dans le cadre d'une balance (A).

A/ La balance des pouvoirs, l'origine et l'équilibre

Des études, nombreuses, ont mis en lumière la particularité du système fédéral américain, dès ses origines. Loin de mettre l'accent sur un pouvoir, les constituants de Philadelphie ont au contraire choisi un modèle d'équilibre, dénommé balance des pouvoirs[339], pour éviter toute concentration entre les mains d'un seul de la capacité d'agir au niveau politique. Il fallait éviter le despotisme, l'autoritarisme : quoi de mieux, dans ce cas, que de diviser l'action politique en rendant impossible la décision en dehors d'un accord entre les pouvoirs séparés ?

Ceci explique que, derrière le système constitutionnel des États-Unis, on trouve deux idées distinctes : d'une part, une balance des pouvoirs (1), d'autre part, une séparation stricte des organes (2).

1/ La balance des pouvoirs au sein de la fonction législative

Une simple lecture de la Constitution américaine suffit pour remettre en cause l'hypothèse d'un régime présidentiel prévu dès l'origine. Et ce pour au moins deux raisons, la première formelle (a), la seconde matérielle (b).

a/ Un argument formel

La première raison peut être tirée du texte lui-même et de son organisation. Les constituants de Philadelphie ont voulu mettre l'accent sur l'un des organes en évoquant de manière successive l'organisation politique.

En regardant la Constitution, on constate que le premier organe, par ordre d'apparition et par ordre d'importance, est le Congrès. Parce

---

[339] Cf. D. P. Kommers, J. E. Finn, G. J. Jacobsohn, *American constitutional law: Governmental powers and democracy*, RL, 2004, p. 109-111.; J. Boudon, *Le Frein et la Balance. Études de droit constitutionnel américain*, Paris, Mare & Martin, 2010, 404 p. ; A. Coutant, *Histoire Constitutionnelle des Etats-Unis*, Tome 1,..., op. cit. p. 166 ; A. Coutant, *Les Visages de l'Amérique*, Mare et Martin, 2014, p. 390 et suiv. ; J. Boudon, « La séparation des pouvoirs aux Etats-Unis », in *Pouvoirs*, 2012, vol. 4, n° 143, p. 113-122.

qu'il s'agit de l'organe principal, celui qui discute et qui vote la loi, il est apparu tout naturel aux membres de la convention de mettre en avant le parlement, c'est-à-dire les deux chambres américaines, la chambre des représentants et le Sénat, qui constituent le Congrès[340]. C'est cet organe qui dispose de la compétence principale, le vote.

Ensuite seulement vient l'organe exécutif. Le Président apparaît comme un acteur important, mais en aucun cas principal. Les débats de la convention de 1787 font apparaître un véritable doute dans l'esprit des constituants au regard de ce que doit être un Président[341]. Il ne doit en aucun cas être l'équivalent d'un roi, ce que les commentateurs du projet constitutionnel démontreront dans *Le Fédéraliste*[342]. L'organe exécutif est bel et bien le deuxième pouvoir du système américain, et en aucun cas le premier.

Dans un troisième temps, la Constitution évoque une Cour suprême. Sur ce cas précis, nous reviendrons car l'existence d'une juridiction ayant une compétence en matière de contrôle constitutionnel n'est pas avérée en 1787. Il faut attendre 1803 et le célèbre arrêt *Marbury v. Madison* pour que la Cour intervienne dans le fonctionnement lui-même. Pour autant, elle est bien prévue par la Constitution, au titre du troisième pouvoir, tel que Montesquieu l'avait sous-entendu.

b/ Un argument matériel

La seconde raison apparaît dans l'organisation de la fonction législative elle-même. Les conventionnels de Philadelphie ont-ils choisi de donner une place majeure au Président ? Loin s'en faut. Lorsqu'on examine la balance des pouvoirs qui existe au sein de la fonction législative, on constate que, d'une part, le pouvoir principal appartient au Congrès, ce qui fait naître un premier équilibre, et, d'autre part, la loi ne peut exister sans l'intervention positive ou négative d'autres organes.

La création de la loi conduit, dans la Constitution américaine, à mettre l'accent sur l'action du Congrès. Pour autant, les constituants ont

---

[340] Cf. J. Fitzgerald, *Congress and the separation of powers*, Praeger, 1986, 165 p.

[341] Même la question de l'unicité du titulaire fait l'objet d'un débat. Voir en particulier la séance de la convention du 1er juin 1787, J. Madison, *Notes of the Debates in the Federal Convention of 1787*, Norton et cie, 1987, p. 45 et suiv.

[342] Cf. A. Hamilton, J. Jay, J. Madison, *Le Fédéralisme*, Paris, Garnier, 2012, p. 510 et suiv.

voulu à ce niveau également prévoir une balance, en donnant un pouvoir d'intervention identique aux deux chambres[343]. Pour parvenir au vote d'une loi, il est nécessaire d'obtenir un accord entre les deux majorités, présentes au sein du Congrès[344]. Celui-ci dispose donc tout à la fois de la fonction principale par le vote et la discussion et d'un mécanisme de protection contre la concentration du pouvoir, par un équilibre entre les deux chambres[345].

Mais les Américains n'ont pas souhaité s'arrêter là. Ils ont donné au Président un pouvoir d'action, ou pour être plus précis un pouvoir de blocage[346]. Le droit de veto apparaît ici comme un instrument important, certes, mais qui ne peut être décisif. La Constitution prévoit la possibilité de dépasser un veto par un vote des deux chambres. Néanmoins, il y a bien aussi une volonté de donner au Président une place importante dans la fonction législative, bien qu'il ne s'agisse ni d'un droit d'initiative, ni d'un droit d'amendement[347]. Peut-on parler d'une action uniquement négative ? La tentation est grande.

Quant au troisième aspect, il fait intervenir une Cour suprême qui contrôle la constitutionnalité des textes. À ce titre, si elle est en désaccord avec cette constitutionnalité, elle peut annuler un texte. Nous avons ici affaire à une intervention qui soulève une question : s'agit-il d'un pouvoir ou d'un contre-pouvoir ? De nouveau il peut s'agir d'une action uniquement négative. Dans ce cas l'abstention est pourtant nécessaire ou pour être plus précis la validation au regard de

---

343 Cf. J. Wilson, *American Government: Brief Edition*, Cengage Learning, 2008, p. 197. ; K. L. Hill, *An Essential Guide to American Politics and the American Political System*, AuthorHouse, 2012, p. 39. ; S. S. Smith, J. M. Roberts, R. J. Vander Wielen, *The American Congress,* Cambridge University Press, 2015, p. 44.

344 Cf. A. R. Grant, *The American Political Process*, Psychology Press, 2004, p. 33-34. ; S. W. Schmidt, M. C. Shelley, B. A. Bardes, *American Government and Politics Today*, Cengage Learning, 2012, p. 30. ; D. E. Brannen, L. W. Baker, *Checks and Balances: The Three Branches of the American Government,* Thomson/Gale, 2005, vol. 2, 513 p.

345 Voir le débat devant la convention de Philadelphie, Madison, *Notes of the Debates...,* op. cit., p. 155 et suiv.

346 Cf. S. S. Smith, J. M. Roberts, R. J. V. Wielen, *The American Congress,* Cambridge University Press, 2009, p. 49.

347 Ce pouvoir est prévu dans l'article 1er de la Constitution américaine, qui définit la fonction législative. Plus précisément c'est même la section 7 qui évoque la procédure pour concevoir une loi qui fait référence au veto ; C. M. Hardin, *Constitutional reform in America: essays on the separation of powers*, Iowa State University Press, 1989, 236 p.

la Constitution, en cas de saisine. Pour atteindre cet équilibre, il faut attendre l'arrêt de 1803.

Dans ce premier temps, on peut difficilement voir dans la balance des pouvoirs une structure qui va donner au Président une place majeure. Qu'en est-il lorsqu'on évoque cette fois-ci la séparation stricte ?

2/ La séparation stricte des organes

Il s'agit d'un élément de garantie de la balance des pouvoirs. Pour que les pouvoirs, législatif, exécutif, et judiciaire, s'équilibrent au sein d'une balance, ils ne doivent pas dépendre les uns des autres. À ce titre, la Constitution des États-Unis a prévu une séparation stricte, par des dispositions précises (a) en limitant le plus possible les interactions (b).

a/ Les trois dispositions

Première disposition : le Congrès en tant qu'organe législatif ne possède aucune arme constitutionnelle à l'encontre de l'organe exécutif. Cela signifie qu'il n'existe pas de responsabilité politique. La seule responsabilité est pénale.

Deuxième disposition : le Président ne peut pas dissoudre les chambres qui constituent le Congrès. Il n'a aucun moyen d'action sur l'organe législatif à ce titre.

Troisième disposition : les juges de la Cour suprême, nommés à vie sur proposition du Président et validation par le Sénat, ne dépendent plus des deux autres organes par la suite. Cette dépendance initiale est d'ailleurs limitée en raison de double intervention, du Président, d'un côté, du Sénat, de l'autre.

b/ La résultante

Il y a ici une séparation stricte puisqu'il ne peut en aucun cas y avoir dépendance. La Cour suprême ne peut pas agir contre les membres du Congrès. Elle ne peut pas non plus agir contre le Président. Le Congrès ne dispose d'aucune arme contre la Cour. Le Président ne peut agir contre la Cour suprême que par le biais de la nomination de ses membres, ce qui restreint considérablement son pouvoir d'intervention.

On le voit, on peut difficilement parler au regard de ces éléments d'un régime dominé par le Président américain, ce qui serait la logique attendue lorsqu'on évoque un régime présidentiel. Dans ce cas, de quoi parle-t-on ?

B/ La pratique, le régime présidentiel et ses limites

Pour comprendre le concept de régime présidentiel[348], il faut revenir à la pratique du texte américain et à ses interprétations potentielles.

1/ Régime congressionnel et gouvernement des juges

L'étude de la Constitution américaine, dans une perspective pratique, a déjà été menée. Elle a permis de faire apparaître trois régimes potentiels au sein même du système américain, le régime présidentiel mais aussi un régime dit « congressionnel » (a) et un « gouvernement des juges » (b). À chaque fois, il s'agit d'un déséquilibre, en théorie temporaire, de la balance des pouvoirs.

a/ Le régime congressionnel

Le premier est désigné sous le terme de régime congressionnel[349]. Comme son nom l'indique, dans ce régime pratique, la balance est déséquilibrée au profit du Congrès[350]. On a pu relever plusieurs exemples dans l'histoire américaine, qui ont conduit à mettre en avant l'organe législatif au détriment des deux autres organes, en facilitant son action.

Le premier épisode, le plus long et aussi le plus célèbre, concerne les débuts de la Constitution fédérale et s'étend jusqu'à l'ère des bons sentiments[351].

---

[348] Cf. B. Gilson, *La découverte du régime présidentiel,* Paris, Librairie générale de droit et de jurisprudence, Bibliothèque Constitutionnelle et de science politique, Volume 34, 1968, 413 p. ; S. Rials, « Régime "congressionnel" ou régime "présidentiel" ? Les leçons de l'histoire américaine », in *Pouvoirs* : Les Etats-Unis, 1984, n°29, p.35-47.

[349] Cf. W. Wilson, *Congressional Government*: *A Study in American Politics*, Houghton, Mifflin, 1901, 333 p.

[350] Cf. J. Chafetz, *Congress's Constitution: Legislative Authority and the Separation of Powers*, Yale University Press, 2017, 448 p.

[351] Cf. K. J. Whitby, *Strategic Decision-Making in Presidential Nominations: When and Why Party Elites Decide to Support a Candidate,* SUNY Press, 2014, p. 20; W.

Dans un premier temps, les acteurs politiques américains pensent que le Président sera choisi par l'intermédiaire du Congrès. Seule une personnalité bénéficiant du soutien de l'organe législatif pourra envisager de gagner l'élection. Cette logique s'installe en 1796 avec l'apparition de deux camps partisans (fédéralistes et républicains démocrates). Après la victoire américaine lors de la seconde guerre contre les Anglais, en 1812, le régime politique est transformé en raison de la disparition du parti fédéraliste. Le parti républicain démocrate, le seul survivant, domine la classe politique, ce qui a des conséquences majeures. Au sein du Congrès, une majorité essentielle domine. La faiblesse des Présidents lui permet de s'installer, en choisissant en son sein les candidats les mieux à même à occuper la fonction exécutive. Après le départ de Madison, c'est dans cette logique qu'il faut comprendre l'élection de James Monroe en tant que Président, en 1816. Il s'agit de la première action potentielle du Congrès, une pression sur le système constitutionnel pour pouvoir désigner le Président. Ceci s'explique car, à cette époque, aucun candidat ne se détache dans les suffrages, en raison du monopartisme. Il suffit donc d'avoir une majorité au sein du parti principal pour être élu.

Durant les décennies suivantes, une logique quelque peu différente va apparaître. Cette fois, il ne s'agit pas de s'intéresser à la relation entre le Congrès et le Président au moment de l'élection, mais bien aux relations ultérieures durant le mandat. La faiblesse de certains Présidents permet au Congrès d'intervenir de manière beaucoup plus importante, pour imposer des choix parfois déterminants. En dehors de la parenthèse de la présidence Jackson, marquée par un exécutif beaucoup plus fort en raison de la personnalité de son titulaire, les différents Présidents jusqu'à la veille de la guerre civile se trouvent face à des Congrès importants, avec lesquels il faut composer pour pouvoir agir.

Le troisième épisode est très symbolique puisqu'il intervient au lendemain de la guerre civile. Cette fois, un Congrès républicain radical qui souhaite tirer toutes les conséquences de la victoire du Nord sur le Sud veut imposer sa politique au Président, Andrew Johnson, un démocrate du Sud, choisi comme vice-Président par

---

R. Brock, *Parties and Political Conscience: American Dilemmas, 1840-1850*, KTO Press, 1979, p. 87.

Lincoln au moment de sa réélection, en 1864. Les velléités de résistance de Johnson conduisent à la seule mise en cause d'une responsabilité pénale dans un but politique dans l'histoire américaine. Cet événement survient en 1868. Parce que le Congrès souhaite briser la résistance du Président pour faciliter son action à l'encontre des anciens États sudistes, il va jusqu'à utiliser la responsabilité pénale, l'impeachment, bien qu'aucun délit ou crime n'ait été commis. L'échec de la procédure ne signifie pas pour autant un échec du Congrès qui a montré par ce geste qu'il était capable d'aller particulièrement loin pour pouvoir attaquer un Président. Woodrow Wilson ne s'y trompe pas en 1885 lorsqu'il rédige son ouvrage sur les excès d'un système américain dominé par le Congrès. *Congressional Government*[352] dénonce la faiblesse des Présidents face à l'organe législatif ; Wilson vise principalement Johnson, Grant et Hayes[353]. Nous venons de voir que, en ce qui concerne le premier, cette faiblesse se traduit par une tentative constitutionnelle de déstabilisation. Malgré son passé militaire, Ulysses Grant ne parvient pas plus à imposer une autorité aux deux chambres. Quant à Rutherford Hayes[354], le contexte de son élection explique son affaiblissement ultérieur. Il s'agit d'un Président minoritaire, vaincu par son adversaire aux élections de 1876 au regard du résultat des votants et remportant pourtant le scrutin, au sein du collège électoral, grâce à un accord avec les représentants du Sud, dans le but de mettre fin à la mise sous tutelle de ces territoires.

b/ Le « gouvernement » des juges

Le second déséquilibre concerne cette fois la Cour suprême et son action potentielle. On pourrait penser que, dans ce cadre, la situation est différente car la Cour ne dispose que d'un pouvoir d'action limitée. Elle ne peut intervenir qu'après la décision politique, au regard du texte constitutionnel et de son interprétation. Pourtant, dans la pratique, c'est ce pouvoir de « nuisance », ce pouvoir de blocage, qui

---

352 W. Wilson, *Congressional Government: A Study in American Politics*... op. cit.

353 Cf. D. B. Hale, *The United States Congress*, Transaction Publishers, 1983, p. 13.

354 Sur cet épisode, P. L. Haworth, *The Hayes-Tilden disputed presidential election of 1876*, Burrows Brothers Company, 1906, 365 p.; M. F. Holt, *By One Vote: The Disputed Presidential Election of 1876*, UPKa, 2011, 300 p.; R. Jr. Morris, *Fraud of the Century: Rutherford B. Hayes, Samuel Tilden, and the Stolen Election of 1876*, Simon and Schuster, 2007, 320 p.; C. V. Woodward, *Reunion and reaction: the compromise of 1877 and the end of reconstruction*, OUP, 1991, 263 p.

conduit à parler de « gouvernement » des juges. On doit l'expression à un français, Édouard Lambert, qui, examinant le système américain dans la première moitié du vingtième siècle, en tire des conclusions sur la place de la Cour suprême et sur ses compétences[355]. Pour le comprendre, il faut revenir sur l'action de la Cour au sein de la balance des pouvoirs.

Dans la balance initiale, la Cour n'intervient que pour valider une législation au regard de sa conformité à la Constitution. On peut penser qu'il s'agit ici d'un système de protection supplémentaire. C'est dans ce sens qu'en 1803 la Cour choisit de censurer un texte législatif comme contrevenant à la Constitution.

Mais ce mécanisme présuppose une autre compétence de la Cour : celle d'interpréter la Constitution. C'est sur ce point précis que le débat peut apparaître. De fait, cette interprétation est souveraine puisque la Cour peut agir comme elle le souhaite au regard des textes qu'elle interprète. Lambert fait référence à l'ère Lochner qui commence en 1905[356]. Mais nous pouvons étendre ce raisonnement. Ainsi, durant la présidence du juge Marshall, entre 1800 et 1835, la Cour a été amenée à interpréter la Constitution dans un sens spécifique. L'exemple le plus significatif concerne les droits

---

[355] Cf. E. Lambert, *Le gouvernement des juges et la lutte contre la législation sociale aux États-Unis : l'expérience américaine du contrôle judiciaire de lac constitutionnalité des lois*, M. Giard & Cie, 1921, 276 p.

[356] Cf. Lochner v. New York, 198 U.S. 45 (1905), pour un commentaire voir D. E. Bernstein, *Lochner V. New York: A Centennial Retrospective*, George Mason University School of Law, 2006, 116 p.; D. E. Bernstein, *Rehabilitating Lochner: Defending Individual Rights against Progressive Reform*, University of Chicago Press, 2011, 202 p.; H. Gillman, *The Constitution Besieged: The Rise and Demise of Lochner Era Police Powers Jurisprudence*, DUP, 1993, 317 p.; Th. N. Guinsburg, *Lochner v. New York: Symbol for an Age: the Crusade against Judicial Obstructionism, 1902-1917*, 1961, 186 p.; P. Kens, *Judicial power and reform politics: the anatomy of Lochner v. New York*, UPKa, 1990, 232 p.; P. Kens, *Lochner v. New York: economic regulation on trial,* UPKa, 1998, 216 p.; P. Kens, « Lochner V. New York: Tradition or Change in Constitutional Law? », in *NYU Journal of Law & Liberty*, vol. 1, n°1, p. 404-431; A. A. Mavrinac, « From Lochner to Brown v. Topeka: The Court and Conflicting Concepts of the Political Process », in *The American Political Science Review*, 1958, vol. 52, n°3, p. 641-664; E. F. Paul, « Freedom Of Contract And The "Political Economy" Of Lochner v. New York », in *NYU Journal of Law & Liberty*, 2005, vol. 1, n°1, p. 515-569.; C. R. Sunstein, « Lochner's Legacy », in *Columbia Law Review,* 1987, vol. 87, n°5, p. 873-919, L. Tribe, *American Constitutional Law*, …, op. cit., p. 1343.

fondamentaux avec un arrêt rendu en 1833 dans l'affaire *Baron v. Baltimore.*[357] Marshall insiste sur l'existence de deux niveaux dans la fédération pour retirer toute opposabilité du *Bill of Rights* aux décisions des États. Chaque niveau dispose d'un système constitutionnel et d'un système de protection des droits, il ne peut pas y avoir d'interférence dans son esprit. Il faudra attendre plus d'un siècle pour que la Cour revienne sur cette idée et unifie le droit américain en la matière.

L'ère Lochner est beaucoup plus symbolique au regard des conséquences politiques, voire politiciennes. Après cet arrêt rendu en 1905, la Cour maintient une jurisprudence libérale au niveau économique jusqu'en 1937. Concrètement, cela signifie qu'une juridiction peut intervenir pour empêcher des lois d'exister, au regard de la Constitution telle qu'elle interprète. Or, en regardant la jurisprudence de la Cour durant ces trois décennies, on constate qu'elle annule systématiquement les lois conduisant à des droits sociaux ou à des interventions étatiques sur l'économie. De cette manière, la Cour oriente la politique qui est menée en interdisant l'action de l'État fédéral sur un certain nombre de domaines. Dans son ouvrage, Lambert met en perspective les choix américains et une évolution qui, selon lui, est en train de se produire en France[358]. Appelant de ses vœux la mise en place d'un contrôle de constitutionnalité, par une révision des lois constitutionnelles de 1875, Lambert insiste sur les conséquences d'une intervention accrue de l'organe judiciaire et en particulier de la Cour suprême. Dans son raisonnement, l'évolution américaine commence en 1883 et trouve sa pleine expression après 1905, avec l'arrêt *Lochner.* Il évoque d'ailleurs le débat né aux États-Unis, en citant un article intitulé

---

[357] Voir par exemple F. W. Friendly, M. J. H. Elliott, *The Constitution, that delicate balance*, Random House, 1984, p. 3 et suiv.; J. Hakim, *The new nation*, vol. 4 de *History of the United States Series*, OUP, 1994, p. 122-123; G. Ivers, *American Constitutional Law: Civil rights and liberties*, Houghton Mifflin Co., 2001, p. 41 et suiv.; Th. J. Lowi, *The end of the republican era*, University of Oklahoma Press, 2006, p. 29 et suiv.; B. J. Doherty, « Interpreting the Bill of Rights and the Nature of Federalism: Barron v. City of Baltimore », in *Journal of Supreme Court History*, 2007, vol. 32, n°3, p. 211–228.

[358] Cf. E. Lambert, *Le gouvernement des juges et la lutte contre la législation sociale aux États-Unis : l'expérience américaine du contrôle judiciaire de la constitutionnalité des lois*, ..., op. cit.

« *Government by Judiciary* », publié en 1911[359]. Reprenant le principe de cet article, la dénonciation de la suprématie judiciaire sur la structure démocratique par l'intermédiaire du contrôle des lois, Lambert évoque une distorsion au sein de la balance des pouvoirs, un déséquilibre, qui est peut-être symptomatique de l'évolution américaine (il insiste d'ailleurs sur la fragilité de la séparation des pouvoirs conçue par Montesquieu…), mais qui a aussi des répercussions dans les autres démocraties au regard de la force potentielle des juridictions.

Il faudra un combat avec le Président des États-Unis, Franklin Roosevelt, en 1937, pour que la Cour abandonne cette approche[360].

2/ Un régime présidentiel ?

Dans la logique précédente, on envisage aussi la domination potentielle de l'organe Présidentiel. Mais, bien que cette domination soit possible et même effective, elle soulève plusieurs questions au niveau interne (b) et repose sur des mécanismes spécifiques (c). Elle intervient en raison d'un contexte particulier (a).

a/ Une question de contexte

Dans quelle mesure le Président peut-il dominer ? Il est fréquent de relier l'apparition de l'interprétation présidentielle de la Constitution américaine à l'augmentation des pouvoirs du Président sur la scène internationale.

De fait, au regard du texte constitutionnel, c'est bien dans cette sphère que le Président américain dispose des compétences les plus importantes. Or, au lendemain de la Première Guerre mondiale, les États-Unis occupent une nouvelle place dans le concert des nations, ce qui donne à leurs représentants au niveau international une place particulière. Malgré cette interprétation, et malgré l'importance du personnage en tant que tel dans les décennies suivantes (on pense en particulier à Roosevelt, Kennedy, ou encore Nixon), ceci serait singulièrement restreint au regard de son positionnement interne.

---

359 Cf. L. B. Boudin, « Government by judiciary», *Political Science Quarterly*, 1911, n° 26, p. 238.

360 Cf. A. Coutant, *Histoire constitutionnelle des Etats-Unis*, tome 2,…, op. cit., p. 681 et suiv.

Il suffit de préciser que certains Présidents se sont heurtés à leur Congrès (l'échec de la société des nations voulue par Wilson et rejetée par son propre Congrès est ici un exemple pertinent[361]) pour comprendre qu'il faut ajouter une autre dimension en évoquant un régime présidentiel.

b/ Une action interne ?

La domination au niveau interne doit correspondre à une situation très particulière, qui conduit à deux hypothèses distinctes. Dans la première, le Président domine. Avec toutefois quelques exceptions. Dans la seconde, il est fragilisé.

La première hypothèse concerne une relation privilégiée avec le Congrès. On peut imaginer qu'un Président ayant été élu très largement par la population et disposant d'une majorité au sein des deux chambres du Congrès puisse faire passer facilement ses mesures. Un Président a donc un programme politique et va le mettre en application par l'intermédiaire de l'organe législatif qui lui obéit. Ceci fait naître en pratique une autre disposition plus inattendue : rappelons que le Président ne dispose pas du droit d'initiative en matière législative. Pour que son action, validée par la population au moment de l'élection, se concrétise dans une loi il est nécessaire de passer par une intervention dans les deux chambres pour soutenir l'initiative. Autrement dit, en pratique le Président disposerait d'un relais au niveau des chambres, relais d'autant plus fragile qu'il n'est pas constitutionnellement protégé.

La seconde hypothèse est donc ici tout aussi logique. En cas de désaccord avec une des deux chambres, voire les deux, un Président serait fragilisé. Il suffit de choisir l'exemple de Barak Obama afin d'illustrer les conséquences évidentes de cette hypothèse[362]. Ce Président très symbolique a été élu à deux reprises. Or, lors des deux mandats, il n'a pu disposer d'une majorité démocrate dans les deux chambres que durant deux ans. Les six autres années ont été marquées par de nombreux débats, pour ne pas dire de nombreux combats, qui

---

[361]Cf. J. M. Cooper, *Breaking the Heart of the World: Woodrow Wilson and the Fight for the League of Nations*, Cambridge University Press, 2001, 454 p.

[362] Cf. B. A. Loomis, Wendy J. Schiller, *The Contemporary Congress*, Rowman & Littlefield, 2015, p. 216.

ont en grande partie rendue impossible les réformes voulues. Il n'a bénéficié que d'une période relativement restreinte pour pouvoir agir.

c/ Une évolution des mécanismes

Deux autres catégories d'outils vont consacrer l'évolution du régime en accentuant les pouvoirs du Président. Dans les deux cas, il s'agit de donner une place plus importante à l'organe exécutif dans la prise de décision politique.

La première catégorie d'outils est directement tirée de la Constitution américaine. Dans ce texte, le Président peut envoyer des messages au Congrès et prononcer chaque année un discours sur l'État de l'union[363]. Ces deux moyens changent de destination en raison de l'accroissement du pouvoir présidentiel. Par l'intermédiaire du discours sur l'État de l'union, d'une part, et des messages au Congrès, d'autre part, le Président peut faire part à la population mais aussi et surtout aux membres du Congrès de ses intentions législatives. Sans qu'il y ait ici une formalisation de l'initiative législative, puisque le Congrès n'est pas obligé de suivre les demandes du Président, c'est un pas important, puisqu'il suffit qu'il y ait une coordination entre une majorité de membres du Congrès et le Président pour parvenir à une gestion entre les mains de la structure exécutive.

L'autre instrument est issu d'une interprétation de la Constitution. Dans l'article II, section 1, le texte fait référence à « *the executive power* », sans plus de précisions. Il s'agit de donner au Président le pouvoir de mettre en œuvre les lois, ce qui, en cas d'échec, pourrait entraîner son départ. Dans cette première logique, les *Executive Orders* correspondraient au pouvoir réglementaire, soumis à l'action

---

363 Le discours annuel ne figure pas dans le texte ; il n'y est fait mention que d'un discours « de temps en temps ». L'annualité apparaît dans la pratique. Woodrow Wilson instaure le discours en lui-même, ses prédécesseurs préférant la forme écrite. "*Section. 3.*
He shall from time to time give to the Congress Information of the State of the Union, and recommend to their Consideration such Measures as he shall judge necessary and expedient; he may, on extraordinary Occasions, convene both Houses, or either of them, and in Case of Disagreement between them, with Respect to the Time of Adjournment, he may adjourn them to such Time as he shall think proper; he shall receive Ambassadors and other public Ministers; he shall take Care that the Laws be faithfully executed, and shall Commission all the Officers of the United States".

législative initiale. Pourtant, historiquement, cet instrument a conduit à des interventions de certains Présidents, dans un cadre beaucoup plus général. Franklin Roosevelt a ainsi utilisé à plusieurs reprises cette possibilité pour pouvoir agir, parfois en partie en dehors des limites de ses pouvoirs. Il a, pour ce faire, demandé le vote d'une loi lui transférant en partie une compétence législative[364]. C'est ce qui a conduit la Cour *s*uprême à intervenir pour bloquer ce type de décisions[365]. Sous la présidence Truman, des *Executive Orders* ont été condamnés par la juridiction fédérale au motif qu'ils violaient la loi utilisée en référence[366] ; dans une approche française, on aurait pu dire que le décret d'application n'était pas conforme à la loi…. Par la suite, les Présidents ont donc pris l'habitude de ne plus citer le texte de référence, transformant *the Executive orders* en documents en partie indépendants. Un exemple extrême est même apparu en 1999 puisque la guerre du Kosovo a été lancée à partir d'un *Executive Order* de Bill Clinton[367]. Des exemples plus récents indiquent que le pouvoir en question est donc largement interprété. Le 30 juillet 2014, la chambre des représentants a ainsi officiellement condamné un texte de l'administration Obama qui modifiait, en l'appliquant, la loi symbolique sur la santé. Plus près de nous, Donald Trump a tenté à plusieurs reprises d'agir pour empêcher l'entrée sur le territoire américain de certaines populations étrangères, avec à chaque fois une condamnation de la part des juridictions fédérales. Mais on peut relever que ces condamnations ne concernent pas la compétence du Président en la matière mais bien les atteintes que constituaient ces textes à la Constitution au niveau matériel.

Parler de régime présidentiel est donc équivoque. Au regard de ce qui précède, un régime présidentiel à l'américaine a deux visages : il implique une domination du Président, fondée sur un certain nombre de conditions (la concordance de majorités), et sur des pratiques non consacrées constitutionnellement parlant (le droit d'initiative), il peut aussi conduire à des blocages et à une relative faiblesse du Président.

---

364 *The National Industrial Recovery Act of 1933* (NIRA)

365 Cf. J. Shesol, *Supreme Power: Franklin Roosevelt vs. the Supreme Court*, W. W. Norton & Company, 2011, p. 88-90.

366 Cf. M. Marcus, *Truman and the Steel Seizure Case: The Limits of Presidential Power*, Duke University Press, 1994, p. 149 et suiv.

367 Cf. S. M. Milkis, M. Nelson, *The American Presidency: Origins and Development, 1776-2011*, CQ Press, 2011, p. 431.

§ 2 - Du régime parlementaire au régime présidentialiste, une évolution française ?

Avec notre second modèle, la Constitution de 1958, la question de la séparation des pouvoirs se pose différemment. Le contenu de la Constitution implique l'existence d'un régime parlementaire[368]. Néanmoins, cette réponse est insuffisante. Le texte fait apparaître les deux critères traditionnels de ce dernier régime, le droit de dissolution et la responsabilité politique du gouvernement devant l'organe législatif (ici une partie de cet organe, l'Assemblée nationale), ainsi que le partage de l'initiative législative. Mais qu'en est-il de la responsabilité devant le Président ? Si cette responsabilité est avérée, nous avons affaire à un régime parlementaire dualiste. Dans le cas contraire, c'est un régime parlementaire moniste. Or, la réponse peut varier en fonction des périodes et même en fonction des théories.

De fait, en examinant plus précisément le texte, les débats auxquels il a donné lieu (A), et la pratique (B), on constate la présence de plusieurs hypothèses et analyses concernant la nature du régime.

A/ Texte initial et débats

Pour commencer, nous pouvons reprendre les critères. Un régime parlementaire se caractérise par des moyens d'interaction, dissolution contre responsabilité politique[369], et par une initiative législative partagée. Pour aller plus loin dans la définition, on ajoute la présence ou non d'une responsabilité du gouvernement devant le chef de l'État, ce qui conduit à un régime parlementaire dualiste. L'hypothèse d'un système initial caractérisé par un régime parlementaire moniste a été avancée, en se fondant sur le texte et sur un certain nombre d'éléments liés aux constituants (1). Mais, l'hypothèse opposée, tendant à la reconnaissance d'un régime dualiste dès l'origine, dispose aussi de plusieurs arguments pertinents (2)[370].

---

[368] Cf. A.-X. Fournier, *La Dynamique du Pouvoir Sous la Ve République : Cohabitation et Avenir des Institutions*, PUQ, 2008, p. 30 ; Ph. Lauvaux, *Le Parlementarisme*, Paris, PUF, 1997. 128 p.

[369] Cf. Ph. Ségur, *La Responsabilité politique*, PUF, Que sais-je ? 1998 pour une étude sur les deux responsabilités gouvernementales devant l'assemblée et devant le chef de l'Etat.

[370] Voir la présentation du texte constitutionnel en Conseil d'Etat par l'un de ses rédacteurs, M. Debré, *La nouvelle Constitution*, in *Revue française de science*

1/ Un régime parlementaire moniste ?

C'est une thèse assez convaincante, au regard du texte et de sa logique[371].

Si nous nous plaçons en 1958, la loi constitutionnelle qui encadre l'action du gouvernement de Gaulle pour rédiger le nouveau texte fondateur mentionne une responsabilité politique du gouvernement. Nous avons l'un des éléments du régime parlementaire, la responsabilité devant l'Assemblée, ce qui pourrait aussi être le premier pas vers un régime parlementaire moniste, à défaut d'une autre responsabilité reconnue.

Dans le texte définitif, nous notons la présence d'un droit de dissolution (article 12), et d'une responsabilité politique du gouvernement devant l'Assemblée (articles quarante-neuf et cinquante du texte originel). Il n'est nulle part fait mention d'une responsabilité devant le Président. Le texte prévoit simplement la nomination du premier ministre et la nomination, sur proposition du premier ministre, des différents ministres (article 8). Ce même article évoque la démission du premier ministre mais en aucun cas une éventuelle révocation. On peut aisément en tirer des conclusions au regard de la place du Président dans le texte original.

En 1958, le Président n'est pas élu au suffrage universel direct mais par un collège de grands électeurs. Nous aurions donc ici une sorte de copie d'un régime parlementaire classique, sans intervention majeure du chef de l'État.

Le régime parlementaire dualiste ne serait dans ce cas que le résultat d'une pratique à partir de 1962. Le choix d'un chef de gouvernement ne disposant pas d'une majorité claire à l'Assemblée, en avril 1962, s'inscrit dans cette hypothèse. Georges Pompidou aurait été le premier chef de gouvernement responsable devant le Président, cette responsabilité étant essentielle à cette date puisqu'il ne disposait pas d'une majorité au sein de l'Assemblée.

---

politique, 1959, vol.9, n°1, p. 7-29. ; F. Goguel, « Quelques remarques sur le problème des institutions politiques de la France », in *Revue française de science politique*, 1964, vol.14, n°1, p. 7-19. ; A. Baudu, *Les institutions de la Ve République*, Issy-les-Moulineaux, Gualino, 2017, p. 56.

[371] Cf. D. G. Lavroff, *Le droit constitutionnel de la Ve République*, Paris, Dalloz, 1999, 1100 p.

2/ Un régime parlementaire dualiste

Bien que la thèse précédente soit séduisante, une autre perspective est possible[372]. Dans cette seconde hypothèse, le régime serait dualiste dès l'origine, même si les critères sont spécifiques[373]. Au lieu d'une responsabilité politique des ministres et du gouvernement dans son ensemble devant le Président, au titre de critère principal, il faudrait rechercher l'importance donnée au Président et à son action au sein de la Constitution dans son ensemble.

Quels éléments incitent à faire de la Constitution initiale de 1958 un texte fondant un régime parlementaire dualiste[374], au regard du rôle du Président ?

Un premier indice peut être trouvé, au niveau formel, en évoquant la même logique pour le texte américain. La Constitution de 1958 fixe, en premier lieu, les dispositions concernant le Président de la République. Ensuite seulement viennent les articles visant le gouvernement puis le Parlement. Ceci incite à faire de ce Président le premier organe au regard des constituants.

Le deuxième indice apparaît avec l'article 9 qui fait du chef de l'État le Président du conseil des ministres. Il serait ici l'acteur majeur du conseil qui réunit les membres du gouvernement.

Un troisième indice pourrait être trouvé dans la formulation du droit de dissolution. Celle-ci n'est pas faite à la demande du gouvernement. Elle est le résultat d'une action du Président de la République qui consulte le premier ministre.

L'article 16 nous fournit un quatrième indice. Contrairement à un régime parlementaire classique, le Président de la Ve République peut se donner à lui-même les pleins pouvoirs, par une interprétation des circonstances qui ne dépend que de sa personne.

---

[372] Sur la confrontation des deux et une tentative de réponse, A.-X. Fournier, *La Dynamique du Pouvoir Sous la Ve République : Cohabitation et Avenir des Institutions*, Québec, PUQ, 2008, p. 23 et suiv.

[373] Cf. P. Pactet, *Droit constitutionnel*, Sirey, 2011, 30e éd., p. 370 et suiv. pour une analyse plus large.

[374] Cf. Ph. Lauvaux, *Le Parlementarisme*, Que sais-je ? Paris, PUF, 128 p., voir 1ère partie, chapitre II, II, 2, B, c/ le dualisme renouvelé, le modèle français de la Ve République.

On pourrait trouver d'autres éléments, déduits de plusieurs dispositions. Ainsi, l'article 8 qui prévoit la nomination du premier ministre ne mentionne en aucune manière une condition qui semble naturelle en régime parlementaire moniste, l'appartenance du premier ministre à la majorité de l'assemblée.

Si la seconde hypothèse est juste, elle implique dès l'origine la volonté de mettre l'accent sur le Président dans ce régime parlementaire assez singulier.

La pratique va confirmer cette approche.

B/ Une pratique univoque

Dans cette perspective, la situation n'est plus la même. Il n'est plus nécessaire de discuter de la présence ou non d'une approche dualiste. En revanche, la mise en place de ce régime parlementaire spécifique en pratique a des conséquences qui ont conduit à le renommer, en utilisant les expressions de régime semi présidentiel ou de régime présidentialiste.

Que l'on se place en 1958 ou en 1962, l'application pratique de la Constitution de la Ve République a bel et bien pour conséquence la mise en place d'un régime parlementaire dualiste, qui se caractérise par la responsabilité des ministres et du premier d'entre eux à la fois devant l'Assemblée et devant le chef de l'État (1). Cette logique soulève néanmoins une question au regard de la pratique effective (2).

1/ Un régime parlementaire dualiste ?

Dans le régime parlementaire dualiste, nous trouvons donc un droit de dissolution, une responsabilité politique du gouvernement devant l'Assemblée et devant le chef de l'État, et un partage de l'initiative législative. Lorsqu'on examine la pratique du régime, depuis 1958 jusqu'à nos jours, on retrouve ces éléments (a). Mais on constate aussi une singularité dans l'utilisation de la responsabilité (b) comme du droit de dissolution (c).

a/ Les critères du régime

Le droit de dissolution a été utilisé à plusieurs reprises, dans des contextes parfois très différents[375]. On citera par exemple la dissolution de 1981 qui fait suite à l'élection comme Président de François Mitterrand. On a parlé de dissolution préventive car, à cette date, aucune crise politique n'a encore éclaté. Mais l'Assemblée étant dominée par une majorité de droite il semble très difficile de maintenir un gouvernement socialiste dans ces circonstances. L'exemple suivant obéit à la même logique en 1988. La situation est quelque peu différente en 1997 puisque le Président en place, Jacques Chirac, pense perdre les élections législatives de l'année suivante et croit pouvoir l'emporter en avançant le scrutin d'un an.

La responsabilité politique du gouvernement devant l'Assemblée a été mise en jeu une fois, à l'automne 1962.

Quant à la responsabilité politique du gouvernement devant le Président, devant le chef de l'État, la situation est plus complexe même s'il paraît logique de mettre en avant le remplacement de Michel Debré par Georges Pompidou en avril 1962, le départ de Jacques Chaban-Delmas en 1972, qualifié de révocation par le Président Pompidou lui-même. On peut citer aussi la mésentente entre Jacques Chirac et Valéry Giscard d'Estaing qui conduit à la démission du premier en 1974 ou encore la même situation entre Michel Rocard et François Mitterrand, en 1991[376].

Tous ces éléments font toutefois apparaître une tendance singulière. Parmi les trois critères principaux du régime parlementaire dualiste (dissolution, responsabilité devant l'Assemblée, responsabilité devant le Président), deux d'entre eux sont entre les mains du Président, le premier et le troisième. Seul, le deuxième critère est un facteur d'équilibre au regard du régime parlementaire. Or, dans la pratique, nous venons d'évoquer le fait que, depuis 1958, un seul gouvernement ait été renversé, en application de l'article cinquante de la Constitution. Il s'agit d'une domination évidente des instruments qui sont à la disposition du Président. Après 1962 la présence d'une

---

[375]Cf. D. Chagnollaud, J.-L. Quermonne, *La Ve République*, Paris, Flammarion, 2000, vol. 2, p. 80.

[376] Sur un pouvoir de révocation de fait, Ph. Ardant, S.-L. Formery, *Les Institutions de la Ve République*, Paris, Hachette Éducation, 2013, 168 p. ; voir le chapitre 6.

majorité stable, grâce au mode de scrutin majoritaire uninominal à deux tours en faveur du Président et de son gouvernement, rend l'hypothèse d'une mise en cause de la responsabilité politique assez peu crédible.

b/ La responsabilité gouvernementale, une pratique limitée et discutable

De surcroît, le contexte de l'unique mise en cause de la responsabilité gouvernementale, en 1962, amène à relativiser cet événement.

En renversant le gouvernement, l'Assemblée n'utilise pas son pouvoir traditionnel. La motion de censure est une attaque virulente contre le Président de la République et non contre le gouvernement. Le texte est un modèle en ce sens :

« *L'Assemblée nationale,*

Considérant que la démocratie suppose le respect de la loi et, par-dessus tout, de la loi suprême qu'est la Constitution ;

Considérant que, le peuple français étant souverain, la Constitution a précisément pour objet de définir la manière dont s'exerce sa souveraineté, soit par la voie des représentants du peuple, soit par le peuple lui-même ;

Considérant que la Constitution, dont le général de Gaulle est l'auteur et qu'il a fait approuver, en 1958, par le peuple français, prescrit formellement dans un titre spécial qu'une proposition de révision devra être :

1° Votée par les deux chambres du Parlement ;

2° Approuvée par un référendum, le peuple français ayant été éclairé par les débats parlementaires ;

Considérant qu'en écartant le vote par les deux chambres, le Président de la République viole la Constitution dont il est le gardien ;

Considérant qu'il ouvre ainsi une brèche par laquelle un aventurier pourrait passer un jour, pour renverser la République et supprimer les libertés ;

Considérant que le Président de la République n'a pu agir que sur la « proposition » du gouvernement ;

Censure le gouvernement conformément à l'article 49, alinéa 2, de la Constitution »[377].

Même son résultat est sujet à caution : au lieu de conduire à la chute du gouvernement, cette motion de censure entraîne une dissolution. Les élections qui suivent sont largement favorables au Président, ce qui signifie un échec pour l'Assemblée nationale[378].

c/ La dissolution, une arme du régime parlementaire ?

Un autre argument est intéressant. La dissolution qui est une arme du Président est censée intervenir pour restaurer l'équilibre parlementaire. C'est le cas en 1981 et en 1988. Mais il ne s'agit en aucun cas de la situation de 1997.

Ce dernier exemple est le résultat d'une volonté directe du Président de la République, en dehors de toute considération liée au régime parlementaire lui-même. Le discours télévisé de Jacques Chirac illustre la mutation du mécanisme : le but n'est pas le régime parlementaire mais la politique présidentielle, française et européenne.

« *Palais de l'Élysée, le 21 avril 1997 (allocution radiotélévisée).*

Mes chers compatriotes,

Après consultation du premier ministre, du président du Sénat et du président de l'Assemblée nationale, j'ai décidé de dissoudre l'Assemblée nationale. Le décret de dissolution et le décret fixant la date des élections législatives au 25 mai et au 1er juin seront publiés demain matin.

Pourquoi, au risque de vous surprendre, me suis-je résolu à user maintenant du pouvoir, que me confère l'article 12 de la Constitution, pour abréger le mandat d'une Assemblée que j'ai tenu à conserver en 1995 et dont la majorité a soutenu loyalement le gouvernement ?[379]

---

[377] J.-P. Maury, *Motion de censure : 4 octobre 1962* (http://mjp.univ-perp.fr/france/AN1962censure.htm), consulté le 08-04-2019 à 16h02.
[378] Cf. J.-P. Cointet, B. Lachaise, S. Tricaud, *Georges Pompidou et les élections (1962-1974)*, Peter Lang, 2008, p. 38-39.
[379] Souligné par nous.

Une Assemblée qui a contribué à définir les lignes de force d'une France moderne et compétitive et à laquelle je rends hommage.

Aujourd'hui, je considère, en conscience, que l'intérêt du pays commande d'anticiper les élections. J'ai acquis la conviction qu'il faut redonner la parole au peuple, afin qu'il se prononce clairement sur l'ampleur et le rythme des changements à conduire pendant les cinq prochaines années[380]*. Pour aborder cette nouvelle étape nous avons besoin d'une majorité ressourcée et disposant du temps nécessaire à l'action.*

Nous avons engagé ensemble un effort considérable. Des réformes de fond sont en cours : la protection sociale, les armées et le service national, l'enseignement supérieur, la fiscalité, le secteur public. Après un long laisser-aller dont nous payons toujours le prix, l'assainissement de nos finances a été entrepris grâce à chacun d'entre vous. Nous avons ainsi recréé les conditions de la croissance. Cette politique commence à donner des résultats, mais ils ne sont pas suffisants. Ce n'est donc pas le moment de marquer une pause. Notre économie, nos entreprises, l'emploi ne peuvent attendre.

Il faut au contraire, dès maintenant, aller plus loin sur le chemin des changements. Il faut que l'action politique monte en puissance pendant les cinq années qui viennent. Pour réussir, la France a besoin d'un nouvel élan. Cet élan ne peut être donné que par l'adhésion, clairement exprimée, du peuple français.

Mes chers compatriotes, le temps est venu de vous prononcer.

Ensemble nous devons réformer en profondeur l'État afin de permettre une baisse de la dépense publique, seule façon d'alléger les impôts et les charges qui pèsent trop lourdement sur vous et qui, très souvent, vous démotivent. La baisse des impôts est un choix exigeant, mais c'est un choix majeur que je fais parce que c'est le choix de l'avenir.

Ensemble nous devons encourager, plus fortement qu'on ne le fait, les créations d'entreprises et les initiatives locales qui font notre richesse. Nous devons faire évoluer les comportements qui font obstacle à

---

[380] *Ibid.*

l'emploi. Il faut partout développer le dialogue et la concertation pour trouver de nouvelles réponses au chômage.

Ensemble nous devons prendre toutes les mesures qui s'imposent afin que notre système éducatif s'adapte aux exigences de l'entrée des jeunes dans la vie active. Nous devons poursuivre la nécessaire adaptation de notre protection sociale dont je suis et dont je resterai le garant. Nous devons réformer notre justice et la rendre plus indépendante, plus rapide, plus proche.

Vous le voyez, il s'agit de choix déterminants pour chacun d'entre vous. Ces choix exigent votre adhésion.

Et puis, il y a l'Europe[381].

Elle impose parfois des contraintes, c'est vrai. Mais, ne l'oublions jamais, depuis un demi-siècle, pour nos vieilles nations qui se sont tant combattues, l'Europe, c'est la paix.

Aujourd'hui, dans un monde qui s'organise et se transforme toujours plus vite, l'Europe nous apportera un supplément de prospérité et de sécurité, tout simplement parce que l'Europe c'est l'union et que l'union fait la force.

Or, d'importantes décisions seront prises au cours des tout prochains mois :

Le passage à la monnaie unique, indispensable si nous voulons nous affirmer comme une grande puissance économique et politique, avec un euro à l'égal du dollar et du yen.

La réforme des institutions européennes que nous voulons plus démocratiques, plus équilibrées, plus efficaces.

L'élargissement de l'Union aux jeunes démocraties qui appartiennent à la famille européenne et qui formeront, avec nous, la grande Europe.

---

[381] Souligné par nous ; l'argument est intéressant car le Président demande une dissolution pour un soutien du peuple à la politique étrangère, qui est du domaine présidentiel.

La réforme de l'Alliance atlantique qui doit permettre aux Européens de mieux assumer la responsabilité de leur sécurité, dans un nouveau partage avec les Américains.

Et surtout, ce qui me tient le plus à cœur, une Union européenne au service des hommes. Un modèle social vivant. Un front commun contre les fléaux qui menacent nos sociétés : le chômage et l'exclusion bien sûr, mais aussi l'exploitation des enfants, la drogue, l'argent sale, le terrorisme.

Tout cela va donner lieu à des négociations difficiles.

Pour aborder ces échéances en position de force, pour construire une Europe respectueuse du génie des Nations qui la composent et capable de rivaliser avec les grands ensembles mondiaux, votre adhésion et votre soutien sont essentiels[382].

Enfin, mes chers compatriotes, nous partageons des valeurs qui fondent notre communauté nationale et donnent à la France son destin singulier.

Or les esprits sont troublés. Des principes essentiels ont été mis en cause : le respect dû à chaque homme, la tolérance, la solidarité la plus élémentaire. Des appels à la haine ont été lancés, et des boucs émissaires désignés.

Ensemble nous devons réaffirmer nos valeurs et les repères civiques et moraux qui sont les nôtres. Ensemble nous devons dire clairement dans quelle société nous voulons vivre.

Les réponses aux grandes questions qui se posent aujourd'hui ne se trouvent ni dans le repli sur nous-mêmes, ni dans l'exploitation des peurs et des ignorances.

Les réponses ne se trouvent pas non plus dans un "laisser faire - laisser aller" contraire à notre culture et à nos traditions sociales.

Les réponses ne se trouvent pas davantage dans des solutions archaïques fondées sur le " toujours plus " d'État, le " toujours plus " de dépenses, le " toujours plus " d'impôts.

[382] Il s'agit bien d'un soutien populaire au Président.

C'est un autre chemin que je vous propose de suivre.

Ce que je vous propose, c'est l'idéal de notre République.

Des droits farouchement défendus, et d'abord le droit à la dignité et à la protection, pour chaque homme, chaque femme, chaque enfant. Des devoirs et des responsabilités assumés qui correspondent à ces droits. Une cohésion sociale renforcée.

C'est la défense de l'ordre républicain. C'est une société apaisée, décrispée, qui anticipe mieux les problèmes et qui les surmonte par le dialogue et la concertation.

C'est une morale politique retrouvée, avec des dirigeants qui donnent l'exemple. C'est une vie politique modernisée, donnant toute leur place aux femmes et où les élus se consacrent pleinement à leurs fonctions.

C'est une France laïque, respectueuse des croyances de chacun.

Voilà pourquoi, mes chers compatriotes, je vous demande de donner à la France une majorité qui aura la force et la durée nécessaire pour relever les défis d'aujourd'hui[383].

Rien n'est facile, mais nous devons choisir la bonne voie, celle qui concilie la justice, la solidarité et la modernité.

Nous sommes à moins de mille jours de l'an 2000. Je veux que nous exprimions sans tarder notre volonté commune d'entrer dans le troisième millénaire avec confiance et avec enthousiasme.

Mes chers compatriotes, je vous remercie »[384].

Si nous résumons, les deux critères favorables au Président sont largement utilisés, quant au troisième, son utilisation soulève de véritables questions. Il y a un renforcement global du Président par l'intermédiaire des armes du régime parlementaire dualiste.

---

[383] La majorité parlementaire doit soutenir l'action présidentielle.

[384] Cf. http://www.lemonde.fr/societe/article_interactif/2007/05/15/les-discours-de-jacques chirac_910136_3224_4.html, consulté le 08-04-2019 à 17h 23.

2/ Un régime présidentialiste

En additionnant à ces différents éléments le comportement des Présidents successifs, le lien avec la population et le soutien systématique de l'Assemblée aux politiques gouvernementales et donc aux politiques présidentielles, la mise en place d'un lien privilégié entre les Présidents et la population, au détriment du gouvernement et l'attitude de certains Présidents agissant parfois à la place de leur premier ministre (Valéry Giscard d'Estaing, Nicolas Sarkozy…), nous arrivons à un autre concept de droit constitutionnel : le régime présidentialiste[385].

Ce régime serait un dérivé du régime parlementaire dualiste. Il aurait pour principal critère la domination du Président sur les institutions, grâce à une majorité stable au sein de l'Assemblée, évitant donc la responsabilité et faisant de la dissolution un moyen de confort.

Nos deux exemples permettent donc de redéfinir le régime présidentiel en insistant sur l'importance des circonstances pour l'interprétation de la Constitution américaine et sur les limites de ce régime aux États-Unis, d'une part, et de replacer le régime français dans une perspective particulière en montrant l'importance du Président et ses pouvoirs, diversifiés et étendus, d'autre part. Qu'en est-il du régime présidentiel béninois ?

Section 2- Le choix béninois, un régime « présidentiel »

Bien que la présence française en Afrique rende très influent le modèle « présidentialiste »[386], le Bénin fait un tout autre choix en 1990.

« *Considérant que le critère juridique essentiel qui définit le régime parlementaire est la responsabilité politique du gouvernement devant le Parlement ; qu'en revanche, le régime présidentiel retenu par la Constitution du 11 décembre 1990 se caractérise par l'élection du*

---

385 Cf. R. Moulin, *Le présidentialisme et la classification des régimes politiques*, Librairie Générale de Droit et de Jurisprudence, Bibliothèque Constitutionnelle et de Science Politique, 1978, vol. 58, 389 p.

386 R. N. Sandjè, « Le renouveau du droit constitutionnel et la question des classifications en Afrique : quel sort pour le régime présidentialiste ? », in *Revue française de droit constitutionnel*, 2013, vol.1, n° 93, supplément électronique, p. 1 – 26.

Président de la République au suffrage universel direct et par le fait que, détenteur du pouvoir exécutif, le Président de la République est le chef du gouvernement et n'est pas responsable devant l'Assemblée nationale ». Cet extrait est tiré d'une décision rendue le 26 avril 1996[387] par la Cour constitutionnelle du Bénin. Il est doublement symbolique. D'une part, il identifie clairement (du moins en apparence) le régime défini par la Constitution de 1990 : il s'agit d'un régime présidentiel. D'autre part, il soulève dans le même temps un certain nombre de questions au regard des critères qu'il dégage pour évoquer l'existence d'un tel régime.

Peut-on appliquer les critères que nous avons précédemment étudiés pour définir le régime béninois ? En approfondissant les institutions qui sont prévues par la Constitution actuelle, on constate que les critères traditionnels semblent inapplicables (§1). L'étude du régime amène à insister sur son originalité au regard de la présence du Président, de ses fonctions, et des conséquences sur le régime (§2).

§1 - Les critères inapplicables ?

Nous disposons de deux modèles. Le premier, le modèle américain, fournit les principaux critères pour identifier une balance des pouvoirs et l'un de ses dérivés, un régime présidentiel. Le second, le modèle français, donne au contraire des indices pour reconnaître un régime parlementaire dualiste, qui peut, dans la pratique, devenir présidentialiste. En examinant la Constitution béninoise, on constate la présence de certains éléments qui conduisent à écarter un régime de balance (A) et l'absence des principaux critères du régime parlementaire (B).

A/ L'absence d'un régime de balance

La référence à un régime présidentiel, faite par la Cour constitutionnelle, peut-elle orienter la lecture de la Constitution ? Si nous nous plaçons dans la perspective américaine, cela signifierait que le texte établit une balance des pouvoirs et que, dans la pratique, le Président aurait tendance à disposer de pouvoirs supplémentaires.

---

[387] Cf. Décision DCC 96-020 du 28 avril 1996.

Or, en examinant la loi fondamentale de 1990, on découvre deux éléments qui contredisent totalement cette approche, l'initiative législative (1) et l'absence de droit de veto (2).

1/ La présence d'une initiative législative

L'article 57 alinéa 1 précise : « *Le Président de la République a l'initiative des lois concurremment avec les membres de l'Assemblée nationale* ».

C'est une remise en cause écrite et textuelle de la balance des pouvoirs. Loin du texte américain qui prévoit la concentration à titre principal de la fonction législative entre les mains de l'organe législatif, la Constitution béninoise donne au Président de la République une compétence majeure, une initiative en matière de loi, dans une approche concurrente avec les députés.

2/ L'absence de droit de veto

A l'inverse, alors qu'on pourrait s'attendre à la présence d'un droit de veto, dans le cadre d'un régime présidentiel, la Constitution béninoise ne fait absolument pas mention d'une telle disposition. Elle se contente de reprendre un mécanisme français, qui ne peut en aucun cas être comparé.

Le même article 57 ajoute que le Président « *peut, avant l'expiration de ces délais, demander à l'Assemblée nationale une seconde délibération de la loi ou de certains de ses articles. Cette seconde délibération ne peut être refusée. Si l'Assemblée nationale est en fin de session, cette seconde délibération a lieu d'office lors de la session ordinaire suivante. Le vote pour cette seconde délibération est acquis à la majorité absolue des membres composant l'Assemblée nationale. Si après ce dernier vote, le Président de la République refuse de promulguer la loi, la Cour constitutionnelle, saisie par le Président de l'Assemblée nationale, déclare la loi exécutoire si elle est conforme à la Constitution* ».

Cet extrait nous donne deux informations. Premièrement, le Président dispose du droit de demander une nouvelle lecture à l'assemblée, ce qui est une copie d'une disposition de la Constitution de 1958. On constate d'ailleurs que le vote après la seconde délibération demandée peut être obtenu par une majorité absolue des membres, ce qui est la procédure ordinaire. Deuxièmement, l'article ajoute qu'un refus de promulguer une loi entraînerait son exécution en directe par la Cour constitutionnelle après vérification de sa conformité au texte fondamental. Cette deuxième partie est quasiment une invalidation du droit de veto, puisque le refus Présidentiel de promulguer une loi est prévu et est même déjà remis en cause par un mécanisme impliquant la Cour constitutionnelle.

Si nous nous en tenons aux critères initiaux, la présence d'un droit d'initiative et l'absence d'un droit de veto conduisent à écarter la balance des pouvoirs.

B/ L'absence d'un régime parlementaire

Avons-nous dans ce cas affaire à un régime parlementaire ? On pourrait le penser en insistant d'ailleurs sur l'exemple français en raison des très nombreuses ressemblances formelles entre le texte de 1990 et la Constitution de 1958. À de multiples reprises, on constate que les constituants béninois se sont inspirés du texte français, concernant le Président, l'assemblée, et même un certain nombre de pouvoirs et de compétences. Trouve-t-on dans ce cas les critères d'interaction (dissolution, responsabilité) (1) ou la consécration d'un chef de gouvernement, le premier ministre (2) ?

1/ L'absence des critères d'interaction

La première question amène une réponse univoque : ni la responsabilité, ni le droit de dissolution ne sont présents dans le texte constitutionnel (a). Néanmoins une disposition inattendue apparaît, ce qui conduit à s'interroger sur le régime (b).

a/ Une réponse apparemment claire

La décision de la Cour constitutionnelle en date du 26 avril 1996 est très significative sur ce point[388].

Elle considère que le critère juridique essentiel du régime parlementaire est la responsabilité politique du gouvernement devant le Parlement. Or ce critère a été volontairement écarté par les constituants.

[388] Cf. Décision DCC 96-024 du 26 Avril 1996.

Peut-on retrouver une responsabilité politique à un autre niveau ? Là aussi la Cour répond en précisant que le Président de la République n'est pas non plus responsable devant l'Assemblée nationale.

b/ Une disposition étrange

On trouve toutefois une disposition inattendue. L'article 54 qui fixe les principales compétences du Président se termine par un alinéa : « *les actes du Président de la République autres que ceux prévus aux articles soixante et 115 sont contresignés par les ministres chargés de leur exécution* ».

Il s'agit donc du contreseing. Or la logique du contreseing est de pallier l'irresponsabilité politique du Président en faisant endosser certains de ses actes par les ministres qui sont eux responsables devant l'Assemblée[389].

Pourtant, cette dernière responsabilité n'est pas prévue par le texte constitutionnel.

2/ L'absence du premier ministre

Dans un régime parlementaire classique ou moniste, le chef du gouvernement, le premier ministre occupe une place centrale puisqu'il est tout à la fois à la tête des ministres et le principal interlocuteur face au Parlement, étant responsable devant lui.

De nouveau, le texte béninois est formel : le chef du gouvernement est identifié, il s'agit du Président de la République. La Constitution ne mentionne à aucun moment la présence d'un premier ministre.

En revanche, le texte fondamental prévoit un gouvernement, ce qui peut sembler plus inattendu. Le vocabulaire n'est pas conforme à ce qu'on pourrait attendre puisque, dans le système américain, les proches du Président sont dénommés secrétaires et forment un cabinet avec le Président, mais en aucun cas un gouvernement. En revanche, le terme de gouvernement est habituellement lié au régime parlementaire.

---

[389] Cf. B. Pauvert, *Droit constitutionnel : théorie générale, Ve République*, Studyrama, 2004, p. 167.

Nous avons donc écarté la balance des pouvoirs, une partie du régime présidentiel américain en raison de l'absence du droit de veto et le régime parlementaire, qu'il soit moniste ou dualiste. Pourtant, le texte consacre un régime fondé sur un Président aux pouvoirs étendus et entretenant des relations avec un parlement, une Assemblée.

§2- Une originalité dans le régime présidentiel

Dans quelle mesure peut-on parler d'un régime présidentiel au Bénin ?[390]

La Constitution fournit une première réponse en énumérant les nombreuses compétences et les pouvoirs étendus du Président (A). La pratique confirme cette position en insistant également sur l'exécutif et sur ses potentialités (B).

A/Un Président superpuissant : les pouvoirs du Président

Il suffit de parcourir le texte constitutionnel de 1990 pour constater l'importance de la place réservée au Président et la conséquence des choix du constituant béninois (1)[391]. Il faut toutefois relever une singularité : la ressemblance affirmée et assumée entre la Constitution béninoise et la Constitution française de 1958 (2).

1/ De larges compétences traditionnelles

Le Président incarne l'exécutif (a), mais il est aussi titulaire d'autres compétences (b).

---

[390] Cf. S. Bolle, « l'Etat de droit et de démocratie pluraliste au Benin : bilan et perspectives», in *Communication présentée aux membres et sympathisants de* l'Association des Béninois de Montpellier (ABEM Enangnon), le 4 août 2007, (http://www.laConstitution-en-afrique.org/12-categorie-10195442.html) ; Voir également à ce sujet, A. Cabanis et M. Martin, «Note sur la Constitution béninoise du 11 décembre 1990», in *Revue juridique et politique,* Indépendance et coopération, 1992, n°1, p.31 ; G. Badet, « Pouvoir exécutif, Pouvoir législatif et Pouvoir judiciaire au Bénin : Entre séparation, distanciation et collaboration », p. 3, (20Pouvoir_20ex_C3_A9cutif_20l_C3_A9gislatif_20judiciaire_20-_20Dr_20Gilles_20_20BADET(4).pdf), consulté le 30-01-2017.

[391] Cf. M. Tshiyembé, « Étude comparée de nouvelles institutions constitutionnelles africaines. Ignorance du modèle négro-africain de société post nationale, néo constitutionnalisme de pacotille et absence de l'esprit des lois », in *Présence Africaine,* 1997, vol.2, n° 156, p. 44-45.

a/ Un exécutif dominant ?

Si nous reprenons le critère formel, c'est-à-dire la place de l'organe dans la Constitution, le Président occupe assurément une place essentielle puisqu'il figure dans le titre trois, après un titre premier consacré à l'État et à la souveraineté et un titre II consacré aux droits et devoirs de la personne humaine. Le titre III intitulé du pouvoir exécutif est exclusivement tourné vers le Président et vers son action.

Logiquement, on trouve les éléments de la fonction exécutive. L'article 54 fait du Président le détenteur du pouvoir exécutif, le chef du gouvernement. « *Il détermine et conduit la politique de la nation. Il exerce le pouvoir réglementaire. Il dispose de l'administration et de la force armée. Il est responsable de la Défense nationale* ». La Constitution y ajoute un certain nombre de nominations (membres du gouvernement, trois des sept membres de la Cour constitutionnelle, le Président de la Haute autorité de l'audiovisuel et de la communication, les ambassadeurs, les magistrats, les hauts fonctionnaires etc.) ainsi que la présidence du conseil des ministres.

b/ D'autres pouvoirs ?

En allant plus loin, on trouve aussi une partie de la fonction législative, ce que nous avons déjà rencontré. L'article 57 prévoit que le Président dispose d'un droit d'initiative en matière législative et peut demander une seconde délibération des textes[392].

De surcroît, d'autres dispositions également empruntées au droit français montrent l'importance du Président : la possibilité de convoquer un référendum (article 58), la garantie des décisions de justice (article 59), le droit de grâce (article 60), la possibilité d'adresser des messages à l'Assemblée nationale (article 72) et naturellement la responsabilité pénale du Président. Dans ce dernier cas, les éléments sont un peu plus détaillés puisqu'ils sont prévus par les articles 73, 74, 75, 76, 77 et 78 de la Constitution.

---

[392] Cf. M. Tshiyembé, «Étude comparée de nouvelles institutions constitutionnelles africaines. Ignorance du modèle négro-africain de société post nationale, néo constitutionnalisme de pacotille et absence de l'esprit des lois »,…, op. cit., p. 49.

2/ Un article 16 à la béninoise ?

Le contenu des articles 68 et 69 du texte constitutionnel est beaucoup plus inattendu. Si nous nous plaçons dans la logique du régime présidentiel à l'américaine – qui sous-entend certes une intervention majeure du Président mais aussi de nombreuses limites pour éviter toute dérive autoritaire – la présence d'une copie quasi mot pour mot de l'article 16 de la Constitution de 1958 étonne nécessairement (a). Une étude fait apparaître une tout autre conséquence : la pratique de ces articles ouvre des perspectives institutionnelles nouvelles (b).

a/ Une disposition consacrée

On peut rappeler que cet article donne au Président les pleins pouvoirs pour une durée qu'il fixe lui-même, au regard des circonstances.

Cette disposition a fait l'objet de nombreux débats, à la fois première présidence de Charles de Gaulle, a aussi conduit à de nombreuses questions sur son fonctionnement, ses conditions et ses critères d'application, sa durée, son contrôle.

Or, les articles 68 et 69 de la Constitution béninoise reprennent la logique de l'article 16 en conférant les pleins pouvoirs au Président, sans prévoir d'ailleurs de garde-fou au regard des dérives potentielles. Nous trouvons exactement les mêmes éléments, qui ont conduit à des critiques en France avec toutefois une exception : l'article 69 al. 2 précise « *l'Assemblée nationale fixe le délai au terme duquel le Président de la République ne peut plus prendre des mesures exceptionnelles* ». Il y a donc ici une protection qui n'existait pas dans le texte initial de 1958 en France.

b/ Une disposition pratiquée

En revanche, sa copie béninoise a été utilisée par trois Présidents, pour un total de quatre fois : Nicéphore Soglo, en juillet et septembre 1994, Mathieu Kérékou en 2002 et Yayi Boni en 2008.

La première utilisation, en 1994, concerne une question budgétaire. Le Président de l'époque, Soglo, justifie le recours à cette disposition en précisant : « *les contraintes du programme d'ajustement structurel, objet d'une convention régulièrement ratifiée, liant le Bénin aux différents partenaires au développement* », « *le budget voté par l'Assemblée nationale n'est pas en équilibre et ne respecte pas les critères financiers du programme* »[393]. Pour sortir de cette situation, le Président ajoute « *c'est pourquoi afin de permettre le fonctionnement régulier des pouvoirs publics et constitutionnels, j'ai décidé de mettre en exécution par ordonnance le budget élaboré par le gouvernement à compter du 1er août 1994, conformément aux articles 41, 147 et 68 de la Constitution* »[394]. En retour, l'Assemblée a immédiatement fixé l'échéance des pouvoirs exceptionnels par un vote : la procédure ne pouvant plus s'appliquer après le 4 août. Cette situation a eu un dénouement singulier puisqu'à la fin du mois d'août la Cour constitutionnelle a annulé les ordonnances présidentielles pour vice de procédure[395]. Elle en a profité au passage pour préciser que la décision initiale d'enclencher le dispositif était un pouvoir discrétionnaire du Président. Ceci a déclenché non pas une crise institutionnelle, mais une phase de discussion entre le Président et l'Assemblée, pour essayer de trouver un accord. Après un nouvel échec, le Président a de nouveau utilisé l'article 68, se voyant limité dans le temps par l'Assemblée, en septembre 1994. Au début du mois d'octobre, la Cour constitutionnelle a répondu par deux arrêts, réussissant à sortir de la crise, en fixant les cadres constitutionnels que chaque pouvoir devait respecter[396]. On constate donc que loin d'être un dispositif de concentration des pouvoirs en cas de crise internationale ou révolutionnaire, le mécanisme constitutionnel béninois est utilisé pour répondre à un blocage institutionnel, concernant par exemple les questions budgétaires.

C'est d'ailleurs sur la même thématique – l'absence de vote d'un budget – qu'intervient la deuxième utilisation de l'article 68[397]. En raison de la personnalité du titulaire de l'exécutif à cette époque – l'ancien dictateur devenu Président, Mathieu Kérékou – le recours à une telle arme pouvait sembler très dangereux… pourtant, il n'en est rien. Suite à un refus de l'Assemblée de voter un douzième budgétaire, pour le mois de février 2002, une situation de blocage se profile avec un vide juridique à partir du 1er février, ne permettant plus

---

393 Cf. M. Gazibo, *Les paradoxes de la démocratisation en Afrique : analyse institutionnelle et stratégique*, Montréal, PUM, 2005, p. 181-182.
394 *Ibid.*
395 Cf. Décision DCC 27-94 du 24 août 1994.
396 Cf. Décision DCC 30-94 du 1er octobre 1994
397 Cf. http://www.panapress.com/L-ordonnance-du-President-Kerekou-a-la-Une-des-Journaux--13-589302-18-lang3-index.html, consulté le 08-04-2019 à 18h05.

ni dépenses, ni recettes. C'est donc dans ce cadre très précis qu'intervient le Président au nom d'une paralysie potentielle du système béninois. Le chef de l'État a d'ailleurs insisté sur l'origine internationale d'une menace grave sur le Bénin puisqu'en cas de blocage budgétaire le pays apparaissait affaibli au regard des institutions bancaires et financières internationales et régionales qui le soutenaient.

En ce qui concerne Yayi Boni, les articles 68 et 69 ont été mis en œuvre pour adopter quatre ordonnances, les trois premières, portant autorisation de ratification d'accord de prêt (avec le fond OPEP pour le développement international, le fonds koweïtien pour le développement économique arabe et le fonds saoudien de développement), la quatrième pour modifier le code des investissements. En application des textes, l'Assemblée nationale a adopté une loi pour clore la période de pleins pouvoirs à la date du 29 juillet. Contrairement aux trois précédentes utilisations, celle-ci a été lancée sous couvert d'une décision de la Cour constitutionnelle. Les tensions entre l'Assemblée nationale et le Président étaient telles que le système politique semblait paralysé. C'est d'ailleurs en se fondant sur ce blocage que le Président a justifié le recours aux pouvoirs exceptionnels. La Cour constitutionnelle a rendu, le 25 juillet 2008, une décision pour sanctionner l'ajournement systématique de l'ensemble des débats. Le professeur Stéphane Bollé dans son commentaire de cette situation[398] pointe à juste titre l'alternative : soit la paralysie législative concernant des accords internationaux qui mettaient en cause l'image du Bénin, soit la mise entre parenthèse de la Constitution normale et le recours aux pouvoirs exceptionnels de l'article 68 de la Constitution pour pouvoir agir de manière efficace.

Ces différentes utilisations sont certes étonnantes ; elles conduisent à utiliser dans un contexte relativement normal des pouvoirs exceptionnels. Néanmoins, elles reposent sur une analyse beaucoup plus large du texte constitutionnel : contrairement à l'article 16 de la Constitution française, les articles 68 et 69 peuvent être interprétés, selon la Cour constitutionnelle, comme répondant à des circonstances de blocage, qui sont dangereuses pour le fonctionnement normal du pays. L'interprétation ici est beaucoup plus large. Elle confère aux

---

[398] Cf. http://www.la-Constitution-en-afrique.org/article-21879121.html, consulté le 08-04-2019 à 18h08.

articles en question un poids majeur puisqu'il s'agit de donner au Président des potentialités d'interventions supplémentaires.

C'est donc un régime présidentiel avec quelques éléments du régime présidentialiste qui est consacré par le texte constitutionnel de 1990.

B/ Une pratique consacrée

En pratique, on peut préciser que le fonctionnement politique a plus ou moins respecté les textes initiaux. La nuance de nos propos s'explique non pas par le comportement des Présidents successifs (1), mais par la présence d'un organe supplémentaire, au sein de l'exécutif, un premier ministre, qui a donné lieu à un certain nombre de débats (2).

1/ Les Présidents successifs

Depuis la mise en œuvre de la Constitution de 1990, au printemps 1991, le Bénin a connu quatre Présidents et six élections présidentielles. À chaque fois, le résultat des élections n'a pas été contesté, même si dans certains cas les circonstances pouvaient soulever des questions.

Nicéphore Soglo a été élu le 24 avril 1991. Son mandat s'est achevé cinq ans plus tard, le 4 avril 1996. La campagne oppose le premier ministre transitoire, Soglo, et l'ancien dictateur, Kérékou. Lors du second tour, le 24 avril, Soglo obtient 67,73 % des suffrages contre 32,27 à son adversaire. Malgré des violences dans le Nord et dans le sud du pays, l'élection est globalement acceptée[399].

Son successeur était plutôt inattendu puisqu'il s'agissait de l'ancien dictateur, Mathieu Kérékou, élu le 4 avril 1996 et même réélu cinq ans plus tard, le 22 avril 2001. La première élection est en quelque sorte la revanche du scrutin précédent : Kérékou l'emporte sur Soglo, au second tour, avec 52,49 % des suffrages contre 47,51 %[400]. Le second scrutin a soulevé plus de débats. De fait, au premier tour, le Président sortant a obtenu 47,1 % des suffrages. Son adversaire principal était Nicéphore Soglo, l'ancien Président, qui a totalisé 28,9 % des voix

---

[399]Cf.https://www.universalis.fr/evenement/24-31-mars-1991-election-de-nicephore-soglo-a-la-presidence/, consulté le 08-04-2019 à 18h17.

[400]Cf.http://www.Cour-Constitutionnelle-benin.org/resultats/result_ep_01_avr96.pdf, consulté le 08-04-2019 à 18h18.

lors de ce même premier tour. Le Président de l'Assemblée nationale, Adrien Houngbédji, Lui avait totalisé 13,5 %, a appelé dans un premier temps à voter pour Soglo, tandis que le quatrième candidat, Bruno Amoussou, ancien ministre de Kérékou, obtenait 4 %. Dans les jours qui ont suivi, Soglo et Houngbédji ont décidé de retirer leur candidature, en dénonçant une manipulation des suffrages. Le second tour a donc opposé Kérékou et l'un de ses ministres, le résultat permettant à l'ancien dictateur de redevenir Président avec 84,1 % des suffrages[401].

Il a été suivi par un financier, Boni Yayi, élu le 6 avril 2006 et réélu cinq ans plus tard, le 6 avril 2011. Lors du premier scrutin, après un premier tour avec de très nombreuses candidatures (26), le second tour a opposé Yayi et Adrien Houngbédji, se terminant par la victoire du premier avec 74,51 % contre le second, 25,49 %. Sa réélection, en 2011, se fait sans difficulté puisqu'il passe dès le premier tour, avec 53,14 % des suffrages, son premier opposant étant de nouveau Houngbédji qui réunit 35,64 %.

L'actuel Président, Patrice Talon a été élu le 6 avril 2016. Après un premier tour incertain (l'ancien premier ministre Lionel Zinsou totalise 28,43 % des suffrages tandis que ses deux adversaires, Patrice Talon et Sébastien Ajavon remportent respectivement 24,73 % et 22,96), le second tour parvient à un résultat indéniable puisque le nouveau Président est élu avec 65,67 % des suffrages contre 34,63 à Zinsou.

Chaque scrutin est par conséquent l'occasion d'un affrontement entre deux personnes, avec une alternance potentielle, et, surtout, un accord sur les résultats définitifs. Les Présidents en sortent à chaque fois renforcés et libres d'utiliser pleinement les pouvoirs qui leur sont donnés par la Constitution.

2/ La réapparition du premier ministre et ses circonstances

Durant la même période, c'est-à-dire en un peu plus de vingt-cinq ans, le pays a aussi connu trois premiers ministres (a), événement d'autant plus inattendu qu'en théorie cette fonction n'existe pas (b).

---

[401]Cf.https://www.universalis.fr/evenement/4-22-mars-2001-reelection-du-president-mathieu-kerekou/, consulté le 08-04-2019 à 18h23.

a/ La mise en place d'un Premier ministre

Adrien Houngbédji a été nommé le 9 avril 1996[402], par le Président Kérékou, et a quitté son poste le 14 avril 1998.

La fonction est restée sans titulaire jusqu'en 2011. Le 28 mai, Pascal Koupaki a été nommé par le Président Boni Yayi[403]. Dans son

---

[402] Cf. O. E. H. Diop, *Partis politiques et processus de transition démocratique en Afrique noire : recherches sur les enjeux juridiques et sociologiques du multipartisme dans quelques pays de l'espace francophone*, Paris, Publibook, 2006, p. 618.

[403] 1 - Premier Ministre, chargé de la Coordination, de l'Action gouvernementale, de l'Evaluation des Politiques Publiques, du Programme de Dénationalisation et du Dialogue Social: M. Pascal Irénée Koupaki ; 2 - Ministre d'Etat chargé de la Défense Nationale: M. Issifou Kogui N'Douro ; 3 - Ministre de l'Intérieur et de la Sécurité Publique: M. Benoît Dégla ; 4 - Garde des Sceaux, Ministre de la Justice, de la Législation et des Droits de l'Homme: Mme Marie Elise Gbédo ; 5 - Ministre de la Décentralisation, de la Gouvernance locale, de l'Administration et de l'Aménagement du Territoire: M. Raphaël Edou ; 6 - Ministre des Affaires Etrangères, de l'Intégration Africaine, de la Francophonie et des Béninois de l'Extérieur: M. Nassirou Arifari Bako ; 7 - Ministre de l'Analyse Economique, du Développement et de la prospective: M. Marcel de Souza ; 8 - Ministre de l'Economie et des Finances: Mme Adidjatou Mathys ; 9 - Ministre de l'Agriculture, de l'Elevage et de la Pêche: M. Katé Sadaï ; 10 – Ministre de l'Industrie, du Commerce des Petites et Moyennes Entreprises : Mme Madina Sephou ; 11 - Ministre de l'Energie, des Recherches Pétrolières et Minières, de l'Eau et du Développement des Energies Renouvelables: M. Jonas Gbian ; 12 - Ministre de la Santé: Mme Akoko Kindé Gazar ; 13 - Ministre des Enseignements Maternels et Primaire: M Eric N'Dah ; 14 - Ministre de l'Enseignement Secondaire, de la Formation Technique et Professionnelle, de la Reconversion et de l'Insertion des Jeunes: M Djimba Soumanou ; 15 - Ministre de l'Enseignement Supérieur et de la Recherche Scientifique: M. François Abiola ; 16 - Ministre de la Fonction Publique, du Travail: Mme Maïmouna Kora Zaki ; 17 - Ministre de la Jeunesse, des Sports et Loisirs: M. Didier Aplogan Djibodé ; 18 - Ministre chargé de la Microfinance, de l'Emploi des Jeunes et des Femmes: Mme Reckya Madougou ; 19 - Ministre de l'Environnement, de l'Habitat et de l'Urbanisme: M Blaise Ahanhanzo Glelè ; 20 – Ministre chargé des Relations avec les Institutions et des Cultes: Mme Safiatou Bassari ; 21 – Ministre des Travaux Publics et des Transports: M. Lambert Koty ; 22 - Ministre Délégué auprès du Président de la République chargé de l'Economie Maritime et des Infrastructures Portuaires, Porte-parole du gouvernement: M. Jean-Michel Abimbola ; 23 - Ministre de la Communication et des Technologies de l'Information et de la Communication: M. Max Awékè ; 24-Ministre de la Culture, de l'Alphabétisation, de l'Artisanat et du Tourisme: M. Valentin Djènontin ; 25-Ministre de la Réforme Administrative et Institutionnelle: M. Martial Sounton ; 26-Ministre de la Famille, des Affaires Sociales, de la Solidarité Nationale, des Handicapés et des Personnes du Troisième Age: Mme Fatouma Amadou Djibril. Source : Emmanuel S. Tachina, « Boni Yayi forme son gouvernement et lève le

discours d'investiture, le nouveau Président – Yayi vient d'être élu quand il nomme Koupaki – annonce la formation d'un large gouvernement d'ouverture et le retour du poste de Premier ministre, sans plus de précision[404]. Koupaki a quitté son poste le 8 août 2013. A cette occasion, le Président met fin aux fonctions de tous ses ministres (on relèvera au passage les conséquences constitutionnelles : le gouvernement dépend bien directement du Président….)[405].

Une nouvelle période de vacance a commencé jusqu'au 18 juin 2015, date de la nomination de Lionel Zinsou à ce même poste. Il l'a quitté lorsque le Président en exercice, Boni Yayi, a perdu les élections, en 2016. Ce troisième exemple est encore plus singulier avec la désignation d'un vice-premier ministre[406]. Actuellement, il n'y a pas de premier ministre au Bénin.

---

suspense », in La nouvelle tribune du 28 Mai 2011 à 22 :10 (https://lanouvelletribune.info/archives/benin/8160-boni-yayi-forme-son-gouvernement-et-leve-le-suspense-), consulté le 07-03-2019 à 01h38.

[404] « *Le défi de la qualité et de la gouvernance politique et administrative sera relevé par l'amélioration de l'organisation du travail et des méthodes. A ce titre, je compte mettre en place un gouvernement d'ouverture, transcendant les partis politiques, les clivages ethniques et constitué d'hommes et de femmes de valeurs, compétents et patriotes. Ce gouvernement d'ouverture aura à sa tête, un Premier Ministre* », Discours d'investiture de Yayi, (http://bj.jolome.com/news/article/discours-d-investiture-de-son-excellence-docteur-boni-yayi-president-de-la-republique-chef-de-l--298), consulté le 07-03-2019 à 01h41.

[405]Cf. « Koupaki dépose son tablier : Dissolution du gouvernement », in http://news.acotonou.com/h/5907.html, consulté le 07-03-2019 à 01h49.

[406] "La composition du gouvernement béninois qui sera dirigé par Lionel Zinsou, Premier Ministre, a été connue le 18 juin 2015 dans la soirée. Elle fait la part belle à plusieurs anciens ministres qui se voient élevés au rang de Ministres d'Etat, tandis que François Abiola devient vice-Premier Ministre, un poste qui n'existait pas jusque-là..." Premier ministre : Lionel Zinsou

Vice-Premier ministre : François Abiola

Ministre d'Etat, chargé de l'Economie et des Finances : Komi Koutché ; Ministre d'Etat chargé de l'Enseignement secondaire : Alassane Soumanou ; Ministre d'Etat chargé des OMD : Gero Amoussouga

Ministre de la Défense : Théophile Yarou ; Ministre de l'intérieur : Placide Azandé ; Ministre des Affaires Etrangères : Saliou Akadiri ; Ministre de la Santé : Dossou Togbé ; Ministre de la Fonction Publique et du Travail : Aboubakar Yaya ; Ministre de la Communication : Etienne Kossi ; Ministre de la Culture : Paul Hounkpè ; Ministre de l'Enseignement primaire : Eleonore Yayi ; Ministre de l'Energie : Spero Mensah

b/ La question constitutionnelle

Le caractère relativement erratique de cette fonction s'explique d'autant mieux par son absence d'existence constitutionnelle. Cependant, lors de la première nomination d'un premier ministre, en 1996, une autre question s'est posée : le fait que la fonction soit absente de la Constitution conduisait-il à en interdire l'existence ? Cette question a fait l'objet d'un recours devant la Cour constitutionnelle qui s'est prononcée dans la décision que nous avons déjà citée, en date du 26 avril 1996.

Saisie par sept personnes, la Cour a été amenée à se prononcer sur la constitutionnalité de la fonction de premier ministre. En analysant la Constitution, elle a précisé que le Président de la République était le chef du gouvernement, selon le texte. Dans ce cas, les attributions d'un premier ministre ne pouvaient en aucun cas en faire le chef du gouvernement. Il n'était que le premier des ministres, ce qui « ne porte pas atteinte au régime présidentiel choisi par le peuple béninois ».

La décision portait sur le décret 96– 128 du 9 avril 1996 portant composition du gouvernement.

Cette nouvelle précision est instructive car elle permet de replacer un éventuel poste de premier ministre dans le cadre de la Constitution béninoise. Nous avons bien affaire à un régime présidentiel, centré sur un Président. Si un premier ministre existe, il ne peut en aucun cas être comparé au premier ministre d'un régime parlementaire puisque le chef du gouvernement est le Président.

Ministre du Commerce : Ibrahim Kombieni ; Ministre de la Microfinance : Naomi Azaria ; Ministre de la Jeunesse, des Sports et Loisirs : Idrissou Affo ; Ministre de l'Emploi des Jeunes : Nadine Dako ; Ministre des Transports : Gustave Sonon ; Ministre chargé des Relations avec les Institutions : Thomas Yombo ; Ministre de l'Agriculture : Rufin Nassounon ; Ministre de la Justice : Evelyne da Silva ; Ministre de la Famille : Honorine Atikpa ; Ministre de l'Environnement : Théophile Worou ; Ministre de la Décentralisation : Véronique Brun Hachémè ; Ministre de l'Economie Maritime : Patrick Yerima ; Ministre de l'Urbanisme : Noël Fonton
Source : http://www.afrik.com/benin-la-composition-du-nouveau-gouvernement, consulté le 08-04-2019 à 18h32.

Conclusion du chapitre 1

Qu'en conclure sur la place du Bénin au sein de la classification des régimes politiques ?

D'une part, la Constitution béninoise fonde un régime présidentiel en insistant sur la place du Président dans les institutions. Elle tire les conséquences pratiques du régime présidentiel à l'américaine en consacrant l'initiative législative. Toutefois, elle choisit dans le même temps d'amenuiser le pouvoir présidentiel en lui retirant le droit de veto. Nous verrons dans la suite des développements ce que ces mécanismes impliquent dans les relations entre les pouvoirs.

D'autre part, le régime béninois comporte aussi un certain nombre d'aspects tirés de l'exemple français. Or, il faut immédiatement préciser que les aspects retenus concernent un renforcement de l'organe exécutif, en l'occurrence le Président. On relève les articles 68 et 69 qui confèrent les pleins pouvoirs au chef de l'exécutif.

Enfin, on constate aussi la présence de dispositions parfois plus curieuses, le contreseing, le droit d'interpellation des ministres, qui soulève des questions sur des évolutions potentielles du régime, au gré des circonstances. Dans son fonctionnement, depuis vingt-cinq ans, le Bénin a opté pour un régime présidentiel avec une discussion permanente entre les deux principaux pouvoirs. En cas de crise, ces mécanismes constitutionnels peuvent-ils servir à transformer le régime ? On peut en douter sur un point précis : alors que le texte ne précisait pas qu'il s'agissait d'un régime présidentiel, la Cour constitutionnelle a choisi de l'interpréter comme tel. Une autre interprétation soulèverait une question vis-à-vis de cette Cour.

Une dernière remarque s'impose : nous avons constaté, également dans ses développements, l'importance de la Cour constitutionnelle dans son action. En poursuivant notre étude sur la séparation des pouvoirs politiques, nous serons amenés à préciser un peu plus la position de cette Cour et son rôle.

CHAPITRE 2

LES CONFLITS ENTRE LES POUVOIRS, UNE SEPARATION A L'EPREUVE

La division de l'autorité politique par l'intermédiaire d'une séparation entre plusieurs pouvoirs a un but : éviter la concentration qui est synonyme d'autoritarisme potentiel. Mais elle a aussi un autre effet : faire apparaître des acteurs concurrents qui doivent intervenir pour faire naître une décision politique. C'est toute la logique de la séparation des pouvoirs et de sa mise en œuvre qui apparaît ici. La pratique de la séparation des pouvoirs soulève la question de leur coordination, de leur conciliation et de leur travail en commun. L'actualité béninoise illustre parfaitement la difficulté inhérente à ce mode de fonctionnement politique. L'année 2017 a ainsi vu l'affrontement entre le Président et l'Assemblée sur la question de la révision de la Constitution. Depuis l'automne 2017 un débat majeur se développe entre le Président et la Cour constitutionnelle sur plusieurs sujets, débat d'autant plus épineux qu'il intervient à un moment de renouvellement de la juridiction suprême du Bénin. Pour comprendre les particularismes de la solution béninoise dans le cadre de la résolution des conflits institutionnels, les exemples français et américains fournissent une grille d'analyse, qui permet de comprendre l'importance de la majorité en tant que fondement et les conséquences potentielles d'un désaccord au sein des structures politiques. Il nous faut tout d'abord poser le problème en insistant sur l'affrontement entre les pouvoirs politiques, exécutif, d'un côté, législatif, de l'autre, aux États-Unis et en France puis au Bénin (section 1). Ceci fait, nous pourrons ensuite évoquer la solution béninoise à partir d'un troisième pouvoir qu'il faut aussi mettre en perspective au niveau américain et français (section 2)

Section 1- La position du problème : l'affrontement entre les pouvoirs politiques

Les mécanismes constitutionnels prévoyant une séparation des pouvoirs ont pour but d'organiser les relations entre les pouvoirs pour limiter les affrontements ou pour offrir des instruments de résolution. En examinant les exemples américains et français, on constate la présence de deux types d'organisation, qui découle de la séparation choisie, au regard du rapport à la majorité (§1). Grâce à cette étude, il est loisible de comprendre le système béninois et ses failles potentielles (§2).

§1- Un élément central : majorité ou majorités

A partir des systèmes choisis, aux États-Unis et en France, une étude permet de comprendre le rapport à la majorité et ses conséquences sur le fonctionnement politique et constitutionnel. Aux États-Unis, les constituants ont choisi un système de balance qui conduit, mécaniquement, à la coexistence de plusieurs majorités au sein même de la structure institutionnelle (A). En revanche, en France, la construction constitutionnelle a pour fondement une seule majorité, ce qui conduit à résoudre les conflits potentiels de manière mécanique (B).

A/ L'opposition des majorités aux États-Unis, un principe parfois dangereux

En utilisant l'expression « régime présidentiel », on est facilement conduit à oublier l'importance du système d'équilibre, de check and balances, qui fonde la Constitution américaine. Malgré une interprétation qui insiste sur le rôle du Président, avec les réserves que nous avons évoquées, la balance des pouvoirs existe toujours. Ses conséquences sont logiques au regard de la nature même des pouvoirs. Par principe, chaque pouvoir, exécutif et législatif, dépend d'une majorité particulière (1). Cette construction qui repose sur une discussion entre des majorités différentes fait naître automatiquement un danger (2).

1/ Un principe

Quelle place occupe l'idée de majorité au sein de la balance des pouvoirs telle qu'elle est reconnue aux États-Unis ? Les deux grands pouvoirs politiques, l'exécutif et le législatif, sont fondés sur une majorité[407]. Mais l'élément le plus important repose justement sur la différence entre ces majorités. Elle apparaît à deux niveaux, dans la relation entre les organes (a) et à l'intérieur d'un des organes (b).

[407] Cf. C. J. Bosso, *American Government: Conflict, Compromise, and Citizenship*, Routledge, 2018, 592 p.

a/ Le premier niveau, la relation entre les organes

D'une part, entre l'organe exécutif et l'organe législatif, des majorités distinctes sont possibles.

Les élections ont lieu tous les quatre ans pour le premier. En revanche, en ce qui concerne le second, les renouvellements, partiellement ou totalement, interviennent tous les deux ans. Cette différence ne peut qu'avoir des conséquences.

Chaque organe dépend d'une majorité, constituée au moment du scrutin. Il est donc très fréquent que des majorités différentes existent pour soutenir le Président et le Congrès.

b/ Second niveau, la relation à l'intérieur d'un organe

D'autre part, à l'intérieur même de l'organe législatif, il n'existe pas non plus de cohérence majoritaire.

La chambre des représentants est renouvelée tous les deux ans. Le Sénat est renouvelé par tiers tous les deux ans. Les différences de majorité au sein des deux chambres sont là aussi notables, d'autant plus qu'elles sont relativement fréquentes.

Il ne s'agit en aucun cas d'un accident. Le but est de conduire à une discussion permanente entre les organes.

Si nous revenons aux débats de la Convention de Philadelphie, nous voyons que ses membres avaient choisi, dans le cadre d'un compromis, de concevoir un Congrès avec deux origines, une origine populaire pour la chambre basse, la chambre des représentants, et une origine étatique pour la chambre haute, le Sénat. Le but était de respecter la nature fédérale et la nature démocratique du système américain. En pratique, la question fait l'objet de ce qu'on a dénommé le compromis du *Connecticut*, une conciliation entre le plan de Virginie et le plan du New Jersey. Le 2 juillet 1787, le débat de la convention sur le Congrès se termine par une égalité parfaite entre les membres présents. Deux visions s'opposent : pour les uns, il ne faut tenir compte que de la population – ce sont naturellement les délégués des grands États – pour les autres, il est indispensable d'intégrer la dimension étatique en donnant un vote égal à chaque entité au sein de la fédération – la position est défendue par les délégués des petits États. Le résultat du compromis est bien connu : une chambre, la chambre des représentants, sera élue sur la base de la population des États et l'autre, le Sénat, comportera une représentation égale des différents États[408].

Mais il s'agissait aussi de mettre sur un pied d'égalité les deux acteurs de l'organe législatif, pour obliger les représentants du peuple et les représentants des États à arriver à des compromis. L'un des rédacteurs du fédéralisme (on ignore s'il s'agit d'Hamilton ou de Madison) écrit le 8 février 1788 : « *dans un gouvernement républicain, l'autorité législative prédomine nécessairement. Le remède à cet inconvénient est de diviser la législature en plusieurs branches ; et de les rendre, par la différence du mode d'élection et de leurs principes d'action, aussi étrangères l'une à l'autre que le permet des fonctions communes et leur dépendance commune vis-à-vis de la nation* »[409]. Le poids des États, nécessairement beaucoup plus important au Sénat, a ainsi permis de construire un dispositif bicaméral, visant à réorganiser le vote de la loi pour respecter les deux origines de la fédération américaine.

Il y a ici un véritable principe de fonctionnement. Pour permettre la rédaction d'une loi et sa mise en place, il est nécessaire que cette loi soit soutenue directement ou indirectement par trois majorités qui peuvent être différentes : une majorité au sein de la chambre des représentants, une majorité au sein du Sénat, et une majorité qui a soutenu l'élection du Président. Les deux premières majorités doivent se concilier pour arriver à une loi. Le représentant de la troisième, le Président, peut s'efforcer d'arrêter celle-ci par le veto.

2/ Un danger

On comprend aisément les dangers d'une telle organisation. Multiplier ainsi les majorités et prévoir comme seul moyen de résolution le compromis a un coût.

Les désaccords peuvent apparaître au sein du Congrès (a) tout comme entre le Congrès et le Président (b). Un exemple pratique illustre les dangers de ces tensions (c).

---

[408] Cf. A. Coutant, *Histoire constitutionnelle des États-Unis, tome 1, 1776-1860, une fédération non démocratique*, ..., op. cit., p. 157.
[409] A. Hamilton, J. John, J. Madison, *Le Fédéralisme*, Paris, Garnier, p. 431.

a/ Un désaccord au sein du Congrès

Dans la première hypothèse, un mécanisme existe : *The Conference Committee*[410].

Comportant des élus de la chambre des représentants et du Sénat, à nombre égal, ce comité est constitué à chaque fois qu'une loi est votée sous une forme différente par les deux chambres. Le but est de parvenir à un accord sur un texte commun pour le représenter ensuite dans chaque chambre et aboutir à un texte législatif. En cas d'échec, la loi est purement et simplement abandonnée.

Ceci nous apporte deux enseignements : d'une part, le mécanisme existe et peut fonctionner ; d'autre part, en cas d'échec, la loi n'existe pas, ce qui se conclut par un blocage sur ce thème précis.

b/ Un désaccord entre le Congrès (en tout ou partie)
et le Président

Dans la seconde hypothèse, le désaccord peut prendre deux formes distinctes, en fonction des choix effectués par chacune des deux chambres.

En premier lieu, on trouve un désaccord possible entre le Président et l'une des chambres du Congrès, la chambre des représentants ou le Sénat. Dans ce cas, nous en revenons au mécanisme précédent. Le Président ne peut intervenir. Le débat reste au niveau du Congrès.

En second lieu, le désaccord peut aussi apparaître entre le Président et le Congrès dans son ensemble. Une loi a été votée par le Congrès. Le Président est en désaccord. Il choisit de mettre son veto. Le mécanisme est prévu par la Constitution. Il s'agit d'un blocage potentiel mais la loi fondamentale prévoit aussi une sortie de crise : le Congrès peut dépasser le veto par un vote à une majorité qualifiée (deux tiers) dans chacune des chambres. À défaut, le texte est abandonné. Cette seconde hypothèse montre aussi la présence potentielle de conflit entre les organes et les modalités de résolution.

---

410 Cf. S. S. Smith, J. M. Roberts, R. J. V. Wielen, *The American Congress*, Cambridge University Press, 2009, p. 167.

Néanmoins, si on examine l'ensemble du système au regard de l'efficacité législative, chaque hypothèse comporte un risque de blocage et de division.

c/ Le shutdown

Une troisième hypothèse est aussi devenue relativement populaire en raison de sa répétition : le *shutdown*[411].

Nous le plaçons à part dans cette étude car il ne concerne pas une législation ordinaire mais l'un des textes les plus importants dans un système démocratique : le budget. La loi budgétaire, comme la législation ordinaire, doit faire l'objet d'un compromis entre les deux chambres. Elle doit être votée dans les mêmes termes. En cas d'échec, elle a un effet immédiat : le *shutdown* c'est-à-dire l'arrêt des activités exécutives aux États-Unis.

Le Président et son administration sont directement concernés puisque le désaccord entre les deux chambres sur le budget a pour effet d'empêcher le financement des activités fédérales à partir du premier jour de l'année budgétaire.

Il ne s'agit en aucun cas d'un événement rarissime. Depuis 1976, le système américain a été soumis à ce type de conséquences vingt fois[412]. Chacun de ces événements conduit à une crise politique, un débat national (teinté d'antiparlementarisme) et à des questionnements sur le bon fonctionnement du régime. Il n'est donc pas du tout anodin de parler de conflit de crise au regard des relations entre les organes, en raison de l'existence même d'un système de balance et donc de concurrence de majorités.

---

[411] Cf. A. Schick, *The Federal Budget: Politics, Policy, Process,* Brookings Institution Press, 2008, p. 285. ; K. Dautrich, D. A. Yalof, C. Bejarano, *The Enduring Democracy*, Cengage Learning, 2016, p. 421.

[412] La première fois en 1976, à trois reprises en 1977, puis en 1978, 1979, 1981, deux fois en 1982, 1983, deux fois en 1984, puis en 1986, 1987, 1990, 1995 et 1996, 2013, et encore deux fois en 2018. L'apparition de ce phénomène en 1976 est liée à la mise en place d'une procédure budgétaire encadrée par *The Congressional Budget and Impoundment Control Act*, en 1974. Auparavant, le budget était le résultat de plusieurs textes de loi, votés séparément. La mise en place d'un texte de synthèse, proposé par l'équipe Présidentielle, correspond à une logique budgétaire globale. Elle a eu un effet inattendu avec la possibilité des *shutdowns.*

B/ L'opposition des majorités en France, une exception relative

À ce titre, il existe un véritable principe en France, la domination d'une majorité[413] au sein des institutions politiques. Comme tout principe (1), il connaît une exception, qui s'est matérialisée à trois reprises (2).

1/ Le principe : la domination d'une majorité unique

Dans le système français, la séparation des pouvoirs a pris la forme d'un régime parlementaire dualiste, dans lequel une majorité unique a tendance à se mettre en place. Ce phénomène est dû à trois dispositions du système constitutionnel français : le bicamérisme inégalitaire (a), le lien entre le Président et l'Assemblée (b) et le mode de scrutin et ses conséquences (c).

a/ Un bicamérisme inégalitaire

D'une part, le bicamérisme consacré par la Constitution de 1958 est inégalitaire.

Il donne la priorité à la chambre basse, l'Assemblée nationale, qui peut toujours dépasser un blocage du Sénat sur un texte par un vote à la majorité absolue. Ce premier mécanisme évite en grande partie la paralysie des textes entre les deux chambres. Elle ne concerne que les textes qui doivent être votés dans les mêmes termes ou avec des majorités qualifiées, dans le cadre de loi organique ou de proposition de révision. La loi ordinaire n'est pas soumise à cette difficulté.

On peut relever qu'il existe pourtant une commission mixte paritaire[414], c'est-à-dire la réunion de représentants de députés et de sénateurs qui s'efforcent de parvenir à un accord sur une loi. Ce mécanisme fonctionne également pour la loi ordinaire. Cependant, contrairement au système américain, un désaccord en commission

---

[413] Cf. J. Benetti, *Droit parlementaire et fait majoritaire à l'Assemblée nationale sous la Ve République*, thèse sour la dir. du professeur Jean Gicquel, 2004 ; P. Pactet, « l'application du principe majoritaire sous la Ve République de 1958 à 1981 », in *Itinéraires*, études offertes à L. Hamon, Economica, 1982, p. 507. ; J.-M. Denquin, « Recherches sur la notion de majorité sous la Ve République », in *RDP*, 1993, p. 949. ; Ph. Lauvaux, « *La démocratie majoritaire* : conception et discussion d'un modèle polaire », in Pouvoirs : La Démocratie majoritaire, 1999, n° 85.

[414] Cf. https://www.senat.fr/role/fiche/cmp.html, consulté le 08-04-2019 à 21h28.

mixte paritaire ne conduit pas à l'abandon de la loi. L'Assemblée nationale peut toujours la voter.

b/ Le lien entre le Président et l'Assemblée

D'autre part, un lien beaucoup plus fort existe entre l'assemblée et l'exécutif. Ce lien est essentiel dans le régime de la Ve République. Il a d'ailleurs conduit à poser la question de la concordance des élections et même de leur ordre.

Un Président élu au suffrage universel direct peut s'appuyer sur une majorité stable à l'Assemblée nationale. La volonté de faire coïncider la date des élections, depuis la révision constitutionnelle de 2000[415], a consacré cette logique.

Mais il ne fallait pas s'arrêter là. Les deux élections devaient avoir lieu la même année et dans un certain ordre. En raison de circonstances diverses, le calendrier politique de 2002 est relativement étrange puisque les élections législatives doivent se tenir avant l'élection présidentielle. Le gouvernement socialiste – nous sommes durant la troisième cohabitation à cette époque – propose donc d'inverser le calendrier pour restaurer l'ordre naturel des choses… En décembre 2000, le premier ministre de l'époque, Lionel Jospin, prononce devant l'Assemblée un discours sur la question des futures élections et de leur ordre. Il y a bien, au regard du contenu de ce discours, une logique acceptée par le plus grand nombre à l'époque : le Président doit être élu avant l'Assemblée et pouvoir s'appuyer ensuite sur une majorité issue des élections législatives. Il est intéressant de citer (en partie) ce discours pour comprendre ses implications (certains passages sont mis en exergue par nous) :

« *En l'État actuel du calendrier, les élections législatives devraient sans doute se tenir les 10 et 17 mars, suivies de l'élection présidentielle les 21 avril et 5 mai 2002.*

Ce calendrier est, on le sait, tout à fait fortuit. Il est l'effet conjugué de l'aléa d'une vie -la mort du Président POMPIDOU en 1974- et d'une

[415] Sur le quinquennat numéro spécial de la RDP 2000/4 ; B. Daugeron, « Le quinquennat : retour sur les vrais enjeux d'un faux débat », in *Revue Juridique de l'Ouest*, 2000, n°4, p. 488.

décision politique inattendue -la dissolution de l'Assemblée nationale en 1997, un an avant le terme de son mandat.

Si ce calendrier était maintenu, pour la première fois dans l'histoire de la Cinquième République, on verrait le Président élu juste après les députés. Nombreux sont ceux qui pensent, après avoir examiné cette situation, qu'une telle séquence, sans précédent, fait peu de cas de la logique de nos institutions et qu'elle est contraire au bon sens. Il a donc été proposé de rétablir le calendrier normal quand il en était encore temps. Je partage cette conviction (...).La proposition de calendrier qui est faite par des groupes différents au sein de votre Assemblée est celle qui convient. Elle assure la cohérence de notre système politique, la clarté du processus électoral et l'égalité des candidats devant le scrutin.

La cohérence implique de rétablir l'ordre du calendrier républicain, puisque la dissolution de 1997 a inversé l'ordre normal des rendez-vous démocratiques.

Depuis 1962, le Président de la République est élu au suffrage universel direct par les Français dans une circonscription unique où tous les citoyens et les citoyennes sont appelés à voter. C'est cette élection qui a structuré la vie politique nationale des dernières décennies. 1965, 69, 74, 81, 88, 95 : chacune de ces dates est pour vous tous significative.

(...) Par respect pour nos concitoyens et pour la dignité même de l'élection présidentielle, il ne saurait être question de la cacher, on pourrait presque dire de l'embusquer derrière les élections législatives. Elle ne peut pas être le solde des élections à l'Assemblée nationale. C'est pourquoi, sur une question de cette importance, et au-delà des clivages partisans, chacun doit prendre ses responsabilités sans s'abriter derrière des arguments purement formalistes.

Il y va de la cohérence entre l'exécutif et le législatif. Puisque notre système institutionnel est à la fois présidentiel et parlementaire, il est bon qu'il y ait en général cohésion entre la majorité présidentielle et la majorité parlementaire »[416].

---

[416] Déclaration de M. Lionel Jospin, Premier ministre, sur l'inversion du calendrier électoral pour 2002 et sur les institutions de la Cinquième République, à l'Assemblée

L'élection présidentielle est suivie par l'élection législative. La victoire d'un candidat, soutenu par un parti, à la première permet presque automatiquement à une coalition ou un parti unique qui a apporté ses voix au candidat de se former au sein de l'Assemblée nationale pour constituer une majorité stable.

Il y a ici concordance de majorités.

c/ Le mode de scrutin et ses conséquences

Enfin, le mode de scrutin favorise cette situation. Le scrutin majoritaire uninominal à deux tours qui permet la désignation des députés, au sein de l'Assemblée nationale, a pour effet la mise en place de deux blocs partisans, de manière presque automatique. Il y a donc formation d'une majorité relativement stable, par un effet mécanique.

L'opposition ne manque pas de critiquer cette conséquence du mode d'élection en insistant sur la concentration entre les mains d'une même majorité des deux pouvoirs politiques, Président et Assemblée nationale. Dans cette perspective, le premier ministre est d'abord et avant tout un acteur aux côtés du Président.

Il ne peut pas y avoir de crise entre les acteurs puisqu'ils sont de la même couleur politique et ont choisi de soutenir le même programme.

2/ L'exception : les cohabitations

Dans cette logique majoritaire, trois périodes se distinguent pourtant : les cohabitations[417]. À trois reprises, en raison des élections législatives et de la différence de durée entre les mandats du Président et de l'assemblée (avant 2000), des périodes dites de cohabitation sont

---

nationale le 19 décembre 2000, Questions orales avec débat sur l'avenir des institutions avant l'examen des propositions de loi visant l'inversion du calendrier électoral en 2002, à l'Assemblée nationale le 19 décembre 2000, http://discours.vie-publique.fr/notices/003003402.html, consulté le 07-03-2019 à 02h21.

[417] Cf. A.-X. Fournier, *La Dynamique du Pouvoir Sous la Ve République : Cohabitation et Avenir des Institutions*, Québec, PUQ, 2008, 160 p. ; M.-A. Cohendet, *La Cohabitation*, Paris, PUF, 1993, 352 p. ; J.-C. Zarka, *Fonction présidentielle et problématique, majorité présidentielle, majorité parlementaire sous la Cinquième République (1986-1992)*, Librairie générale de droit et de jurisprudence, Bibliothèque constitutionnelle et de science politique, 1992, vol. 75, 498 p.

intervenues. Fondées sur un principe initial (a), elles ont eu des conséquences sur le régime (b).

a/ Le principe

Elles se caractérisent par une distorsion de majorité entre, d'un côté, le Président, et, de l'autre, le gouvernement et l'Assemblée nationale. Dans ces hypothèses, le gouvernement dépend directement de l'Assemblée et la responsabilité politique devant le chef de l'État s'efface.

La différence de durée des mandats présidentiels et législatifs (on ne parle ici que de l'Assemblée nationale puisque la relation entre gouvernement et Parlement repose d'abord et avant tout sur les rapports entre l'exécutif et la majorité de la chambre basse) soulève par principe l'hypothèse d'une distorsion entre les deux majorités. Bien qu'elle ne se soit réalisée, dans les faits, cette hypothèse avait été envisagée dès 1978, date d'une élection législative très serrée entre la majorité de droite et l'opposition de gauche. À cette époque, Maurice Duverger avait d'ailleurs précisé que, selon lui, rien n'interdisait dans la Constitution la survenue d'un tel événement.

Avant même que la question ne se pose – le principal débat intervenant durant l'année 1985 – un acteur politique français avait déjà opté pour cette possibilité, Édouard Balladur. En effet, le 16 septembre 1983, celui qui était à l'époque un membre du RPR[418] avait déclaré dans un article du monde qu'une cohabitation était possible (Valéry Giscard d'Estaing n'avait pas dit autre chose dans un entretien accordé à l'Express en janvier de la même année). Deux ans plus tard,

[418] Le Rassemblement pour la République (RPR) est un ancien parti politique français, classé à droite, se réclamant du gaullisme, c'est-à-dire de l'œuvre et des idées politiques de Charles de Gaulle. Créé en 1976 sous l'impulsion de Jacques Chirac, qui le préside jusqu'en 1994, d'abord en conflit avec Valéry Giscard d'Estaing, le RPR est la principale force d'opposition lors des deux septennats de François Mitterrand (1981-1995). Participant du déroulement des trois cohabitations (1986-1988, 1993-1995, 1997-2002), il contribue à l'élection (1995) et à la réélection (2002) de Jacques Chirac à la présidence de la République. Conformément au souhait de son principal fondateur, il se dissout, en 2002, au sein de l'Union pour un mouvement populaire (UMP) (http://www.leparisien.fr/politique/comment-jacques-chirac-a-cree-le-rpr-sa-machine-a-gagner-26-09-2019-8160384.php; https://fr.wikipedia.org/wiki/Rassemblement_pour_la_R%C3%A9publique), consulté le 1er octobre 2019 à 11h47.

en 1985, la possibilité semble se rapprocher de manière inéluctable. Les élections législatives sont prévues pour l'année suivante. La popularité du Président François Mitterrand et de son gouvernement, dirigé à l'époque par Laurent Fabius, est suffisamment faible pour laisser penser à une victoire de la droite, menée par le RPR de Jacques Chirac, dès l'année suivante. Un débat a lieu sur la Constitution, son interprétation, les réponses à apporter… au début de l'année, François Mitterrand avait évoqué cette hypothèse[419], en précisant que selon lui elle ne se produirait pas tout de suite. Le débat de 1985[420] est presque consensuel… à droite comme à gauche la cohabitation est reconnue comme une possibilité, conforme à la Constitution. Les voix divergentes sont relativement rares. On peut citer Raymond Barre, ancien premier ministre de Valéry Giscard d'Estaing, entre 1976 et 1981. L'ancien professeur d'économie insiste sur le caractère anormal de la cohabitation selon lui. Il répétera d'ailleurs cette condamnation durant toute l'année 1985 et ira jusqu'à affirmer son refus de tout soutien un gouvernement de cohabitation, en cas de victoire de la droite aux élections de 1986[421].

Dans ces conditions, il paraît difficile de s'étonner du relatif bon fonctionnement des cohabitations, malgré quelques tensions.

b/ Les conséquences

En ce qui concerne les rapports entre les organes au sein de la Constitution de 1958, la cohabitation modifie nécessairement un certain nombre d'équilibres. Pour le comprendre, il faut se replacer dans le contexte.

Une majorité politique remporte des élections législatives. Elle se retrouve face à un Président qui appartient à l'ancienne majorité c'est-à-dire à la nouvelle opposition. Cette majorité peut choisir sans difficulté le gouvernement. C'est d'ailleurs le leader du principal parti de la majorité qui en prend la tête (Jacques Chirac en 1986, Lionel

---

419 Cf. J.-L. Quermonne, *Les régimes politiques occidentaux*, Paris, Le Seuil, 2016, 347 p.

420 Cf. http://fidesjustice.free.fr/html/cohabit4.html, consulté le 08-04-2019 à 22h33.

421 « 10-17 avril 1985 - France. Lutte d'influence dans l'opposition », in *Encyclopædia Universalis* [en ligne], consulté le 14 mai 2018. URL : http://www.universalis.fr/evenement/10-17-avril-1985-lutte-d-influence-dans-l-opposition/, consulté le 08-04-2019 à 22h05.

Jospin en 1997) ou qui choisit le nouveau premier ministre (Édouard Balladur devient premier ministre en 1993 à la demande de Jacques Chirac). Cette majorité dispose d'un temps relativement limité pour mener à bien ses politiques et doit faire face à un opposant majeur, le Président.

Cette situation entraîne-t-elle un déséquilibre potentiel ou des dangers ? Il existerait ainsi les instruments classiques du régime parlementaire qui se remettaient en place : le droit de dissolution et la responsabilité politique du gouvernement devant l'Assemblée. La Constitution prévoit ici des instruments pour résoudre une crise. Mais cette crise peut-elle advenir ?

Peut-il être question d'utiliser le droit de dissolution ?[422] Selon l'article 12, c'est le Président qui de sa propre initiative peut mettre en œuvre ce droit. On voit difficilement une telle hypothèse dans ces circonstances. On voit encore moins une demande émanant du gouvernement pour obtenir la dissolution d'une Assemblée dans laquelle il dispose d'une majorité.

L'autre moyen est-il utilisable ? Une majorité à l'Assemblée pourrait-elle mettre en cause la responsabilité politique du gouvernement ? Là aussi, l'hypothèse semble très fragile. Dans quelles circonstances une majorité qui dispose d'un gouvernement en place prendrait-t-elle le risque de donner un argument au Président, son principal opposant, pour dissoudre l'Assemblée, en recourant à la responsabilité politique ?

Autrement dit, dans l'hypothèse des cohabitations, le gouvernement dispose d'une majorité stable, ne peut pas être menacé par une mise en cause de sa responsabilité politique et ne peut pas non plus voir dissoudre cette Assemblée qui le soutient par le Président. Nous ne sommes pas dans un régime parlementaire classique. Nous sommes dans un régime qualifié de régime de cabinet, assez similaire à ce qui se pratique en Angleterre, en raison du bipartisme.

La stabilisation est automatique par l'effet majoritaire. Même en période de cohabitation, par un système de glissement, les deux

---

[422] Pour une approche plus générale du droit de dissolution dans ses rapports avec les circonstances politiques, voir M.-A. Cohendet, *La cohabitation : leçons d'une expérience*, Paris, PUF, 1993, p. 92.

pouvoirs politiques demeurent liés par la même majorité, il ne s'agit plus cette fois du Président mais du premier ministre qui trouve une assise certaine au sein de l'Assemblée.

§2- Les deux majorités au Bénin

Nous avons démontré que le Bénin avait choisi un régime présidentiel c'est-à-dire une organisation qui ne permet pas d'interaction entre les deux organes politiques. Ni droit de dissolution, ni responsabilité politique n'existe dans la Constitution de 1990. Dans ces conditions, il y a nécessairement coexistence de deux pouvoirs indépendants, ce qui soulève la question de leur éventuelle confrontation. En examinant les aspects théoriques de la Constitution (A), on constate que les constituants ont choisi de donner une logique concurrentielle aux pouvoirs politiques. Cette logique est d'autant plus apparente lorsqu'on examine les conséquences de la pratique et les élections successives (B).

A/ La théorie

La Constitution béninoise prévoit deux acteurs concurrents dans le cadre de la fonction législative tout en organisant une distorsion en matière électorale (1). Ceci soulève nécessairement des questions en ce qui concerne les dangers résultant de cette organisation (2).

1/ Les deux acteurs législatifs

Le texte fondamental prévoit un partage de l'initiative législative entre deux organes distincts (a) tout en consacrant une double différence dans leur fondement (b).

a/ Le partage de l'initiative législative

Nous sommes ici face à une consécration constitutionnelle explicite. L'article 57 dispose : « *Le Président de la République a l'initiative des lois concurremment avec les membres de l'Assemblée nationale* ».

Il s'agit d'une initiative partagée qui permet à l'organe exécutif et à l'organe législatif de présenter des textes de loi. On peut préciser que cette présentation se fait visiblement à égalité, la Constitution utilisant même le terme concurremment.

Un tel partage induit une collaboration entre les deux organes. De fait, il n'a de sens que si l'organe législatif, l'Assemblée nationale, examine de la même manière les textes proposés par le Président et ceux issus de ses rangs. Or cette collaboration ne peut exister que si les deux organes fonctionnent ensemble.

b/ Une distorsion entre les organes

Pourtant, le texte prévoit aussi une véritable distorsion entre les deux organes qu'il s'agisse de la durée de leur mandat ou du mode de scrutin utilisé.

Alors que « *Le Président de la République est élu au suffrage universel direct pour un mandat de cinq ans, renouvelable une seule fois* »[423], « *les députés sont élus au suffrage universel direct. La durée du mandat est de quatre ans. Ils sont rééligibles* »[424]. Cette différence amène, par principe, des élections à des dates différentes et donc des majorités potentiellement opposées.

De même, une autre différence apparaît au regard du mode de scrutin. Selon la Constitution, dans son article 43, « *L'élection du Président de la République a lieu au scrutin uninominal majoritaire à deux tours* ». Or, l'article premier de la loi électorale concernant la désignation des députés précise : « *Les Députés à l'Assemblée Nationale sont élus au suffrage universel direct au scrutin de liste à la représentation proportionnelle pour un mandat de quatre (04) ans* »[425]. Le premier mode de scrutin donne une majorité absolue au Président au moment du second tour, tandis que le second conduit à un éclatement de l'Assemblée nationale, avec une multiplication possible des partis politiques, et donc, potentiellement, une absence de majorité claire en faveur du Président.

2/ Les dangers

Au regard du texte lui-même, et en partant du principe qu'un fonctionnement apaisé repose sur des organes de même couleur politique, la Constitution béninoise fait naître de multiples dangers en

---

[423] Cf. Article 42 de la Constitution béninoise du 11 décembre 1990.

[424] Article 80 de la même Constitution.

[425] Loi n° 94-015 du 27 Janvier 1995 définissant les règles particulières pour l'élection des membres de l'Assemblée Nationale, modifiée par les lois n° 98-036 du 15 janvier 1999 et 99-016 du 12 mars 1999 et remise en vigueur par la loi n°2003-01 du 08 janvier 2003, voir http://www.Cour-Constitutionnelle-benin.org/loiselectorales/loi_94-015.htm, consulté le 07-03-2019 à 02h32.

ce qui concerne les dysfonctionnements dans les relations entre les organes. Tout dépend de la concomitance (a) ou non (b) des deux scrutins.

a/ Des élections concomitantes

C'est la première hypothèse : un Président et une Assemblée sont élus à la même date.

Parce que les modes de scrutin sont différents, l'organe exécutif court le risque de se retrouver face à une Assemblée sans véritable majorité, ce qui va poser des problèmes en ce qui concerne l'application de son programme politique, sur lequel il a été élu.

De toute façon, quatre ans plus tard, le Président prend le risque de se retrouver avec une nouvelle Assemblée qui ne le soutiendra pas.

b/ Des élections décalées

Cette seconde hypothèse est de loin la plus fréquente : la coïncidence en matière électorale est de toute façon relativement rare.

Si, au départ, les deux élections se tiennent au même moment, dès le renouvellement de l'Assemblée, un décalage apparaît. Autrement dit un Président est élu avec un programme sans avoir une majorité à l'Assemblée pour le mettre en place. Une Assemblée peut, être élue de son côté mais en raison du vote à la proportionnelle, avoir des difficultés pour composer une majorité qui aurait elle-même un programme stable.

Dans ces conditions, en ce qui concerne l'initiative, le Président devrait systématiquement négocier avec l'Assemblée en essayant de constituer une majorité avec des groupes différents.

Qu'en est-il dans la pratique ?

B/ La pratique

Il suffit d'examiner les différentes élections, présidentielles et législatives, qui sont intervenues depuis 1990, pour constater la présence de multiples oppositions (1) et s'interroger sur des éventuels affrontements (2).

1/ Les oppositions inévitables

Nous allons étudier les scrutins successifs depuis 1990[426].

a/ En 1991 : les deux premières élections

En 1991, ont lieu les premières élections législatives et présidentielles.

Les élections législatives se tiennent le 17 février. Neuf partis politiques se partagent les sièges de l'Assemblée : l'union pour le triomphe du renouveau de la démocratie (12 sièges), le parti du renouveau démocratique (9 sièges), le parti social démocratique (8 sièges), le rassemblement national pour la démocratie (7 sièges), notre cause commune (6 sièges), le mouvement républicain national pour la démocratie et le développement (6 sièges), l'union pour la démocratie et la solidarité nationale (5 sièges), le rassemblement des démocrates libéraux pour une reconstruction nationale (4 sièges), les 7 sièges restants étant répartis entre les autres petits partis politiques.

Le 10 mars l'élection présidentielle voit s'affronter six candidats au premier tour (nous précisons entre parenthèses le pourcentage de voix obtenues) : Nicéphore Dieudonné Soglo (36,2 %), Mathieu Kérékou (27,2 %), Albert Tevoedjre (14,3 %), Bruno Amoussou (5,7 %), Adrien Houngbédji (4,6 %) et Moise Mensah (3,4 %). Si on compare avec les soutiens partisans, seulement trois partis politiques représentés à l'Assemblée ont des candidats à l'élection présidentielle : il s'agit d'Albert Tevoedjre (Notre cause commune), Bruno Amoussou (Parti social démocratique), et Adrien Houngbédji (Parti du renouveau démocratique).

Concrètement, ceci implique que les deux candidats retenus pour le second tour ne disposent pas d'une formation politique au sein de l'Assemblée.

Nicéphore Dieudonné Soglo l'emporte au second tour face à Mathieu Kérékou, par 67,5 % contre 32,5.

b/ De 1995-1996 : le premier renouvellement

Il faut attendre 1995 pour l'Assemblée et 1996 pour le Président.

---

[426] Tous ces résultats sont accessibles en ligne sur le site suivant : http://perspective.usherbrooke.ca/bilan/servlet/BMElection?codePays=BEN&dateElection=BEN2007331&codeInstitution=1, consulté le 07-03-2019 à 02h36.

Le 28 mars 1995 interviennent de nouvelles élections législatives. Les sièges se répartissent comme suit : Parti de la renaissance du Bénin (21), Parti du Renouveau Démocratique (19), Front d'action pour le renouveau et le développement (10), Parti social démocratique (8), Union pour la démocratie et la solidarité nationale (5), Notre cause commune (3), Rassemblement des démocrates libéraux pour une reconstruction nationale (3), Parti communiste du Bénin (1) et 13 sièges pour les autres candidatures. On peut ajouter que le Président élu en 1991, Soglo, est lié au parti arrivé en tête aux législatives puisqu'il a été créé par son épouse, Rosine Vieyra Soglo, en 1992. Toutefois ce parti n'obtient pas la majorité absolue des sièges.

Un an plus tard, le 3 mars 1996, a lieu la nouvelle élection présidentielle. Le résultat du premier tour est le suivant : Nicéphore Dieudonné Soglo (35,7 %), Mathieu Kérékou (33,9 %), Adrien Houngbédji (19,7 %), Bruno Amoussou (7,8 %), Pascal Fontondji (1,1 %), Lionel Agbo (0,9 %) et Léandre Djagoué (0,9 %). Au second tour, le 18 mars 1996 c'est le deuxième candidat arrivé en tête, Kérékou, qui remporte l'élection par 52,5 % des voix.

Le nouveau Président, élu avec une étiquette indépendant, a donc face à lui une Assemblée nationale dans laquelle le premier parti est le soutien direct de celui qu'il vient de vaincre.

c/ De 1999-2001

Les deux renouvellements suivants sont séparés de deux années. Les élections suivantes sont législatives. Elles interviennent le 30 mars 1999. Toujours à la proportionnelle, elles conduisent au résultat suivant : Parti de la renaissance du Bénin (27 sièges), Parti du renouveau démocratique (11 sièges), Front d'action pour le renouveau et le développement (10 sièges), Parti social démocratique (9 sièges), Alliance étoile (6 sièges), Impulsion pour le progrès et la démocratie (4 sièges) et Congrès africain pour le renouveau (4 sièges). On peut relever le score plus intéressant du parti de la renaissance du Bénin qui obtient 27 sièges sur 83.

Le 4 mars 2001 a lieu l'élection présidentielle. Au premier tour, les candidats obtiennent les résultats suivants : Mathieu Kérékou (Front d'action pour le renouveau et le développement : 45,4 %), Nicéphore Dieudonné Soglo (Parti de la renaissance du Bénin : 27,1 %), Adrien Houngbédji (Parti du renouveau démocratique : 12,6 %), Bruno

Amoussou (Parti social démocratique : 8,6 %) et Sacca Lafia (Union pour la démocratie et la solidarité nationale : 1,2 %). Au second tour, Kérékou l'emporte par 83,6 % contre 16,4 % pour Bruno Amoussou. Le Président sortant est donc reconduit.

d/ Les élections législatives de 2003 : un parti principal à l'Assemblée ?

Les élections législatives de 2003 semblent tirer les conséquences du scrutin présidentiel précédent : deux camps s'opposent, la mouvance présidentielle qui obtient 52 sièges et les partis d'opposition qui en remportent 31. Cette fois, le Président dispose d'une majorité au sein de l'Assemblée. Cette victoire est nécessairement de très courte durée puisque le Président ne peut se présenter que pour deux mandats.

e/ En 2006, 2007, 2011 : un Président et une Assemblée

Au premier tour de l'élection présidentielle du 5 mars 2006, les résultats sont les suivants : Yayi Boni (Indépendant : 35,8 %), Adrien Houngbédji (Parti du renouveau démocratique : 24,2 %), Bruno Amoussou (Parti social démocratique : 16,3 %), Léhadi Soglo (Parti de la renaissance du Bénin : 8,4 %), Antoine Kolawolé Idji (Mouvement africain pour le développement et le progrès : 3,3 %), Lazare Sèhouéto (Mouvement pour une alternative populaire : 2 %) et Sévérin Adjovi (Rassemblement des démocrates libéraux pour une reconstruction nationale : 1,8 %). Boni remporte le second tour par 74,6 % contre Houngbédji qui totalise 25,4 %.

Le 31 mars 2007 ont lieu les élections législatives. Elles donnent la répartition suivante en matière de sièges : Force Cauris pour un Bénin Émergent (35), Alliance pour une Dynamique Démocratique (20), Parti du renouveau démocratique (10), Force clé (4), Union pour l'aide (3), Union nationale pour la démocratie et le progrès (2), Force d'espoir (2), Coalition pour un Bénin émergent (2), Alliance pour le renouveau (2), Alliance des forces du progrès (1), Parti pour la démocratie et le progrès social (1) et Restaurer l'espoir (1). Le résultat est intéressant car le parti arrivé en tête est directement lié au Président, Boni.

Quatre ans plus tard, l'élection présidentielle du 13 mars 2011 conduit à la reconduction du Président sortant dès le premier tour, Yayi Boni obtenant 53,1 % des voix. Il est toujours indépendant. Parmi les autres candidats seul Adrien Houngbédji représente un parti connu, le parti du renouveau démocratique et obtient 35,6 % des voix. Autrement dit, le Président sortant est reconduit.

Dès le mois suivant ont lieu des élections législatives qui cette fois confirment la relation entre le Président et l'Assemblée. Le parti du Président, Forces Cauris pour un Bénin émergent, totalise 41 sièges. Le reste de l'Assemblée se répartit entre L'union fait la nation (30 sièges), et six autres partis qui obtiennent chacun 2 sièges : Alliance Amana, Alliance G13 Boaobab, Cauris 2 Alliance, Force Espoir - Union pour l'aide, Force dans l'alliance unifiée et Union pour le Bénin.

La coïncidence de date (les deux grandes élections ont lieu la même année à quelques semaines d'intervalle) permet une quasi coïncidence de majorité, ce qui stabilise en partie le pouvoir jusqu'aux élections législatives suivantes le 26 avril 2015.

f/ Un retour à l'affrontement 2015-2016

Les résultats législatifs de 2015 montrent un affaiblissement du parti sortant : Forces Cauris pour un Bénin émergent - Alliance Amana obtient 33 sièges. Il n'en demeure pas moins le premier parti de l'assemblée dans laquelle les sièges se répartissent comme suit : L'union fait la nation (13), Parti du renouveau démocratique (10), Parti de la renaissance du Bénin - Parti du renouveau patriotique (7), Alliance nationale pour le développement et la démocratie (5), Alliance soleil (4), Forces démocratiques unies (4), Alliance pour un Bénin triomphant (2), Alliance éclaireur (2), Union pour le Bénin (2), et Parti Résoatao (1). Cette élection conduit à un nouvel éclatement au regard du nombre de partis et de leur représentation au sein de l'assemblée.

Un an plus tard, l'élection Présidentielle du 6 mars (2016) soulève de nouveau la question des concordances de majorité. Les résultats du premier tour sont les suivants : Lionel Zinsou (Forces Cauris pour un Bénin émergent: 28, 4%), Patrice Talon (Indépendant : 24, 8%), Sébastien Adjavon (Indépendant: 23 %), Abdoulaye Bio-Tchané (Alliance pour un Bénin triomphant: 8,7%), Pascal Koupaki (Rassemblement pour une nouvelle conscience : 5,9 %), Robert Gbian (Générations pour une gouvernance républicaine: 1,5%), Fernand Amoussou (Alliance des forces de l'avenir : 1,2 %) et Issa Salifou (Union pour la relève : 1%). Lors du second tour, c'est Patrice Talon qui l'emporte avec 65,7 % des voix contre Lionel Zinsou. Le Président n'a pas de parti politique pour le soutenir au sein de l'Assemblée nationale.

À l'issue de cette étude, on constate que seul Boni Yayi est parvenu à créer un parti politique pour le soutenir avec une quasi majorité au sein de l'Assemblée.

2/ L'affrontement

L'analyse à partir des partis politiques peut être trompeuse. On constate que, dans le fonctionnement général, des alliances peuvent se nouer et permettre à des Présidents de gérer sur le long terme. C'est ainsi que Soglo, le tout premier Président du jeune Bénin, fut amené à négocier à de nombreuses reprises avec la majorité parlementaire[427].

Mais un autre élément s'impose : cette gestion à moyen ou à long terme reste très fragile. L'exemple le plus récent est aussi très significatif.

L'actuel Président, Patrice Talon, a été élu sans avoir le soutien d'un parti politique institutionnalisé. Au moment de l'élection présidentielle, il ne disposait même du soutien que de 12 députés sur 83. Néanmoins, à la fin de cette même année, il obtient un vote à l'unanimité pour le budget 2017. On peut donc penser qu'il s'agit bien de faire fonctionner le système politique par un jeu de compromis et d'alliance, en s'efforçant de convaincre les acteurs de l'Assemblée.

Mais la fragilité est évidente. Il suffit de rappeler que c'est cette même Assemblée, le 24 mars 2017, qui a rejeté le projet de révision du Président. Autrement dit le fait de disposer d'une majorité au sein de l'organe législatif pour voter un texte aussi important que le budget ne conduit pas pour autant à stabiliser durablement le pouvoir, pour d'autres projets[428].

---

[427] Cf. G. Conac, « Quelques réflexions sur le nouveau constitutionnalisme africain », in J-N Tama *L'odyssée du constitutionnalisme en Afrique*, Paris, L'Harmattan, 2015, p. 30.

[428] Cf. V. Duhem, « Bénin : Patrice Talon sans parti politique, tient les rênes », article publié le 27 novembre 2017 à 18h57 — Mis à jour le 29 janvier 2018 à 12h48 http://www.jeuneafrique.com/mag/494190/politique/benin-patrice-talon-sans-parti-politique-tiens-les-renes/, consulté, le 07-03-2019 à 12h48.

La situation actuelle, en 2018, fait apparaître des tensions entre les pouvoirs politiques et vis-à-vis de la Cour constitutionnelle, pour de multiples raisons. Cette dernière référence est importante car c'est justement cette Cour qui occupe une place particulière dans l'équilibre des pouvoirs au Bénin.

Section 2- La solution béninoise au conflit, le troisième pouvoir ?

Parce qu'elle conduit à séparer les pouvoirs, l'idée de diviser l'organisation politique en plusieurs institutions peut générer des conflits. Nous avons constaté la présence de ces conflits aux États-Unis, en France et au Bénin. Les mécanismes de protection existent au sein de la Constitution pour permettre de résoudre ces conflits lorsqu'ils apparaissent entre les deux pouvoirs politiques. Mais s'agit-il des seuls moyens constitutionnels ? L'actualité nous montre que la Cour constitutionnelle béninoise intervient de manière directe contre les actions des autres pouvoirs en posant la question de l'interprétation du texte constitutionnel. Ce troisième acteur a-t-il un statut de pouvoir, similaire aux autres (§1) ? Le fonctionnement de la Cour béninoise nous offre des exemples d'interventions qui montrent l'importance de cette juridiction dans l'édifice institutionnel du pays (§2).

§1- Un troisième acteur ?

On connaît la querelle autour de l'organisation des pouvoirs et du nombre de pouvoirs. Doit-on parler d'un système dualiste qui mettrait en avant les deux pouvoirs politiques : exécutif et législatif, faisant dépendre la troisième entité, le judiciaire d'une des autres ? On y oppose le système tribaliste qui fait apparaître un troisième pouvoir, le judiciaire, indépendant dans son action et dans ses conséquences.[429] La justice est-elle un pouvoir ou un contre-pouvoir ?[430] Notre propos concerne le fonctionnement constitutionnel. À ce titre, les modèles

---

[429] Cf. M. Troper, D. Chagnollaud, *Traité international de droit constitutionnel. Théorie de la Constitution*, Tome 1, Paris, Dalloz, 2012, p. 720.

[430] Cf. M. Cappelleti, « Nécessité et légitimité de la justice constitutionnelle », in Cours constitutionnelles européennes et droits fondamentaux, Paris, Économica, 1982, p. 460- 493. 14. ; S. Milacic, « Le contre- pouvoir, cet inconnu », in *Études à la mémoire de Christian Lapoyade*, Deschamps, PUB, 2003, p. 680. ; F. Hourquebie, « Le contre- pouvoir, enfin connu. Pour une analyse de la démocratie Constitutionnelle en terme de contre- pouvoirs », in *Mélanges en l'honneur de Slobodan Milacic*, Bruxelles, Bruylant, 2008, p. 99- 115.

français et américains (A) nous fournissent-ils un regard pertinent pour comprendre le choix béninois de Cour constitutionnelle (B) ?

A/ Les modèles français et américains

Les organes juridictionnels ont-ils une compétence majeure dans le règlement des conflits entre les deux organes politiques, aux États-Unis et en France ? L'examen des deux systèmes permet de comprendre l'importance de ce type d'action. La Cour suprême (1) a bien une compétence de régulation au regard du fonctionnement des institutions, dans la logique de son contrôle constitutionnel[431]. En ce qui concerne le Conseil constitutionnel français (2), la perspective est légèrement différente puisqu'il s'agit d'une attribution initiale, dans un contexte particulier.

1/ La Cour suprême américaine régulatrice des institutions

Notre but n'est pas de recenser l'ensemble des interventions de la Cour suprême en ce qui concerne la conformité des actes des institutions à la Constitution. Nous cherchons simplement à montrer les spécificités du contrôle et les modalités retenues. Pour cela, nous avons choisi une thématique, le veto de poche (*the Pocket Veto*)[432]. Cette disposition permet au Président d'intervenir dans la fonction législative (a). Il a été soumis au contrôle de la Cour suprême (b).

a/ Le Principe

On peut rappeler que cette pratique concerne l'action du Président dans le cadre de la fonction législative.

Il peut refuser explicitement de signer un texte, ce qui constitue l'usage normal du droit de veto. Cet usage est fixé par deux alinéas de la Constitution, alinéas 2 et 3 de la section 7 du premier article :

---

[431] Cf. J. Leca, M. Grawitz, *Les Cours constitutionnelles*, Paris, PUF, 1985, p. 406-407. ; F. Moderne, « Les juridictions constitutionnelles en Afrique », in G. Conac (dir.), *Les Cours suprêmes en Afrique*, t. 2, Paris, Economica, 1983, p. 19. ; F. Hourquebie, W. Mastor, « Les Cours constitutionnelles suprêmes étrangères et les élections présidentielles », in Les *Nouveaux Cahiers du Conseil constitutionnel,* 2012, n° 34, p. 143-162.

[432] Les développements suivants résument les propos de L. Fisher, *Constitutional conflicts between Congress and the President*, University Press of Kansas, 2007, p. 126-130.

« *Section 7*

Every Bill which shall have passed the House of Representatives and the Senate, shall, before it become a Law, be presented to the President of the United States: If he approve he shall sign it, but if not he shall return it, with his Objections to that House in which it shall have originated, who shall enter the Objections at large on their Journal, and proceed to reconsider it. If after such Reconsideration two thirds of that House shall agree to pass the Bill, it shall be sent, together with the Objections, to the other House, by which it shall likewise be reconsidered, and if approved by two thirds of that House, it shall become a Law. But in all such Cases the Votes of both Houses shall be determined by Yeas and Nays, and the Names of the Persons voting for and against the Bill shall be entered on the Journal of each House respectively. If any Bill shall not be returned by the President within ten Days (Sundays excepted) after it shall have been presented to him, the same shall be a Law, in like Manner as if he had signed it, unless the Congress by their Adjournment prevent its Return, in which Case it shall not be a Law.

Every Order, Resolution, or Vote to which the Concurrence of the Senate and House of Representatives may be necessary (except on a question of Adjournment) shall be presented to the President of the United States; and before the Same shall take Effect, shall be approved by him, or being disapproved by him, shall be repassed by two thirds of the Senate and House of Representatives, according to the Rules and Limitations prescribed in the Case of a Bill ». On trouve ici le mécanisme habituel avec la possibilité pour le Président de refuser de signer un texte législatif, obligeant le Congrès à réexaminer celui-ci et à le faire passer avec une majorité des deux tiers dans chaque chambre pour pouvoir surmonter le veto.

Toutefois, une disposition de cette clause permet la même conséquence – c'est-à-dire l'absence de validation du texte législatif – sans décision formelle du Président : il s'agit du silence gardé pendant les dix derniers jours de la session, lorsque le texte lui parvient à ce moment.

Historiquement, la procédure a été utilisée pour la première fois en 1812, par James Madison. La tradition a qualifié cette procédure de veto de poche car le Président est censé conserver le document dans sa poche… Il a d'ailleurs renouvelé cette action quatre ans plus tard, en 1816. Mais il a fallu attendre l'action d'Andrew Jackson et l'utilisation de 7 vetos de poche pour que le terme soit officiellement reconnu. C'est d'ailleurs ce deuxième Président qui a déclenché le plus de débat sur cette pratique. Parce qu'il avait affaire à une forte opposition, Jackson a aussi été critiqué pour le veto de poche, celui-ci étant qualifié de technique arbitraire et inconstitutionnelle, principalement par les membres du Congrès opposés au Président.[433] La réaction la plus inattendue vient de James Madison, qui indique que, dans ces circonstances, l'utilisation d'un veto de poche peut ouvrir la voie à un impeachment[434]… La position de l'ancien Président s'explique sans doute par son respect pour la procédure législative, mais peut-être aussi par son hostilité vis-à-vis du démocrate Jackson et de sa volonté d'accroître les pouvoirs du Président.

On aurait pu penser qu'il s'agissait donc d'une interprétation assez extensive. Pourtant, la pratique a subsisté après Jackson

Dans l'histoire américaine, assez peu de Présidents ont privilégié ce mode d'action. On constate une utilisation importante pour les Présidents qui ont souvent eu recours au veto, de manière générale. C'est ainsi que le Président Ulysses Grant (entré en fonction en 1869) a utilisé quarante-huit fois le veto de poche sur quatre-vingt-treize vetos. Il faut attendre Grover Cleveland pour atteindre le nombre de 238 vetos de poche sur un total de 584[435] (répartis en deux mandats séparés puisque Cleveland a été élu d'abord en 1885 jusqu'en 1889, puis en 1893 jusqu'en 1897. Durant le premier mandat il a utilisé le veto de poche 110 fois sur 414, durant le second, 128 fois sur 170). Le vainqueur incontestable est Franklin Roosevelt qui a eu recours au veto de poche 263 fois sur 635[436] (il faut quand même préciser que Roosevelt a effectué trois mandats pleins entre 1933 et 1945…). Un dernier Président, Dwight Eisenhower[437] (1953 – 1961), a eu recours

[433] Cf. L. Fisher, *The Law of the Executive Branch: Presidential Power*, OUP USA, 2014, 458, p. 177.
[434] Cf. R. J. Spitzer, *The presidential Veto*, SUNY Press, 1988, p. 107.
[435] Cf. R. J. Markel, *Grover Cleveland*, Twenty-First Century Books, 2006, p. 56 et suiv.
[436] Cf. C. E. Vose, « The Memorandum Pocket Veto », in *The Journal of Politics*, 1964, vol. 26, n° 2, p. 397.
[437] Cf.A. Williams, *US Government & Politics*, Heinemann, 1998, p. 93.

de manière importante au veto, et surtout au veto de poche 108 fois sur 181.

b/ L'encadrement par la Cour suprême

Bien que ce mécanisme ait été utilisé dès 1812, par le Président Madison, la Cour suprême n'a été amenée à se prononcer sur sa validité et surtout sur les modalités de mise en œuvre de contrôle qu'en 1929.

Dans l'arrêt connu sous le nom de *The Pocket Veto Case*[438], la Cour a été amenée à examiner l'attitude du Président Coolidge qui avait reçu une loi moins de dix jours avant l'ajournement du Congrès, à la fin de sa première session. Cet ajournement durait de juillet à décembre. La Cour a précisé à cette occasion que les dix jours renvoyaient à dix jours du calendrier et non pas à dix journées de session parlementaire.

En 1938, la Cour a de nouveau été saisie sur cette thématique. Dans l'arrêt *Wright v. United States*[439], elle en a profité pour rappeler l'importance de la procédure de veto. Selon la Cour, cette procédure poursuit deux buts : d'une part, donner au Président l'opportunité d'examiner un texte, et, d'autre part, donner au Congrès l'opportunité de considérer ses objections et potentiellement de les dépasser. Dans les années suivantes, des questions ont surgi concernant en particulier le statut des périodes d'interruption de session (autour des fêtes de fin d'année). La Cour suprême n'a pas eu l'occasion de se prononcer. En revanche, les Cours fédérales inférieures ont choisi de refuser la pratique du veto de poche à cette période, en raison de la brièveté de la parenthèse du Congrès.

La Cour suprême intervient donc dans le fonctionnement même de la séparation des pouvoirs en s'intéressant à la validité ou non des procédures suivies par l'un des deux organes au regard de la Constitution. Cette compétence fait donc de la juridiction fédérale un acteur de la procédure législative au regard de sa conformité à la Constitution.

---

[438] *The Pocket Veto Case* 279 U.S. 655 (1929).
[439] Cf. *Wright v. United States*, 302 U.S. 583 (1938).

2/ Le Conseil constitutionnel français et son rôle

La situation française est quelque peu différente en raison des motifs qui ont conduit à la création du Conseil constitutionnel. Par principe, le Conseil était, au sens initial de la constitutionnalité, compétent pour réguler certaines pratiques (a). Mais cette compétence en elle-même impliquait – et implique toujours – certaines limites (b).

a/ Le principe

Loin d'être une juridiction constitutionnelle en charge de la protection des droits fondamentaux, le Conseil avait originellement une mission majeure : contrôler la bonne application par le Parlement de la répartition des compétences entre les articles 34 et 37. On peut rappeler que la Constitution de 1958 avait sur ce point innové en prévoyant un domaine spécifique pour l'organe législatif et une intervention possible, en dehors justement d'une loi, pour l'organe exécutif. Cette division entre pouvoir réglementaire et pouvoir législatif devait permettre une certaine liberté pour le gouvernement.

Or c'est au Conseil que revient la tâche de faire respecter cette nouvelle répartition : « *l'existence du Conseil constitutionnel se justifie principalement, à l'origine, par la volonté de préserver une certaine conception de la séparation des pouvoirs, conception orchestrée par la Constitution du 4 octobre 1958 : sa mission essentielle était, en effet, de réguler l'activité des pouvoirs publics et particulièrement leur activité normative dans le cadre du parlementarisme rationalisé* »[440]. Nous sommes loin du juge constitutionnel défenseur des libertés fondamentales… Ceci lui vaut d'ailleurs le surnom de « *chien de garde de l'exécutif* »[441] avant 1971.

On retient fréquemment l'évolution majeure qui date de la décision de 1971, liberté d'association, décision qui consacre la compétence du Conseil constitutionnel en matière de protection des droits fondamentaux.

---

[440] A. Roblot-Troizier, « Un concept moderne : séparation des pouvoirs et contrôle de la loi », in *Pouvoirs : La séparation des pouvoirs,* Paris, Seuil, 2012/4, n° 143, p. 89 –90.

[441] Voir l'entrée Conseil constitutionnel in G. Carcassonne, *Petit Dictionnaire de droit Constitutionnel*, Paris, du Seuil, Points, 2014. Vol 1, 205 p.

Mais dans notre problématique, la question principale concerne les relations entre les pouvoirs et l'interprétation de la Constitution. Assurément, la juridiction constitutionnelle française est amenée à intervenir pour donner sa vision du texte constitutionnel en ce qui concerne les différentes procédures et pour contrôler l'action de l'organe législatif en la matière. Le Conseil est ainsi en charge du contrôle du respect de la procédure législative.

b/ Les limites d'une compétence

Cependant, cette compétence est-elle particulièrement étendue ? On peut en douter. Il suffit de prendre un exemple pour comprendre que les doutes que l'on pourrait avoir concernant le texte constitutionnel et son interprétation ne sont pas automatiquement levés à la suite d'une décision du Conseil constitutionnel.

En 1986, lors de la première cohabitation, le premier ministre en place, Jacques Chirac, souhaite faire passer par ordonnance un ensemble de mesures concernant des privatisations. Le Président de la République, François Mitterrand, lui répond que, en tant que Président de la République, il signe les ordonnances, ce qui signifie qu'il n'est pas obligé de le faire. C'est le Président de la République en place qui interprète la Constitution en précisant qu'il existe deux modalités en matière de loi ordinaire : d'une part le droit commun, c'est-à-dire le débat parlementaire et ses conséquences, d'autre part les ordonnances, c'est-à-dire une délégation de la compétence législative au gouvernement sous condition. Le Président peut refuser de signer les ordonnances puisqu'il ne porte pas atteinte à la fonction législative, la voie parlementaire restant ouverte. Il y a ici une interprétation par le Président. Le Conseil constitutionnel n'a pas été saisi à cette occasion pour valider ou non la pertinence de cette interprétation, ce qui montre aussi au passage la limite de sa place au sein des institutions.

Dans l'interview qu'il donne le 14 juillet, le Président Mitterrand précise les fondements de sa réflexion : « *moi, j'ai une responsabilité supplémentaire, je suis non seulement chargé de veiller au respect de la Constitution, mais au regard d'un certain nombre de données qui sont écrites dans cette Constitution et qui impliquent en particulier que je dois être le garant de l'indépendance nationale. Je ne peux donc pas accepter que ces biens, ces biens qui appartiennent à la*

Nation, je le répète une fois de plus pour être bien compris, soient vendus de telle sorte que demain alors que l'on fabrique, il s'agit de l'industrie, des objets, des produits, des marchandises nécessaires à l'indépendance nationale, qu'on puisse les retrouver dans les mains d'étrangers, je ne les citerais pas mais je vois très bien de qui il s'agit. Alors des précautions verbales sont prises, écrites aujourd'hui. Mais je ne vois pas comment cela serait respecté, si on les livre au marché privé, au nom de quoi, au bout de peu d'années, surtout à l'intérieur de la Communauté Européenne qui a des règles, et ces règles de la Communauté Européenne, c'est justement un marché intérieur libre. Chacun peut acheter ce qu'il veut à l'intérieur de nos, de nos 12 pays, ce sera tout à fait vrai dans 5 ans. Alors, on doit quand même prévoir au-delà de demain matin, on doit prévoir sur 10 ans, 15 ans. C'est le bien de la Nation, eh bien, tout cela me conduit à penser que je n'ai pas à l'heure actuelle les assurances qu'il me faudrait. Moi, mon devoir c'est d'assurer l'indépendance nationale, de faire prévaloir l'intérêt national. C'est pour moi un cas de conscience, c'est, pour moi, ma conscience, la conscience que j'ai de l'intérêt national passe avant toute autre considération »[442].

Il s'agit donc d'une interprétation du texte constitutionnel au regard du droit inscrit dans le texte en matière formelle (signer les ordonnances), des compétences du Président (garant de l'indépendance nationale) et de son jugement sur le fond (le contenu des ordonnances implique selon lui un débat parlementaire).

Le Conseil constitutionnel est d'autant plus écarté dans ce cadre qu'il a été amené à se prononcer sur la validité de la loi d'habilitation, quelques jours plus tôt. Donc, au regard du droit constitutionnel, le Conseil considère que la procédure qui a été suivie par le gouvernement est valide. Le choix du Président d'interpréter différemment le texte induit une autre lecture de la Constitution, en dehors de la structure juridictionnelle.

B/ Une approche béninoise

« *Art. 117. - La Cour constitutionnelle*

[442]Cf.http://fresques.ina.fr/mitterrand/fiche-m3h48.edia/Mitter00121/les-ordonnances-sur-la-privatisation-des-entreprises-publiques.html, consulté le 09-04-2019 à 13h48.

- Statue obligatoirement sur :

- la constitutionnalité des lois organiques et des lois en général avant leur promulgation ;

- les Règlements intérieurs de l'Assemblée nationale, de la Haute Autorité de l'Audiovisuel et de la communication et du Conseil économique et social avant leur mise en application, quant à leur conformité à la Constitution ;

- la constitutionnalité des lois et des actes réglementaires censés porter atteinte aux droits fondamentaux de la personne humaine et aux libertés publiques en général, sur la violation des droits de la personne humaine ;

- les conflits d'attributions entre les institutions de l'État.

- Veille à la régularité de l'élection du Président de la République ; examine les réclamations, statue sur les irrégularités qu'elle aurait pu, par elle-même, relever et proclame les résultats du scrutin ; statue sur la régularité du référendum et en proclame les résultats ;

- Statue, en cas de contestation, sur la régularité des élections législatives ;

- Fait de droit partie de la Haute Cour de Justice à l'exception de son Président. »

« *Art. 118. - Elle est également compétente pour statuer sur les cas prévus aux articles 50 [*les différents cas de vacance du Président][443],

---

443 « *Art. 50. - En cas de vacance de la Présidence de la République par décès, démission ou empêchement définitif, l'Assemblée nationale se réunit pour statuer sur le cas à la majorité absolue de ses membres. Le Président de l'Assemblée nationale saisit la Cour constitutionnelle qui constate et déclare la vacance de la Présidence de la République. Les fonctions de Président de la République, à l'exception de celles mentionnées aux articles 54 alinéa 3, 58, 60, 101 et 154 sont provisoirement exercées par le Président de l'Assemblée nationale. L'élection du nouveau Président de la République a lieu trente jours au moins et quarante jours au plus après la déclaration du caractère définitif de la vacance. En cas de mise en accusation du Président de la République devant la Haute Cour de Justice, son intérim est assuré par le Président de la Cour constitutionnelle qui exerce toutes les fonctions du Président de la République à l'exception de celles mentionnées aux articles 54 alinéa 3, 58, 60, 101 et 154. En cas d'absence du territoire, de maladie et de congé du Président de la République, son intérim est assuré par un membre du*

*52 [*les déclarations de patrimoine du Président et des membres du gouvernement*]*[444], *57 [*le refus présidentiel de promulguer une loi votée*]*[445], *77[*dans l'hypothèse d'un outrage de la part du Président, ce qui pourrait entraîner une mise en cause de sa responsabilité pénale*]*[446], *86 [*les cas de force majeure qui peuvent entraîner une modification du lieu de réunion de l'Assemblée]*[447], 100 [*la répartition

---

gouvernement qu'il aura désigné et dans la limite des pouvoirs qu'il lui aura délégués ».

[444] « *Art. 52. - Durant leurs fonctions, le Président de la République et les membres du gouvernement ne peuvent par eux-mêmes, ni par intermédiaire rien acheter ou prendre en bail qui appartienne au domaine de l'Etat, sans autorisation préalable de la Cour constitutionnelle dans les conditions fixées par la loi. Ils sont tenus, lors de leur entrée en fonction et à la fin de celle-ci, de faire sur l'honneur une déclaration écrite de tous leurs biens et patrimoine adressée à la Chambre des Comptes de la Cour suprême. Ils ne peuvent prendre part aux marchés de fournitures et aux adjudications pour les administrations ou institutions relevant de l'Etat ou soumises à leur contrôle* ».

[445] « *Art. 57. - Le Président de la République a l'initiative des lois concurremment avec les membres de l'Assemblée nationale. Il assure la promulgation des lois dans les quinze jours qui suivent la transmission qui lui en est faite par le Président de l'Assemblée nationale. Ce délai est réduit à cinq jours en cas d'urgence déclarée par l'Assemblée nationale. Il peut, avant l'expiration de ces délais, demander à l'Assemblée nationale une seconde délibération de la loi ou de certains de ses articles. Cette seconde délibération ne peut être refusée. Si l'Assemblée nationale est en fin de session, cette seconde délibération a lieu d'office lors de la session ordinaire suivante. Le vote pour cette seconde délibération est acquis à la majorité absolue des membres composant l'Assemblée nationale. Si après ce dernier vote, le Président de la République refuse de promulguer la loi, la Cour constitutionnelle, saisie par le Président de l'Assemblée nationale, déclare la loi exécutoire si elle est conforme à la Constitution. La même procédure de mise à exécution est suivie lorsque, à l'expiration du délai de promulgation de quinze jours prévu à l'alinéa 2 du présent article, il n'y a ni promulgation, ni demande de seconde lecture* ».

[446] « *Art. 76. - Il y a outrage à l'Assemblée nationale lorsque, sur des questions posées par l'Assemblée nationale sur l'activité gouvernementale, le Président de la République ne fournit aucune réponse dans un délai de trente jours* ».

« *Art. 77. - Passé ce délai, le Président de l'Assemblée nationale saisit la Cour constitutionnelle de ce manquement grave aux dispositions constitutionnelles. La Cour constitutionnelle statue dans les trois jours. Le Président de la République est tenu de fournir des réponses à l'Assemblée nationale dans les plus brefs délais et dans tous les cas avant la fin de la session en Cours. A l'expiration de ce délai, si aucune suite n'est donnée par le Président de la République à la décision de la Cour, le Président de la République est déféré devant la Haute Cour de Justice pour outrage à l'Assemblée nationale* ».

[447] « *Art. 86. - Les séances de l'Assemblée ne sont valables que si elles se déroulent au lieu ordinaire de ses sessions, sauf cas de force majeur dûment constaté par la*

entre domaine législatif et domaine réglementaire][448], *102 [*la validité des ordonnances] , 104 [le domaine législatif] , et 147 [les traités et leur contrôle] ».

Le rappel des différents articles de la Constitution béninoise qui consacrent la compétence de la Cour constitutionnelle permet de comprendre l'étendue de son pouvoir. À côté des compétences traditionnelles (2), on trouve aussi une intervention dans le jeu des institutions (1). En examinant la mise en œuvre de ces compétences, on constate que la Cour constitutionnelle dispose d'un pouvoir très large d'interprétation, y compris en ce qui concerne l'action des acteurs politiques au regard du texte constitutionnel.

1/ Les compétences traditionnelles

Il suffit de reprendre les articles précités pour retrouver des compétences assez classiques pour une Cour constitutionnelle. Elle est en charge du contrôle de la constitutionnalité des lois et des lois organiques, mais aussi des règlements intérieurs de l'Assemblée nationale, de l'Autorité de l'audiovisuel et du Conseil économique et social ainsi que de l'ensemble des lois et des actes pouvant porter atteinte aux droits fondamentaux et aux libertés publiques.

De surcroît, ce n'est pas non plus une surprise, la Cour est juge des élections.

Elle intervient aussi dans le cadre de la mise en cause du Président par l'intermédiaire de sa responsabilité pénale tout comme dans la déclaration de vacance éventuelle de la présidence.

2/ Des compétences plus inattendues

L'article 50 permet déjà de comprendre que la Cour constitutionnelle béninoise occupe une place singulière. Cet article qui concerne la vacance du pouvoir donne au Président de la Cour cette fois un rôle exécutif en son alinéa 3. *« En cas de mise en accusation du Président*

Cour constitutionnelle. Le compte rendu intégral des débats de l'Assemblée nationale est publié au Journal Officiel ».

[448] « *Art. 100. - Les matières autres que celles qui sont du domaine de la loi ont un caractère réglementaire. Les textes de forme législative intervenus en ces matières antérieurement à l'entrée en vigueur de la présente Constitution peuvent être modifiés par décret pris après avis de la Cour constitutionnelle* ».

de la République devant la Haute Cour de Justice », c'est le Président de la Cour constitutionnelle qui assure son intérim et exerce toutes les fonctions qui lui sont dévolues à l'exception de celles qui sont mentionnées aux articles 54 alinéa 3, 58, 60,101, et 154.

Ceci pourrait sembler anecdotique. Mais les nombreuses interventions de la Cour constitutionnelle en font un organe à part.

L'article 57 qui concerne la fonction législative comporte aussi une référence à la Cour.

Le Président peut demander une seconde délibération mais cet article lui interdit expressément de refuser la promulgation d'une loi. Ici, c'est évidemment la question du droit de veto qui est écarté. Or, le texte donne à la Cour constitutionnelle un rôle étonnant : celui de promulguer la loi, en cas de défaillance du Président sur ce point, après en avoir vérifié la constitutionnalité. Autrement dit, ce texte organise l'intervention de la Cour dans le cadre de la procédure législative.

En approfondissant cette thématique, nous allons comprendre l'importance de cette Cour dans le fonctionnement institutionnel béninois et surtout dans la résolution potentielle des conflits.

§2- Deux exemples de contentieux concernant le pouvoir et son action

En analysant le contentieux de la Cour constitutionnelle béninoise, sous l'angle des débats institutionnels, nous avons choisi deux thématiques qui illustrent à la fois l'importance des décisions de la Cour[449] et les débats qui peuvent apparaître sur leur signification et leurs conséquences politiques : l'existence d'un Premier ministre (A) et la force des décisions de la Cour (B).

---

[449] Cf. G. Conac, « Le juge constitutionnel en Afrique, censeur ou pédagogue ? », in G. Conac, J. Du Bois de Gaudusson, *Les Cours suprêmes en Afrique,* Economica, 1988, 388 p. ; M. M. Mborantsuo, *La Contribution des Cours constitutionnelles à l'État de droit en Afrique*, Paris, Économica, 2007, 366 p. ; B. Kanté, « Les méthodes et techniques d'interprétation de la Constitution : l'exemple des pays d'Afrique occidentale francophone », in *L'Interprétation constitutionnelle*, Paris, Dalloz, 2001, p. 37.

A/ Le premier Ministre

La question de la présence ou non d'un premier ministre dans les institutions béninoises a été posé directement à la Cour constitutionnelle en 1996[450], après la publication du décret n°96-128 du 9 avril 1996 portant composition du gouvernement. L'élection d'un nouveau Président, Mathieu Kérékou, s'accompagne de la désignation d'un gouvernement. Or, lorsque le décret est publié, on constate la présence d'un premier ministre, Adrien Houngbédji. La Cour constitutionnelle est saisie sur cette question par sept personnes. En examinant les points de droit concernés (1) et la décision de la Cour (2), on comprend qu'il s'agit bien d'une relecture de la structure institutionnelle.

1/ Les points de droit

Les points de droit (b) apparaissent après étude des différentes requêtes (a) qui conduisent à la saisine de la Cour constitutionnelle.

a/ Les requêtes

Parmi ces requêtes, certaines abordent de manière générale le régime en place. C'est le cas de la demande de Théodore SENAHOUN ALODO qui estime que « l'appellation premier ministre pour un ministre d'État est non conforme au régime présidentiel pour lequel nous avons opté ». La même logique se trouve au cœur de la demande de Désiré MISSINHOUN qui précise que : « la Constitution du 11 décembre 1990 a institué dans notre pays un régime présidentiel et l'institution actuelle d'un poste de premier ministre cadre avec un régime parlementaire ou semi présidentiel, donc responsable devant le Parlement ».

D'autres requêtes visent directement la Constitution et le caractère inconstitutionnel du décret. Dézégni GBETIN insiste sur l'existence d'une « violation de notre Constitution », Athanase GBAGUIDI ajoute que « du point de vue formel, l'institution du poste de premier ministre porte atteinte à l'esprit, à la lettre de la Constitution », ce qui ressemble à la formulation de Gilles AHOKPOSSI qui va jusqu'à citer l'article de la Constitution concerné, l'article cinquante-quatre.

---

[450] Cf. Décision DCC du *96*-020 du 26 avril 1996.

b/ Les questions de droit

Ces différentes requêtes conduisent à poser en réalité trois questions :

Premièrement, le régime béninois est-il présidentiel ?

Deuxièmement, le texte de la Constitution permet-il l'existence d'un premier ministre ?

Troisièmement, l'esprit de la Constitution permet-il l'existence d'un premier ministre ?

Dans cette mesure, les requérants demandent à la Cour Constitutionnelle de définir le type de régime politique, tel qu'il apparaît au regard de la Constitution, puis de s'intéresser au texte et à l'esprit de la Constitution pour contrôler le décret créant ce fameux premier ministre. On peut ajouter que la requête de Séraphin MENSAH met en lumière l'un des éléments textuels fondamentaux : le fait que le chef de l'État, le Président, au Bénin est aussi chef de gouvernement.

Un dernier élément peut être cité : la première requête, celle de Dézégni GBETIN, utilise le grade pour désigner le Président, en évoquant le général. De fait, le nouveau Président, Kérékou, est aussi l'ancien dictateur, qui a perdu le pouvoir après la mise en place de la Constitution de 1990. Le fait que l'un de ses premiers actes, en tant que Président nouvellement élu, en 1996, soit de créer un poste qui n'existe pas dans la Constitution soulève un véritable questionnement sur sa volonté de respecter la Constitution dans son ensemble et sur son interprétation du texte.

2/ La décision de la Cour

La décision rendue en avril 1996[451] fait apparaître deux temps. Dans une première logique, la Cour revient sur la définition du régime (a) avant d'appliquer ses conclusions et d'en tirer les conséquences (b).

a/ Première avancée : la définition du régime

Dans un premier temps, la Cour pose les critères qui, selon elle, caractérisent le régime politique. On pourrait presque dire que ces

---

[451] Cf. .http://www.Cour-Constitutionnelle-benin.org/doss_decisions/DCC%2017-023.pdf, consulté le 09-04-2019 à 16h36.

critères se résument à un seul : la responsabilité politique. Sa présence, c'est-à-dire le fait que le gouvernement soit responsable politiquement devant le Parlement, fonde le régime parlementaire. Son absence, c'est-à-dire l'absence de responsabilité du chef de l'exécutif, en l'occurrence le Président de la République, fonde le régime présidentiel, qui est retenu par la Constitution du 11 décembre 1990.

b/ Seconde avancée : l'application

Dans un second temps, la Cour revient à l'article cinquante-quatre de la Constitution. Après l'avoir cité, et avoir précisé que le Président de la République était chef du gouvernement et nomme les membres du gouvernement (en ajoutant que les membres du gouvernement sont responsables devant lui), la Cour en tire deux enseignements. D'une part, le Président de la République est le chef du gouvernement. D'autre part, il est libre de fixer la structure du gouvernement, la dénomination et les attributions de ses membres.

Le décret attaqué est signé par : « le Président de la République, chef de l'État, chef du gouvernement ». Ceci signifie que le chef de l'État en prenant ce décret pour composer son gouvernement a reconnu de lui-même qu'il était aussi à la tête de celui-ci. Dans ces conditions, l'existence d'un premier ministre au sein du gouvernement doit être réexaminée au regard de ces circonstances particulières.

Premier point : le régime béninois est présidentiel, ce qui interdit toute responsabilité politique du gouvernement devant l'Assemblée et toute responsabilité politique du Président de la République devant cette même Assemblée.

Deuxième point : le Président de la République est chef du gouvernement et peut librement le constituer. Ceci lui permet d'intégrer dans ce gouvernement une personnalité particulière en charge de la coordination de l'action gouvernementale qui prendrait le nom de premier ministre.

Troisième point : le premier ministre, dans ces circonstances, est simplement le premier des ministres.

En rendant cette décision, la Cour montre que le Président de la République s'inscrit dans la logique constitutionnelle à partir du moment où il accepte l'interprétation de la Constitution qui est faite par la juridiction. Dans cette mesure, la nomination du premier ministre n'est jamais que la nomination d'un coordinateur au sein du gouvernement, et en aucun cas une référence à un régime parlementaire. Le Président ne peut pas de lui-même modifier le texte constitutionnel dans sa pratique. Son action doit s'inscrire dans le raisonnement constitutionnel, validé par la Cour.

C'est bien la Cour constitutionnelle elle-même qui donne un aval concernant le fonctionnement et les interprétations possibles de la Constitution.

B/ La force des décisions de la Cour

L'affaire est beaucoup plus récente et souligne une difficulté majeure au sein même du régime béninois. La Cour a été saisie d'une question, pour laquelle elle a rendu une décision (1). Par la suite, malgré cette décision, le gouvernement semble choisir de passer outre et de poursuivre dans le sens opposé à l'interprétation constitutionnelle. Ceci conduit la Cour à intervenir une nouvelle fois (2).

1/ Le raisonnement initial

Pour comprendre la première décision, il faut revenir sur les faits et sur leur interprétation.

Le 27 juillet 2016, le gouvernement béninois prend la décision de nommer une nouvelle équipe à la tête de l'autorité de régulation des *communications* électroniques et de la poste du Bénin. Cette décision prend effet par décret du 12 octobre 2016. Cette action a pour but de relever de leur fonction les anciens membres de cette organisation et de les remplacer.

La Cour est saisie par plusieurs requêtes, entre le mois de septembre et le mois de décembre 2016. Elle se prononce le 2 février 2017[452]. Elle constate que les anciens membres ont été relevés de leurs fonctions pour des griefs qui ne leur ont pas été communiqués avant la décision. De fait, ce n'est qu'en août 2016 que l'audit de l'établissement impliquant ces personnes leur a été communiqué. Pour la Cour constitutionnelle, ceci a empêché l'utilisation normale du droit à la

---

[452] Cf. Décision DCC 17-023 du 02 février 2017 (https://www.24haubenin.info/?Le-relevement-des-membres-de-l-ARCEP-de-leurs-fonctions-annule), consulté le 07-03-2019, à 15h09.

défense. Le décret d'octobre porte donc atteinte à un principe protégé par la Constitution béninoise. Ainsi que la décision du conseil des ministres du 27 juillet.

2/ L'intervention ultérieure de la Cour et ses conséquences

En raison des circonstances, la Cour est amenée à se prononcer une nouvelle fois. Les faits la conduisent à réexaminer certains éléments (a), mais on peut aussi s'interroger sur la nature politique de la décision finale (b).

a/ Les faits et la nouvelle décision de la Cour

L'affaire se poursuit au printemps 2017. Le 12 avril, la ministre chargée de l'économie numérique et de la communication, Madame Rafiatou MONROU AGBATCHI, reçoit dans son bureau les membres nommés à l'automne.

Un recours est donc fait devant la Cour constitutionnelle par Monsieur Amédée Vignon Serge WEINSOU. Il y a violation de la décision du 2 février 2017. La Cour constitutionnelle examine l'affaire et rend une nouvelle décision en date du 19 octobre 2017[453].

D'une part, le Président en charge de l'exécutif, doit respecter et défendre la Constitution. Ce qui implique qu'il ne doit pas promulguer une disposition déclarée inconstitutionnelle. D'autre part, les décisions de la Cour constitutionnelle ne sont susceptibles d'aucun recours. Elle s'impose aux pouvoirs publics et à toutes les autorités civiles et militaires et juridictionnelles.

Dans ces deux éléments, la Cour se contente de reprendre le texte de la Constitution, en l'occurrence les articles 53 et 124. En examinant les faits, la Cour précise que le Président de la République n'a pas abrogé le décret qu'elle avait pourtant invalidé. De surcroît, la ministre chargée de l'économie numérique et de la communication a violé les mêmes articles de la Constitution en ignorant la décision de la Cour et en collaborant avec la nouvelle équipe de l'agence.

[453] Cf. http://lautrefraternite.com/2017/11/05/benin-Cour-Constitutionnelle-decision-dcc-17-209-du-19-octobre-2017/; Georges Akpo, « Bénin : La décision qui consacre la vassalisation de la Cour à l'Exécutif », (https://lanouvelletribune.info/2017/11/benin-decision-consacre-vassalisation-Cour-executif/), consulté le 07-03-2019, à 15h09.

Suite à une requête de la ministre elle-même, la Cour doit aussi examiner un autre argument. Le membre du gouvernement insiste sur le fait que la nomination des personnes au sein de l'agence a déjà été invalidée. La requête qui conduit à une nouvelle saisine de la Cour constitutionnelle ne peut donc être suivie d'une décision de la Cour qui s'est déjà prononcée sur ce sujet. La Cour répond en deux temps sur l'ensemble de la question :

D'une part, le refus d'abroger le décret d'octobre 2017 constitue un manquement grave en allant à l'encontre d'une décision de la Cour constitutionnelle. D'autre part, le comportement de la ministre en organisant une réunion est condamnable en application des mêmes articles.

b/ Une décision politique ?

La Cour termine en précisant que « *le ministre de l'Economie numérique et de la Communication, Madame Rafiatou MONROU AGBATCHI, a méconnu la Constitution* ».

L'issue de l'espèce peut sembler étrange : la Cour ne formule pas une condamnation avec des conséquences pénales ou constitutionnelles (censure d'un texte, etc.). Elle précise que le Président et un membre du gouvernement n'ont pas respecté la Constitution. Il ne s'agit pas de remettre en cause un texte au regard de l'application de la Constitution, mais bien un comportement, l'absence d'abrogation du décret invalidé par la Cour et la réunion organisée par un membre du gouvernement avec les personnes nommées par ce décret.

On peut presque évoquer ici une décision à teneur politique, même si se trouve évidemment comme fondement les questions du respect de la Constitution, de l'autorité des décisions de la Cour et des conséquences de l'application de ces décisions.

Conclusion du chapitre 2

L'analyse des tensions qui peuvent intervenir entre les organes permet de comprendre l'originalité béninoise et d'insister sur un aspect sans doute particulier de l'évolution de son organe judiciaire constitutionnel.

D'une part, on constate un certain parallélisme en ce qui concerne les tensions, principalement au regard des conséquences de l'origine majoritaire des différents pouvoirs et organes, aux États-Unis, en France, et au Bénin.

D'autre part, et ce point est beaucoup plus singulier, la Cour constitutionnelle béninoise a tendance à utiliser sa compétence pour intervenir dans une interprétation globale des relations entre les pouvoirs, par l'intermédiaire de la Constitution. Avons-nous toujours affaire à une Cour juridique ? Certaines de ses prises de position montrent que, dans le cadre de son contrôle, la Cour a tendance à utiliser des a priori, des perspectives beaucoup plus personnelles, qui font dépendre le fonctionnement politique de son bon vouloir. Dans ce cadre, et nous sommes bien évidemment dans le cadre aussi d'une balance des pouvoirs, la Cour constitutionnelle devient beaucoup plus une Cour politique qui aurait un rôle à jouer, non seulement pour équilibrer les institutions, mais aussi et surtout pour s'assurer du bon fonctionnement de la Constitution. Le principal danger est évidemment l'absence de lien avec le peuple au titre de la légitimité.

Conclusion du titre 1

La conclusion de ce titre sur la séparation des pouvoirs peut se faire en trois points.

En premier lieu, on peut relever le caractère original du régime présidentiel béninois. Même s'il est possible d'évoquer sa ressemblance avec la pratique présidentielle américaine, la présence d'une initiative législative pour le Président et l'absence du droit de veto font de l'architecture béninoise une structure inédite en tant que telle.

En second lieu, les différentes remarques que nous avons pu faire conduisent à mettre en exergue la place du Président dans les institutions et, ce qui pourrait sembler paradoxal, sa nécessaire conciliation avec l'assemblée, parfois difficile en raison des circonstances.

Enfin, et cette remarque est plus importante que les autres, nos développements nous ont conduit à insister de nouveau sur le rôle de la Cour constitutionnelle dans l'édifice béninois. Très présente dans le cadre constituant dérivé, cette Cour occupe une place d'autant plus importante qu'elle est l'un des principaux moyens de sortie de crise. Or, par définition, elle n'est pas liée au peuple béninois. Y a-t-il ici un danger potentiel au regard de la logique démocratique ? Nous avons déjà rencontré les débats sur la place du juge constitutionnel dans une démocratie. La question de ses interventions en matière politique reste posée au regard de la situation béninoise.

TITRE 2

L'INTERVENTION DU PEUPLE

Le fonctionnement démocratique repose sur l'intervention du peuple en tant que corps électoral dans la désignation des pouvoirs constitués. À ce titre, des modalités précises ont été prévues dans les différents pays pour organiser les scrutins, encadrer le vote et proclamer les résultats.

L'action des électeurs se matérialise donc dans la pratique du suffrage universel, avec les règles qui lui correspondent (chapitre 1er). Néanmoins, pour permettre cette intervention dans une démocratie moderne, un vecteur a été choisi, au moment de la généralisation du droit de vote. Ce vecteur, le parti politique, est indispensable au régime mais soulève nécessairement la question de sa relation avec le peuple (chapitre 2).

CHAPITRE 1

LA PRATIQUE DU SUFFRAGE UNIVERSEL

Les institutions démocratiques sont fondées sur la désignation des pouvoirs constitués au suffrage universel. Ce principe étant posé, il n'épuise pas le sujet. De fait, au-delà de l'étude des modalités de cette désignation, d'un point de vue comparatiste (section 1), il est aussi nécessaire de s'interroger sur les aspects pratiques et politiques qui encadrent l'expression du suffrage (section 2).

Section 1- La désignation des pouvoirs constitués et ses modalités

Il s'agit évidemment de la première conséquence du système démocratique : les pouvoirs constitués doivent être désignés au suffrage universel. En partant de ce constat, on peut pourtant s'interroger sur la matérialité du lien qui existe entre électorat et titulaire du pouvoir. Pour mener cette étude, nous avons choisi de distinguer la désignation de l'exécutif (§1) et celle du législatif (§2). De fait, dans nos trois exemples, le rapport est très différent et permet d'éclairer, de manière significative, certains paradoxes en lien direct avec le fonctionnement démocratique.

§ 1- Le choix de l'exécutif

Nous avons vu dans les développements précédents que les régimes américains et béninois pouvaient être qualifiés de présidentiels, bien que ce terme ne recouvre pas exactement la même réalité dans les deux cas. Nous avons également examiné l'exemple français pour en tirer un constat : la prédominance du Président au sein des institutions, modifiant les équilibres d'un régime, parlementaire à l'origine. S'intéresser aux modalités qui entourent le choix de ce Président, dans les trois pays, est indispensable pour comprendre dans quelle mesure la nature démocratique du régime s'incarne dans cette désignation. En reprenant les exemples américains et français, nous devons rechercher la place occupée par le peuple, en tant que corps électoral, dans le choix du Président et, surtout, la relation qui en découle (A). Ceci fait, nous nous tournerons vers le système béninois pour comprendre les effets du dispositif choisi dans ce pays (B).

A/ Le choix du Président aux États-Unis et en France

Régime présidentiel contre régime présidentialiste, l'opposition tend à insister sur la fonction présidentielle et sur sa place dans les institutions, dans ses rapports avec les autres organes, législatif et judiciaire aux États-Unis, législatif uniquement en France. Néanmoins, le qualificatif de démocratique qui est donné aux deux régimes soulève la question de la place de cette idée démocratique dans la désignation du Président. Dans les deux cas, nous avons affaire à un mécanisme reposant sur le suffrage universel. Cependant, une différence de taille existe : d'un côté, dans le système américain, le suffrage universel est indirect, même si en pratique des questions de réalité et d'images se posent (1) ; de l'autre, dans le système français, le suffrage universel est direct, ce qui est d'ailleurs le résultat d'une évolution (2). Une telle différence devrait avoir des conséquences sur les questions rencontrées. Pourtant, dans les deux cas, c'est bien le rapport au corps électoral, et plus précisément à la majorité, qui est en question.

1/ L'élection présidentielle aux États-Unis et le suffrage universel indirect

L'élection présidentielle intervenue en novembre 2016, aux États-Unis, n'a pas seulement porté au pouvoir un personnage très contesté. Elle a aussi et surtout donné un nouvel exemple des difficultés potentielles du système américain au regard du suffrage universel indirect, qui est pratiqué, et de ses effets. Dans cette mesure, bien que l'élection dans sa forme actuelle s'explique par des raisons historiques et juridiques, liées à la structure même de l'État américain (a), elle soulève de nombreuses interrogations en raison de ses conséquences opposées à l'idée majoritaire, telle qu'elle semble être conçue dans une démocratie (b).

a/ La logique de l'élection

On peut évidemment revenir sur les raisons qui ont poussé les constituants américains, en 1787, à choisir un système à deux degrés pour désigner le titulaire de la fonction exécutive, aux États-Unis. Mais, au-delà de l'évolution historique, un changement profond est intervenu, changement qui a eu des effets déterminants sur la logique même de l'élection.

Dans la perspective initiale, le suffrage était restreint, le rôle du Président devait être relativement limité au niveau fédéral, le collège électoral[454] avait pour mission de désigner le Président parmi les candidats potentiels. Ces différents éléments étaient fondamentaux pour expliquer les choix effectués par la Convention de Philadelphie.

Or, l'évolution qui a conduit à l'extension du suffrage universel, consacré avec le quinzième amendement pour les hommes, et avec le vingtième pour l'ensemble du corps électoral, hommes et femmes, soulevait la question automatique de l'expression du peuple et de sa matérialisation. Le système américain a évolué pour se concentrer sur un bipartisme, qui, entre autres effets, a eu des conséquences sur l'élection présidentielle. De la sorte, à partir de la guerre civile, le collège électoral a fréquemment été divisé en deux parties, une majorité et une minorité, correspondant à deux factions politiques.

Cette transformation s'est poursuivie au vingtième siècle[455]. À partir de 1900, les électeurs ont commencé à choisir non pas des grands électeurs, membres du collège électoral, mais des membres du parti politique d'un des deux candidats, pour s'assurer de la victoire de celui-ci. De fait, la personnalisation du scrutin a fait apparaître clairement un duel entre deux personnes, issues de deux partis politiques différents. À ce titre, en allant voter, l'électeur américain n'obéissait plus à la logique du suffrage universel indirect. Il voulait la victoire d'un candidat, votait pour les grands électeurs choisis par le parti politique de ce candidat, ce qui permettait de donner une majorité au parti, et donc au candidat, à l'intérieur du collège électoral.

Il y a ici une véritable mutation de la logique électorale. Au contraire du système initial, qui privilégiait un choix par le collège électoral, et donc qui éloignait l'électeur du candidat finalement choisi, le système actuel tend à donner aux différents acteurs citoyens le choix direct du Président.

---

[454] Cf. R. M. Hardaway, *The Electoral College and the Constitution: The Case for Preserving Federalism,* Praeger, 1994, 181 p.; J. Best, *The choice of the people?: debating the electoral college,* Rowman & Littlefield, 1996, 163 p.; M. Burgan, *The Electoral College*, Capstone, 2007, 48 p.
[455] Cf. A. S. Belenky, *Understanding the Fundamentals of the U.S. Presidential Election System*, Springer Science & Business Media, 2012, 426 p.

Mais ce changement de logique n'a pas eu de conséquences sur le dispositif lui-même. Or, à plusieurs reprises, ce dispositif a laissé apparaître une faille.

b/ Les distorsions possibles

Nous parlons ici des Présidents minoritaires et non démocratiques. C'est une catégorie singulière qui renvoie à des personnalités désignées pour être Président bien qu'elles n'aient pas obtenu la majorité des suffrages populaires. On pourrait parler d'exception puisque le cas ne s'est pas produit très souvent. La répétition de cette circonstance dans les vingt dernières années soulève toutefois de véritables interrogations sur le système et son bon fonctionnement.

Historiquement parlant, lorsqu'on évoquait les Présidents minoritaires, non démocratiques[456], on avait l'habitude de faire référence à John Quincy Adams, en 1824, à Rutherford Hayes, en 1877, ou encore à Benjamin Harrison en 1888. Dans le premier cas, il n'y avait pas réellement de candidat victorieux, puisqu'aucun des prétendants n'avait obtenu une majorité de suffrages. Dans le deuxième cas, les difficultés entre les deux partis politiques, républicain et démocrate, avaient conduit à un compromis et à la désignation de Rutherford Hayes, le républicain, grâce au soutien des démocrates. Le troisième cas était encore plus singulier puisque Benjamin Harrison, républicain, l'avait emporté sur Grover Cleveland, démocrate et Président sortant. Cleveland totalisait un nombre de suffrages supérieur en 1888. Son échec l'avait conduit à se représenter quatre ans plus tard, ce qui lui avait permis d'être de nouveau élu[457].

Ce renvoi à une histoire relativement lointaine a fonctionné jusqu'en 2000[458]. À cette date, un autre Président, encore une fois républicain, a

---

[456] Cf. A. Coutant, « Les Présidents minoritaires aux États-Unis », in *Revue française de droit constitutionnel,* 2012/2, n° 90, p. 35-55.

[457] Cf. J. Taranto, L. Leo, *Presidential Leadership: Rating the Best and the Worst in the White House*, Simon and Schuster, 2004, p. 247. ; R. W. Watson, *White House Studies Compendium*, Volume 2, Nova Publishers, 2007, p. 257.

[458] Cf. A. E. Busch, J. W. Ceaser, *The Perfect Tie: The True Story of the 2000 Presidential Election*, Rowman & Littlefield Publishers, 2002, 296 p. ; G. M. Pomper, « The 2000 Presidential Election: Why Gore Lost », in *Political Science Quarterly*, 2001, vol.116, n° 2, p. 201-223. ; J. M. Balkin, « Bush v. Gore and the Boundary between Law and Politics», in *The Yale Law Journal*, 2001, vol. 110, n° 8, p. 1407-1458.

été élu alors qu'il ne totalisait pas une majorité des suffrages populaires. Victorieux au sein du collège électoral, George Walker Bush était devancé en voix par son adversaire démocrate, Al Gore. Cet épisode est resté dans les mémoires aux États-Unis, non seulement en raison du caractère minoritaire du Président, mais aussi et surtout à cause de la lenteur de la procédure puisqu'il a fallu plusieurs semaines et une intervention de la Cour suprême fédérale pour parvenir à un résultat pour l'élection.

En 2016, aucune contestation n'a été faite par la candidate démocrate, Hillary Clinton, bien qu'elle totalise 3 millions de voix d'avance sur son adversaire, Donald Trump, élu Président par le collège électoral[459].

Excepté en ce qui concerne John Quincy Adams, tous les autres cas reposent sur la même distorsion. Les Présidents élus ont été choisis par une majorité au sein du collège électoral alors que leur adversaire disposait d'une majorité des suffrages. Cette hypothèse est rendue possible par la difficulté de reporter dans un système fédéral les choix des différents citoyens dans les États à un niveau unique. La distorsion la plus large, en 2016, contribue à alimenter un débat aux États-Unis sur une modification potentielle du système électoral. Pour autant, une telle modification n'est pas à l'ordre du jour.

On peut s'étonner de l'importance de cet écart entre Président élu et majorité. On peut surtout s'interroger sur la persistance, sur le long terme, d'un tel écart et d'un tel dispositif, si de telles hypothèses étaient amenées à se reproduire.

2/ L'élection présidentielle en France et le suffrage universel direct

Avec le système français, il n'y a pas, apparemment, de remise en cause du candidat choisi, au nom du principe majoritaire. De fait, le système dans son ensemble est construit sur un principe juridique qui donne automatiquement au candidat élu une majorité (a). Néanmoins, plusieurs arguments conduisent à poser la question du caractère fictif de ce principe au regard de ses conséquences ou de certaines circonstances (b).

---

459 Cf. A. Coutant, « Fédération ou démocratie aux États-Unis : Trump, un nouveau Président minoritaire », in *Revue française de droit constitutionnel* 2017/3, n° 111, p. 601-620.

a/ Le principe juridique

On retient fréquemment du système français la modification des modalités électorales pour permettre l'élection du Président de la République au suffrage universel direct, en 1962. Le passage du suffrage universel indirect, c'est-à-dire de la désignation par un collège de grands électeurs, prévue en 1958, à un choix direct par le peuple, le corps électoral, est évidemment essentiel. Néanmoins, il ne doit pas conduire à écarter la logique même du système finalement choisi[460].

Lorsqu'on examine la Constitution, et notamment les modalités de choix du Président, on constate qu'il s'agit d'un scrutin majoritaire à deux tours[461]. Les électeurs sont invités à choisir au premier tour parmi une liste de candidats, liste arrêtée par le Conseil constitutionnel au regard des parrainages reçus. À l'issue du premier tour, deux hypothèses sont envisageables. Soit un candidat a réussi à obtenir la majorité absolue des suffrages, dès le premier tour, ce qui conduit à son élection. Soit un second tour est organisé. Seuls les deux premiers candidats, arrivés donc en tête, se maintiennent pour s'affronter au second tour. Ce mécanisme a une conséquence immédiate : puisque seulement deux personnes s'affrontent au second tour, l'une des deux obtient automatiquement la majorité absolue des suffrages. C'est la logique même du dispositif choisi. Ceci permet de faire du Président le représentant de la majorité des Français, ce qui lui donne une légitimité juridique et politique.

Mais cette légitimité fonctionne-t-elle réellement ?

b/ La fiction juridique

Parler de fiction pourrait sembler excessif. Pourtant, plusieurs éléments conduisent à remettre en cause cette légitimité majoritaire.

---

[460] Cf. J.-L. Quermonne, *La France présidentielle : l'influence du suffrage universel sur la vie politique*, Presses de la Fondation Nationale des Sciences Politiques, 1995, 278 p. ; B. François, « À quoi sert l'élection du Président au suffrage universel ?», in *Parlement[s]*, *Revue d'histoire politique* 2005/2, n° 4, p. 128-143.

[461] Cf. Article 7 la Constitution française : Le Président de la République est élu à la majorité absolue des suffrages exprimés. Si celle-ci n'est pas obtenue au premier tour de scrutin, il est procédé, le quatorzième jour suivant, à un second tour. Seuls peuvent s'y présenter les deux candidats qui, le cas échéant après retrait de candidats plus favorisés, se trouvent avoir recueilli le plus grand nombre de suffrages au premier tour.

De surcroît, des circonstances, politiques cette fois, apportent des arguments supplémentaires[462].

La première remise en cause vient de la prise en compte de plusieurs éléments, dont certains ont d'ailleurs été mis en avant. Dans le dispositif choisi, le Président est élu au second tour, car il a obtenu la majorité des suffrages. Le constat est insuffisant. Il a en réalité obtenu la majorité des suffrages « exprimés ». Cela signifie que la majorité en cause ne tient pas compte de l'abstention, plus ou moins forte d'ailleurs. Ces dernières années, un autre débat est apparu, celui concernant les votes blancs[463]. Il ne s'agissait pas simplement de poser la question de l'abstention, mais également de s'intéresser aux citoyens qui s'étaient déplacés pour voter et qui avaient choisi… de ne pas choisir. Cet acte pouvait-il être comptabilisé ?

Un exemple pose directement la question des conséquences de ce type de vote. En 2012, lors de l'élection présidentielle française, au second tour, ont été dénombrés plus de 2 millions de votes blancs et nuls[464]. C'est-à-dire un niveau de 5,80 % des votants. Si on tient compte de ce chiffre, le Président élu n'a pas atteint réellement une majorité, y compris au regard des suffrages effectifs, c'est-à-dire des personnes qui ont choisi de se déplacer pour voter.

Les circonstances peuvent conduire à s'interroger sur la majorité en question et sur les relations entre peuple et nouveau Président. En 2002, au second tour, le candidat de la droite, Jacques Chirac, a affronté un candidat issu de l'extrême droite, Jean-Marie Le Pen. Il a totalisé 82,21 % des suffrages exprimés[465]. Mais cette majorité

---

[462] Cf. S. Berstein, « L'élection Présidentielle dans le jeu politique français (1965-2005)», …op. cit., p. 54-74.

[463] Voir en particulier la loi n° 2014-172 du 21 février 2014 visant à reconnaître le vote blanc aux élections (1), JORF n°0045 du 22 février 2014, p. 3138 ; V. Amalric, « La reconnaissance du vote blanc par la loi du 21 février 2014 : une avancée limitée», in *Revue française de droit constitutionnel* 2014/3, n° 99, p. 741-759.

[464] Cf. A. Léchenet « Plus de 2 millions de votes blancs et nuls Avec 5,80% des votants, les bulletins blancs et nuls atteignent au second tour un niveau proche du record pour une Présidentielle », voir https://www.lemonde.fr/election-presidentielle-2012/article/2012/05/07/plus-de-2-millions-de-votes-blancs-et-nuls_1696837_1471069.html, consulté le 07-03-2019 à 16h18.

[465] Voir « Résultats présidentielle 2002 – France », (https://www.lemonde.fr/data/france/presidentielle-2002), consulté le 07-03-2019 à 16 h 44.

écrasante a très rapidement été contestée au sein même de la classe politique car l'ensemble des partis, y compris les opposants au Président sortant, Jacques Chirac lui-même, avait appelé à voter contre Jean-Marie Le Pen. À ce titre, le Président était bien élu par une large majorité des Français mais cette majorité ne correspondait pas à une réalité politique, au sens d'une adhésion à un programme politique.

Dans cette même logique, la dernière élection présidentielle, en 2017, a mis en avant plusieurs des éléments précédents[466]. D'une part, le nouveau Président, Emmanuel Macron, a été élu avec plus de 65 % des voix, ce qui lui permet de remplir la condition constitutionnelle, ce qui est censé lui donner une légitimité juridique et politique. Or, l'abstention au second tour a été estimée à près de 25 %, ce qui signifie qu'un Français sur quatre ne s'est pas déplacé pour voter. Si on rapporte les 65 % des voix obtenues à ce chiffre, le nouveau Président n'a donc en réalité obtenu que 65 % de 75 %, c'est-à-dire 48,75… De surcroît, 8,8 % des électeurs qui se sont déplacés ont choisi une enveloppe vide ou un bulletin non conforme, c'est-à-dire un vote blanc, ce qui vient limiter encore un peu plus la majorité initiale.

Le rapport à la majorité de la population est donc singulièrement fragile.

B/ Le choix du Président au Bénin

Comment comprendre le rapport d'un peuple à son Président élu au suffrage universel direct ? Ce qui semble constituer un fondement de la démocratie en matière institutionnelle conduit nécessairement à s'interroger sur l'écart potentiel entre la théorie, qui fixe le statut du Président, les modalités de son élection, et le lien avec le peuple, et la pratique, qui incite à s'intéresser aux résultats des élections pour en tirer toutes les conséquences. Au Bénin, cet écart est d'autant plus significatif que la mise en pratique de la théorie (1) fait naître de multiples questions, en fonction des élections concernées (2).

---

[466] Voir « Résultats présidentielle 2017– France », (https://www.lemonde.fr/data/france/presidentielle-2017), consulté le 07-03-2019 à 16 h 55.

1/ La théorie, le texte constitutionnel et l'élection du Président

Il suffit de reprendre la Constitution béninoise de 1990 pour trouver les principales dispositions qui relient le chef de l'État au peuple en tant que corps électoral. À côté de la proclamation du suffrage universel, c'est bien l'utilisation d'une désignation directe qui est organisée par la Constitution.

Le TITRE III de ce texte, intitulé du pouvoir exécutif, comporte des règles relativement attendues en la matière.

Ainsi, l'article 41 insiste sur le lien entre le Président et la population par l'intermédiaire de l'élection : « *Le Président de la République est le Chef de l'État. Il est l'élu de la Nation et incarne l'unité nationale* ».

L'article suivant, le 42 en tire les conséquences en termes de modalités : « *Le Président de la République est élu au suffrage universel direct pour un mandat de cinq ans, renouvelable une seule fois. En aucun cas, nul ne peut exercer plus de deux mandats Présidentiels* ». On peut ajouter ici qu'il y a un blocage sur la durée du mandat, la possibilité de se représenter, en lien direct avec des excès potentiels en la matière. Le but est d'éviter qu'une personne ne demeure à la tête de l'État sur une période trop longue.

L'article 43 pose un principe central : « *L'élection du Président de la République a lieu au scrutin uninominal majoritaire à deux tours* ». Il faut immédiatement le compléter par l'article 45 qui prévoit l'organisation concrète des deux tours : « *Le Président de la République est élu à la majorité absolue des suffrages exprimés. Si celle-ci n'est pas obtenue au premier tour du scrutin, il est procédé, dans un délai de quinze jours, à un second tour. Seuls peuvent se présenter au second tour de scrutin les deux candidats qui ont recueilli le plus grand nombre de suffrages au premier tour. En cas de désistement de l'un ou l'autre des deux candidats, les suivants se présentent dans l'ordre de leur classement après le premier scrutin. Est déclaré élu au second tour le candidat ayant recueilli la majorité relative des suffrages exprimés* ».

On retrouve ici le principe majoritaire et son expression. Il faut ajouter que la Constitution dans un article ultérieur, qui est aussi intégré dans le même titre, pose déjà les fondements d'un contrôle précis de l'élection.

De fait, l'article 49 précise : « *La Cour constitutionnelle veille à la régularité du scrutin et en constate les résultats. L'élection du Président de la République fait l'objet d'une proclamation provisoire. Si aucune contestation relative à la régularité des opérations électorales n'a été déposée au Greffe de la Cour par l'un des candidats dans les cinq jours de la proclamation provisoire, la Cour déclare le Président de la République définitivement élu. En cas de contestation, la Cour est tenue de statuer dans les dix jours de la proclamation provisoire ; sa décision emporte proclamation définitive ou annulation de l'élection. Si aucune contestation n'a été soulevée dans le délai de cinq jours et si la Cour constitutionnelle estime que l'élection n'était entachée d'aucune irrégularité de nature à en entraîner l'annulation, elle proclame l'élection du Président de la République dans les quinze jours qui suivent le scrutin. En cas d'annulation, il sera procédé à un nouveau tour de scrutin dans les quinze jours de la décision* ». C'est donc à la juridiction constitutionnelle non seulement d'annoncer les résultats, mais aussi et surtout d'en contrôler la régularité, quitte d'ailleurs à les annuler.

Tous ces éléments sont essentiels pour comprendre la pratique qui s'instaure au Cours des scrutins présidentiels successifs depuis 1990.

2/ La pratique et ses questions

Depuis l'adoption de la Constitution, six élections présidentielles se sont déroulées. En étudiant les différents scrutins (a), on peut mettre en avant un certain nombre de questions concernant la majorité et ses fluctuations, en fonction des échéances (b).

a/ Les différentes élections présidentielles

Avant de les étudier plus précisément[467], il convient de reprendre les résultats des différents scrutins, en mettant en avant les questions posées.

La première élection présidentielle intervient en mars 1991. Le premier tour a lieu le 10 mars et voit s'affronter six candidats

---

[467] Les résultats des différentes élections sont consultables sur le site http://perspective.usherbrooke.ca/bilan/servlet/BMElection?codePays=BEN&dateElection=BEN200134&codeInstitution=3 ; on trouve aussi les documents officiels sur le site de la Cour constitutionnelle béninoise, (http://www.Cour-constitutionnelle-benin.org/?pg=election&choix=p), consulté le 07-03-2019 à 16h59.

principaux, trois d'entre eux se détachant clairement, Nicéphore Dieudonné Soglo, avec 36,2 % des voix, Mathieu Kérékou avec 27,2 % des voix et Albert Tevoedjre avec 14,3 % des voix. Au deuxième tour, qui voit s'affronter très logiquement les deux premiers candidats, Soglo obtient 67,5 % des voix contre 32,5 à son adversaire Kérékou.

En 1996, on retrouve en apparence la même logique. Au premier tour, Nicéphore Dieudonné Soglo obtient 35,7 % des voix, Mathieu Kérékou 33,9, tandis qu'un troisième candidat, Adrien Houngbédji, obtient 19,7 % des voix[468]. Lors du second tour, c'est Kérékou qui l'emporte par 52,5 % des voix contre Soglo, avec 47,5 %[469].

En 2001, le scrutin présidentiel conduit à la présidence en tête au premier tour de Mathieu Kérékou, avec 45,4 % des voix, suivi par Nicéphore Dieudonné Soglo, avec 27,1 % des voix et Adrien Houngbédji avec 12,6 % des voix. Le second tour oppose le quatrième candidat du premier tour, Bruno Amoussou, qui avait obtenu 8,6 % des voix, à Kérékou. Celui-ci l'emporte aisément par 83,6 % contre 16,4[470].

L'élection de 2006 conduit au premier tour à la victoire de Yayi Boni, avec 35,8 % des voix, suivi par Adrien Houngbédji, avec 24,2 % des voix et Bruno Amoussou avec 16,3 % des voix. Les deux premiers se retrouvent pour un second tour, emporté par Boni Yayi[471], par 74,6 % contre 25,4.

En 2011, il n'y a qu'un seul tour. Le Président sortant, Yayi Boni, l'emporte par 53,1 % des voix. Il est suivi par Adrien Houngbédji, qui

---

[468] http://www.Cour-constitutionnelle-benin.org/resultats/result_ep_10_mars96.pdf, consulté le 09-04-2019 à 23h12.

[469] http://www.Cour-constitutionnelle-benin.org/resultats/result_ep_23_mars96.pdf, consulté le 09-04-2019 à 23h15.

[470] http://www.Cour-constitutionnelle-benin.org/resultats/result_ep_08_mars01.pdf, consulté le 09-04-2019 à 23h18.

[471] Les résultats sont proclamés par la Cour constitutionnelle, http://www.Cour-constitutionnelle-benin.org/resultats/result_ep_19_mars06.pdf, consulté le 09-04-2019 à 23h22.

totalise 35,6 % des voix. Il n'y a pas vraiment de troisième candidat cette fois, malgré la présence d'autres candidats évidemment[472].

En 2016, le premier tour conduit à la mise en avant de trois candidats, Lionel Zinsou qui obtient 28,4 % des voix, Patrice Talon qui totalise 24,8 % des voix et Sébastien Adjavon qui arrive au score de 23 % des voix. Le second tour qui se déroule logiquement entre Talon et Zinsou amène la victoire du premier, par 65,7 % des voix, contre 34,6 à Zinsou.

Un premier regard permet déjà de relever des singularités. On constate ainsi que l'élection de 2001 est marquée par l'abandon d'un des deux qualifiés pour le second tour, ce qui conduit à une très large victoire de l'autre. On constate aussi qu'en 2011 il n'y a pas eu de second tour, en raison de la victoire du candidat, Président sortant, avec une majorité des suffrages.

Mais en étudiant plus précisément les différents scrutins, on découvre d'autres éléments encore plus singuliers au regard de la question majoritaire.

b/ Les questions liées au scrutin présidentiel, un rapport faussé à la majorité ?

L'élection d'un Président au suffrage universel direct poursuit un but évident : fournir au chef de l'État une légitimité en s'assurant de l'existence d'une majorité au sein du corps électoral pour soutenir son action. En examinant les élections béninoises concernant le Président, on constate que cette fiction juridique indispensable se heurte à des éléments pratiques qui la rendent parfois quelque peu fragile. Il suffit pour cela d'étudier le taux de participation ou encore le déroulement de certains scrutins.

Le premier élément à mettre en avant concerne la participation et l'évolution du corps électoral. Si on commence par s'intéresser au corps électoral et sa composition, on peut déjà noter son évolution dans le temps. En 1991, le nombre d'électeurs inscrits et de 2 069 343. En 1996, on passe à 2 517 970 puis à 2 748 479 en 2001, 4 286 045 en

---

[472]http://www.Cour-constitutionnelle - benin.org/rapport2011/rapport_electpresident_2011.pdf, consulté le 09-04-2019 à 23h25.

2006, 3 668 558 en 2011 et 3 010 888 en 2016. Le premier constat est nécessairement étrange puisqu'il y a ici une fluctuation qui soulève des questions au regard du fonctionnement lui-même. En 2011, le régime avait souhaité clarifier le fonctionnement électoral. C'est le but de la création de la liste électorale permanente informatisée[473]. On a découvert au moment de son déploiement des distorsions importantes, y compris dans les circonscriptions. De fait, certains électeurs disposaient de plusieurs cartes pour pouvoir voter, tandis que des bureaux de votes sans autorisation pouvaient ouvrir… tous ces éléments ont fait l'objet de multiples réformes et révisions, ce qui explique une stabilisation, après une diminution, du nombre d'électeurs inscrits[474].

Sur cette base, on va calculer la participation de la population à l'élection. En reprenant les différentes élections, on constate aisément de véritables distorsions.

En 1996, au premier tour, sur 2 517 970 inscrit, 2 165 697 électeurs se prononcent. Ce qui donne un taux de participation de 86 %. Au second tour, ce taux tombe à 77 %. Autrement dit, seuls trois Béninois sur quatre se sont déplacés pour le second tour. Le candidat vainqueur, Kérékou, l'emporte par 52,5 % des voix, c'est-à-dire 999 453 votes. Nous sommes très loin d'une majorité en voix au regard de la base électorale (39,6 %).

Qu'en est-il des élections suivantes ? En 2001, les inscrits sont 2 748 479. Au premier tour, 2 241 517 électeurs se prononcent. Ceci donne un taux de participation de 81,5 %. Au second tour, le deuxième candidat arrivé en tête, Soglo, choisi de se désister. Au final, le candidat vainqueur, Kérékou, dispose une large avance, plus de 80 % des voix. Mais cette avance ne totalise en réalité qu'1 282 855 votes, ce qui ne constitue pas une majorité absolue au regard

---

[473] Cf. R. Gandaho « LEPI nouvelle version : enfin une solution aux crises électorales au Bénin ? », in R. Gandaho, U. Amegbedji, J. N. Ousso, W. H. Adoun, *Quelques réflexions sur les Elections au Bénin*, Janvier 2014, Cotonou, Bulletin, n°6, 18 p (https://library.fes.de/pdf-files/bueros/benin/10690.pdf.), consulté le 09-04-2019 à23h32.

[474] Cf. C. Olihide, O. Alladatin, *La Liste Electorale Permanente Informatisée - LEPI, Etat des lieux et modalités de correction*, Friedrich Ebert Stiftung, Bulletin de Cotonou, Septembre 2012, p. 6 (http : //library.fes.de/pdf-files/bueros/benin/09339.pdf.), consulté le 09-04-2019 à23h32.

des inscrits… de fait, le taux de participation est très faible, puisqu'il s'établit à 56 %.

En 2006, le corps électoral est censé comporter 4 286 045 électeurs. Or, au premier tour, seuls 3 208 558 votants sont comptabilisés. Ceci donne un pourcentage de participation environ 75 %. Au second tour, ce pourcentage chute. De fait, seules 2 643 071 personnes s'expriment. Ceci donne un pourcentage de participation de 61,6 %. Il faut donc rapprocher le résultat obtenu par le vainqueur 74,6 % pour Boni Yayi de ce chiffre. Il obtient en réalité 74,6 % de 61,6… c'est-à-dire 45,9 %. Encore en dessous de la majorité.

En 2011, le Président sortant, Boni Yayi est réélu dès le premier tour. Il obtient 53,14 % avec une participation de 84,82 %. Mais en rapprochant ces deux chiffres, on obtient que 45 % des inscrits…

Qu'en est-il de la dernière élection, en 2016 ? Au premier tour, le taux de participation était de 66,05 %. Au second tour, il est de 64,69 %. Le Président élu, Patrice Talon obtient donc 65,67 % au second tour, avec un taux de participation relativement limité… car en rapprochant les différents chiffres, on obtient 43,3 % des inscrits. Sur la seule base de la participation, on constate que les élections présidentielles reposent clairement sur une fiction en matière pratique. Le Président n'est que très rarement l'élu de la majorité absolue du corps électoral.

Ce premier résultat doit être complété. En effet, certaines élections présidentielles béninoises sont singulières. La victoire de Kérékou, en 2001, est totalement faussée en raison de l'abandon de celui qui aurait dû l'affronter, logiquement, au second tour. Malgré la popularité du Président sortant, on peut s'interroger sur son rapport à la majorité… dans la même logique, l'élection la plus récente semble inquiétante en ce qui concerne un élément : le fait que seuls deux Béninois sur trois choisissent de se déplacer dorénavant au premier comme au second tour de l'élection présidentielle. Cette faiblesse de participation est nécessairement dangereuse dans une démocratie, au regard également du poids du Président.

Ainsi, en adoptant un regard comparatiste, on constate que les défauts principaux de l'exemple béninois sont largement comparables à ceux découverts en examinant le cas français. Il ne s'agit pas de poser la question d'une distorsion éventuelle au regard du suffrage universel lui-même, comme aux États-Unis. Il faut s'interroger sur la fiction juridique que constitue le principe majoritaire contenu dans la Constitution. Au Bénin, ceci peut conduire, d'une part, un Président élu sans avoir une véritable majorité derrière lui, et, d'autre part, un questionnement plus général sur le taux de participation, et donc le taux d'engagement, des Béninois, pour une élection qui semble être la principale puisque le chef de l'État apparaît comme un acteur majeur pour le peuple dans son ensemble.

§ 2- Le choix du législatif

Le choix de ce deuxième organe est intéressant au regard de sa relation avec le peuple, en tant que corps électoral. L'étude des exemples américains et français pose la question du rapport direct entre la majorité et sa représentation (A), ce que les Béninois semblent avoir résolu en choisissant la simplicité (B).

A/ L'élection de l'organe législatif aux États-Unis et en France

La comparaison entre les exemples américains et français, en ce qui concerne l'élection de l'organe législatif, peut faire apparaître une véritable distorsion au regard du rapport à la majorité. D'un côté, l'élection du Congrès américain semble bien reposer sur l'expression populaire, mais, dans la pratique, elle se heurte à une réalité institutionnelle (1). De l'autre, le dispositif choisi par la France a le mérite de la simplicité, tout en ouvrant toutefois la voie à certaines critiques (2).

1/ L'élection du Congrès américain

Le principal problème réside dans le bicamérisme, non pas au regard des compétences des deux chambres, mais bien en raison de leur mode de désignation. Originellement, historiquement parlant, les deux chambres représentaient deux réalités distinctes. La chambre des représentants se voulait la représentante d'abord et avant tout des différents peuples des États, par l'intermédiaire de la création d'un peuple américain (a). Au contraire, le Sénat était la chambre des États, du moins dans la logique initiale. Cette question a connu une évolution mais sans pour autant conduire à une profonde transformation (b). À ce titre, on peut s'interroger sur une véritable distorsion au cœur des institutions.

a/ L'élection de la chambre des représentants, le suffrage universel et la représentation du peuple

La chambre des représentants constitue ici une chambre démocratique au sens où sa composition est directement reliée à la population. Il s'agit évidemment d'une nouvelle interprétation du texte constitutionnel, après amendement. Dans le texte initial, on se souvient qu'une clause des trois cinquièmes permettait d'intégrer la population servile, dans une proportion limitée, ce qui donnait plus de poids aux États esclavagistes[475].

L'évolution ici a naturellement conduit à faire disparaître cet aspect. Aujourd'hui, les représentants et leur nombre dépendent directement de la population des États. Il s'agit de tenir compte de cette population pour permettre une représentation au plus près des différents États.

Actuellement, après une mise à jour en 2010, un représentant représente environ 700 000 Américains. L'Alaska compte un représentant contre cinquante-trois pour la Californie[476].

Le renouvellement intégral de la chambre permet d'avoir, tous les deux ans, un portrait relativement fidèle de l'opinion politique, au regard de l'expression du corps électoral.

b/ L'élection du Sénat, le suffrage universel et la représentation des États

En ce qui concerne le Sénat, la situation est très différente.

D'une part, l'évolution a évidemment transformé la logique initiale. Dans la perspective voulue par les constituants, en 1787, le Sénat représentait les États, et, de ce fait, les sénateurs étaient désignés par les organes législatifs des États. Une révision constitutionnelle a permis de revenir sur ce principe pour faire désigner les sénateurs par la population de l'État.[477] Ceci semble restaurer le lien entre cette

---

[475] Article I, section 2: « Representatives and direct Taxes shall be apportioned among the several States which may be included within this Union, according to their respective Numbers, which shall be determined by adding to the whole Number of free Persons, including those bound to Service for a Term of Years, and excluding Indians not taxed, three fifths of all other Persons».

[476] Cf. S. J. Brams, *Game Theory and Politics*, Courier Corporation, 2013, p. 269.

[477] C'est le résultat du XVIIe amendement, ratifié en 1913 :

partie de l'organe législatif et le peuple. Mais nous sommes au niveau de l'État.

De fait, d'autre part, la question reste la même au regard des difficultés de représentation.[478] Chaque État, quelle que soit sa taille, dispose de deux sénateurs. Il s'agit clairement d'une atteinte au principe majoritaire puisque des États de petite taille ont la même possibilité d'action au sein du Sénat. Or, les deux chambres, aux États-Unis, disposent des mêmes compétences en matière législative. À ce titre, il y a bien une distorsion en ce qui concerne la majorité potentielle au niveau du Sénat, avec le poids des petits États, donc d'une partie plus minoritaire du peuple[479].

Enfin, et cet élément n'est pas à négliger, le Sénat n'est pas renouvelé intégralement. Désignés pour six ans, les sénateurs sont renouvelés par tiers tous les deux ans. Ceci a nécessairement des conséquences. De fait, la moitié de l'organe législatif américain ne correspond pas en réalité à l'opinion publique, tous les deux ans. Il faut six années pour avoir un renouvellement total. Or ce renouvellement n'est jamais identique, puisque il ne tient pas compte des logiques et des changements de logique tous les deux ans.

À ce titre, le Congrès américain soulève de véritables difficultés au regard de ses rapports à la majorité populaire et à la question démocratique, au sens ici de majorité.

« The Senate of the United States shall be composed of two Senators from each State, elected by the people thereof, for six years; and each Senator shall have one vote. The electors in each State shall have the qualifications requisite for electors of the most numerous branch of the State legislatures.
When vacancies happen in the representation of any State in the Senate, the executive authority of such State shall issue writs of election to fill such vacancies: Provided, that the legislature of any State may empower the executive thereof to make temporary appointments until the people fill the vacancies by election as the legislature may direct.
This amendment shall not be so construed as to affect the election or term of any Senator chosen before it becomes valid as part of the Constitution ».

[478] Cf. R. A. Dahl, *How Democratic is the American Constitution?,* Yale University Press, 2003, 224 p.; F. E. Lee, *Bruce I. Oppenheimer, Sizing Up the Senate: The Unequal Consequences of Equal Representation,* University of Chicago Press, 1999, 304 p.

[479] *Ibid.*, p. 49.

2/ L'élection du Parlement français

Le système français a-t-il des perspectives plus démocratiques au niveau de ses conséquences ? On peut légitimement le penser si on s'intéresse aux questions de suffrage universel en lien avec les compétences. De fait, l'Assemblée nationale, qui est la chambre principale dans un bicamérisme inégalitaire, est désignée au suffrage universel direct (a). Au contraire, un suffrage universel indirect avec des conséquences somme toute critiquables permet de désigner un Sénat qui n'a pas de compétence majeure au niveau législatif. Pour autant, certains doutes subsistent (b).

a/ L'Assemblée nationale et le suffrage universel direct

L'Assemblée nationale occupe une place centrale dans le dispositif français. Le fait que les députés soient désignés au suffrage universel direct, par un scrutin majoritaire uninominal à deux tours, permet l'apparition d'une majorité qui se veut fidèle au niveau français.

La première remarque est directement tirée de ce qui précède : l'Assemblée est censée être la représentation fidèle de la population. À ce titre, sa désignation, tous les cinq ans, dans une seule élection, permet, en principe, de donner à la population la possibilité de s'exprimer et de choisir ses représentants. Le choix effectué a une conséquence immédiate. Le suffrage universel direct permet de désigner des députés, qui siègent ensuite et peuvent former une majorité au sein de la chambre.

Pourtant, immédiatement, une seconde remarque est indispensable. Le choix du mode de scrutin n'est pas totalement anodin. Il fait apparaître de manière automatique une majorité à l'assemblée. Toutefois, il pose la question du reflet de cette majorité dans le peuple lui-même. De manière systématique, lorsqu'on examine les poids des différents partis qui se sont succédé au sein des majorités à l'assemblée, on constate une distorsion inévitable entre le poids réel des partis, au moment de l'élection, et leur domination sur l'Assemblée[480]. Pour ne

[480] Cf. A. Goujon, *Les Démocraties : Institutions, fonctionnement et défis*, Paris, Armand Colin, 2015, 192 p. ; B. Pauvert, *Droit constitutionnel: théorie générale, Ve République,* Studyrama, 2004, p. 113-114.

prendre que les exemples les plus récents, en 2007[481], la majorité présidentielle a obtenu 49,66 % des voix au deuxième tour (nous sommes dans le cadre des suffrages exprimés), ce qui a conduit à une majorité écrasante de 345 sièges sur 577. On constate une évidente distorsion. En 2012, la majorité présidentielle, de gauche cette fois, avait totalisé 49,93 % des voix, pour 331 sièges sur 577[482]. Quant au scrutin de 2017, il a conduit à une majorité présidentielle à 49,12 % pour 350 sièges[483]. Si on reporte ces éléments en nombre de voix, l'écart est encore plus important. En 2007, la majorité présidentielle avait obtenu 10 134 000 voix. En 2012, elle totalisait 11 497 000 voix, ce qui semble logique au regard des pourcentages. En revanche, en 2017, ce nombre tombe à 8 927 000 voix.

Il y a bel et bien une distorsion qui souligne de nouveau la difficulté de faire de l'élection un vecteur naturel du poids de l'électorat.

b/ Le Sénat et le suffrage universel indirect

L'exemple du Sénat pourrait sembler extrême[484]. En France, le choix a été fait d'un collège électoral, composé de grands électeurs, issus pour la grande majorité d'entre eux des autorités locales, municipales, départementales et régionales. Or ce système pose un problème initial, qui pourrait être résolu au regard du peu de poids de la chambre. Mais est-ce bien le cas ?

Le problème initial est évident. Par un effet immédiat du suffrage universel indirect et en raison du très grand poids des municipalités dans le système choisi, le Sénat se retrouve à être en réalité une représentation des communes, et des communes de petite et de

---

[481]Cf. http://www.assemblee-nationale.fr/elections/2007/circonscriptions/index.asp; https://www.lexpress.fr/actualite/politique/elections/legislatives-2007/resultats-elections/france.html, consulté le 09-04-2019 à 00h01.

[482]Cf.http://www.elections-legislatives.fr/resultats.asp; https://www.lexpress.fr/actualite/politique/elections/legislatives-2012/resultats-elections/france.html, consulté le 09-04-2019 à 00h04.

[483]Cf.https://www.interieur.gouv.fr/Elections/Les-resultats/Legislatives/elecresult__legislatives-2017/(path)/legislatives-2017/index.html;https://www.lexpress.fr/actualite/politique/elections/legislatives-2017/resultats-elections/france.html, consulté le 09-04-2019 à 00h09.

[484] Voir la revue *Pouvoirs, le Sénat, pour quoi faire ?,* 2016, n°159 et en particulier les articles de T. Le Yoncourt, « Le Sénat républicain représentant des collectivités territoriales », p.27-40, et H. Portelli, « Bicamérisme ou pouvoir régional », p.101-108.

moyenne taille, de manière significative[485]. Malgré toutes les corrections opérées ces dernières années, la transformation n'a pas eu lieu puisque le système demeure le même, en raison même du poids des circonstances et de la logique initialement choisie.

On pourrait penser que ce débat n'a pas lieu d'être. De fait, le Sénat n'est pas réellement une seconde chambre au sens américain du terme. Il ne dispose pas de la même compétence en matière législative que l'assemblée. Le bicamérisme français est inégalitaire puisqu'il donne le dernier mot à la chambre élue directement par la population[486]. Dans cette perspective, le fait que la seconde chambre soit désignée par des modalités qui ne permettent pas une juste représentation de l'électorat pourrait être relativement anodin.

Pourtant, deux éléments sont importants. D'une part, le bicamérisme inégalitaire de principe s'efface souvent au profit d'une collaboration dans le cadre du travail législatif[487]. D'autre part, le Sénat retrouve tout son sens et tout son rôle au moment des grandes décisions en matière juridique. De fait, il est indispensable qu'un gouvernement dispose d'un soutien du Sénat lorsqu'il veut voter une loi organique. Il est aussi indispensable que, dans le cadre d'une révision constitutionnelle, les trois cinquièmes du Sénat se prononcent en faveur de la révision, c'est-à-dire dans le même sens que l'Assemblée nationale.

Dans cette hypothèse, une chambre qui, visiblement, ne représente aucunement la majorité de la population, retrouve un rôle majeur, lorsque des dispositions fondamentales et constitutionnelles sont en cause. On pourrait souligner évidemment ici un véritable paradoxe.

B/ L'élection de l'organe législatif au Bénin, la dimension majoritaire

Deux éléments principaux permettent de comprendre le système béninois en ce qui concerne la désignation de l'organe législatif et la mise en perspective avec une éventuelle majorité. D'une part, les

---

485 T. Le Yoncourt, « Le Sénat républicain représentant des collectivités territoriales », in *Pouvoirs, le Sénat, pour quoi faire ?, n*°159, p. 27, consulté, le 2019-03-07 21:52:54 .

486 Cf. D. Linotte, C. Vallar, *Les Constitutions françaises*, Litec, 1991, p. 151.

487 Cf. D. G. Lavroff, *Aspects de la pratique constitutionnelle en France et en Espagne de 1958 et 1978 à 1999,* Bordeaux, Presses Universitaire de Bordeaux, 2001, p. 92.

constituants ont choisi, en 1990, un monocaméralisme, avec une assemblée nationale élue par la population au suffrage universel direct (1). D'autre part, la mise en œuvre de cette disposition a conduit à l'adoption d'un scrutin de liste, une représentation proportionnelle, afin de désigner les députés (2).

1/ Le choix constituant et le recours au suffrage universel

Il s'agit d'une évidence à la lecture de la Constitution béninoise. L'organe législatif émane du peuple et est désigné directement par celui-ci, en tant que corps électoral, dans la logique du système représentatif.

Ces éléments sont prévus par le titre quatre de la Constitution, intitulé du pouvoir législatif, et plus précisément par les articles 79 à 81.

L'article 79 prévoit ainsi que : « *Le Parlement est constitué par une Assemblée unique dite Assemblée nationale, dont les membres portent le titre de député. Il exerce le pouvoir législatif et contrôle l'action du gouvernement* ». Il s'agit d'un monocaméralisme très classique, avec une compétence législative.

L'article 80 tire toutes les conséquences du système démocratique : « *Les députés sont élus au suffrage universel direct. La durée du mandat est de quatre ans. Ils sont rééligibles* ». De surcroît, il ajoute que « *Chaque député est le représentant de la Nation toute entière et tout mandat impératif est nul* ».

Enfin, l'article 81 complète ces éléments : « *La loi fixe le nombre des membres de l'Assemblée nationale, les conditions d'éligibilité, le régime des incompatibilités, les conditions dans lesquelles il est pourvu aux sièges vacants. La Cour constitutionnelle statue souverainement sur la validité de l'élection des députés* ».

Nous retrouvons la compétence de la Cour constitutionnelle pour fixer la validité de l'élection. La Cour est amenée à se prononcer systématiquement après les élections législatives, dans ce pays.

2/ L'organisation par la loi et le fonctionnement pratique

Nous retrouvons une logique relativement similaire à celle rencontrée concernant l'organe exécutif. La loi électorale qui prévoit un certain nombre de dispositions concernant l'organe législatif nous fournit ici l'encadrement théorique (on notera que le code électoral en application est très récent puisqu'il a été modifié en 2018) (a). En pratique, ceci nous conduit à examiner plus précisément les conséquences des choix constituant et législatif au regard des différents scrutins législatifs (b)

a/ La théorie, le code électoral de 2018.

Il suffit de se tourner vers ce nouveau texte pour relever les principaux éléments qui permettent la désignation des députés. Ils sont prévus dans le code électoral[488], plus précisément dans son livre IV, des règles particulières pour l'élection des membres de L'Assemblée nationale. Le titre premier, intitulé généralités, comporte les articles qui nous intéressent de manière plus précise.

Il s'agit tout d'abord de l'article 239 : « *Les députés à l'Assemblée nationale sont élus au suffrage universel direct au scrutin de liste à la représentation proportionnelle pour un mandat de quatre (04) ans.*

Ils sont rééligibles. Chaque député est le représentant de la Nation toute entière.

Tout mandat impératif est nul ».

C'est la reprise presque mot à mot de la Constitution, avec toutefois un complément, la référence au scrutin de liste à la représentation proportionnelle.

L'article 240 précise encore l'encadrement en ajoutant que : « *Le nombre de députés à élire est fixé à quatre-vingt-trois (83)* ».

La référence au scrutin de liste implique d'en encadrer aussi le fonctionnement. Ce sont les articles suivants qui prévoient les dispositions en la matière.

Ainsi l'article 241 insiste sur le rôle des partis politiques : « *Les partis politiques qui désirent prendre part aux élections législatives, sont tenus de présenter des listes de candidats dans toutes les circonscriptions électorales.*

---

[488] Cf. http://levenementprecis.com/2018/09/16/politique-voici-lintegralite-de-la-loi-n-2018-31-portant-code-electoral-en-republique-du-benin/, consulté le 09-04-2019 à 00h25.

Chaque liste comprend un nombre de candidats égal à celui de sièges à pourvoir. Chaque candidat a un suppléant personnel qui figure sous cette appellation sur la liste.

Nul ne peut être candidat sur plus d'une liste ».

L'article suivant, le 242, précise quant à lui les modalités de calcul correspondant au système électoral choisi : « *L'attribution des sièges aux différentes listes en présence s'effectue selon le système du quotient électoral : le nombre de suffrages valablement exprimés est divisé par le nombre de sièges à pourvoir pour obtenir le quotient électoral de la circonscription électorale.*

Le nombre de voix obtenues par chaque liste est divisé par ce quotient électoral et le résultat donne le nombre de sièges à attribuer à la liste.

Les sièges restants sont attribués selon la règle de la plus forte moyenne.

Seules les listes, ayant recueilli au moins 10% des suffrages valablement exprimés au plan national, se voient attribuer des sièges sans que le nombre de listes éligibles ne soit inférieur à quatre (04). Toutefois, si le nombre de listes en compétition est inférieur à quatre (04), toutes les listes sont éligibles à l'attribution de sièges ».

Enfin, l'article 243 donne une information supplémentaire concernant le renouvellement de l'organe législatif : « *L'Assemblée Nationale se renouvelle intégralement. Les élections législatives ont lieu dans les soixante (60) jours précédant la date d'expiration des mandats de la législature en cours* ».

De cette théorie, on peut retenir deux éléments importants : d'une part, le mode de scrutin est fixé par la loi et non par la Constitution ; d'autre part, des modifications régulières sont possibles par l'intermédiaire de la loi, en votant des textes électoraux nouveaux.

b/ Le résultat des élections législatives

Depuis 1990, le Bénin a été amené à renouveler son Assemblée nationale à plusieurs reprises. La première donnée à relever concerne le taux de participation aux élections. La seconde renvoie à la dimension politique en soulevant la question du nombre de partis politiques (et de leur importance) au sein de la représentation nationale.

En ce qui concerne la première donnée, il suffit de rapprocher les différents éléments pour comprendre le décalage entre les élections successives[489]. Ainsi, en 1991, le taux de participation à l'élection législative se montait à 52 % des inscrits. Ce taux a atteint 76 % en 1995 pour redescendre ensuite à 70 %, en 1999 puis 56 %, en 2003, se stabilisant à partir de cette date. En 2007, le taux était de 59 % et de 56 % en 2011. L'année 2015 a vu une légère remontée avec un taux de 66 %. De manière générale, on peut relever la relative faiblesse de ce taux. Mis à part les élections de 1995 et de 1999, le scrutin législatif est marqué par une abstention importante qui devient gênant au regard de l'effet majoritaire. De fait, l'utilisation de la représentation proportionnelle conduit à un éclatement automatique au sein de l'Assemblée nationale entre de multiples partis politiques. Une participation limitée au moment des élections rend beaucoup moins représentatif le résultat. Si le choix de la représentation proportionnelle avait pour but d'éviter la domination d'un parti tout en permettant une représentation réelle des options politiques du pays, la présence d'une abstention aussi forte fait évidemment du parti abstentionniste le premier parti béninois.

Si on s'intéresse maintenant au résultat des élections, on constate les effets presque évidents du scrutin proportionnel. Ainsi, en 1991, un parti, l'union pour le triomphe du renouveau de la démocratie, arrive en tête avec 18,9 % des votes. Il est suivi par le rassemblement national pour la démocratie, 12,1 %, le parti du renouveau démocratique, 11,7 %, notre cause commune 10,1 %, le parti social démocratique, 9,8 %, le mouvement républicain national pour la démocratie et le développement, 8,4 %, l'union pour la démocratie et la solidarité nationale avec 7,1 % et le rassemblement des démocrates libéraux pour une reconstruction nationale, avec 5,6 %.

Quatre ans plus tard, en 1995, on retrouve le parti du renouveau démocratique, avec cette fois 15,4 % des voix, suivi par le parti de la renaissance du Bénin, 14,6 % des voix, mais cette fois il y a une vraie

---

[489]Les résultats analysés sont tirés du site http://perspective.usherbrooke.ca/bilan/servlet/BMElection?codePays=BEN&dateElection=BEN2015426&codeInstitution=1., consulté le 09-04-2019 à 00h34.

différence puisqu'un écart important existe avec le troisième parti, le parti social démocratique, qui n'est crédité que de 7,7 % des voix. Il est suivi par le front d'action pour le renouveau et le développement, 6,2 %, notre cause commune, 5,7 %, l'union pour la démocratie et la solidarité nationale, 4,9 %, le rassemblement des démocrates libéraux pour une reconstruction nationale, 4,3 % et le parti communiste du Bénin, 3,3 %. Les autres candidatures qui ne sont donc pas reconnues comme liées à un parti en direct rassemblent toutefois 37,9 %, ce qui est très important en termes de poids politique.

Avec l'élection du 30 mars 1999, nous revenons à une logique plus générale. Le parti de la renaissance du Bénin arrive très largement en tête avec 32,5 % des voix. Il est suivi par le parti du renouveau démocratique, 13,3 %, le front d'action pour le renouveau et le développement, 12 %, le parti social démocratique, 10,8 %. Viennent ensuite l'alliance étoile, 7,2 %, l'impulsion pour le progrès et la démocratie, 4,8 %, et le Congrès africain pour le renouveau, 4,8 %.

En 2003, le changement est d'importance. Les élections du 3 mars font apparaître de véritables blocs politiques, par-delà les divisions potentielles liées au mode de scrutin. Un bloc intitulé mouvance présidentiel rassemble ainsi 55,8 % des suffrages, ce qui lui donne automatiquement la majorité à l'Assemblée. En face, les partis d'opposition rassemblent 43 % des suffrages. C'est une élection importante au regard du phénomène majoritaire. Cette fois il existe bien une idée majoritaire au sein de l'Assemblée, malgré le système de représentation proportionnelle.

Avec l'élection du 31 mars 2007, nous revenons à la logique initiale. De fait, bien qu'un parti domine, il ne parvient pas à obtenir la majorité absolue avec l'élection. Forces Cauris pour un Bénin Emergent obtient ainsi 42,2 % des sièges, suivi par Alliance pour une Dynamique Démocratique, avec 24,1 %, le parti du renouveau démocratique, avec 12 %. Après ce bloc de trois partis, on trouve des chiffres beaucoup plus faibles. Force clé obtient 4,8 %, l'union pour l'aide 3,6 %, l'union nationale pour la démocratie et le progrès, de, 4 %, force d'espoir, de, 4 %, coalition pour un Bénin émergent, de, 4 %, alliance pour le renouveau de, 4 %, parti pour la démocratie et le progrès social 1,2 %, alliance des forces du progrès 1,2 %, et restaurer l'espoir 1,2 %. L'éclatement partisan n'est donc pas totalement remis en place puisque le système est en partie dominé par des formations politiques un peu plus importantes.

En 2011, c'est bien cette logique tendant vers une approche plus majoritaire qui réapparaît. Le premier parti, Forces Cauris pour un Bénin Emergent, totalisent 49,4 % des sièges. Il est suivi par une autre formation, l'union fait la nation, avec 36,1 %. Tous les autres partis ne remportent que de sièges à l'assemblée, avec 2,4 % des sièges. Il s'agit de l'alliance Amana, de l'alliance G13 Boaobab, de Cauris 2 alliance, de force espoir – union pour l'aide, de force dans l'alliance unifiée et de l'union pour le Bénin.

Avec la dernière élection, en 2015, on retrouve un parti important, qui conserve 30 % des votes, il s'agit de Forces Cauris pour un Bénin Emergent qui s'est allié à alliance Amana. Le deuxième parti n'obtient que 14,4 % des votes, l'union fait la nation. Le parti du renouveau démocratique obtient quant à lui 10,6 %. Viennent ensuite le parti de la renaissance du Bénin, 7,1 %, l'alliance nationale pour le développement et la démocratie, 7,6 %, l'alliance soleil, 6,7 %, les forces démocratiques unies, 4 %, l'alliance pour un Bénin triomphant, 3,7 %, l'alliance éclaireur, 3,4 %, l'union pour le Bénin, 2,9 %, le parti Résoatao, de, 2 %. Les autres candidatures obtiennent 7,2 %, toutes confondues, sans décrocher de sièges.

Que peut-on tirer de ces différents constats ? D'abord, que le scrutin à la représentation proportionnelle a un effet attendu : il multiplie les formations au sein de l'Assemblée nationale. Toutefois, et c'est la seconde remarque, un phénomène plus inattendu peut-être s'est produit à partir de 2003. Alors que la représentation proportionnelle était toujours en place, on a assisté à la construction d'une véritable alliance majoritaire pour remporter les élections. Un parti politique a d'abord dominé. Les élections suivantes ont montré que des partis plus importants pouvaient surgir, au gré des scrutins, en fonction des périodes.

Toute la question réside ici dans le rapport à la majorité, de manière générale. Lorsque deux ou trois grands partis existent, on peut penser à des stratégies d'alliance et les tentatives de consensus. Quand un seul parti réussi à dominer, la question est évidemment posée de son lien avec l'idée majoritaire et avec le Président en place. En 2019, une élection législative doit intervenir. Or, le 2 décembre 2018, un grand parti politique dénommé union progressiste a vu le jour à l'issue d'un Congrès, réunissant 95 formations et près de 115 mouvements politiques, derrière le Président béninois, Patrice Talon[490]. La logique est assez instructive pour la suite de notre propos. La mise en place de représentation proportionnelle a en principe pour effet un émiettement politique. De fait, la préparation des élections législatives d'avril 2019 a donné lieu à une interrogation sur le sens du système partisan béninois. L'idée est de créer une grande formation politique, en encourageant peut-être la création d'autres formations du même type, pour conduire à un véritable combat politique au moment des élections, afin de choisir finalement une majorité. Le constat est en effet très violent puisque près de 300 partis et mouvements politiques sont actuellement décomptés au Bénin. La présence de quelques-uns d'entre eux uniquement au sein de l'assemblée est déjà significative. Toute la question réside évidemment dans le rassemblement que sous-entend la création de grandes formations politiques et les conséquences que peuvent avoir ces différentes transformations.

On le constate ici concernant le Bénin, la construction du système béninois au niveau institutionnel a conduit à faire de l'Assemblée nationale la représentation du peuple par l'intermédiaire d'un mode de scrutin précis. Le scrutin de liste a pour but de permettre cette représentation. Or, dans la pratique, on constate que les Béninois s'efforcent aujourd'hui d'en restreindre les conséquences pour faciliter l'accession au pouvoir d'une majorité, y compris au sein de l'organe législatif. Il y a bien ici, en filigrane, un travail nouveau, qui conduit à poser la question beaucoup plus large de l'efficacité d'une majorité, au sein de l'Assemblée, de sa collaboration ou de son affrontement avec le Président, et plus généralement de sa représentation du peuple et de son action au nom du peuple béninois.

Si on s'en tient à ces considérations, le Bénin semble avoir privilégié une voie directe, en ce qui concerne le Président comme l'Assemblée, pour faciliter la relation entre le pouvoir et le peuple. Pour autant, des critiques nombreuses existent. Y a-t-il une autre cause qu'il faudrait

[490] Cf. Xinhua, « Bénin : naissance d'un grand parti présidentiel en vue des prochaines élections législatives de 2019 », in *Afrique*, publié le 2018-12-02 à 05:25 (http://french.xinhuanet.com/afrique/2018-12/02/c_137644905.htm), consulté le 07-03-2019 à 22h15.

rechercher dans le fonctionnement pratique, c'est-à-dire dans le découpage électoral, qui permet d'organiser les élections législatives ?

Section 2- Le découpage électoral et ses questions

La consécration dans les textes du suffrage universel est insuffisante au regard de la pratique. Pour l'organisation des scrutins, il est nécessaire de procéder à un certain nombre d'opérations qui peuvent avoir des conséquences majeures sur le résultat du vote et qui impliquent un questionnement politique. Le découpage électoral constitue la principale de ces opérations[491]. L'étude des choix effectués aux États-Unis et en France (§1) fait apparaître plusieurs dérives potentielles, qu'il faut comprendre pour pouvoir présenter le système béninois (§2).

§ 1- Le découpage électoral aux États-Unis et en France

En raison de la forme de l'État, il est légitime de penser que les débats concernant le découpage électoral prennent des formes différentes aux États-Unis et en France. De fait, dans le cadre du système américain, les questions concernent l'organe législatif mais impliquent une interrogation en lien avec la forme fédérale (A). Au contraire, en France, les principales discussions se concentrent sur l'Assemblée nationale et sur sa désignation (B).

A/ Les débats américains

Les débats, dans le cadre du système fédéral américain, concernent deux thématiques distinctes. D'une part, il est nécessaire de s'interroger sur la représentativité des élus, c'est-à-dire sur le nombre d'électeurs qu'ils sont censés représenter, en examinant la totalité de la population (1). Ce premier stade induit déjà la prise en compte d'un certain nombre d'effets potentiels de la logique fédérale. D'autre part, les découpages électoraux proprement dits sont laissés à l'appréciation des États, ce qui conduit à s'interroger sur la pratique du *gerrymandering* (2).

---

[491] Cf. R. Ponceyri, *Le découpage électoral*, Paris, Économica, 1988, 334 p. ; B. Gaudillere, Atlas historique des circonscriptions électorales françaises, Librairie Droz, 1995, 839 p. ; M. Bussi, *Éléments de géographie électorale*, Publication Université Rouen Havre, 1998, 399 p.

1/ Le recensement et la représentativité des élus

Le dispositif est fondé sur un raisonnement logique : d'une part, il faut trouver un moyen pour qu'un représentant « représente » le même nombre d'électeurs (b), dans toute la fédération[492] ; d'autre part, il est nécessaire de recenser périodiquement la population, pour adapter le nombre de représentants dans les États (a).

a/ L'organisation périodique du recensement

Cette opération est évidemment indispensable. Elle est rendue nécessaire par la Constitution américaine elle-même. Elle conduit à une périodicité qui doit garantir une relative pertinence de la représentation.

Le texte constitutionnel est sans doute la principale question en ce qui concerne le fondement juridique. En raison de sa date et de son contexte, la Constitution fédérale comporte des dispositions quelque peu gênantes. Il s'agit évidemment de la clause des trois cinquièmes qui appartenait à une perspective esclavagiste avec toutes ses conséquences. Avec la mise en place des amendements de reconstruction, complétés par le vingtième amendement pour le droit de vote des femmes, il a fallu adapter l'application générale pour permettre un recensement dans le cadre d'un véritable suffrage universel.

Dans le cadre de la convention de Philadelphie, un principe avait initialement été souhaité, un représentant pour 40 000 électeurs devant être la norme. George Washington lui-même était intervenu pour préciser qu'il fallait abaisser ce nombre à 30 000 pour permettre un meilleur lien avec la population[493]. James Madison dans *Le Fédéraliste* avait d'ailleurs confirmé cette perspective en soulignant l'importance d'une adaptation des avis du représentant aux questions locales[494].

---

[492] Cf. M. L. Balinski, H. P. Young, *Fair Representation: Meeting the Ideal of One Man, One Vote,* Brookings Institution Press, Second edition, 2001, 195 p. ; R. A. Agnew, « Optimal Congressional Apportionment », in American Mathematical Monthly, *Mathematical Association of America,* 2008, n°115, p. 297–303.

[493] Cf. G. Edward White, *Law in American History: Volume 1: From the Colonial Years Through the Civil War,* Oxford University Press, 2012, p. 182.

[494] Cf. A. Hamilton, J. Jay, J. Madison, *Le Fédéralisme,...*, op. cit., p. 446 et suiv. (voir Lettre LVIII).

Le recensement a donc lieu tous les dix ans. Cette période est relativement longue. Elle peut conduire à de véritables écarts entre la proportion initiale et la réalité. Mais la véritable question réside dans la représentation et ses conséquences.

b/ Le nombre d'habitants pour un représentant

C'est la question principale. Dès le départ, dès 1787, cette question conduit à s'interroger sur la nécessité d'augmenter ou non le nombre de représentants, pour permettre un lien direct avec la population. Des propositions en ce sens ont été faites. La question a aussi été posée des distorsions possibles au regard des conséquences vis-à-vis des États. Nous retrouvons ici la logique fédérale.

En raison de très grandes disparités entre les États, on ne peut que constater la présence de véritables distorsions en ce qui concerne le nombre d'habitants et les représentants. Aujourd'hui, le principe retenu veut qu'il y ait un représentant pour 720 000 habitants, dans l'ensemble de la fédération. Ce principe soulève immédiatement une question : certains États ont une population inférieure à ce nombre. C'est le cas du Vermont ou du Dakota du Nord. Il y a ici, de manière automatique, un écart majeur. Une proposition dénommée *Wyoming rule* a été faite pour essayer de pallier cette difficulté[495]. Son principe est relativement simple : il suffit de prendre le plus petit État américain, de retenir sa population comme base de calcul, pour ensuite l'appliquer au niveau fédéral pour un représentant. Ce principe a deux inconvénients : d'une part, il conduit mécaniquement à augmenter le nombre de membres de la chambre des représentants[496] ; d'autre part, il pose évidemment la question des écarts qui peuvent subsister, puisque la population des différents États n'est pas nécessairement un multiple de la population du plus petit d'entre eux.

De fait, le système actuel fait déjà apparaître un certain nombre de questions en ce qui concerne justement les différences. La méthode choisie dite des proportions égales, ou encore Huntington-Hill

495 Cf. J. Suzuki, *Constitutional Calculus: The Math of Justice and the Myth of Common Sense,* JHU Press, 2015, 296 p.
496 Cf. B. Frederick, *Congressional Representation and Constituents: The Case for Increasing the U.S. House of Representatives*, Routledge, 2009, 184 p.

Method[497], du nom de ses promoteurs, est censée limiter les conséquences. Dans un premier temps, chaque État américain se voit donner un siège à la chambre des représentants, ce qui laisse 385 sièges à répartir. Ensuite, les sièges sont successivement attribués en tenant compte du plus grand nombre de populations. Le cinquante et unième siège va automatiquement à l'État le plus peuplé, on calcule ensuite la proportion de personnes par représentants dans les différents États, pour attribuer peu à peu les sièges en fonction du ratio le plus élevé. Ce mécanisme, relativement complexe, permet de limiter les écarts, sans les annuler tout à fait. Mais a-t-on résolu toutes les questions ?

2/ Les circonscriptions des représentants

L'étape fédérale principale concerne le recensement et le nombre d'habitants par représentants. Ensuite, le découpage électoral par circonscription est renvoyé au niveau étatique (a). C'est à ce stade qu'apparaît une difficulté potentielle (b).

a/ Un débat historique

Dès 1789, une question apparaît concernant la désignation des représentants et le découpage électoral, la pratique du *gerrymandering*[498].

Nous sommes en 1788 lorsque les antis fédéralistes de Virginie, menés par Patrick Henry, s'efforcent de modifier les limites du

---

[497] Cf. J. K. Hodge, *The Mathematics of Voting and Elections: A Hands-on Approach*, American Mathematical Soc., 226 p.; M. G. Neubauer, M. G. Gartner, « A Proposal for Apportioning the House », in *Political Science and Politics,* 2011, vol. 44, n°1, p.77-79. ; T. Ratliff, K. Saxe, « The Politics before the Politics: Census 2010, Reapportionment, and Redistricting», in *Math Horizons*, 2010, vol.18, n°2, p. 5-9. ; M. L. Balinski, H. P. Young, « On Huntington Methods of Apportionment », in *SIAM Journal on Applied Mathematics*, 1977, vol. 33, n° 4, p. 607-618.

[498] Cf. R. Santos, *Gerrymandering and Voting Districts*, Greenhaven Publishing LLC, 2018, 136 p ; E Engstrom, *Partisan Gerrymandering and the Construction of American Democracy,* University of Michigan Press, 2013, 227 p.; C. M. Burke, *The Appearance of Equality: Racial Gerrymandering, Redistricting, and the Supreme Court*, Greenwood Publishing Group, 1999, 212 p. ; R. Forgette, J. W. Winkle III, « Partisan Gerrymandering and the Voting Rights Act », in Social Science Quarterly, 2006, vol. 87, n°1, p. 155-173. Le terme "gerrymandering" ou "découpage opportuniste" est un terme politique du Nord-américain pour désigner le découpage des circonscriptions électorales.

cinquième district congressionnel de Virginie pour en écarter James Madison[499]. La pratique va trouver son nom en 1812, suite à une tentative identique de la part du gouverneur du Massachusetts, Elbridge Gerry, qui souhaite modifier les districts pour l'élection sénatoriale afin d'avantager le parti démocrate républicain. En 1812, Gerry parvient à ses fins[500]. La pratique prend le nom de *gerrymandering*.

La pratique en question se poursuit durant tout le dix-neuvième siècle, y compris lorsqu'il s'agit de favoriser le parti républicain, au lendemain de la guerre civile.

Concrètement, la question concerne la possibilité de modifier le résultat d'une élection en jouant sur la taille des circonscriptions et surtout sur leur localisation géographique.

b/ Un débat actuel

Mais parle-t-on uniquement d'histoire ? Évidemment non.

En 1994, le démocrate Frank Mascara est élu au Congrès en Pennsylvanie. En 2002, le parti républicain qui dispose de la majorité au sein de cet État modifie les frontières du district initial pour s'assurer de la défaite du candidat démocrate à cet endroit.[501] Il faut bien comprendre tout ce qu'implique ce mécanisme. Les Congrès des États sont totalement libres de fixer les frontières des districts prévus pour l'élection de la chambre des représentants et du Sénat. Or, ceci revient à faire dépendre les limites des circonscriptions des majorités au pouvoir dans les organes législatifs des États.

Le principe est d'ailleurs généralisé puisqu'on peut trouver des techniques de ce genre pour modifier non seulement la représentation partisane mais aussi le caractère racial ou ethnique, en visant les minorités. On peut ainsi reconstruire un district pour en écarter la

---

[499] Cf. P. T. Conley, *The Bill of Rights and the States: The Colonial and Revolutionary Origins of American Liberties*, Rowman & Littlefield, 1992, p. 48.
[500] Cf. S. C. Tucker, *The Encyclopedia of the Wars of the Early American* Republic, *1783–1812: A Political, Social, and Military History*, ABC-CLIO, 2014, vol. 3, p. 273.
[501] Cf. W. J. Miller, J. D. Walling, *The Political Battle over Congressional Redistricting*, Lexington Books, 2013, p. 331.

population noire, quand on est républicain, et ainsi faciliter l'élection des républicains.

Des exemples significatifs montrent jusqu'à quel point ce système peut de manière évidente modifier les équilibres politiques.[502] Entre 2002 et 2004, les districts du comté de Travis au Texas ont fait l'objet d'une modification de ce type. La majorité républicaine de l'État a redécoupé un comté démocratique pour répartir les votants démocrates dans les districts et républicains[503].

Avons-nous ici un élément juridique à opposer à cette pratique ? Dans un arrêt rendu en 1986, *Davis v. Bandemer*[504], la Cour suprême[505] a bien condamné la pratique en question au nom de la clause d'égale protection. Mais la difficulté de cette décision repose sur deux éléments : d'une part, la Cour n'a pas pu se mettre d'accord sur l'existence d'un contrôle constitutionnel précis en la matière ; d'autre part, les juges se sont opposés quant à la définition même du *Gerrymandering* et à ses conséquences de manière générale. La Cour est revenue sur cette question dans un arrêt de 2004, *Vieth v. Jubelirer.*[506] Avec les mêmes résultats, les membres de la Cour se sont divisés et aucun principe clair n'est apparu pour mettre fin à ces manœuvres partisanes. En 2016, dans l'arrêt *Gill v. Whitford*, une Cour fédérale de district a posé la question des conséquences statistiques en matière de résultats pour établir éventuellement un schéma encadrant le redécoupage des districts. La Cour suprême a examiné cette affaire en 2018, et a renvoyé aux Cours inférieures le contentieux en précisant que les éléments devaient être très détaillés pour conduire à une prise de position juste et pertinente[507].

Cette question de découpage a deux résonances potentielles.

---

[502] Cf. F. Douzet, *Californie : de la ségrégation résidentielle à l'injustice politique, in Ségrégation et justice spatiale, Marianne Morange*, Presses universitaires de Paris Ouest, 2014, 353 p.
[503] Cf. S. Bickerstaff, *Lines in the Sand: Congressional Redistricting in Texas and the Downfall of Tom DeLay*, University of Texas Press, 2010, p. 88-89.
[504] Cf. Davis v. Bandemer, 478 U.S. 109 (1986).
[505] C. A. Anzalone, *Supreme Court Cases on Political Representation, 1787-2001*, Routledge, 2016, 809 p.
[506] Cf. Vieth v. Jubelirer, 541 U.S. 267 (2004).
[507] Cf. Gill v. Whitford, 585 U.S. (2018).

En premier lieu, on peut penser qu'une intervention fédérale permettrait de limiter les comportements en question. Pour le moment, une telle intervention a toujours été repoussée. La Cour suprême n'a pas trouvé dans les textes constitutionnels un véritable fondement juridique pour agir. Quelques décisions ouvrent des portes intéressantes. En 1983, dans l'arrêt *Karcher v. Daggett*, la Cour suprême précise qu'un plan de redécoupage peut être déclaré inconstitutionnel s'il viole le principe constitutionnel donnant une voix à une personne.[508] Mais la difficulté est d'appliquer concrètement cette position. Le Congrès ne s'est pas réellement penché sur cette question.

En second lieu, en restant au niveau étatique, on peut supposer que chaque État peut prendre des dispositions pour éviter de telles évolutions. Certains États ont choisi de donner à des structures non partisanes l'action principale en matière de découpage. C'est le cas pour l'État de Washington, en Arizona, ou en Californie. La même logique a été suivie dans le New Jersey ou à Rhode Island. Mais, malgré l'absence d'affiliation politique, on constate la persistance de manœuvres concernant le redécoupage. En 2015, la Cour suprême a validé l'idée de commission non partisane, dans l'arrêt *Arizona State Legislature v. Arizona independent redistricting commission*[509].

B/ Les débats français

Contrairement au système américain, la France a connu de multiples Constitutions depuis 1789. Ces transformations successives des fondements juridiques ont eu des incidences concernant le fonctionnement politique, de manière générale (2). Pourtant, de manière plus inattendue, des circonscriptions électorales ont été relativement peu modifiées. Historiquement, on constate une relative constance en la matière (1).

1/ Le découpage électoral et l'histoire française

La question du découpage est en grande partie liée au mode de scrutin appliqué. On peut de ce point de vue faire des distinctions au niveau chronologique.

---

[508] Cf. Karcher v. Daggett, 462 U.S. 725 (1983).

[509] Cf. Arizona State Legislature v. Arizona Independent Redistricting Commission, 576 US _ (2015).

a/ De 1789 à 1871

Durant cette première période, le système évolue en fonction des régimes et des choix effectués[510].

Entre 1789 et 1815, la base choisie correspond à l'ancien système français, avec 400 divisions au niveau électoral. Des modifications ont lieu en fonction des régimes.

Entre 1815 et 1852, la logique change avec la mise en place des élections au scrutin uninominal. En 1820, un découpage électoral indépendant des circonscriptions administratives classiques est effectué pour permettre la désignation d'un nombre de députés, 247, inférieur à celui des arrondissements. Ce découpage est maintenu jusqu'en 1830. Il est aboli et remplacé sous la monarchie de juillet avec 459 circonscriptions qui vont fonctionner entre 1831 et 1846. Le scrutin majoritaire plurinominal départemental qui est rétabli en 1848 conduit à doubler le nombre de députés et pose la question du niveau départemental en tant que niveau de circonscriptions.

Avec le Second Empire, on revient au scrutin uninominal majoritaire à deux tours avec un nouveau découpage. Des redécoupages significatifs ont lieu avant chaque élection importante des régimes, en 1857, 1862 et 1867.

b/ De 1871 à la Ve République

Avec le retour du régime républicain, après la défaite de Sedan, en septembre 1870, on retrouve le scrutin d'arrondissement de manière majoritaire.

Quelques périodes vont toutefois conduire à un scrutin départemental de liste à deux tours. L'assemblée nationale est élue au scrutin de liste départementale majoritaire à deux tours, reprenant ici la logique de la loi du 15 mars 1849[511]. Un nouveau redécoupage intervient en 1875, avec cette fois un député par arrondissement avec un principe : un député pour 100 000 habitants. Ce système conduit à un nombre de

---

[510] Cf. R. Ponceyri, *Le découpage électoral,...*, op. cit. ; B. Gaudillere, *Atlas historique des circonscriptions électorales françaises*, Genève, Librairie Droz, 1995, 839 p.

[511] Cf. G. Avizou, *Dictionnaire des parlementaires du Limousin sous la IIIe République : Creuse*, Limoges, Presses Universitaire Limoges, 2001, p. 11. ; B. Gaudillere, *Atlas historique des circonscriptions électorales françaises,...*, op. cit.

sièges de 557. La remise en place du scrutin de liste par les républicains en 1885 conduit à l'élection d'un député par fraction de 70 000 habitants avec un minimum de trois députés. Le scrutin majoritaire uninominal à deux tours par arrondissement est rétabli en 1889 avec un nouveau redécoupage. En 1919, le scrutin est de nouveau replacé au niveau départemental, avec un député pour 75 000 habitants. Certains départements très peuplés sont divisés en deux circonscriptions au sein desquels les députés sont élus au scrutin de liste. Un nouveau redécoupage sera redemandé en 1927, par le cartel des gauches, qui est avantagé par les circonscriptions rurales. Le nombre de députés monte à 618.

Sous la IVe République, les lois constitutionnelles de 1875 ayant été abrogées, c'est un scrutin de liste dans le cadre départemental, à la proportionnelle, qui est établi, ce qui évite tout débat en matière de circonscription.

La Ve République repose sur un scrutin majoritaire à deux tours au sein de circonscriptions législatives qui doivent respecter le plus possible les limites cantonales et s'inscrire dans les limites départementales. Une seule exception, la période 1986 – 1988, a vu l'application d'un scrutin de liste départementale, à la représentation proportionnelle.

La Ve République voit se succéder des découpages[512] en 1958 pour la période s'étendant jusqu'en 1981, puis en 1986, pour tenir compte d'un retour au scrutin majoritaire, avec un nouveau redécoupage cette fois-ci demandé en 2008 par Nicolas Sarkozy. Ce découpage est mis en place par une loi en janvier 2010.

2/ Le découpage, théorie et actualité

L'idée même de découper des circonscriptions électorales renvoie là aussi à une possible manipulation.[513] Pour l'éviter, des principes ont été posés (a). Il faut signaler que le Conseil constitutionnel s'est déclaré incompétent pour vérifier l'équité du découpage (b).

---

[512] Cf. Th. Ehrhard, *Le découpage électoral sous la Ve République : intérêts parlementaires, logiques partisanes*, Classiques Garnier, 2017, 967 p.
[513] *Ibid.*

a/ L'approche théorique, les textes

La Constitution de 1958 prévoit dans son article vingt-cinq que le nombre de députés doit être fixé par la loi organique[514]. En revanche, la délimitation des circonscriptions est renvoyée aux législateurs ordinaires.

C'est donc le code électoral qui fixe les grandes lignes en la matière. Successivement, les redécoupages ont donc conduit à des modifications de ce code électoral, ayant plus ou moins d'incidence sur le fonctionnement français. Le but est toujours le même : respecter la répartition par tranche de population.

Un élément a été ajouté en 2008 : La loi constitutionnelle du 23 juillet 2008 a plafonné le nombre de députés à 577, a prévu la création de députés élus par les Français établis hors de France, et a institué une commission indépendante amenée à rendre un avis public sur les opérations de redécoupage[515].

En 1986[516] et en 2010[517], le Conseil constitutionnel a insisté sur le fait qu'il ne pouvait en aucun cas contrôler l'équité politique du découpage. Il devait simplement se contenter de vérifier la constitutionnalité des opérations, au regard de la population et du recensement. C'est à ce titre qu'il est intervenu en 2000 pour mettre en exergue le décalage existant entre la représentation et la population.

---

[514] « Une loi organique fixe la durée des pouvoirs de chaque Assemblée, le nombre de ses membres, leur indemnité, les conditions d'éligibilité, le régime des inéligibilités et des incompatibilités ».

[515] « Une commission indépendante, dont la loi fixe la composition et les règles d'organisation et de fonctionnement, se prononce par un avis public sur les projets de texte et propositions de loi délimitant les circonscriptions pour l'élection des députés ou modifiant la répartition des sièges de députés ou de sénateurs ».

[516] Cf. Décision n° 86-208 DC du 2 juillet 1986, Loi relative à l'élection des députés et autorisant le gouvernement à délimiter par ordonnance les circonscriptions électorales.

[517] Cf. Décision n° 2010-602 DC du 18 février 2010 : selon le Conseil constitutionnel, la Constitution ne lui confère pas « un pouvoir général d'appréciation et de décision de même nature que celui du Parlement ;(…) il ne lui appartient donc pas de rechercher si les circonscriptions ont fait l'objet de la délimitation la plus juste possible…». Le Conseil constitutionnel a cependant regretté « le caractère discutable des motifs d'intérêt général invoqués pour justifier la délimitation de plusieurs circonscriptions, notamment dans les départements de la Moselle et du Tarn... ».

b/ Les principes et les difficultés

En 1986, le redécoupage des circonscriptions soulève un certain nombre de débats, en matière partisane, principalement. Pourtant, pour la première fois, la loi, à cette époque, prévoit des critères précis.

De fait, le recensement de 1982 est conservé pour conduire à 577 circonscriptions. La loi prévoit des critères d'égalité démographique, à l'intérieur des départements, en ajoutant un écart maximal toléré de 20 % à la moyenne. L'idée est de donner une représentation équilibrée, c'est-à-dire de faciliter le plus possible une égalité entre députés en tant que représentant d'un nombre fixe d'habitants. La loi de 1986[518] prévoit d'ailleurs un redécoupage périodique qui devrait conduire à une adaptation systématique des éléments.

En 2008, un examen de la situation en place amène une réforme en raison des écarts importants qui existent entre les populations des départements et des circonscriptions législatives. Dans le rapport sénatorial de cette époque[519], les exemples sont significatifs. La Haute-Savoie compte ainsi un député de moins que la Saône-et-Loire tout en ayant presque 90 000 habitants de plus. La Gironde compte un député de moins que le Val-de-Marne tout en ayant 60 000 habitants de plus. Le rapporteur sénatorial va un peu plus loin en insistant sur la difficulté des tracés des circonscriptions de 1986. Onze circonscriptions électorales ont une population moyenne inférieure de plus de 20 % à la moyenne départementale et vingt-cinq autres ont une population supérieure de plus de 20 % à la population moyenne départementale. Tous ces éléments sont illégaux au regard des critères fixés en 1986. Plus grave encore, en 2002, le Conseil avait invité le parlement a procédé à un redécoupage des circonscriptions. « *Le découpage actuel [des circonscriptions législatives] résulte de la loi n° 86-1197 du 24 novembre 1986 relative à la délimitation des circonscriptions pour l'élection des députés. Il repose sur les données du recensement général de 1982. Depuis lors, deux recensements généraux, intervenus en 1990 et 1999, ont mis en lumière des disparités de représentation peu compatibles avec les dispositions combinées de l'article 6 de la Déclaration de 1789 et des articles 3 et*

[518] Cf. Loi n° 86-825 du 11 juillet 1986 relative à l'élection des députés et autorisant le gouvernement à délimiter par ordonnance les circonscriptions électorales.
[519] Cf. https://www.senat.fr/rap/l08-120/l08-1201.html, consulté le 10-04-2019 à 12h29.

24 de la Constitution. Il incombe donc au législateur de modifier ce découpage... »[520].

Le rapporteur du Sénat rappelle les grands principes qui sont tirés du droit français en la matière. Il faut un équilibre démographique et territorial du redécoupage, il faut aussi un ratio entre les circonscriptions pour éviter les trop grands écarts.

En 2009, le redécoupage a donc été effectué sur cette base[521].

Plusieurs éléments concernent l'actualité. D'une part, faut-il procéder à une actualisation, au regard des modifications de la population ? D'autre part, le projet du gouvernement actuel de modifier le nombre de députés et de sénateurs a automatiquement pour conséquence un redécoupage potentiel. Enfin, la question du redécoupage sous-entend toujours le recours à la loi ordinaire, c'est-à-dire à la majorité au niveau de l'Assemblée. Dans quelle mesure un tel recours n'induit-il pas potentiellement un risque en matière d'évolution et de détournement ?

§ 2- Le découpage béninois

Comme nous venons de le voir, la question du découpage est particulièrement sensible en raison de ses conséquences politiques et partisanes. Que ce soit aux États-Unis ou en France, le rapport aux circonscriptions fait l'objet de multiples réglementations, pour savoir qui doit décider de la taille des circonscriptions, de quelle manière s'assurait d'une forme d'impartialité, et comment éviter une trop grande action des partis politiques. Toutes ces questions se posent-elles au Bénin ? En examinant le fonctionnement de la jeune République béninoise, depuis 1990, on constate tout d'abord la présence d'une évolution importante, qui marque les premières années de ce régime (A). Pour nécessaire qu'elle soit, cette évolution est évidemment un marqueur politique important. Or, en examinant les

---

[520] Cf. Observations du Conseil constitutionnel relatives aux élections législatives de juin 2002, 15 mai 2003, Les Cahiers du Conseil constitutionnel Cahier n° 15, https://www.conseilconstitutionnel.fr/sites/default/files/as/root/bank_mm/commentaires/cahier15/observations_legis2002.pdf, consulté le 10-04-2019 à 12h31.

[521] Cf. Ordonnance n° 2009-935 du 29 juillet 2009 portant répartition des sièges et délimitation des circonscriptions pour l'élection des députes.

dispositions successives qui ont été prises, on découvre une singularité (B).

A/ Une évolution initiale

Il suffit de regarder les deux textes majeurs qui concernent l'élection de l'Assemblée nationale pour comprendre qu'une évolution s'est produite entre 1990 et 1995. De fait, dans le droit fil de la nouvelle Constitution, un texte a été adopté pour organiser les élections législatives (1). Cette organisation électorale a été reprise cinq ans plus tard, dans une loi électorale cette fois. La comparaison entre les deux textes permet de comprendre aisément l'importance de la transformation (2).

1/ Le premier texte, la loi du 31 décembre 1990 définissant les "règles électorales particulières pour l'élection des membres de l'Assemblée nationale".

Nous sommes dans un contexte singulier. La Constitution béninoise vient d'être adoptée. La question se pose directement de sa mise en pratique. Il faut tirer toutes les conséquences du texte constitutionnel et inscrire dans la loi les modalités d'organisation, à côté du scrutin de liste. De la sorte, une loi va être mise en place par le Haut conseil de la République[522].

Le premier aspect important. Nous avons affaire à une institution de transition. Après la Conférence nationale des forces vives de la nation, une structure spécifique de transition, le Haut conseil de la République, obtient les compétences d'un parlement et d'une Cour constitutionnelle, en application de la loi constitutionnelle du 13 août 1990. Ce Haut-Conseil fonctionne du 28 février 1990 au 31 mars 1991. Il est donc en place durant les discussions concernant la nouvelle Constitution, jusqu'à l'entrée en fonction de l'Assemblée nationale, la première du régime moderne, le 1er avril 1991.

C'est donc cette institution qui va adopter la loi concernant les règles électorales pour la désignation des membres de l'Assemblée

---

[522] Cf. Loi N° 90-035 *du 31 Décembre 1990 définissant les règles électorales particulières pour l'élection des membres de l'Assemblée Nationale (docplayer.fr/42601675-Republique-du-benin-assemblee-nationale.htm), consulté le 10-04-2019 à 12h53.*

nationale[523]. Il suffit de lire le Titre 1er intitulé généralités et plus particulièrement son article 2 pour comprendre le système choisi : « *Le nombre de sièges à l'Assemblée nationale est fixé à un Député pour 70.000 habitants.*

Un Décret pris en Conseil des Ministres déterminera pour chaque législature en fonction des chiffres de la population le nombre de députés à élire pour cette législature.

La circonscription électorale est le Département ».

La disposition est essentielle au regard de sa logique. Le nombre de sièges doit correspondre au nombre d'habitants. Il est fonction de celui-ci, par tranche de 70 000. Autrement dit, à chaque nouvelle élection législative, le Conseil des ministres sera amené à réviser le nombre de députés en fonction du nombre d'habitants. C'est un premier principe, qui n'est pas sans rappeler les dispositions américaines et françaises visant justement la représentation et la représentativité.

La seconde disposition est tout aussi primordiale dans ses conséquences. La circonscription électorale est le département. Concrètement, cela signifie que, en fonction du nombre d'habitants par département, le nombre de députés va varier et conduire à une représentation spécifique à ce niveau de circonscription.

L'application pratique est donc logique. De fait, la première élection de l'Assemblée législative, en 1991, conduit à la désignation de soixante-quatre députés. Si on s'en tient à ce chiffre, en le rapprochant de la tranche des 70 000, la population doit être d'environ 4 500 000 personnes. Ce qui est le cas en 1991. Toute la question de ce dispositif réside évidemment dans son évolution à moyen terme. Si on l'avait maintenu, avec la population actuelle du Bénin, 11,18 millions, il aurait fallu multiplier par trois le nombre de députés.

2/ L'évolution de 1995

Le Président de l'époque, Soglo, s'inquiète des conséquences de l'éclatement potentiel en matière de partis politiques. Il souhaite donc une vaste réforme, qui implique l'adoption d'un autre mode de scrutin,

---

523 *Ibid.*

le scrutin majoritaire. L'Assemblée nationale, dominé par des opposants du Président, choisi une forme de statu quo, en conservant le scrutin de liste, mais tire un certain nombre de conséquences des dysfonctionnements observés, en modifiant la logique de ce scrutin, c'est-à-dire les circonscriptions.

La loi de 1995[524] fixe un nombre de députés, 83. Elle prévoit de les répartir en fonction des circonscriptions, 24 en tout, et non plus des départements. Il s'agit de transformer profondément la logique en renvoyant un scrutin de liste au niveau de ces circonscriptions, pour faciliter la désignation au niveau local. Nous avons vu que cette réforme avait eu des conséquences majeures en raison de la récupération par les autorités locales et de la logique dit du fils du terroir, qui avait su ainsi manipuler le nouveau dispositif pour faire apparaître une forme de reconnaissance locale et de fief.

Mais a-t-on répondu à l'ensemble des questions ? Ce dispositif a été repris systématiquement depuis 1995. Le dernier code électoral en est d'ailleurs la preuve. Pourtant, il comporte une singularité à cet égard.

B/ Un questionnement actuel

Nous disposons de plusieurs textes qui fixent les circonscriptions, entre 1995 et aujourd'hui. Pourtant, il n'est pas nécessaire de les examiner de manière précise. De fait, tous ces textes renvoient exactement à la même organisation.

La voici :

« *Le territoire national est divisé en vingt-quatre (24) circonscriptions électorales qui sont les suivantes :*

1- Première circonscription électorale

Nombre de sièges : 03

Commune de Kandi ;

---

[524] Cf. Loi N° 94-015 du 27 janvier 1995 définissant les règles particulières pour l'élection des membres de l'Assemblée Nationale, modifiée par les lois n° 98-036 du 15 janvier 1999 et 99-016 du 12 mars 1999 et remise en vigueur par la loi n°2003-01 du 08 janvier 2003 (http://www.Cour-constitutionnelle-benin.org/loiselectorales/loi_94-015.htm), consulté le 10-04-2019 à 13h16.

Commune de Malanville ;

Commune de Karimama.

2- Deuxième circonscription électorale

Nombre de sièges : 03

Commune de Gogounou ;

Commune de Banikoara ;

Commune de Ségbana.

3- Troisième circonscription électorale

Nombre de sièges : 03

Commune de Boukoumbé ;

Commune de Cobly ;

Commune de Matéri ;

Commune de Tanguiéta.

4- Quatrième circonscription électorale

Nombre de sièges : 04

Commune de Kérou ;

Commune de Kouandé ;

Commune de Natitingou ;

Commune de Péhunco ;

Commune de Toucountouna.

5- Cinquième circonscription électorale

Nombre de sièges : 05

Commune d'Allada ;

Commune de Kpomassè ;

Commune de Ouidah ;

Commune de Toffo ;

Commune de Tori-Bossito.

6- Sixième circonscription électorale

Nombre de sièges : 04

Commune d'Abomey-Calavi ;

Commune de So-Ava ;

Commune de Zè.

7- Septième circonscription électorale

Nombre de sièges : 04

Commune de Nikki ;

Commune de Bembèrèkè ;

Commune de Sinendé ;

Commune de Kalalé.

8- Huitième circonscription électorale

Nombre de sièges : 04

Commune de Pèrèrè ;

Commune de Parakou ;

Commune de Tchaourou ;

Commune de N'Dali.

9- Neuvième circonscription électorale

Nombre de sièges : 03

Commune de Bantè ;

Commune de Dassa ;

Commune de Savalou.

10- Dixième circonscription électorale

Nombre de sièges : 03

Commune de Ouèssè ;

Commune de Glazoué ;

Commune de Savè.

11- Onzième circonscription électorale

Nombre de sièges : 03

Commune d'Aplahoué ;

Commune de Djakotomè ;

Commune de Klouékanmè.

12- Douzième circonscription électorale

Nombre de sièges : 03

Commune de Dogbo ;

Commune de Lalo ;

Commune de Toviklin.

13- Treizième circonscription électorale

Nombre de sièges : 02

Commune de Djougou.

14- Quatorzième circonscription électorale

Nombre de sièges : 02

Commune de Bassila ;

Commune de Copargo ;

Commune de Ouaké.

15- Quinzième circonscription électorale

Nombre de sièges : 04

Du 1er au 6ème arrondissement de Cotonou.

16- Seizième circonscription électorale

Nombre de sièges : 05

Du 7ème au 13ème arrondissement de Cotonou.

17- Dix-septième circonscription électorale

Nombre de sièges : 02

Commune d'Athiémé ;

Commune de Comè ;

Commune de Grand-Popo.

18- Dix-huitième circonscription électorale

Nombre de sièges : 03

Commune de Bopa ;

Commune de Lokossa ;

Commune de Houéyogbé.

19- Dix-neuvième circonscription électorale

Nombre de sièges : 05

Commune d'Adjarra ;

Commune des Aguégués ;

Commune de Porto-Novo ;

Commune de Sèmè-Kpodji.

20- Vingtième circonscription électorale

Nombre de sièges : 05

Commune d'Adjohoun ;

Commune d'Akpro-Misséré té ;

Commune d'Avrankou ;

Commune de Bonou ;

Commune de Dangbo.

21- Vingt-et-unième circonscription électorale

Nombre de sièges : 03

Commune d'Adja-Ouèrè ;

Commune d'Ifangni ;

Commune de Sakété.

22- Vingt-deuxième circonscription électorale

Nombre de sièges : 02

Commune de Kétou ;

Commune de Pobè.

23- Vingt-troisième circonscription électorale

Nombre de sièges : 04

Commune d'Abomey ;

Commune d'Agbangnizoun ;

Commune de Bohicon ;

Commune de Djidja.

24- Vingt-quatrième circonscription électorale

Nombre de sièges : 04

Commune de Covè ;

Commune de Ouinhi ;

Commune de Zagnanado ;

Commune de Za-Kpota ;

Commune de Zogbodomey ».

En quoi ceci est-il surprenant ? Le nombre de circonscriptions n'a pas varié ; il reste de 24. Mais, de manière beaucoup plus inattendue, le nombre de sièges par circonscription n'a pas non plus évolué entre la loi de 1995 et le nouveau code électoral. Cela semble sous-entendre que la population a augmenté de manière générale (nous avons évoqué le chiffre actuel, 11,18 millions). Mais cette augmentation a été parfaitement régulière sur l'ensemble du territoire en ne conduisant à aucune modification du nombre de sièges par circonscription ni même des éventuelles modifications concernant la taille des circonscriptions en cause. Il y a ici une forme de stabilité quelque peu gênante au regard de l'évolution normale du système démocratique. Dans quelle mesure ceci est-il significatif du fonctionnement béninois ?

On peut peut-être le rapprocher de la logique spécifique qui est apparue lorsque nous avons étudié la question de peuple. Le rapport ici à la circonscription est aussi un rapport à une commune ou à plusieurs. Le fait que le système actuel serve les desseins locaux concernant le fils du terroir en particulier ne peut pas être anodin. Il y a bien, dans la répartition des circonscriptions et l'intérieur des circonscriptions des sièges des communes, une forme de stabilité qui correspond aussi à une volonté de représentation des ethnies, au niveau local. Ceci contrevient certainement à l'idée d'une représentation nationale. Mais cela correspond parfaitement à la spécificité du vote et du mécanisme électoral béninois.

Conclusion du chapitre 1

L'examen de la mise en pratique du suffrage universel, en combinant les expériences françaises et américaines au fonctionnement béninois, permet d'éclairer les principales questions auxquelles sont confrontées les structures démocratiques. Ainsi, le choix des pouvoirs constitués fait apparaître un rapport faussé, potentiellement, à l'idée majoritaire.

En tant qu'entité juridique, peut-il intervenir dans un régime ? La réponse varie considérablement.

Comme nous venons de le voir, le peuple se matérialise en réalité dans un corps électoral, et en termes de résultats dans une majorité. L'élection du Président, aux États-Unis et en France, pose la question du rapport à cette majorité. Le même débat apparaît avec le système béninois.

En ce qui concerne l'organe législatif, la question est quelque peu différente. Son étude met en lumière une difficulté possible au regard du fonctionnement lui-même. L'exemple béninois fait apparaître là aussi une mise en perspective distincte avec des questionnements supplémentaires.

Mais a-t-on ainsi fait le tour de la question ? En analysant la technique du découpage électoral, nous avons pu constater que ce découpage impliquait aussi une relecture du corps électoral, par l'intermédiaire d'un prisme administratif et politique. De fait, ce n'est pas le peuple dans son ensemble qui s'exprime. C'est un ensemble de citoyens, organisés par circonscription électorale, ce qui a nécessairement des conséquences sur l'expression et ses modalités.

CHAPITRE 2

LE RECOURS AUX PARTIS POLITIQUES

Parce que le peuple s'exprime par l'intermédiaire d'élections, parce que les États sont de trop grandes tailles pour permettre une action directe de cette même population, un instrument précis a été conçu, au tournant du vingtième siècle, le parti politique.

En théorie, cet instrument doit servir à concentrer les suffrages pour faciliter l'élection et ainsi permettre une meilleure représentation de la population dans les structures élues. Pour bien en comprendre toutes les conséquences, il est nécessaire de distinguer la théorie et la mise en œuvre pratique.

De fait, en théorie, l'encadrement des partis politiques est une réalité, à la suite d'une évolution partisane importante dans les trois pays que nous étudions (section 1). Cependant, en pratique, c'est bien le rapport à l'opinion publique, avec les transformations successives au cœur même des partis politiques qu'il induit, qu'il faut étudier (section 2).

Section 1 – L'encadrement des partis politiques : une réalité théorique affirmée

Du point de vue théorique, il est nécessaire de revenir sur les évolutions qui ont conduit au fonctionnement partisan actuel dans les trois pays (§1). Mais il faut aussi et surtout s'intéresser à l'encadrement juridique du fonctionnement partisan pour en comprendre toutes les dimensions et voir en quoi le système partisan peut être ou non adapté au niveau démocratique (§2).

§ 1- L'évolution partisane

En examinant l'évolution historique des partis politiques, on constate l'importance des transformations successives et leurs relations avec des particularismes étatiques. À ce titre, on peut aisément faire apparaître des grandes lignes directrices dans l'histoire des États-Unis et de la France (A). Le système béninois, en raison de sa jeunesse, conduit à poser d'autres réflexions, y compris au regard du parti politique et de son rôle (B).

A/ Les partis politiques aux États-Unis et en France

Dans les deux systèmes, aux États-Unis (1) et en France (2), les partis politiques sont liés directement aux modes de scrutin. Ils ont toutefois connu, par leur histoire, des évolutions très différentes, en lien aussi avec les circonstances et les contextes.

1/ Les partis politiques aux États-Unis

Deux éléments sont essentiels pour comprendre le fonctionnement partisan américain : d'une part, on constate la présence de transformations successives (a), au fil de l'histoire[525] ; d'autre part, ces transformations obéissent pourtant à un principe toujours renouvelé, le bipartisme, qui est lié au mode de scrutin choisi (b).

a/ Les transformations successives

L'examen de l'histoire des États-Unis, au regard des évolutions partisanes, permet de comprendre que les équilibres en question sont directement liés aux circonstances et aux transformations de la fédération. On peut ainsi évoquer deux grandes périodes pour présenter cette histoire.

Dans un premier temps, entre 1787 et 1860, des partis politiques s'affrontent autour d'une question : les équilibres internes de la fédération, c'est-à-dire les compétences des niveaux fédéraux et étatiques. Le premier affrontement est évidemment très symbolique, puisqu'il s'agit du débat constituant. Au moment de la ratification de la Constitution fédérale, les fédéralistes, favorables à l'adoption de ce texte, s'opposent aux antis fédéralistes qui dénoncent la disparition ou tout au moins la limitation des pouvoirs des États. Cette distinction majeure entre le niveau fédéral et le niveau fédéré ou étatique se poursuit et devient même central dans les divisions partisanes. À partir de 1796, une nouvelle division apparaît avec, d'un côté, un parti fédéraliste favorable au niveau fédéral et, de l'autre, un parti républicain démocrate favorable au droit des États[526]. La victoire du

---

[525] Cf. L. S. Maisel, *American Political Parties and Elections: A Very Short Introduction*, Oxford University Press, 2016, p. 26 et suiv. ; M. Shefter, *Political Parties and the State: The American Historical Experience*, Princeton University Press, 1993, 316 p. ; J. Reichley, *The Life of the Parties: A History of American Political Parties,* Rowman & Littlefield, 2000, 402 p.

[526] Cf. J. F. Hoadley, *Origins of American Political Parties: 1789--1803*, University Press of Kentucky, 2015, 272 p.; M. Q. Dawson, *Partisanship and the Birth of*

second et la quasi-disparition du premier, après la guerre de 1812 conduit à une période durant laquelle un seul parti politique domine apparemment, on parle de l'ère des bons sentiments. En 1824, une rupture se produit au sein de ce parti entre, d'un côté, les partisans de Jackson, qui veut un pouvoir plus important et un lien avec le peuple, et, de l'autre, les adversaires de ce même Président. Deux partis politiques apparaissent : le parti démocrate républicain et le parti whig. Le nom de ce dernier parti a été choisi en relation directe avec l'histoire anglaise, puisque le parti du même nom avait été créé en Angleterre pour lutter contre l'autoritarisme du roi. Très rapidement, les deux partis retrouvent les logiques initiales[527]. On s'aperçoit que des courants favorables au droit des États et des courants plus favorables au niveau fédéral apparaissent. Le parti démocrate qui est favorable à l'esclavage utilise le niveau étatique pour protéger cette institution. C'est ce parti qui se distingue en tant que principal acteur en ce qui concerne les droits des États. Cet équilibre fragile se maintient jusqu'en 1860.

À la veille de la guerre civile, la question principale change : il ne s'agit plus de s'intéresser aux niveaux de la fédération mais bien à la problématique de l'esclavage. À ce titre, le parti démocrate voit apparaître en face de lui un nouveau parti, le parti républicain, qui insiste sur le niveau fédéral mais aussi et surtout sur la question de l'esclavage et de sa limite. La victoire du gouvernement fédéral lors de la guerre de sécession a une conséquence immédiate avec la concentration des compétences au niveau fédéral contre les États du Sud. À partir de 1877, le système fédéral se rétablit avec de nouveau un niveau étatique et un niveau fédéral[528]. Les deux principaux partis politiques, le parti démocrate et le parti républicain, se partagent le pouvoir, au niveau fédéral et au niveau étatique. Ils alternent au fur et à mesure en fonction des élections au niveau du Congrès comme au niveau du Président. Le système actuel repose toujours sur les deux partis de cette époque, le parti démocrate et le parti républicain, même

---

America's Second Party, 1796-1800: Stop the Wheels of Government, Greenwood Publishing Group, 2000, 245 p.

[527] Cf. M. F. Holt, *Political Parties and American Political Development from the Age of Jackson to the Age of Lincoln*, LSU Press, 1992, 365 p.

[528] Cf. A. Ware, *The Democratic Party Heads North, 1877–1962*, Cambridge University Press, 2006, 265 p.

si des évolutions majeures sont intervenues et ont conduit à des transformations profondes de leur discours politique.

Malgré les différences d'histoire, on constate un principe initial identique, le bipartisme.

b/ Les conséquences du mode de scrutin

En fait, il suffit d'évoquer le mode de scrutin pour comprendre le système partisan tel qu'il existe aujourd'hui aux États-Unis et tel qu'il a existé durant toute la période.

Le choix effectué est simple : les représentants doivent être choisis au mode de scrutin majoritaire uninominal à un seul tour. Mécaniquement, ceci conduit à la mise en place d'un seul affrontement au moment des élections, entre deux candidats. De manière automatique, cela conduit aussi à la mise en place de deux partis politiques qui vont soutenir les candidats en question.

Ce bipartisme[529] se généralise de manière systématique aux États-Unis au moment des élections. Même lorsque des petits partis politiques apparaissent, la tendance induit de les faire peu à peu intégrer un nouveau parti. L'exemple parfait est fourni par le parti républicain à la veille de la guerre civile. L'un des deux partis principaux dans l'échiquier politique à cette époque, le parti whig, ne parvient plus à agréger sur son seul programme l'ensemble des oppositions au parti démocrate. Il voit même apparaître de multiples petits partis politiques, entre autres le *Freedom Party*, le *Know-nothing party*[530]. Ces différents partis qui ont peu de points communs en apparence finissent par se liguer au sein du parti républicain. Les leaders de ces différentes structures se retrouvent aux côtés de Lincoln, lors des élections de l'automne 1860.

Il y a un effet systématique du scrutin majoritaire uninominal à un seul tour en faveur du bipartisme.

---

[529] C. C. Maxey, *Bipartisanship in the United States*, Caxton Printers, 1965, 398 p.
[530] Cf. M. F. Holt, *The Rise and Fall of the American Whig Party: Jacksonian Politics and the Onset of the Civil War,* Oxford University Press, 2003, p. 892.

2/ Les partis politiques en France

La situation française est très différente. Nous nous concentrerons sur la Ve République pour revoir apparaître des questionnements en matière partisane.

a/ Le mode de scrutin et ses conséquences partisanes

Le mode de scrutin choisi est un scrutin majoritaire uninominal. Mais, à la différence des États-Unis, il est à deux tours.

Ce système a une conséquence sur le fonctionnant partisan. De fait, il pose la question de la multiplication des partis politiques, dans un cadre orienté.

Au premier tour, les candidats peuvent se présenter de manière générale et essayer d'obtenir suffisamment de voix pour passer au second tour. Ceci conduit à un éclatement de la représentation politique. Pour emporter le second tour, en revanche, il est nécessaire de nouer des alliances et donc d'apparaître uni pour remporter la majorité. Autrement dit, le système français tel qu'il existe conduit à un éclatement initial de la représentation pour ensuite offrir une reconstruction par l'intermédiaire d'un dispositif d'alliance. Ceci a conduit de manière générale à faire apparaître deux blocs principaux, une droite et une gauche[531], avec une multitude de partis politiques. De manière habituelle, chaque bloc est dominé par un parti principal[532]. Jusqu'aux élections de 2017, la gauche était dominée par le parti socialiste, depuis le début des années 1970, tandis que la droite avait comme chef de file un parti gaulliste allié avec un parti centriste et ce depuis 1962.

b/ Les deux grands blocs du système partisan : la gauche et la droite ?

La question évidemment réside dans l'unité ou non de ces dispositions.

---

[531] La réference à ces deux blocs est plus ancienne ; M. Crapez, « De quand date le clivage gauche/droite en France ? », in *Revue française de science politique*, 1998, vol.48, n°1, p. 42-75. Mais le mode de scrutin institutionnalise cette division.

[532] Cf. F. Bon, J. Jaffré, « Les règles d'élection au scrutin majoritaire », in *Revue française de science politique,* 1978, vol. 28, n°1, p. 5-20 ; J. Jaffré, « La décision électorale au second tour : un scrutin très serré », in *Revue française de science politique*, 1997, vol.47, n°3-4, p. 426-437.

De fait, à gauche, durant la période précitée, entre 1970 et 2017, le parti socialiste avait à faire face à des petits partis politiques avec lesquels il devait s'allier pour pouvoir gouverner. On trouvait ainsi un parti communiste, très important dans la période précédente mais très fortement limité à partir des années soixante-dix. On trouvait aussi un parti écologiste influent et important à partir des années 2000. Un exemple parfait de cette alliance est apparu avec ce qu'on a dénommé la gauche plurielle entre 1997 et 2002[533]. Un autre parti politique, le parti radical de gauche, plus proche du micro parti en raison de sa faiblesse en matière d'adhésion, se ralliait aussi à cette alliance générale pour constituer une forme de majorité de gauche.

La question de l'extrême gauche a été posée avec la gestion du parti communiste mais aussi avec l'apparition d'un parti dénommé la France insoumise, sous le quinquennat de François Hollande, entre 2012 et 2017[534].

À droite, une autre question est apparue.

À l'alliance traditionnelle entre un parti gaulliste et un parti centriste, a succédé une multiplicité de petites structures, qui ont souligné là aussi un éclatement potentiel de la logique partisane. En fonction des périodes, en fonction des circonstances parfois, le parti gaulliste s'est retrouvé divisé, le parti centriste a connu des aléas plus ou moins importants avec la naissance de petits partis, on pense au MoDem, à côté de l'UDF[535], puis des tentatives de réunion. En 2002, pour essayer de limiter les conséquences de cet éclatement potentiel au moment des élections, Jacques Chirac a lancé l'unification du

533 Cf.D. Boy, *C'était la gauche plurielle*, Presses de Sciences po, 2003, 190 p.

534 Cf. J.-C. Zarka, *L'essentiel de l'histoire constitutionnelle et politique de la France (de 1789 à nos jours),* Gualino, 2017, 160 p. ; Y. Poirmeur, *Les partis politiques. Du XIXè au XXIè siècle en France*, Issy-les-Moulineaux, LGDJ, 2014, 192 p.

535 L'Union pour la démocratie française (UDF) est un parti politique français composé de différents partis de centre droit et de droite non gaullistes, d'inspiration démocrate-chrétienne, libérale et laïque. Fondée en 1978 en soutien au Président Valéry Giscard d'Estaing, l'UDF, alliée avec le RPR, revient ensuite au pouvoir de 1986 à 1988, puis de 1993 à 1997. Depuis le 30 novembre 2007, et la création du Mouvement démocrate dont elle est le principal membre fondateur, elle ne conserve qu'une existence légale (https://fr.wikipedia.org/wiki/Union_pour_la_d%C3%A9mocratie_fran%C3%A7ais e), consulté le 1er octobre 2019 à 13h46.

mouvement autour d'une seule structure, l'UMP[536]. Cette tentative a rapidement fait naître des difficultés majeures avec des Courants internes. Par la suite, de multiples structures sont aussi apparues au sein même de cette approche avec la renaissance d'un mouvement centriste supplémentaire.

De surcroît, la droite a rencontré une autre difficulté, l'apparition d'une extrême droite importante, incarnée par le Front National dans les années 1980. Cette extrême droite est venue prendre une partie des voix de la droite au moment des élections, posant la question là aussi de la logique de bloc et surtout venant tromper potentiellement les résultats électoraux en permettant à une gauche représentant en réalité un peu plus de 30 % d'emporter des scrutins face à une droite qui aurait été majoritaire avec l'apport des voix du Front National. Toute la difficulté réside ici dans la question des programmes politiques et des alliances éventuelles. Le scrutin majoritaire uninominal à deux tours peut conduire à faire apparaître des petites structures assez fortes pour nuire aux autres à partir du deuxième tour.

B/ Les partis politiques au Bénin

Le 26 juillet 2018, l'Assemblée nationale du Bénin a adopté une nouvelle charte[537] des partis politiques. Loin d'être une simple modification législative, dans un contexte général, le texte en question apporte un éclairage particulier sur l'évolution du système partisan au Bénin et sur la prise en compte d'un certain nombre de règles pour en limiter les conséquences en matière d'instabilité.

De manière générale, certains analystes n'hésitent pas à insister sur les spécificités africaines en matière partisane. D'un côté, la méfiance vis-à-vis des partis politiques, phénomène très répandu, n'est pas spécifique à l'Afrique. On n'y trouve une méfiance vis-à-vis du multipartisme, qui serait synonyme de division (Omar Bongo avait insisté sur cette question), qui est très similaire aux inquiétudes

---

[536] Cf. F. Haegel, *Les droites en fusion : Transformations de l'UMP*, Presses de Sciences Po, 2012, 344 p. ; En résumé l'UMP ('Union pour un mouvement populaire), Parti politique français, situé à droite sur l'échiquier politique, est une organisation politique qui défend une certaine idée du gaullisme. Elle a été fondée en 2002 sous le nom d'Union pour la majorité présidentielle par Jacques Chirac et est l'héritière du Rassemblement pour la République (RPR).

[537] Cf. La loi n°2018-23 portant Charte des partis politiques en République du Bénin adoptée, le 26 juillet 2018 par les députés à l'Assemblée nationale.

américaines au moment de la procédure constituante. On n'y trouve également une méfiance inhérente à l'idée même de partis politiques en démocratie, héritage assez classique des débats occidentaux sur le rôle réel des partis politiques. On pense à Roberto Michels[538] et sa loi d'airain de l'oligarchie ou encore à Moisei Ostrogorski[539] et son analyse des partis politiques. Toutefois, une particularité apparaît concernant l'Afrique, en raison d'un rapport très fort au colonialisme. À l'issue de la période coloniale, la transition démocratique initiale a pris l'aspect d'une forme de mimétisme, y compris en matière partisane. Le multipartisme hérité de la période coloniale a très vite éclaté pour conduire à un régime autoritaire, d'autant plus attendu que le multipartisme en question était synonyme d'instabilité, de corruption, de difficultés de fonctionnement[540].

Le Bénin obéit-il à cette logique ? Par certains aspects, c'est évident. On retrouve la question du multipartisme, à l'origine, dans les années 1960. On retrouve aussi l'évolution vers le régime autoritaire, et le monopartisme marxiste. Avec l'adoption de la Constitution de 1990, la question de l'évolution partisane réapparaît directement en lien avec le fonctionnement démocratique. En examinant la vie des partis politiques au Bénin, depuis 1990, on est amené à constater un

---

538 Roberto Michels est l'auteur de l'ouvrage, *Les partis politiques - Essais sur les tendances oligarchiques des démocraties,* paru à la veille de la première guerre mondiale. Pour Robert Michels, les partis politiques, nés de l'instauration de la démocratie, conçus comme des instruments privilégiés de son développement, deviennent inéluctablement, même les plus démocratiques d'entre eux, des organisations oligarchiques.

539 Moisei Ostrogorski, auteur de l'ouvrage, *La Démocratie et les partis politiques,* est le premier observateur, et le plus sensible, du rôle des partis politiques dans l'organisation de la démocratie. Il cherche à comprendre comment cet instrument politique nouveau s'est irrésistiblement imposé à mesure que s'élargissait le régime représentatif. Et il offre cette originalité de s'intéresser moins à leurs doctrines qu'à leurs méthodes, moins aux institutions qu'aux acteurs. Il a choisi comme observatoire les partis en Angleterre et aux Etats-Unis, premier berceau de leur histoire. Il en étudie la genèse et l'extension. Il analyse surtout, avec une étonnante pénétration, leur ascendant sur la vie de la cité et les effets pervers liés à leur développement : manipulation de la volonté populaire, recours à la corruption, dépossession des citoyens de leurs responsabilités, appauvrissement du débat public. Il met ainsi en lumière le caractère problématique des partis modernes, organes indispensables et contestés, inséparables de la démocratie et préjudiciables à son épanouissement

540 Cf. M. Gazibo, « Pour une réhabilitation de l'analyse des partis en Afrique », in *Politique africaine*, 2006, vol.4, n°104, p. 5-17.

phénomène général, une tentative pour réduire le nombre de partis politiques, à l'initiative de la structure elle-même, tentative d'autant plus importante (2) qu'elle doit aussi mettre fin à un paradoxe gênant pour le système politique lui-même, un écart entre l'offre partisane et la représentation réelle (1).

1/ Un paradoxe, l'écart entre offre et représentation

Alors qu'au début des années 2000 le Bénin ne compte pas moins d'une centaine de partis politiques (a), l'Assemblée nationale est divisée entre six à dix groupes politiques (b)… cet égard pose de véritables problèmes au regard de la représentation et de ses conséquences.

a/ Une offre pléthorique, l'exemple de 2007

En janvier 2008, l'Agence d'Administration de la Zone Franche Industrielle (Chambre de Commerce et d'Industrie du Bénin) a établi une liste des partis politiques, à partir de documents du ministère de l'intérieur béninois. Au total, à cette date, le Bénin compte 106 partis politiques.

La liste est en elle-même déjà révélatrice.

La «Renaissance du Bénin » RB, Rassemblement pour la Démocratie et le Panafricanisme RDP, Union pour la Démocratie et la Solidarité Nationale UDS, Parti du Renouveau Démocratique PRD, Parti du Réveil des Démocrates pour la Nouvelle Génération PRD-Nouvelle Génération, Union pour la Paix et la Démocratie UPD, Mouvement pour le Développement par la Culture MDC, Parti Socialiste du Bénin PSB-Baantiee, Rassemblement pour le Progrès et le Renouveau RPR, Union pour la solidarité et le Développement UNSD, Mouvement pour une Alternative du Peuple MAP, Union Patriotique UP, Front d'Action pour le Renouveau, la Démocratie et le Développement FARD-ALAFIA, Congrès du Peuple pour le Progrès CPP, Front d'Action Panafricain pour le Développement Economique Social FADES, Rassemblement National pour la Démocratie RND, Union pour la Patrie et le Travail Upt, Rassemblement pour l'Unité Nationale et la Démocratie RUND, Parti Social-Démocrate PSD, Mouvement Africain pour la Démocratie et le Progrès MADEP, Union pour le Progrès et la Démocratie UPD- GAMESU, Congrès Africain pour le Progrès CAP- SURU, Mouvement pour le Social-

Démocrate MSD, Force Espoir EP, Union Pour la Relève UPR, Union Pour le Bénin du Futur UBF, Mouvement pour la Patrie et la Démocratie au Bénin MPDB, Union Démocratique pour le Développement Economique et Social UDES, Union des Forces d'Eveil pour la Relève UFER, Union-Forces Pour la République U-FOR, Mouvement pour l'Entente au Bénin MEB, Impulsion pour le Progrès et la Démocratie IPD, Mouvement pour la Démocratie et la Solidarité MDS, Echelle pour la Démocratie et le Développement EDD, Alliance pour la Démocratie et le progrès ADP, Union des Forces Démocratiques UFD, Union pour le Travail et la Démocratie UPD, Parti National ''Ensemble'', Congrès Africain pour le Renouveau ''DUNYA'' CAR- DUNYA, Parti Libéral Réformateur PLR, Rassemblement des Démocrates pour la Liberté et la Reconstruction Nationale RDL- VIVOTEN, Parti pour la Démocratie, la Concorde et la Solidarité PDCS-Barka, Union Nationale pour la Démocratie et le Progrès UNDP, Parti pour la Rénovation Sociale PRS, Parti Républicain PR, Mouvement pour l'Alternative Républicaine MAR, Parti Démocratique du Bénin PDB, Parti Ecologiste du Bénin ECOLO/ LES VERTS, Union Nationale pour la Solidarité et le Progrès UNSP, Union Démocratique des Forces du Progrès UDFP, Parti du Progrès et de la Démocratie PPD, Union des Forces Citoyennes UFP, Mouvement pour le Développement et la Liberté MODEL, Alternative Forces Citoyennes AFC, Rassemblement Démocratique pour le Développement RDD-NASSARA, Nouvel Elan pour le Progrès NEP, Parti Démocratique pour l'Unité Nationale PDUN, Union des Forces Démocratiques-Gbédokpo UFD-Gbédokpo, Parti pour l'Essor de la Jeunesse PEJ, Eveil du Peuple pour la Démocratie EPD, Mouvement d'Actions pour le Renouveau dans la Concorde, l'Honneur et l'Equité MARCHE, Union pour une Vie Nouvelle UVN, Parti des Démocrates Patriotes PDP, Parti de la Convergence PC, Réveil Patriotique RP, Forum National d'Eveil Civil et Civique FONEC, Parti du Rassemblement des Citoyens pour la Vérité RCV, Parti Social-Démocrate le Bélier PSD- BELI, Notre Cause Commune NCC, Impulsion pour une Nouvelle Vision de la République INVR-kokari, Union pour le Triomphe de la République UTR, Mouvement du Bénin-Lutte contre la pauvreté MB-LCP, Parti de la Révolution Populaire du Bénin PRPB, Nouvelle Vision pour le Changement Assouca NVC-Assou, Union pour la Nation UPN, Force Cauris pour le Changement modifie et devenu Force Coalisées pour le Changement FCC, Union pour la Démocratie et le Progrès Social UDPS, Convention des Démocrates Africains- Fifa CDA-Fifa, Notre Patrie Commune (Les Abeilles) NCP-Les Abeil-les, Union pour un Bénin Solidaire UBS, Front Républicain pour une Alternative Patriotique FRAP, Restaurer l'Espoir RE, Convergence des Forces Vives Irédé CFV Irédé, Génération-Action Progrès GAP, Rassemblement des Béninois pour une Nouvelle Vision RBNV, Mouvement Démocratique pour un Changement au Bénin MBCB, Alliance Nationale pour le Changement ANC, Union des Forces Engagées pour le Développement UFED, Union des Forces Patriotiques du Changement UFPC, Union des Forces de Changement Prospérité UFC-Prospé-rité, Parti des Forces du Progrès PFP, Union Fraternelle et Patriotique pour la République UFPR, Parti pour la Démocratie et le Progrès Social PDPS, Mouvement pour la Démocratie et le Développement dans le Changement MDDC, Front d'Eveil pour le Développement FED, Campagne pour la Moralité et la Démocratie CMD, Parti « ALAFIA », Ensemble c'est Plus Sûr EPS, Front Uni pour une Alternative Démocratique FUPAD, Union pour la Cause Républicaine UCR, Vision et Espoir pour un Bénin Emergent VEBE, Alliance pour la Sociale Démocratie ASD, Mouvement Pour l'Union et le Progrès MPMP, Parti Communiste du Bénin PCB, Union Pour le Changement UPC, Mouvement pour le Développement et l'Enracinement du Changement MODEC.

On constate le caractère souvent factice des dénominations. De nombreux partis se réclament de la République, ou de la démocratie. Certains évoquent le Progrès ou le développement. D'autres insistent sur une évolution dans le temps ou sur une question précise, moralité, jeunesse, honneur.

Le danger principal d'un tel éclatement réside dans l'absence de relations entre les motivations politiques et le fonctionnement partisan. On peut difficilement penser que de véritables cassures politiques et idéologiques existent entre autant de formation.

Mais un autre danger existe : l'écart avec la représentation nationale.

b/ Une représentation limitée

Comme nous l'avons vu, le recours à la représentation proportionnelle poursuivait deux buts distincts. D'un côté, éviter une concentration du pouvoir entre les mains d'un ou 2 partis politiques, en lien avec le passé autoritaire. De l'autre, s'efforcer de donner une véritable représentation aux différents courants présents dans le pays. Or, en examinant la situation en 2007, on constate que l'écart est évident.

Le même document de l'agence béninoise répertorie ainsi le nombre de partis présents à l'Assemblée (nous avons repris le nom du parti, son sigle, et le nombre de députés à l'Assemblée) :

AFP : ALLIANCE DES FORCES DU PROGRES

01

PDPS : PARTI POUR LA DEMOCRATIE ET LE PROGRES SOCIAL

01

UPR : UNION POUR LA RELEVE

03

UNDP : UNION NATIONALE POUR LA DEMOCRATIE ET LE PROGRES

02

RE : RESTAURER L'ESPOIR

01

AR : ALLIANCE DU REVEIL

02

F.C. : FORCE CLE

04

A.D.D. : ALLIANCE POUR UNE DYNAMIQUE DEMOCRATIQUE

20

C.B.E. : COALITION POUR UNE BENIN EMERGEANT

02

P.R.D. : PARTI DU RENOUVEAU DEMOCRATIQUE

10

F.C.B.E. : FORCE CAURIS POUR UN BENIN EMERGEANT

35

F.E. : FORCE ESPOIR

02

Au total donc douze partis politiques se partagent les quatre-vingt-trois sièges de l'Assemblée nationale béninoise. Ceci implique deux remarques totalement distinctes. D'une part, on peut s'inquiéter du décalage évident entre l'offre partisane (106) et la représentation censée être proportionnelle (douze). Cependant, d'autre part, ce dernier chiffre est tout aussi inquiétant. Une assemblée représentative comptant pas moins de douze partis politiques, avec un éclatement en termes de nombre de députés, souligne là aussi une difficulté. Si on excepte le FCBE (35), l'ADD (20) et le PRD (10), les partis ont aussi entre un et quatre députés.

Si on examine les autres élections législatives, on constate le même phénomène. L'assemblée compte entre deux et quatre partis politiques principaux, le reste de la représentation étant éclaté dans de petites structures, qui ne reflètent d'ailleurs pas la très grande diversité nationale.

2/ Vers un rapprochement ?

Cette situation a été parfaitement comprise par les représentants politiques béninois. La première réaction a été de tenter de fusionner les partis ou de créer des alliances (b). De fait, les Béninois voulaient revenir à la logique initiale comprise dans les textes encadrant les partis politiques depuis 1990 (a).

a/ Le rôle d'un parti politique au Bénin

« *Art. 5. - Les Partis politiques concourent à l'expression du suffrage. Ils se forment et exercent librement leurs activités dans les conditions déterminées par la Charte des partis politiques. Ils doivent respecter les principes de la souveraineté nationale, de la démocratie, de l'intégrité territoriale et la laïcité de l'État* ».

La Constitution béninoise de 1990 intègre donc clairement les partis politiques dans la structure institutionnelle et constitutionnelle en insistant sur l'existence d'une charte et sur les principes de gouvernement qu'ils doivent respecter. Depuis cette date, l'Assemblée législative a adopté trois chartes des partis politiques qui reprennent systématiquement les mêmes principes. Il s'agit d'abord de poser les grands principes que doivent respecter les partis politiques, et, ensuite, d'insister sur tout ce qu'ils doivent exclure de leurs programmes.

Il suffit pour le comprendre de reprendre la loi de 1990[541]. Dans ses articles 2 et 3, la loi précise très clairement le rôle des partis politiques et leurs programmes. L'article 2 dispose ainsi que « *Les Partis ont pour objet dans le cadre de la Constitution et des lois, de regrouper les Citoyens béninois autour d'un projet de société et d'un programme politique dans un but non lucratif, afin de couvrir à l'expression du suffrage universel et de participer à la vie politique par des moyens démocratiques et pacifiques* ». L'article 3 ajoute : « *Tous les Partis politiques doivent, par leurs objectifs, leur programme et leurs pratiques contribuer.*

- à la défense de la démocratie et de la Souveraineté nationale ;

- à la consolidation de l'indépendance nationale ;

- à la sauvegarde de l'unité nationale et de l'intégrité territoriale sans exclure toute entreprise d'intégration régionale et sous régionale qui ne porteraient pas atteinte aux intérêts nationaux ;

- à la protection de la forme républicaine et du caractère laïc de l'État ;

[541]Cf. Loi 90-023 du 13 août 1990, portant charte des partis politiques (http://legibenin.net/pdfs/LOI%20dmd%20par%20M.DEDJI041117/1990/L.%2019 90-23.pdf), consulté le 10-04-2019 à 17h02.

- à la protection des libertés fondamentales et des droits de la personne humaine ».

À ce titre, les partis politiques appartiennent bien à une structure générale favorable au débat démocratique et doivent y concourir par la défense d'un certain nombre de programmes et d'idées.

De surcroît, la charte va un peu plus loin en interdisant certaines politiques aux parties en question. C'est le but de l'article 4 : « *Les Partis politiques doivent, dans leur programme et dans leurs activités, proscrire l'intolérance, le régionalisme, l'ethnocentrisme, le fanatisme, le racisme, la xénophobie, l'incitation à la violence sous toute ses formes. Aucune Parti Politique ne peut fonder sa création et son action sur une base et ou des objectifs comportant :*

- le sectarisme et le népotisme ;

- l'appartenance exclusive à une confession, à un groupe linguistique ou à une région ;

- l'appartenance à un même sexe, à un même sexe, à une même ethnie ou à un statut professionnel déterminé ». Les chartes successives, en 2003 et en 2018, ont repris mot pour mot ces différents aspects.

Comment dans ce cas concilier cette logique – un parti politique doit intervenir dans le débat pour défendre des idées et un programme – et le nombre excessif de factions qui divisent le système politique béninois ?

b/ Les tentatives de fusion

Il y a bien ici un défi à relever. Les représentants et les acteurs de la vie politique du Bénin ont très vite compris le danger d'un multipartisme excessif. À ce titre, la question d'une union de partis ou d'une réunion a fréquemment surgi dans le débat politique. Nous en prenons deux exemples.

Le premier est déjà symbolique : Constituée à la veille des élections législatives de 2007, un an après l'accession à la magistrature suprême du Président Boni Yayi, les FCBE (forces Cauris pour un Bénin Emergent) sont le résultat d'une alliance d'une centaine de petites structures, partis politiques, associations, etc. Le but était de soutenir le Président en place en remportant les élections législatives et en mettant fin ainsi aux difficultés liées au multipartisme. Ce phénomène a très bien fonctionné puisqu'il s'agit d'abord et avant tout de se construire sur la base d'une alliance entre structures, dans un but précis. On peut toutefois s'étonner de deux éléments : d'une part, il ne s'agit que d'une alliance et non d'un parti politique ; d'autre part, le principal but est le soutien à un Président en place… l'actualité à redonner tout son sens à ce double questionnement. En effet, l'alliance est devenue officiellement un parti politique en février 2018, pour, apparemment, stabiliser son fonctionnement et faciliter son identification[542].

Le second exemple est beaucoup plus récent. En juillet 2018, 11 partis politiques béninois ont décidé de s'allier au sein du bloc progressiste derrière le Président en place, Patrice Talon. On parle là d'un grand parti politique qui se trouve constitué à partir d'un certain nombre de structures préexistantes. Le forum politique qui a lieu le 22 juillet 2018 à Cotonou a ainsi lancé la création d'un parti politique à partir de onze structures, partis ou alliance politique, préexistantes. Ces onze structures sont Alliance des forces démocratiques unies (Alliances FDU),Union fait la Nation (UN), la Renaissance du Bénin (RB), L'Union pour le Bénin (UB), L'Alliance Nationale pour la démocratie et le développement (ANDD), le Congrès du peuple pour le progrès (CPP), La Nouvelle vision pour la fraternité et le développement (Nvfd), le Parti pour la démocratie et le progrès social (PDPS), le Congrès pour le développement , l'Union pour la solidarité et le progrès (USP-Alléluia), le (CDS-Finagnon) et le parti Alternative citoyenne (AC)[543].

On comprend l'inquiétude et la logique choisie. De fait, la question d'un multipartisme est déjà problématique en elle-même lorsqu'elle conduit à un éclatement du pays. Elle devient encore plus dangereuse lorsqu'un écart existe entre les partis politiques créés et leur représentation. Cependant, les modalités de changement de cette situation restaient jusque-là liées au bon vouloir des partis politiques eux-mêmes et, potentiellement, aux alliances entre personnes, dans le cadre de logique partisane plus générale. Nous allons voir que

---

[542] Cf. http://www.rfi.fr/afrique/20180211-benin-fcbe-deviennent-parti-politique, consulté le 10-04-2019 à 20h15.

[543] Cf. https://lanouvelletribune.info/2018/07/creation-dun-grand-parti-politique-au-benin-le-bloc-progressiste-se-prepare/, consulté le 10-04-2019 à 20h22.

l'encadrement juridique global a aussi des conséquences sur l'évolution partisane, particulièrement au Bénin.

§ 2- L'encadrement

L'utilisation d'un tel instrument par les régimes démocratiques ne peut être sans conséquence au regard de la législation applicable. Le recours à une structure associative implique de se poser la question du fonctionnement de cette structure, de sa reconnaissance au niveau juridique et, potentiellement, de la question financière qui ne peut que surgir en raison de l'importance grandissante des dépenses afférentes à la vie politique. C'est pour résoudre toutes ces questions que des législations spécifiques ont vu le jour dans certaines démocraties. L'étude des exemples américains et français permet de mettre en lumière les principales questions et la diversité de réponse. L'application au cas béninois fait apparaître ici un questionnement relativement récent qui, tout en reprenant les mêmes interrogations, ouvre un certain nombre de portes.

A/ L'encadrement juridique aux États-Unis et en France

On peut parler d'encadrement juridique dans les deux cas, même si le système français est beaucoup plus développé et beaucoup plus précis. De fait, le rapport du système politique américain à l'argent soulève de véritables interrogations en raison d'une certaine indifférence du droit.

1/ L'encadrement juridique aux États-Unis

On fait une distinction entre la reconnaissance administrative de l'organe politique, c'est-à-dire la définition juridique du parti, et l'encadrement potentiel des questions financières qui peuvent surgir avec le fonctionnement normal, au moment des élections.

a/ L'encadrement administratif

Si on s'intéresse à la perspective administrative générale, on constate que le système américain repose initialement sur une interdiction, qui semble assez inattendue.

La Constitution fédérale de 1787 ne mentionne absolument pas les partis politiques. Il y a pour cela une excellente raison puisque les pères fondateurs considèrent que l'existence même de partis politiques est dangereuse pour les institutions et pour la vie politique de manière générale. Dans *Le Fédéraliste*, de grands responsables politiques de cette époque, Alexander Hamilton et James Madison, s'inquiètent des conséquences des factions politiques sur les institutions et sur le régime[544]. George Washington, premier Président américain, souhaitait une absence des partis politiques, ce qui avait conduit à constituer un cabinet composé de personnalités totalement opposées en ce qui concerne leur programme politique[545]. Son but était de parvenir systématiquement à un compromis.

Ce point de départ explique sans doute les difficultés inhérentes à l'encadrement administratif des partis politiques aux États-Unis. Le bipartisme bien connu qui fait apparaître un parti républicain et un parti démocrate cache une réalité juridique assez étonnante puisque ces deux partis ne disposent pas d'une organisation formelle au niveau fédéral.

L'affiliation à un parti politique existe bel et bien. Elle est même indispensable en raison de l'organisation des primaires, à l'intérieur de chaque parti, pour les différentes élections. Pourtant, cette affiliation n'entraîne ni droit ni obligation envers le parti, excepté le vote au moment des élections primaires[546]. L'identification partisane d'un candidat apparaît lorsqu'une personne se porte candidate pour un poste, au nom d'un parti. Elle est reconnue par une structure interne, un comité partisan.

Le résultat est évidemment déroutant. L'absence d'organisation centrale limite aussi au passage le programme politique général. Des consensus existent dans les deux grands partis mais la ligne idéologique est parfois relativement fragile.

Au niveau fédéral, les deux grands partis disposent d'un comité national qui permet de récupérer des fonds, d'animer les campagnes, en particulier au moment des grandes élections, présidentielles et

---

[544] Cf. A. Hamilton, J. Jay, J. Madison, *Le Fédéralisme,…*, op. cit., p. 131 et suiv. (voir Lettre X).

[545] Cf. E. G. Lengel, *A Companion to George Washington*, John Wiley & Sons, 2012, 640 p.; voir le chapitre 28.

[546] Cf. W. L. Benoit, *Political Election Debates: Informing Voters about Policy and Character*, Lexington Books, 2013, p. 69.

législatives[547]. Ces comités sont en grande partie composés de représentants des partis étatiques et des organisations affiliées. Mais la particularité est que le comité national n'a aucun pouvoir sur les activités des membres du parti. Il existe même des comités spécifiques, indépendants, pour certaines élections. C'est ainsi le cas des comités liés au Congrès puisqu'il existe un comité républicain et un comité démocrate pour chaque chambre[548]. Au niveau fédéré cette fois, des partis existent, reprenant apparemment la logique fédérale. Pourtant, leur structure diffère en fonction des lois étatiques.

Juridiquement, le parti politique américain est une association. La question évidemment la plus importante réside dans son encadrement potentiel au niveau financier.

b/ L'encadrement financier

Nous retrouvons la singularité fédérale dans cette thématique. On évoque ainsi l'importance des deux niveaux pour expliquer les campagnes électorales et leur financement. On pourrait même d'ailleurs préciser qu'en réalité on trouve trois niveaux dans le système américain. Au niveau fédéral, un premier système de financement existe pour les grandes campagnes, celles des organes du gouvernement fédéral. Au niveau fédéré, il y a un autre système de financement pour permettre l'élection des autorités dans chaque État. Mais il existe aussi un niveau local, là aussi à l'intérieur de chaque État, pour la désignation des acteurs politiques locaux, les responsables des communes et des comtés, mais aussi les shérifs ou les juges.

La loi fédérale n'autorise pas les structures syndicales à financer les candidats ou les comités des partis. Les dons des individus et des organisations autres sont en principe limités par la loi. On trouve des plafonds en fonction des types de donateurs, individus, partis politiques, comités partisans, et du type d'élection. Les plafonds varient en fonction du type d'élection et parfois de la législation des États.

---

547 Cf. B. C. Hennessy, *Politics without Power: The National Party Committees*, Routledge, 2017, 256 p.
548 Cf. M. R. Hershey, *Guide to U.S. Political Parties*, CQ Press, 2014, p. 200.

L'un des principaux acteurs de cette politique est le *Political Action Committee*[549]. Les deux principales lois sont *the Federal Election Campaign Act* de 1971[550] et *The Bipartisan Campaign Reform Act* de 2002[551]. Le but est de poser la question du fonctionnement des comités et de leur capacité à recueillir de l'argent. Les lois fédérales se sont efforcées de limiter en encadrant les possibilités financières en la matière. Il s'agissait de veiller à ce que le système de comité d'action politique ne réussisse pas à contourner la législation pour faciliter un financement. La principale difficulté réside dans la mise en place de comités d'action politique détachés du système partisan. Considérés comme indépendant financièrement, disposant de leur propre système de contribution et de leurs propres dépenses de fonctionnement et d'organisation, ces comités sont protégés par la Cour suprême, qui, dans un arrêt de janvier 2010, *Citizens United v. Federal Election Commission*[552], a confirmé que le gouvernement ne pouvait pas interdire des structures associatives qui avaient pour but le financement indépendant, dans une finalité politique, d'un certain nombre d'actions. Nous sommes ici au cœur de la contradiction puisque, d'un côté, la loi fédérale encadre apparemment strictement les dons aux partis politiques et le soutien au financement des campagnes, tandis que, de l'autre, la juridiction fédérale autorise l'existence de structures détachées des partis politiques qui peuvent utiliser de l'argent pour contribuer dans le cadre des campagnes à défendre des messages politiques, en apparence indépendamment des candidats. Toute la question réside dans le lien potentiel entre les comités indépendants et les candidats.

2/ L'encadrement juridique en France

L'étude de la réglementation française concernant les partis politiques fait apparaître un lien évident entre les réformes mises en place et des délits commis au nom justement de l'action politique. Les scandales qui interviennent au milieu des années quatre-vingts du vingtième siècle conduisent à une remise en cause du silence jusque-là maintenu

---

[549] Cf. L. Sabato, *PAC Power: Inside the World of Political Action Committees*, Norton, 1984, 251 p.

[550] Cf. The Federal Election Campaign Act of 1971 (FECA, Pub.L. 92–225, 86 Stat. 3, enacted February 7, 1972, 52 U.S.C. § 30101 et seq.), amendé en 1974.

[551] Cf. BCRA, McCain–Feingold Act, Pub.L. 107–155, 116 Stat. 81, enacted March 27, 2002, H.R. 2356.

[552] Cf. Citizens United v. Federal Election Commission, 558 U.S. 310 (2010).

sur le fonctionnement partisan[553]. Cette remise en cause va avoir de conséquences en matière d'encadrement juridique : une réglementation générale avec une reconnaissance du parti politique en tant que structure juridique, d'une part, et un encadrement plus spécifique portant sur les éléments financiers, d'autre part.

a/ L'encadrement administratif

Une première remarque est indispensable : cet encadrement administratif, spécialement dédié aux partis politiques, apparaît comme une politique récente. Il a fallu pour cela une histoire relativement longue et surtout une succession de difficultés au niveau interne.

À l'origine, au début du vingtième siècle, les partis politiques français s'inscrivent dans un paysage juridique général, celui de la loi du 1er juillet 1901 sur l'association. À ce titre, ils sont d'abord et avant tout des structures associatives comme les autres, avec un but sans doute singulier, la participation aux élections. On aurait pu penser que l'intégration des partis politiques dans la sphère constitutionnelle, avec le texte de 1958, allait conduire à une interrogation plus générale sur leur statut juridique. Pourtant, il n'en est rien. La Constitution du 4 octobre reconnaît bien les partis politiques, dans son article 4, mais le législateur français n'en tire aucune conséquence. Il s'agit d'un instrument, assurément indispensable, mais qui peut conserver le statut associatif qu'il avait à l'origine.

Avec les années 1980, la situation change totalement, en raison de nombreux scandales. C'est d'ailleurs une sorte de principe en France. Chaque nouvelle loi est le résultat d'un nouveau scandale et de sa prise en compte par le législateur. On peut ainsi dénombrer les différentes législations qui, successivement, améliorent et approfondissent l'encadrement juridique des partis politiques français.

---

553 Cf. A. François, É. Phélippeau, *Le financement de la vie politique : Réglementations, pratiques et effets politiques*, Paris, Armand Colin, 2015, 228 p.; Y.-M. Doublet, *Le Financement de la vie politique, Que sais-je ?, Paris,* PUF, 128 p.; C. Demesmay, *L'avenir des partis politiques en France et en Allemagne*, Presses Universitaires du Septentrion, 2017, p. 25.

Le premier texte est la loi du 11 mars 1988 relative à la transparence financière de la vie politique[554]. Suivent les lois du 15 janvier 1990, relatives à la limitation des dépenses électorales et à la clarification du financement des activités politiques[555], du 29 janvier 1993 relative à la prévention de la corruption et à la transparence de la vie économique et des procédures publiques[556], du 19 janvier 1995 relative au financement de la vie politique[557], du 11 octobre 2013 relative à la transparence de la vie publique[558] et enfin du 15 septembre 2017 pour la confiance dans la vie politique[559]. La nature des textes est parfois différente. En 2013 et en 2017, ce sont des lois organiques et ordinaires, accolées, qui permettent d'établir un système général. L'intervention des juridictions, en particulier le conseil d'État, tire les conséquences de ces textes pour faire du parti politique une association quelque peu différente des autres. Le 30 octobre 1996, la haute juridiction administrative donne sa définition du parti politique : « *une personne morale de droit privé qui s'est assigné un but politique ne peut être regardée comme un "parti ou groupement politique" au sens de l'article L. 52-8 du code électoral que si elle relève des articles 8, 9 et 9-1 de la loi du 11 mars 1988 susvisée relative à la transparence financière de la vie politique, ou s'est soumise aux règles fixées par les articles 11 à 11-7 de la même loi* »[560]. Tout l'intérêt de cette définition réside évidemment dans le maintien de la logique initiale, la personne morale de droit privé, et le fait de

---

[554] Cf. Loi n° 88-227 du 11 mars 1988 relative à la transparence financière de la vie politique, in *JORF* du 12 mars 1988 page 3290.

[555] Cf. LOI n° 90-55 du 15 janvier 1990 relative à la limitation des dépenses électorales et à la clarification du financement des activités politiques(1), in *JORF* n°13 du 16 janvier 1990 page 639.

[556] Cf. LOI n° 93-122 du 29 janvier 1993 relative à la prévention de la corruption et à la transparence de la vie économique et des procédures publiques (l), in *JORF* n°25 du 30 janvier 1993 page 1588.

[557] Cf. LOI no 95-65 du 19 janvier 1995 relative au financement de la vie politique (1), in *JORF* n°18 du 21 janvier 1995 page 1105.

[558] Cf. LOI organique n° 2013-906 du 11 octobre 2013 relative à la transparence de la vie publique, in JORF n°0238 du 12 octobre 2013 page 16824 texte n° 1; LOI n° 2013-907 du 11 octobre 2013 relative à la transparence de la vie publique, in *JORF* n°0238 du 12 octobre 2013 page 16829 texte n° 2.

[559] Cf. LOI organique n° 2017-1338 du 15 septembre 2017 pour la confiance dans la vie politique (1), in *JORF* n°0217 du 16 septembre 2017, texte n° 1 ; LOI n° 2017-1339 du 15 septembre 2017 pour la confiance dans la vie politique (1), in *JORF* n°0217 du 16 septembre 2017, texte n° 2.

[560] CE, 30 octobre 1996, n° 177927

compléter cette logique par le rapport à la loi de 1988 sur la transparence financière.

Car tel est bien le cœur du problème. La difficulté principale ne réside pas dans la nature juridique de l'instrument. Elle est le résultat direct d'un problème lié au financement et à ses conséquences.

b/ L'encadrement financier

La question principale concernant les partis politiques au niveau juridique est financière. De fait, les grandes décisions en matière législative sont prises après des affaires qui concernent le financement des partis politiques, de manière frauduleuse. C'est donc au niveau du financement que les principales règles sont posées.

Il suffit de regarder le contexte politique et judiciaire pour comprendre l'importance des affaires politiques ou financières sur la législation en matière de partis politiques en France[561]. La première affaire, en 1986 concerne un ministre de François Mitterrand, Christian Nucci, qui est poursuivi pour détournement de fonds, faux en écritures publiques et privées, dans le cadre du financement des campagnes électorales. La deuxième affaire, en 1988, concerne une société française qui a livré des armes à l'Iran, avec la complicité du ministère de la défense. Le but était de financer le parti socialiste. C'est l'une des origines du premier texte sur la transparence, en 1988. Entre 1987 et 1989, une nouvelle affaire éclate, il s'agit cette fois d'attribution de marchés publics, qui permettent, par un système frauduleux, de financer le parti socialiste. Il s'agit de l'affaire Urba. La loi du 29 janvier 1993 répond en partie à cette affaire. Ce type de pratiques concerne évidemment l'ensemble des partis politiques. En 1993 et en 1994, d'autres affaires touchent la droite, le RPR et l'UDF. En 1993, il s'agit de l'affaire de la Lyonnaise des Eaux. En 1994, une société de peinture de la région parisienne, la société d'application et de revêtement, est impliquée dans des marchés frauduleux avec les offices HLM des Hauts-de-Seine et de Paris. En 1995, une nouvelle loi vient modifier encore les dispositions pour les approfondir. On peut poursuivre cette étrange étude en évoquant les lois de 2013, qui répondent à l'affaire

[561] Cf. Ph. Broussard, J.-M. Pontaut, *Les Grandes Affaires de la Ve République : Scandales - Ecoutes - Malversations - Morts suspectes,* Tallandier, 2015, 475 p.

Cahuzac[562] et les lois de 2017 qui s'inscrivent dans le contexte de l'affaire Fillon, en particulier.

Concrètement, quelles sont les conséquences juridiques pour l'encadrement des partis politiques ? Les différentes lois permettent d'édifier un encadrement général qui concerne le type de financement et le soutien de l'État. À côté du statut des partis politiques, les lois posent plusieurs principes. Tout d'abord, il doit exister une aide publique pour les partis et groupements politiques. Cette aide prend la forme d'un soutien financier, en lien avec les résultats aux élections. Ensuite, en retour, le système de financement des partis est strictement encadré. Les personnes morales ne peuvent en aucun cas financer un parti politique. Les personnes physiques peuvent faire des dons, mais avec un plafonnement. Enfin, des autorités extérieures sont créées pour vérifier le bon fonctionnement des dispositions, la commission nationale des comptes de campagne du financement de la vie politique[563], en 1995, la Haute autorité pour la transparence de la vie publique, en 2013. À côté des dispositions concernant les partis politiques, c'est l'ensemble du fonctionnement politique qui est réglementé, qu'il s'agisse des patrimoines des élus (avec des déclarations obligatoires), des relations potentielles entre les élus et les autres acteurs (on pense surtout aux assistants parlementaires, en 2017), de manière plus générale du statut de l'élu, et de son lien avec le parti politique.

Ajoutons que les sanctions pénales et financières sont mises en place, auxquelles il faut ajouter des dispositions visant justement l'aspect politique de la fonction, avec des peines d'inéligibilité.

B/ L'encadrement juridique au Bénin

En examinant de manière générale les règles qui encadrent le fonctionnement des partis politiques au Bénin, on pourrait penser, au premier abord, que les similitudes emportent sur les différences au regard des modèles français ou américains. Comme dans ces deux derniers, on retrouve plusieurs questionnements, l'encadrement administratif avec les conditions de création, les dispositions

---

562 C. Cael, *La transparence financière des élus politiques français : les conséquences des mesures législatives de 2013,* Paris, L'Harmattan, 2015, 207 p.

563 Cf. D. De Margerie, *La CNCCFP (La Commission nationale des comptes de campagne et des financements politiques)*, NANE Editions, 2014, 53 p.

financières avec les choix entre financement public et financement privé. Pourtant, en approfondissant l'étude, on constate que l'encadrement administratif (1) a été utilisé ces dernières années dans un but assez inattendu concernant les partis politiques. On découvre aussi que les récentes réformes en ce qui concerne l'encadrement financier (2) induisent également de profondes modifications sur le fonctionnement béninois en matière partisane.

1/ Un encadrement administratif visant la concentration

Nous avons vu précédemment que l'un des principaux défauts du système béninois consistait dans sa conception excessive du pluralisme politique. De fait, le multipartisme est indispensable en démocratie. Cependant, la présence de plus d'une centaine de partis politiques est beaucoup plus une menace qu'une richesse pour un fonctionnement politique normal. Nous avions évoqué les réformes en la matière à l'intérieur même des partis, avec la volonté de certains d'entre eux de concevoir des alliances, regroupant de nombreux partis ou de nombreuses alliances politiques, pour faciliter le succès aux élections. Avec les récentes réformes, qui reprennent certains aspects habituels en matière de création (a), on constate aussi qu'une toute autre logique a été choisie pour faire évoluer le système. Il ne s'agit plus de laisser les partis agir selon leur bon vouloir. L'encadrement administratif lui-même oblige à la concentration (b).

a/ Les points communs, les questions administratives générales

Dans la logique de la création des partis politiques, les trois documents qui encadrent le système partisan béninois, c'est-à-dire les lois de 1990, 2003 et 2018, comportent des dispositions très similaires concernant la forme juridique adoptée par les partis.

Il suffit de citer le texte le plus récent pour voir en quoi consistent les règles en question.

« *Article 17 : La déclaration administrative de Constitution d'un parti politique s'effectue par le dépôt d'un dossier auprès du ministre chargé de l'intérieur. Un numéro d'arrivée est immédiatement communiqué au déposant.*

Article 18 : Le dossier mentionné à l'article 17 ci-dessus comprend :

– une déclaration signée et présentée par trois (03) membres fondateurs, mandataires du parti ;

– le procès-verbal de la réunion constitutive du parti politique, ledit procès-verbal devra comporter les noms, prénoms, dates et lieux de naissance, adresses, professions des membres fondateurs et les fonctions de ceux d'entre eux élus pour assumer des responsabilités dans les organes dirigeants au plan national ;

– quatre (04) exemplaires des statuts et du règlement intérieur ;

– quatre (04) exemplaires du projet de société ;

– les actes de naissances ou les jugements supplétifs des membres fondateurs ;

– les extraits du casier judiciaire, datant de moins de trois (03) mois des membres fondateurs ;

– les certificats de nationalité des membres fondateurs ;

– les attestations de résidence des membres fondateurs ;

– la dénomination du parti politique, son emblème, son logo et son sigle ;

– une fiche descriptive de l'emblème et du logo du parti ;

– l'adresse complète de son siège ;

– l'idéologie à titre facultatif.

Article 19 : Dans un délai qui ne peut excéder deux (02) mois, le ministre chargé de l'intérieur fait procéder à toute étude utile, à toute recherche et à toute enquête nécessaires au contrôle de conformité à la loi, du dossier de déclaration administrative de Constitution.

Article 20 : Dans le cas où le dossier de déclaration administrative de Constitution est jugé conforme à la loi, le ministre chargé de l'intérieur délivre un récépissé provisoire aux mandataires du parti politique ».

Ces différents articles encadrent précisément la création du parti politique dans ses relations avec le Ministère de l'intérieur. On relèvera pour la forme le fait que la présence d'une idéologie politique soit simplement facultative dans le document.

Les évolutions ont eu lieu concernant les recours grâce à l'intervention de la CENA qui aujourd'hui concentre justement les questions en la matière. La Cour constitutionnelle peut se retrouver à son tour saisie pour évoquer l'attitude du ministre de l'intérieur au sujet de la création, la dissolution, ou la suspension des partis politiques. On peut ajouter, au titre de ces évolutions, qu'un parti politique qui ne présente pas des candidats à deux élections législatives successives disparaît, en application du texte concernant les structures partisanes.

Ces différentes dispositions peuvent sembler relativement logiques, sans obéir à un dessein particulier. Il en va tout autrement d'une autre évolution.

b/ La création et son encadrement

Il suffit de citer les trois textes qui prévoient les principales dispositions concernant les partis politiques béninois pour comprendre l'importance de l'évolution opérée en l'espace de trente ans. Cette évolution est visible dans les dispositions qui encadrent la création du parti.

La Loi du 13 août 1990 portant Charte des partis politiques précise dans son article huit : « *le nombre des membres fondateurs d'un parti politique en République du Bénin ne doit pas être inférieur à trois membres par département* ».

La Loi du 21 février 2003 portant Charte des partis politiques modifie cet aspect dans son article quinze : « *le nombre des membres fondateurs d'un parti politique ne doit pas être inférieur à dix par département* ».

Quant à la Loi du 26 juillet 2018 portant Charte des partis politiques, son article 16 prévoit que : « *Le nombre des membres fondateurs d'un parti politique ne doit pas être inférieur à quinze (15) par commune* ».

La mise en parallèle de ces trois dispositions est primordiale. En appliquant la loi de 1990, on constate qu'un parti politique peut être créé par dix-huit personnes, le Bénin, à cette époque, compte six départements… avec le texte de 2003, le nombre de départements ayant évolué pour atteindre le chiffre de douze, il faut cette fois 120 personnes dans le pays, réparties entre les différents départements. Le texte de 2018 est beaucoup plus sévère puisque cette fois, en appliquant les différents éléments, on constate qu'il faut 1155 membres fondateurs pour pouvoir créer un parti.

Il y a bien ici une profonde transformation de la règle initiale pour conduire à une meilleure évolution partisane. Ajoutons immédiatement qu'il ne s'agit pas d'une mesure isolée. En matière financière, la même logique prédomine.

2/ Un encadrement financier aux conséquences majeures

Dans la logique récente, les modalités concernant l'encadrement financier des partis politiques ont aussi évolué (a). On peut d'ailleurs y ajouter un élément lié à la vie politique et son financement, de manière générale, au regard des campagnes (b). Dans les deux cas, des évolutions majeures sont intervenues pour conduire à ce qui ressemble beaucoup à un encadrement spécifique visant à limiter le nombre de partis politiques.

a/ Un encadrement financier des partis

Là aussi, la principale question réside dans le système prévu en ce qui concerne le financement des partis politiques. Le texte de 2018 semble relativement similaire sur certains aspects puisqu'il évoque un financement privé et un financement public des partis politiques. Pourtant, il y a bien une évolution centrale dans ce nouveau texte.

La Loi de 2018 partage avec les lois précédentes une logique apparente. Dans les trois cas, le parti politique étant une réunion de citoyens, son financement repose en grande partie sur les cotisations et les dons. Pour ne prendre que l'exemple de la Loi de 2003, le législateur a ainsi prévu que les ressources propres des partis politiques comprennent : « *les cotisations des membres, les contributions volontaires et souscription des membres, les produits de leurs biens patrimoniaux, les recettes de leurs activités* », le texte ajoute des ressources externes potentielles, « *les aides issues de coopération de partis politiques nationaux ou étrangers, les emprunts, les dons et legs, et enfin les subventions et autres aides de l'État* »[564].

Si on examine le texte de 2018, on peut citer deux articles :

« *Article 32 : On entend par financement privé des partis politiques, les ressources propres ou externes des partis politiques en dehors des subventions et autres aides de l'État.*

Article 33 : Les partis politiques financent leurs activités au moyen des ressources propres ou des ressources externes.

Les ressources propres des partis politiques comprennent :

– les cotisations des membres ;

– les cotisations volontaires et les souscriptions des membres ;

– les produits de leurs biens patrimoniaux ;

– les recettes de leurs activités.

Les ressources externes des partis politiques comprennent :

– les aides entrant dans le cadre de la coopération entre partis politiques nationaux ;

– les emprunts souscrits conformément aux lois et règlements ;

– les dons et legs ».

Pourtant, immédiatement, on constate une différence.

En effet, le texte pour la première fois fait une distinction majeure entre financement public et financement privé. De surcroît, le financement public est renvoyé à un autre texte, une loi qui doit l'encadrer. En allant consulter cette loi, on constate que la nouvelle

---

[564] Article 33 de la LOI N° 2001-21 du 21 février 2003 portant charte des partis politiques en République du Bénin (https://sgg.gouv.bj/download/files/documentheque/LOI-N°-2001-21/), consulté le 10-04-2019 à 22h32.

législation conditionne la possibilité d'avoir accès à une subvention étatique non seulement à la présence de députés à l'Assemblée nationale (ce que faisaient déjà les deux précédentes lois, de manière générale), mais aussi à deux autres critères : pour toucher un financement public, un parti politique doit disposer d'un groupe politique à l'Assemblée qui comporte au moins un cinquième de ses membres. Ceci exclut la plupart des petites formations. De surcroît, le cinquième en question doit représenter un quart des circonscriptions. C'est à ces deux conditions qu'un financement public est possible.

Autrement dit, un parti politique qui dispose d'une représentation, même limité, à l'Assemblée nationale n'a pas forcément de financement public.

Il s'agit évidemment d'une profonde transformation en raison de ses conséquences. Mais ne s'agit-il pas aussi d'un danger ? En orientant systématiquement les financements publics, le législateur béninois a choisi de priver toutes les petites structures de financement, ou plutôt, de les obliger à recourir au financement privé. Si on s'intéresse à l'histoire française et aux parallèles en la matière, l'absence de financement public a conduit à une corruption des partis politiques… on comprend donc parfaitement la logique financière qui se trouve derrière ces dispositions. On peut toutefois s'inquiéter de certaines de ses conséquences.

b/ Le système de caution

Cette fois, nous ne sommes plus dans la charte sur les partis politiques mais dans le code électoral qui a été adopté le 3 septembre 2018. Ce code a conduit à de nombreux débats car il a profondément transformé le lien entre candidature et caution.

Pour les candidats à la présidentielle, ils devront déposer une caution de 250 millions de francs CFA contre 15 millions jusque-là. De même, pour les parties qui se présentent aux élections législatives, ils devront déposer une caution de 249 millions de francs CFA[565].

---

565 Cf. http://www.rfi.fr/afrique/20180904-benin-adoption-nouveau-code-electoral, consulté le 10-04-2019 à 22h53. Dans cette même référence, on note encore dans le cadre de l'encadrement des scrutins, une évolution de taille : « obtenir la majorité dans la circonscription électorale ne suffira plus, l'élection sera validée si et seulement si la liste du parti dont il porte les couleurs obtient au moins 10% des voix

Que faut-il penser de cette mesure supplémentaire ? La même logique préside. Il faut limiter le nombre de candidatures. Tout comme il faut limiter le nombre de partis politiques.

Le Bénin semble avoir choisi la voie de l'encadrement juridique pour mettre fin à un multipartisme dangereux en raison du trop grand nombre de formations présentes dans le pays. En encadrant strictement la création des partis politiques et leur financement, le législateur a cherché à limiter le fonctionnement partisan pour favoriser les rapprochements, les alliances, les logiques de collaboration. En élevant le niveau de caution, il a aussi voulu éviter la dispersion des voix et les dangers qu'elle sous-entend.

Section 2 – Les crises internes aux partis politiques : une influence de l'opinion publique en pratique

Cette seconde dimension est indispensable dans un régime démocratique. Les partis politiques doivent, en pratique, être les relais de l'opinion. Cela signifie qu'ils s'adaptent aux évolutions de cette opinion, ce qui nécessite des transformations internes, qui passent par un certain nombre de crises. Dans cette perspective particulière, les crises partisanes survenues aux États-Unis et en France illustrent parfaitement les difficultés rencontrées par ce type de structure dans un régime démocratique. Une analyse des structures partisanes béninoises permet de comprendre que la question se pose d'une manière quelque peu différente dans ce pays, au regard du fonctionnement partisan et des difficultés inhérentes à la relation entre les partis politiques et l'opinion publique. C'est ce qui conduit à s'interroger sur la nature des partis politiques béninois et sur une nécessaire réforme de leur fonctionnement.

§ 1- Les crises partisanes aux États-Unis et en France

Parce qu'ils s'inscrivent dans un contexte politique plus général, les partis politiques sont amenés à subir les effets des circonstances et de leur modification. À ce titre, l'histoire des États-Unis comme celle de

---

au plan national. (…) La caution pour les élections communales locales est également relevée, elle varie entre 10 000 et 20 000 FCA. Désormais, chaque candidat devra être fiscalement irréprochable sur les trois dernières années, et pour en apporter la preuve il devra produire un quitus fiscal ».

la France fournissent des exemples particulièrement significatifs des évolutions que peuvent subir les structures partisanes en raison des circonstances.

A/ Les crises partisanes aux États-Unis

Notre but ici n'est pas de mener une étude exhaustive. Nous cherchons d'abord et avant tout à montrer quels types de crises peuvent rencontrer les partis politiques dans un régime démocratique. Aux États-Unis, on dénombre deux grandes catégories en la matière puisque des crises peuvent intervenir à l'intérieur même d'un parti, ce qui constitue une première hypothèse, ou dans le cadre plus général du système bipartisan, impliquant une profonde transformation de celui-ci.

1/ Les crises concernant un parti

Deux élections présidentielles nous offrent des exemples de crises internes. La première, en 1860, concerne le parti démocrate. La seconde, en 1912, concerne le parti républicain.

a/ L'élection présidentielle de 1860 et le parti démocrate

À la veille de la guerre civile, l'échéance présidentielle s'avère déterminante. Elle va faire apparaître une ligne de fracture majeure au sein du parti démocrate, ce qui lui coûtera l'élection en question, mais aura aussi une autre conséquence, faire apparaître clairement un camp sécessionniste au sein de ce parti.

En 1860, le scrutin présidentiel oppose le parti démocrate et le parti républicain, ce qui doit conduire à la désignation d'un candidat pour chaque parti, au moment de la réunion d'une convention, quelques mois avant le scrutin.

La convention du parti démocrate se réunit à charleston, en avril 1860[566]. Cette convention doit décider de la personnalité qui va

---

[566] Proceedings of the conventions at Charleston and Baltimore: Published by order of the National Democratic convention, (Maryland institute, Baltimore) and under the supervision of the National Democratic Executive committee, Democratic Party. National Convention, Charleston and Baltimore, 1860, 255 p ; E. W. Montgomery, *The Breach in the Democratic Party in 1860,* Indiana University, 1912, 158 p ; M. T. Landis, *Northern Men with Southern Loyalties: The Democratic Party and the Sectional Crisis*, Cornell University Press, 2014, 344 p.

représenter le parti à l'élection présidentielle, ce qui implique de poser une question majeure, la place de l'esclavage et la défense éventuelle de cette institution par le futur candidat. Au départ, six personnes s'opposent. Parmi elles, un candidat peut sembler favori, il s'agit de Stephen Douglas, une figure du parti, depuis 1850, qui peut sembler aussi intervenir en tant que responsable de compromis. En tête dès le premier tour, il ne lui manque que cinquante-six suffrages pour être désigné. Après cinquante-sept tours de scrutin, il lui manque toujours cinquante et un suffrages. Le principal problème réside dans les premiers débats qui ont conduit à une motion anti esclavagiste adoptée par 165 voix contre 138, provoquant le départ de plusieurs délégués sudistes. Cette première convention est un échec.

Le 18 juin, une nouvelle convention se réunit à Baltimore cette fois. Elle commence par examiner une motion favorable à l'esclavage. Son rejet entraîne le départ, définitif cette fois, de 110 délégués du Sud. Les démocrates restant choisissent Stephen Douglas. Le 28 juin, dix jours plus tard, à Baltimore, une nouvelle convention démocrate se réunit, autour des délégués sudistes. Ils désignent leur propre candidat, John Brekinridge, et se donne un nouveau nom, *The Southern Democratic Party*.

La division est consommée. Elle va avoir des conséquences majeures. En effet, dans le même temps, le parti républicain qui s'est réuni à Chicago a réussi à choisir un candidat de compromis : Abraham Lincoln. Le résultat de l'élection est ici catastrophique à la fois pour le parti démocrate et pour l'union dans son ensemble. En effet, le nouveau Président est Abraham Lincoln, qui est choisi avec moins de 40 % des suffrages[567]. Il est en revanche largement désigné par le collège électoral. Le parti démocrate quant à lui a formellement disparu puisqu'il ne comporte plus réellement de soutien unique. Le candidat des démocrates sudistes réussit à remporter douze États, les États du Sud, tandis que Douglas, tout en étant le seul à obtenir un résultat électoral significatif dans presque tous les États, ne dispose

[567] Cf. A. Coutant, « Les Présidents minoritaires aux États-Unis », in *Revue française de droit constitutionnel*, 2012/2, n° 90, p. 35-55.

que de douze grands électeurs, et arrive même en quatrième position, derrière un candidat unioniste[568].

Cette crise est essentielle. Elle va marquer durablement le parti démocrate et surtout inscrire ce parti dans la division entre les États américains, avec des démocrates du Sud et des démocrates du Nord, division qui subsistera jusqu'au milieu du vingtième siècle.

b/ L'élection présidentielle de 1912 et le parti républicain

Le contexte est évidemment très différent. Nous n'avons pas affaire à une crise au niveau fédéral mais bien une question interne au parti républicain. Pour en comprendre toutes les dimensions, il faut évoquer les personnalités en présence.

L'élection de 1912 amène, traditionnellement, à une opposition entre le parti démocrate et le parti républicain[569]. Pourtant, lorsque la convention nationale du parti républicain se réunit, un problème majeur surgit. Theodore Roosevelt qui a été Président des États-Unis entre 1901 et 1909 choisit de se présenter contre le Président républicain sortant, William Howard Taft. Les deux hommes ont longtemps été proches, Taft étant même considéré comme l'héritier de Roosevelt, en 1909. Mais durant le mandat qui vient de se terminer, les choix politiques ont fait apparaître une opposition majeure entre deux conceptions de l'idéologie républicaine. Lorsque la convention se réunit, Roosevelt dispose d'un avantage certain, en ayant emporté une très grande majorité de délégués dans les États. Taft en revanche peut compter sur le soutien du parti républicain et sur les délégués liés à ce parti au sein de la convention. Grâce à ce soutien, c'est Taft qui est nommé comme candidat à la présidentielle au nom du parti républicain.

En retour, Roosevelt choisit de quitter le parti, de créer son propre parti politique, *the Progressive Party*, et de se présenter aux

---

[568] Cf. A. Coutant, *Histoire constitutionnelle des Etats-Unis*, tome 2, *1860-1937, Fédération ou démocratie,…*, op.cit., p. 123-128.

[569] Cf. J. Chace, *1912: Wilson, Roosevelt, Taft and Debs -The Election that Changed the Country,* Simon and Schuster, 2009, 336 p.; F. L. Broderick, *Progressivism at Risk: Electing a President in 1912,* Greenwood Press, 1989, 246 p.; B. Flehinger, *The 1912 Election and the Power of Progressivism: A Brief History with Documents*, Bedford/St. Martin's, 2002, 224 p.

élections[570]. C'est une rupture au sein du parti républicain qui a une conséquence somme toute logique : la victoire du candidat démocrate, Woodrow Wilson. Wilson remporte quarante États et une large majorité au niveau des suffrages tandis que Roosevelt totalise quatre-vingt-huit grands électeurs, contre seulement huit pour Taft. Wilson a remporté 41,8 % des voix contre 27 % pour Roosevelt et 23 % pour Taft. Mathématiquement, les républicains l'emportent. Politiquement, en raison de la division, ils perdent l'élection.

2/ Les crises du système bipartisan

Jusqu'à présent, nous avons examiné les crises qui pouvaient survenir au sein d'un parti politique. Mais l'histoire américaine nous fournit également des exemples d'une tout autre forme de crise qui concerne le système partisan dans son ensemble, les deux partis politiques étant secoués par des divisions internes majeures qui vont avoir des conséquences sur leur fonctionnement et sur les équilibres de la structure fédérale. L'exemple le plus significatif intervient au milieu du vingtième siècle.

a/ La fin de la ségrégation et l'explosion des partis politiques

Le contexte est important. Il s'agit de revenir sur huit décennies de ségrégation raciale dans les États américains. Pour cela, en l'espace d'un peu moins de dix ans, des textes majeurs vont être adoptés par le Congrès fédéral, en recourant pour cela à une majorité étonnamment hétéroclite. Les textes en question, *the Civil Rights Acts*, datent de 1957, 1960, 1964 et 1965.

Le premier phénomène est intéressant. De fait, les deux premiers textes sont lancés à l'initiative d'un Président républicain, Eisenhower, tandis que les deux suivants sont endossés par un Président démocrate, Lyndon B. Johnson. Le symbole est important. Il y a ici une volonté dans les deux partis politiques de mettre fin à la ségrégation raciale. Mais cette volonté n'est pas synonyme d'unanimité. Dans les deux camps, des minorités importantes interviennent.

---

[570] Cf. H. Staton, *The Progressive Party: The Success of a Failed Party*, Capstone, 2007, 96 p.

Il suffit de reprendre, dans le détail, les différents votes accompagnant les discussions sur les *Civil Rights Acts* pour mettre en lumière les profondes transformations au sein des partis politiques[571].

En 1957, le *Civil Rights Act* est adopté par la chambre des Représentants, par 285 voix contre 126 et par le Sénat, par 72 voix contre 18. Les Représentants républicains y sont favorables très largement, par 167 voix contre 19, de même que les Représentants démocrates, par 118 voix contre 107. Le constat est le même au Sénat avec une adhésion des 43 Républicains et un soutien de 28 Démocrates contre 18 opposants de ce parti.

En 1960, la chambre des Représentants vote le texte initial le 24 mars 1960 par 315 voix contre 113[572], le Sénat se prononce le 8 avril par 71 voix contre 18[573]. Le texte obtient le soutien de 315 Représentants c'est-à-dire 180 Démocrates et 134 Républicains. Les opposants sont 95 Démocrates et 17 Républicains (on y ajoute un indépendant).

En 1964, un premier texte est voté par 290 voix contre 130 au sein de la chambre. La majorité est composée de 152 Démocrates et de 138 Républicains, l'opposition de 96 Démocrates et 34 Républicains[574]. On peut aller plus loin en précisant que 87 Démocrates du sud rejettent le texte qui n'est approuvé que par 7 d'entre eux, les 10 Républicains du sud rejettent le texte, 145 Démocrates du Nord l'approuvent tandis que 9 le rejettent et 138 Républicains du Nord l'approuvent contre 24 qui le rejettent[575]. Le Sénat adopte le texte par 73 (46 Démocrates et 27 Républicains) voix contre 27 (21 Démocrates et 6 Républicains).

---

571 Cf. A. Coutant, *Histoire constitutionnelle des États-Unis, tome 3, 1937-1980, une démocratie fédérale*, Paris, Mare et Martin, 2016, p. 135, 155, 241 et 303.
572 Cf. C. Mitchell, « Mr Ford and Civil Rights, a mixed record », *The Crisis*, Janv. 1974, p. 8.
573 Cf. J. J. Volle, *The Political Legacies of Barry Goldwater and George McGovern: Shifting Party Paradigms*, Palgrave Macmillan, 2010, p. 20.
574 Cf. L. J. Sabato, *The Kennedy Half-Century: The Presidency, Assassination, and Lasting Legacy of John F. Kennedy*, Bloomsbury Publishing USA, 2013, p. 528.
575 Cf. W. Labov, *Principles of Linguistic Change, Cognitive and Cultural Factors*, John Wiley & Sons, 2010, p. 234.

En 1965, le *Voting Rights Act*[576]est le résultat d'une alliance à partir d'un travail conjoint entre le leader de la majorité sénatoriale, Mike Mansfield, et celui de la minorité sénatoriale, Everett Dirksen. Les deux hommes ont travaillé avec l'Attorney général, Katzenbach[577], à l'élaboration d'un texte accepté à la fois par les Démocrates et par les Républicains.

Les divisions en question seront durables. Elles vont conduire à une véritable recomposition.

b/ La recomposition partisane

En examinant la suite de l'histoire américaine, au lendemain du mouvement des droits civiques, on constate que les deux partis politiques se sont profondément transformés. Les démocrates du Sud ont quitté le parti initial pour rejoindre les républicains tandis que les républicains les plus progressistes ont choisi de venir vers le parti démocrate.

L'élection législative de 1964 confirme cette transformation. La majorité démocrate et victorieuse à la chambre des Représentants, elle emporte 295 sièges au lieu de 258. Les républicains perdent 36 sièges. Néanmoins, il faut insister sur un « détail » : dans les États du Sud, ce sont des candidats républicains qui l'ont emporté. Autre détail, ces mêmes candidats étaient en réalité les candidats sortants, élus auparavant sous l'étiquette démocrate. C'est un basculement des démocrates du sud vers le parti républicain[578].

Il ne s'agit pas cette fois d'évoquer une crise interne dans un parti mais bien de s'intéresser à l'opinion publique et à la nécessaire recomposition partisane autour d'une nouvelle idée. Ici l'opposition à la ségrégation raciale permet la création d'un nouveau parti démocrate, autour d'une ligne idéologique nouvelle, par opposition

---

576 Nous n'évoquons ici que la principale proposition. D'autres tentatives sont faites au même moment devant la Chambre des Représentants, à partir du 17 mars. Ces tentatives, différentes des textes voulus par l'administration, sont soutenues par des minorités.

577 Cf. G. May, *Bending Toward Justice: The Voting Rights Act and the Transformation of American Democracy*, Basic Books, 2013, p. 96.

578 Cf. E. Black, M. Black, *The Rise of Southern Republicans*, Harvard University Press, 2009, p. 161. ; C. D. Hadley, L. Bowman, *Southern State Party Organizations and Activists*, Greenwood Publishing Group, 1995, p. 58.

avec un parti républicain qui concentre au contraire tous les adversaires de cette évolution. Le lien avec l'opinion publique est évidemment patent, en termes de transformation. Il s'agit de marquer pour de nombreuses décennies une nouvelle lutte entre deux factions américaines, un parti démocrate progressiste et un parti républicain conservateur.

B/ Les crises partisanes en France

Le même phénomène est-il visible en France ? On constate là aussi des questions liées au fonctionnement interne des partis politiques et parfois d'autres phénomènes qui font penser à une recomposition politique, au sein même de la structure générale. Les deux exemples en la matière sont l'élection présidentielle de 1995 qui constitue une véritable fracture pour la droite française et l'élection présidentielle de 2017 qui entraîne une explosion des principaux partis politiques et l'émergence d'une nouvelle structure.

1/ L'élection présidentielle de 1995

Traditionnellement, la classe politique française est divisée entre un bloc à gauche et un bloc à droite. L'opposition entre ces deux grands courants politiques se matérialise au moment de l'élection présidentielle, au second tour, avec un affrontement des deux leaders. Ce principe initial, systématique en France à partir de 1981, repose sur une forme de cohésion des deux côtés politiques. En 1995, le contexte amène un éclatement de la droite, et en particulier du parti principal de ce groupe, le RPR. Les conséquences après l'élection seront d'ailleurs néfastes pour ce groupe politique, malgré la victoire à la présidentielle.

a/ Une question de contexte

Pour comprendre la situation de 1995[579], il faut retourner deux ans en arrière.

En 1993, la droite, c'est-à-dire l'alliance RPR-UDF, remporte les élections législatives. À cette époque, le Président de la République, élu en 1988, est un socialiste, François Mitterrand. C'est le début de la

---

[579] Cf. G. Birenbaum, *Le Vote de crise : l'élection Présidentielle de 1995*, Dép. d'études politiques du Figaro, 1995, 349 p.; « L'Election Présidentielle 23 avril-7 mai 1995 », in *Le Monde*, 1995, 128 p.

deuxième cohabitation. Jacques Chirac qui est à la tête du RPR aurait dû prendre le poste de chef de gouvernement. Mais, en raison de son échec en 1988 à la présidentielle, échec qu'il attribue à sa présence à la tête du gouvernement entre 1986 et 1988, dans des circonstances analogues, Chirac décide de se réserver pour l'élection présidentielle, deux ans plus tard. Il demande à l'un de ses amis, Édouard Balladur, de devenir premier ministre à sa place. Apparemment, un accord tacite entre les deux hommes garantit l'avenir immédiat. Or, la deuxième cohabitation se passe très bien et conduit même à un succès économique pour le gouvernement sortant. Sur les conseils de nombreux proches, Édouard Balladur décide de se présenter à l'élection de 1995. Soutenu par la quasi-totalité du gouvernement, par l'UDF, et par plusieurs gaullistes, le premier ministre sortant pense avoir de bonnes chances face à Jacques Chirac. Celui-ci a au contraire utilisé les deux années qui viennent de s'écouler pour mener une véritable campagne de terrain et mettre en avant un slogan, la fracture sociale.

On assiste donc à une véritable scission à l'intérieur même de la droite française[580]. Cette scission ne coïncide d'ailleurs pas avec la division habituelle entre RPR et UDF. De fait, l'UDF soutient majoritairement Édouard Balladur, un RPR, qui dispose aussi d'un certain nombre d'amis au sein du parti gaulliste. Jacques Chirac semble relativement isolé, du moins au début de la campagne. On parle beaucoup plus d'une cassure personnelle, et en aucun cas d'une division en ce qui concerne la logique politique. Pourtant, lors de la campagne et des échanges entre les candidats, une approche idéologique semble transparaître. Du côté de Jacques Chirac, c'est le gaullisme social qui domine le discours. En revanche, pour Édouard Balladur, c'est un libéralisme économique, assez traditionnel, qui entre parfaitement en résonance avec le parti centriste.

[580] Cf. A. Hausser, O. Biscaye, *Ennemis de trente ans*, Editions du Moment, 2016, 202 p.

b/ Résultats et conséquences

Les résultats sont sans appel. Les conséquences à Court terme semblent limitées, à moyen terme elles sont très dangereuses pour le parti[581].

Au premier tour, c'est le candidat socialiste, pourtant très critiqué et apparemment très affaibli, Lionel Jospin, qui arrive en tête, avec 23,3 % des suffrages, c'est-à-dire un peu plus de 7 millions de voix. Il est suivi par Jacques Chirac, avec 20,84 % des suffrages, 6 300 000 voix, puis Édouard Balladur, 18,58 % des suffrages, environ 5 500 000 voix.

Le second tour voit donc s'affronter un candidat socialiste, Lionel Jospin, qui représente la gauche, et un candidat de droite, Jacques Chirac. Chirac l'emporte, par 52,64 % des voix contre 47,36. En retour, le nouveau Président décide de réunifier son camp. Il choisit de ne pas dissoudre l'assemblée élue en 1993, faisant ainsi de la majorité qui a soutenu Édouard Balladur sa propre majorité présidentielle. Le calcul peut sembler très habile puisqu'il s'agit ici de renouer avec un parti politique et une alliance, à la fois le RPR et l'alliance avec UDF.

Les conséquences seront beaucoup plus gênantes. D'abord parce que, dès son arrivée au pouvoir, Jacques Chirac renonce à son programme politique. En faisant d'Alain Juppé son premier ministre il choisit une nouvelle politique, la rigueur en matière financière, et abandonne sa fracture sociale. Ceci entraîne un véritable retournement de l'opinion publique, retournement d'autant plus fort que le programme d'Alain Juppé s'accompagne de nombreuses réformes qu'il essaie de mettre en œuvre à l'automne 1995 et au printemps 1996. La situation est d'autant plus gênante que, en raison des élections de 1995 et de son choix de ne pas dissoudre, Jacques Chirac voit s'approcher de nouvelles échéances législatives en 1998. À cause de la politique menée, les sondages prédisent une victoire de la gauche à cette date. Le Président va donc choisir une dissolution de confort, en 1997, espérant encore emporter une majorité. Le choix sera stratégiquement désastreux puisque c'est la gauche qui l'emporte avec un retour au pouvoir de Lionel Jospin en tant que premier ministre.

---

[581] Voir « L'élection présidentielle des 23 avril et 7 mai 1995 », (https://www.ladocumentationfrancaise.fr/dossiers/elections-presidentielles-cinquieme-republique/election-1995.shtml,), consulté le 11-04-2019 à 00h14.

Que peut-on en déduire au niveau partisan ? Concrètement, la division qui est apparue en 1995 au moment de l'élection présidentielle peut être considérée comme étant d'abord et avant tout personnelle. Il y a bien deux lignes idéologiques, l'une plus sociale, l'autre plus libérale, mais finalement l'élu qui représente la ligne sociale se rallie à la ligne libérale. Il n'y a donc pas de véritable fracture idéologique au sein de l'alliance RPR-UDF à cette époque. En revanche, il y a une vraie fracture avec la population. Le fait d'avoir choisi le gaulliste social, en 1995, devait, pour le peuple français, conduire à une politique de centre-droit avec des accents sociaux. Or, Jacques Chirac semble se rallier à la politique libérale traditionnelle, qui était défendue par Édouard Balladur, qui a été écarté. C'est donc bien une véritable crise de confiance qui apparaît, d'abord au sein de l'alliance RPR-UDF, en 1995, ensuite vis-à-vis de la population, en 1997.

2/ L'élection présidentielle de 2017

Comme pour le système américain, cette élection présidentielle marque un tournant en ce qui concerne les équilibres partisans[582]. Il ne s'agit pas simplement de poser la question des crises internes à un parti ou un autre. Il s'agit bien d'une recomposition politique globale, avec un certain nombre de questions qui demeurent sans réponse.

a/ Un contexte, les primaires à la française

Dans les deux principaux camps, à droite comme à gauche, le recours aux primaires doit servir à départager les candidats. Or, en 2017, l'utilisation de cet instrument s'avère désastreux en raison d'un parti pris : les primaires ouvertes[583]. Des deux côtés, le parti politique principal décide d'accepter le vote de l'ensemble de son camp, et non pas uniquement des adhérents du parti, ce qui conduit à soulever la question du résultat des primaires et de leurs conséquences[584].

---

[582] Cf. P. Perrineau, *Le vote disruptif : Les élections présidentielles et législatives de 2017*, Presses de Sciences Po, 448 p.

[583] Cf. R. Lefebvre, É. Treille, *Les primaires ouverts en France : adoption, codification, mobilisation,* Rennes, Presses universitaires de Rennes, 2016, 319 p.

[584] Cf. Ph. J. Maarek, A. Mercier, *2017 la présidentielle chamboule-tout: La communication politique au prisme du "dégagisme"*, Paris, L'Harmattan, 2018, 290 p. ; R. Lefebvre et É. Treille, « Le déclenchement des primaires ouvertes chez les républicains et au parti socialiste, Entre poids du précédent de 2011 et bricolages organisationnels (2016-2017) », in *Revue française de science politique,* 2017/6

À gauche[585], le candidat naturel du parti socialiste aurait dû être le Président sortant, François Hollande. En raison de sondages catastrophiques, d'un bilan très contesté, y compris dans son propre camp, celui-ci décide de ne pas se présenter. Il ouvre ainsi la voie à des primaires. Or, depuis 1997, l'idée de gauche plurielle domine le paysage politique. Il faut réunir le bloc de gauche derrière un seul candidat, pour éviter un éclatement qui s'est produit en 2002. Le primaire ouvert conduit donc à voir s'affronter des candidats de plusieurs courants. C'est le candidat le plus à gauche du parti socialiste, Benoît Hamon, qui emporte cette primaire, en étant soutenu en réalité par l'extrême gauche et les écologistes, et beaucoup moins par le parti socialiste lui-même.

À droite[586], la même question se pose avec cette fois la désignation d'un candidat après des primaires, François Fillon. En raison de la campagne elle-même, cette désignation repose en grande partie sur le soutien à François Fillon d'un groupe spécifique, Sens Commun, qui durant le quinquennat de François Hollande a violemment critiqué et contesté la mise en place du mariage pour tous, c'est-à-dire l'extension du mariage aux couples de même sexe. François Fillon devient le candidat de la droite grâce au soutien de Sens Commun et grâce, en grande partie, à l'intégration dans son programme d'une proposition, le retour sur le mariage en question, bien que juridiquement une telle proposition semble très complexe à mettre en place.

Des deux côtés, les primaires ont donc permis de désigner, non pas le meilleur candidat, mais un candidat porté par un groupe précis,

---

(Vol. 67), p. 1167-1185 ; https://www.contrepoints.org/2017/01/11/277386-primaires-ouvertes-partis-politiques-nouvelle-donne., consulté *le 11*-04-2019 à 00h23.

[585]Cf.https://www.lemonde.fr/election-presidentielle-2017/article/2016/11/30/candidats-calendrier-regles-du-jeu-la-primaire-de-la-gauche-mode-d-emploi_5040598_4854003.html, consulté le 11-04-2019 à 00h20 ; https://www.lesechos.fr/politique-societe/dossiers/0211047301382/0211047301382-presidentielle-2017-la-primaire-a-gauche-2007993.php , consulté le 11-04-2019 à 00h23.

[586]Cf.http://www.lefigaro.fr/elections/presidentielles/primaires-droite2016/09/09/35004-20160909ARTFIG00239-primaire-a-droite-qui-sont-les-huit-candidats-sur-la-ligne-de-depart.php, consulté le 11-04-2019 à 00h26 ; https://www.lexpress.fr/actualite/politique/lr/primaire-a-droite-pour-la-presidentielle-2017_1628249.html, consulté le 11-04-2019 à 00h29.

l'extrême gauche en dehors du parti socialiste, pour la gauche, les militants anti-mariage homosexuel, pour la droite.

b/ Un nouveau parti et l'effondrement des anciens

Le double mouvement a une conséquence évidente : il fait apparaître dans les deux partis principaux, à gauche comme à droite, des factions qui ne seront pas représentées par le candidat choisi. Ces factions vont se réunir sur un autre candidat, issu du gouvernement de François Hollande, qui plaide pour une nouvelle approche politique, un parti centriste, réunissant à la fois la droite et la gauche. Ce candidat réussit à l'emporter suite à l'effondrement des deux autres partis, ne laissant plus que l'extrême droite comme adversaire au second tour.

Le candidat en question, Emmanuel Macron[587], joue une carte très habile à cette époque, en appelant à voter pour lui le centre-droit, qui ne se reconnaît pas dans François Fillon, et le centre-gauche, qui ne peut en aucun cas suivre la politique voulue par Benoît Hamon. Avec la République en marche, un mouvement qu'il a lancé un an plus tôt, Emmanuel Macron réussit donc à capitaliser sur les échecs des deux principaux partis politiques à désigner un candidat efficace pour parvenir au second tour.

La situation est d'autant plus gênante que, face à la chute de Benoît Hamon dans les sondages, un scandale politique éclate à droite, concernant François Fillon. Ce scandale qui concerne directement son épouse et le fait qu'elle était employée par lui comme assistante parlementaire pendant plusieurs années, sans apparemment fournir le travail allant avec, déconsidère totalement le candidat de la droite.

Les suffrages traditionnels de la gauche s'éparpillent donc entre le candidat issu du parti socialiste, un candidat d'extrême gauche, lié à la France insoumise, tandis que les soutiens de la droite se divisent eux aussi. La conséquence est l'arrivée au second tour d'Emmanuel Macron et face à lui de la candidate d'extrême droite, Marine Le Pen. La victoire d'Emmanuel Macron est donc assurée, avec deux tiers des suffrages exprimés. De manière générale, ceci soulève toutefois un problème au regard de l'équilibre droite-gauche, en France. Dans les

---

[587] Cf. https://www.franceculture.fr/emissions/le-billet-politique/faut-il-refermer-les-primaires-ouverte, consulté le 11-04-2019 à 00h38 ; Th. Legrand, *Chronique de l'imprévu*, Stock, 2017, 208 p.

mois qui suivent, les deux principaux partis, le parti socialiste et les républicains, ne parviennent pas à se reconstruire, laissant des oppositions fragmentées face à un pouvoir qui se veut différent au niveau politique, sans étiquette.

Comme dans les quinquennats précédents, après quelques mois de pouvoir, les sondages montrent une véritable désaffection de la part de la population, et même une certaine hostilité face à des décisions prises par le Président.

§ 2- Le rapport aux partis politiques au Bénin

L'année 2018 marque apparemment un tournant majeur au regard du système partisan béninois. La nouvelle législation, tant en ce qui concerne les partis eux-mêmes par l'intermédiaire de la charte que, dans une mesure plus spécifique, les futures candidatures et le système de cautionnement, ouvre de nouvelles perspectives au regard du fonctionnement partisan et de ses conséquences. Mais s'agit-il d'une si grande surprise ? Nous avons vu que, aux États-Unis comme en France, les évolutions législatives concernant les partis politiques avaient d'abord et avant tout un arrière-plan circonstanciel. De fait, à cause d'un certain nombre d'affaires, sous l'impulsion de circonstances particulières, le système partisan peut être amené à évoluer de manière majeure. Pour comprendre la transformation qui apparaît aujourd'hui au Bénin, il est nécessaire de revenir en arrière pour étudier une crise survenue à la veille de l'élection présidentielle de 2006[588] (A). En effet, le résultat général de cette élection ne doit pas masquer les circonstances qui ont accompagné sa préparation. De la sorte, on peut même penser que, dans la période en question, se trouve justement une des explications de la profonde transformation du système partisan en cours actuellement au Bénin (B).

A/ La crise de 2006

Dans l'histoire béninoise, on retient l'élection présidentielle de 2006 pour deux raisons majeures : d'une part, elle conduit à un renouvellement politique évident avec le départ de deux anciennes figures du pays, Kérékou et Soglo, tous deux trop âgés pour pouvoir se présenter à l'élection présidentielle ; d'autre part, elle amène au

[588] Cf. E. V. Adjovi, « Mobilisations citoyennes et démonopolisation du travail politique au Bénin », in *Perspective Afrique*, 2006, vol. 1, n° 3, p. 187-223.

pouvoir un homme extérieur au sérail, Yayi Boni, impliquant une transformation possible de la vie politique[589]. Mais ceci n'a été possible qu'en raison d'un véritable affrontement mettant en jeu plusieurs dispositifs cruciaux de la société béninoise. En étudiant le contexte (1), on comprend l'importance de l'action de la société civile pour répondre aux tentatives du pouvoir en place de modifier les équilibres institutionnels et constitutionnels (2).

1/ Le contexte

On pourrait penser que, dans une certaine mesure, nous retrouvons ici des similitudes avec la situation française qui a précédé les évolutions législatives concernant le financement des partis politiques. De fait, le Bénin est secoué par plusieurs scandales politico-financiers, qui interviennent sous les deux présidences de Kérékou (a). Il ne s'agit pas d'un hasard puisque l'ancien dictateur semble avoir cherché à développer de nouveaux réseaux pour conserver le pouvoir (b).

a/ Les scandales politico-financiers

En l'espace de quelques années, plusieurs scandales éclatent, révélant la collusion possible entre les milieux financiers, criminels et politiques.

Chronologiquement, le premier scandale intervient en 1999. Il s'agit du rachat de la société nationale de commercialisation des produits pétroliers par le chef d'un parti proche du Président en place[590]. Des soupçons de collusion apparaissent lorsqu'on découvre l'identité de la personne qui rachète la société, sa proximité avec le Président et la logique générale de la situation.

---

[589] Cf. C. Mayrargue, « Yayi Boni, un Président inattendu ? Construction de la figure du candidat et dynamiques électorales au Bénin », in *Politique africaine* 2006/2 n° 102, p. 155-172. ; T. Vittin, « Le caméléon et le technocrate. Paradoxes et ambiguïtés des élections présidentielles au Bénin », in *Nouveaux cahiers de l'IUED*, n° 15, Paris, Genève, PUF, IUED, 2004, p. 41-70. ; P. V. Topanou, *Boni Yayi: ou le grand malentendu - Le quatrième Président du renouveau démocratique béninois*, Paris, L'Harmattan, 2012, 178 p. ; R. Banégas, « Retour sur une transition modèle. Les dynamiques du dedans et du dehors de la démocratisation béninoise », in P. Quantin et J.-P. DALOZ, *Transitions démocratiques africaines. Dynamiques et contraintes (1990-1994)*, Paris, Karthala, 1997, p. 23-94.

[590] Cf. J.-C. Berthélemy, C. Kauffmann, M.-A. Valfort, L. Wegner, *Etudes du Centre de Développement Privatisation en Afrique subsaharienne un état des lieux*, OECD Publishing, 2004, p. 53.

La deuxième affaire se produit alors que Kérékou a été réélu. Nous sommes en 2003 lorsqu'un trafiquant de voitures volées est arrêté après de nombreuses exactions. La situation se tend brutalement avec le voisin, le Nigéria, obligeant le Président à faire des concessions au niveau politique international.[591] Ceci montre la faiblesse du pouvoir et les difficultés possibles au regard de la situation internationale du pays.

Quant à la troisième affaire, il s'agit de l'assassinat du procureur général de la Cour d'appel de Parakou, Séverin Coovi. C'est un responsable politique, le maire de la ville, qui est arrêté et poursuivi. Nous sommes en 2005[592].

Tous ces éléments amènent déjà à douter du bon fonctionnement du système politique et judiciaire, et de collusion potentielle avec les milieux économiques et criminels.

b/ Le pouvoir de Kérékou

Il faut bien comprendre le contexte. Le Président a été réélu en 2001 avec plus de 80 % des voix, suite à une campagne particulièrement compliquée et l'abandon de son principal adversaire. Son large pourcentage s'explique par le report de voix de la quasi-totalité des autres candidats sur sa personne, ce qui sous-entend là aussi une difficulté potentielle au regard d'une collusion politique. C'est un symbole et, de manière générale, c'est aussi le début d'un questionnement sur la place du Président et sur sa finalité.

En examinant le second mandat, on constate que le Président souhaite multiplier les contacts et les relations pour faciliter les prises de décisions politiques. Mais nous ne sommes en aucun cas dans le fonctionnement normal d'une société démocratique. Le but est de faire réapparaître des clients, des proches qui deviendraient dépendant du Président. Dans cette logique, il faut encadrer les partis politiques, s'assurer du soutien des différents candidats, faciliter un

---

[591] Cf. M. C. Houngnikpo, S. Decalo, *Historical Dictionary of Benin*, Rowman & Littlefield, 2013, p. 265

[592] Cf. A. E. Opubor, Ph. Hado, *Boni Yayi, société civile et dynamique du changement au Bénin*, Harmattan, 2007, p. 98.

fonctionnement sur la base de la corruption et des services rendus[593], y compris au niveau local.

C'est dans ce contexte que doit intervenir le renouvellement du Président, en 2006. Or, en application de la Constitution, Kérékou ne peut pas se représenter, pour deux raisons, d'une part, il a plus de soixante-dix ans, d'autre part, il ne peut pas faire trois mandats successifs.

2/ Action et réaction

Le contexte précédent est important. En effet, le Président sortant, Kérékou, souhaite utiliser son pouvoir actuel pour se maintenir. Pour cela il faut réviser la Constitution (a). À défaut, le chef de l'exécutif va s'efforcer d'obtenir le couplage des élections (b).

a/ Une tentative de révision

On en comprend parfaitement la logique et le but. Elle va déclencher une réaction très violente de la société civile, ce qui pose la question de son rapport au monde politique.

Le projet de révision présenté par le Président a évidemment pour but de supprimer les deux éléments qui empêchent sa candidature, c'est-à-dire le blocage en matière d'âge et l'interdiction de faire plus de deux mandats consécutifs. C'est donc ce qui est proposé par Kérékou dès le mois de juillet 2003.

En réponse, on assiste à une véritable mobilisation citoyenne, fondée sur la réunion de plusieurs Organisations non-gouvernementales[594]. C'est dans ce cadre que trente-trois associations se groupent autour de l'association Elan pour créer le front des organisations de la société civile pour des élections transparentes et démocratiques[595]. Il faut

---

[593] Cf. G. Pognon, «L'argent risque de détruire notre démocratie », in Entretien réalisé par l'abbé André S. Quenum et Alain Sessou, *Journal La Croix du Bénin* du 18 Juillet 2006.

[594] Cf. G. Pirotte, « Société civile importée et la nouvelle gouvernance. Le nouveau secteur ONG au Bénin », in Quantin Patrick, *Gouverner les sociétés africaines. Acteurs et institutions*, Paris, Karthala, 2005, p. 27-63.

[595] Cf. *Journées de réflexion sur la Constitution du 11 décembre 1990 : contonou - Bénin, IDH : 07 et 08 août 2006 : les actes*, Université d'Abomey-Calavi. Faculté de droit et de sciences politiques, Institut des droits de l'homme et de la promotion de la démocratie, la démocratie au quotidien, UNESCO Chair in *Human Rights,*

immédiatement ajouter que d'autres réseaux se constituent au même moment, dont l'O.N.G. centre Afrika Obota, qui est un consortium des animateurs de la société civile pour des élections transparentes et une réunion des centrales syndicales du pays[596]. Une campagne globale est menée pour protéger la Constitution, demander des élections normales en 2006, et donc empêcher de manière pratique et concrète la candidature de Kérékou[597].

Le résultat initial est un succès avec l'abandon du projet de révision en juillet 2005[598].

b/ Le couplage des élections

C'est la seconde tentative. Parce qu'il n'a pas réussi à modifier le texte constitutionnel, le Président lance une autre proposition[599], celle de réunir l'ensemble des élections, présidentielles, législatives et municipales, pour économiser de manière générale.

La proposition en question intervient à la fin de l'année 2005 et naturellement a pour but de reporter l'élection présidentielle en 2008, au minimum. Le Président va organiser lui-même des structures de soutien, comme le Front National pour le couplage des élections. Dans le même temps, il va s'efforcer par l'intermédiaire de son gouvernement de restreindre le financement de la commission de contrôle des élections, la CENA.

La réponse est la même. Les mêmes organisations de la société civile associée au syndicat multiplient les actions judiciaires, les conférences de presse et s'arrangent même pour organiser un financement extérieur de la commission de contrôle[600], pour empêcher toute action supplémentaire du pouvoir. En janvier 2006 les syndicats mettent

---

Democracy, Peace, Tolerance, and International Understanding, Institut des Droits de l'Homme et de Promotion de la Democratie, 2007, p. 157.

[596] Cf. P. Hinnou, *Négocier la démocratie en Afrique : L'exemple du Bénin*, Paris, L'Harmattan, 2014, 478 p.

[597] Cf. Cercle de concertation de la société civile, «Lettre ouverte au Président de la République, 7 novembre 2005 ».

[598] Cf. C. Toko, « Kérékou dit non à la révision de la Constitution. L'intégralité de la déclaration du Président de la République », *Le Matinal*, Cotonou, juillet 2005.

[599] Cf. A. Touré, « Kérékou ne veut toujours pas d'élection », in *Le Matinal,* n°2289 du 14 février 2006, p. 15.

[600] Cf. A. Dossa, « Financement de la CENA : Alcrer propose un guichet d'emprunt obligataire », in *Fraternité* n° 1503 du 30 décembre 2005.

même en place une grève générale de quarante-huit heures pour protester contre les initiatives du pouvoir. Le 11 janvier, de manière quasi concomitante, le ministre de la défense en place, Pierre Osho, décide de démissionner pour critiquer l'action exécutive concernant les futures élections. Les O.N.G. se tournent vers les groupes parlementaires et vers la Cour constitutionnelle pour obtenir un soutien, institutionnels cette fois, et ainsi contrer l'action du Président.

C'est un succès. Mais ce succès en lui-même a clairement un coût : il met en lumière l'inutilité des partis politiques en place, la faiblesse potentielle des institutions au regard de leur absence de réaction et un certain nombre de questions concernant le fonctionnement partisan, de manière générale.

B/ Un nouveau système partisan ?

Est-ce le résultat de la crise de 2006 ? On peut voir dans cette crise un facteur nouveau, la société civile et son action (1). Mais on peut aussi y voir une question plus large qui concerne les partis politiques béninois et leur évolution, à partir de cette date (2).

1/ Le rapport à la société civile

De nombreux auteurs considèrent que l'action d'une société civile est la marque d'une transformation profonde d'un régime et d'un pays, dans une phase de transition démocratique. Le fait que cette société civile intervienne concrètement, y compris contre les institutions en place, serait un élément déterminant pour montrer que la démocratie est réellement implantée dans la société. Les événements de 2006 ont fait apparaître deux éléments distincts. D'une part, il y a bien des O.N.G. importantes, actives, au sein du système béninois (a). Mais, d'autre part, cette action est aussi relayée, de l'intérieur, par certaines institutions (b).

a/ Le regroupement des O.N.G.

Il faut bien comprendre que la situation de 2006 à une conséquence plus générale sur le Bénin.

La première idée concerne évidemment la société civile dans son ensemble. À côté des institutions prévues par la Constitution de 1990, les citoyens ont choisi de se regrouper pour défendre leur vision du système politique, en l'occurrence le compromis établi par la

Conférence des forces vives qui avaient conduit à l'adoption du texte fondamental. À ce titre, les élites urbaines en particulier se sont mobilisées, pour lutter contre le retour du clientélisme et des relations personnelles, fondée sur l'argent et potentiellement sur les soutiens locaux. Il y a bien ici la création d'un contre-pouvoir potentiel, ou tout au moins d'une veille citoyenne, à côté des institutions traditionnelles.

Dans cette mesure, il ne s'agit en aucun cas de remettre en cause le système politique. Il s'agit au contraire de le faire fonctionner normalement, ce que ni les partis politiques, ni l'exécutif, ni visiblement le législatif ne souhaitaient faire. Autrement dit, on assiste à une réappropriation du pouvoir par le peuple, par l'intermédiaire de cette société civile qui s'exprime en son nom. C'est évidemment une crise majeure car le Président a été largement élu en 2001, par plus de 80 % des voix. Or, et nous l'avons déjà étudié, cette élection présidentielle soulève de véritables questions en raison de l'absence du principal candidat d'opposition, au second tour, et en raison des circonstances mêmes qui ont conduit à l'alliance de la plupart des candidats derrière Kérékou pour des raisons évidentes de collusion.

b/ Le contrôle, le Parlement et la Cour constitutionnelle

Dans quelle mesure cette situation montre-t-elle une évolution de la démocratie béninoise ? Pour le comprendre, il faut revenir sur un autre épisode de tension, cette fois entre l'Assemblée nationale et la société civile, et sur l'intervention de la Cour constitutionnelle.

Le 23 juin 2006, 3 mois après l'élection présidentielle qui semble consacrer la victoire de la société civile sur les partis politiques et sur l'ancienne société, l'Assemblée nationale vote un projet de révision pour faire passer le mandat des députés de quatre à cinq ans[601]. La population, là aussi par la voie de la société civile et des O.N.G., exprime son mécontentement devant cette nouvelle révision. Cette fois c'est la Cour constitutionnelle qui intervient, dans un cadre très particulier, puisque la situation est en effet très tendue avec les

[601] Cf. M. Sene, « le juge constitutionnel face au défi de la continuité démocratique en Afrique noire francophone », in *La (dis) continuité en Droit*, Actes de colloques de l'IFR, Hélène Simonian-Gineste, Presses de l'Université Toulouse 1 Capitole, 2018, p. 239.

intervenants civils. La Cour rappelle le cadre initial[602], le compromis de la Conférence des forces vives, et ce que sous-entend ce compromis en ce qui concerne les équilibres internes au niveau institutionnel et au niveau démocratique.

Nous retrouvons ici un autre questionnement que nous avons rencontré. La Cour constitutionnelle se positionne contre les institutions politiques traditionnelles, en l'occurrence l'Assemblée nationale, pour défendre les intérêts de la démocratie béninoise telle qu'ils étaient présentés dans le texte initial de 1990. Il y a bien de nouveau un retour à l'idée de compromis et de consensus, que ne peuvent en aucun cas trahir les institutions. À ce titre, en 2006, la Cour agit bien avec la société civile, contre les deux pouvoirs politiques, le Président, et l'Assemblée.

2/ Un renouveau des partis

La crise en question ne fait pas que remettre en cause un Président et sa volonté de rester au pouvoir. En permettant l'élection d'un homme extérieur, en condamnant le fonctionnement partisan qui a pu conduire à la tentative en cause, le mouvement de 2006 est aussi à l'origine d'une transformation de l'idée même de partis politiques. La création d'un nouveau parti politique, l'année suivante, en 2007, en est un des indices (a). Faut-il voir dans la loi de 2018 un aboutissement de cette évolution (b) ?

a/ Force Cauris et bloc progressiste

Jusqu'en 2006, l'éclatement partisan était un fait indéniable au sein de l'Assemblée nationale. Bien qu'il s'agisse d'une volonté du constituant, qui, par la représentation proportionnelle, voulait empêcher le Président d'avoir une majorité au sein de l'assemblée, et donc d'utiliser un parti majoritaire et tout-puissant pour conserver le pouvoir, cette situation donnait une grande partie de la latitude politique aux factions présentes dans l'assemblée. Le mouvement de 2006 a été suivi par la création d'un parti politique beaucoup plus fort qui a remporté les élections législatives suivantes, au nom d'une majorité présidentielle. Dans la même perspective, la future élection

---

[602] Cf. Décision de la Cour constitutionnelle 06-074 du 8 juillet 2006, http://www.Cour-constitutionnelle-benin.org/doss_decisions/06074.pdf., consulté le 11-04-2019 à 01h16.

de 2019 est déjà placée sous le signe d'un affrontement entre des grands partis politiques, et non plus des petites factions, l'un de ces partis ayant été créé pour soutenir le Président en place.

En 2007, lorsque les Forces Cauris pour un Bénin Emergent, FCBE, voient le jour, il s'agit d'une alliance de plusieurs structures politiques conçues pour faciliter l'arrivée à l'Assemblée d'un parti suffisamment puissant pour soutenir le Président. En 2018, cette alliance de partis est devenue un parti politique. On peut penser qu'il s'agit ici d'une profonde transformation de la vie béninoise, au regard d'un certain nombre de conséquences directes.

En 2018, un autre parti politique a vu le jour, autour du Président Talon. La logique apparemment est la même. Il s'agit de créer un bloc progressiste pour soutenir la politique du Président au sein de l'Assemblée nationale.

Mais ces deux phénomènes ne sont-ils pas justement à rapprocher ? Une démocratie est aussi caractérisée par l'alternance au pouvoir de forces opposées. Or, avec la crise de 2006, le principal problème réside justement dans l'absence d'opposition réelle dans les institutions. Le parti créé en 2007 tout comme celui qui a vu le jour en 2018 sont des formations de gouvernement qui peuvent s'opposer autour de questions réelles, de principes, d'idées, et non plus de perspectives purement clientélistes.

b/ La loi de 2018 comme aboutissement ?

N'est-ce pas justement le résultat voulu par les différents textes votés en 2018 ?

Le but initial était d'éviter la toute-puissance d'un Président par le facteur majoritaire. Or, dans le fonctionnement, on a pu constater que l'affaiblissement des partis politiques, leur trop grand nombre, leur difficulté à fonctionner, y compris à l'Assemblée nationale, servaient justement le Président qui pouvait utiliser d'autres techniques que les techniques politiques démocratiques (corruption, clientélisme, soutien et service) pour obtenir le soutien que ne lui avait pas donné l'électorat. Dans ces conditions, les réformes de 2018 ont pour but de créer de grands partis politiques au sein de l'Assemblée nationale, à la fois avec une pression financière (sur les fonds publics destinés aux partis politiques) et une question de caution (en particulier pour les élections à la présidentielle et pour les élections législatives). Des partis moins nombreux pourraient donc mieux fonctionner en offrant une véritable alternative aux électeurs. Il ne s'agit plus de poser la question d'un Président tout-puissant. Il s'agit cette fois de s'interroger sur le rôle du parti politique et sur son action, au sein d'une démocratie qui fonctionne. Or, l'alternance est la première condition de cette démocratie.

Dans ces conditions, la situation pourrait évoluer vers une démocratie beaucoup plus apaisée, qui fournirait deux ou trois camps politiques, avec des idées distinctes, des programmes, en matière économique et sociale, des perspectives différentes offertes à la population avant chaque élection.

Conclusion du chapitre 2

Le recours aux partis politiques, dans un système démocratique, permet-il une expression juste et normale du peuple ?

L'intérêt de cette question réside principalement dans le rapport établi entre le peuple et le système partisan. À la lumière des exemples américains et français, nous avons déjà pu constater l'importance de l'encadrement administratif et financier, pour permettre un fonctionnement approprié et satisfaisant des partis politiques. À ce titre, le Bénin intègre également cette problématique en prévoyant un encadrement administratif et un encadrement financier. Il faut toutefois préciser, que le premier a un autre but, plus politique, limiter le nombre de partis politiques. Le second s'inscrit dans la même perspective, pour répondre là aussi à une problématique purement béninoise. De fait, au Bénin, les partis politiques ne sont pas seulement l'expression du peuple. Ils sont aussi considérés comme un instrument utile et nécessaire, qu'il faut toutefois réguler pour éviter des excès, en particulier concernant leur nombre.

Nos développements ont aussi permis d'étudier l'importance des partis politiques dans la vie démocratique et dans son évolution. On pourrait insister sur les crises traversées par le Bénin, au regard des difficultés nées du système partisan. Mais, après étude, on constate que des crises comparables sont intervenues, même très récemment, dans les systèmes américains ou français. Le parti politique est donc un indice important du bon fonctionnement d'une démocratie. Dans cette mesure, un régime fondé sur le peuple doit disposer d'un système partisan équilibré, encadré, juridiquement et financièrement, et qui réponde aux préoccupations de représentativité des courants d'opinion.

Le Bénin rencontre des difficultés singulières, en particulier un multipartisme excessif. Les dernières réformes menées, principalement en 2018, montrent que cette difficulté est connue. Les remèdes trouvés (organisation financière, blocage administratif, etc.) devraient permettre de stabiliser la démocratie béninoise en apportant des réponses adaptées par la diminution du nombre de partis politiques et leurs meilleures relations avec les questionnements politiques et sociaux.

Conclusion du titre 2

La nécessaire intervention du peuple dans un régime démocratique conduit à soulever la question du suffrage universel et de sa pratique et du recours aux partis politiques.

Après avoir étudié les exemples américains et français, sur ces deux thématiques, nous avons pu faire apparaître un certain nombre de questions liées au rapport à la majorité, au découpage électoral, pour la première thématique, et aux partis politiques dans leur organisation et dans leur évolution, pour la seconde. Cette analyse apporte plusieurs réponses concernant le Bénin.

D'une part, ce pays a été confronté à des crises identiques en termes de cause – le rapport à la majorité en particulier – et s'efforce de mettre en œuvre des dispositifs qui lui sont propres. Le retour vers les circonscriptions électorales, le débat sur leur bon fonctionnement, un ensemble aussi de remise en cause démontrent que le sujet n'est pas clos mais que des évolutions sont possibles.

D'autre part, parce que le Bénin est aussi marqué par un problème partisan majeur, depuis sa démocratisation en 1990, des réformes ont été lancées pour limiter le nombre de partis politiques et mieux coordonner le système partisan et le fonctionnement politique général. À ce titre, les dernières réformes qui visent les aspects administratifs et financiers semblent fournir des réponses là aussi adaptés, qu'il sera nécessaire évidemment de suivre à moyen terme.

Conclusion de la seconde partie

Trois remarques permettront de conclure cette seconde partie.

D'une part, nous avons cherché à comprendre la place du peuple dans les rapports institutionnels prévus par la Constitution de 1990. Dans l'analyse de l'intervention populaire en matière d'institution, au Bénin, notre constat est donc relativement nuancé puisque, si d'un côté, nous retrouvons bien la présence significative du peuple en tant que corps électoral à plusieurs moments des transformations éventuelles du système, de l'autre, c'est une organisation non élue, la Cour constitutionnelle, qui dispose d'un pouvoir majeur, y compris contre le peuple lui-même... Il est donc très singulier de soulever la question de la place de l'organe juridictionnel au sein d'une démocratie, au regard de sa potentielle contradiction vis-à-vis de la volonté populaire et des conséquences de cette contradiction.

D'autre part, nous avons voulu étudier les modalités de l'intervention populaire par une étude des élections. Le Bénin fournit ici un exemple particulier en raison de ses modalités et de son rapport aux organes élus, exécutif comme législatif en termes de majorité.

Ceci nous a conduits à une troisième conclusion, concernant les vecteurs politiques et juridiques, en l'occurrence les partis politiques. Tout en retrouvant certains aspects américains et français, notre analyse met en lumière une évolution en cours, d'autant plus importante qu'elle semble corriger une situation compliquée par un multipartisme excessif.

CONCLUSION GENERALE

A la fin de cette étude sur « les institutions démocratiques au Bénin, analyse comparée France États-Unis », nous pouvons revenir sur le questionnement initial concernant le peuple et sa place dans un régime politique.

Vecteur principal de toute démocratie, le peuple souverain est évidemment le fondement de la vie démocratique d'un État. La mise en œuvre de sa souveraineté se déploie dans un régime de démocratie représentative comme c'est le cas dans les trois pays que nous avons étudiés.

I/ Retour sur les conclusions

En analysant la participation du peuple lors de la construction du régime et dans le cadre de son fonctionnement, nous avons été amenés à comparer le fonctionnement des trois pays, États-Unis, France et Bénin, pour en tirer des enseignements au regard de la définition même du peuple, d'une part, et de son intervention plus généralement dans un régime politique, d'autre part.

A/ La construction des institutions

Le rapport du peuple à un régime, dans une perspective juridique, ne peut être compris qu'en posant une série de définitions qui clarifient les situations et ouvrent des voies d'analyse. À ce titre, l'approche comparatiste enrichit l'étude et s'avère particulièrement pertinente pour en tirer les principaux enseignements.

Dans une première approche, nous avons pu revenir sur le concept même de peuple pour nous interroger sur ses conséquences au-delà même de sa matérialité initiale.

De fait, qu'est-ce qu'un peuple en droit ? La première réponse, la plus naturelle, renvoie à l'utilisation de l'instrument politique premier dans une démocratie, le vote. À ce titre, le peuple c'est d'abord et avant tout le corps électoral qui s'exprime en son nom. Dans cette logique, il convie d'en examiner les règles, les modalités d'évolution dans le temps, pour mettre en exergue les crises qui ont pu forger, peu à peu, un peuple, en fonction des pays. C'est ici que l'approche comparatiste trouve tout son intérêt. En examinant l'histoire des États-Unis, de la France et du Bénin, on comprend que la transformation en démocratie est le résultat de crises successives. La nature de ces crises est différente car elle correspond souvent à l'évolution circonstancielle du pays. Elle fait toutefois apparaître des questionnements significatifs, l'extension progressive du suffrage, le vote des femmes, ou encore l'esclavage et ses conséquences.

Dans un second temps, un questionnement tout aussi important porte sur l'unité du peuple. Sous-entendre l'existence d'un corps électoral étendu pose la question de l'égalité entre les citoyens. À ce titre, il faut donc s'inquiéter aussi des questionnements sur la citoyenneté, l'identité, l'appartenance potentielle au peuple. C'est sans doute sur cette thématique que l'exemple béninois est le plus singulier. Il pose la question du rapport à l'ethnie et de ses conséquences par l'intermédiaire du concept de fils du terroir.

Ceci posé, reste à faire de ce concept un acteur principal au niveau juridique. C'est ce qui nous a conduits à nous intéresser à la fonction constituante, qu'elle soit originaire ou dérivée, pour en comprendre le fonctionnement et les enseignements.

Dans le cadre de la fonction constituante, nous avons remarqué que l'intervention de ce peuple dans la construction des institutions se fait, en théorie, dans des domaines identiques, tels l'établissement du texte fondamental, le processus de sa rédaction, de sa ratification ainsi que de sa révision, tant au Bénin qu'aux États-Unis qu'en France. Mais en pratique, nous avons relevé que, dans le cas de l'élaboration de la Constitution béninoise de 1990, l'intervention du peuple béninois s'est démarquée de celle des peuples américain et français lors de l'établissement de sa Constitution puisqu'il s'agit d'une transformation révolutionnaire pour mettre fin à un régime autoritaire et parvenir à un système démocratique, contrairement aux exemples américains de 1787 et français de 1958.

Au-delà cette particularité, on pourrait penser, que le peuple, non seulement, occupe une place majeure, mais aussi et surtout, est perçu comme un vecteur légitimant au sein de la structure constituant initiale. Il n'est pas en charge de la désignation de l'organe constituant originaire. Celui-ci choisit d'ailleurs seul de se donner cette fonction, assurant ici la représentation du souverain, en affirmant sa propre souveraineté et sa propre compétence pour rédiger une Constitution, qu'il soumet au peuple en dernier ressort pour ratification par l'intermédiaire d'un référendum.

S'il est vrai que « les Constitutions sont matière vivante : elles naissent, vivent, subissent les déformations de la vie politique, sont l'objet de révisions plus ou moins importantes, et peuvent disparaître »[603], la Constitution béninoise de 1990, n'échappe pas à cette logique. Cependant, depuis sa naissance juridique en décembre 1990, elle n'a jamais été modifiée, ni révisée. Cette longévité relative tient, sans doute, aux conditions de son élaboration. Néanmoins, à l'expérience pourtant, on constate qu'elle ne résiste pas indéfiniment à l'évolution de la société béninoise en matière de la pratique des principes gouvernant un État démocratique. Il n'est, d'ailleurs, de Constitution qui puisse être définitive. Il faudra lui apporter des retouches, des compléments, des adaptations. Dans cette optique, plusieurs tentatives de révisons ont été initiées au Bénin, mais aucune n'a abouti. Les raisons sont multiples – abandon en Cours de procédure, blocage au moment d'une des étapes, intervention de la Cour constitutionnelle – une telle constance invite à s'interroger sur le pouvoir de révision au Bénin et sur le rapport entre le constituant dérivé[604], censé pouvoir intervenir à l'intérieur de la Constitution, en en respectant les règles, pour la modifier, et le régime et ses principales caractéristiques. Dans ce contexte, le peuple béninois, souverain, détenteur du pouvoir constituant dérivé n'a pas encore eu l'occasion de ratifier une révision par voie référendaire contrairement aux peuples français et américain.

En conséquence, l'exercice du pouvoir constituant dérivé, dans le cadre de la fonction constituante dérivée, nous a permis de mettre en exergue trois constats.

---

[603] P. Pactet, F. Melin-Soucramanien, *Droit constitutionnel*, Paris, Dalloz, 32è édition, 2013, p.61. ; Cf. C. Bigaut, « Les révisions de la Constitution de 1958 », in *Documentation française*, n° 1.20 spécial Documents d'études, mars 1996, p. 13-23, cité par A. Galebray, « réflexion sur les révisions constitutionnelles en Afrique noire francophone de 1990 à 2014 : le cas du Congo, du Tchad et du Togo », in *Revue juridique et politique des États francophones,* n°2,…, op. cit., p. 215.

[604] Cf. F. Moderne, *Réviser la Constitution : analyse comparative d'un concept indéterminé,* Paris, Dalloz, 2006.

D'abord, les procédures utilisées aux États-Unis, en France et au Bénin placent le peuple dans une position relativement restreinte. Il n'est pas à l'initiative de la procédure, du moins directement. Il n'intervient pas non plus au moment de la discussion. Sa seule intervention apparaît au moment de la ratification. Là encore, cette intervention n'est pas automatique, en considérant les exemples français et béninois. De fait, la ratification est confiée un autre organe, censé d'agir au nom du peuple.

Ensuite, la procédure constituante dérivée nous a permis de mettre en avant l'importance d'un acteur au sein du régime. Aux États-Unis, cet acteur est l'organe législatif qui, en pratique, intervient de manière initiale pour lancer une révision. En France et au Bénin l'acteur en question est l'organe exécutif, à titre principal. On constate ici une distorsion importante entre la théorie et la pratique puisque nous passons d'une théorie qui comporte une intervention concurrente de deux organes, législatif et exécutif, à une pratique qui privilégie l'un d'entre eux, en l'occurrence le Président.

Enfin, le système béninois dispose d'une véritable originalité en ce qui concerne son contrôle puisqu'il comporte un contrôle de constitutionnalité des lois de révision au niveau matériel. Cet élément est important car il conduit une Cour non élue à pouvoir empêcher une révision constitutionnelle qui serait voulue par les organes constitués, Président et Assemblée, et même peut-être par le peuple lui-même. Ceci soulève la question de la place de la Cour constitutionnelle dans une organisation démocratique. Au Bénin, le choix a été fait de donner à cette Cour la possibilité d'empêcher un peuple devenu simplement un organe constituant dérivé, directement ou par l'intermédiaire de ses représentants, de trahir l'esprit initial du texte. Tout le paradoxe est dans ce constat.

Ce tour d'horizon nous permet, non seulement d'évoquer la mise en place des organes constituants et le contexte qui a conduit à la construction constitutionnelle initiale, mais aussi de relever les procédures suivies, les mécanismes mis en place et un certain nombre de dispositions similaires. La proximité avec le système français est tangible, sur plusieurs points, malgré une certaine spécificité béninoise. Celle-ci se rapporte à la place de la Cour constitutionnelle dans le cadre de la procédure constituante dérivée. Tout en étant très intéressant du point de vue juridique, nous avons noté une véritable contradiction potentielle entre la volonté du peuple et la volonté d'un organe non élu, la Cour.

B/ Le fonctionnement des institutions

Notre seconde partie avait pour but d'examiner l'intervention du peuple dans le fonctionnement des institutions. Dans ce cadre, nous avons remarqué que le peuple, en tant que corps électoral, intervient dans la désignation des pouvoirs constitués par des modalités spécifiques prévues dans les différents pays pour organiser les scrutins, encadrer le vote et proclamer les résultats. L'action du corps électoral s'est déployée non seulement dans la pratique du suffrage universel, avec des règles qui lui correspondent, mais aussi par la participation des partis politiques. Tout ceci s'inscrit dans une approche liée à chaque État concernant l'organisation de ses pouvoirs et plus spécifiquement le concept de séparation.

En plus de ces deux moyens d'intervention du peuple dans le bon fonctionnement des institutions, nous avons examiné les rapports d'interventions réciproques entre les pouvoirs constitués dans ces trois régimes fondés sur le principe de la séparation des pouvoirs.

L'étude du modèle béninois a révélé des distorsions non seulement, dans la classification des régimes à cause de sa spécificité, mais aussi en raison des moyens choisis pour résoudre les conflits entre les institutions. Dans notre logique, le rapport au peuple apparaît singulier. Car le dispositif constitutionnel laisse la place à des interventions diverses.

En effet, l'examen du texte constitutionnel révèle un Président puissant, ayant plus d'autorité et qui est en même temps le chef du gouvernement. Ce dernier, nonobstant sa puissance, ne détient ni le droit de véto, ni le droit de dissolution, mais dispose au contraire d'un droit d'initiative, au même titre que les membres de l'assemblée et d'un droit d'interpellation des ministres. De plus, on note dans le texte l'absence d'une responsabilité politique des ministres.

Au regard de ces constatations on est loin de considérer le régime béninois comme une imitation typiquement américaine. Il est difficile de classer ce régime qui n'est ni américain ni français, puisqu'il comporte à la fois des critères du fondement des régimes américain et français. Cependant ces aspects retenus concernent un renforcement de l'organe exécutif, en l'occurrence le Président.

Dans son fonctionnement, le Bénin a opté pour un régime présidentiel avec une discussion permanente entre les deux principaux pouvoirs : l'exécutif et le législatif. En effet, la pratique de la séparation des pouvoirs soulève la question de leur coordination, de leur conciliation et de leur travail en commun. L'actualité béninoise illustre parfaitement la difficulté inhérente à ce mode de fonctionnement politique.

L'analyse des tensions qui peuvent intervenir entre les organes nous a permis d'appréhender l'originalité béninoise et d'insister sur un aspect sans doute particulier de l'évolution de son organe judiciaire constitutionnel.

D'une part, on constate un certain parallélisme en ce qui concerne les tensions, principalement au regard des conséquences de l'origine majoritaire des différents pouvoirs et organes, aux États-Unis, en France, et au Bénin.

D'autre part, la Cour constitutionnelle béninoise a tendance à utiliser sa compétence pour intervenir dans une interprétation globale des relations entre les pouvoirs, par l'intermédiaire de la Constitution. Cet aspect manifeste la spécificité du Bénin au regard des deux autres pays. Certaines de ses prises de position montrent que, dans le cadre de son contrôle, elle a tendance à utiliser des a priori, des perspectives beaucoup plus personnelles, qui font dépendre le fonctionnement politique de son bon vouloir. Dans ce cadre, elle devient beaucoup plus une Cour politique qui aurait un rôle à jouer, non seulement pour équilibrer les institutions, mais aussi et surtout pour s'assurer du bon fonctionnement de la Constitution. Le principal danger est évidemment l'absence de lien avec le peuple au titre de la légitimité…

Toutes ces analyses nous ont amenées à insister sur l'originalité du régime béninois malgré une certaine ressemblance possible avec la pratique présidentielle américaine. La présence d'une initiative législative pour le Président et l'absence du droit de veto font de l'architecture béninoise une structure inédite en tant que telle.

L'autre aspect de notre étude portait sur l'intervention du peuple par l'intermédiaire du suffrage universel et de son encadrement dans le cadre du système partisan.

L'examen de la mise en pratique du suffrage universel, en combinant les expériences françaises et américaines au fonctionnement béninois, nous a permis d'élucider le choix des pouvoirs constitués à l'aune du principe de la majoritaire.

En conséquence, l'élection du Président, aux États-Unis, en France, ainsi qu'au Bénin, a posé la question du rapport à cette majorité.

Quant à la désignation de l'organe législatif, la question est quelque peu différente compte tenu de la technique du découpage électoral. La mise en œuvre de ce découpage a influencé le corps électoral dans sa composition. De fait, ce n'est pas le peuple dans son ensemble qui s'exprime, mais un ensemble de citoyens, organisés par circonscription électorale. Ce qui a modifié profondément l'expression et ses modalités.

De l'autre côté, l'intervention du peuple s'est faite par l'intermédiaire des partis politiques qui concentre des suffrages pour faciliter l'élection et ainsi permettre une meilleure représentation de la population dans les structures élues. Pour ce faire, la nécessité d'un système partisan équilibré, encadré, juridiquement et financièrement, et qui réponde aux préoccupations de représentativité des courants d'opinion s'avère indispensable.

Sur toutes ces thématiques, la mise en perspective du système béninois avec les exemples américains et français permet de comprendre sa singularité et, dans le même temps, son appartenance à un modèle commun concernant l'intervention populaire.

La première conclusion renvoie ainsi à la place du peuple et à la relative difficulté de l'intégrer dans un système politique. Dans les trois cas, le peuple est au cœur du régime qui se qualifie lui-même démocratique. Néanmoins, il faut procéder à une série de précision et de rectification pour parvenir à un concept juridique opérant. D'abord, le peuple en tant que tel renvoi au corps électoral, c'est-à-dire à l'ensemble des citoyens. Ensuite, dans le cadre d'une élection, le peuple qui légitime le pouvoir est en réalité une majorité qui se constitue à l'intérieur de ce peuple. Enfin, les différentes modalités d'organisation des scrutins conduisent à s'interroger sur la participation réelle ou non du peuple. Le prisme partisan est particulièrement important dans ce cadre.

La deuxième conclusion est directement liée à l'approche choisie pour cette thèse. Le but était de mettre en lumière par une analyse comparatiste les différences et les points communs qui existent entre des pays qui se réclament de la démocratie. À ce titre, l'approche comparatiste permet d'ouvrir des champs d'investigation pour relever les originalités d'un pays par rapport à un autre. La pratique de la séparation des pouvoirs au Bénin et, en particulier, l'importance de la Cour constitutionnelle sont des traits essentiels pour comprendre cette démocratie. De même, le rapport au peuple et à l'ethnie, par l'intermédiaire du fils du terroir, implique de s'interroger plus généralement sur les mécanismes appropriés, en fonction de la population, de son histoire, et des circonstances, pour mettre en œuvre une démocratie de manière générale.

Quant à la troisième conclusion, elle porte sur les évolutions des institutions. L'histoire est importante pour conduire à comprendre cette évolution. Les exemples américains et français le démontrent aisément. La relative jeunesse du Bénin renvoie ici à des questions plus spécifiques sur l'évolution potentielle et sur ses conséquences. L'actualité nous conduit et a consacré la deuxième partie de cette conclusion.

II/ L'actualité béninoise, une crise en attente

Au moment où nous écrivons ces lignes, quelques jours seulement nous séparent d'un scrutin législatif qui aurait dû être déterminant. Comme nous l'avons relevé dans la thèse, la réforme électorale de 2018, au Bénin, avait pour but de mettre fin à une difficulté liée au système partisan en obligeant les différents courants politiques à se réunir pour limiter le multipartisme. Le résultat est tout autre au regard de l'actualité.

Obéissant en cela à la nouvelle loi, les formations politiques devaient se tourner vers la Commission électorale nationale autonome qui avait déjà fixé à la mi-janvier une liste électorale permanente informatisée. Dans un premier temps, la situation semblait relativement simple.

D'un côté, le Président en place, Patrice Talon, avait choisi de regrouper des structures politiques autour de son programme. On trouvait ainsi le Parti du renouveau démocratique, du Président de l'Assemblée nationale, Adrien Houngbedji, et l'Union fait la nation, un ancien allié du Parti de la renaissance du Bénin. C'est donc avec deux partis politiques que le Président actuel souhaitait se présenter à l'élection législative pour pouvoir remporter une majorité au sein de l'Assemblée.

De l'autre, l'opposition, ayant parfaitement compris les conséquences du nouveau système, avait choisi de se réunir au sein d'une structure relativement unifiée. Les partis politiques d'opposition, avec leurs principaux chefs Boni Yayi et Nicéphore Soglo avaient finalement constitué une liste unique regroupant sous le nom de Coalition pour la défense de la démocratie l'ensemble des acteurs. Fin février, sept formations politiques étaient en place, les quatre premières ralliées au Président actuel, l'Union progressiste, le Bloc républicain, le Parti du renouveau démocratique et le Mouvement des élites engagées pour l'émancipation du Bénin, les trois autres se réclamant de l'opposition, la Force Cauri pour le développement du Bénin, l'Union sociale libérale et l'Union démocratique pour un Bénin nouveau.

La situation change totalement avec la décision rendue par la Commission électorale nationale autonome, le 5 mars. Seules les listes présentées par l'Union progressiste et le Bloc républicain sont autorisées à participer aux élections législatives. Ceci exclut d'office toutes les formations d'opposition.

Dans les semaines qui suivent, des tentatives de conciliation et surtout de sortie de crise en respectant les perspectives juridiques échouent. À l'heure actuelle, le scrutin du 28 avril a été maintenu, bien que, dans les faits, il ne permette pas un choix pour les électeurs. Seuls les alliés du Président sont en place.

Ce constat est particulièrement dangereux pour la démocratie béninoise. Les principaux éléments qui avaient été tirés de la réforme électorale de 2018 pouvaient laisser présager à une stabilisation du régime avec la mise en place de deux ou trois pôles politiques. Le but était d'éviter le multipartisme excessif pour faciliter un dialogue entre le Président et l'Assemblée. Les crises rencontrées au moment des différentes tentatives de révision avaient largement démontré les difficultés possibles d'un régime politiquement éclaté.

Dans la pratique, la réforme de 2018 semble délétère pour le fonctionnement politique. Si elle conduit simplement à la disparition de l'opposition et de sa représentation politique au bénéfice d'une Assemblée intégralement soumise au Président (avec la perspective d'une révision constitutionnelle rendue beaucoup plus facile), cette réforme risque de transformer profondément le pays en reléguant l'opposition dans la rue. Sans avoir de moyens d'expression au sein de la Cour ou au sein de l'Assemblée, l'opposition risque de ne plus avoir comme autre moyen qu'une pression extérieure, ce qui mettrait en danger les institutions elles-mêmes.

Ces dernières remarques sont pessimistes. Dans le cadre de notre étude, nous avons pu constater la survenue de crises, plus ou moins fréquentes, dans les régimes démocratiques. Sans être un principe, ce constat explique des transformations institutionnelles, justifie des interrogations plus générales sur la place du peuple et sur sa bonne représentation.

Le Bénin constitue un exemple d'évolution démocratique en Afrique. Il a permis, depuis 1990, de donner une forme juridique aux particularismes locaux, de prouver que la stabilité juridique et politique était possible, y compris avec des alternances parfois inattendues en matière partisane.

Quelle conséquence peut avoir la situation actuelle ? À court terme, on peut penser qu'une révision constitutionnelle est souhaitée par le Président en place. À moyen terme, c'est la future élection présidentielle qui peut décider de transformations supplémentaires en sanctionnant le Président suite aux élections législatives qui vont se dérouler. À plus long terme, il s'agit peut-être aussi de poser la question du texte de 2018 ou tout simplement de faciliter l'organisation des partis pour mieux répondre à ce texte.

Seul l'avenir permettra de savoir si les Béninois font le choix d'une remise en cause de leurs institutions ou si c'est une pratique à moyen terme qui tirera toutes les leçons de la crise actuelle.

ANNEXES

Annexe 1 : Carte Politique et Administrative du Benin : Les Douze Départements (12)

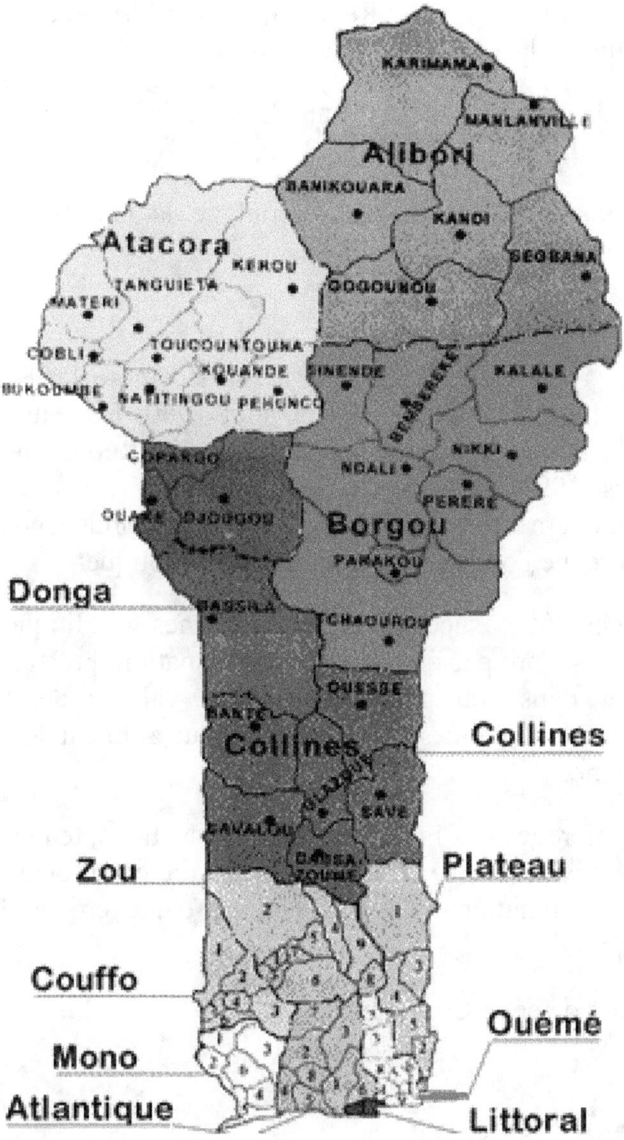

Annexes 2 : La Constitution de la République du Bénin

Loi N° 90-32 du 11 décembre 1990 portant Constitution de la République du Bénin.

Le Haut Conseil de la République conformément à la loi constitutionnelle du 13 août 1990 a proposé,

Le Peuple béninois a adopté au Référendum constituant le 02 décembre 1990,

Le Président de la République promulgue la Constitution dont la teneur suit :

Préambule

Le Dahomey, proclamé République le 04 décembre 1958, a accédé à la souveraineté internationale le 1er août 1960. Devenu République Populaire du Bénin, le 30 novembre 1975, puis République du Bénin le 1er mars 1990, il a connu une évolution constitutionnelle et politique mouvementée depuis son accession à l'indépendance. Seule est restée pérenne l'option en faveur de la République.

Les changements successifs de régimes politiques et de gouvernements n'ont pas émoussé la détermination du Peuple béninois à rechercher dans son génie propre, les valeurs de civilisations culturelles, philosophiques et spirituelles qui animent les formes de son patriotisme.

Ainsi, la Conférence des Forces Vives de la Nations, tenue à Cotonou, du 19 au 28 février 1990, en redonnant confiance au peuple a permis la réconciliation nationale et l'avènement d'une ère de Renouveau Démocratique.

Au lendemain de cette Conférence,

NOUS, PEUPLE BENINOIS

- Réaffirmons notre opposition fondamentale à tout régime fondé sur l'arbitraire, la dictature, l'injustice, la corruption, la concussion, le régionalisme, le népotisme, la confiscation du pouvoir et le pouvoir personnel ;

- Exprimons notre ferme volonté de défendre et de sauvegarder notre dignité aux yeux du monde et de retrouver la place et le rôle de pionnier de la démocratie et de la défense des Droits de l'Homme qui furent naguère les nôtres ;

- Affirmons solennellement notre détermination par la présente Constitution de créer un État de droit de démocratie pluraliste, dans les droits fondamentaux de l'homme, les libertés publiques, la dignité de la personne humaine et la justice sont garantis, protégés et promus comme la condition nécessaire au développement véritable et harmonieux de chaque Béninois tant dans sa dimension temporelle, culturelle que spirituelle ;

- Réaffirmons notre attachement aux principes de la Démocratie et des droits de l' Homme tels qu'ils ont été définis par la charte des Nations -Unies de 1945 et la déclaration Universelle des Droits de l' Homme de 1948, à la charte Africaine des Droits de l' Homme et des peuples adoptés en 1981 par l'Organisation de l' Unité Africaine, ratifiée par le Bénin le 20 janvier 1986 et dont les dispositions font partie intégrante de la présente Constitution et du Droit béninois et une valeur supérieure à la loi interne ;

- Affirmons notre volonté de coopérer dans la paix et l'amitié avec tous les peuples qui partagent nos idéaux de liberté, de justice, de solidarité humaine, sur la base des principes d'égalité, d'intérêt réciproque et de respect mutuel de la souveraineté nationale et de l'intégrité territoriale ;

- Proclamons notre attachement à la cause de l'Unité Africaine et nous engageons à tout mettre en œuvre pour réaliser l'intégration sous - régionale et régionale ;

- Adoptons solennellement la présente Constitution qui est la Loi Suprême de L'État et laquelle nous jurons loyalisme, fidélité et respect.

TITRE PREMIER : DE L'ÉTAT ET DE LA SOUVERAINETE

Article 1er

L 'État du Bénin est une République indépendante et souveraine

- La capitale du Bénin est PORTO-NOVO.

- L'Emblème national est le drapeau tricolore vert, jaune et rouge.

En partant de la hampe, une bande verte sur toute la hauteur et sur les deux cinquièmes de sa longueur, deux bandes horizontales égales : la supérieure jaune l'inférieure rouge.

- L'Hymne de la République est l'« AUBE NOUVELLE ».

- La Devise de la République est « FRATERNITE -JUSTICE-TRAVAIL »

- La langue officielle est le Français.

- Le sceau de L'État, constituée par un disque de cent vingt millimètres de diamètres, représente :

- à l'avers une pirogue chargée de six étoiles à cinq rais voguant sur des ondes, accompagnée au chef d'un arc avec une flèche en palme soutenu de deux recardes en sautoir et, dans le bas, d'une banderole portant la devise « FATERNITE-JUSTICE-TRAVAIL» avec, à l'entoure, l'inscription « République du Bénin » ;

- et au revers un écu coupé au premier du sinople, au deuxième parti d'or et de gueules, qui sont les trois couleurs du drapeau, l'écu entouré de deux palmes au naturel les tiges passées en sautoir.

- Les armes du bénin sont :

· Ecartelé au premier quartier d'un château Somba d'or ;

· Au deuxième d'argent à l'étoile du Bénin au naturel c'est-à-dire une croix à huit pointes d'azur anglées de rayons d'argent et de sable en abîme ;

· Au troisième d'argent palmier de sinople chargé d'un fruit de gueule ;

· Au quatrième d'argent au navire de sable voguant sur une mer d'azur avec en brochant sur la ligne de l'écartelé un losange de gueule

- Supports : deux panthères d'or tachetées ;

- Timbre : deux cornes d'abondance de sable d'où sortent des épis de maïs ;

- Devise : Fraternité - Justice - Travail en caractère de sable sur une banderole.

Article 2

La République du Bénin est une et indivisible, laïque et démocratique.

Son principe est : Le gouvernement du peuple, par le peuple et pour le peuple.

Article 3

La souveraineté nationale appartient au peuple. Aucune fraction du peuple, aucune communauté, aucune corporation, aucun parti ou association politique, aucune organisation syndicale ni aucun individu ne peut s'en attribuer l'exercice.

La souveraineté s'exerce conformément à la présente Constitution qui est la Loi Suprême de l'État.

Toute loi, tout texte réglementaire et tout acte administratif contraires à ces dispositions sont nuls et non avenus. En conséquence, tout citoyen a le droit de se pourvoir devant la Cour constitutionnelle contre les lois, textes et actes présumés inconstitutionnels.

Article 4

Le peuple exerce sa souveraineté par ses représentants élus et par voie de référendum. Les conditions de recours au référendum sont déterminées par la présente Constitution et par une loi organique.

La Cour constitutionnelle veille à la, régularité du référendum en proclame les résultats.

Article 5

Les partis politiques concourent à l'expression du suffrage. Ils se forment et exercent librement leurs activités dans les conditions déterminées par la charte des partis politiques. Ils doivent respecter les principes de la souveraineté nationale, de la démocratie, de l'intégrité territoriale et de la laïcité de l'État.

Article 6

Le suffrage est universel, égal et secret. Sont électeurs dans les conditions déterminées par la loi, tous les nationaux béninois des deux sexes âgés de dix-huit ans révolus et jouissants de leur droit civil et politique.

TITRE II : DES DROITS ET DES DEVOIRS DE LA PERSONNE HUMAINE

Article 7

Les droits et des devoirs proclamés et garantis par la Charte Africaine des droits de l'Homme et des Peuples adoptée en 1981 par l'Organisation de l'Unité Africaine et ratifiée par le Bénin le 20 janvier 1986 font partie intégrante de la présente Constitution et du Droit béninois.

Article 8

La personne humaine est sacrée et inviolable.

L'État a l'obligation absolue de la respecter et de la protéger. Il lui garantit un plein épanouissement. A cet effet, il assure à ses citoyens l'égal l'accès à la santé, à l'éducation, à la culture, à la formation professionnelle et à l'emploi.

Article 9

Tout être humain a droit au développement et au plein épanouissement de sa personne dans ses dimensions matérielle, temporelle, intellectuelle, spirituelle, pourvu qu'il ne viole pas les droits d'autrui ni n'enfreigne l'ordre constitutionnel et les bonnes mœurs.

Article 10

Toute personne a droit à la culture. L'État a le devoir de sauvegarder et de promouvoir les valeurs nationales de civilisation tant matérielles que spirituelles, ainsi que les -traditions culturelles.

Article 11

Toutes les communautés composant la nation béninoise jouissent de la liberté d'utiliser leurs langues parlées et écrites et de développer leur propre culture tout en respectant celles des autres.

L'État doit promouvoir le développement de langues nationales d'inter- communication.

Article 12

L 'État et les collectivités publiques garantissent l'éducation des enfants et créent des conditions favorables à cette fin.

Article 13

L 'État à l'éducation de la jeunesse par des écoles publiques. L'enseignement primaire est obligatoire L'État assure progressivement la gratuité de l'enseignement publique.

Article 14

Les institutions et les communautés religieuses peuvent également concourir à l'éducation de la jeunesse. Les écoles privées, laïque ou confessionnelles, peuvent être ouvertes avec l'autorisation et le contrôle de l'État. Les écoles privées peuvent bénéficier des subventions de L'État dans les conditions déterminées par la loi.

Article 15

Tout individu a droit à la vie, à la liberté, à la sécurité, et l'intégrité de sa personne.

Article 16

Nul ne peut être arrêté ou inculpé qu'en vertu d'une loi promulguée antérieurement aux faits qui lui sont reprochés.

Aucun citoyen ne peut être contraint à l'exil.

Article 17

Toute personne accusée d'un acte délictueux est présumée innocente jusqu'à ce que sa culpabilité ait été légalement établie au Cours d'un procès public durant lequel toutes les garanties nécessaires à sa libre défense lui auront été assurées.

Nul ne sera condamné pour des actions ou omissions qui, au moment où elles ont été commises, ne constituaient pas une infraction d'après le droit national. De même, il ne peut être infligé de peine plus forte que celle qui était applicable au moment où l'infraction a été commise.

Article 18

Nul ne sera soumis à la torture, ni à des sévices ou traitements cruels, inhumains ou dégradants.

Nul n'a le droit d'empêcher un détenu ou un prévenu de se faire examiner par un médecin de son choix.

Nul ne peut être détenu dans un établissement pénitentiaire s'il ne tombe sous le coup d'une loi pénale en vigueur.

Nul ne peut être détenu pendant une durée supérieure à quarante-huit heures que par la décision d'un magistrat auquel il doit être présenté. Ce délai ne peut être prolongé que dans des cas exceptionnellement prévus par la loi et qui ne peut excéder une période supérieure à huit jours.

Article 19

Tout individu, tout agent de L'État qui se rendrait coupable d'acte de torture, de sévices ou traitements cruels, inhumains ou dégradants dans l'exercice ou à l'occasion de l'exercice de ses fonctions, soit de sa propre initiative, soit sur instruction, sera puni conformément à la loi.

Tout individu, tout agent de L'État est délié du devoir d'obéissance lorsque l'ordre reçu constitue une atteinte grave et manifeste au respect des droits de l'homme et des libertés publiques.

Article 20

Le domicile est inviolable. Il ne peut y être effectué des visites domiciliaires ou de perquisitions que dans les formes et conditions prévues par la loi.

Article 21

Le secret de la correspondance et des communications est garanti par la loi.

Article 22

Toute personne a droit à la propriété. Nul ne peut être privé de sa propriété que pour cause d'utilité publique et contre juste et préalable dédommagement.

Article 23

Toute personne a droit à la liberté de pensée, de conscience, de religion, de culte, d'opinion et d'expression dans le respect de l'ordre public établi par la loi et les règlements. L'exercice du culte et l'expression des croyances s'effectuent dans le respect de la laïcité de L'État.

Les institutions, les communautés religieuses ou philosophiques ont le droit de se développer sans entraves. Elles ne sont pas soumises à la tutelle de L'État. Elles règlent et administrent leurs affaires d'une manière autonome.

Article 24

La liberté de la presse est reconnue et garantie par l 'État. Elle est protégée par la Haute Autorité de l'Audio - visuel et de la Communication dans les conditions fixées par une loi organique.

Article 25

L'État reconnaît et garantit, dans les conditions fixées par la loi, la liberté d'aller et venir, la liberté d'association, de réunion, de cortège et de manifestation.

Article 26

L'État assure à tous l'égalité devant la loi sans distinction d'origine, de race, de sexe, de religion, d'opinion politique ou de position sociale.

L'homme et la femme sont égaux en droit. L'État protège la famille et particulièrement la mère et l'enfant. Il veille sur les handicapés et les personnes âgées.

Article 27

Toute personne a droit à un environnement sain, satisfaisant et durable et a le devoir de le défendre. L'État veille à la protection de l'environnement.

Article 28

Le stockage, la manipulation et l'évacuation des déchets toxiques ou polluants provenant des usines ou autres unités industrielles ou artisanales installées sur le territoire national sont réglementés par la loi.

Article 29

Le transit, l'importation, le stockage, l'enfouissement, le déversement sur le territoire national des déchets toxiques ou polluants étrangers et tout accord y relatif constituent un crime contre la Nation. Les sanctions applicables sont définies par la loi

Article 30

L'État reconnaît à tous les citoyens le droit au travail et s'efforce de créer les conditions qui rendent la jouissance de ce droit effective et garantissent au travailleur la juste rétribution de ses services ou de sa production.

Article 31

L'État reconnaît et garantit le droit de grève. Tout travailleur peut défendre, dans les conditions prévues par la loi, ses droits et ses intérêts soit individuellement, soit collectivement ou par l'action syndicale. Le droit de grève s'exerce dans les conditions définies par la loi.

Article 32

La défense de la Nation et l'intégrité du territoire de la République est un devoir sacré pour tout citoyen béninois.

Le service militaire est obligatoire. Les conditions d'accomplissement de ce devoir sont déterminées par la loi.

Article 33

Tous les citoyens de la République du Bénin ont le devoir de travailler pour le bien commun, de remplir toutes leurs obligations civiques et professionnelles, de s'acquitter de leurs contributions fiscales.

Article 34

Tout citoyen béninois, civil ou militaire, a le devoir sacré de respecter en toutes circonstances, la Constitution et l'ordre constitutionnel établie ainsi les lois et règlements de la République.

Article 35

Les citoyens chargés d'une fonction publique ou élus à une fonction politique ont le devoir de l'accomplir avec conscience, compétence, probité dévouement et loyauté dans l'intérêt et le respect du bien commun.

Article 36

Chaque Béninois a le devoir de respecter et de considérer son semblable sans discrimination aucune et d'entretenir avec les autres des relations qui permettent de sauvegarder, de renforcer et de promouvoir le respect, le dialogue et la tolérance réciproque en vue de la paix et de la cohésion nationale.

Article 37

Les biens publics sont sacrés et inviolables. Tout citoyen béninois doit les respecter scrupuleusement et les protéger. Tout acte de sabotage, de vandalisme, de corruption, de détournement, de dilapidation, ou d'enrichissement illicite est réprimé dans les conditions prévues par la loi.

Article 38

L'État protège à l'étranger les droits et intérêts légitimes des citoyens béninois.

Article 39

Les étrangers bénéficient sur le territoire de la République du Bénin des mêmes droits et libertés que les citoyens béninois et ce dans les conditions déterminées par la loi. Ils sont tenus de se conformer à la Constitution, aux lois et règlements de la République.

Article 40

L'État a le devoir d'assurer la diffusion et l'enseignement de la Constitution, de la Déclaration Universelle des Droits de l 'Homme de 1948, de la Charte Africaine des Droits de l'Homme et des Peuples de 1981 ainsi que de tous les instruments internationaux dûment ratifiés et relatifs aux Droits de l'Homme.

L'État doit intégrer les droits de la personne humaine dans les programmes de d'alphabétisation et d'enseignement aux différents cycle scolaires et universitaires et dans tous les programmes de formation des Forces Armées, des Forces de Sécurité Publique et assimilés.

L'État doit également assurer dans les langues nationales par tous les moyens de communication de masse, en particulier par la radiodiffusion et la télévision, la diffusion et l'enseignement de ces mêmes droits.

TITRE III : DU POUVOIR EXECUTIF

Article 41

Le Président de la République est le chef de L'État. Il est l'élu de la Nation et incarne l'unité nationale.

Il est le garant de l'indépendance nationale, de l'intégrité territoriale et du respect de la Constitution, des traités et accords internationaux.

Article 42

Le Président de la République est élu au suffrage universel direct pour un mandat de cinq ans, renouvelable une seule fois.

En aucun cas, nul ne peut exercer plus de deux mandats présidentiels.

Article 43

L'élection du Président de la République a lieu au scrutin uninominal majoritaire à deux tours.

Article 44

Nul ne peut être candidat aux fonctions du Président de la République s'il :

- n'est de nationalité béninoise de naissance ou acquise depuis au moins dix ans ;

- n'est de bonne moralité et d'une grande probité ;

- ne jouit de tous ses droits civils et politiques ;

- n'est âgé de 40 ans au moins et 70 ans au plus à la date de dépôt de sa candidature ;

- ne réside sur le territoire de la République du Bénin au moment des élections ;

ne jouit d'un État complet de bien - être physique et mental dûment constaté par un collège de trois médecins assermentés désignés par la Cour constitutionnelle.

Article 45

Le Président de la République est élu à la majorité absolue des suffrages exprimés. Si celle-ci n'est pas obtenue au premier tour de scrutin, il est procédé, dans un délai de quinze jours, à un second tour.

Seuls peuvent se présenter au second tour de scrutin les deux candidats qui ont recueilli le plus grand nombre de suffrages au premier tour. En cas de désistement de l'un ou de l'autre des deux candidats, les suivants se présentent dans l'ordre de leur classement après le premier scrutin.

Est déclaré élu au second tour le candidat le candidat ayant recueilli la majorité relative des suffrages exprimés

Article 46

La convocation des électeurs est faite par décret pris en conseil des Ministres.

Article 47

Le premier tour du scrutin de l'élection du Président de la République a lieu trente jours au moins et quarante jours au plus avant la date d'expiration des pouvoirs du Président en exercice.

Le mandat du nouveau Président de la République prend effet pour compter de la date d'expiration du mandat de son prédécesseur.

Article 48

La loi fixe les conditions d'éligibilité, de présentation des candidatures, de déroulement du scrutin, de dépouillement et de proclamation des résultats de l'élection du Président de la République.

La loi fixe la liste civile du Président de la République et détermine la pension à allouer aux anciens Présidents de la République.

Toutefois, pour compter de la promulgation de la présente Constitution, seuls les Présidents de la République constitutionnellement élus pourront bénéficier des dispositions du précédent paragraphe.

Article 49

La Cour constitutionnelle veille à la régularité du scrutin et en constate les résultats.

L'élection du Président de la République fait l'objet d'une proclamation provisoire.

Si aucune contestation relative à la régularité des opérations électorales n'a été déposée au Greffe de la Cour par l'un des candidats dans les cinq jours de la proclamation provisoire, la Cour déclare le Président de la République définitivement élu.

En cas de contestation, la Cour est tenue de statuer dans les dix jours de la proclamation provisoire ; sa décision emporte proclamation définitive ou annulation de l'élection.

Si aucune contestation n'a été soulevée dans le délai de cinq jours et si la Cour constitutionnelle estime que l'élection n'était entachée d'aucune irrégularité de nature à en entraîner l'annulation, elle proclame l'élection du Président de la République dans les quinze jours qui suivent le scrutin.

En cas d'annulation, il sera procédé à un nouveau tour de scrutin dans les quinze jours de la décision.

Article 50

En cas de la vacance de la présidence de la République par décès, démission ou empêchement définitif, l'Assemblée Nationale se réunit pour statuer sur le cas à la majorité absolue de ses membres. Le Président de l'Assemblée Nationale saisit la Cour constitutionnelle qui constate et déclare la vacance de la Présidence de la République. Les fonctions de Président de la République, à l'exception de celles mentionnées aux Articles 54 alinéa 3, 58, 60, 101, et 154 sont provisoirement exercées par le Président de l'Assemblée Nationale.

L'élection du nouveau Président de la République a lieu trente jours au moins et quarante jours au plus après la déclaration du caractère définitif de la vacance.

En cas de mise en accusation du Président de la République devant la Haute Cour de Justice, son intérim est assuré par le Président de la Cour constitutionnelle qui exerce toutes les fonctions de Président de la République à l'exception de celles mentionnées aux Articles 54 alinéa 3, 58, 60, 101, et 154.

En cas d'absence du territoire, de maladie, et de congé du Président de la République, son intérim est assuré par un membre du gouvernement qu'il aura désigné et dans la limite des pouvoirs qu'il lui aura délégués.

Article 51

Les fonctions de Président de la République sont incompatibles avec l'exercice de tout autre mandat électif, de tout emploi public, civil ou militaire et de toute autre activité professionnelle.

Article 52

Durant leurs fonctions,

Le Président de la République et les membres du gouvernement ne peuvent pas eux-mêmes, ni par intermédiaire rien acheter ou prendre en bail qui appartienne au domaine de l'État, sans autorisation préalable de la Cour constitutionnelle dans les conditions fixées par la, loi.

Ils sont tenus lors de leur entrée en fonction et à la fin de celle-ci de faire sur l'honneur une déclaration écrite de tous leurs biens et patrimoine adressée à la chambre des comptes de la Cour Suprême.

Ils ne peuvent prendre part aux marchés de fournitures et adjudications pour les administrations ou institutions relevant de L'État ou soumises à leur contrôle.

Article 53

Avant son entrée en fonction, le Président de la République prête le serment suivant :

« Devant Dieu, les mânes des ancêtres, la Nation et devant le Peuple béninois, seul détenteur de la souveraineté,

Nous, Président de la République, élu conformément aux lois de la République jurons solennellement :

- de respecter et de défendre la Constitution que le Peuple béninois s'est librement ;

- de remplir loyalement les hautes fonctions que la Nation nous a confiées ;

- de nous laisser guider par l'intérêt général et le respect des Droits de la personne humaine, de consacrer toutes nos forces à la recherche et à la promotion du bien commun, de la paix et de l'unité nationale ;

- de préserver l'intégrité du territoire national ;

- de nous conduire partout en fidèle et loyal serviteur du peuple.

En cas de parjure, que nous subissions les rigueurs de la loi ».

Le serment est reçu par le Président de la Cour constitutionnelle devant l'Assemblée Nationale et la Cour Suprême.

Article 54

Le Président de la République est le détenteur du pouvoir exécutif. Il est le chef du gouvernement, et à ce titre, il détermine et conduit la politique de la Nation. Il exerce le pouvoir réglementaire.

Il dispose de l'Administration et de la Force Armée. Il est responsable de la défense nationale.

Il nomme, après avis consultatif du Bureau de l'Assemblée Nationale, les membres du gouvernement ; il fixe leurs attributions et met fin à leurs fonctions.

Les du gouvernement sont responsables devant lui.

Les fonctions de membre du gouvernement sont incompatibles avec l'exercice de tout mandat parlementaire, de tout emploi public, civil ou militaire et de toute autre activité professionnelle.

Les actes du Président de la République sont contresignés par les Ministres chargés de leur exécution selon les articles prévus par la Constitution.

Article 55

Le Président de la République préside le Conseil des Ministres.

Le Conseil des Ministres délibère obligatoirement sur :

- les décisions déterminant la politique générale de L'État ;

- les projets de loi ;

- les ordonnances les décrets réglementaires.

Article 56

Le Président de la République nomme trois des sept membres de la Cour constitutionnelle.

Après avis du Président de l'Assemblée nationale, il nomme en conseil des Ministres : le Président de la Cour suprême, le Président de la haute Autorité de l'Audiovisuel et de la Communication, le Grand Chancelier de l'Ordre National.

Il nomme également en conseil des Ministres : les membres de la Cour Suprême, les Ambassadeurs, les Envoyés extraordinaires, les Magistrats, les Officiers Généraux, et Supérieurs, les Hauts Fonctionnaires dont la liste est fixée par une loi organique.

Article 57

Le Président de la République a l'initiative des lois concurremment avec les membres de l'Assemblée Nationale.

Il assure la promulgation des lois dans les quinze jours qui suivent la transmission qui lui en est faite par le Président de l'Assemblée Nationale.

Ce délai est réduit à cinq jours en cas d'urgence déclarée par l'Assemblée National

Il peut, avant l'expiration de ces délais, demander à l'Assemblée Nationale une seconde délibération de la loi ou de certains de ses Articles. Cette seconde délibération ne peut être refusée.

Si l'Assemblée Nationale est en fin de session, cette seconde délibération a lieu d'office lors de la session ordinaire suivante.

Le vote pour cette seconde délibération est acquis à la majorité absolue des membres composant l'Assemblée Nationale. Si après ce dernier vote, le Président de la République refuse de promulguer la loi, la Cour constitutionnelle, saisie par le Président de l'Assemblée Nationale, déclare la loi exécutoire si elle est conforme à la Constitution.

La même procédure de mise à exécution est suivie lorsque à l'expiration du délai de promulgation de quinze jours prévu à l'alinéa 2 du présent Article, il n'y a ni promulgation, ni demande de seconde lecture.

Article 58

Le Président de la République, après consultation du Président de l'Assemblée Nationale et du Président de la Cour constitutionnelle, peut prendre l'initiative du référendum sur toute question relative à la promotion et au renforcement des Droits de l'Homme, à l'intégration sous- régionale ou régionale et à l'organisation des pouvoirs publics.

Article 59

Le Président de la République assure l'exécution des lois et garantit celle des décisions de justice.

Article 60

Le Président de la République a le droit de grâce. Il exerce ce droit dans les conditions définies par l'Article 130.

Article 61

Le Président de la République accrédite les Ambassadeurs et les Envoyés extraordinaires auprès des puissances étrangères ; les Ambassadeurs et les Envoyés des puissances étrangères sont accrédités auprès de lui.

Article 62

Le Président de la République est le chef suprême des Armées.

Il nomme en conseil des Ministres les membres du conseil supérieur de la Défense et préside les réunions dudit conseil.

La composition, l'organisation et le fonctionnement du conseil supérieur de la Défense sont fixés par la loi.

Article 63

Le Président de la République peut, outre les fonctions spécialisées de défense de l'intégrité territoriale dévolues à l'Armée, faire concourir celle-ci au développement économique de la nation et à toutes autres tâches d'intérêt public dans les conditions définies par la loi.

Article 64

Tout membre des Forces Armées ou de Sécurité Publique qui désire être candidat aux fonctions de Président de la République doit au préalable donner sa démission des Forces Armées ou de Sécurité Publique

Dans ce cas, l'intéressé pourra prétendre au bénéfice des droits acquis conformément aux statuts de son corps.

Article 65

Toute, tentative de renversement du régime constitutionnel par les personnels des Forces Armées ou de Sécurité Publique sera considérée comme une forfaiture et un crime contre la Nation et L'État et sera sanctionnée conformément à la loi.

Article 66

En cas de coup d' État, de putsch, d'agression par des mercenaires ou de coup de force quelconque, tout membre d'un organe constitutionnel a le droit et le devoir de faire appel à tous les moyens pour rétablir la légitimité constitutionnelle, y compris le recours de coopération militaire ou de défense existants.

Dans ces circonstances, pour tout béninois, désobéir et s'organiser pour faire échec à l'autorité illégitime constituent le plus sacré des droits et le plus impératifs des devoirs.

Article 67

Le Président de la République ne peut faire appel à des Forces Armées ou de Police étrangère pour intervenir dans un conflit intérieur sauf dans les cas prévus à l'Article 66 .

Article 68

Lorsque les institutions de la République, l'indépendance de la nation, l'intégrité du territoire national ou l'exécution des engagements internationaux sont menacées de manière grave et immédiate et que le fonctionnement régulier des pouvoirs publics et constitutionnels est menacé ou interrompu, le Président de la République, après consultation du Président de l'Assemblée Nationale et du Président de la Cour constitutionnelle, prend en conseil des Ministres les mesures exceptionnelles exigées par les circonstances sans que les droits des citoyens garantis par la Constitution soient suspendus.

Il en informe la nation par un message.

L'Assemblée Nationale se réunit de plein droit en session extraordinaire.

Article 69

Les mesures prises doivent s'inspirer de la volonté d'assurer aux pouvoirs publics et constitutionnels dans les moindres délais, les moyens d'accomplir leur mission.

L'Assemblée Nationale fixe le délai au terme duquel le Président de la République ne peut plus prendre des mesures exceptionnelles.

Article 70

Le Président de la République peut déléguer certains de ses pouvoirs aux Ministres, sauf ceux prévus aux Articles 54 alinéa 3, 60, 61, 101, 115, 133 et 144.

Article 71

Le Président de la République ou tout membre de son gouvernement peut, dans l'exercice de ses fonctions gouvernementales, être interpellé par l'Assemblée Nationale.

Le Président de la République répond à ces interpellations par lui-même ou par l'un de ses Ministres qu'il délègue spécialement devant l'Assemblée Nationale.

En la circonstance, L'Assemblée Nationale peut prendre une résolution pour faire des recommandations au gouvernement.

Article 72

Le Président de la République adresse une fois par an un message à l'Assemblée nationale sur l'État de la nation.

Il peut aussi, à tout moment, adresser des messages à l'Assemblée Nationale. Ces messages ne donnent lieu à aucun débat ; ils peuvent toutefois inspirer les travaux de l'Assemblée.

Article 73

La responsabilité personnelle du Président de la République est engagée en cas de haute trahison, d'outrage à l'Assemblée, et ou d'atteinte à l'honneur et à la probité.

Article 74

Il y a haute trahison lorsque le Président de la République a violé son serment, est reconnu auteur, co-auteur ou complice de violations graves et caractérisées des droits de l'homme, de cession d'une partie du territoire national ou d'acte attentatoire au maintien d'un environnement sain, satisfaisant, durable et favorable au développement.

Article 75

Il y a atteinte à l'honneur et à la probité notamment lorsque le comportement personnel du Président de la République est contraire aux bonnes mœurs ou qu'il est reconnu auteur co-auteur ou complice de malversations, de corruption, d'enrichissement illicite.

Article 76

Il y a outrage à l'Assemblée Nationale lorsque, sur des questions posées par l'Assemblée Nationale sur l'activité gouvernementale, le Président de la République ne fournit aucune réponse dans un délai de trente jours.

Article 77

Passé ce délai, le Président de l'Assemblée Nationale saisit la Cour constitutionnelle de ce manquement grave aux dispositions constitutionnelles.

La Cour constitutionnelle statue dans les trois jours. Le Président de la République est tenu de fournir des réponses à l'Assemblée nationale dans les plus brefs délais et dans tous les cas avant la fin de la session en cours.

A l'expiration de ce délai, si aucune suite n'est donnée par le Président de la République à la décision de la Cour, le Président de la République est déféré devant la Haute Cour de Justice pour outrage à l'Assemblée nationale.

Article 78

Les faits prévus aux Articles 74 à 77 seront poursuivis et punis selon des dispositions des Articles 136 à 138 de la présente Constitution.

TITRE IV : DU POUVOIR LEGISLATIF

I - DE L'ASSEMBLEE NATIONALE

Article 79

Le Parlement est constitué par une Assemblée unique dite Assemblée nationale dont les membres portent le titre de député.

Il exerce le pouvoir législatif et contrôle l'action du gouvernement.

Article 80

Les députés sont élus au suffrage universel direct. La durée du mandat est de quatre ans. Ils sont rééligibles. Chaque député est le représentant de la nation toute entière et tout mandat impératif est nul.

Article 81

La loi fixe le nombre des membres de l'Assemblée nationale, les conditions d'éligibilité, le régime des incompatibilités, les conditions dans lesquelles il est pourvu aux sièges vacants.

La Cour constitutionnelle statue souverainement sur la validité de l'élection des députés.

Tout membre des Forces Armées ou de Sécurité Publique qui désire être candidat aux fonctions de député doit au préalable donner sa démission des Forces Armées ou de Sécurité Publique.

Dans ce cas, l'intéressé pourra prétendre au bénéfice des droits acquis conformément aux statuts de son corps.

Article 82

L'Assemblée Nationale est dirigée par un Président assisté d'un Bureau. Ils sont élus pour la durée de la législature dans les conditions fixées par le Règlement Intérieur de ladite Assemblée.

Lorsqu'il assure l'intérim du Président de la République dans les conditions prévues à l'Article 50 de la présente Constitution, le Président de l'Assemblée nationale est remplacé dans ses fonctions conformément au Règlement Intérieur de l'Assemblée.

Article 83

En cas de la vacance de la Présidence de l'Assemblée nationale par décès, démission ou toute autre cause, l'Assemblée élit un nouveau Président dans les quinze jours qui suivent la vacance, si elle est en session ; dans le cas contraire, elle se réunit de plein droit dans les conditions fixées par le Règlement Intérieur.

En cas de nécessité, il est pourvu au remplacement des autres membres du Bureau conformément aux dispositions du Règlement Intérieur de ladite Assemblée.

Article 84

Le Président de l'Assemblée nationale doit rendre compte à l'Assemblée de sa gestion et de ses activités et lui fournir toutes explications qui lui seront demandées.

Tout député peut adresser au Président de l'Assemblée des questions écrites ou orales sur ses activités et sa gestion.

L'Assemblée Nationale peut constituer une commission d'enquête chargée de lui faire un rapport circonstancié.

Aux termes de ce rapport, l'Assemblée nationale peut demander la démission de son Président à la majorité des deux tiers de ses membres.

Si ce quorum est atteint, le Président de l'Assemblée nationale est automatiquement démis de ses fonctions, tout en conservant son titre de député.

L'Assemblée nationale procède dans un délai de quinze jours à l'élection d'un nouveau Président.

Article 85

Si à l'ouverture d'une session, le quorum de la moitié plus un des membres composant l'Assemblée nationale n'est pas atteint, la séance est renvoyée au troisième jour qui suit. Les délibérations sont alors valables, quel que soit le quorum.

Article 86

Les séances de l'Assemblée nationale ne sont valables que si elles se déroulent au lieu ordinaire de ses sessions, sauf cas de force majeur dûment constaté par la Cour constitutionnelle.

Le compte-rendu intégral des débats de l'Assemblée nationale est publié au Journal Officiel.

Article 87

L'Assemblée se réunit de plein droit en deux sessions ordinaires par an.

La première session s'ouvre dans le cours de la première quinzaine du mois d'Avril.

La deuxième session s'ouvre dans le cours de la seconde quinzaine du mois d'Octobre

Chacune des sessions ne peut excéder trois mois.

Article 88

L'Assemblée Nationale est convoquée en session extraordinaire par son Président sur un ordre du jour déterminé, à la demande du Président de la République ou à la majorité absolue des députés.

La durée d'une session extraordinaire ne peut excéder quinze jours. L'Assemblée Nationale se sépare sitôt l'ordre du jour épuisé.

Article 89

Les travaux de l'Assemblée nationale ont lieu suivant un Règlement Intérieur qu'elle adopte conformément à la Constitution.

Le Règlement Intérieur détermine :

- La composition, les règles de fonctionnement du Bureau ainsi que les pouvoirs et prérogatives de son Président ;

- Le nombre, le mode de désignation, la composition, le rôle et la compétence de ses commissions permanentes ainsi que celles qui sont spéciales et temporaires ;

- La création de commissions d'enquêtes parlementaires dans le cadre du contrôle de l'action gouvernementale ;

- L'organisation des services administratifs dirigés par un Secrétariat Général Administratif, placé sous l'autorité du Président de l'Assemblée nationale ;

- Le régime de discipline des députés au Cours des séances de l'Assemblée ;

- Les différents modes de scrutin, à l'exclusion de ceux prévus expressément par la présente Constitution.

Article 90

Les membres de l'Assemblée nationale jouissent d'immunité parlementaire. En conséquence, aucun député ne peut être poursuivi, recherché, arrêté, détenu ou jugé à l'occasion des opinions ou votes émis par lui dans l'exercice de ses fonctions.

Aucun député ne peut, pendant la durée des sessions, être poursuivi ou arrêté en matière criminelle ou correctionnelle qu'avec l'autorisation de l'Assemblée nationale, sauf les cas de flagrant délit.

Aucun député ne peut, hors session, être arrêté qu'avec l'autorisation de du bureau de l'Assemblée nationale, sauf les cas de flagrant délit, de poursuites autorisées ou de condamnation définitive.

La détention ou la poursuite d'un député est suspendu si l'Assemblée nationale le requiert par un vote à la majorité des deux tiers.

Article 91

Les députés perçoivent des indemnités parlementaires qui sont fixées par le loi.

Article 92

Tout député nommé à une fonction ministérielle perd d'office son mandat parlementaire. Les conditions de son remplacement sont fixées par la loi.

Article 93

Le droit de vote des députés est personnel. Le Règlement Intérieur de l'Assemblée nationale peut autoriser exceptionnellement la délégation de vote. Dans ce cas, nul ne peut recevoir délégation de plus d'un mandat.

II - DES RAPPORTS ENTRE L'ASSEMBLEE ET LE GOUVERNEMENT

Article 94

L'assemblée Nationale informe le Président de la République de l'ordre du jour de ses séances et de celui de ses commissions.

Article 95

Les membres du gouvernement ont accès aux séances de l'Assemblée nationale. Ils sont entendus à la demande d'un député, d'une commission ou à leur propre demande.

Ils peuvent se faire assister par des experts.

Article 96

L'Assemblée nationale vote la loi et consent l'impôt.

Article 97

La loi est votée par l'Assemblée nationale à la majorité simple. Cependant, les auxquelles la présente Constitution confère le caractère de lois organiques sont votées et modifiées dans les conditions suivantes :

- la proposition ou le projet n'est soumis à la délibération et au vote de l'Assemblée qu'après l'expiration d'un délai de quinze jours après son dépôt sur le Bureau de l'Assemblée ;

- le texte ne peut être adopté qu'à la majorité absolue des membres composant l'Assemblée ;

- Les lois organiques ne peuvent être promulguées qu'après déclaration par la Cour constitutionnelle de leur conformité à la Constitution.

Article 98

Sont du domaine de la loi les règles concernant :

- la citoyenneté, les droits civiques et les garanties fondamentales accordées aux citoyens pour l'exercice des libertés publiques, les sujétions imposées, dans l'intérêt de la défense nationale et de la sécurité publique, aux citoyens en leur personne et leurs biens ;

- la nationalité, l'État et la capacité des personnes, les régimes matrimoniaux, les successions et les libertés ;

- la procédure selon laquelle les coutumes seront constatées et mises en harmonies avec les principes fondamentaux de la Constitution ;

- la détermination des crimes et délits ainsi que des peines qui leur sont applicables ;

- l'amnistie ;

- l'organisation des juridictions de tous ordres et la procédure suivie devant ces juridictions, la création de nouveaux ordres de juridiction, le statut de la magistrature, des offices ministériels et des auxiliaires de justice ;

- l'assiette, le taux et les modalités de recouvrement des impositions de toute nature ;

- le régime d'émission de la monnaie ;

- le régime électoral du Président de la République, des membres l'Assemblée nationale et des assemblées locales ;

- la création des catégories d'établissements publics ;

- le Statut Général de la F onction Publique ;

- le Statut des Personnels militaires, des Forces de Sécurité Publique et assimilés ;

- l'organisation générale de l'administration ;

- l'organisation territoriale, la création et la modification de circonscriptions administratives, ainsi que les découpages électoraux ;

- l'État de siège et l'État d'urgence ;

La loi détermine les principes fondamentaux :

- de l'organisation de la défense nationale ;

- de la libre administration des collectivités territoriales, de leurs compétences et de leurs ressources ;

- de l'enseignement et de la recherche scientifique ;

- du régime de la propriété, des droits réels et des obligations civiles et commerciales ;

- des nationalisations et dénationalisation d'entreprises et des transferts de propriété d'entreprises du secteur public au secteur privé ;

- du droit du travail, de la sécurité sociale, du droit syndical et du droit de grève ;

- de l'aliénation et de la gestion du domaine de L'État ;

- de la mutualité et de l'épargne ;

- de l'organisation de la production ;

- de la protection de l'environnement et de la conservation des ressources naturelles ;

- du régime des transports et des télécommunications ;

- du régime pénitentiaire.

Article 99

Les lois de finances déterminent les recettes et les dépenses de L'État.

Les lois de règlement contrôlent l'exécution des lois de finances, sous réserve de l'apurement ultérieur des comptes de la Nation par la Chambre des Comptes de la Cour Suprême.

Les lois de programme fixent les objectifs de l'action économique et sociale de L'État.

Article 100

Les matières autres que celles qui sont du domaine de la loi ont un caractère réglementaire.

Les textes de forme législative intervenus en ces matières antérieurement à l'entrée en vigueur de la présente Constitution peuvent être modifiés par décret pris après avis de la Cour constitutionnelle.

Article 101

La déclaration de guerre est autorisée par l'Assemblée nationale.

Lorsque, à la suite de circonstances exceptionnelles, l'Assemblée nationale ne peut siéger utilement, la décision de déclaration de guerre est prise en Conseil des Ministres par le Président de la République qui en informe immédiatement la Nation.

L'État de siège et l'État d'urgence sont décrétés en Conseil des Ministres, après avis de l'Assemblée nationale.

La prorogation de l'État de siège ou de l'État d'urgence au-delà de quinze jours ne peut être autorisée que par l'Assemblée nationale.

Lorsque l'Assemblée nationale n'est pas appelée à se prononcer, aucun État de siège ou État d'urgence ne peut être décrété sans son autorisation, dans les soixante jours qui suivent la date de mise en vigueur d'un précédent État de siège ou d'urgence.

Article 102

Le gouvernement peut, pour l'exécution de son programme, demander à l'Assemblée nationale de voter une loi l'autorisant à prendre par ordonnance pendant un délai limité des mesures qui sont normalement du domaine de la loi. Cette autorisation ne peut être accordée qu'à la majorité des deux tiers des membres de l'Assemblée nationale.

Les ordonnances sont prises en Conseil des Ministres, après avis de la Cour constitutionnelle. Elles entrent en vigueur dès leur publication, mais deviennent caduques si le projet de loi de ratification n'est pas déposé devant l'Assemblée avant la date fixée par la loi d'habilitation.

A l'expiration du délai mentionné au premier alinéa du présent Article, les ordonnances ne peuvent plus être modifiées que par la loi dans leurs dispositions qui sont du domaine législatif.

Article 103

Les députés ont droit d'amendement.

Article 104

Les propositions, projets et amendements qui ne sont pas du domaine de la loi sont irrecevables.

L'irrecevabilité est prononcée par le Président de l'Assemblée nationale après délibération du Bureau ?

S'il apparaît que la proposition ou l'amendement sont contraires à une délégation accordée en vertu de l'Article 102 de la présente Constitution, le gouvernement peut opposer l'irrecevabilité.

En cas de contestation sur les alinéas 1 et 3 du présent Article, la Cour constitutionnelle, saisie par le Président de l'Assemblée nationale ou le gouvernement, statue dans un délai de huit jours.

Article 105

L'initiative des lois appartient concurremment au Président de la République et aux membres de l'Assemblée nationale.

Les projets de loi sont délibérés en Conseil des Ministres, après avis motivé de la Cour Suprême saisie conformément à l'Article 132 de la présent Constitution et déposés sur le Bureau de l'Assemblée nationale.

Les projets et propositions de loi sont envoyés avant délibération en séance plénière, à la commission compétente de l'Assemblée nationale pour examen.

Le projet du budget de l'Assemblée nationale ne peut être examiné en commission ou en séance plénière sans avoir été au préalable soumis au bureau de ladite Assemblée.

Article 106

La discussion des projets de loi porte sur le texte présenté par la commission. Celle - ci, à la demande du gouvernement, doit porter à la connaissance de l'Assemblée nationale les points sur lesquels il y a désaccord avec le gouvernement.

Article 107

Les propositions et amendements déposés par les députés ne sont pas recevables lorsque leur adoption aurait pour conséquence soit une diminution des ressources publiques, soit la création ou l'aggravation d'une charge publique, à moins qu'ils ne soient accompagnés d'une proposition d'augmentation de recettes ou d'économies équivalentes.

Article 108

Les députés peuvent, par un vote à la majorité des trois quarts décidé de soumettre toute question au référendum.

Article 109

L'Assemblée nationale vote le projet de loi de finances dans les conditions déterminées par la loi. L'Assemblée nationale est saisie du projet de loi au plus tard une semaine avant l'ouverture de la session d'octobre.

Le projet de loi de finances doit prévoir les recettes nécessaires à la couverture intégrale des dépenses

Article 110

L'Assemblée nationale vote le budget en équilibre. Si l'Assemblée nationale ne s'est pas prononcée, à la date du 31 décembre, les dispositions du projet de loi de finances peuvent être mises en vigueur par ordonnance.

Le gouvernement saisit pour ratification, l'Assemblée nationale convoquée en session extraordinaire dans un délai de quinze jours.

Si l'Assemblée nationale n'a pas voté le budget à la fin de cette session extraordinaire le budget est établi définitivement par ordonnance.

Article 111

Si le projet de loi de finances n'a pu être déposé en temps utile pour être promulgué avant le début de l'exercice, le Président de la République demande d'urgence à l'Assemblée nationale l'autorisation d'exécuter les recettes et les dépenses par douzièmes provisoires.

Article 112

L'Assemblée nationale règle les comptes de la Nation selon les modalités prévues par la loi organique des finances.

Elle est, à cet effet, assistée la Chambre des Comptes de la Cour Suprême, qu'elle charge de toutes enquêtes se rapportant à l'exécution des recettes et des dépenses publiques, ou à la gestion de la trésorerie nationale, des collectivités territoriales, des administrations ou institutions relevant de L'État ou soumise à son contrôle.

Article 113

Le gouvernement est tenu de fournir à l'Assemblée nationale toutes explications qui lui seront demandées sur sa gestion et sur ses activités.

Les moyens d'information et de contrôle de l'Assemblée Nationale sur l'action gouvernementale :

· l'interpellation conformément à l'Article 71 ;

· la question écrite ;

· la question orale avec ou sans débat, non suivi de vote ;

· la commission parlementaire d'enquête. Ces moyens s'exercent dans les conditions déterminées par le règlement intérieur de l'Assemblée Nationale.

TITRE V : DE LA COUR CONSTITUTIONNELLE

Article 114

La Cour constitutionnelle est la plus haute juridiction de L'État en matière constitutionnelle. Elle juge de la constitutionnalité de la loi et elle garantit les droits fondamentaux de la personne humaine et des libertés

Publiques. Elle est l'organe régulateur du fonctionnement des institutions et l'activité des pouvoirs publics.

Article 115

La Cour constitutionnelle est composée de sept membres dont quatre sont nommés par le Bureau de l'Assemblée nationale et trois par le Président de la République pour un mandat de cinq ans renouvelable une seule fois. Aucun membre de la Cour constitutionnelle ne peut siéger plus de dix ans

Pour être membre de la Cour constitutionnelle, outre la condition de compétence professionnelle, il faut de bonne moralité et d'une grande probité.

La Cour constitutionnelle comprend :

- trois magistrats ayant une expérience de quinze années au moins dont deux sont nommée par le Bureau de l'Assemblée et un par le Président de la République ;

- deux juristes de haut niveau, professeurs ou praticiens du droit, ayant une expérience de quinze années au moins nommés l'un par le Bureau de l'Assemblée Nationale et l'autre par le Président de la République ;

- deux personnalités de grande réputation professionnelle nommées l'une par le Bureau de l'Assemblée Nationale et l'autre par le Président de la République Les membres de la Cour constitutionnelle sont inamovibles pendant la durée de leur mandat. Ils ne peuvent être poursuivis ou arrêtés sans l'autorisation de la Cour constitutionnelle ou le Bureau de la Cour suprême siégeant en session conjointe sauf les cas de flagrant délit.

Dans ces cas, le Président de la Cour constitutionnelle et le Président de la Cour suprême doivent être saisis immédiatement et au plus tard dans les quarante-huit heures.

Les fonctions de membres de la Cour constitutionnelle sont incompatibles avec la qualité de membres de gouvernement, l'exercice de tout mandat électif, de tout emploi public, civil ou militaire, de toute autre activité professionnelle ainsi que de toute fonction de représentation nationale, sauf dans le cas prévu à l'Article 50 alinéa 3.

Une loi organique détermine l'organisation et le fonctionnement de la Cour constitutionnelle, la procédure suivie devant elle, notamment les délais pour sa saisine de même que les immunités et le régime disciplinaire de ses membres.

Article 116

Le Président de la Cour constitutionnelle est élu par ses pairs pour une durée de cinq ans parmi les magistrats et juristes membres de la Cour.

Article 117

La Cour constitutionnelle statue obligatoirement sur :

· la constitutionnalité des lois organiques et des lois en général avant leur promulgation ;

· les Règlements Intérieurs de l'Assemblée nationale, de la Haute Autorité de l'Audiovisuel et de la Communication et du Conseil Economique et Social avant leur mise en application, quant à leur conformité à la Constitution ;

· la constitutionnalité des lois et des actes réglementaires censés porter atteinte aux droits fondamentaux de la personne humaine et aux libertés publiques et en général, sur la violation de la des droits de la personne humaine ;

· les conflits d'attribution entre les institutions de l'État. - Veille à la régularité de l'élection du Président de la République ; examine les réclamations, statue sur les irrégularités qu'elle aurait pu, par elle-même relever et proclame les résultats du scrutin ; statue sur la régularité du référendum et en proclame les résultats ;

- Statue, en cas de contestation, sur la régularité des élections législatives ;

- fait de droit partie de la Haute Cour de justice à l'exception de son Président.

Article 118

Elle est également compétente pour les cas prévus aux Articles 50, 52, 57, 77, 86, 100, 102,104, et 147.

Article 119

Le Président de la Cour constitutionnelle est compétent pour : recevoir le serment du Président de la République ;

- donner son avis au Président de la République dans les cas prévus aux Articles 58 et 68 ;

- assurer l'intérim du Président de la République dans les cas prévus à l'Article 50 alinéa 3.

Article 120

La Cour constitutionnelle doit statuer dans le délai de quinze jours après qu'elle a été saisie d'un texte de loi ou d'une plainte en violation des droits de la personne humaine et des libertés publiques. Toutefois, à la demande du gouvernement, s'il y a urgence, ce délai est ramené à huit jours. Dans ce cas, la saisine de la Cour constitutionnelle suspend le délai de promulgation de la loi.

Article 121

La Cour constitutionnelle, à la demande du Président de la République ou de tout membre de l'Assemblée Nationale, se prononce sur la constitutionnalité des lois avant leur promulgation.

Elle se prononce d'office sur la constitutionnalité des lois et tout texte réglementaire censés porter atteinte aux droits fondamentaux de la personne humaine et aux libertés publiques. Elle statue plus généralement sur les violations des droits de la personne humaine et sa décision doit intervenir dans un délai de huit jours.

Article 122

Tout citoyen peut saisir la Cour constitutionnelle sur la constitutionnalité des lois, soit directement, soit par la procédure de l'exception d'inconstitutionnalité invoquée dans une affaire qui le concerne devant une juridiction. Celle-ci doit sur seoir jusqu'à la décision de la Cour constitutionnelle qui doit intervenir dans un délai de trente jours.

Article 123

Les lois organiques avant leur promulgation, les Règlements Intérieurs de l'Assemblée Nationale, de la Haute Autorité de l'Audiovisuel et de la Communication et du Conseil Economique et Social avant leur mise en application, doivent être soumis à la Cour constitutionnelle qui se prononce sur leur conformité à la Constitution.

Article 124

Une disposition déclarée inconstitutionnelle ne peut être promulguée ni mise en application.

Les décisions de la Cour constitutionnelle ne sont susceptibles d'aucun recours.

Elles s'imposent aux pouvoirs publics et à toutes les autorités civiles, militaires et juridictionnelles.

TITRE VI : DU POUVOIR JUDICIAIRE

Article 125

Le Pouvoir judiciaire est indépendant du pouvoir Législatif et du pouvoir exécutif.

Il est exercé par la Cour suprême, les Cours et Tribunaux créés conformément à la présente Constitution.

Article 126

La justice est rendue au nom du Peuple Béninois.

Les juges ne sont soumis, dans l'exercice de leur fonction, qu'à l'autorité de la loi. Les magistrats du siège sont inamovibles.

Article 127

Le Président de la République est garant de l'indépendance de la justice. Il est assisté par le Conseil Supérieur de la Magistrature.

Article 128

Le Conseil Supérieur de la Magistrature statue comme conseil de discipline des magistrats.

La composition, les attributions, l'organisation et le fonctionnement du Conseil Supérieur de la Magistrature sont fixés par une loi organique.

Article 129

Les magistrats sont nommés par le Président de la République, sur proposition du Garde des Sceaux, Ministre de la Justice après avis du Conseil Supérieur de la Magistrature.

Article 130

Le Conseil Supérieur de la Magistrature étudie les dossiers de grâce et les transmet avec avis motivé au Président de la République.

I - DE LA COUR SUPREME

Article 131

La Cour suprême est la plus haute juridiction de l'État en matière administrative, judiciaire et des comptes de L'État.

Elle est également compétente en ce qui concerne le contentieux des élections locales.

Les décisions de la Cour suprême ne sont susceptibles d'aucun recours.

Elles s'imposent au Pouvoir Exécutif, au Pouvoir Législatif, ainsi qu'à toutes les juridictions.

Article 132

La Cour suprême est consultée par le gouvernement plus généralement sur toutes les matières administratives et juridictionnelles.

Elle peut, à la demande du Chef de l'État, être chargée de la rédaction et de la modification de tous les textes législatifs et réglementaires, préalablement à leur examen par l'Assemblée nationale.

Article 133

Le Président de la Cour suprême est nommé pour une durée de cinq ans par le Président de la République, après avis du Président de l'Assemblée nationale, parmi les magistrats et les juristes de haut niveau, ayant quinze ans au moins d'expérience professionnelle par décret pris en Conseil des Ministres.

IL est inamovible pendant la durée de son mandat qui n'est renouvelable qu'une seule fois.

Les fonctions du Président de la Cour suprême sont incompatibles avec la qualité de membre de gouvernement, l'exercice de tout mandat électif, de tout emploi public, civil ou militaire, de toute autre activité professionnelle, ainsi que de toute fonction de représentation nationale.

Article 134

Les Présidents de Chambres et les Conseillers sont nommés parmi les magistrats et les juristes de haut niveau, ayant quinze ans au moins d'expérience professionnelle, par décret pris en Conseil des Ministres par le Président de la République, sur proposition du Président de la Cour suprême après avis du Conseil Supérieur de la Magistrature.

La loi détermine le statut des magistrats de la Cour Suprême.

II - DE LA HAUTE COUR DE JUSTICE

Article 135

La Haute Cour de Justice est composée des membres de la Cour constitutionnelle, à l'exception de son Président, de six députés élus par l'Assemblée nationale et du Président de la Cour suprême.

La Haute Cour élit en son sein son Président.

Une loi organique fixe les règles de son fonctionnement, ainsi que la procédure suivie devant elle.

Article 136

La Haute Cour de Justice est compétente pour juger le Président de la République et les membres du gouvernement à raison de faits qualifiés de haute trahison, d'infractions commises dans l'exercice ou à l'occasion de l'exercice de leurs fonctions, ainsi que pour juger leurs complices en cas de complot contre la sûreté de L'État.

Les juridictions de droit commun restent compétentes pour les infractions perpétrées en dehors de l'exercice de leurs fonctions et dont ils sont pénalement responsables.

Article 137

La Haute Cour de Justice est liée par la définition des infractions et par la détermination des sanctions résultant des lois pénales en vigueur à l'époque des faits.

La décision de poursuite puis la mise en accusation du Président de la République et des membres du gouvernement est votée à la majorité des deux tiers des députés composant l'Assemblée nationale, selon la procédure prévue par le règlement de l'Assemblée nationale.

L'instruction est menée par les magistrats de la Chambre d'Accusation de la Cour d'Appel ayant juridiction sur du siège de l'Assemblée nationale.

Article138

Le Président de la République et les membres du gouvernement sont suspendus de leurs fonctions en cas de mise en accusation pour haute trahison, outrage à l'Assemblée nationale et toute atteinte à l'honneur et à la probité. En cas de condamnation, ils sont déchus de leurs charges.

TITRE VII : DU CONSEIL ECONOMIQUE ET SOCIAL

Article 139

Le Conseil Economique et Social donne son avis sur les projets de loi, d'Ordonnance ou de décret, ainsi que sur les propositions de loi qui lui sont soumis.

Les projets de loi de programme à caractère économique et social lui sont obligatoirement soumis pour avis.

Le Président de la République peut consulter le Conseil Economique et Social sur tout problème à caractère économique, social, culturel, scientifique et technique.

Le Conseil Economique et Social peut, de sa propre initiative, sous forme de recommandation, attirer l'attention de l'Assemblée Nationale et de gouvernement sur les réformes d'ordre économique et social qui lui paraissent conformes ou contraires à l'intérêt général.

Sur la demande du gouvernement, le Conseil Economique et Social désigne un de ses membres pour exposer devant les commissions de l'Assemblée Nationale l'avis du Conseil sur les projets ou propositions de loi qui lui ont été soumis.

Article 140

Le Conseil Economique et Social élit en son sein son Président et les membres de son Bureau.

La composition, l'organisation et le fonctionnement du Conseil Economique et Social sont fixés par une loi organique.

Article 141

Les membres du Conseil Economique et Social perçoivent des indemnités de session et de déplacement.

Le montant de ces indemnités est fixé par décret pris en Conseil des Ministres.

TITRE VIII : DE LA HAUTE AUTORITE DE L'AUDIOVISUEL ET DE LA COMMUNICATION

Article 142

La Haute Autorité de l'Audiovisuel et de la communication a pour mission de garantir et d'assurer la liberté et la protection de la presse, ainsi que de tous les moyens de communication de masse dans le respect de la loi.

Elle veille au respect de la déontologie en matière d'information et l'accès équitable des partis politiques, des associations et des citoyens aux moyens officiels d'information et de communication.

Article 143

Le Président de la Haute Autorité de l'Audiovisuel et de la communication est nommé après consultation du Président de l'Assemblée Nationale, par décret pris en Conseil des Ministres.

La composition, les attributions, l'organisation et le fonctionnement de la Haute Autorité de l'Audiovisuel et de la communication sont fixés par une loi organique.

TITRE IX : DES TRAITES ET ACCORDS INTERNATIONAUX

Article 144

Le Président de la République négocie et ratifie les traités et accords internationaux.

Article 145

Les traités de paix, les traités ou accords relatifs à l'organisation internationale, ceux qui engagent les finances de L'État, ceux qui modifient les lois internes de L'État, ceux comportent cession, échange ou adjonction de territoire, ne peuvent être ratifiés qu'en vertu d'une loi.

Nulle cession, nul échange, nulle adjonction de territoire n'est valable sans le consentement des populations intéressées.

Article 146

Si la Cour constitutionnelle saisie par le Président de la République ou par le Président de » l'Assemblée nationale a déclaré qu'un engagement international comporte une clause contraire à la Constitution, l'autorisation de le ratifier ne peut intervenir qu'après la révision de la Constitution.

Article 147

Les traités ou accords régulièrement ratifiés ont, dès leur publication, une autorité supérieure à celle des lois, sous réserve pour chaque accord ou traité, de son application par l'autre partie.

Article 148

La République du Bénin peut conclure avec d'autres États des accords de coopération ou d'association sur la base des principes d'égalité de respect mutuel de la souveraineté, des avantages réciproques et de la dignité nationale.

Article 149

La République du Bénin, soucieuse de réaliser l'Unité Africaine, peut conclure tout accord d'intégration sous régionale ou régionale conformément à l'Article 145.

TITRE X : DES COLLECTIVITES TERRITORIALES

Article 150

Les collectivités territoriales de la République sont créées par la loi.

Article 151

Ces collectivités s'administrent librement par des conseils élus et dans les conditions prévues par la loi.

Article 152

Aucune dépense de souveraineté de L'État ne saurait être imputée à leur budget.

Article 153

L'État veille au développement harmonieux de toutes les collectivités territoriales sur la base de la solidarité nationale, des potentialités régionales et de l'équilibre inter- régional.

TITRE XI : DE LA REVISION

Article 154

L'initiative de la révision de la Constitution appartient concurremment au Président de la République, après décision prise en Conseil des Ministres et aux membres de l'Assemblée nationale.

Pour être pris en considération, le projet ou la proposition de révision doit être voté à la majorité des trois quarts des membres composant l'Assemblée nationale.

Article 155

La révision n'est acquise qu'après avoir été approuvée par référendum, sauf si le projet ou la proposition en cause a été approuvé à la majorité des quatre cinquièmes des membres composant l'Assemblée nationale.

Article 156

Aucune procédure de révision ne peut être engagée ou poursuivie lorsqu'il est porté atteinte à l'intégrité du territoire.

La forme républicaine et la laïcité de L'État ne peuvent faire l'objet d'une révision.

TITRE XII : DISPOSITIONS TRANSITOIRES ET FINALES

Article 157

La présente Constitution devra être promulguée dans les huit jours après son adoption au référendum.

Le Président de la République devra entrer en fonction, l'Assemblée devra se réunir au plus tard le premier avril 1991.

Le Haut Conseil de la République et le gouvernement de transition continueront d'exercer leurs fonctions jusqu'à l'installation des institutions nouvelles.

Le serment du Président de la République sera reçu par le Président du Haut Conseil de la République en assemblée plénière.

L'Assemblée Nationale sera installée par le Président du Haut Conseil de la République en présence des membres dudit Conseil.

Article 158

La législation en vigueur au Bénin jusqu'à la mise en place de nouvelles institutions reste applicable, sauf intervention de nouveaux textes en ce qu'elle n'a rien de contraire à la présente Constitution.

Article 159

La présente Constitution sera soumise au référendum.

Les dispositions nécessaires à son application feront l'objet, soit des lois votées par le Haut Conseil de la République, soit de décrets pris en Conseil des Ministres.

Les attributions dévolues par la présente Constitution à la Cour Constitutionnelle seront exercées par le Haut

Conseil de la République jusqu'à l'installation des institutions nouvelles.

Article 160

La présente loi sera exécutée comme Constitution de la République du Bénin.

Fait à Cotonou, le 11 décembre 1990

Par le Président de la République de l'État, Mathieu KEREKOU

Le Ministre de la Justice et de la Législation, Yves YEHOUESSI

Le Premier Ministre, Chef du gouvernement, Nicéphore SOGLO

Source : Journal Officiel de la République du Bénin, 102ème année, n°1, 1er janvier 1991.

Annexe 3 : La Constitution du 4 octobre 1958 en vigueur

PRÉAMBULE

Le peuple français proclame solennellement son attachement aux Droits de l'homme et aux principes de la souveraineté nationale tels qu'ils ont été définis par la Déclaration de 1789, confirmée et complétée par le préambule de la Constitution de 1946, ainsi qu'aux droits et devoirs définis dans la Charte de l'environnement de 2004.

En vertu de ces principes et de celui de la libre détermination des peuples, la République offre aux territoires d'outre-mer qui manifestent la volonté d'y adhérer des institutions nouvelles fondées sur l'idéal commun de liberté, d'égalité et de fraternité et conçues en vue de leur évolution démocratique.

Article premier.

La France est une République indivisible, laïque, démocratique et sociale. Elle assure l'égalité devant la loi de tous les citoyens sans distinction d'origine, de race ou de religion. Elle respecte toutes les croyances. Son organisation est décentralisée.

La loi favorise l'égal accès des femmes et des hommes aux mandats électoraux et fonctions électives, ainsi qu'aux responsabilités professionnelles et sociales.

Titre premier - DE LA SOUVERAINETÉ

Article 2.

La langue de la République est le français.

L'emblème national est le drapeau tricolore, bleu, blanc, rouge.

L'hymne national est « La Marseillaise ».

La devise de la République est « Liberté, Égalité, Fraternité ».

Son principe est : gouvernement du peuple, par le peuple et pour le peuple.

Article 3.

La souveraineté nationale appartient au peuple qui l'exerce par ses représentants et par la voie du référendum.

Aucune section du peuple ni aucun individu ne peut s'en attribuer l'exercice.

Le suffrage peut être direct ou indirect dans les conditions prévues par la Constitution. Il est toujours universel, égal et secret.

Sont électeurs, dans les conditions déterminées par la loi, tous les nationaux français majeurs des deux sexes, jouissant de leurs droits civils et politiques.

Article 4.

Les partis et groupements politiques concourent à l'expression du suffrage. Ils se forment et exercent leur activité librement. Ils doivent respecter les principes de la souveraineté nationale et de la démocratie.

Ils contribuent à la mise en œuvre du principe énoncé au second alinéa de l'article 1er dans les conditions déterminées par la loi.

La loi garantit les expressions pluralistes des opinions et la participation équitable des partis et groupements politiques à la vie démocratique de la Nation.

Titre II - LE PRÉSIDENT DE LA RÉPUBLIQUE

Article 5.

Le Président de la République veille au respect de la Constitution. Il assure, par son arbitrage, le fonctionnement régulier des pouvoirs publics ainsi que la continuité de l'État.

Il est le garant de l'indépendance nationale, de l'intégrité du territoire et du respect des traités.

Article 6.

Le Président de la République est élu pour cinq ans au suffrage universel direct.

Nul ne peut exercer plus de deux mandats consécutifs.

Les modalités d'application du présent article sont fixées par une loi organique.

Article 7.

Le Président de la République est élu à la majorité absolue des suffrages exprimés. Si celle-ci n'est pas obtenue au premier tour de scrutin, il est procédé, le quatorzième jour suivant, à un second tour. Seuls peuvent s'y présenter les deux candidats qui, le cas échéant après retrait de candidats plus favorisés, se trouvent avoir recueilli le plus grand nombre de suffrages au premier tour.

Le scrutin est ouvert sur convocation du gouvernement.

L'élection du nouveau Président a lieu vingt jours au moins et trente-cinq jours au plus avant l'expiration des pouvoirs du Président en exercice.

En cas de vacance de la Présidence de la République pour quelque cause que ce soit, ou d'empêchement constaté par le Conseil

Constitutionnel saisi par le gouvernement et statuant à la majorité absolue de ses membres, les fonctions du Président de la République, à l'exception de celles prévues aux articles 11 et 12 ci-dessous, sont provisoirement exercées par le Président du Sénat et, si celui-ci est à son tour empêché d'exercer ces fonctions, par le gouvernement.

En cas de vacance ou lorsque l'empêchement est déclaré définitif par le Conseil Constitutionnel, le scrutin pour l'élection du nouveau Président a lieu, sauf cas de force majeure constaté par le Conseil Constitutionnel, vingt jours au moins et trente-cinq jours au plus après l'ouverture de la vacance ou la déclaration du caractère définitif de l'empêchement.

Si, dans les sept jours précédant la date limite du dépôt des présentations de candidatures, une des personnes ayant, moins de trente jours avant cette date, annoncé publiquement sa décision d'être candidate décède ou se trouve empêchée, le Conseil Constitutionnel peut décider de reporter l'élection.

Si, avant le premier tour, un des candidats décède ou se trouve empêché, le Conseil Constitutionnel prononce le report de l'élection.

En cas de décès ou d'empêchement de l'un des deux candidats les plus favorisés au premier tour avant les retraits éventuels, le Conseil Constitutionnel déclare qu'il doit être procédé de nouveau à l'ensemble des opérations électorales ; il en est de même en cas de décès ou d'empêchement de l'un des deux candidats restés en présence en vue du second tour.

Dans tous les cas, le Conseil Constitutionnel est saisi dans les conditions fixées au deuxième alinéa de l'article 61 ci-dessous ou dans celles déterminées pour la présentation d'un candidat par la loi organique prévue à l'article 6 ci-dessus.

Le Conseil Constitutionnel peut proroger les délais prévus aux troisième et cinquième alinéas sans que le scrutin puisse avoir lieu plus de trente-cinq jours après la date de la décision du Conseil Constitutionnel. Si l'application des dispositions du présent alinéa a eu pour effet de reporter l'élection à une date postérieure à l'expiration des pouvoirs du Président en exercice, celui-ci demeure en fonction jusqu'à la proclamation de son successeur.

Il ne peut être fait application ni des articles 49 et 50 ni de l'article 89 de la Constitution durant la vacance de la Présidence de la République ou durant la période qui s'écoule entre la déclaration du caractère définitif de l'empêchement du Président de la République et l'élection de son successeur.

Article 8.

Le Président de la République nomme le Premier ministre. Il met fin à ses fonctions sur la présentation par celui-ci de la démission du gouvernement.

Sur la proposition du Premier ministre, il nomme les autres membres du gouvernement et met fin à leurs fonctions.

Article 9.

Le Président de la République préside le conseil des ministres.

Article 10.

Le Président de la République promulgue les lois dans les quinze jours qui suivent la transmission au gouvernement de la loi définitivement adoptée.

Il peut, avant l'expiration de ce délai, demander au Parlement une nouvelle délibération de la loi ou de certains de ses articles. Cette nouvelle délibération ne peut être refusée.

Article 11.

Le Président de la République, sur proposition du gouvernement pendant la durée des sessions ou sur proposition conjointe des deux Assemblées, publiées au *Journal Officiel*, peut soumettre au référendum tout projet de loi portant sur l'organisation des pouvoirs publics, sur des réformes relatives à la politique économique, sociale ou environnementale de la nation et aux services publics qui y concourent, ou tendant à autoriser la ratification d'un traité qui, sans être contraire à la Constitution, aurait des incidences sur le fonctionnement des institutions.

Lorsque le référendum est organisé sur proposition du gouvernement, celui-ci fait, devant chaque assemblée, une déclaration qui est suivie d'un débat.

Un référendum portant sur un objet mentionné au premier alinéa peut être organisé à l'initiative d'un cinquième des membres du Parlement, soutenue par un dixième des électeurs inscrits sur les listes électorales. Cette initiative prend la forme d'une proposition de loi et ne peut avoir pour objet l'abrogation d'une disposition législative promulguée depuis moins d'un an.

Les conditions de sa présentation et celles dans lesquelles le Conseil constitutionnel contrôle le respect des dispositions de l'alinéa précédent sont déterminées par une loi organique.

Si la proposition de loi n'a pas été examinée par les deux assemblées dans un délai fixé par la loi organique, le Président de la République la soumet au référendum.

Lorsque la proposition de loi n'est pas adoptée par le peuple français, aucune nouvelle proposition de référendum portant sur le même sujet ne peut être présentée avant l'expiration d'un délai de deux ans suivant la date du scrutin.

Lorsque le référendum a conclu à l'adoption du projet ou de la proposition de loi, le Président de la République promulgue la loi dans les quinze jours qui suivent la proclamation des résultats de la consultation.

Article 12.

Le Président de la République peut, après consultation du Premier ministre et des Présidents des assemblées, prononcer la dissolution de l'Assemblée nationale.

Les élections générales ont lieu vingt jours au moins et quarante jours au plus après la dissolution.

L'Assemblée nationale se réunit de plein droit le deuxième jeudi qui suit son élection. Si cette réunion a lieu en dehors de la période prévue pour la session ordinaire, une session est ouverte de droit pour une durée de quinze jours.

Il ne peut être procédé à une nouvelle dissolution dans l'année qui suit ces élections.

Article 13.

Le Président de la République signe les ordonnances et les décrets délibérés en conseil des ministres.

Il nomme aux emplois civils et militaires de l'État.

Les conseillers d'État, le grand chancelier de la Légion d'honneur, les ambassadeurs et envoyés extraordinaires, les conseillers maîtres à la Cour des comptes, les préfets, les représentants de l'État dans les collectivités d'outre-mer régies par l'article 74 et en Nouvelle-Calédonie, les officiers généraux, les recteurs des académies, les directeurs des administrations centrales sont nommés en conseil des ministres.

Une loi organique détermine les autres emplois auxquels il est pourvu en conseil des ministres ainsi que les conditions dans lesquelles le pouvoir de nomination du Président de la République peut être par lui délégué pour être exercé en son nom.

Une loi organique détermine les emplois ou fonctions, autres que ceux mentionnés au troisième alinéa, pour lesquels, en raison de leur importance pour la garantie des droits et libertés ou la vie économique et sociale de la Nation, le pouvoir de nomination du Président de la République s'exerce après avis public de la commission permanente compétente de chaque assemblée. Le Président de la République ne peut procéder à une nomination lorsque l'addition des votes négatifs dans chaque commission représente au moins trois cinquièmes des suffrages exprimés au sein des deux commissions. La loi détermine les commissions permanentes compétentes selon les emplois ou fonctions concernés.

Article 14.

Le Président de la République accrédite les ambassadeurs et les envoyés extraordinaires auprès des puissances étrangères ; les ambassadeurs et les envoyés extraordinaires étrangers sont accrédités auprès de lui.

Article 15.

Le Président de la République est le chef des armées. Il préside les conseils et les comités supérieurs de la défense nationale.

Article 16.

Lorsque les institutions de la République, l'indépendance de la nation, l'intégrité de son territoire ou l'exécution de ses engagements internationaux sont menacées d'une manière grave et immédiate et que le fonctionnement régulier des pouvoirs publics Constitutionnels est interrompu, le Président de la République prend les mesures exigées par ces circonstances, après consultation officielle du Premier ministre, des Présidents des assemblées ainsi que du Conseil constitutionnel.

Il en informe la nation par un message.

Ces mesures doivent être inspirées par la volonté d'assurer aux pouvoirs publics constitutionnels, dans les moindres délais, les moyens d'accomplir leur mission. Le Conseil constitutionnel est consulté à leur sujet.

Le Parlement se réunit de plein droit.

L'Assemblée nationale ne peut être dissoute pendant l'exercice des pouvoirs exceptionnels.

Après trente jours d'exercice des pouvoirs exceptionnels, le Conseil Constitutionnel peut être saisi par le Président de l'Assemblée nationale, le Président du Sénat, soixante députés ou soixante sénateurs, aux fins d'examiner si les conditions énoncées au premier alinéa demeurent réunies. Il se prononce dans les délais les plus brefs par un avis public. Il procède de plein droit à cet examen et se prononce dans les mêmes conditions au terme de soixante jours d'exercice des pouvoirs exceptionnels et à tout moment au-delà de cette durée.

Article 17.

Le Président de la République a le droit de faire grâce à titre individuel.

Article 18.

Le Président de la République communique avec les deux assemblées du Parlement par des messages qu'il fait lire et qui ne donnent lieu à aucun débat.

Il peut prendre la parole devant le Parlement réuni à cet effet en Congrès. Sa déclaration peut donner lieu, hors sa présence, à un débat qui ne fait l'objet d'aucun vote.

Hors session, les assemblées parlementaires sont réunies spécialement à cet effet.

Article 19.

Les actes du Président de la République autres que ceux prévus aux articles 8 (1er alinéa), 11, 12, 16, 18, 54, 56 et 61 sont contresignés par le Premier ministre et, le cas échéant, par les ministres responsables.

Titre III - LE GOUVERNEMENT

Article 20.

Le gouvernement détermine et conduit la politique de la nation.

Il dispose de l'administration et de la force armée.

Il est responsable devant le Parlement dans les conditions et suivant les procédures prévues aux articles 49 et 50.

Article 21.

Le Premier ministre dirige l'action du gouvernement. Il est responsable de la défense nationale. Il assure l'exécution des lois. Sous réserve des dispositions de l'article 13, il exerce le pouvoir réglementaire et nomme aux emplois civils et militaires.

Il peut déléguer certains de ses pouvoirs aux ministres.

Il supplée, le cas échéant, le Président de la République dans la présidence des conseils et comités prévus à l'article 15.

Il peut, à titre exceptionnel, le suppléer pour la présidence d'un conseil des ministres en vertu d'une délégation expresse et pour un ordre du jour déterminé.

Article 22.

Les actes du Premier ministre sont contresignés, le cas échéant, par les ministres chargés de leur exécution.

Article 23.

Les fonctions de membre du gouvernement sont incompatibles avec l'exercice de tout mandat parlementaire, de toute fonction de représentation professionnelle à caractère national et de tout emploi public ou de toute activité professionnelle.

Une loi organique fixe les conditions dans lesquelles il est pourvu au remplacement des titulaires de tels mandats, fonctions ou emplois.

Le remplacement des membres du Parlement a lieu conformément aux dispositions de l'article 25.

Titre IV - LE PARLEMENT

Article 24.

Le Parlement vote la loi. Il contrôle l'action du gouvernement. Il évalue les politiques publiques.

Il comprend l'Assemblée nationale et le Sénat.

Les députés à l'Assemblée nationale, dont le nombre ne peut excéder cinq cent soixante-dix-sept, sont élus au suffrage direct.

Le Sénat, dont le nombre de membres ne peut excéder trois cent quarante-huit, est élu au suffrage indirect. Il assure la représentation des collectivités territoriales de la République.

Les Français établis hors de France sont représentés à l'Assemblée nationale et au Sénat.

Article 25.

Une loi organique fixe la durée des pouvoirs de chaque assemblée, le nombre de ses membres, leur indemnité, les conditions d'éligibilité, le régime des inéligibilités et des incompatibilités.

Elle fixe également les conditions dans lesquelles sont élues les personnes appelées à assurer, en cas de vacance du siège, le remplacement des députés ou des sénateurs jusqu'au renouvellement général ou partiel de l'assemblée à laquelle ils appartenaient ou leur remplacement temporaire en cas d'acceptation par eux de fonctions gouvernementales.

Une commission indépendante, dont la loi fixe la composition et les règles d'organisation et de fonctionnement, se prononce par un avis public sur les projets de texte et propositions de loi délimitant les circonscriptions pour l'élection des députés ou modifiant la répartition des sièges de députés ou de sénateurs.

Article 26.

Aucun membre du Parlement ne peut être poursuivi, recherché, arrêté, détenu ou jugé à l'occasion des opinions ou votes émis par lui dans l'exercice de ses fonctions.

Aucun membre du Parlement ne peut faire l'objet, en matière criminelle ou correctionnelle, d'une arrestation ou de toute autre mesure privative ou restrictive de liberté qu'avec l'autorisation du bureau de l'assemblée dont il fait partie. Cette autorisation n'est pas requise en cas de crime ou délit flagrant ou de condamnation définitive.

La détention, les mesures privatives ou restrictives de liberté ou la poursuite d'un membre du Parlement sont suspendues pour la durée de la session si l'assemblée dont il fait partie le requiert.

L'assemblée intéressée est réunie de plein droit pour des séances supplémentaires pour permettre, le cas échéant, l'application de l'alinéa ci-dessus.

Article 27.

Tout mandat impératif est nul.

Le droit de vote des membres du Parlement est personnel.

La loi organique peut autoriser exceptionnellement la délégation de vote. Dans ce cas, nul ne peut recevoir délégation de plus d'un mandat.

Article 28.

Le Parlement se réunit de plein droit en une session ordinaire qui commence le premier jour ouvrable d'octobre et prend fin le dernier jour ouvrable de juin.

Le nombre de jours de séance que chaque assemblée peut tenir au Cours de la session ordinaire ne peut excéder cent vingt. Les semaines de séance sont fixées par chaque assemblée.

Le Premier ministre, après consultation du Président de l'assemblée concernée, ou la majorité des membres de chaque assemblée peut décider la tenue de jours supplémentaires de séance.

Les jours et les horaires des séances sont déterminés par le règlement de chaque assemblée.

Article 29.

Le Parlement est réuni en session extraordinaire à la demande du Premier ministre ou de la majorité des membres composant l'Assemblée nationale, sur un ordre du jour déterminé.

Lorsque la session extraordinaire est tenue à la demande des membres de l'Assemblée nationale, le décret de clôture intervient dès que le Parlement a épuisé l'ordre du jour pour lequel il a été convoqué et au plus tard douze jours à compter de sa réunion.

Le Premier ministre peut seul demander une nouvelle session avant l'expiration du mois qui suit le décret de clôture.

Article 30.

Hors les cas dans lesquels le Parlement se réunit de plein droit, les sessions extraordinaires sont ouvertes et closes par décret du Président de la République.

Article 31.

Les membres du gouvernement ont accès aux deux assemblées. Ils sont entendus quand ils le demandent.

Ils peuvent se faire assister par des commissaires du gouvernement.

Article 32.

Le Président de l'Assemblée nationale est élu pour la durée de la législature. Le Président du Sénat est élu après chaque renouvellement partiel.

Article 33.

Les séances des deux assemblées sont publiques. Le compte rendu intégral des débats est publié au Journal officiel.

Chaque assemblée peut siéger en comité secret à la demande du Premier ministre ou d'un dixième de ses membres.

Titre V - DES RAPPORTS ENTRE LE PARLEMENT ET LE GOUVERNEMENT

Article 34.

La loi fixe les règles concernant :

- les droits civiques et les garanties fondamentales accordées aux citoyens pour l'exercice des libertés publiques ; la liberté, le pluralisme et l'indépendance des médias ; les sujétions imposées par la défense nationale aux citoyens en leur personne et en leurs biens ;
- la nationalité, l'État et la capacité des personnes, les régimes matrimoniaux, les successions et libéralités ;

- la détermination des crimes et délits ainsi que les peines qui leur sont applicables ; la procédure pénale ; l'amnistie ; la création de nouveaux ordres de juridiction et le statut des magistrats ;
- l'assiette, le taux et les modalités de recouvrement des impositions de toutes natures ; le régime d'émission de la monnaie.

La loi fixe également les règles concernant :

- le régime électoral des assemblées parlementaires, des assemblées locales et des instances représentatives des Français établis hors de

France ainsi que les conditions d'exercice des mandats électoraux et des fonctions électives des membres des assemblées délibérantes des collectivités territoriales ;

- la création de catégories d'établissements publics ;

- les garanties fondamentales accordées aux fonctionnaires civils et militaires de l'État ;

- les nationalisations d'entreprises et les transferts de propriété d'entreprises du secteur public au secteur privé.

La loi détermine les principes fondamentaux :

- de l'organisation générale de la défense nationale ;

- de la libre administration des collectivités territoriales, de leurs compétences et de leurs ressources ;

- de l'enseignement ;

- de la préservation de l'environnement ;

- du régime de la propriété, des droits réels et des obligations civiles et commerciales ;
- du droit du travail, du droit syndical et de la sécurité sociale.

Les lois de finances déterminent les ressources et les charges de l'État dans les conditions et sous les réserves prévues par une loi organique.

Les lois de financement de la sécurité sociale déterminent les conditions générales de son équilibre financier et, compte tenu de leurs prévisions de recettes, fixent ses objectifs de dépenses, dans les conditions et sous les réserves prévues par une loi organique.

Des lois de programmation déterminent les objectifs de l'action de l'État.

Les orientations pluriannuelles des finances publiques sont définies par des lois de programmation. Elles s'inscrivent dans l'objectif d'équilibre des comptes des administrations publiques.

Les dispositions du présent article pourront être précisées et complétées par une loi organique.

Article 34-1.

Les assemblées peuvent voter des résolutions dans les conditions fixées par la loi organique.

Sont irrecevables et ne peuvent être inscrites à l'ordre du jour les propositions de résolution dont le gouvernement estime que leur adoption ou leur rejet serait de nature à mettre en cause sa responsabilité ou qu'elles contiennent des injonctions à son égard.

Article 35.

La déclaration de guerre est autorisée par le Parlement.

Le gouvernement informe le Parlement de sa décision de faire intervenir les forces armées à l'étranger, au plus tard trois jours après le début de l'intervention. Il précise les objectifs poursuivis. Cette information peut donner lieu à un débat qui n'est suivi d'aucun vote.

Lorsque la durée de l'intervention excède quatre mois, le gouvernement soumet sa prolongation à l'autorisation du Parlement. Il peut demander à l'Assemblée nationale de décider en dernier ressort.

Si le Parlement n'est pas en session à l'expiration du délai de quatre mois, il se prononce à l'ouverture de la session suivante.

Article 36.

L'État de siège est décrété en Conseil des ministres.

Sa prorogation au-delà de douze jours ne peut être autorisée que par le Parlement.

Article 37.

Les matières autres que celles qui sont du domaine de la loi ont un caractère réglementaire.

Les textes de forme législative intervenus en ces matières peuvent être modifiés par décrets pris après avis du Conseil d'État. Ceux de ces textes qui interviendraient après l'entrée en vigueur de la présente Constitution ne pourront être modifiés par décret que si le Conseil Constitutionnel a déclaré qu'ils ont un caractère réglementaire en vertu de l'alinéa précédent.

Article 37-1.

La loi et le règlement peuvent comporter, pour un objet et une durée limités, des dispositions à caractère expérimental.

Article 38.

Le gouvernement peut, pour l'exécution de son programme, demander au Parlement l'autorisation de prendre par ordonnances, pendant un délai limité, des mesures qui sont normalement du domaine de la loi.

Les ordonnances sont prises en conseil des ministres après avis du Conseil d'État. Elles entrent en vigueur dès leur publication mais deviennent caduques si le projet de loi de ratification n'est pas déposé devant le Parlement avant la date fixée par la loi d'habilitation. Elles ne peuvent être ratifiées que de manière expresse.

A l'expiration du délai mentionné au premier alinéa du présent article, les ordonnances ne peuvent plus être modifiées que par la loi dans les matières qui sont du domaine législatif.

Article 39.

L'initiative des lois appartient concurremment au Premier ministre et aux membres du Parlement.

Les projets de loi sont délibérés en conseil des ministres après avis du Conseil d'État et déposés sur le bureau de l'une des deux assemblées. Les projets de loi de finances et de loi de financement de la sécurité sociale sont soumis en premier lieu à l'Assemblée nationale. Sans préjudice du premier alinéa de l'article 44, les projets de loi ayant pour principal objet l'organisation des collectivités territoriales sont soumis en premier lieu au Sénat.

La présentation des projets de loi déposés devant l'Assemblée nationale ou le Sénat répond aux conditions fixées par une loi organique.

Les projets de loi ne peuvent être inscrits à l'ordre du jour si la conférence des Présidents de la première assemblée saisie constate que les règles fixées par la loi organique sont méconnues. En cas de désaccord entre la conférence des Présidents et le gouvernement, le Président de l'Assemblée intéressée ou le Premier ministre peut saisir le Conseil constitutionnel qui statue dans un délai de huit jours.

Dans les conditions prévues par la loi, le Président d'une Assemblée peut soumettre pour avis au Conseil d'État, avant son examen en commission, une proposition de loi déposée par l'un des membres de cette assemblée, sauf si ce dernier s'y oppose.

Article 40.

Les propositions et amendements formulés par les membres du Parlement ne sont pas recevables lorsque leur adoption aurait pour conséquence soit une diminution des ressources publiques, soit la création ou l'aggravation d'une charge publique.

Article 41.

S'il apparaît au Cours de la procédure législative qu'une proposition ou un amendement n'est pas du domaine de la loi ou est contraire à une délégation accordée en vertu de l'article 38, le gouvernement ou le Président de l'assemblée saisie peut opposer l'irrecevabilité.

En cas de désaccord entre le gouvernement et le Président de l'assemblée intéressée, le Conseil constitutionnel, à la demande de l'un ou de l'autre, statue dans un délai de huit jours.

Article 42.

La discussion des projets et des propositions de loi porte, en séance, sur le texte adopté par la commission saisie en application de l'article 43 ou, à défaut, sur le texte dont l'assemblée a été saisie.

Toutefois, la discussion en séance des projets de révision Constitutionnelle, des projets de loi de finances et des projets de loi de financement de la sécurité sociale porte, en première lecture devant la première assemblée saisie, sur le texte présenté par le gouvernement et, pour les autres lectures, sur le texte transmis par l'autre assemblée.

La discussion en séance, en première lecture, d'un projet ou d'une proposition de loi ne peut intervenir, devant la première assemblée saisie, qu'à l'expiration d'un délai de six semaines après son dépôt. Elle ne peut intervenir, devant la seconde assemblée saisie, qu'à l'expiration d'un délai de quatre semaines à compter de sa transmission.

L'alinéa précédent ne s'applique pas si la procédure accélérée a été engagée dans les conditions prévues à l'article 45. Il ne s'applique pas non plus aux projets de loi de finances, aux projets de loi de financement de la sécurité sociale et aux projets relatifs aux États de crise.

Article 43.

Les projets et propositions de loi sont envoyés pour examen à l'une des commissions permanentes dont le nombre est limité à huit dans chaque assemblée.

A la demande du gouvernement ou de l'assemblée qui en est saisie, les projets ou propositions de loi sont envoyés pour examen à une commission spécialement désignée à cet effet.

Article 44.

Les membres du Parlement et le gouvernement ont le droit d'amendement. Ce droit s'exerce en séance ou en commission selon les conditions fixées par les règlements des Assemblées, dans le cadre déterminé par une loi organique.

Après l'ouverture du débat, le gouvernement peut s'opposer à l'examen de tout amendement qui n'a pas été antérieurement soumis à la commission.

Si le gouvernement le demande, l'assemblée saisie se prononce par un seul vote sur tout ou partie du texte en discussion en ne retenant que les amendements proposés ou acceptés par le gouvernement.

Article 45.

Tout projet ou proposition de loi est examiné successivement dans les deux assemblées du Parlement en vue de l'adoption d'un texte identique. Sans préjudice de l'application des articles 40 et 41, tout amendement est recevable en première lecture dès lors qu'il présente un lien, même indirect, avec le texte déposé ou transmis.

Lorsque, par suite d'un désaccord entre les deux assemblées, un projet ou une proposition de loi n'a pu être adopté après deux lectures par chaque assemblée ou, si le gouvernement a décidé d'engager la procédure accélérée sans que les Conférences des Présidents s'y soient conjointement opposées, après une seule lecture par chacune d'entre elles, le Premier ministre ou, pour une proposition de loi, les Présidents des deux assemblées agissant conjointement, ont la faculté de provoquer la réunion d'une commission mixte paritaire chargée de proposer un texte sur les dispositions restant en discussion.

Le texte élaboré par la commission mixte peut être soumis par le gouvernement pour approbation aux deux assemblées. Aucun amendement n'est recevable sauf accord du gouvernement.

Si la commission mixte ne parvient pas à l'adoption d'un texte commun ou si ce texte n'est pas adopté dans les conditions prévues à l'alinéa précédent, le gouvernement peut, après une nouvelle lecture par l'Assemblée nationale et par le Sénat, demander à l'Assemblée nationale de statuer définitivement. En ce cas, l'Assemblée nationale peut reprendre soit le texte élaboré par la commission mixte, soit le dernier texte voté par elle, modifié le cas échéant par un ou plusieurs des amendements adoptés par le Sénat.

Article 46.

Les lois auxquelles la Constitution confère le caractère de lois organiques sont votées et modifiées dans les conditions suivantes.

Le projet ou la proposition ne peut, en première lecture, être soumis à la délibération et au vote des assemblées qu'à l'expiration des délais fixés au troisième alinéa de l'article 42. Toutefois, si la procédure accélérée a été engagée dans les conditions prévues à l'article 45, le projet ou la proposition ne peut être soumis à la délibération de la première assemblée saisie avant l'expiration d'un délai de quinze jours après son dépôt.

La procédure de l'article 45 est applicable. Toutefois, faute d'accord entre les deux assemblées, le texte ne peut être adopté par l'Assemblée nationale en dernière lecture qu'à la majorité absolue de ses membres.

Les lois organiques relatives au Sénat doivent être votées dans les mêmes termes par les deux assemblées.

Les lois organiques ne peuvent être promulguées qu'après la déclaration par le Conseil constitutionnel de leur conformité à la Constitution.

Article 47.

Le Parlement vote les projets de loi de finances dans les conditions prévues par une loi organique.

Si l'Assemblée nationale ne s'est pas prononcée en première lecture dans le délai de quarante jours après le dépôt d'un projet, le gouvernement saisit le Sénat qui doit statuer dans un délai de quinze jours. Il est ensuite procédé dans les conditions prévues à l'article 45.

Si le Parlement ne s'est pas prononcé dans un délai de soixante-dix jours, les dispositions du projet peuvent être mises en vigueur par ordonnance.

Si la loi de finances fixant les ressources et les charges d'un exercice n'a pas été déposée en temps utile pour être promulguée avant le début de cet exercice, le gouvernement demande d'urgence au Parlement l'autorisation de percevoir les impôts et ouvre par décret les crédits se rapportant aux services votés.

Les délais prévus au présent article sont suspendus lorsque le Parlement n'est pas en session.

Article 47-1.

Le Parlement vote les projets de loi de financement de la sécurité sociale dans les conditions prévues par une loi organique.

Si l'Assemblée nationale ne s'est pas prononcée en première lecture dans le délai de vingt jours après le dépôt d'un projet, le gouvernement saisit le Sénat qui doit statuer dans un délai de quinze jours. Il est ensuite procédé dans les conditions prévues à l'article 45.

Si le Parlement ne s'est pas prononcé dans un délai de cinquante jours, les dispositions du projet peuvent être mises en œuvre par ordonnance.

Les délais prévus au présent article sont suspendus lorsque le Parlement n'est pas en session et, pour chaque assemblée, au Cours des semaines où elle a décidé de ne pas tenir séance, conformément au deuxième alinéa de l'article 28.

Article 47-2.

La Cour des comptes assiste le Parlement dans le contrôle de l'action du gouvernement. Elle assiste le Parlement et le gouvernement dans le contrôle de l'exécution des lois de finances et de l'application des lois de financement de la sécurité sociale ainsi que dans l'évaluation des politiques publiques. Par ses rapports publics, elle contribue à l'information des citoyens.

Les comptes des administrations publiques sont réguliers et sincères. Ils donnent une image fidèle du résultat de leur gestion, de leur patrimoine et de leur situation financière.

Article 48.

Sans préjudice de l'application des trois derniers alinéas de l'article 28, l'ordre du jour est fixé par chaque assemblée.

Deux semaines de séance sur quatre sont réservées par priorité, et dans l'ordre que le gouvernement a fixé, à l'examen des textes et aux débats dont il demande l'inscription à l'ordre du jour.

En outre, l'examen des projets de loi de finances, des projets de loi de financement de la sécurité sociale et, sous réserve des dispositions de l'alinéa suivant, des textes transmis par l'autre assemblée depuis six semaines au moins, des projets relatifs aux États de crise et des demandes d'autorisation visées à l'article 35 est, à la demande du gouvernement, inscrit à l'ordre du jour par priorité.

Une semaine de séance sur quatre est réservée par priorité et dans l'ordre fixé par chaque assemblée au contrôle de l'action du gouvernement et à l'évaluation des politiques publiques.

Un jour de séance par mois est réservé à un ordre du jour arrêté par chaque assemblée à l'initiative des groupes d'opposition de l'assemblée intéressée ainsi qu'à celle des groupes minoritaires.

Une séance par semaine au moins, y compris pendant les sessions extraordinaires prévues à l'article 29, est réservée par priorité aux questions des membres du Parlement et aux réponses du gouvernement.

Article 49.

Le Premier ministre, après délibération du conseil des ministres, engage devant l'Assemblée nationale la responsabilité du gouvernement sur son programme ou éventuellement sur une déclaration de politique générale.

L'Assemblée nationale met en cause la responsabilité du gouvernement par le vote d'une motion de censure. Une telle motion n'est recevable que si elle est signée par un dixième au moins des membres de l'Assemblée nationale. Le vote ne peut avoir lieu que quarante-huit heures après son dépôt. Seuls sont recensés les votes favorables à la motion de censure qui ne peut être adoptée qu'à la majorité des membres composant l'Assemblée. Sauf dans le cas prévu à l'alinéa ci-dessous, un député ne peut être signataire de plus de trois motions de censure au Cours d'une même session ordinaire et de plus d'une au Cours d'une même session extraordinaire.

Le Premier ministre peut, après délibération du conseil des ministres, engager la responsabilité du gouvernement devant l'Assemblée nationale sur le vote d'un projet de loi de finances ou de financement de la sécurité sociale. Dans ce cas, ce projet est considéré comme adopté, sauf si une motion de censure, déposée dans les vingt-quatre heures qui suivent, est votée dans les conditions prévues à l'alinéa précédent. Le Premier ministre peut, en outre, recourir à cette procédure pour un autre projet ou une proposition de loi par session.

Le Premier ministre a la faculté de demander au Sénat l'approbation d'une déclaration de politique générale.

Article 50.

Lorsque l'Assemblée nationale adopte une motion de censure ou lorsqu'elle désapprouve le programme ou une déclaration de politique générale du gouvernement, le Premier ministre doit remettre au Président de la République la démission du gouvernement.

Article 50-1.

Devant l'une ou l'autre des assemblées, le gouvernement peut, de sa propre initiative ou à la demande d'un groupe parlementaire au sens de l'article 51-1, faire, sur un sujet déterminé, une déclaration qui donne lieu à débat et peut, s'il le décide, faire l'objet d'un vote sans engager sa responsabilité.

Article 51.

La clôture de la session ordinaire ou des sessions extraordinaires est de droit retardée pour permettre, le cas échéant, l'application de l'article 49. A cette même fin, des séances supplémentaires sont de droit.

Article 51-1.

Le règlement de chaque assemblée détermine les droits des groupes parlementaires constitués en son sein. Il reconnaît des droits spécifiques aux groupes d'opposition de l'assemblée intéressée ainsi qu'aux groupes minoritaires.

Article 51-2.

Pour l'exercice des missions de contrôle et d'évaluation définies au premier alinéa de l'article 24, des commissions d'enquête peuvent être créées au sein de chaque assemblée pour recueillir, dans les conditions prévues par la loi, des éléments d'information.

La loi détermine leurs règles d'organisation et de fonctionnement. Leurs conditions de création sont fixées par le règlement de chaque assemblée.

Titre VI - DES TRAITÉS INTERNATIONAUX

Article 52.

Le Président de la République négocie et ratifie les traités.

Il est informé de toute négociation tendant à la conclusion d'un accord international non soumis à ratification.

Article 53.

Les traités de paix, les traités de commerce, les traités ou accords relatifs à l'organisation internationale, ceux qui engagent les finances de l'État, ceux qui modifient des dispositions de nature législative, ceux qui sont relatifs à l'État des personnes, ceux qui comportent cession, échange ou adjonction de territoire, ne peuvent être ratifiés ou approuvés qu'en vertu d'une loi.

Ils ne prennent effet qu'après avoir été ratifiés ou approuvés.

Nulle cession, nul échange, nulle adjonction de territoire n'est valable sans le consentement des populations intéressées.

Article 53-1.

La République peut conclure avec les États européens qui sont liés par des engagements identiques aux siens en matière d'asile et de protection des Droits de l'homme et des libertés fondamentales, des accords déterminant leurs compétences respectives pour l'examen des demandes d'asile qui leur sont présentées.

Toutefois, même si la demande n'entre pas dans leur compétence en vertu de ces accords, les autorités de la République ont toujours le droit de donner asile à tout étranger persécuté en raison de son action en faveur de la liberté ou qui sollicite la protection de la France pour un autre motif.

Article 53-2.

La République peut reconnaître la juridiction de la Cour pénale internationale dans les conditions prévues par le traité signé le 18 juillet 1998.

Article 54.

Si le Conseil constitutionnel, saisi par le Président de la République, par le Premier ministre, par le Président de l'une ou l'autre assemblée ou par soixante députés ou soixante sénateurs, a déclaré qu'un engagement international comporte une clause contraire à la Constitution, l'autorisation de ratifier ou d'approuver l'engagement international en cause ne peut intervenir qu'après révision de la Constitution.

Article 55.

Les traités ou accords régulièrement ratifiés ou approuvés ont, dès leur publication, une autorité supérieure à celle des lois, sous réserve, pour chaque accord ou traité, de son application par l'autre partie.

Titre VII - LE CONSEIL CONSTITUTIONNEL

Article 56.

Le Conseil constitutionnel comprend neuf membres, dont le mandat dure neuf ans et n'est pas renouvelable. Le Conseil constitutionnel se renouvelle par tiers tous les trois ans. Trois des membres sont nommés par le Président de la République, trois par le Président de l'Assemblée nationale, trois par le Président du Sénat. La procédure prévue au dernier alinéa de l'article 13 est applicable à ces nominations. Les nominations effectuées par le Président de chaque assemblée sont soumises au seul avis de la commission permanente compétente de l'assemblée concernée.

En sus des neuf membres prévus ci-dessus, font de droit partie à vie du Conseil constitutionnel les anciens Présidents de la République.

Le Président est nommé par le Président de la République. Il a voix prépondérante en cas de partage.

Article 57.

Les fonctions de membre du Conseil constitutionnel sont incompatibles avec celles de ministre ou de membre du Parlement. Les autres incompatibilités sont fixées par une loi organique.

Article 58.

Le Conseil constitutionnel veille à la régularité de l'élection du Président de la République.

Il examine les réclamations et proclame les résultats du scrutin.

Article 59.

Le Conseil constitutionnel statue, en cas de contestation, sur la régularité de l'élection des députés et des sénateurs.

Article 60.

Le Conseil constitutionnel veille à la régularité des opérations de référendum prévues aux articles 11 et 89 et au titre XV. Il en proclame les résultats.

Article 61.

Les lois organiques, avant leur promulgation, les propositions de loi mentionnées à l'article 11 avant qu'elles ne soient soumises au référendum, et les règlements des assemblées parlementaires, avant leur mise en application, doivent être soumis au Conseil Constitutionnel qui se prononce sur leur conformité à la Constitution.

Aux mêmes fins, les lois peuvent être déférées au Conseil Constitutionnel, avant leur promulgation, par le Président de la République, le Premier ministre, le Président de l'Assemblée nationale, le Président du Sénat ou soixante députés ou soixante sénateurs.

Dans les cas prévus aux deux alinéas précédents, le Conseil constitutionnel doit statuer dans le délai d'un mois. Toutefois, à la demande du gouvernement, s'il y a urgence, ce délai est ramené à huit jours.

Dans ces mêmes cas, la saisine du Conseil constitutionnel suspend le délai de promulgation.

Article 61-1.

Lorsque, à l'occasion d'une instance en cours devant une juridiction, il est soutenu qu'une disposition législative porte atteinte aux droits et libertés que la Constitution garantit, le Conseil constitutionnel peut être saisi de cette question sur renvoi du Conseil d'État ou de la Cour de cassation qui se prononce dans un délai déterminé.

Une loi organique détermine les conditions d'application du présent article.

Article 62.

Une disposition déclarée inconstitutionnelle sur le fondement de l'article 61 ne peut être promulguée ni mise en application.

Une disposition déclarée inconstitutionnelle sur le fondement de l'article 61-1 est abrogée à compter de la publication de la décision du Conseil constitutionnel ou d'une date ultérieure fixée par cette décision. Le Conseil constitutionnel détermine les conditions et limites dans lesquelles les effets que la disposition a produits sont susceptibles d'être remis en cause.

Les décisions du Conseil constitutionnel ne sont susceptibles d'aucun recours. Elles s'imposent aux pouvoirs publics et à toutes les autorités administratives et juridictionnelles.

Article 63.

Une loi organique détermine les règles d'organisation et de fonctionnement du Conseil constitutionnel, la procédure qui est suivie devant lui et notamment les délais ouverts pour le saisir de contestations.

Titre VIII - DE L'AUTORITÉ JUDICIAIRE

Article 64.

Le Président de la République est garant de l'indépendance de l'autorité judiciaire.

Il est assisté par le Conseil supérieur de la magistrature.

Une loi organique porte statut des magistrats.

Les magistrats du siège sont inamovibles.

Article 65.

Le Conseil supérieur de la magistrature comprend une formation compétente à l'égard des magistrats du siège et une formation compétente à l'égard des magistrats du parquet.

La formation compétente à l'égard des magistrats du siège est présidée par le premier Président de la Cour de cassation. Elle comprend, en outre, cinq magistrats du siège et un magistrat du parquet, un conseiller d'État désigné par le Conseil d'État, un avocat ainsi que six personnalités qualifiées qui n'appartiennent ni au Parlement, ni à l'ordre judiciaire, ni à l'ordre administratif. Le Président de la République, le Président de l'Assemblée nationale et le Président du Sénat désignent chacun deux personnalités qualifiées. La procédure prévue au dernier alinéa de l'article 13 est applicable aux nominations des personnalités qualifiées. Les nominations effectuées par le Président de chaque assemblée du Parlement sont soumises au seul avis de la commission permanente compétente de l'assemblée intéressée.

La formation compétente à l'égard des magistrats du parquet est présidée par le procureur général près la Cour de cassation. Elle comprend, en outre, cinq magistrats du parquet et un magistrat du siège, ainsi que le conseiller d'État, l'avocat et les six personnalités qualifiées mentionnés au deuxième alinéa.

La formation du Conseil supérieur de la magistrature compétente à l'égard des magistrats du siège fait des propositions pour les nominations des magistrats du siège à la Cour de cassation, pour celles de premier Président de Cour d'appel et pour celles de Président de tribunal de grande instance. Les autres magistrats du siège sont nommés sur son avis conforme.

La formation du Conseil supérieur de la magistrature compétente à l'égard des magistrats du parquet donne son avis sur les nominations qui concernent les magistrats du parquet.

La formation du Conseil supérieur de la magistrature compétente à l'égard des magistrats du siège statue comme conseil de discipline des magistrats du siège. Elle comprend alors, outre les membres visés au deuxième alinéa, le magistrat du siège appartenant à la formation compétente à l'égard des magistrats du parquet.

La formation du Conseil supérieur de la magistrature compétente à l'égard des magistrats du parquet donne son avis sur les sanctions disciplinaires qui les concernent. Elle comprend alors, outre les membres visés au troisième alinéa, le magistrat du parquet appartenant à la formation compétente à l'égard des magistrats du siège.

Le Conseil supérieur de la magistrature se réunit en formation plénière pour répondre aux demandes d'avis formulées par le Président de la République au titre de l'article 64. Il se prononce, dans la même formation, sur les questions relatives à la déontologie des magistrats ainsi que sur toute question relative au fonctionnement de la justice dont le saisit le ministre de la justice. La formation plénière comprend trois des cinq magistrats du siège mentionnés au deuxième alinéa, trois des cinq magistrats du parquet mentionnés au troisième alinéa, ainsi que le conseiller d'État, l'avocat et les six personnalités qualifiées mentionnés au deuxième alinéa. Elle est présidée par le premier Président de la Cour de cassation, que peut suppléer le procureur général près cette Cour.

Sauf en matière disciplinaire, le ministre de la justice peut participer aux séances des formations du Conseil supérieur de la magistrature.

Le Conseil supérieur de la magistrature peut être saisi par un justiciable dans les conditions fixées par une loi organique.

La loi organique détermine les conditions d'application du présent article.

Article 66.

Nul ne peut être arbitrairement détenu.

L'autorité judiciaire, gardienne de la liberté individuelle, assure le respect de ce principe dans les conditions prévues par la loi.

Article 66-1.

Nul ne peut être condamné à la peine de mort.

Titre IX - LA HAUTE COUR

Article 67.

Le Président de la République n'est pas responsable des actes accomplis en cette qualité, sous réserve des dispositions des articles 53-2 et 68.

Il ne peut, durant son mandat et devant aucune juridiction ou autorité administrative française, être requis de témoigner non plus que faire l'objet d'une action, d'un acte d'information, d'instruction ou de poursuite. Tout délai de prescription ou de forclusion est suspendu.

Les instances et procédures auxquelles il est ainsi fait obstacle peuvent être reprises ou engagées contre lui à l'expiration d'un délai d'un mois suivant la cessation des fonctions.

Article 68.

Le Président de la République ne peut être destitué qu'en cas de manquement à ses devoirs manifestement incompatible avec l'exercice de son mandat. La destitution est prononcée par le Parlement constitué en Haute Cour.

La proposition de réunion de la Haute Cour adoptée par une des assemblées du Parlement est aussitôt transmise à l'autre qui se prononce dans les quinze jours.

La Haute Cour est présidée par le Président de l'Assemblée nationale. Elle statue dans un délai d'un mois, à bulletins secrets, sur la destitution. Sa décision est d'effet immédiat.

Les décisions prises en application du présent article le sont à la majorité des deux tiers des membres composant l'assemblée concernée ou la Haute Cour. Toute délégation de vote est interdite. Seuls sont recensés les votes favorables à la proposition de réunion de la Haute Cour ou à la destitution.

Une loi organique fixe les conditions d'application du présent article.

Titre X - DE LA RESPONSABILITÉ PÉNALE DES MEMBRES DU GOUVERNEMENT

Article 68-1.

Les membres du gouvernement sont pénalement responsables des actes accomplis dans l'exercice de leurs fonctions et qualifiés crimes ou délits au moment où ils ont été commis.

Ils sont jugés par la Cour de justice de la République.

La Cour de justice de la République est liée par la définition des crimes et délits ainsi que par la détermination des peines telles qu'elles résultent de la loi.

Article 68-2.

La Cour de justice de la République comprend quinze juges : douze parlementaires élus, en leur sein et en nombre égal, par l'Assemblée nationale et par le Sénat après chaque renouvellement général ou partiel de ces assemblées et trois magistrats du siège à la Cour de cassation, dont l'un préside la Cour de justice de la République.

Toute personne qui se prétend lésée par un crime ou un délit commis par un membre du gouvernement dans l'exercice de ses fonctions peut porter plainte auprès d'une commission des requêtes.

Cette commission ordonne soit le classement de la procédure, soit sa transmission au procureur général près la Cour de cassation aux fins de saisine de la Cour de justice de la République.

Le procureur général près la Cour de cassation peut aussi saisir d'office la Cour de justice de la République sur avis conforme de la commission des requêtes.

Une loi organique détermine les conditions d'application du présent article.

Article 68-3.

Les dispositions du présent titre sont applicables aux faits commis avant son entrée en vigueur.

Titre XI - LE CONSEIL ÉCONOMIQUE, SOCIAL ET ENVIRONNEMENTAL

Article 69.

Le Conseil économique, social et environnemental, saisi par le gouvernement, donne son avis sur les projets de loi, d'ordonnance ou de décret ainsi que sur les propositions de lois qui lui sont soumis.

Un membre du Conseil économique, social et environnemental peut être désigné par celui-ci pour exposer devant les assemblées parlementaires l'avis du Conseil sur les projets ou propositions qui lui ont été soumis.

Le Conseil économique, social et environnemental peut être saisi par voie de pétition dans les conditions fixées par une loi organique. Après examen de la pétition, il fait connaître au gouvernement et au Parlement les suites qu'il propose d'y donner.

Article 70.

Le Conseil économique, social et environnemental peut être consulté par le gouvernement et le Parlement sur tout problème de caractère économique, social ou environnemental. Le gouvernement peut également le consulter sur les projets de loi de programmation définissant les orientations pluriannuelles des finances publiques. Tout plan ou tout projet de loi de programmation à caractère économique, social ou environnemental lui est soumis pour avis.

Article 71.

La composition du Conseil économique, social et environnemental, dont le nombre de membres ne peut excéder deux cent trente-trois, et ses règles de fonctionnement sont fixées par une loi organique.

Titre XI BIS - LE DÉFENSEUR DES DROITS

Article 71-1.

Le Défenseur des droits veille au respect des droits et libertés par les administrations de l'État, les collectivités territoriales, les établissements publics, ainsi que par tout organisme investi d'une mission de service public, ou à l'égard duquel la loi organique lui attribue des compétences.

Il peut être saisi, dans les conditions prévues par la loi organique, par toute personne s'estimant lésée par le fonctionnement d'un service public ou d'un organisme visé au premier alinéa. Il peut se saisir d'office.

La loi organique définit les attributions et les modalités d'intervention du Défenseur des droits. Elle détermine les conditions dans lesquelles il peut être assisté par un collège pour l'exercice de certaines de ses attributions.

Le Défenseur des droits est nommé par le Président de la République pour un mandat de six ans non renouvelable, après application de la procédure prévue au dernier alinéa de l'article 13. Ses fonctions sont incompatibles avec celles de membre du gouvernement et de membre du Parlement. Les autres incompatibilités sont fixées par la loi organique.

Le Défenseur des droits rend compte de son activité au Président de la République et au Parlement.

Titre XII - DES COLLECTIVITÉS TERRITORIALES

Article 72.

Les collectivités territoriales de la République sont les communes, les départements, les régions, les collectivités à statut particulier et les collectivités d'outre-mer régies par l'article 74. Toute autre collectivité territoriale est créée par la loi, le cas échéant en lieu et place d'une ou de plusieurs collectivités mentionnées au présent alinéa.

Les collectivités territoriales ont vocation à prendre les décisions pour l'ensemble des compétences qui peuvent le mieux être mises en œuvre à leur échelon.

Dans les conditions prévues par la loi, ces collectivités s'administrent librement par des conseils élus et disposent d'un pouvoir réglementaire pour l'exercice de leurs compétences.

Dans les conditions prévues par la loi organique, et sauf lorsque sont en cause les conditions essentielles d'exercice d'une liberté publique ou d'un droit constitutionnellement garanti, les collectivités territoriales ou leurs groupements peuvent, lorsque, selon le cas, la loi ou le règlement l'a prévu, déroger, à titre expérimental et pour un objet et une durée limités, aux dispositions législatives ou réglementaires qui régissent l'exercice de leurs compétences.

Aucune collectivité territoriale ne peut exercer une tutelle sur une autre. Cependant, lorsque l'exercice d'une compétence nécessite le concours de plusieurs collectivités territoriales, la loi peut autoriser l'une d'entre elles ou un de leurs groupements à organiser les modalités de leur action commune.

Dans les collectivités territoriales de la République, le représentant de l'État, représentant de chacun des membres du gouvernement, a la charge des intérêts nationaux, du contrôle administratif et du respect des lois.

Article 72-1.

La loi fixe les conditions dans lesquelles les électeurs de chaque collectivité territoriale peuvent, par l'exercice du droit de pétition, demander l'inscription à l'ordre du jour de l'assemblée délibérante de cette collectivité d'une question relevant de sa compétence.

Dans les conditions prévues par la loi organique, les projets de délibération ou d'acte relevant de la compétence d'une collectivité territoriale peuvent, à son initiative, être soumis, par la voie du référendum, à la décision des électeurs de cette collectivité.

Lorsqu'il est envisagé de créer une collectivité territoriale dotée d'un statut particulier ou de modifier son organisation, il peut être décidé par la loi de consulter les électeurs inscrits dans les collectivités intéressées. La modification des limites des collectivités territoriales peut également donner lieu à la consultation des électeurs dans les conditions prévues par la loi.

Article 72-2.

Les collectivités territoriales bénéficient de ressources dont elles peuvent disposer librement dans les conditions fixées par la loi.

Elles peuvent recevoir tout ou partie du produit des impositions de toutes natures. La loi peut les autoriser à en fixer l'assiette et le taux dans les limites qu'elle détermine.

Les recettes fiscales et les autres ressources propres des collectivités territoriales représentent, pour chaque catégorie de collectivités, une part déterminante de l'ensemble de leurs ressources. La loi organique fixe les conditions dans lesquelles cette règle est mise en œuvre.

Tout transfert de compétences entre l'État et les collectivités territoriales s'accompagne de l'attribution de ressources équivalentes à celles qui étaient consacrées à leur exercice. Toute création ou extension de compétences ayant pour conséquence d'augmenter les dépenses des collectivités territoriales est accompagnée de ressources déterminées par la loi.

La loi prévoit des dispositifs de péréquation destinés à favoriser l'égalité entre les collectivités territoriales.

Article 72-3.

La République reconnaît, au sein du peuple français, les populations d'outre-mer, dans un idéal commun de liberté, d'égalité et de fraternité.

La Guadeloupe, la Guyane, la Martinique, La Réunion, Mayotte, Saint Barthélemy, Saint-Martin, Saint-Pierre-et-Miquelon, les îles Wallis et Futuna et la Polynésie française sont régis par l'article 73 pour les départements et les régions d'outre-mer et pour les collectivités territoriales créées en application du dernier alinéa de l'article 73, et par l'article 74 pour les autres collectivités.

Le statut de la Nouvelle-Calédonie est régi par le titre XIII.

La loi détermine le régime législatif et l'organisation particulière des Terres australes et antarctiques françaises et de Clipperton.

Article 72-4.

Aucun changement, pour tout ou partie de l'une des collectivités mentionnées au deuxième alinéa de l'article 72-3, de l'un vers l'autre des régimes prévus par les articles 73 et 74, ne peut intervenir sans que le consentement des électeurs de la collectivité ou de la partie de collectivité intéressée ait été préalablement recueilli dans les conditions prévues à l'alinéa suivant. Ce changement de régime est décidé par une loi organique.

Le Président de la République, sur proposition du gouvernement pendant la durée des sessions ou sur proposition conjointe des deux assemblées, publiées au Journal officiel, peut décider de consulter les électeurs d'une collectivité territoriale située outre-mer sur une question relative à son organisation, à ses compétences ou à son régime législatif. Lorsque la consultation porte sur un changement prévu à l'alinéa précédent et est organisée sur proposition du gouvernement, celui-ci fait, devant chaque assemblée, une déclaration qui est suivie d'un débat.

Article 73.

Dans les départements et les régions d'outre-mer, les lois et règlements sont applicables de plein droit. Ils peuvent faire l'objet d'adaptations tenant aux caractéristiques et contraintes particulières de ces collectivités.

Ces adaptations peuvent être décidées par ces collectivités dans les matières où s'exercent leurs compétences et si elles y ont été habilitées, selon le cas, par la loi ou par le règlement.

Par dérogation au premier alinéa et pour tenir compte de leurs spécificités, les collectivités régies par le présent article peuvent être habilitées, selon le cas, par la loi ou par le règlement, à fixer elles-mêmes les règles applicables sur leur territoire, dans un nombre limité de matières pouvant relever du domaine de la loi ou du règlement.

Ces règles ne peuvent porter sur la nationalité, les droits civiques, les garanties des libertés publiques, l'État et la capacité des personnes, l'organisation de la justice, le droit pénal, la procédure pénale, la politique étrangère, la défense, la sécurité et l'ordre publics, la monnaie, le crédit et les changes, ainsi que le droit électoral. Cette énumération pourra être précisée et complétée par une loi organique.

La disposition prévue aux deux précédents alinéas n'est pas applicable au département et à la région de La Réunion.

Les habilitations prévues aux deuxième et troisième alinéas sont décidées, à la demande de la collectivité concernée, dans les conditions et sous les réserves prévues par une loi organique. Elles ne peuvent intervenir lorsque sont en cause les conditions essentielles d'exercice d'une liberté publique ou d'un droit constitutionnellement garanti.

La création par la loi d'une collectivité se substituant à un département et une région d'outre-mer ou l'institution d'une assemblée délibérante unique pour ces deux collectivités ne peut intervenir sans qu'ait été recueilli, selon les formes prévues au second alinéa de l'article 72-4, le consentement des électeurs inscrits dans le ressort de ces collectivités.

Article 74.

Les collectivités d'outre-mer régies par le présent article ont un statut qui tient compte des intérêts propres de chacune d'elles au sein de la République.

Ce statut est défini par une loi organique, adoptée après avis de l'assemblée délibérante, qui fixe :

- les conditions dans lesquelles les lois et règlements y sont applicables ;
- les compétences de cette collectivité ; sous réserve de celles déjà exercées par elle, le transfert de compétences de l'État ne peut porter sur les matières énumérées au quatrième alinéa de l'article 73, précisées et complétées, le cas échéant, par la loi organique ;
- les règles d'organisation et de fonctionnement des institutions de la collectivité et le régime électoral de son assemblée délibérante ;

- les conditions dans lesquelles ses institutions sont consultées sur les projets et propositions de loi et les projets d'ordonnance ou de décret comportant des dispositions particulières à la collectivité, ainsi que sur la ratification ou l'approbation d'engagements internationaux conclus dans les matières relevant de sa compétence.

La loi organique peut également déterminer, pour celles de ces collectivités qui sont dotées de l'autonomie, les conditions dans lesquelles :

- le Conseil d'État exerce un contrôle juridictionnel spécifique sur certaines catégories d'actes de l'assemblée délibérante intervenant au titre des compétences qu'elle exerce dans le domaine de la loi ;

- l'assemblée délibérante peut modifier une loi promulguée postérieurement à l'entrée en vigueur du statut de la collectivité, lorsque le Conseil constitutionnel, saisi notamment par les autorités de la collectivité, a constaté que la loi était intervenue dans le domaine de compétence de cette collectivité ;

- des mesures justifiées par les nécessités locales peuvent être prises par la collectivité en faveur de sa population, en matière d'accès à l'emploi, de droit d'établissement pour l'exercice d'une activité professionnelle ou de protection du patrimoine foncier ;

- la collectivité peut participer, sous le contrôle de l'État, à l'exercice des compétences qu'il conserve, dans le respect des garanties accordées sur l'ensemble du territoire national pour l'exercice des libertés publiques.

Les autres modalités de l'organisation particulière des collectivités relevant du présent article sont définies et modifiées par la loi après consultation de leur assemblée délibérante.

Article 74-1.

Dans les collectivités d'outre-mer visées à l'article 74 et en Nouvelle-Calédonie, le gouvernement peut, par ordonnances, dans les matières qui demeurent de la compétence de l'État, étendre, avec les adaptations nécessaires, les dispositions de nature législative en vigueur en métropole ou adapter les dispositions de nature législative en vigueur à l'organisation particulière de la collectivité concernée, sous réserve que la loi n'ait pas expressément exclu, pour les dispositions en cause, le recours à cette procédure.

Les ordonnances sont prises en conseil des ministres après avis des assemblées délibérantes intéressées et du Conseil d'État. Elles entrent en vigueur dès leur publication. Elles deviennent caduques en l'absence de ratification par le Parlement dans le délai de dix-huit mois suivant cette publication.

Article 75.

Les citoyens de la République qui n'ont pas le statut civil de droit commun, seul visé à l'article 34, conservent leur statut personnel tant qu'ils n'y ont pas renoncé.

Article 75-1.

Les langues régionales appartiennent au patrimoine de la France.

Titre XIII - DISPOSITIONS TRANSITOIRES RELATIVES A LA NOUVELLE-CALÉDONIE

Article 76.

Les populations de la Nouvelle-Calédonie sont appelées à se prononcer avant le 31 décembre 1998 sur les dispositions de l'accord signé à Nouméa le 5 mai 1998 et publié le 27 mai 1998 au Journal officiel de la République française.

Sont admises à participer au scrutin les personnes remplissant les conditions fixées à l'article 2 de la loi n° 88-1028 du 9 novembre 1988.

Les mesures nécessaires à l'organisation du scrutin sont prises par décret en Conseil d'État délibéré en conseil des ministres.

Article 77.

Après approbation de l'accord lors de la consultation prévue à l'article 76, la loi organique, prise après avis de l'assemblée délibérante de la Nouvelle-Calédonie, détermine, pour assurer l'évolution de la Nouvelle-Calédonie dans le respect des orientations définies par cet accord et selon les modalités nécessaires à sa mise en œuvre :

- les compétences de l'État qui seront transférées, de façon définitive, aux institutions de la Nouvelle-Calédonie, l'échelonnement et les modalités de ces transferts, ainsi que la répartition des charges résultant de ceux-ci ;

- les règles d'organisation et de fonctionnement des institutions de la Nouvelle-Calédonie et notamment les conditions dans lesquelles certaines catégories d'actes de l'assemblée délibérante de la Nouvelle-Calédonie pourront être soumises avant publication au contrôle du Conseil constitutionnel ;

- les règles relatives à la citoyenneté, au régime électoral, à l'emploi et au statut civil coutumier ;

- les conditions et les délais dans lesquels les populations intéressées de la Nouvelle-Calédonie seront amenées à se prononcer sur l'accession à la pleine souveraineté.

Les autres mesures nécessaires à la mise en œuvre de l'accord mentionné à l'article 76 sont définies par la loi.

Pour la définition du corps électoral appelé à élire les membres des assemblées délibérantes de la Nouvelle-Calédonie et des provinces, le tableau auquel se réfèrent l'accord mentionné à l'article 76 et les articles 188 et 189 de la loi organique n° 99-209 du 19 mars 1999 relative à la Nouvelle-Calédonie est le tableau dressé à l'occasion du scrutin prévu audit article 76 et comprenant les personnes non admises à y participer.

Titre XIV - DE LA FRANCOPHONIE ET DES ACCORDS D'ASSOCIATION

Article 87.

La République participe au développement de la solidarité et de la coopération entre les États et les peuples ayant le français en partage.

Article 88.

La République peut conclure des accords avec des États qui désirent s'associer à elle pour développer leurs civilisations.

Titre XV - DE L'UNION EUROPÉENNE

Article 88-1.

La République participe à l'Union européenne constituée d'États qui ont choisi librement d'exercer en commun certaines de leurs compétences en vertu du traité sur l'Union européenne et du traité sur le fonctionnement de l'Union européenne, tels qu'ils résultent du traité signé à Lisbonne le 13 décembre 2007.

Article 88-2.

La loi fixe les règles relatives au mandat d'arrêt européen en application des actes pris par les institutions de l'Union européenne.

Article 88-3.

Sous réserve de réciprocité et selon les modalités prévues par le Traité sur l'Union européenne signé le 7 février 1992, le droit de vote et d'éligibilité aux élections municipales peut être accordé aux seuls citoyens de l'Union résidant en France. Ces citoyens ne peuvent exercer les fonctions de maire ou d'adjoint ni participer à la désignation des électeurs sénatoriaux et à l'élection des sénateurs. Une loi organique votée dans les mêmes termes par les deux assemblées détermine les conditions d'application du présent article.

Article 88-4.

Le gouvernement soumet à l'Assemblée nationale et au Sénat, dès leur transmission au Conseil de l'Union européenne, les projets d'actes législatifs européens et les autres projets ou propositions d'actes de l'Union européenne.

Selon des modalités fixées par le règlement de chaque assemblée, des résolutions européennes peuvent être adoptées, le cas échéant en dehors des sessions, sur les projets ou propositions mentionnés au premier alinéa, ainsi que sur tout document émanant d'une institution de l'Union européenne.

Au sein de chaque assemblée parlementaire est instituée une commission chargée des affaires européennes.

Article 88-5.

Tout projet de loi autorisant la ratification d'un traité relatif à l'adhésion d'un État à l'Union européenne est soumis au référendum par le Président de la République.

Toutefois, par le vote d'une motion adoptée en termes identiques par chaque assemblée à la majorité des trois cinquièmes, le Parlement peut autoriser l'adoption du projet de loi selon la procédure prévue au troisième alinéa de l'article 89.

[Cet article n'est pas applicable aux adhésions faisant suite à une conférence intergouvernementale dont la convocation a été décidée par le Conseil européen avant le 1er juillet 2004]

Article 88-6.

L'Assemblée nationale ou le Sénat peuvent émettre un avis motivé sur la conformité d'un projet d'acte législatif européen au principe de subsidiarité. L'avis est adressé par le Président de l'assemblée concernée aux Présidents du Parlement européen, du Conseil et de la Commission européenne. Le gouvernement en est informé.

Chaque assemblée peut former un recours devant la Cour de justice de l'Union européenne contre un acte législatif européen pour violation du principe de subsidiarité. Ce recours est transmis à la Cour de justice de l'Union européenne par le gouvernement.

À cette fin, des résolutions peuvent être adoptées, le cas échéant en dehors des sessions, selon des modalités d'initiative et de discussion fixées par le règlement de chaque assemblée. À la demande de soixante députés ou de soixante sénateurs, le recours est de droit.

Article 88-7

Par le vote d'une motion adoptée en termes identiques par l'Assemblée nationale et le Sénat, le Parlement peut s'opposer à une modification des règles d'adoption d'actes de l'Union européenne dans les cas prévus, au titre de la révision simplifiée des traités ou de la coopération judiciaire civile, par le traité sur l'Union européenne et le traité sur le fonctionnement de l'Union européenne, tels qu'ils résultent du traité signé à Lisbonne le 13 décembre 2007.

Titre XVI - DE LA RÉVISION

Article 89.

L'initiative de la révision de la Constitution appartient concurremment au Président de la République sur proposition du Premier ministre et aux membres du Parlement.

Le projet ou la proposition de révision doit être examiné dans les conditions de délai fixées au troisième alinéa de l'article 42 et voté par les deux assemblées en termes identiques. La révision est définitive après avoir été approuvée par référendum.

Toutefois, le projet de révision n'est pas présenté au référendum lorsque le Président de la République décide de le soumettre au Parlement convoqué en Congrès ; dans ce cas, le projet de révision n'est approuvé que s'il réunit la majorité des trois cinquièmes des suffrages exprimés. Le bureau du Congrès est celui de l'Assemblée nationale.

Aucune procédure de révision ne peut être engagée ou poursuivie lorsqu'il est porté atteinte à l'intégrité du territoire.

La forme républicaine du gouvernement ne peut faire l'objet d'une révision.

Annexe 4 : Constitution des États-Unis

Préambule

Article premier - Pouvoir législatif

Article II - Pouvoir exécutif

Article III - Pouvoir judiciaire

Article IV - Relations des États entre eux et avec l'Union

Article V - Amendements

Article VI - Dispositions diverses

Article VII - Ratification de la Constitution

Amendements

[La Constitution a été adoptée par la Convention le 17 septembre 1787. Transmise par le Congrès aux différentes législatures le 28 septembre 1787, elle a été ratifiée par les conventions des différents États :

Delaware, le 7 décembre 1787 ;

Pennsylvanie, le 12 décembre 1787 ;

New Jersey, le 18 décembre 1787 ;

Georgie, le 2 janvier 1788 ;

Connecticut, le 9 janvier 1788 ;

Massachussets, le 6 février 1788 ;

Maryland, le 28 avril 1788 ;

Caroline du Sud, le 23 mai 1788 ;

New Hampshire, le 21 juin 1788.

La condition fixée par l'article VII pour l'établissement de la Constitution était alors remplie. D'autres ratifications sont intervenues par la suite :

Virginie, le 25 juin 1788 ;

New York, le 26 juillet 1788.

La Constitution est entrée en vigueur le 4 mars 1789, entre les 11 États membres.

Par la suite, le Président a informé le Congrès le 28 janvier 1790 que la Caroline du Nord avait ratifié la Constitution le 21 novembre 1789 ; il a informé le Congrès le 1er juin 1790 de la ratification par le Rhode Island et les Plantations de Providence le 29 mai 1790. Le Vermont a ratifié la Convention le 10 janvier 1791, et il a été admis dans l'Union par un acte du Congrès du 18 février 1791, devenant le 14e État de l'Union.

Préambule

Nous, le peuple des États-Unis, en vue de former une union plus parfaite, d'établir la justice, d'assurer la paix intérieure, de pourvoir à la défense commune, de développer la prospérité générale et d'assurer les bienfaits de la liberté à nous-mêmes et à notre postérité, nous ordonnons et établissons la présente Constitution pour les États-Unis d'Amérique.

Article premier

Section 1.

Tous les pouvoirs législatifs accordés par la présente Constitution seront attribués à un Congrès des États-Unis, qui sera composé d'un Sénat et d'une Chambre des représentants.

Section 2.

1. La Chambre des représentants sera composée de membres choisis tous les deux ans par le peuple des différents États ; dans chaque État, les électeurs devront remplir les conditions requises pour être électeur à l'assemblée la plus nombreuse de la législature de cet État.

2. Nul ne pourra être représentant s'il n'a atteint l'âge de vingt-cinq ans, s'il n'est citoyen des États-Unis depuis sept ans et s'il ne réside, au moment de l'élection, dans l'État où il doit être élu.

3. [~~Les représentants et les impôts directs seront répartis entre les différents États qui pourront faire partie de cette Union, proportionnellement au nombre de leurs habitants, qui sera déterminé en ajoutant au nombre total des personnes libres, y compris celles qui se sont louées pour un nombre d'années déterminé, mais à l'exclusion des Indiens non soumis à l'impôt, trois cinquièmes de toutes les autres personnes.~~ La disposition sur le mode de désignation des représentants a été modifiée par le 14e amendement, section 2, et celle concernant les impôts par le 16e amendement]

Le recensement sera effectué dans les trois ans qui suivront la première réunion du Congrès des États-Unis, et ensuite tous les dix ans, de la manière qui sera fixée par la loi. Le nombre des représentants n'excédera pas un pour trente mille habitants, mais chaque État aura au moins un représentant. Jusqu'à ce que le recensement soit effectué, l'État du New Hampshire aura droit à trois représentants, le Massachusetts à huit, l'État de Rhode Island et les Plantations de Providence à un, le Connecticut à cinq, l'État de New York à six, le New Jersey à quatre, la Pennsylvanie à huit, le Delaware à un, le Maryland à six, la Virginie à dix, la Caroline du Nord à cinq, la Caroline du Sud à cinq et la Georgie à trois.

4. Lorsque des vacances se produiront dans la représentation d'un État, le pouvoir exécutif de cet État fera procéder à des élections pour y pourvoir.

5. La Chambre des représentants choisira son Président et les autres membres de son bureau, et elle détiendra seule le pouvoir de mise en accusation [*impeachment*] devant le Sénat.

Section 3.

1. Le Sénat des États-Unis sera composé de deux sénateurs pour chaque État, [choisis pour six ans par la législature de chacun, - Disposition modifiée par le 17e amendement, section 1] et chaque sénateur disposera d'une voix.

2. Dès qu'ils seront réunis à la suite de la première élection, les sénateurs seront divisés aussi également que possible en trois groupes. Les sièges des sénateurs du premier groupe seront déclarés vacants à l'expiration de la deuxième année, ceux du second groupe à l'expiration de la quatrième année et ceux du troisième groupe à l'expiration de la sixième année, de telle sorte qu'un tiers des sénateurs puisse être renouvelé tous les deux ans [; et si des vacances se produisent, par démission ou autrement, en dehors des sessions de la législature d'un État, le pouvoir exécutif de cet État peut procéder à des nominations temporaires jusqu'à la réunion suivante de la législature, qui pourvoira alors à ces vacances - Disposition modifiée par le 17e amendement, section 2].

3. Nul ne pourra être sénateur s'il n'a atteint l'âge de trente ans, s'il n'est pas depuis neuf ans, citoyen des États-Unis et s'il ne réside, au moment de l'élection, dans l'État pour lequel il est élu.

4. Le vice-Président des États-Unis sera Président du Sénat, mais n'aura pas de droit de vote, à moins d'égal partage des voix du Sénat.

5. Le Sénat choisira les autres membres de son bureau, ainsi qu'un Président *pro tempore*, pour remplacer en cas d'absence le vice-Président des États-Unis, ou lorsque celui-ci sera appelé à exercer les fonctions de Président des États-Unis.

6. Le Sénat aura seul le pouvoir de juger les personnes mises en accusation par la Chambre des représentants. Lorsqu'il siégera à cet effet, les sénateurs prêteront serment ou feront une déclaration solennelle. En cas de jugement du Président des États-Unis, le Président de la Cour suprême présidera. Nul ne pourra être déclaré coupable que par un vote des deux tiers des membres présents.

7. Les condamnations prononcées en cas d'*impeachment* ne pourront excéder la destitution et l'interdiction d'occuper tout poste de confiance ou d'exercer toute fonction honorifique ou rémunérée des

États-Unis ; mais la partie condamnée sera néanmoins responsable et sujette à accusation, procès, jugement et condamnation suivant le droit commun.

Section 4.

1. L'époque, le lieu et la procédure pour les élections des sénateurs et des représentants seront déterminés dans chaque État par la législature de cet État ; le Congrès peut toutefois, à tout moment, déterminer ou modifier par une loi les règles des élections, à l'exception de celles relatives au lieu des élections des sénateurs.

2. Le Congrès se réunira au moins une fois par an, [~~le premier lundi de décembre,~~ - Dispositions modifiée par le 20e amendement, section 2] à moins que, par une loi, il ne fixe un jour différent.

Section 5.

1. Chaque chambre sera juge de l'élection de ses membres, du nombre de voix qu'ils ont obtenues et de leur éligibilité ; la majorité, dans chaque chambre, sera nécessaire pour que les délibérations soient valables ; mais un nombre inférieur pourra ajourner la séance de jour en jour et pourra être autorisé à exiger la présence des membres absents par tels moyens et sous telles pénalités que la chambre pourra décider.

2. Chaque chambre peut établir son règlement, prendre des sanctions contre ses membres pour conduite contraire au bon ordre et, à la majorité des deux tiers, prononcer l'expulsion de l'un d'entre eux.

3. Chaque chambre tiendra un procès-verbal de ses débats et le publiera périodiquement, à l'exception des parties qui lui sembleraient requérir le secret ; les votes pour et les votes contre des membres de chacune des chambres sur toute question seront, à la demande d'un cinquième des membres présents, consignés sur le procès-verbal.

4. Aucune des deux chambres ne pourra, durant une session du Congrès et sans le consentement de l'autre chambre, s'ajourner pour

plus de trois jours, ni se transporter dans un autre lieu que celui où les deux chambres siègent.

Section 6.

1. Les sénateurs et les représentants percevront une indemnité qui sera fixée par la loi et payée par le Trésor des États-Unis [Disposition précisée par le 27e amendement]. En aucun cas autre que ceux de trahison, crime ou atteinte à la paix publique, ils ne pourront être arrêtés durant les sessions de leur chambre, ni lorsqu'ils se rendront à une session de cette chambre ou en reviendront ; ils ne pourront être inquiétés en aucun lieu pour leurs discours ou opinions émis dans l'une quelconque des chambres.

2. Nul sénateur ou représentant ne pourra, durant la période pour laquelle il a été élu, être nommé à une fonction civile relevant de l'autorité des États-Unis, qui aurait été créée ou dont le traitement aurait été augmenté durant cette période ; aucune personne occupant une charge relevant de l'autorité des États-Unis ne pourra devenir membre de l'une des deux chambres tant qu'elle exercera cette fonction.

Section 7.

1. Tout projet de loi comportant la levée d'impôts émanera de la Chambre des représentants ; mais le Sénat pourra proposer ou y apporter des amendements comme aux autres projets de loi.

2. Tout projet de loi adopté par la Chambre des représentants et par le Sénat devra, avant d'acquérir force de loi, être soumis au Président des États-Unis. Si celui-ci l'approuve, il le signera ; sinon il le renverra, avec ses objections, à la chambre dont il émane, laquelle insérera les objections *in extenso* sur son procès-verbal et procédera à un nouvel examen du projet. Si, après ce nouvel examen, le projet de loi réunit en sa faveur les voix des deux tiers des membres de cette chambre, il sera transmis, avec les objections qui l'accompagnaient, à l'autre chambre, qui l'examinera également de nouveau, et, si les deux tiers des membres de celle-ci l'approuvent, il aura force de loi. En pareil

cas, les votes des deux chambres seront acquis par oui et par non, et les noms des membres votant pour et contre le projet seront portés au procès-verbal de chaque chambre respectivement. Tout projet non renvoyé par le Président dans les dix jours (dimanche non compris) qui suivront sa présentation, deviendra loi comme si le Président l'avait signé, à moins que le Congrès n'ait, par son ajournement, rendu le renvoi impossible ; auquel cas le projet n'acquerra pas force de loi.

3. Tout ordre, résolution ou vote, pour l'adoption desquels l'accord du Sénat et de la Chambre des représentants peut être nécessaire (sauf en matière d'ajournement), sera soumis au Président des États-Unis, et, avant de devenir exécutoire, approuvé par lui, ou, en cas de dissentiment de sa part, adopté de nouveau par les deux tiers du Sénat et de la Chambre des représentants, conformément aux règles et sous les réserves prescrites pour les projets de loi.

Section 8.

Le Congrès aura le pouvoir :

- De lever et de percevoir des taxes, droits, impôts et excises, de payer les dettes et pourvoir à la défense commune et à la prospérité générale des États-Unis ; mais lesdits droits, impôts et excises seront uniformes dans toute l'étendue des États-Unis ;

- De faire des emprunts sur le crédit des États-Unis ;

- De réglementer le commerce avec les nations étrangères, entre les divers États, et avec les tribus indiennes ;

- D'établir une règle uniforme de naturalisation et des lois uniformes au sujet des faillites applicables dans toute l'étendue des États-Unis ;

- De battre monnaie, d'en déterminer la valeur et celle de la monnaie étrangère, et de fixer l'étalon des poids et mesures ;

- D'assurer la répression de la contrefaçon des effets et de la monnaie en Cours aux États-Unis ;

- D'établir des bureaux et des routes de postes ;

- De favoriser le progrès de la science et des arts utiles, en assurant, pour un temps limité, aux auteurs et inventeurs le droit exclusif sur leurs écrits et sur leurs découvertes respectifs ;

- De constituer des tribunaux subordonnés à la Cour suprême ;

- De définir et punir les actes de pirateries et les crimes commis en haute mer et les atteintes à la loi des nations ;

- De déclarer la guerre, d'accorder des lettres de marque et de représailles, et d'établir des règlements concernant les prises sur terre et sur mer ;

- De lever et d'entretenir des armées, sous réserve qu'aucune affectation de crédits à cette fin ne s'étende sur plus de deux ans ;

- De créer et d'entretenir une marine de guerre ;

- D'établir des règlements pour le commandement et la discipline des forces de terre et de mer ;

- De pourvoir à la mobilisation de la milice pour assurer l'exécution des lois de l'Union, réprimer les insurrections et repousser les invasions ;

- De pourvoir à l'organisation, l'armement et la discipline de la milice, et au commandement de telle partie d'icelle qui serait employée au service des États-Unis, en réservant aux États respectivement la nomination des officiers et l'autorité nécessaire pour instruire la milice selon les règles de discipline prescrites par le Congrès ;

- D'exercer le droit exclusif de législation, en toute matière, sur tel district (d'une superficie n'excédant pas 10 milles au carré) qui, par cession d'États particuliers et sur acceptation du Congrès, sera devenu le siège du gouvernement des États-Unis et d'exercer semblable autorité sur tout lieu acquis, avec le consentement de la législature de l'État dans lequel il est situé, pour l'érection de forts, dépôts, arsenaux, chantiers navals et autres constructions nécessaires ;

- Et de faire toutes les lois qui seront nécessaires et convenables pour mettre à exécution les pouvoirs ci-dessus mentionnés et tous les autres pouvoirs conférés par la présente Constitution au gouvernement des

États- Unis ou à l'un quelconque de ses départements ou de ses fonctionnaires.

Section 9.

1. [~~L'immigration ou l'importation de telles personnes que l'un quelconque des États actuellement existants jugera convenable d'admettre ne pourra être prohibée par le Congrès avant l'année mil huit cent huit, mais un impôt ou un droit n'excédant pas 10 dollars par tête pourra être levé sur cette importation.~~ - Disposition abrogée par le 13e amendement]

2. Le privilège de l'ordonnance d'*habeas corpus* ne pourra être suspendu, sauf dans les cas de rébellion ou d'invasion, si la sécurité publique l'exige.

3. Aucune loi portant condamnation sans jugement [bill of attainder], ou aucune loi rétroactive ne sera promulguée.

4. [~~Nulle capitation ni autre taxe directe ne sera levée, si ce n'est proportionnellement au recensement ou dénombrement ci-dessus ordonné.~~ - Disposition modifiée par le 16e amendement]

5. Ni taxes, ni droits ne seront levés sur les articles exportés d'un État quelconque.

6. Aucune préférence ne sera accordée par un règlement commercial ou fiscal aux ports d'un État sur ceux d'un autre ; et nul navire à destination ou en provenance d'un État ne sera assujetti à des formalités ou des droits d'entrée, de sortie ou de douane dans un autre.

7. Aucune somme ne sera prélevée sur le Trésor, si ce n'est en vertu d'affectations de crédits stipulées par la loi ; un État et un compte réguliers de toutes les recettes et dépenses de deniers publics seront publiés périodiquement.

8. Aucun titre de noblesse ne sera conféré par les États-Unis, et aucune personne qui tiendra d'eux une charge rémunérée ou de confiance ne pourra, sans le consentement du Congrès, accepter des présents, émoluments, charges ou titres quelconques, d'un roi, d'un prince ou d'un État étranger.

Section 10.

1. Aucun État ne pourra être partie à un traité ou une alliance ou à une Confédération ; accorder des lettres de marque et de représailles ; battre monnaie ; émettre du papier monnaie, donner Cours légal, pour le paiement de dettes, à autre chose que la monnaie d'or ou d'argent ; promulguer aucune loi portant condamnation sans jugement, aucune loi rétroactive ou qui porterait atteinte aux obligations résultant de contrats ; ni conférer des titres de noblesse.

2. Aucun État ne pourra, sans le consentement du Congrès, lever des impôts ou des droits sur les importations ou les exportations autres que ceux qui seront absolument nécessaires pour l'exécution de ses lois d'inspection, et le produit net de tous les droits ou impôts levés par un État sur les importations ou les exportations sera affecté à l'usage du Trésor des États-Unis ; et toutes ces lois seront soumises à la révision ou au contrôle du Congrès.

3. Aucun État ne pourra, sans le consentement du Congrès, lever des droits de tonnage, entretenir des troupes ou des navires de guerre en temps de paix, conclure des accords ou des pactes avec un autre État ou une puissance étrangère, ni entrer en guerre, à moins qu'il ne soit effectivement envahi ou en danger trop imminent pour permettre le moindre délai.

Article II

Section 1.

1. Le pouvoir exécutif sera confié à un Président des États-Unis d'Amérique. Il restera en fonction pendant une période de quatre ans et sera, ainsi que le vice-Président choisi pour la même durée, élu comme suit :

2. Chaque État nommera, de la manière prescrite par sa législature, un nombre d'électeurs égal au nombre total de sénateurs et de représentants auquel il a droit au Congrès, mais aucun sénateur ou représentant, ni aucune personne tenant des États-Unis une charge de confiance ou rémunérée, ne pourra être nommé électeur. [~~Les électeurs se réuniront dans leurs États respectifs et voteront par~~

~~bulletin pour deux personnes, dont l'une au moins n'habitera pas le même État qu'eux. Ils dresseront une liste de toutes les personnes qui auront recueilli des voix et du nombre de voix réunies par chacune d'elles. Ils signeront cette liste, la certifieront et la transmettront, scellée, au siège du gouvernement des États-Unis, à l'adresse du Président du Sénat. Le Président du Sénat, en présence du Sénat et de la Chambre des représentants, ouvrira toutes les listes certifiées, et les suffrages seront alors comptés. La personne qui aura obtenu le plus grand nombre de voix sera désignée Président, si ce nombre représente la majorité de tous les électeurs nommés. Si deux ou plusieurs personnes ont obtenu cette majorité et un nombre égal de voix, la Chambre des représentants, par scrutin, choisira immédiatement l'une d'entre elles comme Président. Si aucune personne n'a obtenu la majorité nécessaire, la Chambre des représentants choisira alors le Président, selon la même procédure, parmi les cinq personnes ayant obtenu le plus grand nombre de voix. Mais, pour le choix du Président, les votes seront comptés par État, la représentation de chaque État ayant une voix. Le quorum nécessaire à cet effet sera constitué par la présence d' un ou de plusieurs représentants des deux tiers des États, et l'adhésion de la majorité de tous les États devra être acquise pour que la décision soit valide. Dans tous les cas, après l'élection du Président, la personne qui aura obtenu après lui le plus grand nombre des suffrages des électeurs sera vice-Président. Mais s'il reste deux ou plusieurs personnes ayant le même nombre de voix, le Sénat choisira le vice-Président parmi elles par scrutin.~~ - Dispositions modifiées par le 12e amendement]

4. Le Congrès pourra fixer l'époque où les électeurs seront choisis et le jour où ils devront voter, ce jour étant le même sur toute l'étendue des États-Unis.

5. Nul ne pourra être élu Président s'il n'est citoyen de naissance, ou s'il n'est citoyen des États-Unis au moment de l'adoption de la présente Constitution, s'il n'a trente-cinq ans révolus et ne réside sur le territoire des États-Unis depuis quatorze ans.

6. En cas de destitution, de mort ou de démission du Président, ou de son incapacité à exercer les pouvoirs et à remplir les devoirs de sa charge, ceux-ci seront dévolus au vice-Président. [~~Le Congrès pourra, par une loi, prévoir le cas de destitution, de mort, de démission ou d'incapacité à la fois du Président et du vice-Président en désignant le~~

~~fonctionnaire qui fera alors fonction de Président, et ce fonctionnaire remplira ladite fonction jusqu'à cessation d'incapacité ou élection d'un Président.~~ - Disposition modifiée par le 25e amendement]

7. Le Président recevra pour ses services, à échéances fixes, une indemnité qui ne sera ni augmentée ni diminuée pendant la période pour laquelle il aura été élu, et il ne recevra pendant cette période aucun autre émolument des États-Unis, ni d'aucun des États.

8. Avant d'entrer en fonctions, le Président prêtera serment ou prononcera la déclaration suivante :

« Je jure (ou je déclare) solennellement que je remplirai fidèlement les fonctions de Président des États-Unis et, que dans toute la mesure de mes moyens, je sauvegarderai, protégerai et défendrai la Constitution des États-Unis. »

Section 2.

1. Le Président sera commandant en chef de l'armée et de la marine des États-Unis, et de la milice des divers États quand celle-ci sera appelée au service actif des États-Unis. Il pourra exiger l'opinion, par écrit, du principal fonctionnaire de chacun des départements exécutifs sur tout sujet relatif aux devoirs de sa charge. Il aura le pouvoir d'accorder des sursis et des grâces pour crimes contre les États-Unis, sauf dans les cas d'*impeachment.*

2. Il aura le pouvoir, sur l'avis et avec le consentement du Sénat, de conclure des traités, sous réserve de l'approbation des deux tiers des sénateurs présents. Il proposera au Sénat et, sur l'avis et avec le consentement de ce dernier, nommera les ambassadeurs, les autres ministres publics et les consuls, les juges à la Cour suprême, et tous les autres fonctionnaires des États-Unis dont la nomination n'est pas prévue par la présente Constitution, et dont les postes seront créés par la loi. Mais le Congrès pourra, lorsqu'il le jugera opportun, confier au Président seul, aux Cours de justice ou aux chefs des départements, la nomination de certains fonctionnaires inférieurs.

3. Le Président aura le pouvoir de pourvoir à toutes vacances qui viendraient à se produire entre les sessions du Sénat, en accordant des commissions qui expireront à la fin de la session suivante.

Section 3.

Le Président informera périodiquement le Congrès de l'État de l'Union, et recommandera à son attention telle mesures qu'il estimera nécessaires et expédientes. Il pourra, dans des circonstances extraordinaires, convoquer l'une ou l'autre des chambres ou les deux à la fois, et en cas de désaccord entre elles sur la date de leur ajournement, il pourra les ajourner à tel moment qu'il jugera convenable. Il recevra les ambassadeurs et autres ministres publics. Il veillera à ce que les lois soient fidèlement exécutées, et commissionnera tous les fonctionnaires des États-Unis.

Section 4.

Le Président, le vice-Président et tous les fonctionnaires civils des États-Unis seront destitués de leurs charges sur mise en accusation et condamnation pour trahison, corruption ou autres crimes et délits majeurs.

Article III

Section 1.

Le pouvoir judiciaire des États-Unis sera confié à une Cour suprême et à telles Cours inférieures dont le Congrès pourra périodiquement ordonner l'institution. Les juges de la Cour suprême et des Cours inférieures conserveront leurs charges aussi longtemps qu'ils en seront dignes et percevront, à échéances fixes, une indemnité qui ne sera pas diminuée tant qu'ils resteront en fonction.

Section 2.

1. Le pouvoir judiciaire s'étendra à tous les cas de droit et d'équité ressortissant à la présente Constitution, aux lois des États-Unis, aux traités déjà conclus, ou qui viendraient à l'être sous leur autorité ; à tous les cas concernant les ambassadeurs, les autres ministres publics et les consuls ; à tous les cas relevant de l'Amirauté et de la juridiction

maritime ; aux différends auxquels les États-Unis seront partie ; aux différends entre deux ou plusieurs États, [~~entre un État et les citoyens d'un autre~~ - disposition abrogée par le 11e amendement] entre citoyens de différents États, entre citoyens d'un même État revendiquant des terres en vertu de concessions d'autres États, entre un État ou ses citoyens et des États, citoyens ou sujets étrangers.

2. Dans tous les cas concernant les ambassadeurs, les autres ministres publics et les consuls, et ceux auxquels un État sera partie, la Cour suprême aura juridiction de première instance. Dans tous les autres cas susmentionnés, elle aura juridiction d'appel, et pour le droit et pour le fait, sauf telles exceptions et conformément à tels règlements que le Congrès aura établis.

3. Tous les crimes, sauf dans les cas d'*impeachment,* seront jugés par un jury. Le procès aura lieu dans l'État où lesdits crimes auront été commis, et, quand ils ne l'auront été dans aucun particulièrement, en tel lieu ou place que le Congrès aura fixé par une loi.

Section 3.

1. Le crime de trahison envers les États-Unis ne consistera que dans l'acte de faire la guerre contre eux, ou de se ranger du côté de leurs ennemis en leur donnant aide et secours. Nul ne sera convaincu de trahison, si ce n'est sur la déposition de deux témoins du même acte manifeste, ou sur son propre aveu en audience publique.

2. Le Congrès aura le pouvoir de fixer la peine en matière de trahison, mais aucune condamnation de ce chef ne pourra s'étendre à la postérité [*Corruption of Blood*], ni entraîner confiscation de biens, sauf pendant la vie du condamné.

Article IV

Section 1.

Pleine foi et crédit seront accordés, dans chaque État, aux actes publics, minutes et procès-verbaux judiciaires de tous les autres États. Et le Congrès pourra, par des lois générales, prescrire la manière dont la validité de ces actes, minutes et procès-verbaux sera établie, ainsi que leurs effets.

Section 2.

1. Les citoyens de chaque État auront droit à tous les privilèges et immunités des citoyens dans les divers États. [Disposition étendue par le 14e amendement, section 1]

2. Toute personne qui, accusée, dans un État, de trahison, félonie ou autre crime, se sera dérobée à la justice par la fuite et sera trouvée dans un autre État, devra, sur la demande de l'autorité exécutive de l'État d'où elle aura fui, être livrée pour être ramenée dans l'État ayant juridiction sur le crime.

3. [~~Une personne qui, tenue à un service ou un travail dans un État en vertu des lois y existant, s'échapperait dans un autre, ne sera libérée de ce service ou travail en vertu d'aucune loi ou réglementation de cet autre État, mais sera livrée sur la revendication de la partie à laquelle le service ou travail peut être dû.~~ - Disposition abrogée par le XIIIe amendement]

Section 3.

1. De nouveaux États peuvent être admis par le Congrès dans l'Union ; mais aucun nouvel État ne sera formé ou érigé sur le territoire soumis à la juridiction d'un autre État, ni aucun État formé par la jonction de deux ou de plusieurs États, ou parties d'État, sans le consentement des législatures des États intéressés, aussi bien que du Congrès.

2. Le Congrès aura le pouvoir de disposer du territoire ou de toute autre propriété appartenant aux États-Unis, et de faire à leur égard toute loi et tout règlement nécessaires ; et aucune disposition de la présente Constitution ne sera interprétée de manière à nuire aux revendications des États-Unis ou d'un État particulier.

Section 4.

Les États-Unis garantiront à chaque État de l'Union une forme républicaine de gouvernement, protégeront chacun d'eux contre l'invasion et, sur la demande de la législature ou de l'exécutif (quand la législature ne pourra être réunie), contre toute violence intérieure.

Article V

Le Congrès, quand les deux tiers des deux Chambres l'estimeront nécessaire, proposera des amendements à la présente Constitution ou, sur la demande des législatures des deux tiers des États, convoquera une convention pour en proposer ; dans l'un et l'autre cas, ces amendements seront valides à tous égards comme faisant partie intégrante de la présente Constitution, lorsqu'ils auront été ratifiés par les législatures des trois quarts des États, ou par des conventions dans les trois quarts d'entre eux, selon que l'un ou l'autre mode de ratification aura été proposé par le Congrès, sous réserve que nul amendement qui serait adopté avant l'année mil huit cent huit ne puisse en aucune façon affecter la première et la quatrième clause de la neuvième section de l'article premier, et qu'aucun État ne soit, sans son consentement, privé de l'égalité de suffrage au Sénat.

Article VI

1. Toutes dettes contractées et tout engagement pris avant l'adoption de la présente Constitution seront aussi valides à l'encontre des États-Unis dans le cadre de la présente Constitution qu'ils l'étaient dans le cadre de la Confédération.

2. La présente Constitution, ainsi que les lois des États-Unis qui en découleront, et tous les traités déjà conclus, ou qui le seront, sous l'autorité des États-Unis, seront la loi suprême du pays ; et les juges dans chaque État seront liés par les susdits, nonobstant toute disposition contraire de la Constitution ou des lois de l'un quelconque des États.

3. Les sénateurs et les représentants susmentionnés, les membres des diverses législatures des États et tous les fonctionnaires exécutifs et judiciaires, tant des États-Unis que des divers États, seront tenus par serment ou déclaration de défendre la présente Constitution ; mais aucune profession de foi religieuse ne sera exigée comme condition d'aptitude aux fonctions ou charges publiques sous l'autorité des États-Unis.

Article VII

La ratification des conventions de neuf États sera suffisante pour l'établissement de la présente Constitution entre les États qui l'auront ainsi ratifiée.

Fait en convention du consentement unanime des États représentés, le dix-septième jour de septembre de l'an 1787 de Notre Seigneur et de l'an douze de l'indépendance des États-Unis d'Amérique. En foi de quoi nous avons signé de nos noms,

George Washington, Président et député de Virginie, [suivent les signatures de 38 députés des 12 États représentés, le Rhode Island n'étant pas représenté]

BIBLIOGRAPHIE

Sources

De valeur constitutionnelle

Loi fondamentale de la République populaire du Bénin: adoptée à la session extraordinaire du Conseil National de la Révolution le 26 août 1977, promulguée par l'ordonnance n° 77-32 du 9 septembre 1977, Office national d'édition, de presse, et d'imprimerie, 1977, 62 p.

Loi n° 90-32 du 11 décembre 1990 portant Constitution de la République du Bénin.

De valeur législative

Loi n°82-974 du 19 novembre 1982 modifiant le code électoral et le code des communes relative *à l'*élection *des* conseillers municipaux et aux conditions d'inscription des Français établis hors de France sur les listes électorales.

Loi n° 86-825 du 11 juillet 1986 relative à l'élection des députés et autorisant le gouvernement à délimiter par ordonnance les circonscriptions électorales.

Loi n° 88-227 du 11 mars 1988 relative à la transparence financière de la vie politique, JORF du 12 mars 1988 page 3290.

Loi 90-023 du 13 août 1990, portant Charte des Partis Politiques.

Loi n° 93-122 du 29 janvier 1993 relative à la prévention de la corruption et à la transparence de la vie économique et des procédures publiques (l), JORF n°25 du 30 janvier 1993 page 1588.

LOI n° 2013-907 du 11 octobre 2013 relative à la transparence de la vie publique, JORF n°0238 du 12 octobre 2013 page 16829 texte n° 2.

Loi n° 2014-172 du 21 février 2014 visant à reconnaître le vote blanc aux élections (1), JORF n°0045 du 22 février 2014 page 3138.

LOI n° 2016-1048 du 1er août 2016 rénovant les modalités d'inscription sur les listes électorales, JORF n°0178 du 2 août 2016 texte n° 3.

LOI n° 2017-1339 du 15 septembre 2017 pour la confiance dans la vie politique (1), JORF n°0217 du 16 septembre 2017, texte n° 2.

De valeur jurisprudentielle

CE, 30 octobre 1996, n° 177927.

Décision n° 86-208 DC du 2 juillet 1986, Loi relative à l'élection des députés et autorisant le gouvernement à délimiter par ordonnance les circonscriptions électorales.

Décision n° 82-146 DC du 18 novembre 1982.

Décision n° 91-290 DC du 9 mai 1991.

Décision DCC 27-94 du 24 août 1994.

Décision DCC 30-94 du 1er octobre 1994.

Décision DCC 96-024 du 26 avril 1996.

Décision n° 99-410 DC du 15 mars 1999.

DCC n°00-078 des 06 et 07 décembre 2000.

Décision DCC 06-074, 8 juillet 2006.

Décision n° 2010-602 DC du 18 février 2010.

Décision DCC 11-067 du 20 Octobre 2011.

Décision DCC 14-199 du 20 novembre 2014.

Décision DCC 17-018 du 31 Janvier 2017.

Ordonnance n° 2009-935 du 29 juillet 2009 portant répartition des sièges et délimitation des circonscriptions pour l'élection des députes.

Les Lois

Loi n° 90-035 du 31 décembre 1990 définissant les "règles électorales particulières pour l'élection des Membres de l'Assemblée Nationale".

Loi n° 90-55 du 15 janvier 1990 relative à la limitation des dépenses électorales et à la clarification du financement des activités politiques(1), JORF n°13 du 16 janvier 1990 page 639.

Loi n° 94-015 du 27 Janvier 1995 définissant les règles particulières pour l'élection des membres de l'Assemblée Nationale, modifiée par les lois n° 98-036 du 15 janvier 1999 et 99-016 du 12 mars 1999 et remise en vigueur par la loi n°2003-01 du 08 janvier 2003.

Loi no 95-65 du 19 janvier 1995 relative au financement de la vie politique (1), JORF n°18 du 21 janvier 1995 page 1105.

Loi organique n° 99-209 du 19 mars 1999 relative à la Nouvelle-Calédonie, JORF n°0068 du 21 mars 1999 page 4197.

Loi n° 2000 – 018 portant règles générales pour les élections en République du Bénin. L'Assemblée Nationale a délibéré et adopté en sa séance du 31 octobre 2000 puis en seconde lecture le 17 novembre 2000, des articles 5, 11, 14, 15, 25, 40, 41, 43, 44, 46, 47, 48, 49, 55, 60, 62, 65, 76, 78, 80, 123 et 124, et en sa séance du 18 décembre 2000 suite à la décision Loi n° 2000 – 019 définissant les règles particulières sur l'élection du Président de la République. L'Assemblée Nationale a délibéré et adopté : en sa séance du 31 octobre 2000 puis en seconde lecture le 17 novembre 2000, des articles 8, 11 et 15 (alinéas 1, 3 et 4) et en sa séance du 18 décembre 2000 suite à la décision DCC n° 00-078 des 06 et 07 décembre 2000 de la Cour constitutionnelle pour mise en conformité avec la Constitution.

LOI organique n° 2013-906 du 11 octobre 2013 relative à la transparence de la vie publique, JORF n°0238 du 12 octobre 2013 page 16824 texte n° 1.

LOI organique n° 2016-1047 du 1er août 2016 rénovant les modalités d'inscription sur les listes électorales des Français établis hors de France, JORF n°0178 du 2 août 2016 texte n° 2 .

LOI organique n° 2017-1338 du 15 septembre 2017 pour la confiance dans la vie politique (1), JORF n°0217 du 16 septembre 2017, texte n° 1.

Ouvrages

ABRAHAM Ronny, ARPAILLANGE Pierre, BADINTER Robert, et al, *La conscience des droits. Mélanges en l'honneur de COSTA Jean-Paul,* Paris, Dalloz, 2011, 712 p.

ACHERMAN Bruce, *Au nom du peuple. Les fondements de la démocratie américaine*, Calmann-Lévy, Harvard University Press, 1991, 436 p.

ADAMON Afize, *Le renouveau démocratique au Bénin : la Conférence nationale des forces vives et la période de transition,* Paris, L'Harmattan, 1995, 223 p.

---------------------, *Le renouveau démocratique au Bénin. Les élections de la période de transition.* Cotonou, édition du J.O.R.B, 1995, 181 p.

ADAMS Katherine H., KEENE Michael L., *Alice Paul and the American suffrage campaign*, UIP, 2008, 274 p.

ADJOVI Sévérin, *De la dictature à la démocratie sans les armes*, C.P, 1999, 352 p.

AGAMBEN Giorgio, BADIOU Alain, BENSAÏD Daniel, et al., *Démocratie, dans quel État ?*, Paris, La Fabrique, 2009, 160 P.

AGBOTON A.M. Gaston, Culture *des peuples du Bénin*, Édition Présence Africaine, 1997, 192 p.

AGULHON Maurice, TRISTAN Flora, SAND George, ROLAND Pauline *: les femmes et l'invention d'une nouvelle morale, 1830-1848*, creaphis, 1994, 108 p.

AÏVO Frédéric Joël, *Le juge constitutionnel et l'État de droit en Afrique. L'exemple du modèle béninois*, Paris, L'Harmattan, 2006, 224 p.

-------------------------, *La Constitution béninoise du 11 décembre 1990 : un modèle pour l'Afrique ? Mélanges en l'honneur de Maurice Ahanhanzo-Glele*, Paris, L'Harmattan, 2014, 802 p.

ALBARET Mélanie, DECAUX Emmanuel, LEMAY-HEBERT Nicolas, PLACIDI-FROT Delphine, *Les grandes résolutions du Conseil de sécurité des Nations-Unis*, Paris, Dalloz, 2012, 616 p.

ALLIOT Michel, KUYU Camille, L*a démocratie à pas de caméléon - Transition et imaginaires politiques au Bénin*, Paris, Karthala, 2003, 496 p.

ALLAND Denis, *Manuel de droit public international*, Paris, PUF, 2e édition, 2015, 286 p.

AMSELLE J.L., M'BOKOLO E., *Au cœur de l'ethnie, tribalisme et État en Afrique*, Paris, La découverte, 2e édition, 1999, 225 p.

ANDERSON Wayne, *Plessy v. Ferguson: Legalizing Segregation*, New York, The Rosen Publishing Group, 2003, 64 p.

ANGLEVIEL Frédéric, *Comprendre les référendums de 2018-2022 en Nouvelle-Calédonie : La France ou l'indépendance Décryptages historiques, socio-économiques et communautaristes*, Paris, Edilivre, 2018, 462 p.

ANZALONE Christopher A., Supreme Court Cases on Political Representation, 1787-2001, Routledge, 2016, 809 p.

ARDANT Philippe, MATHIEU Bertrand, *Institutions politiques et droit constitutionnel*, Paris, Lextenso, LGDJ, 25è édition, 2013, 506 pages.

ARDANT Philippe, FORMERY Simon-Louis, *Les Institutions de la Ve République*, Paris, Hachette Éducation, 2013, 168 p.

AUBY Jean-Marie, AUBY Jean-Bernard, JEAN-PIERRE Didier, TAILLEFAIT Antony, *Droit de la fonction publique. État. Collectivités locales. Hôpitaux*, Paris, Dalloz, 7e édition, 2012, 896 pages.

AUBY Jean-Marie, BON Pierre, AUBY Jean-Bernard, TERNEYRE Philippe, *Droit administratif des biens. Domaine public et privé – Travaux et ouvrages publics- Expropriation*, Paris, Dalloz, 6e édition, 2011, 742 p.

AVIZOU Guy, *Dictionnaire des parlementaires du Limousin sous la IIIe République : Creuse*, Limoges, Presses Univ. 2001, 185 p.

AVRIL Pierre, CHEMILLIER-GENDREAU Monique, COLLIARD Jean-Claude, et al., *L'esprit des institutions, l'équilibre des pouvoirs. Mélanges en l'honneur de Pierre PACTET*, Paris, Dalloz, 974 p.

AVRIL Pierre, GICQUEL Jean, GICQUEL Jean-Eric, *Droit parlementaire*, Issy-les-Moulineaux, Lextenso, LGDJ, 5e édition,2014, 404 p.

AXELROD-CONTRADA Joan, Plessy v. Ferguson: separate and unequal, New York, Marshall Cavendish Corporation, 2008, 143 p.

AYERS Edward L., GOULD Lewis L., OSHINSKY David M., SODERLUND Jean R., *A History of the United States,* CL, 2008, 976 p.

AYERS Edward L. , GOULD Lewis L. , OSHINSKY David M. , *American Passages: A history of the american people with infotrac and american journey online*, Wadsworth Publishing Co Inc, 2002, 1280 p.

BACHOUE PEDROUZO Géraldine, *Le contrôle juridictionnel de la coopération intergouvernemental dans l'Union européenne.*

Contribution au processus de juridictionnalisation de l'Union, Nanterre, Lextenso, LGDJ, 2013, 608 p.

BACQUE Marie-Hélène, REY Henri, SINTOMER Yves, *Gestion de proximité et démocratie participative. Une perspective comparative*, Paris, La Découverte, 316 p.

BADET Gilles, *Bénin, Démocratie et participation à la vie politique : Une évaluation de 20 ans de « Renouveau démocratique », Une étude d'AfriMAP et de l'Open Society Initiative for West Africa*, une publication du réseau open society institute, 2010, 212p.

BAILYN Bernard, *The debate on the Constitution,* New York, Library of America vol.1, 1993, 1196 p.

---------------------, *The debate on the Constitution,* New York, Library of America, vol. 2. 1993, 1214 p.

BAKO-ARIFARI Nassirou, *Démocratie et logiques du terroir au Bénin*

BALDE Sory, *La convergence des modèles constitutionnels : études de cas en Afrique subsaharienne*, Paris, Publibook Université : Droit & sciences politiques, 2011, 536 p.

BALINSKI Michel L., YOUNG H. Peyton, *Fair representation: meeting the ideal of one man, one vote*, Brookings Institution Press; Second edition (September 1, 2001), 195 p.

BALLOT Elodie, *Les insuffisances de la notion de droits fondamentaux*, Paris, Mare & Martin, 2014, 554 p.

BANOC Michel, *Le processus de démocratisation en Afrique*, Paris, L'Harmattan, 1993, 252 p.

BARTHELEMY Joseph, *Le vote des femmes : Cours professé à l'École des hautes études sociales pendant l'année 1917-1918*, Librairie Félix Alcan, 1920, 618 p.

BERTHELEMY Jean-Claude, KAUFFMANN Céline, VALFORT Marie-Anne, WEGNER Lucia, *Etudes du Centre de Développement Privatisation en Afrique subsaharienne un État des lieux*, OECD Publishing, 2004, 168 p.

BARBE Vanessa, MILLET François-Xavier, *Droit des libertés fondamentales. 23 exercices corrigés*, Paris, Lextenso, LGDJ, 2e édition, 2013-2014, 174 p.

BARBE Vanessa, *Le rôle du Parlement dans la protection des droits fondamentaux. Etude comparative : Allemagne, France, Royaume-Uni*, Paris, Lextenso, LGDJ, 2009, 526 p.

BARD Christine, *Les femmes dans la société française au XXe siècle*, Paris, Armand Colin, coll. U, 2001, 285 p.

BARTON William Eleazar, *Lincoln at Gettysburg: what he intended to say; what he said; what he was reported to have said; what he wished he had said, P. Smith*, 1950, 263 p.

BASTID Paul, *L'avènement du suffrage universel,* Paris, Presses universitaires de France, 1948, 76 p.

BASTID Paul, *Sieyès* et sa pensée, Paris, Hachette, 1970, 671 p.

BAUDART Anne, *Qu'est-ce que la démocratie ?* Paris, Librairie Philosophique J. VRIN, 2005, 133 p.

BAUDU Aurélien, *Annales corrigées 2015. Droit constitutionnel et institutions politiques*, Issy-les-Moulineaux, Lextenso, LGDJ, 2014, 210 p.

----------------------, *Les institutions de la Ve République*, Issy-les-Moulineaux, Gualino, 2017, 154 p.

BAUME Sandrine, FONTANA Biancamaria, *Les Usages de la séparation des pouvoirs*, Paris, Michel Houdiard, 2007, 192 p.

BAUSINGER-GARNIER Laure, *La loi du pays en Nouvelle-Calédonie : véritable norme législative à caractère régional*, Paris, L'Harmattan, 2001, 192 p.

BAYART Jean-François, MBEMBE Achille, COMI Toulabor, *Le politique par le bas en Afrique-Noire*, Paris, Karthala, 1992, 268 p.

BEAUD Olivier, *La Puissance de l'État*, Paris, PUF, 1994, 512 p.

-------------------, *Théorie de la fédération*, Paris, PUF, 2e édition, 2009, 450 p.

BECKER Jean-Jacques, *Histoire politique de la France depuis 1945*, Paris, Armand Colin, 2011, 280 p.

BEHRENDT Christian, BOUHON Frédéric, *Introduction à la théorie générale de l'État*, Bruxelles, Larcier, 3e édition, 2014, 652 p.

BELENKY Alexander S., *Understanding the fundamentals of the U.S. Presidential election system*, Springer Science & Business Media, 2012, 426 p.

BERNSTEIN David E., *Lochner V. New York: A Centennial retrospective*, George Mason University School of Law, 2006, 116 p.

BERNSTEIN David E., *Rehabilitating Lochner: Defending individual rights against progressive reform*, University of Chicago Press, 2011, 202 p.

BERTHELEMY Jean-Claude, KAUFFMANN Céline, VALFORT Marie-Anne, WEGNER Lucia, *Etudes du Centre de Développement Privatisation en Afrique subsaharienne, un État des lieux*, OECD Publishing, 2004, 168 p.

BERTRAM Robert, *Gouverner la Nouvelle-Calédonie : l'accord de Nouméa à l'épreuve de son premier gouvernement : Jean Lèques : 1999-2001*, Paris, L'Harmattan, 2009, 292 p.

BEST Judith, *The choice of the people? Debating the electoral college*, Rowman & Littlefield, 1996, 163 p.

BEZZINA Anne-Charlène, *Les questions et les moyens soulevés d'office par le Conseil constitutionnel*, Paris, Dalloz, 2014, 810 p.

BIERSCHENK T. et OLIVIER DE SARDAN J.-P. (éd.), 1998, *Les pouvoirs au village. Le Bénin rural entre démocratisation et décentralisation*, Paris, Karthala, 296 p.

BIGAUT Christian, *Le droit constitutionnel en fiches*, Paris, Ellipses, 2e édition, 2011, 428 p.

BIJON Béatrice, DELAHAYE Claire, *Suffragistes et suffragettes : la conquête du droit de vote des femmes au Royaume-Uni et aux États-Unis, Lyon, ENS Éditions, séries : « Les fondamentaux du féminisme anglo-saxon »,* 2017, 378 p.

BIJON Béatrice, *Suffragistes et suffragettes : la conquête du droit de vote des femmes au Royaume-Uni et aux États-Unis*, Ecole Normale Supérieure, 2017, 378 p.

BINOCHE J., *Histoire des États-Unis*, Paris, Ellipses, 2003, 256 p.

BIOY Xavier, Marie-Laure Fages, *Au nom de la démocratie. La parité de la représentation et la représentation de la parité,* Toulouse, Presses de l'Université Toulouse 1 Capitole, 2018, Toulouse, Presses de l'Université Toulouse 1 Capitole, 2018, 271 p.

BIRENBAUM Guy, *Le Vote de crise : l'élection présidentielle de 1995*, Dép. d'études politiques du Figaro, 1995, 349 p.

BLACK Earl, BLACK Merle, *The Rise of Southern Republicans*, Harvard University Press, 2009, 464 p.

BLUM Léon, *L'œuvre de Léon Blum : la Fin des Alliances - la Troisième Force - politique européenne - pour la Justice -1947-1950*, Paris, Albin Michel, 1963, 476 p.

BÖCKENFÖRDE Ernest-Wolfgang, *Le droit, l'État et la Constitution démocratique*, Bruxelles, Bruylant, 2000, 320 p.

BODENHAMER David J., *The Revolutionary Constitution*, Oxford University Press, 2012, 296 p.

BOND James Edward, *No easy walk to freedom: reconstruction and the ratification of the fourteenth amendment*, GPG, 1997, 295 p.

BONICHOT Jean-Claude, CASSIA Paul, POUJADE Bernard, *Les grands arrêts du contentieux administratif*, Paris, Dalloz, 4e éd., 2014, 1406 p.

BONNARD Jérôme, *Méthodes de travail de l'étudiant en droit*, Paris, Hachette, 6e éd., 168 p.

BONNET David, *L'essentiel de la méthodologie juridique*, Paris, Marketing S.A., 2e éd., 2012, 284 p.

BONNET Julien, *Le juge ordinaire français et le contrôle de la constitutionnalité des lois. Analyse critique d'un refus*, Paris, Dalloz, 2009, 722 p.

BOSSO Christopher J, *American government: Conflict, compromise, and citizenship*, Routledge, 2018, 592 p.

BOUDON Julien, *Le frein et la balance. Etudes de droit constitutionnel américain,* Paris, Mare &Martin, 2010, 404 p.

BOUDON Julien, *Manuel de droit constitutionnel. Tome I. Théorie générale - Histoire – Régimes étrangers,* Paris, PUF, 2015, 312 p.

BOUDON Julien, *Manuel de droit constitutionnel. Tome II. La Vè République,* Paris, PUF, 2è éd., 2016, 300 p.

BOUDOT Michel, VECCHI Paolo Maria, *La théorie des nullités*, Fontenay-le-Comte, Lussaud, 2008, 278 p.

BOUGLE-MOALIC, Anne-Sarah. *Le vote des Françaises, cent ans de débat, 1848-1944*, Rennes, Presses Universitaires de Rennes, 2012, 364 p.

BOULOIS Xavier D. (de), *Les Annales du droit 2015. Droit administratif. Méthodologie et sujets corrigés*, Paris, Dalloz, 2014, 236 p.

BOURDON Pierre, *Le contentieux indemnitaire de la nullité du contrat administratif*, Paris, L'Harmattan, 2009, 264 p.

BOY Daniel, *C'était la gauche plurielle*, Presses de Sciences po, 2003, 190 p.

BOYER Paul S, *The Enduring Vision: A History of the American People,* Wisconsin, Cengage learning, Volume II: Since 1865 / Edition 8, 2013, 624 p.

BRAMS Steven J., *Game Theory and Politics*, Courier Corporation, 2013, 336 p.

BRANCHET Bernard., *La révision de la Constitution sous la Ve République*, Paris, L.G.D.J., 1994, 177 p.

BRANNEN Daniel E., BAKER Lawrence W., Checks and Balances: *The three branches of the American government,* Volume 2, Thomson/Gale, 2005, 513 p.

BRECHON Pierre, *Les partis politiques en France*, Paris, Armand Colin, 2010, 214 p.

BRECHON Pierre, *Les élections présidentielles sous la Vè République*, Paris, Armand Colin, 2013, 216 p.

BREGI Jean-François, *Introduction historique au droit*, Paris, Marketing, 2e éd., 2009, 398 p.

BROCK William Ranulf, *Parties and political conscience: American dilemmas, 1840-1850*, KTO Press, 1979, 367 p.

BRODERICK Francis L., *Progressivism at Risk: Electing a President in 1912*, Greenwood Press, 1989, 246 p.

BROUSSE Paul, *Le suffrage universel et le problème de la souveraineté du peuple*, Marseille, Le Flibustier, 2010, 96 p.

BRUNON-ERNST, CHAUDOIR Nicki, LETALLEUR Séverine, et al. *The English of Law: U.S.* Law & Politics, Paris, Belin, 2007, 400 p.

BUIJTENHUIJS Robert, THIRIOT Céline, *Démocratisation en Afrique au sud du Sahara : 1992-1995, un bilan de la littérature*, Feni XX, 217 p.

BULLIER Antoine J., *La common law*, Paris, Dalloz, 3e éd., 2012, 270 p.

BURDEAU Georges, *Traité de science politique. La démocratie gouvernante, son assise sociale et sa philosophie politique*. Tome VII, 2e éd. revue et augmentée, 1973, 671 p.

BURGAN Michael, *The Electoral College*, Capstone, 2007, 48 p.

BURKE Christopher M., *The appearance of equality: Racial gerrymandering, redistricting, and the supreme Court*, Greenwood Publishing Group, 1999, 212 p.

BUSCH Andrew E., CEASER James W., *The perfect tie: The true story of the 2000 presidential election*, Rowman & Littlefield Publishers, 2002, 296 p.

BUSSI Michel, *Éléments de géographie électorale*, Publication Univ Rouen Havre, 1998, 399 p.

CABRILLAC Rémy, *Libertés et droits fondamentaux*, Paris, Dalloz, 19e éd., 2013, 1001 p.

CADET Pierre Ernest, *Dictionnaire de législation usuelle comprenant les éléments du droit civil, commercial, industriel, maritime, criminel, administratif*, Paris, E. Belin, 1869, 746 p.

CAEL Céline, *La transparence financière des élus politiques français : les conséquences des mesures législatives de 2013*, Paris, L'Harmattan, 2015, 207 p.

CALLAHAN Kerry P., *The Articles of Confederation: a primary source investigation into the document that preceded the U.S. Constitution*, The Rosen Publishing Group, 2003, 128 p.

CANAL-FORGUES Eric, RAMBAUD Patrick, *Droit international public*, Paris, Flammarion, 2e édition, 2011,480 p.

CARCASSONNE Guy, *Petit dictionnaire de droit constitutionnel*, Paris, Points, 2014. Vol 1, 205 p.

CARRE DE MALBERG Raymond, *Contribution à la théorie générale de l'État,* Tome II, Paris, Sirey, 1922, 638 p.

CERDA-GUZMAN Carolina, *Droit constitutionnel et institutions de la Ve République*, Paris, Lextenso, 2013-2014, 588 p.

CERDA-GUZMAN Carolina, *Cours de droit constitutionnel et institutions de la Ve République*, Paris, Lextenso, 1e éd., 2015-2016, 528 p.

CHABANOL Daniel, *La pratique du contentieux administratif*, Paris, LexisNexis, 10e éd., 2013, 568 p.

CHABI Maurice, *Il était une fois un caméléon nommé Kérékou*, Paris, L'Harmattan, 2013, 188 p.

CHACE James, *1912: Wilson, Roosevelt, Taft and Debs -The election that changed the country*, Simon and Schuster, 2009, 336 p.

CHAFETZ Josh, *Congress's Constitution: Legislative authority and the separation of powers*, Yale University Press, 2017, 448 p.

CHAGNOLLAUD Dominique, QUERMONNE Jean-Louis, *La Ve République*, Volume 2, Paris, Flammarion, 2000, 295 p.

CHAGNOLLAUD Dominique, ACCOYER Bernard, BEAUD Olivier, et al., *1958-2008 Les 50 ans de la Constitution*, Paris, LexisNexis, 2008, 396 p.

CHAGNOLLAUD Dominique, *Les origines canoniques du droit constitutionnel*, Paris, Panthéon-Assas, 2009, 120 p.

CHAMPEIL-DESPLATS Véronique, LOCHAK Danièle, *A la recherche de l'efficacité des droits de l'homme*, Paris, PUF, 2008, 268 p.

CHAMARD-HEIM Caroline, MELLERAY Fabrice, NOGUELLOU Rozen, YOLKA Philippe, *Les grandes décisions du droit administratif des biens*, Paris, Dalloz, 2013, 858 p.

CHANTAL François V. (de), *Le fédéralisme américain en question : de 1964 à nos jours*, Dijon, Universitaires de Dijon, 2006, 224 p.

CHANTEBOUT Bernard, *Droit constitutionnel*, Paris, Dalloz, 30è édition, 2013, 656 p.

------------------------------, *Brève histoire politique et institutionnelle de la Ve République*, Paris, Armand Colin, 2004, 236 p.

CHEVALLIER Jean-Jacques, CARCASSONNE Guy, DUHAMEL Olivier, BENETTI, Julie, *Histoire de la Ve République 1958-2015*, Paris, Dalloz, 15e édition, 2015,702 p.

CHIAPPINI Philippe, *Le droit et le sacré*, Paris, Dalloz, 2006, 354 p.

CHOPIN Thierry, *La République, une et divisible*, Plon, 2002, 320 p.

CHRETIEN Jean-Pierre, PRUNIER Gérard, (dir.), *Les ethnies ont une histoire*, Paris, Karthala, 1989, 435 p.

COHENDET M.-A., *La cohabitation : leçons d'une expérience*, Paris, PUF, 1993, 343 p.

COINTET Jean-Paul, LACHAISE Bernard, TRICAUD Sabrina, *Georges Pompidou et les élections (1962-1974)*, Peter Lang, 2008, 342 p.

COLLECTIF, *Convictions philosophiques et religieuses et droits positifs*, Bruxelles, Bruylant, 2010, 660 p.

COLLIER Christopher, COLLIER, James Lincoln, *Decision in Philadelphia*, Ballantine, 2007, 421p.

COLLIER Christopher, *Decision in Philadelphia: The constitutional convention of 1787*, Paperback, 2007, 448 p.

COLLIOT-THELENE Catherine, *La démocratie sans « Demos »*, Paris, PUF, 2015, 216 p.

COMITÉ CONSULTATIF CONSTITUTIONNEL, *Travaux préparatoires de la Constitution du 4 octobre 1958 : avis et débats du comité consultatif constitutionnel,* in *La documentation française,* Paris, 1960, 225 p.

CONAWAY Judith, *Brown V. Board of education: The case for integration*, Capstone, 2007, 96 p.

CONCHON Hélène, *L'évolution des nullités de l'instruction préparatoire*, Paris, L'Harmattan, 2002, 304 p.

CONLEY Patrick T., *The Bill of Rights and the States: The colonial and revolutionary origins of American liberties*, Rowman & Littlefield, 1992, 542 p.

CONWAY John Richard, *A Look at the thirteenth and fourteenth amendments: Slavery abolished, equal protection established*, Enslow, Myreportlinks.com, 2008, 128 p.

COOPER John Milton, *Breaking the heart of the world: Woodrow Wilson and the fight for the League of Nations*, Cambridge University Press, 2001, 454 p.

CONSTANT Fred, *La citoyenneté*, Paris, Montchrestien, 2000, 160 p.

CONWAY John Richard, Esq., *A Look at the Thirteenth and Fourteenth Amendments: Slavery Abolished, Equal Protection Established*, Enslow Publishers, Inc., 2008, 128 p.

CORNELL Saul, *The others founders, Anti-Federalism and the dissenting tradition in America, 1788-1828*, North Carolina,UNC Press, 1999, 330 p.

CORNEVIN Robert, *Histoire du Dahomey*, Paris, Berger-Levrault, 1962, 568 p.

----------------------, *Le Dahomey*, Paris, Presses universitaires de France, 1970, 128 p.

----------------------, *La République populaire du Bénin. Des origines dahoméennes à nos jours,* Paris, G.P. Maisonneuve et Larose, 1981, 584 p

CORNU Gérard, *Vocabulaire juridique,* Paris, PUF, 11e éd., 2016,1102 p.

CORTEN Olivier, *Méthodologie du droit international public*, Bruxelles, L'Université de Bruxelles, 2009, 292 p.

COTTRET Bernard, *La Révolution américaine*, Paris, Perrin, 2003, 528 p.

COUTANT Arnaud, *L'Amérique des États, les contradictions d'une démocratie fédéral*e, Paris, Mare et Martin, 2011, 760 p.

-------------------, *Histoire constitutionnelle des États-Unis, tome 1, 1776-1860, une fédération non démocratique*, Paris, Mare et Martin, 2012, 880 p.

-------------------, *Histoire constitutionnelle des États-Unis, tome 2, 1860-1937, Fédération ou démocratie*, Paris, Mare et Martin, 2013, 780 p.

-------------------, *Les Visages de l'Amérique, les constructeurs d'une Démocratie fédérale,* Paris, *Mare* et Martin, 2014, 790 p.

-------------------, *Histoire constitutionnelle des États-Unis, tome 3, 1937-1980, une démocratie fédérale*, Paris, Mare et Martin, 2016, 680 p.

--------------------, *Abraham Lincoln contre Stephen Douglas, la démocratie américaine en question*, Paris, Mare et Martin, mars 2018, 712 p.

---------------------, *1848, quand la République combattait la démocratie*, Paris, Mare et Martin, 2009, 558 p.

CROUZATIER-DURAND Florence, *Fiches de libertés publiques et droits fondamentaux*, Paris, Marketing, 2e édition, 2013, 254 p.

CUMYN Michelle, *La validité du contrat suivant le droit strict ou l'équité : étude historique et comparée des nullités contractuelles*, Paris, L.G.D.J., Lextenso, 2002, 302 p.

CUNIBERTI Gilles, *Grands systèmes de droits contemporains. Introduction au droit comparé*, Paris, L.G.D.J., Lextenso, 3e éd., 2015,432 p.

CUSHMAN Barry, *Rethinking the New deal Court. The structure of the constitutional revolution*, New York, Oxford University Press, 1998, 324 p.

CUVELIER Claire, *Le pluralisme démotique : contribution au concept juridique de Peuple*, Centre d'études et de recherches administratives politiques et sociales (Lille), 2014, 686 p.

DADOUN Armand, *La nullité du contrat et le droit pénal*, Paris, L.G.D.J., Lextenso, 2011, 512 p.

DAHL Robert A., *A preface to democratic theory*, UCP, 2006, 176 p.

-------------------, *How Democratic is the American Constitution,* Yale University Press, 2003, 224 p.

-------------------, *On democracy*, YUP, 2000, 217 p.

DARLING Marsha, *Enforcing and Challenging the Voting Rights Act: Race, Voting, and Redistricting*, New York, Routledge, 2014, 514 p.

DAUGERON Bruno, *La notion d'élection en droit Constitution. Contribution à une théorie juridique de l'élection à partir du droit public français*, Paris, Dalloz, 2011, 1306 p.

DAUTRICH Kenneth, YALOF David A., BEJARANO Christina, *The enduring democracy*, Cengage Learning, 2016, 608 p.

DAWSON Matthew Q., *Partisanship and the Birth of America's second party, 1796-1800: Stop the wheels of government*, Greenwood Publishing Group, 2000, 245 p.

DELAMARRE Manuel, MAUREL Emmanuel, *Leçons de droit constitutionnel et d'Institutions politiques*, Paris, Ellipses, 2e éd., 2014, p.

DELEAGE Elsa, *Les droits de la personne selon l'Eglise catholique de 1891 à 2013*, Paris, L.G.D.J. Lextenso, « Collection des thèses », 2014, 806 p.

DEMESMAY Claire, *L'avenir des partis politiques en France et en Allemagne,* Paris, Presses Universitaires du Septentrion, 2017, 304 p.

DEYSINE Anne, *La Cour suprême des États-Unis. Droit, politique et démocratie*, Paris, Dalloz, 2015, 288 p.

DICKERSON Donna Lee, *The reconstruction era: Primary documents on events from 1865 to 1877*, Greenwood Publishing Group, 2003, 432 p.

DIETZE Gottfried, *American democracy: aspects of practical liberalism*, JHU Press, 1993, 290 p.

DI MANNO Thierry, *Le recours au droit comparé par le juge*, Bruxelles, Bruylant, 2014, 268 p.

DIOP El Hadji Omar, *Partis politiques et processus de transition démocratique en Afrique noire : recherches sur les enjeux juridiques et sociologiques du multipartisme dans quelques pays de l'espace francophone*, Paris, Publibook, 2006, 755 p.

DISSOU Machioudi, *Le Bénin et l'épreuve démocratique : Leçons des élections de 1991 à 2001,* Paris, L'Harmattan, 2002, 163 p.

DJOSSOU-SEGLA Ariane, *Promotion de la femme au Bénin*, Cotonou, La Fondation Friedrich Ebert, 1997, Livre Blanc, 211 p.

DOCKES Emmanuel, *Valeurs de la démocratie. Huit notions fondamentales : Liberté-Egalité-Pouvoir-Droit-Contrat-Propriété-Intérêt-Représentation*, Paris, Dalloz, 2005, 188 p.

DOMPNIER Nathalie, *Les Elections en Europe*, Grenoble, PUG, 2011, 200 p.

DORE-AUDIBERT Andrée, *Une décolonisation pacifique : chroniques pour l'histoire*, KARTHALA Editions, 1999, 359 p.

DOUBLET Yves-Marie, *Le Financement de la vie politique, Que sais-je ?* , Paris, PUF, 128 p.

DUBOIS Ellen C., Woman suffrage et women's rights, New York University Press, 1998, 318 p.

DUBOIS Ellen C., *Feminism and suffrage: the emergence of an independent women's movement in America, 1848-1869*, Cornell University Press, 1999, 220 p.

DUHAMEL Olivier, TUSSEAU Guillaume, *Droit constitutionnel et institutions politiques*, Paris, du Seuil, 2013, 991p.

DUHET Paule-Marie, *Les Femmes et la Révolution : 789-1794*, Paris, Gallimard, 1973, 240 p.

DUPUY Roger, *1795, pour une République sans Révolution,* Presses universitaires de Rennes, 2015, 304 p.

DURCHSLAG Melvyn R., *State sovereign immunity: a reference guide to the United States Constitution*, GPG, 2002, 176 p.

EBOUSSI - BOULAGA Fabien, *Les Conférences nationales en Afrique noire – Une affaire à suivre*, Paris, Karthala, 1993, 240 p.

EHRHARD Thomas, *Le découpage électoral sous la Ve République : intérêts parlementaires, logiques partisanes*, Classiques Garnier, 2017, 967 p.

ELLIS Richard E., *The Union at Risk: Jacksonian democracy, States' rights, and the nullification crisis*, Oxford University Press, 1989, 288 p.

ENGSTROM Erik, *Partisan Gerrymandering and the construction of American democracy*, University of Michigan Press, 2013, 227 p.

EWANGUI Céphas Germain, *Démocratie et élections en Afrique. Les défis*, Paris, L'Harmattan, 2013, 138 p.

FABERON Jean Yves, AGNIEL Guy, *La souveraineté partagée en Nouvelle-Calédonie et en droit comparé,* Paris, La documentation française, 2000, n°5113, Partie 14, col. Les études de la Documentation française : Institutions, 463 p.

FABRE-MAGNAN Muriel, *Introduction générale au droit. Droit des personnes. Méthodologie juridique*, Paris, PUF, 1e éd., 2009, 3e tirage 2013, 302 p.

FAVOREU Louis, *La Constitution et son juge*, Paris, Economica, 2014, 1250 p.

FAVOREU Louis, GAÏA Patrick, GHEVONTIAN Richard, al., *Droit constitutionnel*, Paris, Dalloz, 17e éd., 2015, 1096 p.

FEHRENBACHER Don Edward, *The Dred Scott Case: its significance in American law and politics,* Oxford University Press, 2001, 741 p.

FEINBERG Barbara Silberdick, *The Articles of Confederation: the first Constitution of the United States,* Twenty-First Century Books, 2002, 110 p.

FELDMAN Jean-Philippe, *La bataille américaine du fédéralisme : John C. Calhoun et l'annulation (1828-1833)*, Paris, Presses universitaires de France, 2004, 294 p.

FERCOT Cécile, *La protection des droits fondamentaux dans l'État fédéral. Etude de droit comparé allemand, américain et suisse*, Paris, L.G.D.J., Collection des thèses n° 45, 2011, 828 p.

FERRAND Max, *The Framing of the Constitution of the United States*, New Haven, Yale University Press, 1913, 281 p.

FERREIRA Nelly, JANICOL Laetitia, *Les collectivités territoriales et l'élection présidentielle. Journée décentralisée de l'Association française de droit constitutionnel*, Cergy-Pontoise, LEJEP, Lextenso, 2013, 140 p.

FIEVET Claude, *Invention et réinvention de la citoyenneté : actes du colloque international de Pau, Université de Pau et des pays de l'Adour, 9-11 décembre 1998*, Aubertin, J. Sampy, 2000, 719 p.

FILLARD Claudette, STANTON Elizabeth Cady, *Naissance du féminisme américain à Seneca Falls*, Lyon, ENS, 2016, 224 p.

FINKELMAN Paul, KENNON Donald R., *Congress and the emergence of sectionalism: from the Missouri Compromise to the age of Jackson*, Ohio University Press, 2008, 293 p.

FINLEY Moses Immanuel, VIDAL-NAQUET Pierre, *Démocratie antique et démocratie moderne / Précédé de Tradition de la démocratie grecque*, Volume 35 de Petite bibliothèque Payot, Payot, 1990, 182 p.

FIRESIDE Harvey, MORIAL Marc H., *Separate And Unequal: Homer Plessy And The Supreme Court Decision that Legalized Racism*, New York, Carroll & Graf, 2005, 396 p.

FISHER Louis, *Constitutional conflicts between Congress and the President*, University Press of Kansas, 2007, 344 p.

FISHER Louis, *The Law of the executive branch: Presidential power*, OUP USA, 2014, 458 p.

FITZGERALD John L., *Congress and the separation of powers*, Praeger, 1986, 165 p.

FLEHINGER Brett, *The 1912 Election and the power of progressivism: A brief history with documents*, Bedford/St. Martin's, 2002, 224 p.

FOHLEN Claude., *Les Pères de la révolution américaine*, Paris, Albin Michel, 1989, 264 p.

FONDATION KONRAD ADENAUER, *Commentaire de la Constitution béninoise du 11 décembre 1990 : Esprit, lettre, interprÉtation et pratique de la Constitution par le Bénin et ses institutions*, Cotonou, 2009, 320 p.

FORMERY Simon-Louis, *La Constitution commentée. Article par article*, Paris, Hachette, 18e édition, 2015,176 p.

FOURNIER Antonin-Xavier., *La Dynamique du Pouvoir Sous la Ve République : Cohabitation et Avenir des Institutions*, Québec, PUQ, 2008, 160 p.

FRANÇOIS Abel, PHELIPPEAU Éric, *Le financement de la vie politique : Réglementations, pratiques et effets politiques*, Paris, Armand Colin, 2015, 228 p.

FRANÇOIS Bastien., *Naissance d'une Constitution, la cinquième République*, Paris,Presses de Sciences Po, 1996, 263 p.

FREDERICK Brian, *Congressional representation and constituents: The case for increasing the U.S. House of representatives*, Routledge, 2009, 184 p.

FRIENDLY Fred W., ELLIOTT Martha J. H., *The Constitution, that delicate balance*, Random House, 1984, 339 p.

FRITZ Christian G., *American sovereigns: the People and America's constitutional Tradition, before the Civil War,* CUP, 2008, 427 p.

FRITZ Gérard, *L'idée de peuple en France du XVIIe au XIXe siècle*, Strasbourg, Presses universitaires de Strasbourg, 1988, 226 p.

FROMONT Michel, *Justice constitutionnelle comparée*, Paris, Dalloz, 2013, 512 p.

FURET François, OZOUF Mona, *Terminer la Révolution : Mounier et Barnave dans la Révolution Française*, Presses Universitaires de Grenoble, 1990, 181 p.

FURET François, HALEVY Ran, *Le monarchie républicaine, la Constitution de 1791*, Paris, Fayard, 1996, 443 p.

GAÏA Patrick, GHEVONTIAN Richard, MELIN-SOUCRAMANIEN Ferdinand, et al, *Les grandes décisions du Conseil constitutionnel*, Paris, Dalloz, 17e éd., 2013, 658 p.

GALLETTI Florence, *Les transformations du droit public africain francophone. Entre Étatisme et libéralisation*, Bruxelles, Bruylant, 2004, 684 p.

GAMBARO Antonio, SACCO Rodolfo, VOGEL Louis, *Traité de droit comparé. Le droit de l'Occident et d'ailleur*s, Paris, L.G.D.J. Lextenso, 2011, 460 p.

GARCIA Jean-René, ROLLAND Denis, VERMEREN Patrice, *Les Amériques, des Constitutions aux démocraties. Philosophie du droit des Amériques*, Paris, Maison des sciences de l'homme, 2015, 536 p.

GARDE François, *Les Institutions de La Nouvelle-Calédonie*, Paris, L'Harmattan, 2001, 354 p.

GAUDILLERE Bernard, *Atlas historique des circonscriptions électorales françaises,* Genève, Librairie Droz, 1995, 839 p.

GAY Laurence, *La question prioritaire de constitutionnalité. Approche de droit comparé*, Bruxelles, Bruylant, 2014, 736 p.

GAZIBO Mamoudou, JENSON Jane, *La politique comparée. Fondements, enjeux et approches théoriques,* Québec, PUM, 2è éd., 2015, 320 p.

GAZIBO Mamoudou, *Les paradoxes de la démocratisation en Afrique : analyse institutionnelle et stratégique*, Montréal, PUM, 2005, 294 p.

GBAGO Barnabé Georges, *Le Bénin et les droits de l'homme*, Paris, L'Harmattan, 2001, 270 p.

GERVIER Pauline, *La limitation des droits fondamentaux constitutionnels par l'ordre public*, Issy-Les-Moulineaux, Lextenso, LGDJ, 2014, 518 p.

GERKRATH Jörg, *L'émergence d'un droit constitutionnel pour l'Europe*, Bruxelles, L'Université de Bruxelles, 1997, 426 p.

GHESTIN Jacques, LOISEAU Grégoire, SERINET Yves-Marie, *La formation du contrat, tome 1 : Le contrat – Le consentement,* Paris, L.G.D.J., Lextenson, 4e éd., 2013, 1530 p.

---, *La formation du contrat, tome 2 : L'objet et la cause- Les nullités*, Paris, L.G.D.J., Lextenson, 4e édition, 2013, 1672 p.

GHEVONTIAN Richard, *Les grandes dates de la Ve République*, Paris, Dalloz, 2012, 252 p.

GICQUEL Jean, GICQUEL Jean-Éric, *Droit constitutionnel et institutions politiques*, Issy-les-Moulineaux, L.G.D.J., Lextenso, 28è éd., 2014, 832 p.

GILLMORE Inez Haynes, *The Story of Alice Paul and the national woman's party*, Denlinger's Publishers, Limited, 1977, 501 p.

GILSON Bernard, *La découverte du régime présidentiel,* Librairie générale de droit et de jurisprudence, Bibliothèque constitutionnelle et de science politique, Volume 34, 1968, 413 p.

GLELE Maurice Ahanhanzo, *Naissance d'un État Noir- L'évolution politique et institutionnelle du Dahomey de la colonisation à nos jours*, Paris, LGDJ, 1969, 537 p.

GODIN Francine, *Bénin 1972-1982 : La logique de l'État africain,* Paris, L'Harmattan, 1986, 325 p.

GOLDWIN Robert A., *From parchment to power: how James Madison used the Bill of Rights to save the Constitution*, American Enterprise Institute, 1997, 213 p.

GONNET Emmanuel, *Le peuple dans les théories constitutionnelles, des révolutions atlantiques à l'Entre-deux-guerres : 1776-1939, France, Allemagne, États-Unis,* Orléans Droit public, 2006… ?

GOSSELIN Gabriel, OSSEBI Henri, (dir.), *Les sociétés pluriculturelles*, Paris, L'Harmattan, 1994,143 p.

GOUDJO B. Raymond (dir.), *Identités ethniques et Intégration Nationale. Jalons pour une éthique de l'intégration*, Collection Xwefa, Les éditions du Flamboyant, 1997, 154 p.

GOUJON Alexandra, *Les démocraties. Institutions, fonctionnement et défis*, Paris, Armand Colin, 2015, 192 p.

GOYARD-FABRE Simone, *Qu'est-ce que la démocratie ? La généalogie philosophique d'une grande aventure humaine,* Armand Colin, 2014, 240 p.

GÖZLER Kemal, *Judicial review of constitutional amendments: A comparative study*, Bursa, Ekin Press, *2008*, 126 p.

GRAEBNER Norman A., BURNS Richard Dean, SIRACUSA, Joseph M., *Foreign affairs and the founding fathers: From Confederation to Constitution, 1776–1787*, Californie, ABC-CLIO, 2011, 199 p.

GRANT Alan R., *The American political process*, Psychology Press, 2004, 324 p.

GREENBERG Ethan, *Dred Scott and the dangers of a political Court,* Rowman and Littlefield, 2009, 328 p.

GRIZZARD Frank E, *George Washington: a biographical companion*, ABC-CLIO, 2002, 437 p.

GROSSER Alfred, *Affaires extérieures : la politique de la France, 1944-1989*, Paris, Flammarion, 1989, 368 p.

GUERARD Stéphane, *Réflexions sur le Code général de la propriété des personnes publiques*, Paris, Litec, 144 p.

GUERIN-BARGUES Cécile, *Immunités parlementaires et régime représentatif (France, Royaume-Uni, États-Unis),* Paris, L.G.D.J., Lextenso , 2011, 458 p.

GUETTIER Christophe, *Droit des contrats administratifs*, Paris, PUF, 3e éd., 2004, 646 p.

GUGLIELMI Gilles J., KOUBI Geneviève, *Droit du service public*, Paris, Montchrestien Lextenso, 3e éd., 2011, 806 p.

GUGLIELMI Gilles J., MARTIN Julien, *Le droit constitutionnel. Des collectivités territoriales. Aspects de droit public comparé,* Paris, Berger-Levrault, 2015, 268 p.

GUINCHARD Serge, *Examen d'entrée dans un CRFPA. Le grand oral. Protection des libertés et des droits fondamentaux*, Issy-les-Moulineaux, Lextenso, 2014, 744 p.

GUINCHARD Serge, MONTAGNIER Gabriel, VARINARD André, al., *Institutions juridictionnelles*, Paris, Dolloz, 12e éd., 2013,1100 p.

GUINSBURG Thomas N., *Lochner v. New York: Symbol for an Age: the crusade against judicial obstructionism, 1902-1917*, 1961, 186 p.

GWYN, W. B. *The meaning of the separation of powers: an analysis of the doctrine from its origin to the adoption of the United States Constitution*, vol. 9 à 10, Tulane University, 1965, 159 p.

HADLEY Charles D., *Lewis Bowman, Southern State Party Organizations and Activists,* Greenwood Publishing Group, 1995, 248 p.

HAEGEL Florence, *Les droites en fusion : Transformations de l'UMP*, Presses de Sciences Po, 344 p.

HAKIM Joy, *The new nation*, vol. 4 de *history of the United States Series*, OUP, 1994, 176 p.

HALE Dennis B., The United States Congress, Transaction Publishers, 1983, 360 p.

HAMILTON Holman, Prologue to conflict: the crisis and compromise of 1850, University Press of Kentucky, 2005, 256 p.

HAMILTON Douglas, HODGSON Kate, QUIRK Joel, *Slavery, Memory and Identity: National Representations and Global Legacies*, Routledge, 2015, 240 p.

HAMILTON Alexander, JAY John, MADISON James, *Le Fédéralisme*, Paris, Garnier, 2012, 650 p.

HAMILTON Alexander, MADISON James, JAY John, *The Federalist Papers*, OUP Oxford, Col. Oxford World's Classics, 2008, 528 p.

HAMON Francis, TROPER Michel, *Droit constitutionnel*, Paris, L.G.D.J., Lextenso, 34è éd., 2013, 730 p.

HARDAWAY Robert M., *The Electoral College and the Constitution: The case for freserving federalism*, Praeger, 1994, 181 p.

HARDIN Charles Meyer, *Constitutional reform in America: essays on the separation of powers*, Iowa State University Press, 1989, 236 p.

HAUSSER Anita, BISCAYE Olivier, *Ennemis de trente ans*, Editions du moment, 2016, 202 p.

HAUSE Steven C., AUCLERT Hubertine, *Pionnière du féminisme : textes choisis*, Saint-Pourçain-sur-Sioule, Bleu autour, 2007, 233 p.

HAWORTH Paul L., *The Hayes-Tilden disputed presidential election of 1876*, Burrows Brothers Company, 1906, 365 p.

HAZOUME Landry Guy, *Idéologies tribalistes et Nations en Afrique : le cas dahoméen*, Paris, Présence Africaine, 1972, 230 p.

HENNESSY Bernard C., *Politics without Power: The National Party Committees*, Routledge, 2017, 256 p.

HENNETTE-VAUCHEZ Stéphanie, ROMAN Diane, *Droits de l'homme et libertés fondamentales*, Paris, Dalloz, 1re éd., 2013, 744 p.

HERBERT Paul N., *God Knows All Your Names: Stories in American History*, AuthorHouse, 2009, 540 p.

HERSHEY Marjorie R., *Guide to U.S. Political Parties*, CQ Press, 2014, 456 p.

HEYMANN-DOAT Arlette, *50 libertés et droits fondamentaux*, Paris, Dalloz, 2015, 310 p.

HICKOK Eugene W., *The Bill of Rights: original meaning and current understanding*, Center for Judicial Studies (U.S.), UVP, 1991, 487 p.

HILL Kenneth L., *An essential guide to american politics and the american political system*, AuthorHouse, 2012, 248 p.

HINNOU Patrick, *Négocier la démocratie en Afrique : L'exemple du Bénin*, Paris, L'Harmattan, 2014, 478 p.

HOADLEY John F., *Origins of american political parties: 1789--1803*, University Press of Kentucky, 2015, 272 p.

HOLT Michael F., *By one vote: The disputed presidential election of 1876,* UPKa, 2011, 300 p.

---------------------, *Political parties and american political development from the age of Jackson to the age of Lincoln*, LSU Press, 1992, 365 p.

---------------------, *The Rise and fall of the american whig party: Jacksonian politics and the onset of the civil war*, Oxford University Press, 2003, 1296 p.

HOUGH Franklin B., *American Constitutions: comprising the Constitution of each state in the Union, and of the United States: with the Declaration of Independence and Articles of Confederation*, Albany, New York, Weed, Parsons, 1872, vol. 1, 880 p.

HOUNGNIKPO Mathurin C., DECALO Samuel, *Historical dictionary of Benin*, Rowman & Littlefield, 2013, 452 p.

HOURQUEBIE Fabrice*, La doctrine dans l'espace africain francophone*, Bruxelles, Bruylant, 2014, 414 p.

HUARD Raymond, *Le Suffrage universel en France : 1848-1946*, Paris, Aubier, 1991, 496 p.

----------------------, *L'élection du Président au suffrage universel dans le monde*, Paris, La Dispute, 2003, 157 p.

HUMMEL Jacky*, Les conflits constitutionnels. Le droit constitutionnel à l'épreuve de l'histoire et du politique*, Rennes, PUR, 2010, 180 p.

HUSTON James L., *Stephen A. Douglas and the dilemmas of democratic equality*, Rowman and Littlefield, 2007, 221 p.

IVERS Gregg, *American constitutional law: Civil rights and liberties*, Houghton Mifflin Co., 2001, 832 p.

JACOBS Clyde Edward, *The Eleventh amendment and sovereign immunity*, Greenwood Press, 1972, 216 p.

JANUARY Brendan, *The Aftermath of the wars against the barbary pirates*, Twenty-First Century Books, 2009, 160 p.

JAUME Lucien, *L'Individu effacé : Ou le paradoxe du libéralisme français,* Fayard, 2014, 592 p.

JOYAL Renée, *George Sand toujours présente*, PUQ, 172 p.

KAKAI Sedagban Hygin Faust, *Le vote ethnique au Benin. Contribution a une étude sociopolitique de l'élection*, thèse, Université d'Abomey-Calavi, Chaire UNESCO des Droits de la Personne et de la Démocratie, 2011, 666 p.

KENS Paul, *Judicial power and reform politics: the anatomy of Lochner v. New York*, UPKa, 1990, 232 p.

KENS Paul, *Lochner v. New York: economic regulation on trial,* UPKa, 1998, 216 p.

KEYSSAR Alexander, *The Right to Vote: The contested history of democracy in the United States*, Basic Books, 2009, 496 p.

KLEIN Martin A, *Slavery and colonial rule in French West Africa,* Cambridge, Cambridge University Press, 1998, 354 p.

KLUGER Richard, *Simple justice: The history of Brown v. Board of education and Black America's struggle for equality,* New York, Knopf Doubleday Publishing Group, 2011, 880 p

KOHN Richard H., *Eagle and sword: the federalists and the creation of the military establishment in America, 1783-1802*, Free Press, 1975, 443 p.

KOKO Jacques L., *National conference as a strategy for conflict transformation and peacemaking*, Adonis & Abbey Publishers Ltd, 2008, 219 p.

KOMMERS Donald P., FINN John E., JACOBSOHN Gary J., *American constitutional law: Governmental powers and democracy*, RL, 2004, 1095 p.

LAAZOUZI Malik, *Les contrats administratifs à caractère international*, Paris, Economisa, 2008, 512 p.

La Constitution et les valeurs, MELANGES en l'honneur de Dmitri Georges LAVROFF, HARDOUIN Francis, HIRIGOYEN Gérard, JUPPE Alain, MAZEAUD Pierre, Paris, Dalloz, 2005, 620 p.

LABOULAYE Edouard-René L. (de), *Histoire des États-Unis : depuis les premiers essais de colonisation jusqu'à l'adoption de la Constitution fédérale : 1620-1789*, vol. 3, Charpentier, 1866, 574 p.

LAITHIER Yves-Marie, *Droit comparé*, Paris, Dalloz, 2009, 256 p.

LAJOIE Jean-Louis, *Droit de la République*, Saint-Denis, Publibook, 2016, 279 p.

LAKWETE Angela, *Inventing the cotton gin: Machine and myth in antebellum America*, JHU Press, 2005, 248 p.

LAMBERT Edouard, *Le gouvernement des juges et la lutte contre la législation sociale aux États-Unis : l'expérience américaine du contrôle judiciaire de la constitutionnalité des lois*, M. Giard & Cie, 1921, 276 p.

------------------------, *Le gouvernement des juges*, Paris, Dalloz, 2005, 276 p.

LANDIS Michael Todd, *Northern Men with Southern loyalties: The democratic party and the sectional crisis*, Cornell University Press, 2014, 344 p.

LANEY Garrine P., *The Voting Rights Act of 1965: Historical background and current issues*, Nova Publishers, 2003, 80 p.

LANIEL Bertlinde, *Le Mot « Democracy » aux États-Unis, de 1780 à 1856,* Saint-Etienne, Publications de l'Université de Saint-Etienne, 1995, 375 p.

LASKI Harold J., *The American democracy: a commentary and an interprétation*, A. M. Kelly, 1977, 785 p.

LATOUR Patricia, HOUSSIN Monique, TOVAR Madia, *Femmes et citoyennes : Du droit de vote à l'exercice du pouvoir*, Paris, l'Atelier/Ouvrières, 1995, 127 p.

LAU *Peter F., From the grassroots to the supreme Court: Brown V. Board of education and american democracy*, Duke University Press, 2004, 406 p.

LAUVAUX Philippe, LE DIVELLEC Armel, *Les grandes démocraties contemporaines*, Paris, PUF, 4e édition, 2015, 1072 p.

LAUVAUX Philippe, *Le Parlementarisme*, Paris, PUF, Que sais-je ?, 1997. 128 p.

LAVENUE Jean-Jacques, *Dictionnaire de la vie politique et du droit constitutionnel américains*, Paris, L'Harmattan, 1995, 320 p.

LAVROFF Dimitri Georges, *Le droit constitutionnel de la Ve République*, Paris, Dalloz, 1999, 1100 p.

LAVROFF Dimitri Georges, *Aspects de la pratique constitutionnelle en France et en Espagne de 1958 et 1978 à 1999*, Presses Universitaire de Bordeaux, 2001, 317 p.

LAWSON Boêvi Denis, *Les identités partagées comme facteur de paix et de stabilité : le cas du Bénin*, Thèse, Bordeaux IV, Sciences politiques et sociales, 2013, 621 p.

LE BOT Olivier, *Le guide des référés administratifs et les autres procédures d'urgence devant le juge administratif*, Paris, Dalloz, 2013, 916 p.

LE BOT Olivier, ARLETTAZ Jordane, *La démocratie en un clic. Réflexions autour de la notion d'e-démocratie*, Paris, L'Harmattan, 132 p.

LEBRETON Gilles, *Libertés publiques et droits fondamentaux*, Paris, Dalloz, 8e éd., 2009, 572 p.

LECA J., GRAWITZ M., *Les Cours constitutionnelles*, Paris, PUF, 1985, 558 p.

LE CORNEE Jacques, *La Calebasse dahoméenne ou les errances du Bénin. Du Dahomey au Bénin*, Tome II, Paris, L'Hannattan, 2000, 592 p.

LEE Frances E., OPPENHEIMER Bruce I., *Sizing Up the Senate: The unequal consequences of equal representation,* University of Chicago Press, 1999, 304 p.

LEFEBVRE Rémi, TREILLE Éric, *Les primaires ouvertes en France : adoption, codification, mobilisation,* Presses Universitaires de Rennes, 2016, 319 p.

LEFEBVRE DE LABOULAYE Edouard-René, *Histoire des États-Unis : depuis les premiers essais de colonisation jusqu'à l'adoption de la Constitution fédérale : 1620-1789*, vol. 3, Charpentier, 1866, 574 p

LEGRAND Thomas, *Chronique de l'imprévu*, Stock, 2017, 208 p.

LENOIR Norbert, *La démocratie et son histoire, Paris*, PUF, 2e édition, 2007, 248 p.

--------------------, *Pourquoi la brèche démocratique*, Lyon, Aléas, Col. « Pourquoi », 2007, 194 p.

L'État, le Droit, le Politique, MELANGES en l'honneur de Jean-Claude COLLIARD, DERISIER Jean-Philippe, SACRISTE Guillaume, Paris, Dalloz, 2014, 552 p.

LIET-VEAUX Georges, *Essai d'une théorie juridique des révolutions : la continuité du droit interne*, Paris, Libr. du Recueil Sirey, 1942, 467 p.

LINOTTE Didier, VALLAR Christian, *Les Constitutions françaises*, Litec, 1991, 273 p.

LEMESLE Raymond-Marin, *La Conférence de Brazzaville de 1944, contexte et repères : cinquantenaire des prémices de la décolonisation*, CHEAM, 132 p.

LENGEL Edward G., *A Companion to George Washington*, John Wiley & Sons, 2012, 640 p.

Les mutations contemporaines du droit public, MELANGES en l'honneur de Benoît JEANNEAU, GARBAR Christian-Albert, Paris, Dalloz, 2002, 720 p.

L'esprit des institutions, l'équilibre des pouvoirs, MELANGES en l'honneur de Pierre PACTET, AVRIL Pierre, CHEMILLIER-GENDREAU Monique, COLLIARD Jean-Claude, et al., Paris, Dalloz, 2003, 966 p.

Les voyages du Droit, MELANGES en l'honneur du Professeur Dominique BREILLAT, COLLECTION de la Faculté de Droits et des Sciences sociales, Paris, L.G.D.J., 2011, 636 p.

LETAMENDIA Pierre, *Le mouvement républicain populaire : le MRP, histoire d'un grand parti français,* Paris, Beauchesne, 1995, 381 p.

LOMBAERD Frédéric, *La cause dans le contrat administratif*, Paris, Dalloz, 2008, 490 p.

LOOMIS Burdett A., SCHILLER Wendy J., *The contemporary Congress*, Rowman & Littlefield, 2015, 240 p.

LOVEJOY Paul, *Transformations in slavery. A history of slavery in Africa*, Cambridge, Cambridge University Press, 1983, 349 p.

LOWI Theodore J., *The end of the republican era*, University of Oklahoma Press, 2006, 275 p.

LUCHAIRE François, *Le juge constitutionnel en France et aux États-Unis. Etude comparée*, Paris, Economica, 2002, 84 p.

LUSTED Marcia Amidon, *States' rights and the role of the federal government*, Greenhaven Publishing LLC, 2018, 200 p.

MAAREK Philippe J., MERCIER Arnaud, *2017 la présidentielle chamboule-tout : La communication politique au prisme du "dégagisme,"* Paris, L'Harmattan, 2018, 290 p.

MAGNETTE Paul, *La citoyenneté : une histoire de l'idée de participation civique,* Paris, Bruylant, 2001, 283 p.

MAGNON Xavier, BERNAUD Valérie, FOUCHER Karine, et al, *La question prioritaire de constitutionnalité. Principes généraux, pratique et droit de contentieux*, Paris, LexisNexis, 2e éd., 2013, 460 p.

MAISEL Louis Sandy, *American political parties and elections: A very short introduction*, Oxford University Press, 2016, 179 p.

MANENT Pierre, *Tocqueville et la nature de la démocratie*, Collection Tl (n° 341), Gallimard, 2006, 341 p.

MAPPA Sophie, *Pouvoirs traditionnels et pouvoir d'État en Afrique. L'illusion universaliste*, Paris, Karthala, 1998, 204 p.

MARCUS Maeva, *Truman and the steel seizure case: The limits of presidential power*, Duke University Press, 1994, 390 p.

MARCUS Maeva, PERRY James R., *The documentary history of the Supreme Court of the United States, 1789-1800: Suits against states*, vol. 5, Columbia University Press, 1995, 686 p.

MARGERIE Dominique (de), *La CNCCFP (La Commission nationale des comptes de campagne et des financements politiques)*, NANE E, 2014, 48 p.

MARIENSTRAS Elise, WULF Naomi, *Révoltes et révolutions en Amérique*, Atlante, 2005, 219 p.

MARIENSTRAS Elise, *Les Mythes fondateurs de la nation américaine* : *Essai sur le discours idéologique aux États-Unis à l'époque de l'indépendance, 1763-1800,* Complexes, 1992, 380 p.

-------------------------, *Nous, le peuple. Les origines du nationalisme américain*, Paris, Galli-mard, (« Bibliothèque des histoires »), 1988, 479 p.

-------------------------, *Naissance de la République fédérale, 1783-1828*, Nancy, PUN, 1987, 208 p.

MARKEL Rita J., CLEVELAND *Grover*, *Twenty-First Century Books*, 2006, 112 p.

MARSICO Katie, *Women's right to vote: America's suffrage movement*, Marshall Cavendish, 2010, 112 p.

MARTIN Jean-Claude, *Démocratie, le nom volé d'une idée violée*, Paris, A Contre-Pied, 2007, 419 p.

MARTIN Jean-Pierre, ROYOT Daniel, *Histoire et civilisation des États-Unis : Textes et documents commentés du XVIIe siècle à nos jours*, Paris, Armand Colin, 2005, 319 p.

MATHIEU Bertrand, MACHELON Jean-Pierre, MELIN-SOUCRAMANIEN Ferdinand, et al, *Les grandes délibérations du Conseil constitutionnel 1958-1986*, Paris, Dalloz, 2e éd., 2014, 600 p.

MATIAS Jean, GRANGE Jean, *Les secondes chambres du parlement en Europe occidentale*, Economica, 1987, 127 p.

MAUS Didier, PASSELECQ Olivier, *Témoignages sur l'écriture de la Constitution de 1958 autour de Raymond Janot, in* La Documentation Française, Paris, vol. 1, 1997, 118 p.

MAXEY Chester Collins, *Bipartisanship in the United States*, Caxton Printers, 1965, 398 p.

MAYO Bernard, *Jefferson Himself: The personal narrative of a Many-Sided american*, UVP, 1998, 384 p.

MBORANTSUO Marie-Madeleine, *La Contribution des Cours constitutionnelles à l'État de droit en Afrique,* Paris, Économica, 2007, 366 p.

MCSWITE Orion C., *Legitimacy in public administration: A discourse analysis*, London, SAGE, 1997, 306 p.

MELANDRI Pierre, RICARD Serge, *Les États-Unis face aux révolutions, de la Révolution Française à la victoire de Mao en Chine*, Paris, L'Harmattan, 2006, 226 p.

MELIN-SOUCRAMANIEN Ferdinand, *Constitution de la République française*. Paris, Dalloz, 2014,184 p.

--, *Les grandes démocraties. Constitutions des États-Unis, de l'Allemagne, de l'Espagne et de l'Italie,* Paris, Dalloz, 2010, 214 p.

--, *L'interprétation constitutionnelle*, Paris, Dalloz, 2005, 252 p.

MENSAH Israël, *Isidore de Souza. Figure fondatrice d'une démocratie en Afrique*, Paris, Karthala, 2011, 336 p.

MENY Yves, SUREL Yves, *Politique comparée. Les démocraties Allemagne, États-Unis, France, Grande-Bretagne, Italie*, Paris, Montchrestien, 8e éd., 2009, 490 p.

MIGANI Guida, *La France et l'Afrique sub-saharienne, 1957-1963 : histoire d'une décolonisation entre idéaux eurafricains et politique de puissance*, Peter Lang, 2008, 295 p.

MILLER Bradford, *Returning to seneca falls: The first woman's rights convention & Its meaning for men & women today*, SteinerBooks, 1995, 198 p.

MILKIS Sidney M., NELSON Michael, *The american presidency: Origins and development, 1776-2011*, CQ Press, 2011, 592 p.

MODERNE Franck, *Réviser la Constitution : analyse comparative d'un concept indéterminé,* Paris, Dalloz, 2006, 106 p

MODERNE Franck, *La Convention européenne des droits de l'homme*, Paris, Dalloz, 2012,106 p.

MONTESQUIEU Charles, *De l'esprit des lois*, Paris, Gallimard, 1995.

MONTGOMERY Emery Watkins, *The Breach in the democratic party in 1860,* Indiana University, 1912, 158 p.

MORAND-DEVILLER Jacqueline, *Droit administratif des biens. Cours- Thèmes de réflexion- Commentaires d'arrêts avec corrigés*, Issy-les- Moulineaux, Lextenso, 2014, 712 p.

MORLINO Leonardo, *Introduction à la politique comparée*, Paris, Armand Colin, 2013, 162 p.

MORRISON Jeffry H., *The political philosophy of George Washington*, JHU Press, 2009, 226 p.

MORRIS Roy Jr, *Fraud of the Century: Rutherford B. Hayes, Samuel Tilden, and the stolen election of 1876*, Simon and Schuster, 2007, 320 p.

MOULIN Richard, *Le présidentialisme et la classification des régimes politiques, Librairie Générale de Droit et de Jurisprudence*, Bibliothèque constitutionnelle et de Science Politique, Volume 58, 1978, 389 p.

MOUSSET Sophie, *Olympe de Gouges et les droits de la femme*, Félin, 2003, 133 p.

NAUMANN Fondation Friedrich, *Les actes de la Conférence nationale*, Cotonou, Editions ONEPI, 1994, 375 p.

NELSON Lynn, *States' rights and american federalism: A Documentary History*, Greenwood Publishing Group, 1999, 232 p.

NICOLAU Gilda, HOURQUEBIE Fabrice, *Cultures juridiques en quête de dialogue*, Paris, Karthala, 2014, 312 p.

NOUDJENOUME Philippe, *La démocratie au Bénin. Bilan et perspectives*, Paris, L'Harmattan, 1999, p. 396 p.

OBERDORFF Henri, *Droits de l'homme et libertés fondamentales*, Paris, L.G.D.J., Lextenso , 5e éd., 2015, 608 p.

ODNET Raymond, *Contentieux administratif, Tome II*, Paris, Dalloz, 2007, 784 p.

OGIEN Albert, LAUGIER Sandra, *Le principe démocratique. Enquête sur les nouvelles formes du politique*, Paris, La Découverte, 2014, 288 p.

OGIEN Albert, LAUGIER Sandra, *Pourquoi désobéir en démocratie ?*, Paris, La Découverte, 2011, 224 p.

OLADE OkunJola Moïse Laleye, *La décentralisation et le développement des territoires au Bénin*, Paris, L'Harmattan, 2003, 327 p.

OPUBOR Alfred E., HADO Philippe, *Boni Yayi, société civile et dynamique du changement au Bénin*, Harmattan, 2007, 344 p.

ORTH John V., *The judicial power of the United States: the eleventh amendment in American history*, OUP, 1987, 231 p.

OTAYEK René, *Afrique : les identités contre la démocratie?*, Saint-Étienne, L'AubeBondy, 1999, 197 p.

------------------, *Identités et démocratie dans un monde global*, Paris, Presses de sciences Po, 2000, 228 p.

OTIS Ghislain, *Méthodologie du pluralisme juridique*, Paris, Karthala, 2012, 288 p.

OULMONT Philippe, VAÏSSE Maurice, *De Gaulle et la décolonisation de l'Afrique subsaharienne*, KARTHALA Editions, 2014, 243 p.

PACTET Pierre, MELIN-SOUCRAMANIEN Ferdinand, *Droit constitutionnel*, Paris, Dalloz, 32è éd., 2013, 648 p.

PANSIER Frédéric-Jérôme, *Méthodologie du droit*, Paris, LexisNexis, 6e éd., 2013, 496 p.

PARIENTE Alain, *La séparation des pouvoirs. Théorie contestée et pratique renouvelée*, Paris, Dalloz, 2007, 160 p.

PASQUINO Pasquale, *Sieyès et l'invention de la Constitution en France*, Odile Jacob, 1998, 262 p.

PATTERSON Thomas E., *The american democracy*, McGraw-Hill Higher Education, 2008, 624 p.

PAUL Jean-Marie, *Le peuple, mythe et réalité*, Presses universitaires de Rennes, 2016, 170 p.

PAUVERT Bertrand, *Droit constitutionnel : théorie générale, Ve République*, Studyrama, 2004, 495 p.

PERRINEAU Pascal, *Le vote disruptif : Les élections présidentielles et législatives de 2017*, Presses de Sciences Po, *2017*, 448 p.

PERVILLE Guy, *La guerre d'Algérie, Paris,* Presses Universitaires de France, 2015, « Que sais-je ? », n° 3765, 128 p.

PESCATORE Pierre, *La séparation des pouvoirs et l'office du juge de Montesquieu à Portalis. Rapport présenté le 23 novembre 2004 à l'occasion du bicentenaire du Code civil,* Bruxelles, Bruylant, 2009, 90 p.

PISIER E. DUHAMEL O., *Locutions latines juridiques,* Paris, Dalloz, 2007, 122 p.

POINCARE *Raymond*-Nicolas-Landry, *Pour le suffrage des femmes : discours prononcé au Palais du Trocadéro le 3 décembre 1921,* Paris, Ligue française pour le droit des femmes, 1921,7 p.

POIRMEUR Yves, *Les partis politiques. Du XIXe au XXIe siècle en France*, Issy-les-Moulineaux, LGDJ, 2014, 192 p.

PONCEYRI Robert, *Le découpage électoral*, Paris, Économica, 1988, 334 p.

PONTHOREAU Marie-Claire, *Droit (s) constitutionnel (s) comparé (*s), Paris, Economica, 2010, 406 p.

PONTIER Jean-Marie, *Droits fondamentaux et libertés publiques*, Paris, Hachette, 5e éd., 2014, 168 p.

PUTNEY Albert H., *United States constitutional history and law*, William. S. Hein Publishing, 1985, 599 p.

QUERMONNE Jean-Louis, *La France présidentielle : l'influence du suffrage universel sur la vie politique, Presses de la Fondation* Nationale des Sciences Politiques, 1995, 278 p.

-------------------------------, *Les régimes politiques occidentaux*, Le Seuil, 347 p.

QUOC DIN Nguyen, DAILLIER Patrick, FORTEAU Mathias, et al., *Droit international public*, Paris, L.G.D.J. Lextenson, 8e éd., 2009, 1714 p.

RAPPLEYE Charles, *MORRIS Robert: Financier of the American Revolution*, Simon and Schuster, 2010, 625 p.

RAYMOND Philippe, *Le juge et le philosophe. Essai sur le nouvel âge du droit*, Paris, Col. Armand Colin, 2013, 288 p.

------------------------, *Trois révolutions de la liberté, Angleterre, Amérique, France*, Paris, PUF, 1e éd., 2009, 3e tirage : 2014, 388 p.

REGNAULT Jean-Marc, FAYAUD Viviane, *La Nouvelle-Calédonie : vingt années de concorde, 1988-2008*, Paris, Publications de la Société française d'histoire d'outre-Mer, 2008, 212 p.

REICHLEY James, *The Life of the Parties: A history of american political parties*, Rowman & Littlefield, 2000, 402 p.

REID John Phillip, *Constitutional history of the American Revolution: The authority of law*, Volume 4 de constitutional history of the American revolution, University of Wisconsin Press (UWP), 2003, 288 p.

REMOND René, *1958, le retour de de Gaulle,* Bruxelles, Complexe, 1998, 190 p.

RENAN Ernest, *La réforme intellectuelle* et *morale*, Paris, Hachette, 1871, 616 p.

RENOUX Thierry, *Protection des libertés et droits fondamentaux*, Paris, Les Notices, 2e éd., 2011, 396 p.

RICARD Serge, *États-Unis d'hier, États-Unis d'aujourd'hui : mélanges en l'honneur de Jean-Pierre Martin*, L'Harmattan, 1999, 398 p.

--------------------, *Les États-Unis, démocratie impérialiste : Essai sur un dessein manifeste,* Paris, L'Harmattan, 2016, 190 p.

RIFE Douglas M., *Seneca falls declaration of sentiments and resolutions*, Lorenz Educational Press, 2002, 48 p.

RIGAUX François, *La Loi des juges*, Odile Jacob, 1997, 319 p.

ROBLOT-TROIZIER Agnès, *Contrôle de constitutionnalité et normes visées par la Constitution française. Recherches sur a constitutionnalité par renvoi*, Paris, Dalloz, 2007, 692 p.

ROCHE Christian, *50 ans d'indépendance dans les anciennes possessions françaises d'Afrique Noire*, Paris, L'Harmattan, 2011, 282 p.

ROLAND Sébastien, *Le triangle décisionnel communautaire à l'aune de la théorie de la séparation des pouvoirs. Recherche sur la distribution des pouvoirs législatif et exécutif dans la Communauté,* Bruxelles, Bruylant, 2008, 728 p.

ROSANVALLON Pierre, *Le Peuple introuvable. Histoire de la représentation démocratique en France,* Paris, Gallimard, Bibliothèque des histoires, 1998, 384 p.

----------------------------, *La Démocratie inachevée. Histoire de la souveraineté du peuple en France,* Paris, Gallimard, Bibliothèque des histoires, 2000, 456 p.

-----------------------------, *Pour une histoire conceptuelle du politique,* Paris, Le Seuil, 2003, 61 p.

-----------------------------, *La monarchie impossible : les Chartes de 1814 et de 1830,* Paris, Fayard, 1994, 376 p.

ROUQUETTE Rémi, *Petit traité du procès administratif,* Paris, Dalloz, 6e éd., 2014, 1518 p.

ROUVILLOIS Frédéric, *Droit constitutionnel. Fondements et pratiques*, Paris, Flammarion, 4e éd., 2015, 368 p.

RRAPI Patricia, *L'accessibilité et l'intelligibilité de la loi en droit constitutionnel. Etude du discours sur la « qualité de la loi »*, Paris, Dalloz, 2014, 282 p.

RUTLAND Robert Allen, *The birth of the Bill of Rights, 1776-1791*, Northeastern University Press, 1991, 258 p.

SABATO Larry, PAC Power: *Inside the world of political action committees,* Norton, 1984, 251 p.

SABATO Larry J., *The Kennedy Half-Century: The presidency, assassination, and lasting legacy of John F. Kennedy*, Bloomsbury Publishing USA, 2013, 640 p.

SABETE Wagdi, *Pouvoir de révision constitutionnelle et droits fondamentaux. Etude des fondements épistémologiques, constitutionnels et européens de la limite matérielle du pouvoir constituant dérivé,* Rennes, PUR, 2005, 320 p.

SALAMI Ibrahim David, GANDONOU Diane O. Melone, *Droit constitutionnel et institutions du Bénin*, Cotonou, Ce DAT, 2014, 496 p.

SANTOLINI Thierry, *Les parties dans le procès constitutionnel*, Bruxelles, Bruylant, 2010, 438 p.

SANTOS Rita, *Gerrymandering and voting districts*, Greenhaven Publishing LLC, 2018, 136 p.

SCHECHTER Stephen L., BERNSTEIN Richard B., *Contexts of the Bill of Rights,* New York State Commission on the Bicentennial of the United States Constitution, 1990, 157 p.

SCHICK Allen, *The federal budget: Politics, policy*, process, Brookings Institution Press, 2008, 345 p.

SCHMIDT Steffen W., SHELLEY Mack C., BARDES Barbara A., *american government and politics today*, Brief Edition, 2012-2013, Cengage Learning, 2012, 448 p.

SCHWARTZ Bernard, *A history of the Supreme Court*, New York, Oxford University Press, 1923,466 p.

SCOTT Anne F., SCOTT Andrew M., One half the people: the fight for woman suffrage, UIP, 1982, 174 p.

SEGUR Philippe, *La responsabilité politique*, PUF, Que sais-je ? 1998, 128 p.

SEILLER Bertrand, *Le contrôle parlementaire de l'administration*, Paris, Dalloz, 2010, 174 p.

SHEFTER Martin, *Political parties and the State: The american historical experience*, Princeton University Press, 1993, 316 p.

SHERMAN Henry, *The governmental history of the United States of America: from the earliest settlement to the adoption of the present federal Constitution,* Case, Lockwood and Co., 1860, 1006 p.

SHESOL Jeff, *Supreme Power: Franklin Roosevelt vs. the Supreme Court*, W. W. Norton & Company, 2011, 512 p.

SIEMERS David J., *The Antifederalists: men of great faith and forbearance*, RL, 2003, 285 p.

SIEYES Emmanuel J., *Qu'est-ce que le tiers-État?*, Paris, 3è éd., 1789, 180 p

---------------------------, *Qu'est-ce que le Tiers État ?*, Genève, Librairie Droz, 1970, 228 p.

SIMONIAN-GINESTE Hélène, *L'essentiel du droit constitutionnel. Fiches de Cours - Cas pratiques corrigés*, Paris, Ellipses, 2e édition, 2011, 160 p.

SINDJOUN Luc, *Les grandes décisions de la justice constitutionnelle africaine. Droit constitutionnel jurisprudentiel et politiques constitutionnelles au prisme des systèmes politiques africains*, Bruxelles, Bruylant, 2009, 598 p.

SMITH Steven S., ROBERTS Jason M., WIELEN Ryan J. Vander, *The American Congress,* Cambridge University Press, 2009, 456 p.

SPENSKY Martine, *Citoyenneté(s): perspectives internationales*, Clermont-Ferrand, Presses Univ Blaise Pascal, 2003, 209 p.

SPITZER Robert J., *The presidential veto*, SUNY Press, 1988, 181 p.

STATON Hilarie, *The progressive party: The Success of a Failed Party*, Capstone, 2007, 96 p.

STEINER Gilbert, *Constitutional inequality: The political fortunes of the equal rights amendment*, Brookings Institution Press, 2011, 120 p.

STIRN Bernard, *Les sources constitutionnelles du droit administratif. Introduction au droit public*, Issy-les-Moulineaux, Lextenso, LGDJ, 8e éd., 2014, 198 p.

SUSAN D. Becker, *The origins of the equal rights amendment: American feminism between the wars*, Greenwood Press, 1981, 300 p.

SUSAN Banfield, *The fifteenth amendment: African-American men's right to vote*, Enslow Pub Incorporated, 1998, 128 p.

SUZUKI Jeff, *Constitutional Calculus: The Math of Justice and the Myth of Common Sense,* JHU Press, 2015, 296 p.

SYDNOR Charles S., *The development of Southern sectionalism, 1819-1848*, LSU Press, 1948, 400 p.

SZATMARY David P., *Shay's Rebellion: The Making of an Agrarian Insurrection*, Amherst, University of Massachusetts Press, 1980, 184 p.

SZYMCZAK David, *La convention européenne des droits de l'homme et le juge constitutionnel national*, Bruxelles, Bruylant, 2006, 850 p.

TARANTO James, LEO Leonard, *Presidential Leadership: Rating the Best and the Worst in the White House,* Simon and Schuster, 2004, 304 p.

TOPANOU Prudent Victor, *Boni Yayi: ou le grand malentendu - Le quatrième Président du renouveau démocratique béninois*, Paris, L'Harmattan, 2012, 178 p.

TOSSOU M. Rogatien, *Ethnicité et élections dans le Bénin du renouveau démocratique : le scrutin législatif du 28 mars 1995*, 2008, 22 p.

TOULEMONDE Gilles, *Institutions politiques comparées*, Paris, Marketing S.A., 2e éd., 2011, 154 p.

TOURME-JOUANNET Emmanuelle, *Le droit international,* Paris, PUF, 1e éd., 2013, 128 p.

TOURNAFOND Bérénice, *La démocratie d'apparence*, Paris, F.-X. de Guibert, 2009,168 p.

TRENHOLME Louise Irby, *The ratification of the federal Constitution in North Carolina*, Columbia University Press, 1932, 282 p.

TRIGEAUD Laurent, *La nullité de l'acte juridictionnel en droit international public*, Lima, L.G.D.J., Anthemis, 2011, 538 p.

TROPER Michel, CHAGNOLLAUD Dominique, *Traité international de droit constitutionnel. Suprématie de la Constitution*, 3 vol., Paris, Dalloz, 2012, 828 p.

TROPER Michel, *La Séparation des pouvoirs et l'histoire constitutionnelle française*, Bibliothèque constitutionnelle et de science politique, LGDJ, 48, 1973, 250 p.

-------------------, *La séparation des pouvoirs et l'histoire constitutionnelle française*, Issy-les –Moulineaux, LGDJ, Lextenso, 2015, 252 p.

TROPER Michel, CHAGNOLLAUD Dominique, *Traité international de droit constitutionnel. Théorie de la Constitution*, Tome 1, Paris, Dalloz, 2012, 816 p.

---, *Traité international de droit constitutionnel. Distribution des pouvoirs*, Tome 2, Paris, Dalloz, 2012, 810 p.

---, *Traité international de droit constitutionnel. Suprématie de la Constitution*, Tome 3, Paris, Dalloz, 2012, 828 p.

---, *Pour une théorie juridique de l'État*, Paris, PUF, 1re éd., 1994, 360 p.

TSHIYEMBE Mwayila, *État multinational et démocratie africaine, sociologie de la renaissance politique*, Paris, L'Harmattan, 2001, 269 p.

TUCKER Spencer C., *The Encyclopedia of the Wars of the Early American Republic, 1783–1812: A Political, Social, and Military History*, ABC-CLIO, 2014, 1067 p.

TÜRK Pauline, *Les Institutions de la Ve République*, Issy-les-Moulineaux, Lextenso, 8e éd., 2015-2016, 256 p.

TÜRK Pauline, THUMEREL Isabelle, TOULEMONDE Gilles, *Principes fondamentaux de droit constitutionnel*, Issy-les-Moulineaux, Lextenso, 7e éd., 2014-2015, 236 p.

TURNER Frederick J., *The significance of the section in American history*, Bobbs-Merrill, 1925, 280 p.

VALELLY Richard M., *The Voting Rights Act: Securing the Ballot*, Washington, CQ Press, 2006, 370 p.

VARON Elizabeth R., *Disunion!: the coming of the American Civil War, 1789-1859,* UNC Press Books, 2008, 455 p.

VETTOVAGLIA Jean-Pierre, *Prévention des crises et promotion de la paix Volume III. Déterminants des conflits et nouvelles formes de prévention*, Bruxelles, Bruylant, 2013, 1094 p.

VIDAL-NAQUET Ariane, *Les « garanties légales des exigences constitutionnelles » dans la jurisprudence du Conseil constitutionnel,* Paris, Panthéon-Assas, 2007, 672 p.

VIDAL-NAQUET Ariane, STEFANINI Marthe Fatin-Rouge, *La norme et ses exceptions. Quels défis pour la règle de droit ?*, Bruxelles, Bruylant, 2014, 302 p.

VILLAIN-COURRIER Anne-Elisabeth, *Contribution générale à l'étude de l'éthique du service public en droit français et anglais comparé*, Paris, Dalloz, 2004, 728 p.

VILE M. J. C., *Constitutionalism and the separation of powers*, Liberty Fund, 1998, 455 p.

VILLEY Michel, *Le droit et les droits de l'homme*, Paris, PUF, 2è éd., 2016, 180 p.

VILLEY Michel, *La formation de la pensée juridique moderne*, Paris, PUF, 2è éd., 2013, 636 p.

VILLIERS Michel (de), LE DIVELLEC Armel, *Dictionnaire du droit constitutionnel*, Paris, Dalloz, 10e édition, 2015, 410 p.

VOLLE Jeffrey J., *The political legacies of Barry Goldwater and George McGovern: Shifting party paradigms*, Palgrave Macmillan, 2010, 268 p.

WARE Alan, *The Democratic party heads North, 1877–1962*, Cambridge University Press, 2006, 265 p.

WATSON Robert W., *White House studies compendium*, Volume 2, Nova Publishers, 2007, 448 p.

WAUGH John C., On the brink of Civil War: the compromise of 1850 and how it changed the Course of American history, Rowman and Littlefield, 2003, 217 p.

WEIL Patrick, *Qu'est-ce qu'un Français ? Histoire de la nationalité française depuis la Révolution, Folio*, Paris, Gallimard, 2005, 651 p.

WEISS Louise, *Combats pour les femmes, 1934-1939*, Albin Michel, 2013, 272 p.

WELLMAN Judith, *The Road to Seneca Falls: Elizabeth Cady Stanton and the First Woman's Rights Convention*, UIP, 2004, 297 p.

WHIPPLE Addison Beecher Colvin, *To the shores of Tripoli: the birth of the U.S. Navy and Marines*, Naval Institute Press, 2001, 357p.

WHITBY Kenny J., *Strategic Decision-Making in Presidential Nominations: When and Why Party Elites Decide to Support a Candidate,* SUNY Press, 2014, 218 p.

WHITE G. Edward, *Law in american history: Volume 1: From the colonial years through the Civil War*, Oxford University Press, 2012, 584 p.

WHITNEY Sharon, *The equal rights amendment: The history and the movemen*t, F. Watts, 1984, 102 p.

WILENTZ Sean, *The rise of american democracy: Jefferson to Lincoln*, W.W. Norton & Co., 2008, 496 p.

WILLIAMS Andy, *US government & politics*, Heinemann, 1998, 211 p.

WILLIAMSON Thames, *Readings in american democracy*, Heath, 1922, 538 p.

WILSON James, *American government: Brief edition*, Cengage Learning, 2008, 432 p.

WILSON Woodrow, *Congressional government*: A study in american politics, Houghton, Mifflin, 1901, 333 p.

WINOCK Michel, *L'agonie de la IVe République, le 13 mai 195*, Paris, Gallimard, 2013, 512 p.

WOODWARD Comer V., *Reunion and reaction: the compromise of 1877 and the end of reconstruction*, OUP, 1991, 263 p.

WUNENBURGER Jean-Jacques, *L'Idée de nation : actes du colloque organisé à Dijon, les 13 et 14 novembre 1986*, Éditions universitaires de Dijon, 1986, 228 p.

ZARKA Jean-Claude, *Fonction présidentielle et problématique, majorité présidentielle, majorité parlementaire sous la Cinquième République (1986-1992*), Libr. Générale de droit et de jurisprudence, Bibliothèque constitutionnelle et de science politique, Volume 75, 1992, 498 p.

---------------------------, *L'essentiel de l'histoire constitutionnelle et politique de la France (de 1789 à nos jours),* Gualino, 2017, 160 p.

ZOLLER Elisabeth, *Histoire du gouvernement présidentiel aux États-Unis*, Paris, Dalloz, 2011, 342 p.

ZOLLER Elisabeth, *Grands arrêts de la Cour suprême des États-Unis*, Paris, PUF, 1ère éd., 2000,1334 p.

-------------------------, Les *grands arrêts de la Cour suprême des États-Unis*, Paris, Dalloz, 1re édition, 2010, 924 p.

Articles et contributions dans les ouvrages communs

ADJOVI Emmanuel Vidjinnagni, « Mobilisations citoyennes et démonopolisation du travail politique au Bénin », in *Perspective Afrique*, 2006, vol. 1, n° 3, p. 187-223.

AGNEW Robert A., « Optimal congressional apportionment », in American Mathematical Monthly, *Mathematical Association of America*, 2008, n°115, p. 297–303.

AÏDARA Mouhamadou Moustapha, « Le juge constitutionnel africain et le contrôle des lois portant révision de la Constitution : contribution à un débat », in *Revue d'étude et de recherche sur le droit et l'administration dans les pays d'Afrique*, (Colloque international de Niamey, les 15, 16 et 17 octobre 2015 sur le thème : La justice Constitutionnellehttp://afrilex.u-bordeaux4.fr/le-juge-Constitutionnel-africain.html, consulté le 07-02-2019 à 15h40).

AÏVO Frédéric Joël., « *La Constitution béninoise du 11 décembre 1990 : un modèle pour l'Afrique ?* », in *Mélanges en l'honneur de Maurice Ahanhanzo-Glele*, Paris, L'Harmattan, 2014, p….

--------------------------------, « La Cour constitutionnelle du Bénin », in *RFDC*, 2014/3, n°99, p. 715-740.

AJAVON Ata, « La protection des droits de l'homme dans les Constitutions des États de l'Afrique noire francophone », in *RJPIC,* 1992, n° 1, p. 79-87.

AKINDES Francis, « Rapport introductif n°3 : Les transitions démocratiques à l'épreuve des faits » in *Bilan des Conférences nationales et autres processus de transition démocratique en Afrique*, OIF, Cotonou, 19-23 février 2000.

AKON André, « Le peuple des philosophes », in *Hermès*, La Revue 2005/2 (n° 42), p. 25-31.

ALBER E., « Le pouvoir local face aux mutations au niveau de l'État », in *Cahiers d'études africaines*, 1997, vol. 37, n° 145, p. 137-156.

AMALRIC Valérie, « La reconnaissance du vote blanc par la loi du 21 février 2014 : une avancée limitée », in *Revue française de droit constitutionnel* 2014/3, n° 99, p. 741-759.

AMEGBEDJI, Julien N. OUSSO, Wilfrid Hervé ADOUN, *Quelques réflexions sur les Elections au Bénin,* 2014, Cotonou Bulletin, n°6, 18 p.

AMOUSSOU-YEYE Dénis, « la dimension ethnique dans la dynamique socio-politique du Bénin du renouveau démocratique », in *Revue Africaine de Science Politique,* 1999, vol. 4, n° 1, p. 127-145.

ATSIMOU S. A., « la participation des juridictions constitutionnelles au pouvoir constituant en Afrique », in *RFDC*, 2017/2, n°110, p. 279-316.

ATTANASSO Marie-odile, « Femmes et pouvoir politique au Dahomey Bénin de 1960 à nos jours », in *Communication présentée le 21 mai 2011 à Cotonou lors des Conférences départementales dans le cadre des 50 ans d'indépendance du Bénin,* 2012, 221 p.

BAKO-ARIFARI Nassirou, « Démocratie et logiques du terroir au Bénin », in *Politique africaine*, 1995, n°59, p. 7-24.

BANEGAS Richard, « Action collective et transition politique en Afrique. La Conférence nationale du Bénin », in *Cultures et Conflits*, 1995, n°17, p. 137-175.

----------------------, « Mobilisations sociales et oppositions sous Kérékou », in *Politique Africaine*, 1995, n° 59, p. 25-44.

----------------------, «Marchandisation du vote, citoyenneté et consolidation démocratique au Bénin », in *Politique Africaine*, 1998, p.75-87.

----------------------, « Retour sur une transition modèle. Les dynamiques du dedans et du dehors de la démocratisation béninoise », in P. Quantin et J.-P. DALOZ, *Transitions démocratiques africaines. Dynamiques et contraintes (1990-1994*), Paris, Karthala, 1997, p. 23-94.

BARBERIS Mauro, « Le futur passé de la séparation des pouvoirs », in *Pouvoirs* : La *séparation des pouvoirs*, 2012, n°143, p. 5-15.

BERSTEIN Serge, « Les gaullistes, de la Libération à la création du RPF », in *Dossiers thématiques,* Texte de la Conférence prononcée par Serge Berstein, professeur d'histoire à l'université de Paris X Nanterre, le 15 janvier 1986, à la bibliothèque de l'Institut Charles de Gaulle, dans le cadre du cycle de formation « Les gaullistes et de Gaulle ».

BERSTEIN Serge, « L'élection présidentielle dans le jeu politique français (1965-2005) », *in Parlement[s], Revue d'histoire politique* 2005/2, n° 4, p. 54-74.

BESSIS Sophie, «La féminisation de la pauvreté », in Jeanne Bisilliat, *Femmes du Sud, chefs de famille*, Paris, Karthala, 1996, 410 p. ; p. 49-57.

BIERSCHENK Thomas, « Rituels politiques et construction de l'identité ethnique des peuls au Bénin », in C. Fay, *Identités et appartenances dans les sociétés sahéliennes*, Cahiers des Sciences Humaines, 1995, vol. 31, n°2, p. 457-484.

BIERSCHENK Thomas, « The Ethnicisation of Fulani Society in the Borgou Province of Benin », in *Cahiers d'Études Africaines*, 1992, n°32, p. 509-520.

------------------------------, « Peuls et État colonial dans le Borgou français/Nord-Dahomey (1895 - 1940) », in *Nomadic Peoples*, 1996, n° 38, p. 99-124.

BIERSCHENK T., DE SARDAN J.-P. Olivier, « Powers in the Village: Rural Benin between Democratisation and Decentralisation », in *Africa,* 2003, vol. 73, n° 2, p. 145-173.

BLUNDO G., « Décentralisation et pouvoirs locaux. Registres traditionnels du pouvoir et nouvelles formes locales de légitimité (Atelier : II) », in Bulletin *de l'APAD*, 1998, n°16, p. 1-5.

BORTSCH Gilles, « Le peuple, hier et aujourd'hui », in *Hermès, La Revue*, 2005/2 (n° 42), p. 86 – 91.

BOKO NADJO Geneviève, *Rapport alternatif: Le Bénin et la Convention des Nations Unies de novembre 1979 sur l'élimination de toutes les formes de discrimination à l'égard des femmes*, Cotonou, WILDAF-BÉNIN, 2005, 29 p.

BON Frédéric, JAFFRE Jérôme, « Les règles d'élection au scrutin majoritaire », in *Revue française de science politique*, 1978, n° 28-1, p. 5-20.

BOUDIN L. B., « Government by judiciary», in *Political Science Quarterly*, 1911, n° 26, p. 238.

BOUDON Julien, « La séparation des pouvoirs aux États-Unis », in *Pouvoirs : La séparation des pouvoirs,* 2012, n° 143, p. 113-122.

DECHAINE Philippe, « L'impasse est totale au Dahomey après les élections présidentielles », in *Le Monde diplomatique*, 1968, p. 8.

DUBOIS Eilen C., « Outgrowing the compact of the fathers: Equal rights, woman suffrage and the United States Constitution », in *Journal of American History*, 1987, vol. 74, n°3, p. 836-862.

BURGAT F., « Esclavage et propriété », in *L'Homme,* 1998, vol. 38, n° 145, p. 11-30.

CABANIS A. et MARTIN M., «Note sur la Constitution béninoise du 11 décembre 1990», in *Revue juridique et politique, Indépendance et coopération,* 1992, n°1, *p.* 28-37.

CAPPELLETI M., « Nécessité et légitimité de la justice constitutionnelle », in *Cours constitutionnelles européennes et droits fondamentaux*, Paris, Économica, 1982, pp. 460- 493.

CARPENTER W. S., « The separation of powers in the eighteenth century », in *American Political Science Review*, 1928, vol. 22, n°1, p. 32-44.

CARTER William M., « Race rights and the thirteenth amendment: Defining the badges and incidents of slavery », in *UC Davis law review*, 2007, vol. 40, p. 1311-1379.

CHAUCHAT Mathias, *La citoyenneté calédonienne*, in *Cahiers du Conseil constitutionnel,* 2008, n° 23.

CLINCHAMPS Nicolas, « Le Conseil constitutionnel face à l'autonomie de la Nouvelle-Calédonie », *in Les Nouveaux Cahiers du Conseil constitutionnel,* 2012, vol.2, n° 35, p. 61-72.

CONAC Gérard, « Le juge constitutionnel en Afrique, censeur ou pédagogue ? », in Gérard Conac, Jean Du Bois de Gaudusson, *Les Cours suprêmes en Afrique,* Economica, 1988, 388 p.

-------------------, « Quelques réflexions sur le nouveau Constitutionnalisme africain », in Jean-Nazaire Tama

L'odyssée du constitutionnalisme en Afrique, Paris, L'Harmattan, 2015, 460 p

COULIBALEY M., « La neutralisation du parlement constituant. A propos de la DCC n°06-074 du 8 juillet 2006 », in *RDP,* n°5, 2009.

COUTANT Arnaud, « Les XVIIIe et XXIe amendements, la dimension constitutionnelle de la prohibition aux États-Unis », in *Revue de la recherche juridique*, 2014, vol.1, n° 39 - 151, p. 455-482.

----------------------, « Les transitions constitutionnelles après la guerre de sécession, les reconstructions de l'Union (1865-1877) », in *Revue de la recherche juridique*, droit prospectif, 2012/2, p. 939-965.

----------------------, « Dred Scott v. Sandford, quand la Cour suprême consacrait l'esclavage », in *Revue française de droit constitutionnel* 2015/1, n° 101, p. 27-52.

----------------------, « Les Présidents minoritaires aux États-Unis », in *Revue française de droit constitutionnel,* 2012/2, n° 90, p. 35-55.

----------------------, « Fédération ou démocratie aux États-Unis : Trump, un nouveau Président minoritaire », in *Revue française de droit constitutionnel,* 2017/3, n°111, p. 601-620.

CRAPEZ Marc, « De quand date le clivage gauche/droite en France ?, », in *Revue française de science politique*, 1998, n°48-1, p. 42-75.

DAUGERON Bruno, « Le quinquennat : retour sur les vrais enjeux d'un faux débat », in *Revue Juridique de l'Ouest*, 2000, n° 4, p. 486-517.

DAVIDSON Rachel, « The split in the 19th century woman suffrage movement », in *The Concord review*, 1988, p.1-10.

DEBRE Michel, « La nouvelle Constitution », in *Revue française de science politique*, 1959, n° 9-1, p. 7-29.

De CHANTAL François V., « La Convention de Philadelphie : les fondements du modèle américain », in *Critique internationale, 2003/4, no 21*, p. 121-134.

DENQUIN J.-M., « Recherches sur la notion de majorité sous la Ve République, in *Revue de Droit Public*, 1993, p. 949.

DOHERTY Brendan J., « Interpreting the Bill of Rights and the Nature of Federalism: Barron v. City of Baltimore », in *Journal of Supreme Court history*, 2007, vol. 32, n°3, p. 211–228.

DOSSOU Robert, « Le Bénin : du monolithisme à la démocratie pluraliste, un témoignage », in Gérard Conac, *L'Afrique en transition vers le pluralisme politique,* Paris, Economica, 1993, p. 179-197.

DOUZET Frédérick, « Californie: de la ségrégation résidentielle à l'injustice politique », in Sylvie Fol, Sonia Lehman-Frisch, Marianne Morange (dir), *Ségrégation et justice spatiale,* Nanterre, Presses universitaires de Paris Nanterre , *2014*, 353 p.

FABERON Jean-Yves, « La Nouvelle-Calédonie : vivre l'accord de Nouméa », in *Revue française d'administration publique,* 2002, vol.1, n°101, p. 39-57.

FAIRLIE J. A., « The separation of powers », in *Michigan Law Review,* 1923, vol. 21, n°4, p. 393-436.

FERRIERE Georges, « La loi électorale du 30 novembre 1875. La difficile confirmation du suffrage universel », in Michel Ganzin, *Le concept* de *représentation dans la pensée politique* : *actes du colloque d'Aix-en-Provence, 2-3 mai 2002*, Aix-en-Provence, Presses universitaires d'Aix-Marseille, 2003, p. 421-447.

FRANÇOIS Bastien, « À quoi sert l'élection du Président au suffrage universel ? », in *Parlement[s], Revue d'histoire politique* 2005/2, n° 4, p. 128-143.

FRIERSON W. L. « Amending the Constitution of the United States: a Reply to Mr Marbury », in *Harvard Law Review*, 1919-1920, vol.33, p.659-666.

GAZIBO Mamoudou, « Pour une réhabilitation de l'analyse des partis en Afrique », in *Politique africaine,* 2006/4, n° 104, p. 5-17.

GBEGNONVI Roger, « Les législatives de 1995 », in *Politique africaine*, 1995, n°59, p. 59-69.

GBESSEMEHLAN Victor, RIJNIERSE Elly, « Les élections en milieu rural : le cas de Ouessè », in *Politique africaine*, 1995, n°59, p.70-81.

GEORGE J. Schaefer, « Amendments to Constitution: Ratification by State Convention », *St. John's Law Review,* 1933, Volume 7/ 2, p. 375-378.

GOGUEL François, « Quelques remarques sur le problème des institutions politiques de la France », in *Revue française de science politique*, 1964, n°14-1, p. 7-19.

GUICHARD M., « L'ethnicisation de la société peule du Borgou (Bénin) », in *Cahiers d'études africaines*, 1990, vol. 30, n° 117, p. 17-44.

GUIGOU Elisabeth *« Égalité - Parité : Une nouvelle approche de la démocratie ?, Actes de colloques de l'IFR »*, in X. Bioy, M.-L. Fages, *Au nom de la démocratie. La parité de la représentation et la représentation de la parité,* Toulouse, Presses de l'Université Toulouse 1 Capitole, 2018, p. 21-28.

HAHONOU Eric Komlavi, « Propriété, citoyennetés et héritage de l'esclavage au Nord Bénin », in *Politique africaine*, 2013, vol.4, n° 132, p. 73-93.

---------------------------------, « Pourquoi pas nous? Statut social et 'adultéité politique' des femmes *Gando* au Bénin », in *Autrepart, 61 2012,* p. 157-173.

HARDUNG Christine, « Ni vraiment Peul, ni vraiment Baatombu. Le conflit identitaire des *Gando* », in T. Bierschenk et P.-Y. Le Meur (dir.), *Trajectoires peules au Bénin. Six études anthropologiques*, Paris, Karthala, 1997, p. 109-138.

HARDUNG Christine, « Le pilon et la voix. Travail des anciens esclaves dans un contexte rituel fulbé », in H. d'Almeida-Topor, M. Lakroum et G. Spitler (dir.), L*e travail en Afrique noire. Représentations et pratiques à l'époque contemporaine*, Paris, Karthala, 2003, p. 93-106.

HEMMERDINGER Bertrand. 69. FINLEY (Moses I.) « Démocratie antique et démocratie moderne, tr. Monique Alexandre. Précédé de Tradition de la démocratie grecque par Pierre Vidal-Naquet », in *Revue des Études Grecques*, tome 90, fascicule 430-431, 1977, p. 491-492.

HODDER Frank Heywood, « The Railroad Background of the Kansas-Nebraska Act », in *Mississippi Valley Historical Review*, 1925, vol. 12, n°1, p. 3-22.

HOURQUEBIE Fabrice, MASTOR Wanda, « Les Cours constitutionnelles suprêmes étrangères et les élections présidentielles », in *Les Nouveaux Cahiers du Conseil constitutionnel*, 2012, n° 34, p. 143-162.

HOURQUEBIE Fabrice, « Le contre- pouvoir, enfin connu. Pour une analyse de la démocratie constitutionnelle en terme de contre-pouvoirs », in *Mélanges en l'honneur de Slobodan Milacic*, Bruxelles, Bruylant, 2008, pp. 99- 115.

INSTITUT DES DROITS DE L'HOMME ET DE LA PROMOTION DE LA DEMOCRATIE, LA DEMOCRATIE AU QUOTIDIEN, UNESCO CHAIR, *« Journées de réflexion sur la Constitution du 11 décembre 1990: 07 et 08 août 2006 : les actes* », in Institut des Droits de l'Homme et de Promotion de la Democratie, Human *Rights, Democracy, Peace, Tolerance, and International Understanding*, 2007, 375 p.; p. 157.

ISMAÏLA Madior Fall « Quelques réserves sur l'élection du Président de la République au suffrage universel. Les tabous de la désignation démocratique des gouvernants», in *Afrique contemporaine*, 2012/2, n° 242, p. 99-113.

JACK M. Balkin, « Bush v. Gore and the Boundary between Law and Politics», in *The Yale Law Journal*, 2001, Vol. 110, n° 8, p. 1407-1458.

JAFFRE Jérôme, « La décision électorale au second tour : un scrutin très serré », in *Revue française de science politique*, 1997, n°47-3-4, p. 426-437.

KABEER Naila, « Nécessaire, suffisant ou insignifiant? Femmes, salariat et rapports de pouvoir au sein du ménage », in Christine Verschuur et Fenneke Reysoo (dirigé par), *Genre, mondialisation et pauvreté*, Paris, L'Harmattan, 2002, no 3, p. 107-112.

KAMTO Maurice, « Les Conférences nationales africaines ou la création révolutionnaire des Constitutions », in Dominique DARBON et Jean du Bois De Gaudusson, *La création du droit en Afrique*, Paris, Karthala, Collection Hommes et Sociétés, 1997, 496 p.

KANTE Babacar, « Les méthodes et techniques d'interprétation de la Constitution : l'exemple des pays d'Afrique occidentale francophone », in Ferdinand Melin-Soucramanien (éd.), *L'interprétation constitutionnelle, Paris, Dalloz*, 2005, 248 p.

KELSEN Hans, « La garantie *juridictionnelle* de la *Constitution* », *RDP*, 1928, p.197-257.

KENS Paul, « Lochner V. New York: Tradition or Change in constitutional law? », in *NYU Journal of Law & Liberty*, vol. 1, n°1, p. 404-431.

KEREKOU Mathieu, «Discours du Président Mathieu kérékou à l'ouverture de la Conférence des Forces Vives de la Nation in *ONEPI, Conférence nationale des Forces Vives de la Nation, 19-28 février 1990*, Documents fondamentaux, Cotonou, Presses de l'ONEPI, SD, 56 p.

KLEIN M. A., « Slave descent and social status in sahara and sudan », in B. Rossi (dir.), *Reconfiguring Slavery: West African trajectories*, Liverpool, Liverpool University Press, 2009, p. 28-30.

LAFANTASIE Glenn, « Lincoln and the Gettysburg Awakening », in Journal *of the Abraham Lincoln Association*, 1995, vol16, n°1, p.73–89.

LAKWETE Angela, « *Inventing the Cotton Gin: Machine and Myth* » *in Antebellum America*, JHU Press, 2005, 248 p.

LAQUIEZE Alain, « la réception de Sieyès par la doctrine publiciste française », in Pierre-Yves *Quiviger, Figures de Sieyès: actes du colloque des 5 et 6 mars 2004 organisé à la Sorbonne par le Centre d'histoire des systèmes de pensée moderne et l'Institut d'histoire de la Révolution Française*, Université Paris I, Publications de la Sorbonne, 2008, p. 83-124.

LAGERLÖF N.-P., « Slavery and other property rights », in Review of economic studies, 2009, n° 76, p. 319-342.

LARRERE Catherine, « la nation chez Sieyès », in Bernard Bourgeois, Jacques d' Hondt, *La philosophie et la Révolution Française: actes du Colloque de la Société française de philosophie,*

31 mai, 1er et 2 juin 1989, Bibliothèque d'histoire de la philosophie, Vrin, 1993, p. 143 et suiv.

LAUVAUX Philippe, « La démocratie majoritaire : conception et discussion d'un modèle polaire », in *Pouvoirs : La Démocratie majoritaire*, 1999, n° 85.

LE DIVELLEC Armel, « L'articulation des pouvoirs dans les démocraties parlementaires européennes : fusion et mitigation », in *Pouvoirs : La séparation des pouvoirs*, 2012/4 n° 143, p. 123-140.

LE PILLOUER Arnaud, « les contraintes d'un paradoxe : les lois constitutionnelles inconstitutionnelles, réflexions à partir du cas indien », in *Droits*, 2012, n°55, p. 113-128.

LEFEBVRE Rémi, TREILLE Éric, « Le déclenchement des primaires ouvertes chez les républicains et au parti socialiste. Entre poids du précédent de 2011 et bricolages organisationnels (2016-2017) », in *Revue française de science politique,* 2017/6 (Vol. 67), p. 1167-1185.

LEIBIGER Stuart, « James Madison and amendments to the Constitution, 1787-1789: "Parchment Barriers" », in *JSH*, 1993, vol. 59, n°3, p. 441-468.

LE MEUR P.-Y., « Décentralisation par le bas et participation clientéliste au Bénin », in *Bulletin de l'APAD*, 1998, n°15, p. 49-64.

LE YONCOURT TIPHAINE, « Le Sénat républicain représentant des collectivités territoriales », in *Pouvoirs : Le Sénat, pour quoi faire ?,* 2016, n°159, p. 27-40.

LUNARDINI Christine, KNOCK Thomas J., « Woodrow Wilson and woman suffrage: a New Look », in *PSQ*, 1980-1981, vol. 95, n°4, p. 655-671.

MARBURY W. L., « The Limitations upon the amending power », *Harvard Law Review*, 1919-1920, vol.33, p. 223 – 235.

MASSINA Palouki, « le juge constitutionnel africain francophone : entre politique et droit », in *RFDC*, 2017/3, n°111, p. 641-670.

---------------------, « De la souveraineté des Conférences nationales africaines », in *Revue de la recherche juridique-Droit prospectif*, Presses universitaires d'Aix-Marseille, 1994, n°3, p. 993-1015.

MAUS Didier, « Sur la forme républicaine du gouvernement », Commentaire sous la décision n° 92--312 DC du 2 septembre 1992, in *Revue française de droit constitutionnel*, 1992, n°11, p.412.

----------------, « Libres propos sur le Sénat », *in Pouvoirs* n°64 - Le Parlement - février 1993, p.89-97.

MAVRINAC Albert A., « From Lochner to Brown v. Topeka: The Court and Conflicting Concepts of the Political Process », in *The American Political Science Review*, 1958, Vol. 52, n°3, p. 641-666.

MAYRARGUE Cédric, « Yayi Boni, un Président inattendu ? Construction de la figure du candidat et dynamiques électorales au Bénin », in *Politique africaine,* 2006/2,n° 102, p. 155-172.

MCDONAGH Eileen, PRICE Douglas, « Woman suffrage in the progressive era: Patterns of opposition and support in referenda », in *the American Political Science Review*, 1985, vol. 79, n° 2, p. 415-435.

MCDONAGH Eileen, « Issues and constituencies in the progressive era: House roll call voting on the nineteenth amendment, 1913-1919 », in, *JP*, 1989, vol. 51, n°1, p. 119-136.

MILACIC S., « Le contre- pouvoir, cet inconnu », in *Études à la mémoire de Christian Lapoyade,* Deschamps, Pub, 2003, p. 680

MODERNE F., « Les juridictions constitutionnelles en Afrique », in Gérard Conac, *Les Cours suprêmes en Afrique*, t. 2, Paris, Economica, 1983, p. 19.

MONEMBOU Cyrille, « Le pouvoir règlementaire des collectivités locales dans les États d'Afrique noire francophone (les cas du Cameroun, du Gabon et du Sénégal) », *Revue CAMES/SJP,* n°002/2015, p.79-111.

O'CONNELL Peter, « Les procédures de révision constitutionnelle » in *Informations constitutionnelles et parlementaires*, 1978, n°114, p. 38-41.

OHLINE Howard A., « Republicanism and slavery: origins of the three-fifths clause in the United States Constitution », in *William and Mary Quarterly*, Third Series, 1971, vol. 28, n° 4, p. 563-584.

ONDOUA Alain, « La population en droit constitutionnel », in *Afrique contemporaine*, 2012/2, n° 242, p. 87-97.

OTAYEK René, « Démocratie, culture politique, sociétés plurales. Une approche comparative à partir de situations africaines », in *Revue française de science politique*, 1997, vol. 47, n°6, p. 798-822.

PACTET Pierre, « l'application du principe majoritaire sous la Ve République de 1958 à 1981 », in *Itinéraires*, études offertes à L. Hamon, Economica, 1982, p. 507.

PAUL Ellen Frankel, « Freedom of contract and the "political economy" of Lochner v. New York », in *NYU Journal of Law & Liberty*, 2005, vol. 1, n°1, p. 515-569.

PIERRE Caroline, « Identités peules en mosaïque agropastorale au Bénin. Dynamique des rapports de pouvoir, mobilité et territoire », in *Anthropologie & développement*, |2015, n°42-43, p. 133-159.

PIERRE-CAPS Stéphane, « Le peuple à l'interface du droit constitutionnel et du droit international », in *Civitas Europa*, 2014/1, n° 32, p. 5 à 20.

------------------------------, « Le peuple à l'interface du droit constitutionnel et du droit international », in *Civitas Europa* 2014/1 n° 32, p. 5-20.

------------------------------, « La Constitution démotique ou les mutations de la Constitution au seuil du XXIe siècle », in *Mélanges en l'honneur de François Borella, État, Société, et pouvoir à l'aube du XXIe siècle*, Nancy, Presses Universitaires de Nancy, 1999, p. 403-422.

PIERRE Caroline, « Identités peules en mosaïque agropastorale au Bénin », in *Anthropologie & développement*, 2015, n° 42-43, p. 133-159.

PIROTTE Gautier, « Société civile importée et la nouvelle gouvernance. Le nouveau secteur ONG au Bénin », in P. Quantin (sous la direction), *Gouverner les sociétés africaines. Acteurs et institutions*, Paris, Karthala, 2005, p. 27-63.

POMPER Gerald M. POMPE, «The 2000 Presidential Election: Why Gore Lost», in *Political Science Quarterly*, 2001, Vol. 116, n° 2, p. 201-223.

PORTELLI Hugues, « Bicamérisme ou pouvoir régional », in *Pouvoirs : Le Sénat, pour quoi faire ?,* 2016, n°159, p.101-108.

RATLIFF Tommy, SAXE Karen, « The Politics before the Politics: Census 2010, Reapportionment, and Redistricting», in *Math Horizons*, 2010 Vol. 18, n° 2, p. 5-9.

RAYNAL Jean-Jacques, « Les Conférences nationales en Afrique : au-delà du mythe, la Démocratie ? », in *Revue du droit des pays d'Afrique*, L'inconnu, 1994, n°826, p. 317-318.

RIALS S., « Régime "congressionnel" ou régime "présidentiel" ? Les leçons de l'histoire américaine », in *Pouvoirs :* Les États-Unis*,* 1984, n°29, p.35-47.

RICHARD Banégas, «Retour sur une transition modèle. Les dynamiques du dedans et du dehors de la démocratisation béninoise», in P. Quantin et J.-P. Daloz, *Transitions démocratiques africaines. Dynamiques et contraintes (1990-1994*), Paris, Karthala, 1997, p. 23-94.

ROBLOT-TROIZIER Agnès, « Un concept moderne : séparation des pouvoirs et contrôle de la loi », in *Pouvoirs. La séparation des pouvoirs,* Paris, Seuil, 2012/4, n° 143, p. 89 –90.

ROUX André, « Les implications du principe d'indivisibilité de la République dans la jurisprudence du Conseil constitutionnel », in B. Mathieu, M. Verpeaux *La République en droit français : actes du colloque de Dijon, 10 et 11 décembre 1992*, Économica, 1996, 360 p.

ROSSATANGA-RIGNAULT Guy, « Identités et démocratie en Afrique. Entre hypocrisie et faits têtus », in *Afrique contemporaine*, 2012, vol. 2, n° 242, p. 59-71.

SANDJE NGando Rodrigue, « Le renouveau du droit constitutionnel et la question des classifications en Afrique : quel sort pour le régime présidentialiste ? », in *Revue française de droit constitutionnel*, 2013/1, n° 93, p. 1 - 26.

SCHAEFER George J, « Amendments to Constitution: Ratification by State Convention », in St. John's, *Law Review,* 1933, Volume 7, n°2, p. 375-378.

SCUCCIMARRA Lucas, « Généalogie de la nation. Sieyès comme fondateur de la communauté politique », in *Revue Française d'Histoire des Idées Politiques*, 2011/1, n° 33, p. 27-45.

SENE Mamadou, « le juge constitutionnel face au défi de la continuité démocratique en Afrique noire francophone », in Hélène Simonian-Gineste, *La (dis) continuité en Droit*, Actes de colloques de l'IFR, Presses de l'Université Toulouse 1 Capitole, 2018, p. 229-246.

SHARPE M. P., « The Classical American Doctrine of Separation of powers », in *University of Chicago Law Review*, 1934-1935, n° 2, p. 385-436.

SUNSTEIN Cass R., « Lochner's Legacy », in *Columbia Law Review*, 1987, Vol. 87, n°5, p. 873-919.

TELLIER Maxime, « Le "shutdown" aux États-Unis : tout comprendre sur l'arrêt partiel historique du gouvernement », in *France Culture*, du 12 janvier 2019.

TESTI Arnaldo, « The construction and deconstruction of the U.S. electorate in the age of manhood suffrage, 1830's-1920's», in Raffaele Romanelli, *How Did They Become Voters? The History of Franchise in Modern European Representation*, Kluwer Law International B.V., 1998, 462 p.

TOSSOU Rogatien M, « Ethnicité et élections dans le Bénin du renouveau démocratique : le scrutin législatif du 28 mars 1995 », septembre 2008, 22p.

--------------------------, « Femme et politique au Bénin de 1990 à 2011 », in *Cames*, 2014, Vol. 1, n°3 Nouvelle *Série, Sciences Humaines*, 2014, n° 003, p. 83-89.

TSHIYEMBE Mwayila, « Étude comparée de nouvelles institutions constitutionnelles africaines. Ignorance du modèle négro-africain de société post nationale, néo constitutionnalisme de pacotille et absence de l'esprit des lois », in *Présence Africaine*, 1997, vol. 2, n° 156, p. 35-98.

VEDEL Georges, « Souveraineté *et supra constitutionnalité »,* in *Pouvoirs : la souveraineté*, 1993, n°67, p.79-97.

VITTIN Théophile E., « Le caméléon et le technocrate. Paradoxes et ambiguïtés des élections présidentielles au Bénin », in *Nouveaux cahiers de l'IUED*, 2004, n° 15, p. 41-70.

VITTIN Théophile, « Bénin, du système Kérékou au renouveau démocratique », in, J.-F MEDARD (dir. de), *États d'Afrique noire, Formation, mécanismes et crises*, Paris, Karthala, 1991, p.93-115.

VOSE Clement E., «The Memorandum Pocket Veto», in *The Journal of Politics*, 1964, vol. 26, n° 2, p. 397-405.

WILSON F. G., « The mixed Constitution and the separation of powers », in *Southwestern Social Science Quarterly*, 1934, n°15, p. 14-28.

WRIGHT B. F., « The origins of the separation of powers », in Economica, 1933, n°40, p. 169-185.

ZIMMER W., « La loi du 3 juin 1958 : contribution à l'étude des actes pré-constituants », in *Revue du Droit Public et de la science politique en France et à l'étranger (RDPSP)*, 1995, n° 2, p. 383-412.

Articles de presses

BALINSKI M. L., YOUNG H. P., « On huntington methods of apportionment», in *SIAM Journal on Applied Mathematics*, Vol. 33, No. 4 (Dec., 1977), p. 607-618.

DOSSA André, « Financement de la Cana : Alcrer propose un guichet d'emprunt obligataire », in *Fraternité,* 2005, n° 1503, p… ?

DUHEM Vincent, « Bénin : Patrice Talon sans parti politique, tient les rênes », in Jeuneafrique, du 27 novembre 2017 à 18h57 — Mis à jour le 29 janvier 2018 à 12h48.

GAYET Marie-Michèle, « Le Bénin au féminin à travers le siècle : trois noms à retenir », in *Les Échos du jour*, n°849, Cotonou, 1999.

GANDAHO Ralmeg, AMEGBEDJI *Urbain*, OUSSO Julien N., « LEPI nouvelle version : enfin une solution aux crises électorales au Bénin ? », in *BULLETIN*, n° 6, Cotonou, Janvier 2014.

MCSWITE O. C., « Legitimacy, public administration : A discours analysis », Sage Publications, Inc., Vol. 45, n ° 1, 2000, p. 177-180.

POGNON Gratien, «L'argent risque de détruire notre démocratie », in *Entretien réalisé par l'abbé André S. Quenum et Alain Sessou, Journal La Croix du Bénin* du 18 Juillet 2006.

TOPANOU Prudent Victor, « les ressorts de l'exception démocratique béninoise », in Jeune Afrique, 2019

TOKO Charles, « Kérékou dit non à la révision de la Constitution. L'intégralité de la déclaration du Président de la République », Cotonou, *Le Matinal*, 2005, p. ?

TOURE Abdouraman, « Kérékou ne veut toujours pas d'élection », in *Le Matinal,* 2006, n° 2289, p. 15.

Thèses

ABADA Marcelin Nguele, *État de droit et démocratisation : contribution à l'étude de l'évolution politique et constitutionnelle au Cameroun,* Thèse, Paris 1, Droit public, 1995.

BEDARRIDES Édouard, *Réviser la Constitution. Une histoire constitutionnelle française*, Thèse, Université de Bourgogne, Droit Public, 2014.

BENETTI Julie, *Droit parlementaire et fait majoritaire à l'Assemblée nationale sous la Ve République*, Thèse, Paris 1, Droit public, 2004.

BOÊVI DENIS LAWSON, *Les identités partagées comme facteur de paix et de stabilité : le cas du Bénin*, Thèse, 2013.

BOLLE Stéphane, *Le nouveau régime constitutionnel du Bénin : essai sur la construction d'une démocratie africaine par la construction, Thèse,* Montpellier 1, Droit public 1997.

CHIDJOU Abdoul Karime, *L'Incidence d'une conception de l'ethnie sur la construction de l'État au Bénin*, Thèse, Clermont 1, Droit public, 2003.

CUVELIER Claire, *Le pluralisme démotique: contribution au concept juridique de Peuple,* Faculté des sciences juridiques, politiques, et sociales Ecole doctorale des sciences juridiques, politiques et de gestion , Thèse, Lille II, 2014.

DOSSA Raymond, *Le constitutionnalisme marxiste en Afrique noire : l'exemple du Bénin*, Thèse, Toulouse 1, Droit public, 1988.

EVOUNDOU Antoine, *Contribution à l'étude des crises constitutionnelles en Afrique noire francophone. L'exemple congolais,* Thèse, Paris 12, Droit public, 1987.

GONNET Emmanuel, *Le peuple dans les théories constitutionnelles, des révolutions atlantiques à l'Entre-deux-guerres : 1776-1939, France, Allemagne, États-Unis*, Thèse, Orléans, Droit public, 2006.

GÖZLER Kemal, *Le pouvoir de révision constitutionnelle*, Thèse pour le doctorat en droit, 1995, Villeneuve d'Ascq, Presses universitaires du Septentrion, 2 volumes, 1997.

HOLO Théodore, *L'étude d'un régime militaire. Le cas du Dahomey (Bénin), 1972-1977*, Thèse de droit public, Paris I Panthéon-Sorbonne, Paris, 1979.

KAKAI S. H. F., *Le vote ethnique au Benin. Contribution a une étude sociopolitique de l'élection*, Thèse, Université d'Abomey-Calavi, Chaire UNESCO, des Droits de la Personne Humaine et de la Démocratie, Université d'Abomey-Calavi (Bénin), 2011.

KAMARA Daouda, *Le déficit des systèmes démocratiques africains : le cas du Mali*, Thèse, Perpignan, Droit public, 2004.

KPENONHOUN Césaire Foed S., *Contribution à l'étude du contentieux administratif au Bénin : 1990-2010*, Doctorat d'État en Droit public, Université Cheikh Anta Diop de Dakar (Sénégal), 2012.

LABORDE Isabelle, *La révision constitutionnelle aux États-Unis. Contribution à l'étude des procédures mises en œuvre,* Thèse, droit public, Université Paris II, 2001.

LAWSON Boêvi Denis, *Les identités partagées comme facteur de paix et de stabilité : le cas du Bénin*, Thèse, Bordeaux IV, Sciences politiques et sociales, 2013.

MISONA Joseph Wasso, *Constitution de l'État de droit et développement : essai sur le fondement de la justice constitutionnelle dans les pays en voie de développement d'Afrique noire francophone*, Thèse, Aix-Marseille 3, Droit public, 2005.

NIANG Yaya, Le contrôle juridictionnel du processus électoral en Afrique noire francophone : les exemples du Sénégal et du Bénin, Thèse, Bordeaux, Droit public, 2018.

NOUDJENOUME Philippe, *La problématique de la démocratie en Afrique : le cas du Bénin de 1988 à 1993,* Thèse, Paris 1, Droit public 1996.

SALAMI Manam Sani Aboudou, *Processus de Conférences nationales et mutations politiques en Afrique : cas du Togo*, Thèse, Lille 2, Droit public, 2000.

TCHODIE M'Babiniou K., Essai *sur l'évolution du présidentialisme en Afrique noire francophone : L'exemple togolais,* Thèse, Caen, Droit public, 1993.

TOSSOU Rogatien M., *Multipartisme, ethnicité et pouvoir politique au Bénin : 1951-2006*, Thèse, Droit public, Cotonou, Université d'Abomey-Calavi, 2010, 668 p.

Mémoires

ACCROMBESSI Y. Mathieu, *Le fondement éthique des droits de l'homme,* Mémoire de DEA en Droit de la Personne et démocratie, Chaire UNESCO des Droits de la Personne Humaine et de la Démocratie, Université d'Abomey-Calavi (Bénin) ,2005-2006.

ADELOUI Arsène-Joël, *Démocratisation et coopération française en Afrique de l'Ouest 1990-1999) : cas du Bénin,* Mémoire de DEA en Droit de la Personne et démocratie, Chaire UNESCO des Droits de la Personne Humaine et de la Démocratie, Université d'Abomey-Calavu (Bénin),

AGUEGUE Pamphile C. H., *Démocratie et droits individuels au Bénin,* Mémoire de DEA en Droit de la Personne et démocratie, Chaire UNESCO des Droits de la Personne Humaine et de la Démocratie, Université d'Abomey-Calavi (Bénin), 1999-2000.

AHOUANDJINOU Grégoire Désiré, *La protection constitutionnelle des droits de l'homme au Bénin de 1990 à nos jours*, Mémoire de DEA en Droit de la Personne et démocratie, Chaire UNESCO des Droits de la Personne Humaine et de la Démocratie, Université d'Abomey-Calavi (Bénin), 2001.

AKEREKORO Hilaire, *Les mécanismes et les institutions de renforcement de la démocratie au Bénin*, Mémoire de DEA en Droit de la Personne et démocratie, Chaire UNESCO des Droits de la Personne Humaine et de la Démocratie, Université d'Abomey-Calavi Bénin), 2004-2005.

ATTANASSO Marie-Odile, *Femmes et pouvoir politique au bénin des origines dahoméennes à nos jours,* République du Bénin, Assemblée nationale, cellule d'analyse des politiques de développement de l'assemblée nationale, Friedrich Ebert Stiftung, décembre 2012.

BADET Gilles, *Le rôle de la Cour constitutionnelle au Bénin en matière électorale : bilan et perspective*, Mémoire de DEA en Droit de la Personne et démocratie, Chaire UNESCO des Droits de la

Personne Humaine et de la Démocratie, Université d'Abomey-Calavi (Bénin), 1998-1999.

BANKOLE Yves-Sylvestre, *L'exercice du pouvoir constituant pendant la période de transition en République du Bénin*, Mémoire, ENA I, 1990.

BATCHOU Samuel Olukayodé, *Les droits de l'homme au Bénin : Evolution constitutionnelle et pratique depuis 1960*, Mémoire de DEA en Droit de la Personne et démocratie, Chaire UNESCO des Droits de la Personne Humaine et Démocratie, Université d'Abomey-Calavi (Bénin), 1998-1999.

BELLO Ibrahim Olatoundji, *La protection des droits de l'homme dans la Constitution du 11 décembre 1990*, Mémoire de DEA en Droit de la Personne et démocratie, Chaire UNESCO des Droits de la Personne Humaine et de la Démocratie, Université d'Abomey-Calavi (Bénin), 1998-1999.

DEHOULE Béhibro Philippe, *Le principe de la dignité humaine*, Mémoire de DEA en Droit public, Université d'Abidjan-Cocody (Côte d'Ivoire), 2008.

DIN DIBOBE Nathalie, *La loi-cadre Defferre vue à travers la presse: 1956-1958*, Mémoire, Maîtrise en histoire, Université Panthéon-Sorbonne, 1994, 320 p. Interview du 04 décembre 1956 accordée à M. Gaston Defferre sur, *La Loi cadre Defferre de 1956*, in *Magazine* ORTF (Collection: Connaissance de l'Union française).

GÖZLER Kemal, *le pouvoir constituant originaire,* Mémoire du D.E.A. de Droit public 1992.

KAMWANGA Kiliya Dominique, *Les mécanismes internationaux de protection et l'effectivité des droits de l'homme*, Mémoire de DEA en Droit de la Personne et démocratie, Chaire UNESCO des Droits de la Personne et de la Démocratie, Université d'Abomey-Calavi (Bénin),

LAGACE Catherine, *Femmes et politique au Bénin: un défi à relever*, mémoire de Maîtrise en science politique, Université du Québec à Montréal, 2007.

MONTCHO-AGBASSA Éric C., *Contribution de la Cour suprême à la consolidation de l'État de droit au Bénin,* Mémoire de DEA en Droit de la Personne et démocratie, Chaire UNESCO des Droits de la Personne Humaine et de la Démocratie, Université d'Abomey-Calavi (Bénin), 2000-2001.

SIDI Aboudou Latif, *La protection des droits de l'homme par la Cour constitutionnelle de 1993-2005*, Mémoire de DEA en Droit de la Personne et démocratie, Chaire UNESCO des Droits de la Personne Humaine et de la Démocratie, Université d'Abomey-Calavi (Bénin).

SOME Constantin, *Pluralisme socio-ethnique et démocratie : cas du Bénin,* mémoire de Maîtrise en science politique, Université du Québec à Montréal, 2009.

SOSSOU BIADJA Cassius Jean, *Décentralisation et coopération décentralisée au Bénin : Vers la légitimation des espaces publics locaux pour le développement des collectivités locales*, Mémoire de DEA, Université de Genève Institut Universitaire d'Etudes en Développement, 2004.

TIGRI Alassani, *Les droits de la personne : instrument de protection et de promotion de la femme au Bénin*, Mémoire de DEA en Droit de la Personne et démocratie, Chaire UNESCO des Droits de la Personne Humaine et Démocratie, Université d'Abomey-Calavi (Bénin), 2000-2001.

VIRRION Armand, *Les femmes béninoises et leurs droits*, Mémoire de DEA en Droit de la Personne et démocratie, Chaire UNESCO des Droits de la Personne Humaine et de la Démocratie, Université d'Abomey-Calavi (Bénin), 1998-1999.

ZANTOU Pascal Assogba, Les *femmes dans la vie politique au Bénin (1960-1990)*, mémoire de Maîtrise, Université nationale du Bénin, Cotonou, 2001.

Rapports

BOKO NADJO Geneviève, *Rapport alternatif: Le Bénin et la Convention des Nations Unies de novembre 1979 sur l'élimination de toutes les formes de discrimination à l'égard des femmes*, Cotonou, WILDAF-BÉNIN, mai 2005, 29 p.

MAUS Didier, PASSELECQ Olivier, *Témoignages sur l'écriture de la Constitution de 1958 autour de Raymond Janot: actes de la journée organisée le 1er octobre 1993 à la Maison de l'Europe de Paris, Les Cahiers constitutionnels de Paris I, in La Documentation Française*, 1997, 118 p.

TEVOEDJRE Albert, *Nous avons vaincu la fatalité : rapport général de synthèse de la Conférence des forces vives de la nation*, in *Forum du Renouveau,* 1990, 24 p.

Travaux préparatoires de la Constitution du 4 octobre 1958 : avis et débats du comité consultatif constitutionnel, in *La documentation française*, 1960, 225 p.

Webographie

Les sites institutionnels

https://assembleenationale.bj/index.php/presentation/histoire_patrimoine/histoire_patrimoine/

http://bj.jolome.com/news/article/la-constitution-beninoise-a-19-ans-la-longue-histoire-d-amour-entre-le-peuple-beninois-et-sa-loi-fon

https://www.conseil-constitutionnel.fr/nouveaux-cahiers-du-conseil-Constitutionnel/la-citoyennete-caledonienne

http://www.conseil-constitutionnel.fr/conseil-constitutionnel/francais/nouveaux-cahiers-du-conseil/cahier-n-27/le-controle-de-constitutionnalite-des-lois-constitutionnelles-avant-propos.51381.htmlchttp://www.Courconstitutionnellebenin.org/resultats/result_ep_01_avr96.pdf

http://www.Cour-constitutionnelle-benin.org/loiselectorales/loi_94-015.htm.

http://www.droitconstitutionnel.org/congresParis/comC3/BesseTXT.pdf

http://www.laconstitution-en-afrique.org/12-categorie-10195442.html''

http://www.la-constitution-en-afrique.org/article-17248479.html

http://www.la-constitution-en-afrique.org/article-21879121.html

[https://www.pantheonsorbonne.fr/unites-de-recherche/isjps/blog-de-lisjps/blog-de-droit-constitutionnel/].

[https://www.pantheonsorbonne.fr/unites-de-recherche/isjps/blog-de-lisjps/blog-de-droit-constitutionnel/].

https://www.senat.fr/evenement/archives/D25/jeu1.html

http://www.senat.fr/rap/r10-593/r10-5937.html

https://www.universalis.fr/evenement/24-31-mars-1991-election-de-nicephore-soglo-a-la-presidence/

https://www.universalis.fr/evenement/4-22-mars-2001-reelection-du-president-mathieu-kerekou/

http://www.universalis.fr/evenement/10-17-avril-1985-lutte-d-influence-dans-l-opposition/

Les sites privés

http://www.achpr.org/fr/instruments/women-protocol/ratification/

http://www.achpr.org/fr/instruments/achpr/ratificationc

http://afrilex.u-bordeaux4.fr/le-juge-constitutionnel-africain.html

http://avalon.law.yale.edu/18th_century/const04.asp

http://bj.jolome.com/news/article/revision-de-la-Constitution-les-propositions-et-recommandations-de-la-commission-gnonlonfoun-598

https://24haubenin.info/?Le-discours-du-Chef-de-l-État-a-l-installation-des-membres-de-la-commission-des

https://www.histoire-image.org/fr/etudes/vote-femmes-france-referendum-26-avril-191

https://www.jeuneafrique.com/mag/519348/politique/grand-format-benin-les-ressorts-de-lexception-democratique-beninoise/ consulté le 29-12-2018.

https://www.jeuneafrique.com/197804/politique/b-nin-bullition-dans-le-laboratoire-de-la-d-mocratie , consulté le 21-02-2019 à 1h29.

http://journals.openedition.org/conflits/320 ; DOI : 10.4000/conflits.320

https://www.lanationbenin.info/index.php/actus/159-actualites/15089-il-y-a-28-ans-la-conference-nationale-des-forces-vives-le-grand-arbre-a-palabre-geniteur-de-la-democratie

http://www.lavoixdunord.fr/archive/recup%3A%252Fregion%252Fboulogne-paul-dussaussoy-depute-boulonnais-precurseur-ia31b49062n2115976

https://www.lemonde.fr/politique/live/2018/11/04/referendum-en-nouvelle-caledonie-retrouvez-notre-live_5378625_823448.html

http://www.lemonde.fr/societe/article_interactif/2007/05/15/les-discours-de-jacques-chirac_910136_3224_4.html

https://www.lemonde.fr/election-presidentielle-2012/article/2012/05/07/plus-de-2-millions-de-votes-blancs-et-nuls_1696837_1471069.html, consulté le 07-03-2019 à 16h18.

http://levenementprecis.com/2017/02/20/reCours-au-sujet-de-la-celebration-du-10-janvier-la-Cour-rejette-la-suppression-de-la-fete-du-vodoun-et-condamne-le-pasteur-john-migan/

http://www.oaedhde.orglIMG/pdf/article_de_Tossou_R_revue_PSS_num_l.pdf. ..2008-1229.

http://www.panapress.com/L-ordonnance-du-President-Kerekou-a-la-Une-des-Journaux--13-589302-18-lang3-index.html

http://perspective.usherbrooke.ca/bilan/servlet/BMEve?codeEve=1274

http://www.rfi.fr/afrique/20151014-cameleons-necrologie-mathieu-kerekou-benin-president-dictateur-constitution-democra) consulté le 22-05-2018 à 12h10.

http://souslemanguier.com/nouvelles/news.asp?id=10&idnews=36166&pays=126

https://treaties.un.org/Pages/ViewDetails.aspx?src=TREATY&mtdsg_no=IV-8&chapter=4&clang=_fr

Index Analytique

A

Alternance · 21, 66, 94, 164, 301, 469
Amendement · 26, 38, 60, 61, 62, 77, 78, 80, 81, 82, 99, 100, 112, 114, 118, 119, 205, 207, 208, 209, 240, 264, 358, 373, 388, 526, 527, 567, 568, 569, 601, 602, 604, 608, 611, 613, 615, 616
Articles de la Confédération · 25, 39, 111
Assemblée · 54, 55, 57, 65, 66, 68, 72, 73, 74, 86, 87, 90, 108, 142, 162, 163, 164, 170, 172, 174, 175, 177, 179, 186, 189, 211, 213, 216, 217, 219, 224, 225, 228, 229, 230, 237, 238, 245, 246, 247, 251, 276, 277, 278, 280, 281, 282, 283, 284, 288, 289, 290, 291, 293, 294, 296, 297, 298, 300, 307, 313, 314, 315, 316, 317, 318, 320, 321, 322, 323, 324, 325, 326, 327, 328, 329, 330, 339, 340, 341, 342, 347, 375, 376, 378, 379, 380, 381, 382, 383, 384, 385, 386, 387, 396, 399, 400, 401, 402, 419, 421, 424, 425, 426, 444, 467, 468, 469, 479, 484, 485, 506, 508, 509, 510, 513, 514, 515, 516, 517, 518, 519, 520, 521, 522, 523, 525, 526, 527, 528, 529, 530, 531, 532, 534, 537, 538, 539, 540, 541, 542, 544, 545, 553, 555, 558, 560, 561, 564, 566, 569, 570, 571, 572, 573, 577, 578, 580, 583, 584, 596, 597, 598, 621, 622, 690, 694, 722, 723, 724, 725
Assemblée constituante · 57, 65, 86

B

Balance · 35, 204, 205, 261, 262, 263, 264, 265, 266, 269, 270, 271, 290, 291, 292, 294, 308, 313, 351, 630, 643
balance des pouvoirs · 720
Balance des pouvoirs · 35, 261, 262, 263, 264, 265, 266, 269, 271, 290, 291, 292, 294, 308, 351
Bicamérisme · 314, 372, 375, 377, 722
Bill of Rights · 80, 112, 194, 195, 206, 207, 270, 390, 635, 645, 649, 664, 665, 678

C

Circonscription · 142, 316, 380, 390, 395, 401, 403, 404, 405, 406, 407, 408, 409, 410, 411, 445, 482
Circonscription électorale · 380, 401, 403, 404, 405, 406, 407, 408, 409, 411, 445, 482
Circonscription locale · 142
Citoyenneté. · 24, 27, 58, 102, 113, 114, 126
Citoyens · 20, 23, 26, 47, 50, 51, 52, 62, 71, 72, 80, 100, 101, 105, 113, 114, 118, 119, 122, 124, 126, 148, 193, 195, 207, 222, 316, 359, 361, 363,

411, 420, 443, 466, 476, 482, 494, 500, 501, 502, 513, 523, 541, 547, 562, 571, 593, 596, 613, 615
Citoyens Américains · 80, 100, 118, 207
Citoyens Béninois · 427
Citoyens Français · 124
Clientélisme · 466, 469
Cohabitation · 182, 315, 318, 319, 320, 321, 337, 454, 634
Commission · 55, 75, 84, 90, 190, 191, 192, 218, 219, 222, 226, 227, 314, 393, 397, 438, 465, 518, 522, 527, 528, 530, 554, 559, 566, 567, 568, 569, 577, 580, 584, 596, 698
Commission constitutionnelle · 190
Confédération · 25, 110, 111, 156, 157, 158, 159, 160, 172, 173, 182, 188, 189, 194, 230
Conférence · 15, 32, 64, 90, 100, 137, 142, 143, 164, 167, 168, 169, 171, 176, 177, 178, 179, 180, 183, 184, 186, 187, 190, 191, 247, 248, 249, 400, 466, 467, 489, 623, 654, 659, 674, 682, 696
Conférence des forces vives · 32, 137, 176, 177, 180, 186, 190, 191, 466, 467, 696
Conférence nationale · 90, 137, 142, 143, 167, 168, 169, 171, 177, 178, 179, 183, 184, 187, 190, 191, 248, 249, 400, 623, 659, 674, 682
Congrès · 34, 80, 81, 98, 101, 111, 158, 159, 160, 181, 185, 205, 206, 209, 211, 262, 263, 265, 267, 268, 272, 273, 274, 310, 311, 312, 327, 336, 391, 421, 429, 556, 598, 599, 600, 601, 603, 604, 606, 607, 608, 609, 610, 611, 612, 613, 614, 615, 616
Congrès continental · 95, 111, 158, 160, 181, 184, 185
Conseil constitutionnel · 123, 124, 125, 126, 212, 215, 239, 242, 244, 245, 332, 336, 337, 338, 339, 362, 396, 397, 398, 550, 551, 552, 555, 565, 566, 567, 570, 576, 577, 578, 579, 592, 594, 628, 643, 657, 669, 676, 680, 687
Constituant · 45, 94, 136, 151, 152, 155, 171, 173, 176, 177, 182, 183, 184, 187, 188, 189, 190, 198, 199, 202, 205, 228, 230, 231, 235, 239, 243, 244, 245, 246, 248, 249, 250, 251, 252, 253, 294, 352, 378, 379, 414, 468, 477, 478, 479, 489, 664, 673, 677, 694, 695
Constituant dérivé · 152, 173, 176, 188, 189, 202, 205, 228, 231, 248, 249, 250, 251, 253, 352, 478, 479, 664
Constituant originaire · 152, 173, 176, 182, 183, 188, 189, 200, 230, 231, 249, 250, 252, 695
Constitution · 19, 21, 31, 32, 41, 51, 58, 65, 67, 68, 71, 72, 73, 77, 80, 87, 95, 99, 100, 111, 112, 123, 124, 148, 153, 154, 157, 173, 174, 175, 176, 180, 182, 183, 184, 186, 188, 189, 191, 192, 193, 194, 195,

196, 197, 199, 202, 203, 204, 205, 206, 207, 208, 210, 211, 214, 215, 216, 219, 220, 226, 229, 230, 235, 236, 237, 238, 239, 240, 241, 243, 244, 245, 247, 248, 249, 259, 263, 266, 269, 270, 275, 276, 277, 282, 283, 289, 291, 294, 299, 319, 321, 323, 331, 336, 337, 338, 339, 341, 343, 344, 345, 350, 351, 358, 362, 365, 374, 397, 398, 427, 464, 476, 477, 478, 481, 489, 505, 522, 525, 527, 532, 535, 542, 547, 548, 549, 551, 552, 565, 569, 570, 576, 578, 598, 599, 600, 601, 608, 611, 612, 613, 616, 617, 619, 622, 626, 629, 631, 633, 635, 638, 640, 641, 642, 643, 645, 646, 647, 648, 651, 654, 657, 658, 665, 668, 672, 676, 677, 678, 679, 682, 683, 685, 686, 687, 689, 690, 692, 696

Constitution américaine · 37, 62, 80, 95, 100, 112, 204, 205, 240, 262, 263, 264, 266, 272, 274, 289, 308, 387

Constitution béninoise · 71, 129, 132, 167, 183, 216, 217, 236, 237, 253, 260, 290, 291, 294, 296, 304, 305, 322, 323, 342, 348, 365, 378, 400, 426, 476, 477, 624, 673

Constitution fédérale · 157, 651, 654

Constitution française ·19, 65 236, 294, 299, 663

Construction des institutions · 41, 45, 476

Contrôle de constitutionnalité · 223, 226, 240, 242, 244, 245, 251, 271, 478

Corps électoral · 11, 24, 27, 32, 37, 47, 49, 51, 53, 55, 61, 63, 70, 77, 101, 118, 119, 120, 122, 124, 125, 126, 151, 354, 356, 357, 358, 361, 365, 369, 370, 371, 372, 373, 378, 410, 411, 473, 476, 479, 482, 595

Cour constitutionnelle · 216, 226, 238, 239, 245, 291, 297, 339, 340, 341, 366, 379, 467, 505, 506, 509, 513, 516, 517, 519, 694, 695

Cour suprême · 34, 38, 99, 100, 101, 114, 116, 119, 201, 239, 240, 241, 263, 264, 265, 269, 271, 275, 332, 335, 336, 360, 392, 393, 433

D

Dahomey · 21, 29, 30, 31, 32, 64, 66, 67, 68, 88, 92, 93, 104, 134, 135, 165, 166, 167, 236, 489, 636, 645, 653, 674, 675, 676, 691

Décentralisation · 67, 102, 107, 122, 123, 147, 629, 660

Démocratie · 9, 10, 11, 19, 20, 21, 22, 23, 24, 26, 28, 32, 34, 36, 38, 40, 41, 45, 47, 54, 56, 60, 63, 66, 71, 84, 87, 108, 109, 116, 117, 118, 129, 130, 131, 135, 136, 141, 142, 150, 154, 155, 159, 167, 177, 178, 187, 191, 221, 223, 224, 226, 227, 245, 247, 256, 259, 282, 294, 313, 325, 326, 327, 328, 329, 331, 352, 354, 357, 360,

364, 371, 382, 383, 384, 418, 419, 420, 424, 426, 427, 429, 439, 448, 451, 463, 464, 466, 467, 469, 470, 471, 472, 473, 475, 476, 483, 484, 490, 493, 548, 623, 624, 626, 627, 629, 632, 635, 636, 637, 638, 639, 641, 646, 649, 653, 654, 656, 658, 659, 660, 663, 667, 668, 677, 678, 679, 680, 681, 683, 687, 690, 691, 692, 693, 694, 695, 696
Discours-programme · 167

E

Egalité · 19, 20, 639
Election · 22, 24, 27, 28, 31, 33, 35, 47, 54, 56, 66, 68, 70, 73, 75, 90, 91, 92, 93, 98, 102, 107, 133, 139, 144, 146, 150, 198, 213, 221, 242, 248, 267, 268, 273, 280, 289, 300, 310, 311, 315, 316, 317, 318, 323, 325, 326, 327, 328, 329, 330, 340, 344, 357, 358, 360, 361, 362, 363, 364, 365, 366, 367, 368, 369, 370, 371, 372, 373, 375, 376, 378, 379, 382, 383, 384, 385, 390, 391, 394, 395, 397, 398, 399, 400, 401, 402, 410, 412, 417, 433, 445, 447, 448, 449, 450, 452, 453, 454, 455, 456, 460, 464, 466, 467, 468, 470, 482, 484, 485, 503, 504, 505, 506, 517, 518, 532, 550, 551, 553, 559, 577, 596, 601, 602, 603, 604, 611, 619, 620, 621, 622, 629, 638, 641, 650, 674, 675, 679, 681, 690, 691
Elections · 369, 376, 389, 413, 639, 656, 673
esclavage · 38, 56, 61, 76, 94, 95, 96, 97, 98, 102, 103, 104, 105, 107, 108, 113, 115, 116, 118, 181, 232, 233, 414, 415, 447, 448, 476, 677, 680
Esclavage · 103, 676
Etat de droit · 227, 247, 294, 490

F

Fédération · 19, 34, 38, 58, 61, 63, 77, 95, 96, 97, 112, 113, 115, 116, 117, 118, 149, 159, 181, 188, 205, 206, 234, 270, 310, 360, 387, 389, 413, 414, 415, 448, 628, 636, 677
Fils du terroir · 10, 92, 141, 142, 143, 144, 145, 146, 150, 402, 410, 476, 483

G

Gettysburg · 19, 23, 25, 40, 117, 118, 627, 682
Gouvernement · 85, 166, 174, 186, 211, 216, 219, 225, 234, 282, 283, 302, 303, 340, 378, 397, 492, 506, 508, 514, 516, 526, 527, 528, 529, 530, 531, 533, 537, 538, 539, 540, 545, 546, 550, 551, 552, 557, 558, 561, 564, 565, 566, 567, 568, 569, 570, 571, 572, 573, 578,583, 584, 585, 586, 587, 590, 592, 596, 597, 598, 620
Gouvernement fédéral · 25, 97, 101, 112, 113, 117, 118, 173, 194, 207, 415, 433

H

I

Indépendance · 25, 30, 31, 63, 64, 65, 68, 88, 92, 110, 111, 118, 125, 128, 136, 156, 157, 160, 164, 166, 167, 169, 226, 236, 338, 339, 427, 489, 503, 513, 535, 549, 555, 562, 579, 617, 624, 656, 663, 674
Institutions · 9, 11, 12, 20, 21, 29, 32, 34, 35, 38, 40, 41, 45, 50, 61, 72, 102, 114, 145, 149, 155, 161, 162, 167, 169, 178, 181, 182, 183, 184, 186, 187, 194, 197, 216, 220, 222, 227, 235, 253, 259, 277, 286, 288, 290, 298, 305, 313, 316, 331, 332, 338, 340, 341, 342, 344, 351, 356, 357, 372, 420, 431, 463, 465, 466, 467, 469, 475, 479, 480, 481, 483, 485, 486, 495, 498, 507, 513, 529, 530, 532, 545, 546, 547, 552, 555, 591, 594, 596, 625, 627, 633, 639, 642, 645, 654, 664, 679, 686, 693
Kennedy, · 272, 451, 664
Kérékou · 31, 33, 69, 105, 136, 137, 139, 147, 165, 166, 168, 169, 177, 183, 186, 190, 297, 298, 300, 302, 325, 326, 327, 344, 345, 367, 370, 371, 460, 461, 462, 463, 464, 466, 633, 674, 689, 690

L

Laïcité · 237, 238, 239, 248, 426, 493, 498, 544
Législateur · 123, 202, 398, 435, 443, 444, 445
législations · 27, 49, 58, 123, 430, 435
Loi fondamentale · 89, 192, 196, 290, 312

M

Monopartisme · 70, 267, 420
Multipartisme, · 33, 419, 420

N

Nation · 121, 137, 180, 219, 221, 238, 239, 247, 338, 365, 379, 380, 423, 429, 499, 500, 503, 507, 508, 512, 525, 526, 529, 549, 554, 682

O

Organe constituant · 173, 176, 188, 189, 200, 231, 250, 477

P

Parlement · 174, 175, 192, 210, 211, 212, 213, 214, 244, 279, 282, 289, 292, 293, 336, 344, 346, 362, 375, 378, 397, 467, 516, 552, 555, 556, 557, 558, 559, 560, 561, 564, 565, 566, 568, 570, 571, 572, 577, 580, 583, 585, 586, 593, 597, 598, 627, 674, 679, 684
Partis politiques · 28, 30, 68, 74, 98, 133, 137, 143, 145, 163, 198, 221, 237, 303, 323, 325, 329, 359, 380, 381, 382, 399, 402, 412, 413, 414, 415, 416, 417, 418, 419, 420, 421, 424, 425, 426, 427, 428, 429,

431, 433, 434, 435, 436, 437, 438, 439, 441, 442, 443, 444, 445, 446, 450, 451, 452, 453, 459, 460, 461, 463, 465, 466, 467, 468, 469, 471, 472, 473, 479, 482, 484, 493, 541, 631, 638, 661
Peuple · 10, 11, 12, 19, 20, 22, 23, 24, 25, 26, 28, 30, 31, 32, 37, 38, 40, 41, 45, 47, 49, 50, 51, 54, 56, 65, 69, 70, 71, 73, 96, 108, 109, 110, 112, 113, 115, 116, 117, 118, 119, 120, 121, 122, 123, 124, 126, 127, 128, 129, 131, 137, 138, 139, 141, 145, 146,147, 148, 149, 150, 151, 152, 153, 154, 160, 164, 176, 180, 184, 185, 186, 187, 188, 189, 191, 192, 193, 195, 196, 197, 199, 200, 213, 214, 215, 221, 227, 228, 229, 230, 238, 242, 244, 247, 249, 250, 251, 252, 253, 256, 259, 282, 284, 285, 304, 310, 351, 352, 354, 356, 358, 361, 363, 364, 365, 371, 372, 374, 375, 378, 385, 386, 410, 411, 412, 414, 429, 456, 466, 471, 472, 473, 475, 476, 477, 478, 479, 480, 481, 482, 483, 485, 489, 492, 493, 508, 547, 548, 553, 589, 600, 601, 623, 631, 643, 645, 656, 661, 664, 673, 675, 685, 686, 691, 697
Peuple américain · 25, 38, 96, 110, 112, 117, 118, 119, 185, 372
Peuple béninois · 69, 109, 129, 137, 139, 148, 149, 150, 197, 227, 247, 252, 304, 352, 386, 476, 478
Peuple français · 26, 120, 121, 123, 124, 127, 128, 129, 186, 213, 215, 282, 284, 456, 547, 553, 589
Politique · 87, 102, 107, 133, 135, 137, 138, 143, 170, 288, 420, 428, 460, 654, 658, 659, 673, 674, 679, 680, 684
Pouvoir · 20, 21, 23, 25, 26, 27, 28, 30, 33, 36, 41, 52, 53, 59, 69, 70, 72, 74, 78, 79, 85, 86, 87, 88, 90, 91, 92, 93, 98, 100, 102, 105, 107, 108, 113, 130, 136, 144, 147, 148, 150, 155, 156, 157, 160, 162, 164, 165, 166, 167, 168, 169, 170, 171, 174, 176, 178, 179, 181, 182, 183, 184, 186, 189, 190, 195, 198, 201, 202, 216, 217, 221, 222, 230, 231, 236, 237, 238, 239, 240, 241, 242, 243, 244, 245, 246, 247, 249, 250, 251, 253, 258, 261, 262, 263, 264, 265, 267, 268, 269, 273, 274, 280, 281, 283, 289, 295, 297, 299, 305, 307, 308, 315, 328, 330, 331, 333, 336, 342, 343, 345, 356, 357, 365, 369, 376, 378, 386, 391, 397, 414, 415, 417, 424, 432, 442, 455, 459, 460, 461, 462, 463, 465, 466, 468, 469, 473, 478, 479, 482, 484, 490, 508, 516, 535, 554, 557, 587, 602, 603, 606, 610, 612, 613, 614, 615, 652, 656, 664, 673, 674, 675, 681, 684, 685, 686, 691, 693, 694, 695

Pouvoir constituant · 171, 176, 190, 202, 249, 250, 478
Pouvoir constituant originaire · 190
Pouvoir de révision · 201, 216, 236, 237, 238, 242, 245, 246, 253, 478, 691
Pouvoir de révision · 664
Pouvoir exécutif · 28, 72, 166, 174, 289, 295, 365, 508, 535, 602, 610
Pouvoir judiciaire · 28, 613
Pouvoir législatif · 294, 599
Pouvoirs politiques, · 71, 306, 307, 308, 317, 467
Président · 19, 23, 73, 75, 137, 210, 211, 222, 225, 227, 302, 303, 315, 316, 340, 342, 362, 464, 489, 503, 504, 505, 506, 507, 508, 509, 510, 511, 512, 513, 514, 515, 516, 517, 518, 519, 520, 522, 523, 526, 527, 529, 531, 532, 533, 534, 535, 536, 537, 538, 539, 540, 541, 542, 544, 545, 546, 549, 550, 551, 552, 553, 554, 555, 556, 557, 561, 573, 575, 576, 577, 578, 579, 580, 581, 582, 586, 590, 597, 598, 622, 679, 690
Principe majoritaire · 145, 147, 313, 361, 366, 371, 374, 685

R

Ratification · 45, 61, 70, 80, 81, 89, 98, 112, 151, 152, 154, 159, 187, 192, 193, 194, 195, 196, 199, 200, 204, 207, 208, 209, 211, 212, 215, 216, 225, 227, 228, 241, 246, 250, 252, 253, 298, 414, 476, 477, 478, 526, 529, 552, 565, 575, 592, 593, 597, 600, 616, 617, 668, 698
Référendum · 68, 71, 83, 121, 122, 128, 174, 175, 176, 183, 196, 197, 198, 200, 208, 210, 211, 212, 213, 215, 227, 228, 229, 230, 242, 244, 246, 248, 282, 295, 340, 477, 493, 510, 528, 533, 544, 545, 548, 552, 553, 577, 578, 588, 597, 598
Régime congressionnel · 29, 266
Régime constitutionnel · 21, 37, 39, 155, 512, 691
Régime démocratique · 19, 45, 47, 49, 153, 165, 171, 446, 472
Régime parlementaire · 39, 162, 259, 276, 277, 278, 279, 280, 281, 283, 288, 289, 290, 292, 293, 294, 305, 314, 320, 321, 344, 346, 347
Régime parlementaire dualiste · 276, 278, 280, 281, 288, 290, 314
Régime parlementaire moniste · 276, 277, 279
Régime présidentialiste · 276, 279, 288, 289, 299, 357, 687
Régime présidentiel · 29, 33, 34, 35, 36, 192, 217, 259, 260, 261, 262, 266, 272, 275, 289, 290, 291, 294, 296, 299, 304, 305, 308, 321, 344, 346, 351, 480, 645
Représentation · 10, 11, 22, 51, 55, 66, 87, 92, 122, 142, 145, 162, 163, 185, 188, 200, 224, 227, 230, 252, 310, 323, 329,

372, 373, 374, 375, 377, 378, 380, 381, 382, 383, 384, 385, 387, 388, 391, 396, 397, 398, 401, 410, 412, 416, 421, 424, 426, 429, 444, 468, 477, 482, 485, 532, 537, 558, 602, 610, 629, 663, 679
République · 19, 31, 34, 39, 52, 54, 55, 66, 67, 68, 69, 72, 73, 74, 82, 86, 87, 89, 123, 134, 138, 160, 161, 162, 163, 165, 174, 175, 176, 182, 186, 192, 210, 211, 213, 216, 219, 220, 221, 222, 224, 225, 227, 230, 234, 235, 237, 238, 276, 277, 278, 279, 280, 281, 282, 287, 290, 291, 293, 302, 313, 314, 315, 316, 317, 322, 323, 340, 341, 342, 362, 365, 366, 376, 395, 396, 416, 419, 422, 437, 443, 464, 489, 491, 492, 502, 503, 504, 505, 506, 507, 508, 509, 510, 511, 512, 513, 514, 515, 516, 517, 519, 522, 523, 526, 527, 529, 531, 532, 533, 535, 536, 537, 538, 539, 540, 541, 542, 543, 544, 545, 546, 547, 548, 549, 550, 551, 552, 553, 554, 555, 556, 557, 558, 561, 573, 575, 576, 577, 578, 579, 580, 581, 582, 583, 584, 586, 587, 589, 590, 591, 593, 594, 595, 597, 598, 619, 622, 624, 625, 627, 630, 631, 633, 634, 636, 640, 642, 643, 645, 651, 653, 656, 657, 661, 669, 671, 678, 681, 685, 690, 694
Révision · 41, 60, 62, 75, 81, 87, 118, 124, 128, 165, 175, 176, 185, 189, 201, 202, 203, 204, 205, 206, 208, 209, 210, 211, 212, 213, 214, 215, 216, 217, 218, 219, 220, 222, 226, 228, 229, 230, 231, 232, 234, 235, 236, 237, 240, 241, 242, 243, 244, 245, 246, 247,248, 249, 250, 251, 252, 271, 282, 307, 314, 315, 330, 373, 377, 463, 464, 467, 476, 478, 485, 542, 544, 567, 576, 598, 609, 631, 672, 685, 690, 692
Révision constitutionnelle · 87, 128, 176, 202, 203, 204, 210, 212, 213, 215, 229, 230, 231, 235, 243, 245, 246, 251, 252, 315, 373, 377, 479, 485, 567, 664, 685, 691, 692
Révolution · 20, 34, 51, 52, 56, 70, 89, 158, 423, 619, 636, 639, 640, 643, 670, 682
Révolution américaine · 34, 158, 636
Révolution française · 34, 50, 56, 121, 657

S

Scrutin · 27, 28, 33, 74, 91, 92, 94, 137, 141, 142, 163, 225, 269, 280, 281, 300, 301, 309, 314, 316, 317, 322, 323, 324, 327, 340, 358, 362, 365, 366, 367, 369, 375, 378, 380, 381, 382, 383, 384, 385, 394, 395, 396, 400, 402, 413, 415, 416, 417, 419, 447, 483, 484, 503, 504, 505, 506, 520, 533, 549, 550, 551, 553, 577, 594, 595, 610, 667, 675, 681, 688

Scrutin de liste · 92, 94, 142, 323, 378, 380, 385, 395, 396, 400, 402
Scrutin majoritaire plurinominal · 394
Scrutin majoritaire uninominal · 281, 317, 375, 395, 415, 416, 419
Ségrégation · 392, 678
Ségrégation raciale · 38, 63, 98, 99, 100, 119, 450, 453
Séparation des pouvoirs. · 28, 256, 259, 480, 660, 663
Shutdown · 35, 312, 313, 688
Souveraineté · 23, 68, 71, 115, 121, 122, 124, 126, 169, 177, 180, 190, 200, 214, 215, 238, 240, 242, 244, 250, 252, 282, 295, 426, 475, 477, 489, 490, 492, 493, 507, 542, 543, 547, 548, 594, 631, 640, 664, 684, 688

Suffrage censitaire · 53
Suffrage féminin · 60, 84, 87
Suffrage restreint · 58
Suffrage universel · 24, 27, 30, 49, 53, 54, 55, 56, 57, 58, 59, 60, 61, 62, 63, 64, 68, 69, 71, 72, 73, 74, 75, 77, 78, 80, 82, 84, 86, 94, 97, 108, 132, 174, 175, 213, 214, 242, 278, 289, 315, 316, 322, 323, 354, 356, 357, 358, 359, 361, 364, 365, 369, 371, 372, 373, 375,376, 377, 378, 380, 386, 388, 410, 427, 472, 479, 481, 503, 517, 549, 627, 631, 650, 662, 678, 679, 681
Suffrage universel direct · 72, 74, 213, 242, 278, 289, 315, 316, 322, 323, 361, 364, 365, 369, 375, 378, 380, 503, 517, 549
Suffrage universel indirect · 56, 357, 359, 361, 375, 376, 377
Suffrage universel masculin · 53, 54, 55, 57, 58, 60, 62, 82
Système politique · 19, 32, 38, 53, 141, 143, 170, 299, 316, 330, 421, 428, 430, 462, 466, 482

T

Terroirs · 142, 145, 147, 148
Transition · 21, 32, 33, 69, 126, 129, 143, 154, 167, 168, 169, 171, 176, 178, 179, 180, 183, 184, 190, 230, 302, 400, 420, 461, 465, 545, 623, 639, 673, 674, 678, 687, 694
Transition démocratique · 21, 32, 69, 176, 302, 420, 465, 639, 673

V

Veto · 260, 264, 290, 291, 292, 294, 305, 311, 312, 332, 333, 334, 335, 343, 351, 481
Voting Rights Act · 63, 100, 390, 452, 638, 652, 669

TABLE DES MATIERES

DEDICACE 7
PREFACE 9
REMERCIEMENTS 13
TABLE DES ABREVIATIONS 15
SOMMAIRE 17

INTRODUCTION GENERALE 19
I/ Le peuple comme concept juridique 22
A/ Retour sur la citation 23
B/ La généralisation d'un concept ? 24
C/ La nationalisation du concept de démocratie 26
D/ Une question institutionnelle 27
II/ L'histoire du Bénin 28
A/ La première période : instabilité et suffrage universel 29
B/ La deuxième période : la dictature et la stabilité 30
C/ La troisième période : l'avènement du suffrage universel ... 31
III/ La recherche conceptuelle : la question des modèles et l'exemple du régime présidentiel 32
A/Le régime américain 32
B/ Le régime béninois 34
IV/ La perspective comparatiste 34
V/ Deux exemples constitutionnels 35
A/ Le régime constitutionnel des États-Unis d'Amérique 35
B/ Le régime constitutionnel français 37
VI/ La question générale 38
VII/ La réponse en deux parties 39

PREMIERE PARTIE : LE PEUPLE ET LA CONSTRUCTION DES INSTITUTIONS, LA CONSTITUTION BENINOISE ET SES CONTRADICTIONS 41

TITRE 1 : LE PEUPLE ET LE FONDEMENT DU REGIME, LES SINGULARITES BENINOISES 45

CHAPITRE 1 : LA COMPOSITION DU PEUPLE 47
Section 1- Vers le suffrage universel, une évolution comparable entre les trois pays 47
§ 1- Les évolutions aux États-Unis et en France......................... 47
A/ Les transformations françaises successives....................... 47
1/Peuple, nation et citoyenneté... 48
a/ Le peuple contre la nation 48
b/ Le droit et la fonction de voter 50
2/ Le suffrage universel... 51
a/ Le suffrage universel masculin et ses doutes 51
b/ L'extension aux femmes, le suffrage universel réel........... 53
B/ Le parallèle américain 55
1/ Les problématiques comparables 55
a/ Le suffrage restreint et son évolution 55
b/ La problématique du suffrage féminin................................ 57
2/ La différence majeure : la population noire 58
a/ L'esclavage et le suffrage universel 58
b/ L'extension du suffrage.. 59
§ 2 - Le suffrage universel au Bénin... 60
A/ L'histoire initiale.. 60
1/ De la période coloniale à l'indépendance 60
a/ Les lendemains de la seconde guerre mondiale 60
b/ Le Dahomey indépendant et le suffrage............................. 63
2/ La dictature de Kérékou 65
a/ Le maintien du suffrage dans les textes.............................. 65
b/ La disparition pratique 66
B/ Le fondement du régime actuel 67
1/ La Constitution de 1990 67
a/ Les articles consacrant le suffrage universel...................... 67
b/ La logique institutionnelle.. 68
2/ Les lois électorales 68
a/ Le rappel des principes.. 69
b/ L'importance des modalités 70
Section 2 - Les spécificités 71
§ 1- Retour sur le droit de vote des femmes 71
A/ Deux logique électorales différentes : États-Unis contre France... 72
1/ Les logiques américaines 72
a/ Les niveaux de la fédération.. 72

b/ L'adoption finale 74
c/ Une évolution potentielle ? 75
2/ Les blocages français 76
a/ La IIIe République 77
b/ De la IV à la Ve République 80
B/ Le droit de vote des femmes au Bénin 81
1/ Un écart entre théorie et pratique 82
a/ La théorie : une égalité politique affirmée 82
b/ Une pratique très différente 84
2/ Des raisons multiples 85
a/ Les raisons institutionnelles. 85
b/ Des raisons sociales 86
§ 2 - Les conséquences de l'esclavage, États-Unis/Bénin 88
A/ Retour sur l'exemple américain 88
1/ L'origine constitutionnelle 88
a/ Le débat constituant 88
b/ Le texte et ses questions immédiates et à moyen terme 89
2/ L'esclavage et ses conséquences 90
a/ Les amendements de la reconstruction, la théorie 90
b/ La pratique difficile, la loi sur les droits civiques de 1965 . 91
B / L'exemple béninois, l'esclavage et ses suites politiques... 95
1/ La remise en cause partielle d'une inégalité 96
a/ Les rapports initiaux. 96
b/ Une transformation inachevée 97
2/ Une évolution décisive 98
a/ Les changements successifs 99
b/ Les élections locales et la transformation du mouvement. 100
CONCLUSION DU CHAPITRE 1 101

CHAPITRE 2 : L'UNITE DU PEUPLE 103
Section 1 - Le peuple uni aux États-Unis et en France 103
§ 1- Le(s) peuple(s) américain(s) 103
A/Aux origines 103
1/ Des Articles à la Constitution fédérale 104
a/ La Confédération et sa signification 104
b/ The people 105
2/ La réalisation des doutes, des compromis à l'arrêt Dred Scott
.... 106
a/ Les deux citoyennetés et l'esclavage 106

b/ Les deux citoyennetés et les peuples ? 107
B/ La transformation 109
1/ Un peuple après la guerre civile 109
a/ Un peuple redéfini : le discours de Gettysburg 110
b/ Les quatorzièmes et quinzièmes amendements 111
2/ Peuple et ségrégation 111
a/ Séparés mais égaux au niveau politique 111
b/ Brown et le mouvement des droits civiques 112
§ 2 - Le peuple français 113
A/ Principe et application 113
1/ Peuple et nation en 1958 113
a/ La logique textuelle 113
b/ Le peuple unique 114
2/ L'application 115
a/ Le refus du peuple corse 115
b/ Les critères du Conseil constitutionnel 116
B/ L'exception, la Nouvelle-Calédonie 116
1/ Une question de concepts 117
a/ Citoyennetés et nation 117
b/ Un peuple au pluriel 118
2/ Les limites 118
a/ Le statut constitutionnel 119
b/ Une transition 119
Section 2- Le peuple béninois 120
§ 1 - Un peuple béninois uni 121
A/ Le rejet de l'hypothèse ethnique nationale 121
1/Le principe béninois : l'interdiction de l'ethnie 121
a/ Une théorie générale africaine ? 121
b/ Le refus béninois 123
2/ L'absence de l'ethnie en pratique, au niveau national 123
a/ Les deux grands partis de 1995 124
b/ L'approche interne, une question 124
B/ Le poids des régions 125
1/ Aux origines de la division régionale 125
a/ L'histoire et les régions 125
b/ Les entités actuelles 127
2/ Les conséquences politiques 129
a/ Présidentielles et régions 129
b/ La division du pays 130
§ 2- Le peuple et la société plurale 131

A/ Le fils du terroir 131
1/La reconnaissance juridique indirecte 131
a/ Entre apparence et réalité, la signification locale du mode de scrutin législatif 132
b/ L'instrument initial, les associations de développements . 132
2/ La politique de clocher ? 133
a/ Un exemple rural, Ouessé.. 133
b/ Une généralisation ? 134
B/ Identité nationale et pluralisme culturel 135
1/ La résonance nationale et locale.. 135
a/ Du national au local, une volonté affirmée 135
b/ Du local au national, un choix assumé............................... 136
2/ Le refus du principe majoritaire 136
a/ Le principe majoritaire, la supériorité, le danger autoritaire 136
b/ La multiplicité et l'accord de tous...................................... 137
CONCLUSION DU CHAPITRE 2 138
CONCLUSION DU TITRE 1... 139

TITRE 2 : LE PEUPLE ET LA FONDATION DU REGIME, LA FONCTION CONSTITUANTE ORIGINAIRE ET DERIVEE 141

CHAPITRE 1 : LE CONSTITUANT ORIGINAIRE ET LE PEUPLE, LA REDACTION DE LA NORME FONDAMENTALE AU BENIN 143
Section 1- Les raisons d'une procédure : crises et perspectives juridiques.. 144
§ 1- Un contexte de crise, l'opposition entre les crises américaines et françaises et la rupture béninoise..................... 145
A/ Les crises institutionnelles, aux origines des Constitutions françaises et américaines 145
1/ Le dysfonctionnement américain 145
a/ Un contexte intérieur et extérieur 145
b/ L'échec de la Confédération 148
2/ Le dysfonctionnement français 149
a/ La question algérienne... 150
b/ Les déséquilibres et défauts de la Constitution de 1946 ... 151

B/ Le Bénin, une révolution 153
1/ Le Dahomey-Bénin, un régime autoritaire........................ 154
a/ La naissance d'un régime : 1972 – 1975 154
b/ Des institutions.. 155
2/ Les circonstances de la crise 156
a/ La remise en cause du régime autoritaire 156
b/ 1989, une crise sociopolitique et militaire 157
§ 2 - L'acte décisif, la naissance d'un pouvoir constituant....... 159
A/ Un acte ?.. 159
1/ L'acte décisif aux États-Unis et en France........................ 159
a/ La convention d'Annapolis 160
b/ La loi du 3 juin 1958 161
2/ La Conférence des forces vives... 164
a/ La convocation de la Conférence des forces vives............ 164
b/ Un autre parallèle avec l'histoire française ? 166
B/ Ecrire une Constitution, un acte juridique ? 167
1/ La transition constituante et ses contradictions................ 167
a/ Les États-Unis et la France en transition........................... 168
b/ La transition béninoise 169
2/ La fonction constituante, l'organe constituant et le peuple171
a/ Les États-Unis et la France.. 171
b/ Le cas béninois... 173
Section 2- Les modalités, une procédure populaire ?............. 174
§ 1- La procédure de construction sans le peuple..................... 174
A/ Les exemples américains et français 174
1/ L'organe constituant américain, la convention de Philadelphie et le peuple.. 174
2/ L'exemple extrême, la France.. 175
B/ L'organe constituant béninois 176
1/ La Conférence des forces vives et la souveraineté............ 176
2/ La commission de Constitution.. 177
§ 2- Le retour du peuple, la ratification ?................................ 178
A/ La ratification aux États-Unis et en France, une question de degrés... 178
1/ La ratification américaine et le débat populaire 178
a/ Le débat populaire autour de la Constitution 179
b/ L'intervention populaire pour compléter la Constitution.. 180
2/ La ratification française : une approbation populaire affirmée 181
B/ La validation béninoise et son originalité......................... 182

1/ La phase de débat 182
a/ La phase de popularisation 182
b/ La phase de débat 183
2/ Le référendum 183
CONCLUSION DU CHAPITRE 1 184

CHAPITRE 2 : LE CONSTITUANT DERIVE ET LE REGIME, UNE PROTECTION BENINOISE ACCRUE 187
Section 1- La révision constitutionnelle : corriger le régime .. 188
§ 1- Les modalités américaines et françaises en matière de révision, de la théorie à la pratique 188
A/ Les États-Unis et la révision constitutionnelle, une pratique en décalage 188
1/ L'initiative et la discussion 189
a/ Une théorie détaillée aux multiples aspects 189
b/ Une pratique beaucoup plus restreinte 190
2/ La ratification et ses instruments 192
a/ Les deux modalités de ratification 192
b/ Une utilisation disproportionnée 193
B/ La France et la révision constitutionnelle, une double procédure 194
1/ La procédure « normale », l'article 89 194
a/ La théorie 194
b/ La pratique 196
2/ La procédure « extraordinaire », l'article 11 196
a/ La pratique 197
b/ La théorisation 198
§ 2- Le Bénin et la révision constitutionnelle 199
A/ L'initiative et la discussion 200
1/ La théorie et le texte 200
a/ La procédure de la révision : le contenu de l'article 154 .. 200
b/ L'analyse 200
2/ La pratique 201
a/ Le constat : une action présidentielle dominante 201
b/ La conclusion : le Président un acteur principal ? 202
B/ La ratification 210
1/ Le texte initial et ses questions 210
2/ La pratique et ses réponses 211
a/ La décision de la Cour constitutionnelle de 2006 211

b/ La loi organique du 18 janvier 2012 211
Section 2 - La révision constitutionnelle : changer le régime ? 212
§ 1- Une limitation textuelle, un pouvoir constituant dérivé donc encadré 213
A/ Les limitations textuelles aux États-Unis et en France, une question de régime 213
1/ La limitation américaine : la forme fédérale du régime 213
a/ Le blocage textuel 214
b/ Forme du régime et contexte 214
2/ Les limitations françaises 215
a/ La forme république du gouvernement 215
b/ Les autres limites de contexte 216
B/ Un parallèle relatif avec le Bénin 217
1/ Le parallèle visible avec la France 217
a/ La forme républicaine et le contexte 217
b/ La vacance du pouvoir 218
2/ La question de la laïcité 218
a/ L'affirmation dans le texte 218
b/ La contradiction 219
§ 2- Un encadrement des changements, la valeur des limitations ? 220
A/ Un contrôle constitutionnel des révisions aux États-Unis et en France ? 220
1/ L'exemple américain, l'importance de la Cour suprême .. 220
a/ Le symbole : Hollingsworth v. Virginia 221
b/ D'autres exemples 221
2/ Le refus français et le pouvoir d'interprétation du Conseil222
a/ Le rapport du conseil à la souveraineté populaire 223
b/ Une compétence subsidiaire ? 224
B/ La Cour constitutionnelle béninoise et les limitations supplémentaires 225
1/ L'affirmation d'une compétence : le contrôle des lois constitutionnelles 226
a/ La limitation formelle confirmée 226
b/ L'affirmation d'une limitation matérielle 227
2/ La construction d'un ensemble de principes, la limitation matérielle de la révision en application 227
a/ La décision du 20 octobre 2011 228
b/ La décision du 20 novembre 2014 228

c/ Une théorisation juridictionnelle de l'État de droit ? 229
CONCLUSION DU CHAPITRE 2 230
CONCLUSION DU TITRE 2 231
CONCLUSION DE LA PREMIERE PARTIE 231

SECONDE PARTIE : LE PEUPLE ET LE FONCTIONNEMENT DU REGIME 233

TITRE 1 : LA SEPARATION DES POUVOIRS ET L'ORIGINALITE BENINOISE 237

CHAPITRE 1 : LE BENIN A L'EPREUVE DE LA CLASSIFICATION DES REGIMES 239
Section 1- La question des modèles 239
§1- De la balance des pouvoirs au régime présidentiel, un modèle américain ? 239
A/ La balance des pouvoirs, l'origine et l'équilibre 240
1/ La balance des pouvoirs au sein de la fonction législative 240
a/ Un argument formel 240
b/ Un argument matériel 241
2/ La séparation stricte des organes 243
a/ Les trois dispositions 243
b/ La résultante 243
B/ La pratique, le régime présidentiel et ses limites 244
1/ Régime congressionnel et gouvernement des juges 244
a/ Le régime congressionnel 244
b/ Le « gouvernement » des juges 246
2/ Un régime présidentiel ? 249
a/ Une question de contexte 249
b/ Une action interne ? 250
c/ Une évolution des mécanismes 251
§ 2 - Du régime parlementaire au régime présidentialiste, une évolution française ? 253
A/ Texte initial et débats 253
1/ Un régime parlementaire moniste ? 254
2/ Un régime parlementaire dualiste 255
B/ Une pratique univoque 256

1/ Un régime parlementaire dualiste ? 256
a/ Les critères du régime 257
b/ La responsabilité gouvernementale, une pratique limitée et discutable 258
c/ La dissolution, une arme du régime parlementaire ? 259
2/ Un régime présidentialiste 264
Section 2- Le choix béninois, un régime « présidentiel » 264
§1 - Les critères inapplicables ? 265
A/ L'absence d'un régime de balance 265
1/ La présence d'une initiative législative 266
2/ L'absence de droit de veto 266
B/ L'absence d'un régime parlementaire 267
1/ L'absence des critères d'interaction 267
a/ Une réponse apparemment claire 267
b/ Une disposition étrange 268
2/ L'absence du premier ministre 268
§2- Une originalité dans le régime présidentiel 269
A/Un Président superpuissant : les pouvoirs du Président 269
1/ De larges compétences traditionnelles 269
a/ Un exécutif dominant ? 270
b/ D'autres pouvoirs ? 270
2/ Un article 16 à la béninoise ? 271
a/ Une disposition consacrée 271
b/ Une disposition pratiquée 271
B/ Une pratique consacrée 274
1/ Les Présidents successifs 274
2/ La réapparition du premier ministre et ses circonstances 275
a/ La mise en place d'un Premier ministre 276
b/ La question constitutionnelle 278
CONCLUSION DU CHAPITRE 1 279

CHAPITRE 2 : LES CONFLITS ENTRE LES POUVOIRS, UNE SEPARATION A L'EPREUVE 281
Section 1- La position du problème : l'affrontement entre les pouvoirs politiques 281
§1- Un élément central : majorité ou majorités 282
A/ L'opposition des majorités aux États-Unis, un principe parfois dangereux 282
1/ Un principe 282

a/ Le premier niveau, la relation entre les organes 283
b/ Second niveau, la relation à l'intérieur d'un organe 283
2/ Un danger 284
a/ Un désaccord au sein du Congrès 285
b/ Un désaccord entre le Congrès (en tout ou partie) et le Président 285
c/ Le shutdown 286
B/ L'opposition des majorités en France, une exception relative 287
1/ Le principe : la domination d'une majorité unique 287
a/ Un bicamérisme inégalitaire 287
b/ Le lien entre le Président et l'Assemblée 288
c/ Le mode de scrutin et ses conséquences 290
2/ L'exception : les cohabitations 290
a/ Le principe 291
b/ Les conséquences 292
§2- Les deux majorités au Bénin 294
A/ La théorie 294
1/ Les deux acteurs législatifs 294
a/ Le partage de l'initiative législative 294
b/ Une distorsion entre les organes 295
2/ Les dangers 295
a/ Des élections concomitantes 296
b/ Des élections décalées 296
B/ La pratique 296
1/ Les oppositions inévitables 297
a/ En 1991 : les deux premières élections 297
b/ De 1995-1996 : le premier renouvellement 297
c/ De 1999-2001 298
d/ Les élections législatives de 2003 : un parti principal à l'Assemblée ? 299
e/ En 2006, 2007, 2011 : un Président et une Assemblée 299
f/ Un retour à l'affrontement 2015-2016 300
2/ L'affrontement 301
Section 2- La solution béninoise au conflit, le troisième pouvoir ? 302
§1- Un troisième acteur ? 302
A/ Les modèles français et américains 303
1/ La Cour suprême américaine régulatrice des institutions . 303
a/ Le Principe 303

b/ L'encadrement par la Cour suprême 306
2/ Le Conseil constitutionnel français et son rôle 307
a/ Le principe 307
b/ Les limites d'une compétence 308
B/ Une approche béninoise 309
1/ Les compétences traditionnelles 312
2/ Des compétences plus inattendues 312
§2- Deux exemples de contentieux concernant le pouvoir et son action 313
A/ Le premier Ministre 314
1/ Les points de droit 314
a/ Les requêtes 314
b/ Les questions de droit 315
2/ La décision de la Cour 315
a/ Première avancée : la définition du régime 315
b/ Seconde avancée : l'application 316
B/ La force des décisions de la Cour 317
1/ Le raisonnement initial 317
2/ L'intervention ultérieure de la Cour et ses conséquences . 318
a/ Les faits et la nouvelle décision de la Cour 318
b/ Une décision politique ? 319
CONCLUSION DU CHAPITRE 2 319
CONCLUSION DU TITRE 1 320

TITRE 2 : L'INTERVENTION DU PEUPLE 323

CHAPITRE 1 : LA PRATIQUE DU SUFFRAGE UNIVERSEL 325
Section 1- La désignation des pouvoirs constitués et ses modalités 325
§ 1- Le choix de l'exécutif 325
A/ Le choix du Président aux États-Unis et en France 326
1/ L'élection présidentielle aux États-Unis et le suffrage universel indirect 326
a/ La logique de l'élection 326
b/ Les distorsions possibles 328
2/ L'élection présidentielle en France et le suffrage universel direct 329

a/ Le principe juridique 330
b/ La fiction juridique 330
B/ Le choix du Président au Bénin 332
1/ La théorie, le texte constitutionnel et l'élection du Président 333
2/ La pratique et ses questions 334
a/ Les différentes élections présidentielles 334
b/ Les questions liées au scrutin présidentiel, un rapport faussé à la majorité ? 336
§ 2- Le choix du législatif 339
A/ L'élection de l'organe législatif aux États-Unis et en France 339
1/ L'élection du Congrès américain 339
a/ L'élection de la chambre des représentants, le suffrage universel et la représentation du peuple 340
b/ L'élection du Sénat, le suffrage universel et la représentation des États 340
2/ L'élection du Parlement français 342
a/ L'Assemblée nationale et le suffrage universel direct 342
b/ Le Sénat et le suffrage universel indirect 343
B/ L'élection de l'organe législatif au Bénin, la dimension majoritaire 344
1/ Le choix constituant et le recours au suffrage universel ... 345
2/ L'organisation par la loi et le fonctionnement pratique 345
a/ La théorie, le code électoral de 2018 346
b/ Le résultat des élections législatives 347
Section 2- Le découpage électoral et ses questions 352
§ 1- Le découpage électoral aux États-Unis et en France 352
A/ Les débats américains 352
1/ Le recensement et la représentativité des élus 353
a/ L'organisation périodique du recensement 353
b/ Le nombre d'habitants pour un représentant 354
2/ Les circonscriptions des représentants 355
a/ Un débat historique 355
b/ Un débat actuel 356
B/ Les débats français 358
1/ Le découpage électoral et l'histoire française 358
a/ De 1789 à 1871 359
b/ De 1871 à la Ve République 359
2/ Le découpage, théorie et actualité 360

a/ L'approche théorique, les textes 361
b/ Les principes et les difficultés 362
§ 2- Le découpage béninois 363
A/ Une évolution initiale 364
1/ Le premier texte, la loi du 31 décembre 1990 définissant les "règles électorales particulières pour l'élection des membres de l'Assemblée nationale". 364
2/ L'évolution de 1995 365
B/ Un questionnement actuel 366
CONCLUSION DU CHAPITRE 1 373

CHAPITRE 2 : LE RECOURS AUX PARTIS POLITIQUES . 375
Section 1 – L'encadrement des partis politiques : une réalité théorique affirmée 375
§ 1- L'évolution partisane 375
A/ Les partis politiques aux États-Unis et en France 376
1/ Les partis politiques aux États-Unis 376
a/ Les transformations successives 376
b/ Les conséquences du mode de scrutin 378
2/ Les partis politiques en France 379
a/ Le mode de scrutin et ses conséquences partisanes 379
b/ Les deux grands blocs du système partisan : la gauche et la droite ? 379
B/ Les partis politiques au Bénin 381
1/ Un paradoxe, l'écart entre offre et représentation 383
a/ Une offre pléthorique, l'exemple de 2007 383
b/ Une représentation limitée 385
2/ Vers un rapprochement ? 387
a/ Le rôle d'un parti politique au Bénin 388
b/ Les tentatives de fusion 389
§ 2- L'encadrement 391
A/ L'encadrement juridique aux États-Unis et en France 391
1/ L'encadrement juridique aux États-Unis 391
a/ L'encadrement administratif 391
b/ L'encadrement financier 393
2/ L'encadrement juridique en France 394
a/ L'encadrement administratif 395
b/ L'encadrement financier 397
B/ L'encadrement juridique au Bénin 398

1/ Un encadrement administratif visant la concentration...... 399
a/ Les points communs, les questions administratives générales 399
b/ La création et son encadrement.............................. 401
2/ Un encadrement financier aux conséquences majeures.... 402
a/ Un encadrement financier des partis 402
b/ Le système de caution 404
Section 2 – Les crises internes aux partis politiques : une influence de l'opinion publique en pratique............................ 405
§ 1- Les crises partisanes aux États-Unis et en France 405
A/ Les crises partisanes aux États-Unis 406
1/ Les crises concernant un parti 406
a/ L'élection présidentielle de 1860 et le parti démocrate..... 406
b/ L'élection présidentielle de 1912 et le parti républicain... 408
2/ Les crises du système bipartisan 409
a/ La fin de la ségrégation et l'explosion des partis politiques 409
b/ La recomposition partisane 411
B/ Les crises partisanes en France.. 412
1/ L'élection présidentielle de 1995 412
a/ Une question de contexte... 412
b/ Résultats et conséquences 413
2/ L'élection présidentielle de 2017 415
a/ Un contexte, les primaires à la française 415
b/ Un nouveau parti et l'effondrement des anciens 416
§ 2- Le rapport aux partis politiques au Bénin........................ 417
A/ La crise de 2006 418
1/ Le contexte 419
a/ Les scandales politico-financiers...................................... 419
b/ Le pouvoir de Kérékou... 420
2/ Action et réaction 421
a/ Une tentative de révision 421
b/ Le couplage des élections... 422
B/ Un nouveau système partisan ? 423
1/ Le rapport à la société civile 423
a/ Le regroupement des O.N.G... 423
b/ Le contrôle, le Parlement et la Cour constitutionnelle...... 424
2/ Un renouveau des partis 425
a/ Force Cauris et bloc progressiste...................................... 425
b/ La loi de 2018 comme aboutissement ? 426

CONCLUSION DU CHAPITRE 2 ... 427
CONCLUSION DU TITRE 2 ... 428
CONCLUSION DE LA SECONDE PARTIE ... 428

CONCLUSION GENERALE ... 431
I/ Retour sur les conclusions ... 431
A/ La construction des institutions ... 431
B/ Le fonctionnement des institutions ... 435
II/ L'actualité béninoise, une crise en attente ... 438

ANNEXES ... 441
BIBLIOGRAPHIE ... 557
INDEX ANALYTIQUE ... 631
TABLE DES MATIERES ... 641

Structures éditoriales du groupe L'Harmattan

L'Harmattan Italie
Via degli Artisti, 15
10124 Torino
harmattan.italia@gmail.com

L'Harmattan Hongrie
Kossuth l. u. 14-16.
1053 Budapest
harmattan@harmattan.hu

L'Harmattan Sénégal
10 VDN en face Mermoz
BP 45034 Dakar-Fann
senharmattan@gmail.com

L'Harmattan Cameroun
TSINGA/FECAFOOT
BP 11486 Yaoundé
inkoukam@gmail.com

L'Harmattan Burkina Faso
Achille Somé – tengnule@hotmail.fr

L'Harmattan Guinée
Almamya, rue KA 028 OKB Agency
BP 3470 Conakry
harmattanguinee@yahoo.fr

L'Harmattan RDC
185, avenue Nyangwe
Commune de Lingwala – Kinshasa
matangilamusadila@yahoo.fr

L'Harmattan Congo
67, boulevard Denis-Sassou-N'Guesso
BP 2874 Brazzaville
harmattan.congo@yahoo.fr

L'Harmattan Mali
Sirakoro-Meguetana V31
Bamako
syllaka@yahoo.fr

L'Harmattan Togo
Djidjole – Lomé
Maison Amela
face EPP BATOME
ddamela@aol.com

L'Harmattan Côte d'Ivoire
Résidence Karl – Cité des Arts
Abidjan-Cocody
03 BP 1588 Abidjan
espace_harmattan.ci@hotmail.fr

L'Harmattan Algérie
22, rue Moulay-Mohamed
31000 Oran
info2@harmattan-algerie.com

L'Harmattan Maroc
5, rue Ferrane-Kouicha, Talaâ-Elkbira
Chrableyine, Fès-Médine
30000 Fès
harmattan.maroc@gmail.com

Nos librairies en France

Librairie internationale
16, rue des Écoles – 75005 Paris
librairie.internationale@harmattan.fr
01 40 46 79 11
www.librairieharmattan.com

Librairie l'Espace Harmattan
21 bis, rue des Écoles – 75005 Paris
librairie.espace@harmattan.fr
01 43 29 49 42

Lib. sciences humaines & histoire
21, rue des Écoles – 75005 Paris
librairie.sh@harmattan.fr
01 46 34 13 71
www.librairieharmattansh.com

Lib. Méditerranée & Moyen-Orient
7, rue des Carmes – 75005 Paris
librairie.mediterranee@harmattan.fr
01 43 29 71 15

Librairie Le Lucernaire
53, rue Notre-Dame-des-Champs – 75006 Paris
librairie@lucernaire.fr
01 42 22 67 13

www.ingramcontent.com/pod-product-compliance
Lightning Source LLC
LaVergne TN
LVHW011217061026
849535LV00001BA/71
* 9 7 8 2 3 4 3 1 9 5 1 2 4 *